Kenya

ROYAUME DU SAFARI

Le Kenya est une sorte de synthèse grandiose de tout ce que l'on peut rechercher dans la nature africaine, un véritable hotspot de la biodiversité africaine. Vanté par la plume de Joseph Kessel ou de Karen Blixen, ce pays inventeur et spécialiste des safaris, que l'on pratique dans des réserves peuplées de quasiment tous les grands animaux d'Afrique, est doté d'excellentes infrastructures touristiques. Le Kenya est une destination de rêve pour les amateurs de faune sauvage, de savanes, de paradis côtiers, de pittoresques formations naturelles et de grands espaces. La destination fait aussi la part belle aux sportifs, avec de nombreux spots de plongée, de kitesurf, ou encore la possibilité de réaliser des treks. Ce type de tourisme occulte parfois l'aspect humain du pays. Pourtant, là aussi, le Kenya est placé sous le signe de la diversité, peuplé par plus de quarante ethnies ; son territoire est un point de rencontre entre les civilisations agricoles et pastorales, mais aussi entre l'islam et le christianisme, sans parler de l'animisme toujours présent. C'est aussi le berceau de la culture swahilie unique en son genre, qui fait l'atmosphère si particulière de la côte, de Lamu à Shimoni, en passant par Mombasa. Sans compter tout ce qui constitue la base de la vie quotidienne en Afrique : les marchés colorés, les espaces urbains anarchiques, les rues foisonnantes. Diversité et beauté d'un paradis géologique et animalier. Le Kenya n'a pas fini de fasciner et de révéler ses trésors.

durablement, de sources recyclées et contrôlées
www.pefc-france.org

Retrouvez cette offre en page 104

SOMMAIRE

© NICK N A/SHUTTERSTOCK.COM

8 INSPIRER

Le Kenya reste une valeur sûre pour un safari en Afrique. Mais il offre énormément aussi en rencontres, aventures, découvertes. On le vit, on le ressent, on y revient.

45 DÉCOUVRIR

La magie des grands espaces, une biodiversité omniprésente, belle et impressionnante, une mosaïque de peuples et de cultures… Découvrez les merveilles du Kenya.

107 RÉGION DE NAIROBI

Animée, moderne et contrastée, la capitale du Kenya ne laisse pas indifférente. Point de départ de tous les safaris, elle abrite un grand nombre de bonnes tables et de visites culturelles.

169 CENTRE

Les hautes terres centrales (Mont Kenya, Aberdares), la vallée du Grand Rift et ses lacs, séduisent par leur richesse en beautés naturelles.

© ANTONY TRIVET PHOTOGRAPHY - SHUTTERSTOCK.COM

Maasai Mara National Reserve. © AXEL JUMELIN

209 NORD

La réserve de Samburu, le désert de Chalbi, le lac Turkana, le volcan de Marsabit comptent parmi les plus beaux paysages du Kenya. Expérience unique, hors des sentiers battus.

241 OUEST

Les ambiances du lac Victoria, l'envoûtante forêt primaire de Kakamega, les immenses plantations de thé de Kericho, les hippotragues de Ruma font l'intérêt d'un séjour dans l'Ouest.

263 SUD

Entre l'incontournable Masaï Mara, Amboseli et le mythique Kilimandjaro, les plaines chaudes de Tsavo, le sud du Kenya regorge de splendeurs sauvages.

Réserve nationale du lac Bogoria. © GUDKOV ANDREY - SHUTTERSTOCK.COM

291 MOMBASA ET LA CÔTE

Du nord au sud de Mombasa, de l'archipel de Lamu à Diani, imprégnée de culture swahilie, la côte kenyane comble toutes les envies de séjour balnéaire et de décor paradisiaque.

347 ORGANISER SON SÉJOUR

Un voyage au Kenya peut vite coûter cher et ne s'improvise pas totalement. Dans cette section, quelques conseils futés et adresses pour un séjour réussi.

SUD SOUDAN
Nadapal
Lokitaung
Dukana
SIBILOI NATIONAL PARK
Kalokol
LAC TURKANA
Lodwar
Gas
Kalacha
Nakalei
Loyiangalani
Marsabit
Katilu
OUGANDA
MARSABIT
SOUTH TURKANA
NATIONAL RESERVE
Kainuk
Baragoi
Laisar
Kapenguria
MARALAL
Sereolipi
SAIWA SWAMP
NATIONAL PARK
SERA CONSERVANCY TRUST
MOUNT ELGON
NATIONAL PARK
LAC BARINGO
SAMBURU, BUFFALO SPRINGS &
SHABA NATIONAL RESERVES
Eldoret
Busia
Thome
Meru
MOUNT KENYA
NATIONAL PARK
Kisumu
Nakuru
Lac Victoria
ÎLE DE RUSINGA
NAKURU
NATIONAL PARK
Nyeri
Kisii
Bomet
LAC NAIVASHA
HELL'S GATE
NATIONAL PARK
Migori
NAIROBI
Ngoswani
MAASAI MARA
NATIONAL RESERVE
NAIROBI
NATIONAL PARK
Kajiado
Ngatatoek
Machinery
AMBOSELI
NATIONAL PARK
TSAVO WEST
NATIONAL PARK
Taveta
TANZANIE
SOUDAN
YÉMEN
ÉTHIOPIE
SUD SOUDAN
SOMALIE
RDC
KENYA
TANZANIE

ÉTHIOPIE
Rhamu
Takaba
Korendile
Ceelwaaq
Eldas
Khorof Harar
SOMALIE
Qara
Wajir
Geriley
Lagboqol
Merti
Sarif
Benane
Ifo Refugee Camp
Jarajara
Garissa
Bura East
Hola
Ishakani
Bodhei
Assa
ÎLE DE MANDA
SHELA
Garsen
LAMU
TSAVO EAST
ATIONAL PARK
Koito
Mambrui
Océan Indien
MALINDI
WATAMU
Voi
Kilifi
AMBURI BEACH
NYALI BEACH
MOMBASA
SHIMBA HILLS
ATIONAL RESERVE
DIANI BEACH
ÎLE DE FUNZI
Mbuta
ÎLE DE WASINI
100 KM

QUAND Y ALLER

JANVIER

15° / 26°

BENEATH THE BAOBABS
(KILIFI)
Anciennement Kilifi New Year Festival. Arts, culture et musique réunissent plusieurs milliers de personnes pendant trois jours.

KENYA KITE CUP
(DIANI BEACH)
Tous les ans sur la plage de Diani, l'événement attire champions de *kitesurf* et amateurs de *freestyle*, étrangers et nationaux.

$$$

FÉVRIER

15° / 27°

MAGICAL KENYA OPEN
(MOMBASA)
Deux tournois de golf, féminin puis masculin, regroupant l'élite mondiale, ayant lieu chaque année non loin de Mombasa.

KILIFI WELLNESS FESTIVAL
(KILIFI)
Le Kilifi Wellness a lieu en février, destiné à ceux qui aiment l'art, la musique, le yoga, le fitness, la danse et l'océan.

$$

MARS

16° / 26°

KALEIDOSCOPE FESTIVAL
(WATAMU)
Véritable concept artistique mêlant musique, tatouage, yoga... ayant lieu chaque année pendant 3 jours, à Watamu.

RALLYE SAFARI
(LAC ELEMENTEITA)
Épreuve annuelle et populaire du championnat du monde des rallyes entre Elmenteita et Hell's Gate.

$$

JUILLET

13° / 22°

AFROLECT JAZZ FESTIVAL
(NAIROBI)
Festival international de jazz regroupant plus de 50 artistes, ayant lieu en juillet dans le parc national de Nairobi.

$$$

AOÛT

13° / 23°

LA GRANDE MIGRATION
(MAASAI MARA NATIONAL RESERVE)

© GUDKOVANDREY - STOCK.ADOBE.COM

La grande migration des gnous a lieu en juillet/août. Un spectacle fascinant à observer chaque année dans le Maasaï Mara.

$$$

SEPTEMBRE

13° / 25°

KILIFI GOLD TRIATHLON
(KILIFI)
Le triathlon le plus populaire d'Afrique de l'Est. Un événement annuel de collecte de fonds pour la communauté de Kilifi.

MIGRATION DES BALEINES A BOSSE
Les baleines à bosse migrent le long de la côte, chaque année, d'août à octobre. Des sorties sont organisées à Malindi, Watamu...

$$$

Il est possible de visiter le Kenya quasiment toute l'année. Saison sèche ou saison des pluies, chaque période possède ses avantages et ses inconvénients. Le principal bémol concerne le budget qui devra être revu à la hausse en haute saison. Durant les pluies, les tarifs sont pratiquement divisés par deux, le taux d'occupation des lodges diminue drastiquement, les parcs et réserves se vident des touristes, mais les animaux sont bien présents et la savane toujours aussi belle !

AVRIL

16° / 26°

MAI

15° / 23°

JUIN

13° / 22°

LEWA SAFARI MARATHON

(LEWA WILDLIFE CONSERVANCY)

La réserve faunique de Lewa, dans le nord, accueille chaque année le Lewa Safari Marathon. Partagez la réserve avec le big five.

MADARAKA DAY

Fête nationale qui célèbre le jour où le pays est devenu une république autonome (1er juin 1963), avant son indépendance.

OCTOBRE

15° / 25°

NOVEMBRE

16° / 24°

LAMU CULTURAL FESTIVAL

(LAMU)

Le festival culturel prend place dans la vieille ville de Lamu, avec pour principal objectif la promotion de la culture swahilie.

CARNAVAL DE MOMBASA

(MOMBASA)

Le carnaval de Mombasa est le plus grand du Kenya. Chars, musiques et danses folkloriques réunissent plus de 3 000 personnes.

DÉCEMBRE

15° / 24°

FÊTE DE L'INDÉPENDANCE

© DEREK BRUMBY - ISTOCKPHOTO.COM

La fête de l'Indépendance ou « Jamhuri Day » reste un événement annuel important pour le Kenya et très officiellement célébré.

LES BONNES RAISONS D'Y ALLER

© AXEL JUMELIN

UNE NATURE GRANDIOSE

Le Kenya offre à peu près toute la gamme de paysages attendus dans un pays africain.

UNE FAUNE SAUVAGE ABONDANTE

Les fameux « Big Five » sont facilement observables. Comme bon nombre d'espèces endémiques

© AXEL JUMELIN

© GUDKOV ANDREY/SHUTTERSTOCK.COM

DES SAFARIS D'EXCEPTION

Le Kenya reste sans conteste l'une des meilleures destinations pour un safari en Afrique.

UNE DIVERSITÉ CULTURELLE

Le pays compte plus de 40 ethnies, des modes de vie et des cultures très contrastés.

DES PLAGES PARADISIAQUES

Du Nord au Sud, le Kenya bénéficie d'une côte sublime bordée par l'océan Indien.

UNE MÉTÉO AGRÉABLE

Le Kenya est traversé par l'équateur. Températures constantes, fraîches en altitude.

LE MONT KENYA

Les randonneurs chevronnés pourront gravir le second plus haut sommet d'Afrique.

LES BONNES RAISONS D'Y ALLER

NAIROBI, L'EFFERVESCENTE

Moderne, cosmopolite, dynamique, Nairobi est surnommée « la ville qui ne dort jamais ».

© AXEL JUMELIN

© NIMOH MUTURI - SHUTTERSTOCK.COM

UNE CUISINE RICHE

Du café à l'ugali en passant par les samoussas, le Kenya satisfera toutes les papilles.

DES INFRASTRUCTURES DE QUALITÉ

Routes en bon état, hôtels de qualité, voyager de manière indépendante y est assez facile.

© SOPHIE ROCHERIEUX

LES 12 MOTS-CLÉS

#BANDAS

Il s'agit de bungalows très rudimentaires, avec un toit en *makuti* (feuilles de palmier tressées), que l'on peut louer dans les parcs. Ils sont bon marché et disposent souvent d'une petite cuisine équipée. Certains lodges se sont inspirés de ce type d'habitation traditionnelle, pour donner une apparence plus authentique à leur offre touristique.

#BIG FIVE

Littéralement les « cinq grands », les Big Five sont les animaux sauvages les plus courtisés de la savane. À l'origine, ce terme anglophone désignait, pour les chasseurs, les mammifères les plus craints et les plus respectés d'Afrique. Règnent ainsi en maître sur le royaume des animaux : le lion, l'éléphant, le buffle, le léopard et le rhinocéros.

© AXEL JUMELIN

#BODA-BODA

Les « boda-boda » étaient utilisés à l'origine pour effectuer le transfert de frontière à frontière, « border to border ». Aujourd'hui, ils sont présents partout. Appelés aussi « piki-piki », l'un et l'autre désignent les motos-taxis. Vous les trouverez plus facilement qu'un taxi ou un matatu. À considérer uniquement sur les courtes distances.

#DHOWS

Petites embarcations à voile triangulaire que l'on voit naviguer le long des côtes kényanes et tanzaniennes. Pendant des siècles, ces boutres ont relié l'Afrique, le golfe persique et l'Inde. Aujourd'hui, rares sont ceux qui effectuent ces longs trajets. Ces petits voiliers ont conservé leur charme et une croisière en dhow reste une expérience.

#ETHNIES

On recense plus de 40 ethnies au Kenya. Les principales sont les Kikuyus, l'ethnie majoritaire, les Luos et les Luhyas, les Kalenjins et les Kambas, les Maasaïs... Le Kenya a plus ou moins réussi à former une cohabitation ethnique paisible depuis son indépendance en 1963. Des tensions se font néanmoins sentir durant les périodes électorales.

© BARTOSZ HADYNIAK

#MATATU

Ce sont ces minibus de 14 places, décorés et souvent surchargés, qui assurent les déplacements urbains et interurbains, à toute allure. Chaque *matatu* dispose de son chauffeur et de son rabatteur, de ses règles et de ses ambiances. Toutes les exubérances sont permises. Ces *matatus* font l'objet d'un véritable culte. Les habitués ont leur favori.

© SOPHIE ROCHERIEUX

#NYAMA CHOMA

Il s'agit traditionnellement de viande de chèvre grillée, mais l'expression désigne désormais toutes sortes de grillades au feu de bois, que l'on déguste simplement avec du sel et du piment. *Nyama choma* signifie en effet « viande de barbecue » en kiswahili. Dans la rue ou au restaurant, il s'agit d'une spécialité très populaire au Kenya.

LES 12 MOTS-CLÉS

#POLÉ-POLÉ

En swahili, « polé-polé » signifie « doucement ». C'est l'équivalent de « piano-piano » en Italie, « mora-mora » à Madagascar ou encore « tipa-tipa » à Maurice. Sur la côte de l'océan Indien, où le rythme semble ralenti, l'atmosphère plus détendue qu'ailleurs, l'expression est très utilisée... et vous aurez vite fait de vous l'approprier !

#SWAHILI

Surnommé le berceau de l'humanité, le Kenya est aussi l'un des fiefs de la culture swahilie. Mélange entre origines africaines et arabes, le pays est aujourd'hui encore fortement imprégné de cet héritage culturel, qu'il valorise, comme la cité insulaire de Lamu et d'autres nombreux forts. Sa langue officielle qui est le kiswahili en est un autre héritage.

#THÉ

Dans ce pays, producteur de quelques-uns des meilleurs thés du monde depuis 1925, et encore sous l'emprise des habitudes anglaises, on boit du thé à toute heure de la journée. Le Kenya produit, exporte et consomme surtout du thé noir. Corsé et aromatique, celui-ci est en général servi très sucré et avec du lait, et même parfois avec du gingembre.

#TUSKER

La boisson nationale est une bière (blonde) ! Le Kenya serait même le pays le plus gros buveur de bière en Afrique de l'Est. Elle est assez bonne, peu alcoolisée et bon marché. Elle se décline en différentes versions (export, lager, premium...). Dans les bars, précisez que vous souhaitez une bière « cold » car les Kényans la dégustent souvent tiède.

#UGALI

L'Ugali est l'aliment de base de la cuisine kényane. Sa préparation est d'une simplicité enfantine : faire bouillir de l'eau et mélanger de la farine de maïs blanc ou de mil, jusqu'à obtention d'une purée compacte, plutôt fade et bourrative. L'ugali sert généralement d'accompagnement aux autres plats, ce sont les saveurs à côté qui l'emportent.

VOUS ÊTES D'ICI, SI ...

- Vous saluez les personnes que vous rencontrez d'un « Jambo » ! C'est le grand classique, tant pour les locaux que pour les étrangers. Personne ne croira pour autant que vous parlez swahili. N'hésitez pas non plus à employer quelques mots en swahili pour remercier (asante sana), saluer (habari), dire au revoir (kwaheri)... Ce tout petit effort sera très apprécié des Kényans.

- Vous serrez la main spontanément de la personne que vous rencontrez, même si vous ne le connaissez pas. C'est un geste de confiance et de respect que l'on ne refuse pas. Il est d'ailleurs d'usage de prolonger la poignée de main un certain temps durant la conversation, un peu moins entre un homme et une femme. Et bien sûr, le Covid a quelque peu changé les usages.

- Vous faites toujours preuve de calme et de patience (notamment à l'égard des forces de l'ordre...). La placidité est une vertu au Kenya et tout énervement a souvent tendance à bloquer la situation au lieu de la résoudre.

© AXEL JUMELIN

MON KENYA

AVEC AXEL JUMELIN, AUTEUR DU GUIDE

Qu'est-ce qui vous a mené au Kenya ?

Vivant en Afrique depuis une dizaine d'années, et travaillant pour et avec des parcs Nationaux, que ce soit en Tanzanie, à Madagascar, en Côte d'Ivoire, aux Comores ou désormais au Tchad, le Kenya représente un modèle en matière de conservation de la biodiversité et exerce une attirance naturelle. Ayant découvert le Kenya en 2019 lors d'un séjour entre Amboseli, Nakuru et le Mont Kenya, j'ai depuis eu plusieurs fois l'opportunité d'y passer du temps, que ce soit en télétravail, pour des safaris, du trekking... et ce, en revenant chaque fois plus émerveillé par sa douceur et sa diversité. Ce qui m'y a mené il y a 5 ans m'a conquis et désormais m'y fait y revenir. Voyager au Kenya, c'est la certitude d'un séjour à la fois facile et envoûtant.

© AXEL JUMELIN

Quel est votre endroit préféré ?

Le Kenya est si riche qu'il apparaît difficile de ne retenir et de ne citer qu'un endroit. Si en 2019 je recherchais la carte postale des majestueux éléphants d'Amboseli, avec en toile de fond le Kilimanjaro, aujourd'hui, mes meilleurs souvenirs kenyans se partagent plutôt entre les pentes du Mont Kenya, les ruelles étroites de Lamu, les rives du lac Turkana et les heures de pistage de la faune dans la quiétude d'un Samburu encore relativement peu fréquenté.

© AXEL JUMELIN

S'il ne fallait retenir qu'un bon conseil pour découvrir le pays, ce serait lequel ?

À ceux qui ont le temps, je recommanderais de sortir des sentiers battus, et ne pas se limiter aux seuls safaris. Flânez, randonnez, plongez, contemplez. Le Kenya dispose certes d'une faune remarquable, mais il a bien plus à offrir. Prenez le temps de rencontrer et d'échanger avec la population, vous imprégner de son ambiance.

DISTANCES

TEMPS DE TRAJET

	NAIROBI	NAKURU	KISUMU	ELDORET	NANYUKI
NAIROBI		171 KM 3h15	364 KM 6h30	322 KM 6h	194 KM 3h30
NAKURU	171 KM 3h15		185 KM 3h30	156 KM 3h	186 KM 3h30
KISUMU	364 KM 6h30	185 KM 3h30		122 KM 2h45	368 KM 7h
ELDORET	322 KM 6h	156 KM 3h	122 KM 2h45		338 KM 6h15
NANYUKI	194 KM 3h30	186 KM 3h30	368 KM 7h	338 KM 6h15	
MARSABIT	531 KM 8h	522 KM 8h	705 KM 11h30	674 KM 10h30	337 KM 4h30
LODWAR	609 KM 11h45	443 KM 8h30	454 KM 8h30	361 KM 6h30	598 KM 11h45
NAMANGA	164 KM 2h45	317 KM 5h30	499 KM 9h	468 KM 8h15	350 KM 6h15
MOMBASA	484 KM 8h15	645 KM 11h15	827 KM 15h	797 KM 14h15	685 KM 11h
MALINDI	497 KM 8h30	806 KM 12h15	988 KM 15h45	958 KM 15h	762 KM 10h45
LOIYANGALANI	666 KM 12h15	452 KM 9h30	634 KM 13h	534 KM 11h45	472 KM 8h15
MOYALE	774 KM 10h45	765 KM 10h45	948 KM 14h15	917 KM 13h30	580 KM 7h15

Le Kenya borde l'océan indien, il possède une frontière avec l'Ouganda, le Soudan du Sud, l'Éthiopie, la Somalie et la Tanzanie. Le Kilimandjaro se situe en Tanzanie, à une vingtaine de kilomètres de la frontière kenyane. Les axes routiers principaux sont en bon état, mais très fréquentés. Les habitudes de conduite locales nécessitent un temps d'adaptation. Prudence donc sur les routes. Dans les parcs et réserves, un 4×4 reste indispensable.

MARSABIT	LODWAR	NAMANGA	MOMBASA	MALINDI	LOIYAN-GALANI	MOYALE
531 KM 8h	609 KM 11h45	164 KM 2h45	484 KM 8h15	497 KM 8h30	666 KM 12h15	774 KM 10h45
522 KM 8h	443 KM 8h30	317 KM 5h30	645 KM 11h15	806 KM 12h15	452 KM 9h30	765 KM 10h45
705 KM 11h30	454 KM 8h30	499 KM 9h	827 KM 15h	988 KM 15h45	634 KM 13h	948 KM 14h15
674 KM 10h30	361 KM 6h30	468 KM 8h15	797 KM 14h15	958 KM 15h	534 KM 11h45	917 KM 13h30
337 KM 4h30	598 KM 11h45	350 KM 6h15	685 KM 11h	762 KM 10h45	472 KM 8h15	580 KM 7h15
	764 KM 13h45	687 KM 11h	958 KM 15h	1036 KM 14h30	233 KM 5h30	245 KM 3h
764 KM 13h45		755 KM 14h15	1084 KM 19h30	1245 KM 21h	689 KM 15h	1007 KM 16h30
687 KM 11h	755 KM 14h15		491 KM 9h	574 KM 10h	726 KM 14h15	932 KM 13h45
958 KM 15h	1084 KM 19h30	491 KM 9h		116 KM 2h30	1094 KM 18h30	1202 KM 17h30
1036 KM 14h30	1245 KM 21h	574 KM 10h	116 KM 2h30		1168 KM 18h30	1276 KM 17h15
233 KM 5h30	689 KM 15h	726 KM 14h15	1094 KM 18h30	1168 KM 18h30		476 KM 8h30
245 KM 3h	1007 KM 16h30	932 KM 13h45	1202 KM 17h30	1276 KM 17h15	476 KM 8h30	

IDÉES DE SÉJOUR

Une semaine au Kenya suffit à réaliser un premier safari en Afrique dans des conditions de rêve. Il est même possible de faire une petite extension sur l'une des plages paradisiaques de la côte. Mais qu'on se le dise, deux semaines c'est quand même mieux pour avoir un aperçu des principales richesses du pays, visiter Nairobi, les parcs d'Amboseli et de Maasaï Mara, la vallée du Rift et le lac de Nakuru, la réserve de Samburu, celle de Tsavo, se permettre un trek sur le Mont Kenya, puis découvrir les plus belles zones de la côte swahilie : Mombasa, Diani, ainsi que Watamu et l'île de Lamu. Si l'on ne veut pas courir, on peut prendre plus de temps en certains endroits, et par exemple préférer la côte sud ou nord, Samburu ou Tsavo. Trois semaines permettent d'approfondir ces lieux et d'entreprendre des excursions plus exigeantes en temps, notamment pour profiter du Mont Kenya ou envisager la découverte de Marsabit et du lac Turkana.

HISTOIRE ET CHARME FOU À LAMU

Lamu ★★ (p.337), située sur la côte Nord, est à 1h15 en avion de **Nairobi** ★ (p.111). Inscrite au patrimoine de l'Unesco, elle est le berceau de la culture swahilie. On y rêve au pied des dunes, on explore les environs à bord d'un boutre (*dhow*), ces embarcations à voile triangulaire, et on égrène les heures dans les ruelles étroites de la vieille ville. On se laisse porter par l'atmosphère unique de **Lamu** ★★ (p.337).

› Jour 1 - Visite de la vieille ville de Lamu

Ici pas de voitures, des ânes et des dromadaires, des boutres et des bateaux-taxis... Imprégnez-vous de l'ambiance, admirez l'architecture, vous pourrez également visiter le **Fort** (p.337) et le **musée** (p.338) de Lamu, le Donkey Sanctuary, ou tout simplement prendre le temps de vous perdre dans les ruelles. Dix siècles d'histoire font l'âme de cette ville au charme fou.

› Jour 2 - Village de Shela et ruines de Takwa

À marée basse, un chemin longe le chenal et mène en 45 minutes vers le paisible village de **Shela** ★★ (p.340). Au-delà de Shela, face à l'océan, s'étend une plage de plusieurs kilomètres, idéale pour marcher et se baigner. À combiner avec une demi-journée sur l'**île de Manda** ★★ (p.345), située juste en face, réputée pour ses ruines et baobabs. La balade en boutre, au coucher du soleil, est une expérience inoubliable.

© BARTOSZ HADYNIAK

Parc National de Samburu.

› Jour 3

Excursion en boutre sur l'île de Manda Toto

Manda Toto est située juste derrière l'île de Manda ★★ (p.345). Une excursion d'une journée vous mène à travers les mangroves jusqu'à cette petite île sauvage. Là, une longue plage s'offre à vous. Relaxez-vous pendant qu'on prépare le déjeuner, avant de consacrer l'après-midi à explorer les fonds marins, parmi les plus beaux du Kenya (mais malheureusement altérés par l'ensablement lié aux travaux du port).

SAFARI 4X4 ET BIVOUAC AU CŒUR DE LA VIE SAUVAGE

Plusieurs circuits en bivouac sont possibles. Tout l'équipement vous sera fourni par votre agence, vous aurez même le choix du confort, et le luxe de vrais repas pris à table en pleine nature, dans des lieux impressionnants de beauté et de quiétude. Vous aurez la chance, dans les parcs nationaux, d'éviter les zones les plus fréquentées et vous bénéficierez de rencontres avec les tribus locales.

› Jour 1 - Départ de Nairobi pour la réserve de Samburu

Vous quitterez la capitale tôt le matin, direction le nord de la Vallée du Rift ★★ (p.169). Vous passerez près de la forêt du Mont Kenya (p.186), avant d'atteindre une altitude de 3 000 mètres et de redescendre vers les belles réserves semi-arides de Samburu et Buffalo Springs ★★ (p.219) (5 heures de transfert et game drive l'après-midi). Nuit dans la réserve de Samburu.

› Jour 2 - La réserve de Samburu, sa faune, sa flore

Les deux réserves sont séparées par la rivière Ewaso Ngiro. Journée de safari. Vous pourrez y rencontrer des lions et des éléphants, mais également des espèces endémiques propres à cette zone : le koudou, le zèbre de Grévy, l'oryx, ou encore la girafe réticulée. Bivouac dans la réserve Samburu recommandé.

› Jour 3 - La région de Maralal, à la rencontre du peuple Samburu

Le sanctuaire national de Maralal ★ (p.234), situé à 2 000 mètres d'altitude, offre de sublimes paysages contrastés avec ses collines verdoyantes et ses forêts qui abritent de nombreux éléphants, buffles et élands. Ce sont aussi les terres du peuple Samburu. Visite de la région et rencontre avec les communautés locales dont le mode de vie reste ancestral. Bivouac en bordure de forêt.

› Jour 4 - Sur les rives du lac Bogoria

Dominée par l'impressionnant escarpement de Siracho, la petite réserve du lac Bogoria (p.205) (107 km^2) offre des paysages spectaculaires avec ses geysers qui jaillissent à plusieurs mètres de hauteur et ses flamants roses par centaines de milliers selon les saisons. Plus de 150 espèces d'oiseaux y sont recensées. Les levers du jour y sont des moments magiques. Campement pour la nuit au bord du lac.

› Jour 5 - Le lac Naivasha

En route vers le sud, comptez cinq heures. Le lac Naivasha ★ (p.192) est l'un des rares lacs d'eau douce de la Vallée du Rift, connu pour ses hippopotames et ses oiseaux par milliers. Au milieu du lac, sur l'île de Crescent (p.192), vous pourrez vous balader librement à pied, au milieu de zèbres, de gnous, de gazelles et de girafes. Des promenades en bateau sont également organisées. Nuit dans un ranch au bord du lac.

› Jour 6 - Le mont Longonot

À quelques encablures de la ville de Naivasha (p.191), vous pourrez gravir le majestueux mont Longonot (p.197). Un stratovolcan dont le sommet culmine à quelques 2 776 mètres. Une fois sur la crête, vous arpenterez les bords de la caldeira circulaire, faisant environ 10 km de diamètre. Il n'est pas rare de croiser des girafes, des bubales ou des buffles sur ses pentes.

› Jour 7 - Rendez-vous avec les « big five » au Maasai Mara

La réserve de Maasai Mara ★★★ (p.268) est divisée en deux zones. L'une est dédiée aux Maasaï et à leurs troupeaux, l'autre uniquement à la faune. Là, les yeux émerveillés, vous assisterez à des scènes de vie sauvage uniques au monde. Campement pour deux nuits au bord de la rivière Mara. Mémorable.

› Jour 8 - Maasai Mara, deuxième jour de safari

Journée en safari dans le parc. Si le temps vous le permet, offrez-vous un survol de la réserve en montgolfière.

› Jour 9 - Retour à Nairobi

Dernière matinée de game drive, puis retour à Nairobi ★ (p.111) (5 heures de transfert). Escale à Narok (p.267), capitale du pays Maasaï. À Nairobi, prenez le temps de visiter les marchés, mais aussi le parc Uhuru.

TREKKING AU MONT KENYA, UN SÉJOUR HORS DES SENTIERS BATTUS

Le Mont Kenya ★★★ (p.185), ayant donné son nom au pays, culmine à 5199 m. Véritable proéminence au cœur de la savane kenyane, il est la promesse d'un trek inoubliable, entre vallées, glaciers et faune. Nécessitant tout de même un minimum de préparation, tant sportive qu'en matière d'équipements. Nous vous recommandons de commencer par la voie Sirimon ou la Naro Moru, avant de redescendre par la voie Chogoria.

› Jour 1 - De Nairobi aux premières pentes

De Nairobi ★ (p.111), comptez 4 heures de route jusqu'à Nanyuki (p.179) ou Naro Moru, selon la voie que vous envisagerez. Profitez d'un bon déjeuner, assurez-vous que vos bagages contiennent le nécessaire pour 4 jours de trekking et nuits fraîches voire glaciales. En milieu d'après-midi, vous entamerez la randonnée avec 2 à 3 heures de marche sur les premières pentes, douces, jusqu'à la Met Station, pour la voie Naro Moru.

› Jour 2 - Au-delà des 4 000 m, jusqu'à McKinders Hut

Demi-journée de marche durant laquelle vous traverserez différents étages de végétation. En sortant de sa couronne forestière, vous traverserez une végétation moins dense, composée de bambous, avant d'arriver dans la lande. Puis vous atteindrez l'étage afro-alpin, au-delà des 4 000 m, peuplé de *damans des rochers*, *souimangas*, *séneçons géants* et *lobelia*. Café, repas chaud et repos vous attendent.

Paysage typique du Mont Kenya.

› Jour 3 - Atteinte de l'étage nival

Ne vous fiez pas à la courte distance de cette 3e journée, le dénivelé reste important, les pentes abruptes, et le camp de l'hutte autrichienne se trouve à près de 4 800 m. Véritable défi pour ceux non habitués à ces altitudes. Les paysages de l'étage nival, bien que désertiques, n'en sont pas moins majestueux. Reposez-vous, avant d'entamer le lendemain l'ultime ascension, avant même le lever du soleil.

› Jour 4 - Lenana point et redescente

Réveil à 3h du matin, café, biscuits, et sortez braver le froid (parfois -20°) jusqu'au Lenana point, à 4 985 m d'altitude, que vous atteignez en 1 à 2h. Contemplation, photo souvenir, avant d'entamer la descente sur le versant est, par la voie Chogoria. Ce sentier vous mènera jusqu'à Minto's Hut, point de bivouac remarquable non loin de lacs, offrant des vues parmi les plus belles du parc national.

› Jour 5 - Repos bien mérité

Après une dernière demi-journée de descente, le long des canyons et chutes d'eau, vous pourrez envisager un safari bien mérité au **Meru National Park** ★ (p.189). S'il est l'un des parcs les moins connus, ses marais luxuriants et hautes herbes abritent un large éventail de faune. Des éléphants aux lions, en passant par les hippopotames, de quoi finir un séjour en beauté et se remettre de ses efforts.

A DEUX, UNE SEMAINE, UN SÉJOUR EN TROIS TEMPS

Sur une semaine, il vous faudra un peu plus de moyens pour voir les incontournables du Kenya, dans de bonnes conditions et sans frustration. Quelques jours dans les réserves de **Maasai Mara** ★★★ (p.268) et **Amboseli** ★★ (p.278), avec une escapade finale sur la côte kenyane, peuvent très bien s'organiser à condition de prendre l'avion. Une semaine idyllique qui risque de vous donner envie de revenir... plus longtemps !

› Jour 1 - Nairobi, prise de contact

En matinée, visite du marché central, le lieu le plus animé et le plus coloré de **Nairobi** ★ (p.111). L'occasion de vous plonger dans une ambiance typiquement africaine. Visite du musée Karen Blixen l'après-midi. Possibilité également d'aller à la rencontre des éléphanteaux de la fondation *David Sheldrick Wildlife Trust*. Pour un dîner mémorable, choisissez entre le Carnivore ou le Lord Delamere Terrace.

› Jour 2 - Maasai Mara, l'incontournable par excellence

Vol d'une heure vers le **Maasai Mara** ★★★ (p.268). Un safari d'une journée depuis **Nairobi** ★ (p.111) est possible. Toutefois, une nuit sur place paraît plus raisonnable. Vous y observerez tous les animaux sauvages, dans les meilleures conditions qui soient. Pour vous loger, il existe une multitude de lodges et camps de toile, mais rien de bon marché. Optez pour un campement de petite taille, plus intime.

› Jour 3 - Survol du Masaai Mara en... montgolfière !

Depuis votre campement, de nombreuses activités sont possibles et déjà exceptionnelles (safaris en voiture de jour et de nuit, ou à pied, dîner dans la savane...), mais il en est une que l'on fait au moins une fois dans sa vie : flotter au-dessus du Mara en montgolfière. Une expérience certes onéreuse, mais saisissante. Un pur moment de bonheur.

› Jour 4 - Amboseli, l'autre grand parc national

Vol pour Amboseli. Avec le Kilimandjaro en toile de fond, la variété de ses paysages, et ses troupeaux d'éléphants, le **parc d'Amboseli** ★★ (p.278) est l'autre incontournable. Amboseli, « poussière salée » en maasaï, est la terre de tous les contrastes. De petite taille, il est assez facile à visiter. Un safari le soir, hébergement en lodge pour une nuit ou deux.

› Jour 5 - Amboseli, le cliché de ses rêves

Qui n'a pas rêvé de prendre un troupeau d'éléphants en photo avec le mythique Kilimandjaro en arrière-plan ? Deux nuits à Amboseli vous permettront de mieux vous imprégner de ce site exceptionnel. Des safaris personnalisés en avion privé sont également possibles. Frissons garantis et paysages à couper le souffle.

› Jour 6 - Mombasa et la côte swahilie

D'Amboseli, il existe des vols pour **Mombasa** ★ (p.297) et un train quotidien. Visite de **Mombasa** (p.300), le soir hébergement dans une station balnéaire. Au sud de Mombasa, vous aurez le choix entre la plage de Diani, avec sa barrière de corail et son lagon turquoise et la plage de Tiwi, pour plus de calme et d'intimité. Deux nuits sur place sont recommandées.

› Jour 7 - Farniente sur la côte de l'océan Indien

Profitez de la plage. De nombreuses excursions sont possibles, à vous de choisir : nager avec les dauphins, plongée sous-marine et snorkeling, visite du **parc marin de Kisite** (p.316) et de l'île Wasini, kite-surf, balades en VTT,... ou simplement profiter de la plage et du lagon turquoise qui s'offre sous vos yeux. Le lendemain, retour à **Nairobi** ★ (p.111) et vol de retour généralement en soirée.

FOCUS

VOYAGER AVEC EXPLORER KENYA

L'AGENCE QUI VOUS FERA DÉCOUVRIR L'ESSENTIEL

Créée en 2006, et basée à Nairobi, l'agence ***Explorer Kenya*** est spécialisée dans les safaris allant du luxe au milieu de gamme, que ce soit au Kenya, mais aussi en Tanzanie ainsi qu'en Ouganda, vous ouvrant en grand les portes de l'Afrique de l'Est. Riche d'une équipe d'une cinquantaine d'employés multilingues, maîtrisant le français, l'anglais mais aussi l'allemand ou encore l'espagnol, la compagnie exploite une flotte de près de 40 véhicules tout-terrain modernes, confortables et à l'impact environnemental moindre. Avec près de 20 années d'expérience et de passion, Explorer Kenya se présente comme un leader et une agence reconnue des safaris en terres masaïs.

Leur leitmotiv, dédier le voyage aux clients, leur créer une expérience sur mesure en répondant à leurs envies, en assurant la sécurité, et bien entendu en leur assurant une qualité de service irréprochable.

Que vous ayez décidé de voyager seul, en couple, en famille, ou même en groupe, ***Explorer Kenya*** s'adaptera et vous proposera des circuits personnalisés et adaptés en fonction de la durée de votre séjour, de votre budget, de vos envies. Des Parcs Nationaux aux plages, en passant par les randonnées et visites culturelles, l'agence ne vous proposera que le meilleur, pour un safari inoubliable. ***Explorer Kenya*** c'est aussi une gamme de circuits spécialisés, valorisant le patrimoine naturel du Kenya, la beauté de ses paysages, la richesse de sa faune, ils sauront vous plonger au cœur de l'histoire du pays, vous imprégner de la richesse culturelle de la région, sans oublier de vous faire découvrir les traditions culinaires variées.

Confier son périple à ***Explorer Kenya***, c'est voyager en confiance avec l'agence la plus « orientée client » d'Afrique de l'Est, ceci dans des mains expertes, compétentes, serviables et chaleureuses, mais aussi avec l'assurance d'un safari sûr et fiable. Alors n'hésitez plus !

EXPLORER KENYA TOURS AND TRAVEL
Ridgeways Rd - **NAIROBI**
✆ +254 798 310 097
www.explorerkenya.com

© EXPLORER KENYA SAFARIS

© EXPLORER KENYA SAFARIS

© EXPLORER KENYA SAFARIS

AUTOUR DU LAC VICTORIA, IMMERSION AU CŒUR DE L'AFRIQUE

Le lac Victoria est le plus grand lac tropical au monde, et le plus grand d'Afrique. La pêche intensément pratiquée fait de cette région un vivier économique important. Ici, loin des grandes infrastructures touristiques de la côte et des parcs animaliers, vous serez au cœur de l'Afrique, de sa vie. La nature reste bien présente. Belle et impressionnante, comme partout au Kenya.

› Jour 1 - Nairobi-Kisumu

Vol de **Nairobi** ★ (p.111) pour **Kisumu** (p.246). Plusieurs vols quotidiens depuis et vers Nairobi. Kisumu, la troisième ville du pays par sa taille, est aussi accessible par la route.

Elle n'est pas d'un grand intérêt touristique, mais elle mérite une petite visite. Il est agréable de se balader dans le centre-ville autour de Oginga Odinga Road. Le marché, l'un des plus animés du Kenya, vaut également le détour.

› Jour 2 - Randonnée dans la forêt primaire de Kakamega

A 50 km au nord de **Kisumu** (p.246), Kakamega est la seule forêt équatoriale du Kenya. Un site menacé par la déforestation grandissante et pourtant unique pour sa richesse ornithologique. La forêt est également le royaume de nombreux singes et de petits mammifères. En été, des milliers de papillons multicolores envahissent le site. De nombreux sentiers de randonnée ont été tracés.

› Jour 3 - Homa Bay et l'île de Rusinga

Depuis **Kisumu** (p.246), compter environ 2 heures en voiture pour rejoindre **Homa Bay** (p.249), en passant par **Kendu Bay** (p.249). La route qui longe le lac offre de jolis paysages. A Homa Bay, une balade en bateau s'impose. Puis poursuivez votre route jusqu'à Mbiti et Rusinga. Nuit à Rusinga. Optez pour Wayando Beach Eco-Lodge, le plus charmant de tous les hôtels du coin.

› Jour 4 - Ile de Mfangano, au plus proche de la vie lacustre

Cette grande île vallonnée est habitée par une population accueillante qui vit de la pêche et de l'agriculture. Un séjour sur cette île est l'occasion d'un dépaysement total et d'un contact chaleureux avec les habitants. Peu de possibilités d'hébergement, mais si votre budget le permet, une nuit au Mfangano Island Lodge sera l'occasion d'expérimenter la sérénité absolue de ce lieu de rêve.

› Jour 5 - Kericho, au cœur des plantations de thé

Depuis Rusinga, compter 3 bonnes heures de route. **Kericho** (p.261), capitale du thé, est une ville littéralement cernée par les plantations. Les collines sont par conséquent d'un vert vif et se parent de reflets magnifiques avant et après les pluies. Vous pourrez visiter l'une des plantations et l'Institut de recherche sur le thé.

› Jour 6 - Retour à Nairobi

Départ pour **Kisumu** (p.246), afin de reprendre votre vol intérieur. A partir de **Kericho** (p.261), il est également possible de rejoindre **Nairobi** ★ (p.111) par la route, en passant par les lacs **Nakuru** (p.202) et **Naivasha** (p.191), qui peuvent faire l'objet d'une ou deux nuits supplémentaires pour découvrir les environs. Des bus font la liaison régulière (en 4 heures 30 environ).

SE REPÉRER / SE DÉPLACER

DE L'AÉROPORT AU CENTRE-VILLE

L'aéroport international Jomo Kenyatta de Nairobi est situé à 15 kilomètres du centre-ville. Pour se déplacer à l'intérieur du Kenya, à condition d'en avoir les moyens, l'avion reste une solution de facilité. En effet, entre six heures de route chaotique et poussiéreuse et une heure de vol, la voie aérienne tient là un bon argument. Au départ de l'aéroport Wilson, situé proche du quartier de Karen, à environ 3 km au sud du centre-ville, Air Kenya propose plusieurs vols quotidiens pour Diani, Malindi, Nanyuki, Lamu, ainsi que pour les parcs et réserves de Samburu, du Maasai Mara et d'Amboseli. Il existe également des compagnies charters qui desservent tous les parcs du pays à bord de petits bimoteurs. Si vous êtes plusieurs, les prix sont avantageux. Elles sont également basées à l'aéroport Wilson. Safarilink et Jambojet desservent plusieurs villes et tous les principaux parcs nationaux. D'autres compagnies, classées low cost, proposent des vols quotidiens vers l'ensemble des villes du pays.

À Nairobi, pour rejoindre le centre-ville depuis l'aéroport international Jomo Kenyatta, prévoir entre 20 minutes et 1 heure de trajet en voiture, selon le trafic. Le plus simple est de prendre l'un des nombreux taxis qui attendent devant les terminaux. Les tarifs sont relativement élevés ; vous pourrez gagner le centre-ville en journée pour 1 500-1 800 Ksh, entre 2 000 et 2 500 Ksh pour les quartiers périphériques. Autre solution pratique et bon marché : la navette de la compagnie KBS (Kenya Bus Service – bus n° 34), qui s'arrête devant l'hôtel Ambassadeur, sur la Moi Avenue. En taxi, depuis Wilson Airport, le prix sera compris entre 1 000 et 1 500 Ksh. En Uber, les tarifs seront inférieurs.

ARRIVÉE EN TRAIN

Le réseau ferroviaire kényan date de l'époque coloniale, et n'a jamais été vraiment entretenu depuis l'indépendance, autant dire que les lignes sont globalement abandonnées, quand elles ne sont pas réservées au rare transport de marchandises. À l'exception de la nouvelle ligne de train reliant Nairobi à Mombasa, inaugurée en 2017, qui remplace désormais la ligne de chemin de fer construite par les Anglais il y a plus de 100 ans. Le « Madaraka Express » succède au « Lunatic express ». Le voyage entre les deux villes s'effectue désormais en 5 heures (au lieu de 15 heures auparavant), le train du matin s'arrête à toutes les gares, ceux de l'après-midi et du soir sont directs. À noter que cette ligne traverse le Tsavo d'Est en Ouest, et représente une expérience unique de safari en train, il n'est en effet pas rare de pouvoir observer les éléphants, zèbres et autres girafes depuis votre siège. Ce nouveau train est la première étape d'un vaste chantier ferroviaire, qui prévoit de relier l'Ouganda et le Rwanda, puis à terme l'Éthiopie et le Soudan du Sud. Aujourd'hui la ligne est déjà opérationnelle jusqu'à Suswa.

TRANSPORTS EN COMMUN

C'est le moyen de transport le moins onéreux, et le plus à même de vous permettre de prendre le temps de vous imprégner du rythme kényan, de rencontrer, de contempler. Toutes les grandes villes du pays sont reliées par différentes compagnies de bus et par une multitude de *matatus* (minibus). Les trajets en bus sont généralement un tout petit peu plus longs que ceux en *matatu*, mais réputés pour être plus sûrs. Dans les deux cas, il faudra s'armer de courage, car certains roulent parfois à des vitesses vertigineuses. Certaines compagnies de bus ont d'ailleurs fixé la vitesse maximale de circulation à 80 km/h afin de réduire les risques d'accident et préserver leur réputation. Pour utiliser bus ou *matatu*, il suffit de se rendre à la gare routière de chaque ville et de monter dans le véhicule correspondant à votre destination. Celle-ci est généralement affichée sur un panneau posé sur le toit du *matatu*. Les horaires de départ, et surtout d'arrivée, sont très fluctuants. Les *matatus*, quant à eux, partent une fois pleins (14 passagers).

VÉLO, TROTTINETTE & CO

Ne comptez guère sur le vélo ou la trottinette pour des déplacements en ville. En revanche, *boda-boda* ou *piki-piki*, les motos-taxis du Kenya ont envahi le territoire.

2044 kgCO_2e / personne

Aller-retour Paris-Nairobi

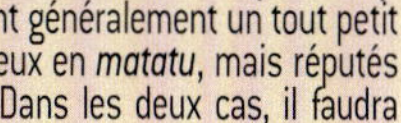

→ Le calcul de cette consommation CO_2 est fait à partir de Paris. L'idée est ici de montrer concrètement l'empreinte carbone de ce trajet, même s'il n'existe pas d'autre alternative que l'avion pour se rendre dans cette destination de manière directe.

En ville, comme à la campagne, ce moyen de transport concurrence avec ferveur les *matatus*. Très pratique si l'on veut éviter les embouteillages et pour de courtes distances. Les conducteurs sont généralement prudents et peuvent même vous conduire à travers les pistes, mais le port du casque passager n'est pas de rigueur, mieux vaut donc ne pas être trop regardant sur la sécurité. Certains voyageurs, partis pour un long séjour au Kenya, investissent à l'arrivée dans une moto (compter 1 000 US$ pour une Honda de base) et la revendent au départ. Une option séduisante pour les amateurs de liberté absolue, à condition de faire l'impasse sur les parcs nationaux et d'être un conducteur chevronné, habitué à la conduite africaine et bien assuré. Quant aux cyclistes, ils trouveront leur bonheur dans la forêt de Karura à Nairobi, dans la région de Limuru, qui offre des vues incroyables sur les plantations de thé, à Diani, Malindi ou Watamu, un bon moyen d'explorer la côte, ou encore à Naivasha, où de nombreux lodges proposent la location de VTT pour explorer le Parc national Hells Gate. Les cyclotouristes peuvent même envisager un safari en VTT de plusieurs jours ; certaines agences locales proposent des éco-safaris à pied, à vélo ou à cheval.

AVEC UN CHAUFFEUR

Pratique pour circuler dans et autour des grandes villes. Les prix sont assez élevés, mais les chauffeurs sont généralement honnêtes et ne cherchent pas à vous arnaquer. Il n'y a pas de compteur dans les véhicules, mettez-vous d'accord sur le prix de la course avant de monter. Il existe plusieurs compagnies de taxis. Les plus sûrs, les plus confortables et les plus chers, bien évidemment, sont les taxis que vous trouverez juste devant les grands hôtels. Uber a par ailleurs fait son entrée sur le marché kenyan, et à Nairobi cela fonctionne très bien ! Pour cela, il est indispensable d'avoir un téléphone avec une puce locale.

EN VOITURE

La voiture est le moyen le plus pratique et le plus agréable pour découvrir le Kenya, mais aussi le plus cher. Vous bénéficiez d'une grande liberté de mouvement, ce qui n'est absolument pas le cas lorsque vous voyagez en groupe. Toutefois, si vous optez pour cette solution, vous devez vous attendre à certaines contraintes et remplir quelques conditions. Si vous les remplissez, vous pouvez vous lancer seul à l'aventure et vous ne le regretterez pas. Toutefois, si tout cela vous fait peur, mais que vous souhaitez quand même visiter le Kenya en solo, vous avez la possibilité de louer un véhicule avec chauffeur. Toutes les compagnies de location proposent cette solution. Certes, vous ne serez pas seul au milieu de la savane, mais votre chauffeur connaîtra généralement bien les principaux itinéraires du pays et, en cas de pépin mécanique, vous serez content de l'avoir à vos côtés. De plus, l'état des routes et la conduite des Kenyans nécessitent un sens certain de l'anticipation et de bons réflexes, sans compter les embouteillages gigantesques de Nairobi, qui font le bonheur des vendeurs ambulants, beaucoup moins celui des conducteurs dont le mental peut être mis à rude épreuve quand on n'a pas l'habitude. Si vous envisagez de louer un véhicule pour visiter parcs et réserves, le 4x4 est fortement recommandé, si ce n'est obligatoire.

LES PHRASES CLÉS

Bonjour, comment puis-je me rendre à…
Hello, how can I get to…

Est-ce loin à pied ? Y a-t-il le métro ou un bus... pour y aller ?
Is it far on foot? Is there a tube or a bus I can take to get there?

Pouvez-vous me montrer cet endroit sur la carte s'il vous plait ?
Can you show me this place on the map please?

Où puis-je acheter les tickets de transport ? Est-ce que je peux payer en carte de crédit ?
Where can I buy transport tickets? Can I pay by credit card?

Où est la sortie ? A gauche, à droite ou tout droit ?
Where is the exit? Left, right or straight on?

Je suis perdu et je suis en retard, s'il vous plait, aidez-moi ! Merci beaucoup !
I'm lost and I'm running late, please help me! Thank you very much!

FOCUS

JAMBOJET SUSTAINABILITY

UNE COMPAGNIE AUX VALEURS ENVIRONNEMENTALES

La petite sœur de Kenya Airways est une incontournable de l'aviation civile régionale. Consciente de son impact, la compagnie se veut soucieuse et impliquée sur les enjeux environnementaux à l'échelle nationale. Si leur métier est de voler, ils ont effectivement les pieds sur terre.

Avec le programme Jambojet Sustainability, depuis 2016, les Objectifs de Développement Durable (4, 8, 10, 12, 13, 17) ont pu être intégrés à la stratégie de l'entreprise, engageant la compagnie sur les objectifs à long terme suivants : un impact positif sur l'environnement, une performance économique rationalisée et une responsabilité sociale accrue.

Jambojet se dirige vers un objectif zéro carbone net d'ici 2050 et une réduction de 30% de son empreinte. Ceci passant par une efficacité énergétique améliorée via des itinéraires optimisés. En participant à *The Aviation Challenge*, Jambojet a déjà réduit sa consommation de carburant de 16 %. Par ailleurs, elle s'engage en faveur de la biodiversité en soutenant des projets de compensation carbone dont la reforestation des mangroves de Mombasa et des forêts d'Eldoret, avec un objectif de 2 millions d'arbres plantés d'ici 2030. Aussi la compagnie s'engage dans la réduction des déchets à bord de ses Dash-8, et sur des actions de ramassage de plastiques sur les plages des stations balnéaires kenyanes.

Jambojet Sustainability, c'est un engagement social et des mesures en faveur des communautés. Le programme soutient la scolarité de plus de 70 enfants venant de milieux défavorisés, que ce soit à Nairobi, Ukunda, Kisumu. Permettant des formations dans les services de maintenance et d'opérations aériennes, ils offrent ainsi un tremplin professionnel. Des dons de denrées alimentaires, matériel scolaire, sont faits aux écoles. Enfin, en interne, l'entreprise favorise l'emploi et l'évolution des femmes.

Voler avec Jambojet, c'est voyager en conscience.

JAMBOJET
Loita Street - **NAIROBI**
✆ +254 711 024 545
www.jambojet.com

© JAMBOJET

© JAMBOJET

© JAMBOJET

A VOIR / A FAIRE

HORAIRES

- **Administrations.** Les bureaux sont ouverts du lundi au vendredi, de 8h à 13h et de 14h à 17h.
- **Banques.** Les agences sont généralement ouvertes de 8h30 à 16h, du lundi au vendredi, sans interruption, et le samedi matin.
- **Commerces.** En semaine, les magasins sont ouverts du lundi au vendredi de 8h à 13h et de 14h à 16h. Certaines boutiques restent ouvertes plus tard en soirée, ainsi que le samedi matin. Les centres commerciaux (à Nairobi notamment) sont ouverts tous les jours, jusqu'à 21h ou 22h, voire jusqu'à 23h.

A RÉSERVER

Les plus renommés, comme la Réserve du Maasaï Mara ou le Parc national d'Amboseli, accueillent chaque année des milliers de visiteurs. En haute saison (Noël, janvier, février et juillet-août, notamment dans le Mara avec la grande migration qui attire les photographes du monde entier), vous êtes certain de pouvoir observer de très près des dizaines de minibus chargés de touristes ! En revanche, dans des parcs plus isolés ou plus modestes (Samburu, Meru ou Shaba), vous pouvez passer des heures, voire des journées, sans rencontrer le moindre visiteur. Sur la côte, idem en saison haute, les Kenyans s'y retrouvent pour les fêtes de fin d'année, les touristes, notamment italiens, affluent et les hôtels affichent souvent complet. Mieux vaut donc s'y prendre plusieurs mois à l'avance et prévoir un budget plus conséquent.

BUDGET / BONS PLANS

- **Droits d'entrée dans les parcs nationaux.** Les parcs nationaux kenyans ont une gestion centrale, celle du Kenya Wildlife Service (KWS), et les règles sont en grande partie les mêmes d'un parc à l'autre. Pour toute information pratique, le site du KWS est très bien fait (www.kws.go.ke). Chaque personne doit s'acquitter d'un droit d'entrée dans chaque parc ; chaque véhicule fait également l'objet d'un droit. Bonne nouvelle : les droits d'entrée des parcs ont été révisés à

Safari dans le parc national d'Amboseli.

la baisse et sont désormais plafonnés à 60 US$ pour les visiteurs étrangers adultes (35 US$ pour les enfants/étudiants non-résidents). Pour le Maasaï Mara (qui n'est pas géré par KWS), il faudra compter 70 US$/jour/personne si vous séjournez à l'intérieur de la réserve. Depuis 2017, sauf exception (Samburu, par exemple), les parcs et réserves ne prennent plus de cash, le paiement se fait aux points d'entrée via Mpesa (Safaricom), Visa/Master Card ou via un dépôt direct sur des comptes KWS en shillings kenyans ou en dollars américains. Si vous souhaitez camper dans le parc, vous payerez également vos nuits directement à l'entrée du parc. Conservez toujours vos tickets avec vous, un contrôle est toujours possible.

Budget safari. Les safaris sont généralement chers ; mais il existe une très grande gamme de prix. Un safari classique d'une semaine coûte entre 1 300 € et 2 500 € par personne (les prix indiqués ne comprennent pas le billet d'avion). Ces prix varient en fonction du circuit, du mode de transport sur place, et de la qualité des hébergements. Notamment si vous séjournez dans les parcs ou les *conservancies*, aux hébergements s'ajoutent les droits de visite du parc, la note grimpe vite ! Certains safaris particulièrement luxueux ou plus originaux peuvent coûter beaucoup plus cher. Si vous organisez vous-même votre safari, votre budget dépendra bien évidemment des options choisies sur place. Sans la location d'un véhicule tout-terrain de base (minimum 75 € par jour), comptez environ 1 000 € par personne pour une semaine de safari classique (sur la base de deux personnes voyageant ensemble). Sachez aussi que plus votre safari est long et réalisé à plusieurs, moins il est coûteux.

LES ÉVÉNEMENTS

Un événement naturel des plus spectaculaires est la migration de certaines espèces à travers le pays ; c'est donc une bonne idée de prévoir son voyage à ce moment-là. Notamment, les gnous effectuent une grande migration (environ 2 millions d'individus) entre le Maasaï Mara et les plaines du Serengeti en Tanzanie, entre juillet et septembre, voire jusqu'en octobre dans un sens, en décembre-janvier dans l'autre. Ces dates sont approximatives, selon les conditions climatiques de l'année. D'autres mammifères migrent à cette même période, pour résider dans le Mara de juillet à décembre à peu près. Les oiseaux effectuent également des migrations ; notamment, les lacs de Nakuru et Baringo en connaissent le plus grand nombre, dont les flamants roses, entre mars et mai.

VISITES GUIDÉES

Inutile de thématiser une visite du Kenya sous le signe des safaris dans les parcs nationaux : ce sera l'objet principal de la plupart des visites du pays. En revanche, on peut thématiser ses safaris ; ainsi, entreprendre un safari à cheval, option proposée par certaines agences. Bien entendu, il est préférable voir indispensable d'avoir un chauffeur-guide pour profiter au maximum de son temps dans les parcs et réserves. Ces derniers sont expérimentés, et parfois même de vrais pisteurs.

Autre moyen de locomotion qui donne un autre aperçu d'un pays que la voiture : ses jambes ! Certes, il n'est pas toujours aisé de parcourir le Kenya à pied. Excepté l'ascension des monts Kenya et Elgon, la grande majorité des safaris se fait en 4x4, tout autant pour des questions de distance que de sécurité (il est interdit d'évoluer à pied dans les réserves). Plusieurs spécialistes de la randonnée réussissent néanmoins à concocter ce type de séjour ; on peut ainsi randonner dans la chaîne des Aberdares, dans l'ouest du pays, et à vrai dire, le mont Kenya peut être l'occasion d'un séjour trekking à lui tout seul. Vu d'Europe, le Kenya apparaît souvent comme une grande réserve animalière. Cet aspect occulte souvent la perfection de la côte swahilie ! Plages de sable fin, palmiers et récifs coralliens, infrastructures développées, la côte kényane a quelque chose de paradisiaque. Lamu, Watamu, Diani ou Kilifi sont des endroits idylliques qui réjouiront les amateurs du genre. D'autant que la civilisation swahilie, bien présente à Mombasa, aura de quoi satisfaire un séjour non dénué d'aspects culturels avec la possibilité de visiter de nombreux sites archéologiques.

On peut aussi orienter son séjour vers une découverte authentique des populations. Le Kenya connaît des modes de vie et des cultures variées et très contrastées avec plus de 40 ethnies sur son territoire. Si la visite de villages masaïs est la plupart du temps dénuée d'authenticité, l'exploration de la vallée du rift, de la région du Turkana ou de Samburu, avec leurs ethnies variées, aux modes de vie encore traditionnels, complétera un séjour sur la côte, très urbanisée, à Nairobi ou dans les régions agricoles prospères des hautes terres centrales ou de l'ouest du pays.

FUMEURS

Une loi sur le tabac avait été proposée au Parlement en 2005 mais n'a jamais été approuvée. Chaque ville est donc libre de voter sa propre loi. Il est désormais interdit de fumer dans les lieux publics (stations de bus, restaurants, bars...) à Nairobi, ainsi qu'à Nakuru et Mombasa. Mais la loi reste confuse sur les endroits attribués aux fumeurs et certains hôtels disposent encore de chambres fumeurs. Dans la rue, en théorie, si un policier vous surprend une cigarette à la main, vous êtes passible d'une amende de 2 000 Ksh (environ 15 €). Selon le ministère de la Santé kényan, 12 000 Kényans meurent chaque année des conséquences du tabac. Un paquet coûte en moyenne 250 Ksh, soit environ 2 €.

C'EST TRÈS LOCAL

Quoi de plus local que de flâner au Uhuru Park dans le centre-ville de Nairobi, où les Kényans ont l'habitude de se retrouver pour un pique-nique, jouer de la musique, ou simplement lire à l'ombre.
Profitez également des divers marchés proposant toutes sortes d'artisanats locaux, des tissus à la maroquinerie, en passant par les peintures et statuettes.
Aussi, lors d'une visite au Kenya, il est important de respecter la culture et de suivre les coutumes et codes vestimentaires locaux. Rien n'interdit les shorts et les mini-jupes, toutefois, c'est une question de respect pour la population qui vous accueille. En raison de la chaleur et de l'humidité, il est préférable de porter des vêtements légers en coton. À Nairobi, comme dans la plupart des régions centrales, ainsi que dans le Maasaï Mara, les soirées sont fraîches, prévoir une veste chaude, de type polaire, et un imperméable. Pour un safari, choisir des habits de couleur neutre (kaki, beige, gris ou brun), des matières naturelles et des coupes confortables.

LES PHRASES CLÉS

Bonjour, puis-je avoir deux entrées adultes et un enfant s'il vous plait ?
Hello, can I have two adults and two children tickets please?

Le tarif enfant est jusqu'à quel âge ? Et pour les seniors, est-ce qu'il y a une réduction ?
What age counts as a child? Is there an OAP discount?

Est-ce qu'il y a des visites guidées en français ou un audioguide ?
Is a guided tour in French or an audioguide available?

Combien de temps faut-il pour faire la visite ?
How long does the visit take?

J'ai du mal à monter les escaliers, avez-vous un ascenseur ?
I struggle with stairs, do you have a lift please?

Excusez-moi, pouvez-vous me dire où sont les toilettes ? Merci beaucoup.
Excuse me, can you tell me where the toilets are please? Thank you very much.

SE RÉGALER

HORAIRES

Il y a deux modes de restauration possibles au Kenya : le restaurant officiel, et l'officieux sur le trottoir. Dans le premier, on s'assoit et on mange comme dans n'importe quel autre restaurant du monde. Pour le second, ce sont le plus souvent des femmes qui font cuire des bananes ou des cassavas (manioc) et que l'on achète à l'unité. Au Kenya, on peut manger à n'importe quelle heure cette nourriture rapide et locale. Néanmoins, le rituel familial se compose de trois repas quotidiens. Les restaurants, dans la capitale notamment, proposent pour la plupart un service continu de 11h-12h à 22-23h. Ailleurs, la coutume est d'assurer un service le midi entre 11h30 et 15h30 et le soir entre 18h30 et 21h30. Les jours de fermeture varient, certains établissements, du plus petit au plus grand, sont ouverts tous les jours, d'autres ferment le dimanche ou le lundi.

BUDGET / BONS PLANS

La nourriture et la restauration sont généralement très bon marché, mais pas en restaurant ni dans les lodges et hôtels de luxe. Il existe cependant de nombreux petits restaurants où vous pouvez vous faire servir un repas copieux pour à peine 5 € (notamment dans les restaurants indiens ou dans les « nyama choma » de quartier). Une bonne partie des établissements (hôtels, restaurants, cafés, station-service, boutiques, etc.) acceptent la carte bancaire (Visa, MasterCard, etc.). Certains petits commerçants ou restaurants peuvent cependant la refuser, et ce sera probablement le cas dès que vous sortez des villes. Pensez donc à retirer des espèces dans ces cas-là.

EN SUPPLÉMENT

Dans les restaurants, comptez environ 10 % pour le service. Si celui-ci est déjà compris, vous pouvez tout de même laisser 20 Ksh ou 30 Ksh. Les taxes gouvernementales (dont la VAT, notre TVA) sont très souvent prises en compte dans les prix affichés. Renseignements sur le site du Kenya Revenue Authority : www.kra.go.ke

C'EST TRÈS LOCAL

La cuisine africaine est globalement très épicée, le Kenya ne fait pas exception. Les influences indiennes teintent la cuisine du pays. Et le piment est toujours sur la table, prêt à chauffer les papilles ! Dans les hôtels et restaurants à destination des touristes, c'est souvent une version édulcorée des mêmes plats que l'on sert, beaucoup moins risqués pour le palais, même s'ils restent épicés. Dans les restaurants locaux, la nourriture proposée varie peu, ce qui peut parfois lasser les visiteurs. Il existe à Nairobi ou Mombasa bon nombre de restaurants de cuisine internationale. Ils sont plus chers, mais présentent des gammes gastronomiques variées et de qualité.

Nyama choma.

Mais le Kenya reste avant tout le pays de la bière *Tusker*, et du *nyama choma !* Il s'agit de viande grillée (de mouton, chèvre, poulet ou bœuf...), traditionnellement accompagnée d'*ugali* (farine de mil ou de maïs cuite à l'eau et agglomérée en boule) ou d'*irio kikuyu* (purée de pois, de pomme de terre et de maïs). Sur les marchés, en bordure de route, en ville ou dans les villages reculés, il y aura toujours une échoppe où l'on peut déguster à toute heure de la journée un *nyama choma,* dans sa version basique, avec du piment, du sel et... avec les doigts ! Si vous visitez le Kenya par la route, vous ne passerez pas à côté de la multitude d'échoppes proposant fruits et légumes du lever au coucher du soleil.

A ÉVITER

Afin d'éviter quelques désagréments d'ordre intestinaux, quelques conseils de base s'imposent. Liée à l'ingestion de boissons ou d'aliments contaminés, la fameuse « tourista » ou « diarrhée du voyageur », a une origine infectieuse, bactérienne le plus souvent (Escherichia coli, salmonelles), virale parfois (rotavirus, norovirus), ou parasitaire (comme les amibes). Il convient donc de se laver systématiquement les mains avant les repas et toute manipulation d'aliments. En l'absence d'eau et de savon, utilisez une solution hydro-alcoolique. De façon générale, évitez les glaçons, les aliments crus, les crudités et les fruits non pelés. « *Cook it, peel it or forget it* » ! Cette expression anglaise résume bien les précautions à prendre : « si vous ne pouvez pas le cuire, si vous ne pouvez pas l'éplucher, alors évitez de le manger ». Mieux vaut bien cuire les viandes, les poissons et les crustacés. Ne consommez que de l'eau en bouteille (décapsulée devant vous) ou bouillie. Le café et le thé sont des boissons « sûres ». De même, il est préférable de se brosser les dents avec de l'eau minérale en bouteille ou de l'eau préalablement purifiée avec des comprimés désinfectants de type Micropur® ou Aquatabs®. Les hôtels mettent généralement tous de l'eau minérale à disposition dans les chambres de leurs clients.

FUMEURS

Il est interdit de fumer dans tous les lieux publics, et donc dans les restaurants, en dehors des zones dédiées à cet effet, souvent en terrasse ou à l'extérieur de l'établissement.

LES PHRASES CLÉS

Bonjour, je voudrais réserver une table pour deux personnes pour ce midi ou ce soir.
Hello, I'd like to book a table for two for today at lunchtime or in the evening.

Avez-vous un menu en français ou en anglais ?
Do you have a menu in French or English?

Je suis végétarien, y a t-il des plats sans viande ?
I'm vegetarian, are there any dishes that don't contain meat?

Je n'ai vraiment plus faim mais avez-vous une carte des desserts ?
I'm full now but can I see the dessert menu just in case?

Puis-je avoir l'addition s'il vous plait ? Je peux payer par carte ou en espèces ?
Can I have the bill please? Can I pay by card, or do you need cash?

C'était très bon, nous reviendrons. Merci et à bientôt.
It was delicious, we will be back. Thank you, see you soon.

PRATIQUE

FAIRE UNE PAUSE

A PARTIR DE QUEL ÂGE

Il faut avoir 18 ans pour avoir le droit d'acheter et de consommer de l'alcool. Vendre de l'alcool à un mineur est aussi une infraction punie par la loi. Néanmoins, la consommation d'alcool est devenue un problème de santé publique majeur au Kenya, y compris chez les moins de 18 ans. La pandémie de Covid-19 n'a fait qu'aggraver la situation. Au total, plus de 2,8 millions de Kenyans présentent des troubles liés à la consommation régulière et abusive d'alcool, soit un taux de prévalence supérieur à 10 %. Selon le ministère de l'Intérieur, le pays enregistre chaque année 5 000 décès liés à l'alcool.

C'EST TRÈS LOCAL

« *A Tusker Lager please !* ». Qu'on se le dise, les Kenyans sont férus de bière. Ils comptent d'ailleurs parmi les plus gros buveurs de bière en Afrique (18 litres par habitant et par an). A tel point que la Tusker est devenue un emblème national... Le slogan « *Tusker. My country. My Beer.* » en dit long sur ce que représente aujourd'hui cette marque de bière blonde « *made in Kenya* ». Une identité avant tout. La *Tusker* naît en 1922, lorsque le fondateur de Kenya Breweries Ltd, George Hurst, est tué par un éléphant lors d'un accident de chasse. Son frère Charles, qui reprend la direction de l'entreprise, décide de nommer ainsi la toute première bière blonde, en mémoire de son frère. *Tusker* désignant les grands éléphants mâles indigènes d'Afrique de l'Est. Un safari ne serait donc pas complet sans une *Tusker* ! Et même si les Kenyans la consomment souvent à température ambiante, nous vous recommandons de la demander « *baridi sana* » (qui signifie « très froid » en swahili). Le coucher de soleil, après une chaude journée, n'en sera que plus savoureux. Pour les adeptes de boissons chaudes, thés et cafés (souvent accompagnés de gingembre, et de beaucoup de sucre) sont proposés partout et à toutes heures de la journée. On vous recommande aussi une pause rafraîchissante à base de bissap (jus d'hibiscus).

LES PHRASES CLÉS

Bonjour, quelle est la spécialité de la maison ? Nous voulons découvrir.
Hello, what's the speciality here? We want to try it.

Avez-vous de la place en terrasse ?
Do you have any room on the terrace?

Quel est votre nom ? Je m'appelle… Ravi de vous rencontrer !
What's your name? I'm... So pleased to meet you!

A votre santé ! Zut, j'ai renversé mon verre… pouvez-vous m'aider ?
Cheers! Oh no, I've knocked over my drink...can you help me?

C'était très bon. Nous allons reprendre la même chose s'il vous plait.
It was delicious. We'll have the same again please.

(SE) FAIRE PLAISIR

BUDGET / BONS PLANS

Au Kenya, notamment à Nairobi, il y a de quoi faire chauffer la carte bleue. Les jolies boutiques et marques de créateurs kenyans (mode et accessoires, design, décoration, maroquinerie...), que l'on peut trouver dans la capitale, pratiquent des prix européens. L'artisanat local est riche et varié. Les articles que l'on peut acheter en magasin, dans les hôtels ou centres commerciaux, affichent généralement des prix supérieurs à ceux pratiqués sur les marchés ; les produits sont sélectionnés et vous n'aurez pas à marchander. Sur les marchés, le marchandage reste en revanche de rigueur, il y aura moins d'intermédiaires et vous pourrez faire de bonnes affaires, mais les prix se discutent toujours... beaucoup.

C'EST TRÈS LOCAL

- Tous les jours, et dans toutes les villes et gros villages, se tiennent des marchés grouillant d'activité. On y trouve toutes sortes de fruits tropicaux, de légumes, de viandes (très appréciées des mouches !), mais aussi des objets d'art, des tissus ou des vêtements. N'ayez pas peur de vous y aventurer : les produits sont bon marché, de qualité et c'est l'occasion d'un contact direct avec la population. L'un des plus importants marchés ouverts du Kenya se tient à Karatina (sur la route de Nairobi à Nanyuki, à 20 km avant Nyeri).
- Il est indispensable de marchander ! Partez du principe que le prix de départ est supérieur à la valeur normale. Discuter, parlementer est une pratique courante dans le pays mais sans s'énerver : les deux partis doivent y trouver leur compte.
- Les marchés masaïs sont nombreux à Nairobi. Hormis les jours officiels sur les emplacements dédiés, des petits marchés se déploient parfois devant certains hôtels. Sur les plages de Mombasa, des vendeurs masaïs facilement reconnaissables (et plus ou moins authentiques) se présenteront à vous, pour vous vendre colliers,

Kikoy.

bracelets et autres babioles. Ils peuvent parfois se montrer insistants ; si vous n'êtes pas du tout intéressés, mieux vaut donc décliner gentiment mais fermement l'offre.

▸ Avec le développement économique du pays ces dix dernières années, permettant l'émergence d'une classe moyenne dont le pouvoir d'achat a bien augmenté, les centres commerciaux, les *malls*, se sont par ailleurs multipliés, dans la capitale et les grandes villes du pays. Ils sont devenus des repères incontournables, des lieux de vie et de rendez-vous très populaires.

▸ Les produits typiques à rapporter du Kenya : un Kikoy original (ou kikoï), ce paréo artisanal en coton peigné de qualité, et aux couleurs rayonnantes ; un shuka, ce tissu traditionnel, où le rouge domine, qui fait le symbole et l'identité du peuple masaï ; des bijoux masaïs (colliers et bracelets faits de perles multicolores) ; pourquoi pas une statuette d'une girafe ou d'un éléphant en divers matériaux, des sacs, pochettes ou porte-feuilles en tissu comme en cuir, des jouets et des objets d'art magnifiquement réalisés par Ocean Sole ; et enfin... du café kenyan, l'un des meilleurs au monde.

LES PHRASES CLÉS

Bonjour, c'est superbe, mais combien ça coûte ?
Hello, that's stunning, but how much is it?

Vous auriez ma taille ? Où se trouvent les cabines d'essayage ?
Do you have it in my size? Where are the changing rooms?

Est ce que je pourrai vous le rapporter et l'échanger si ça ne va pas ?
Can I exchange it if it doesn't fit?

J'ai trop dépensé aujourd'hui, pouvez-vous me faire une réduction sympa ?
I've spent too much today already, any chance of a discount?

Je prendrai celui-ci. Pouvez-vous me faire un paquet cadeau ?
I'll take this one. Can you gift-wrap it for me?

Vous prenez la carte de crédit ? Où puis-je trouver un distributeur de billets ?
Do you take credit cards? Where can I find a cash point?

BUDGET / BONS PLANS

Le Kenya permet de nombreuses activités pour les plus actifs et aventuriers en quête de nouvelles expériences. Voici quelques sources d'inspiration :

- **S'entraîner à la course à pied en altitude.** Les amateurs de course à pied peuvent programmer un séjour d'entraînement à Iten, la ville des champions de marathon. Des séjours de 15 jours sur place sont organisés par Traininkenya.com.
- **Grimper les sommets.** Les passionnés de haute montagne pourront se lancer dans l'ascension du Mont Kenya, le deuxième plus haut sommet d'Afrique, après le Kilimandjaro. Mais le Parc national du Mont Kenya offre également de nombreuses possibilités de treks et de pêche à la truite. Compter une nuit ou deux sur place, trois à quatre jours si vous souhaitez atteindre le sommet (5 199 m).
- **Se découvrir une passion pour le kitesurf.** Le Kenya est une destination de prédilection pour les kitesurfers ! Les meilleures périodes s'étendent du mois de décembre au mois de février (période d'ailleurs choisie pour la fameuse Kenya Kite Cup à Diani ; https://kitecupkenya.com), puis de juillet à septembre. Les spots que l'on trouve tout le long de la côte, de Lamu à Mwambweni, en passant par Watamu, Nyali Beach et Diani Beach, offrent des conditions de pratique et d'apprentissage idéales, dans un décor de carte postale. Vous trouverez de nombreux centres de kitesurf, pour louer du matériel, débuter ou vous perfectionner (Diani en concentre le plus grand nombre).

Survol du Maasai Mara en montgolfière.

Se ressourcer avec un safari yoga. Pour les adeptes du « chien tête en bas », certains établissements proposent des retraites (de luxe) alliant découverte, safari et pratique du yoga. Sur la côte, nous vous recommandons le Banana House and Wellness Center à Lamu et Watamu Treehouse à Watamu.

Survoler le Masaai Mara en montgolfière. Flotter dans les airs, au-dessus des plaines infinies du Kenya, voir le soleil s'élever dans le ciel du Mara et colorer la faune comme la savane, constituent une expérience inoubliable. Frissons de bonheur garantis... mais à un certain tarif.

D'autres possibilités existent. En effet, certains opérateurs proposent des séjours autour de la pêche sportive, de l'équitation. Amoureux de musiques ou de yoga ne seront pas en reste avec de nombreux événements tout au long de l'année.

LES ATTRAPE-TOURISTES

Sur la côte, au sud et au nord de Mombasa, ne vous laissez pas intimider par les « beach boys » qui traînent sur les plages et embêtent les touristes, et faites attention à vos affaires… Aussi, afin d'éviter les mauvaises surprises, notamment avec les taxis, bien négocier et fixer le prix avant la course.

LES PHRASES CLÉS

Bonjour, comment puis-je me rendre à… ? Est-ce loin ?
Hello, how can I get to...? -Is it far?

J'aimerais aller courir. Il y a un coin sympa pour cela dans la ville ?
I'd like to go for a run. Is there somewhere good to run around the town?

J'adore cuisiner. Savez-vous où je peux trouver des cours de cuisine ?
I love cooking. Do you know where I can take a cooking class?

Vous pourriez m'indiquer une salle de sport pas très loin ?
Can you tell me where the nearest public gym is?

Quel est le sport national ?
What is the national sport?

Pensez-vous que nous pourrions voir cela ou même participer ?
Do you think we could watch it somewhere, or maybe try it?

PRATIQUE

SORTIR

HORAIRES

Le créneau horaire des « happy hours » peut varier, mais il est généralement positionné entre 17h et 19h. A Nairobi, les Kenyans aiment se retrouver en semaine, après leur journée de travail, autour d'un verre. Les « happy hours » sont devenus un rituel très partagé par la classe moyenne urbaine.

TRANSPORTS NOCTURNES

De façon générale, la conduite de nuit est déconseillée. De même, il n'est pas recommandé de circuler à pied, qui plus est à Nairobi, y compris au sein d'un même quartier. Le mieux étant de recourir aux services d'Uber, qui fera la joie des noctambules. Sur la côte, le moyen de transport le plus répandu sur de courtes distances, de jour comme de nuit, reste le tuk-tuk. Les restaurants et les hôtels peuvent vous en appeler un.

A PARTIR DE QUEL ÂGE

L'alcool est interdit à la vente et à la consommation pour les mineurs.

C'EST TRÈS LOCAL

Dans les quartiers populaires et défavorisés, il est possible de consommer un alcool artisanal, appelé « busa », « chang'aa » ou « kumi kumi ». Cet alcool très bon marché fait des ravages. Produit à partir de millet, de sorgho ou de maïs fermenté, on y ajoute du méthanol, du carburant ou même de l'acide sulfurique pour obtenir plus vite une haute teneur en alcool.
Une loi passée en 2010 a eu pour but de légaliser pour mieux contrôler et encadrer la production et la distribution de cet alcool traditionnel, mais le brassage illégal reste répandu et de nombreux bars clandestins continuent malheureusement de vendre cet alcool qui peut s'avérer fatal.

FUMEURS

Il est interdit de fumer dans les espaces publics, hors zones dédiées. Dans les faits, dans certains bars, il peut arriver que l'espace non-fumeurs devienne à l'inverse la « zone dédiée ». La législation n'encadre en revanche pas l'usage de la cigarette électronique.

LES PHRASES CLÉS

Bonsoir, comment puis-je me rendre à…
Good evening, how can I get to…

Est ce que cet endroit est tranquille ? Il n'y a pas de problème de sécurité ?
Is it a calm place? Are there any safety issues?

J'aimerais voir un spectacle typique ! Qu'est-ce qu'il y a en ce moment ?
I'd love to see a traditional show! What's on at the moment?

Je ne comprends pas… pouvez-vous répéter s'il vous plait ? Merci.
I don't understand, can you repeat please? Thank you.

Est-ce que je peux vous offrir un verre ? Quel est le meilleur cocktail de la maison ?
Can I buy you a drink? What's the best house cocktail?

J'ai la gueule de bois, auriez-vous quelque chose pour que j'aille mieux ?
I'm hungover, do you have anything that might help?

BUDGET / BONS PLANS

Budget. D'une manière générale, les dépenses dépassent toujours le budget initialement prévu : les visiteurs sont constamment sollicités pour acheter ceci ou cela et, il faut le dire, les *mzungus* (« blancs » en swahili) payent presque systématiquement un prix plus élevé que les Kényans. Les hôtels et les lodges affichent des tarifs différents pour les « résidents », « non-résidents » et « résidents de l'Afrique de l'Est ». Longtemps réservés à des voyageurs aisés, les voyages au Kenya sont cependant devenus à présent plus abordables. On peut notamment séjourner dans les superbes hôtels de la côte pour des prix raisonnables, mais qui restent mirobolants si l'on imagine le niveau de vie de la population.
Il y a au Kenya toutes les gammes représentées : camping, maisons d'hôtes, hôtels 3 ou 5 étoiles, lodges de luxe, camps de toile. De quelques dizaines d'euros pour un petit hôtel urbain avec douches et toilettes communes jusqu'à 700 € pour une nuit dans un campement de luxe, selon la saison. Avec un budget moyen de 300 US$ par jour, il y a de quoi expérimenter de belles adresses. Rassurez-vous, un voyage au Kenya est tout à fait envisageable même avec un budget de 100 US$ quotidien pour deux.

Campings. C'est la façon la plus authentique et la plus passionnante de découvrir l'Afrique. C'est aussi le seul moyen de visiter le Kenya sans dépenser une fortune en hébergement. Tous les parcs et réserves possèdent des emplacements pour les campeurs. Ils sont le plus souvent situés près des lodges ou près des entrées des parcs et n'offrent pratiquement aucun aménagement. Il faut donc être totalement autonome et assurer la logistique, cela demande une certaine organisation en raison des dangers que peuvent représenter les animaux sauvages. Sur la côte, les campings sont peu nombreux, mais plus confortables. Pour connaître les meilleurs emplacements, demandez conseil aux rangers à l'entrée des parcs. Comptez tout de même entre 20 et 50 US$ par nuit et par personne (pour les non-résidents et selon le site). Camper au milieu de la savane est une expérience inoubliable, mais qui nécessite de prendre certaines précautions.

Camps de toile. Ce sont de proches parents des lodges. On en retrouve les qualités et services : situation exceptionnelle, personnel attentif, tranquillité. Mais ici, les cases et les bungalows sont remplacés par de grandes tentes, pourvues d'un confort et d'un raffinement inattendus (décoration soignée, excellente literie, salle de bains en dur, eau courante chaude et froide, éclairage à la bougie, atmosphère « Out of Africa » garantie...). Plus encore que les lodges, les camps de toile organisent de très nombreuses activités (safari à pied, safari de nuit, safari ornithologique...) et permettent un contact plus direct avec la nature. En contrepartie, les prix y sont un peu plus élevés. Dans les parcs, les *packages* tout inclus avec le transport depuis Nairobi, une ou deux nuits sur place, la pension complète, les game drives, le *sundowner*... sont pratiqués par la plupart des camps et des lodges.

Location de maisons. Il est de plus en plus facile de louer des maisons au Kenya, et c'est une aubaine pour les petits groupes, car les tarifs sont très avantageux et les conditions d'hébergement souvent remarquables. Cela va du petit bungalow simple pour quatre personnes à la superbe demeure coloniale pour quinze personnes. La plupart de ces maisons sont louées avec du personnel de maison (cuisinier, femme de chambre, gardien...). Sur la côte, à Lamu en particulier, de nombreuses maisons swahilies ont ainsi été rénovées, superbement aménagées, et peuvent être louées pour un ou plusieurs jours.

© TSUPI - SHUTTERSTOCK.COM

À RÉSERVER

Il est bon de savoir qu'en période creuse (avril, mai, juin et novembre) la plupart des hôtels et des lodges revoient leurs tarifs à la baisse, parfois de façon très significative. Ce qui veut aussi dire que des opportunités s'ouvrent pour les petits budgets qui devraient y regarder à deux fois avant de se rendre au Kenya au moment des fêtes de fin d'année ou en juillet-août. En fonction des disponibilités de chacun évidemment, on peut visiter le pays à des périodes où les parcs sont moins bondés et les hébergements moins chers. Dans les parcs et réserves, le Maasai Mara notamment, certains camps ferment à la saison des pluies, dite saison basse, en avril et mai. D'autres restent ouverts et offrent la possibilité d'un safari à petit prix. Certes vous risquez une météo plus capricieuse, mais les animaux restent visibles et le nombre de visiteurs considérablement réduit. Les lodges pratiquent les tarifs les plus élevés en saison haute, du 15 juillet au 30 septembre et du 20 décembre au 5 janvier environ. Sachez que la grande migration a lieu en juillet/août, la fréquentation du Maasai Mara bat son plein. Il est recommandé de réserver pour cette période plusieurs mois à l'avance.

C'EST TRÈS LOCAL

Self Catering Bandas. Le Kenya Wildlife Service (KWS) gère dans la plupart des parcs nationaux (pas dans les réserves) des cottages plus ou moins bien aménagés qui permettent de séjourner confortablement à des prix raisonnables. Cette formule est particulièrement avantageuse lorsqu'on voyage en petit groupe car les bungalows se louent le plus souvent en totalité. Il s'agit de « Self Catering Bandas », c'est-à-dire de bungalows qui disposent d'une cuisine équipée. Il en existe trois catégories : les guesthouses (les plus confortables), les cottages et les bandas (les plus basiques). Tous ces logements sont décrits en détail dans les sections relatives aux parcs dans lesquels ils se trouvent, à savoir les Aberdares, Nakuru, le mont Kenya, les monts Elgon et Meru ainsi que près du parc marin de Malindi. Tarifs et informations : www.kws.go.ke

Pourboire en safari. A la fin de votre safari, il est d'usage de laisser un pourboire plus conséquent à votre chauffeur, à votre guide, voire au cuisinier. Dans tous les cas, la somme sera calculée en fonction des services rendus et de la qualité du personnel. A titre indicatif, il est recommandé de donner 5 à 7 US$ (4 à 6 €) par personne voyageant par jour de safari pour votre chauffeur-guide. Au Kenya, le pourboire est une tradition ancrée dans la plupart des services. La perspective d'un bon pourboire est souvent la meilleure des motivations.

FUMEURS

La plupart des hôtels sont non-fumeurs, toutefois certains établissements disposent de chambres fumeurs.

LES PHRASES CLÉS

Bonjour, avez-vous de la disponibilité pour une chambre double pour ce soir ou demain soir ?
Hello, do you have a double room available tonight or tomorrow?

Avez-vous un code wifi… les enfants ne tiendront pas sans !
Do you have a Wi-Fi code... otherwise my kids will go nuts!

C'est bruyant, est ce que je peux changer de chambre ?
It's noisy, can I move to a different room?

Jusqu'à quelle heure est-ce que nous pouvons aller à la salle de sport et à la piscine ?
What time do the swimming pool and gym close?

Est-ce que je peux laisser mon bagage et revenir plus tard le récupérer ?
Can I leave my luggage and come back later to pick it up?

Est-ce que vous pouvez nous appeler un taxi ? Merci beaucoup.
Can you call us a taxi? Thank you very much.

ALLO ?

Le Kenya est très bien couvert. En plein bush, vous verrez les jeunes Maasaï utiliser Internet sur leur portable. Ils sont d'ailleurs pour la plupart sur Facebook. Pour la téléphonie mobile, plusieurs opérateurs se partagent le marché kényan : Safaricom, Airtel et Telkom. Il est très aisé et rapide d'ouvrir une ligne : il suffit pour cela de se rendre, avec son passeport, dans une agence de l'un des opérateurs. Option à privilégier si vous envisagez un road trip en relative autonomie, ou même si vous venez pour le travail. Si vous souhaitez garder votre forfait français, il faudra avant de partir, activer l'option internationale (généralement gratuite) en appelant le service clients de votre opérateur. Lorsque vous utilisez votre téléphone français à l'étranger, vous payez la communication, que vous émettiez l'appel ou que vous le receviez. Dans le cas d'un appel reçu, votre correspondant paie lui aussi, mais seulement le prix d'une communication locale. Tous les appels passés depuis ou vers l'étranger sont hors forfait, y compris ceux vers la boîte vocale : ça coûte alors très cher. Un conseil : pensez à désactiver vos données mobiles en arrivant au Kenya et à en limiter leur utilisation, au risque de voir votre facture exploser.

- Téléphoner au Kenya de France ou d'ailleurs : + 254 (code pour le Kenya) + le numéro sans le 0 qui précède chaque indicatif de région s'il s'agit d'une ligne fixe et sans le 0 qui précède les indicatifs de portable (commencer donc par le 7).
- Téléphoner du Kenya en France : +33 et votre numéro sans le 0 qui précède. En Belgique : +32 et votre numéro sans le 0 qui précède. En Suisse : +41 et votre numéro sans le 0 qui précède. Au Canada : +1 et votre numéro sans le 0 qui précède.
- Téléphoner au Kenya : si vous appelez avec un numéro local (vous pouvez acheter à l'arrivée une carte SIM prépayée auprès de l'un des différents opérateurs), on compose directement le numéro indiqué après l'indicatif +254, en ajoutant un 0. Exemple : si vous devez appeler le +254 712 XXX XXX, vous composerez le 0712 XXX XXX.

ACCESSIBILITÉ

Au Kenya, mis à part avec les hôtels, certains lodges et les agences haut de gamme, il n'y a pas vraiment d'infrastructures adaptées aux personnes à mobilité réduite. Voyager seul peut s'avérer un peu compliqué mais pas impossible. Il est cependant recommandé de passer par des spécialistes pour faciliter le séjour et le rendre le plus agréable possible.

SANTÉ

Le Kenya est l'un des pays d'Afrique où le système de santé est le plus développé. Pour connaître les urgences et établissements aux standards internationaux : consultez le site de l'Ambassade de France au Kenya (https://ke.ambafrance.org/Qui-joindre-en-cas-d-urgence).

Pêcheurs de Sindo.

Bon à savoir. Les *Flying Doctors* de l'AMREF se déplacent en avion dans tout le pays, et peuvent intervenir à tout moment, même en pleine brousse. Nous vous recommandons fortement de souscrire une assurance avant de partir, en plus de votre assurance voyage habituelle. Renseignements, tarifs et conditions : https://flydoc.org/.

URGENCES SUR PLACE

En cas de pépin de santé sérieux ou d'accident grave, un réflexe : contacter le consulat de France. Il se chargera de vous aider, de vous accompagner et vous fournira la liste des médecins francophones. En cas de problème grave, c'est aussi lui qui prévient la famille et qui décide du rapatriement (+254 203 893 697, du lundi au vendredi de 9h à 17h heure de Paris).

SÉCURITÉ

Être alerté en cas de crise pendant un voyage. Ariane est un portail, proposé sur le site du ministère des Affaires étrangères, qui permet, lors d'un voyage de moins de 6 mois, de s'identifier gratuitement auprès du Ministère. Une fois les données saisies, le voyageur pourra recevoir des recommandations liées (par SMS ou mail) à la sécurité dans le pays. En outre, la personne désignée par le voyageur comme « contact » en France sera prévenue en cas de danger. De nombreux conseils et avertissements sont également fournis grâce à ce service !

Sur la route. Si nous avions à vous mettre en garde contre un danger, ce serait celui de la route. L'état des voies est parfois déplorable (trous, ornières, route se transformant en terrain de cross-country...) et la signalisation inexistante (pas de ligne blanche, pas d'éclairage...). De plus, les gens roulent vite et, parfois, dans des véhicules ruinés par le temps et les kilomètres (*matatus* et bus en particulier). Premier conseil, roulez de jour ! Seules les portions de routes traversant des villes ou des villages sont parfois éclairées. Deuxième conseil, roulez doucement ! Même si, parfois, certaines voies vous semblent impeccables, elles peuvent brusquement se transformer en pistes de terre. Sans compter les innombrables « bumps » (ralentisseurs qui peuvent atteindre jusqu'à 30 cm de haut !) et tout ce qui est susceptible de traverser la route sans prévenir (enfants, animaux sauvages, chèvres, etc.).

Femme seule en voyage. Une femme seule au Kenya ne rencontrera pas de problèmes particuliers, excepté bien entendu la drague. En revanche, le fait de voyager seul (qu'on soit un homme ou une femme) est quelque peu singulier pour les Africains, peuple communautaire s'il en est. Une femme voyageant seule leur paraîtra d'autant plus étrange, notamment lorsqu'elle se rendra dans un maquis ou un bar ordinairement fréquenté uniquement par les hommes. En résumé, à condition d'endurer les sollicitations permanentes de la part de la gent masculine (par ailleurs relativement galante), une femme seule se verra souvent aidée et accueillie comme tout le monde, c'est-à-dire plutôt chaleureusement. En cas d'insistance masculine trop appuyée, il suffira d'expliquer que vous êtes mariée, éventuellement avec enfants, et, dans tous les cas, vous pourrez faire appel à un tiers dans la rue, qui ne manquera pas de vous aider, les Kenyans ayant un sens assez aigu de la morale et du devoir. Bien entendu, il est strictement recommandé de ne pas sortir seule la nuit (à Nairobi en particulier – ce conseil étant d'ailleurs valable aussi pour les hommes).

Drogues. La consommation et la possession de toute drogue illégale sont sévèrement punies au Kenya par des peines de prison et de fortes amendes. Nous vous déconseillons fortement d'acheter de l'herbe, c'est illégal et la police ne plaisante pas avec les touristes qui s'en procurent. Nombre de vendeurs à la sauvette auront d'ailleurs tôt fait de vous dénoncer pour gagner de l'argent des deux côtés. Une fois pris par la police, vous vous en tirerez au mieux avec un gros bakchich, au pire dans les prisons kenyanes. Geôles qui feraient passer celles de notre Hexagone pour un club de vacances... Il serait dommage d'être venu faire un safari et de finir entre quatre murs.

En savoir plus. Pour connaître les dernières informations sur la sécurité sur place, consultez la rubrique « Conseils aux voyageurs » du site du ministère des Affaires étrangères : www.diplomatie.gouv.fr/voyageurs. Sachez cependant que le site dresse une liste exhaustive des dangers potentiels et que cela donne parfois une image un peu alarmiste de la situation réelle du pays.

LGBTQ

La légende selon laquelle l'homosexualité n'a jamais existé en Afrique, avant que les colons européens n'y viennent corrompre les « bonnes mœurs », est encore très répandue... Cela peut laisser un peu songeur mais cela doit surtout vous faire comprendre qu'il ne s'agit pas de plaisanter avec ça ! D'autant qu'une accusation d'homosexualité au Kenya peut valoir – comme dans beaucoup de pays africains – jusqu'à 15 ans de prison. Concrètement, l'homosexualité existe, mais reste, du fait de la législation, très discrète. À cause de la prostitution notamment, plus courante sur la côte, elle y est peut-être un peu plus « admise », mais c'est probablement à Nairobi que la population gay et lesbienne est la plus représentée. Des associations de défense des personnes LGBT se sont mobilisées en 2019 pour demander l'invalidation de deux sections du Code pénal. Demande rejetée. La Haute Cour du Kenya a refusé d'abroger les lois criminalisant l'homosexualité. « Msenge » est le mot en swahili qui désigne l'homosexuel.

AMBASSADE ET CONSULATS

Numéro d'urgence de l'Ambassade de France à Nairobi : +254 (020) 760 55 55.
Pour les Français ayant un problème nécessitant un appel d'urgence, notez le +254 (0) 733 682 231. Uniquement en cas d'accident grave ou situation de crise, et en dehors des horaires d'ouverture du consulat, c'est-à-dire la nuit, les jours fériés et les week-ends.

POSTE

La poste kenyane (Posta Kenya) est relativement efficace. Il faut compter une à deux semaines de délai entre le Kenya et l'Europe. Les timbres sont disponibles dans la plupart des hôtels ou dans les bureaux de poste.

LES PHRASES CLÉS

Bonjour, mon téléphone ne fonctionne pas, pouvez-vous m'aider s'il vous plait ?
Hello, my phone isn't working, can you help me please?

Je ne me sens pas bien, pouvez-vous m'amener à l'hôpital le plus proche ?
I don't feel well, can you take me to the nearest hospital?

Est-ce que vous avez un médecin qui parle français ?
Do you have a doctor who speaks French?

Je viens de me faire voler mes papiers, où est le poste de Police le plus proche ?
My passport has just been stolen, where is the nearest police station?

Est-ce un quartier dangereux ou je peux y aller sans crainte ?
Is this area dangerous or can I walk around without worrying?

Avez-vous des timbres pour une carte postale à envoyer en France ? C'est combien ?
Do you have any stamps for a postcard to France? How much is that?

PASSPORT

DÉCOUVRIR

« J'avais une ferme en Afrique, au pied des collines du Ngong », c'est ainsi que débute le célèbre roman autobiographique de Karen Blixen, *La Ferme africaine* (adapté au cinéma par Sydney Pollack en 1985, dans *Out of Africa*). Et c'est au Kenya que l'histoire se déroule. Ce film culte qui, quatre décennies plus tard, continue de nourrir bien des imaginaires. Le Kenya, royaume du safari, avec plus de 60 parcs et réserves, bénéficie de paysages grandioses et variés, d'une vie sauvage abondante et facilement observable. Mais c'est aussi une histoire qui remonte aux origines de l'Humanité, une diversité ethnoculturelle fascinante (pas moins de 40 groupes ethniques et plus de 60 langues vernaculaires), des traditions ancestrales préservées, l'une des économies les plus dynamiques d'Afrique subsaharienne, des infrastructures de qualité, une multitude de petits coins de paradis... Le voyage commence, partez à la découverte du Kenya !

LES « BIG FIVE »

Les safaris, une faune riche et variée, les grands mammifères africains, les fameux « Big Five » observables de près dans leur environnement naturel... Voilà ce qui fait la réputation touristique du Kenya. Les « Big Five », littéralement les « cinq grands » – éléphant, buffle, lion, léopard, rhinocéros – sont les stars des parcs nationaux qui portent haut la beauté sauvage de la savane africaine. Non pas qu'ils soient les plus grands, comme l'expression pourrait le laisser croire, mais bel et bien parce qu'ils sont les plus dangereux pour l'homme ! À l'origine, ce terme anglophone désignait, pour les chasseurs, les mammifères les plus craints et les plus respectés d'Afrique. Autrement dit, les plus impressionnants, ceux avec qui un tête-à-tête peut s'avérer fatal. Notez que s'il ne fait pas partie du peloton de tête, l'hippopotame reste néanmoins celui qui fait le plus de victimes humaines.

Le rhinocéros, un animal en danger

Cet énorme animal à l'allure préhistorique avait quasiment disparu du Kenya au début des années 1980. Les mesures draconiennes mises en place et la lutte contre le braconnage ont permis de sauver l'espèce. On compte aujourd'hui environ 650 individus dans le pays. Il existe deux espèces de rhinocéros : le noir (*Diceros bicornis*) et le blanc (*Ceratotherium simum*). Ne cherchez pas à les distinguer par leur couleur, ils sont tous les deux gris. Le rhinocéros noir est plus petit que son cousin blanc, il possède une tête moins allongée et plus pointue. Son tempérament est en revanche beaucoup plus agressif. Le rhinocéros noir est classé en danger critique d'extinction par l'Union internationale pour la conservation de la nature (UICN). Leur population a diminué de 97,6 % entre 1960 et les années 1990, principalement à cause du braconnage. En 1993, on estimait à seulement 2 300 le nombre de rhinocéros noirs vivant à l'état sauvage, mais grâce aux efforts de conservation déployés à travers le Kenya et l'Afrique australe, la population est passée à plus de 5 000 aujourd'hui. La réserve d'Ol Pejeta (région centrale), qui en compte aujourd'hui 110, reste le plus grand sanctuaire de rhinocéros noirs d'Afrique orientale.

Rhinocéron blanc.

Parmi les rhinocéros blancs, on distingue le rhinocéros blanc du Nord et le rhinocéros blanc du Sud. Le rhinocéros blanc du nord est une sous-espèce de rhinocéros blancs. Elle est aujourd'hui considérée comme éteinte à l'état sauvage. Il ne reste plus que deux femelles (Najin et Fatu) qui vivent actuellement au Kenya dans la réserve d'Ol Pejeta. Le dernier mâle, Sudan, est décédé en mars 2018. Le rhinocéros blanc du sud figure lui sur la liste des espèces presque menacées de l'UICN. Cette sous-espèce était sur le point de disparaître à la fin du XIXe siècle. Grâce aux efforts de conservation, on en compte aujourd'hui environ 20 000 au total, vivant à l'état sauvage, en Afrique orientale et australe.

L'éléphant, roi des animaux

L'éléphant d'Afrique (*Loxodonta africana*) est le plus gros animal terrestre. Sa trompe est une petite merveille d'adaptation. D'une longueur d'environ 2 m, elle se termine par deux appendices en forme de doigt, préhensiles et tactiles. Ce long organe mobile et sensible sert ainsi à se reconnaître, souffler de l'eau, caresser les petits, cueillir des plantes, ramasser des fruits, renifler l'air, émettre des sons et boire (la trompe aspire l'eau puis la recrache dans la bouche). Les mouvements permanents de ses grandes oreilles permettent au sang, mieux régulé, de se refroidir de quelques degrés. Ses fameuses défenses d'ivoire, qui ont failli entraîner sa perte, peuvent atteindre 3 m et peser près de 50 kg chacune. Ces spécimens avec des défenses hors normes sont en majorité au Kenya, dans la région du Tsavo où on les surnomme les « Tusker ». En effet, les défenses ne sont pas aussi développées dans d'autres géographies telles que le Tchad.

Buffle et héron garde-boeuf, Maasai Mara national reserve.

© TONY CROCETTA

© TONY CROCETTA

Famille de guépards, Maasai Mara national reserve.

Les éléphants vivent en troupeau de quinze à vingt individus conduits par une matriarche. Les mâles âgés s'écartent du troupeau et mènent généralement une existence solitaire. L'organisation sociale du groupe est particulièrement efficace et la solidarité entre les membres est totale. Les éléphants sont en perpétuelle communication grâce à de nombreux sons et grognements inaudibles pour l'oreille humaine. Chassés depuis des siècles pour l'ivoire, les éléphants d'Afrique ont été menacés d'éradication totale. Aujourd'hui, leur nombre est en augmentation, mais les problèmes ne sont pas résolus pour autant. Cet énorme animal qui consomme une quantité considérable d'eau et de nourriture (175 kg de fourrage et 90 litres d'eau par jour) se trouve en compétition territoriale avec l'homme.

Le lion, roi de la savane

Le lion était présent, il y a peu de temps encore, dans toute l'Afrique, en Asie Mineure, en Iran et en Inde. Il n'en reste plus aujourd'hui que dans certains pays d'Afrique ainsi que 200 individus environ dans la forêt de Gir, au nord-ouest de l'Inde. Les lions sont des prédateurs puissants, bons sauteurs et excellents nageurs. Ils sont dotés, comme tout félin, de griffes rétractables, et contrairement aux autres, ils ont une vie sociale particulièrement intense. Les mâles défendent le territoire (entre 20 km² et 400 km²) du clan qui comprend généralement deux lions, une dizaine de femelles et leurs petits. Fidèle à sa réputation, le lion mâle est un animal fainéant, capable de se prélasser près de 20 heures par jour. À peine moins pour les femelles, qui chassent souvent seules, en utilisant des tactiques de diversion. Après l'approche, la charge se fait à 60 km/h sur une courte distance. Malgré la coopération des lionnes et parfois des mâles pour les grosses proies (buffles en particulier), quatre attaques sur cinq échouent. Si vous campez, vous aurez sans doute la chance d'entendre en pleine nuit le rugissement rauque du lion qui s'entend à presque 10 km à la ronde.

Le léopard, le plus discret des félins

C'est un félin musclé, de forte constitution, mais très souple. Son pelage fauve est parsemé de taches noires en forme de rosettes. Dans les régions montagneuses et boisées, le léopard est beaucoup plus sombre, allant jusqu'au brun noir. Il vit en solitaire, sauf pendant les périodes de reproduction. Le léopard chasse à l'affût près des points d'eau et dans les zones rocheuses où il cherche parfois à débusquer damans et babouins. Depuis un arbre ou un promontoire, il saute sur sa proie, la terrasse avec ses pattes puissantes et lui casse le cou ou l'égorge. Il hisse alors sa proie (parfois plus grosse que lui) sur une branche à l'abri des charognards. Particulièrement discret, il s'adapte à n'importe quel environnement, s'emparant à l'occasion d'animaux domestiques (chèvres, volailles et même chiens à proximité des villes).

Le buffle d'Afrique, un animal dangereux

Le buffle, l'unique espèce de bovins sauvages d'Afrique, est un animal massif, puissant et dangereux. Ses cornes se recourbent sur le dessus, tandis que les deux bases quasiment jointives forment un véritable casque. Le buffle vit en vaste troupeau dans la savane et en petit groupe dans les zones forestières. Les vieux mâles solitaires sont particulièrement imprévisibles et chargent sans raison. Les buffles sont l'une des rares espèces, avec l'éléphant, à faire preuve d'une grande solidarité. Lorsqu'un individu est attaqué par des lions, le reste du groupe n'hésite pas à se ruer sur les assaillants, les obligeant à fuir. Soyez très prudent si vous marchez dans des zones boisées. Le buffle est de loin parmi les « big five » celui dont il faut le plus se méfier.

GÉOGRAPHIE

Situé entre 5° de latitude nord et 5° de latitude sud, le Kenya est coupé en deux par l'équateur. D'une superficie de 580 367 km², il est légèrement plus grand que la France. Limité au nord-est par la Somalie, au nord par l'Éthiopie et le Sud-Soudan, à l'ouest par l'Ouganda et au sud par la Tanzanie, il possède à l'est une façade de plus de 450 km sur l'océan Indien. Doté de grandes savanes, de volcans et de nombreuses montagnes dont deux des plus hauts sommets d'Afrique : le mont Elgon (4 321 m), le mont Kenya (5 199 m). Le superbe mont Kilimandjaro, surmonté de sa calotte glaciaire (5 895 m) se trouve lui non loin de la frontière Sud, mais en Tanzanie. Le centre et l'ouest sont fortement marqués par la vallée du Grand Rift, cette faille tectonique qui s'étire sur environ 3 000 km de longueur du nord au sud, de l'Érythrée au Mozambique, en passant par les grands lacs africains (lac Victoria, lac Tanganyika, lac Malawi).

La géologie du Kenya en bref

Le Kenya, comme tous ses voisins d'Afrique orientale, se trouve situé sur l'une des grandes fractures de l'écorce terrestre. Le lent ballet des plaques tectoniques à la surface de la Terre produit des zones de frottement, lieux privilégiés d'une intense activité sismique. Ces nombreux séismes engendrent des failles. Il en existe trois types : les failles inverses (ou chevauchement), qui créent des chaînes de montagnes, les failles horizontales (ou décrochement), qui déplacent des reliefs existants, et, enfin, les failles dites normales qui créent des fossés d'effondrement également appelés rifts.

Le relief spectaculaire qui caractérise le Kenya est issu de sa situation spécifique au cœur de l'activité tectonique : le pays se situe en effet sur la ligne de rencontre entre la plaque africaine et la plaque dite somalienne, qui couvre l'ouest de l'océan Indien. La zone de fissure entre ces deux plaques constitue un rift (une faille) important, la vallée du Rift, une zone endoréique. Outre cette dernière, qui s'étend sur plus de 6 500 km entre la mer Rouge au nord et le Mozambique au sud, les mouvements tectoniques répétés ont été la source d'un relief tourmenté et d'un important volcanisme.

La formation des hautes terres orientales du pays, où se trouve la capitale, Nairobi, et des hautes terres occidentales, qui descendent vers le lac Victoria, tire son origine des chocs des plaques, qui ont provoqué des écoulements de lave (essentiellement du basalte). Ces derniers ont peu à peu formé de vastes plateaux, dominés par des escarpements vertigineux. De nombreux cônes volcaniques se sont édifiés et sont encore visibles aujourd'hui : le mont Elgon, le Menengai, le Longonot ou encore le mont Kenya.

Le fond du Rift, constitue une zone de paliers, qui s'élèvent du lac Turkana (qui s'étire au nord sur 250 km de long et 40 km de large, jusqu'à la frontière éthiopienne) au lac Naivasha (région centrale), en passant par les lacs Bogoria, Baringo, Nakuru, et Elementaita, avant de redescendre vers les lacs Magadi et Natron, à la frontière tanzanienne. De récents volcans y ont fait leur apparition (Suswa, Longonot, Menengai).

C'est cette histoire géomorphologique qui a façonné le relief actuel du Kenya et, indirectement, son climat. Le relief a en effet une influence considérable sur les précipitations. Cela explique en grande partie que cette région, située en pleine zone tropicale, soit moins chaude, plus sèche et donc moins boisée que les autres régions situées aux mêmes latitudes, notamment en Afrique occidentale.

Une faille qui divise

Et si l'Afrique était en train de se diviser en deux ? C'est ce qui est évoqué en 2018, lorsqu'une faille impressionnante de 20 km de long, jusqu'à 20 mètres de large et 50 mètres de profondeur, surgit à Mai Mahiu, au sud-ouest du Kenya. Cette plaie continentale soudainement apparue divise alors la communauté scientifique. Certains évoquent les prémices de la séparation du continent. L'Afrique ne serait-elle pas en train de se fractionner, entre la plaque nubienne et la plaque somalienne, à l'est du continent ? Cette interprétation immédiate est vite balayée. La faille n'est alors pas d'origine tectonique et n'a rien à voir avec la faille est-africaine. Il s'agit finalement d'un affaissement du sol érodé par de fortes pluies, dans un contexte de nombreuses secousses sismiques et glissements de terrain. L'activité volcanique de la région n'en reste pas moins surveillée par les géologues du monde entier, car au niveau de la vallée du Grand Rift, inexorablement, la plaque tectonique africaine continue doucement de se séparer de la plaque somalienne. Un phénomène géologique qui s'étend de la mer Rouge au Zambèze, sur plus de 6 000 km et 40 à 60 km de largeur. La vallée kényane du Grand Rift pourrait alors devenir, dans 50 millions d'années, un vaste océan.

Vallée du Grand Rift.

Ensembles géographiques

On peut distinguer cinq grandes zones géographiques au Kenya. Chacune ayant des paysages, une végétation et un climat qui lui sont propres : la ceinture côtière, les hautes terres centrales coupées en deux par la vallée du Rift, l'ouest et, enfin, le nord et l'est du pays.

La ceinture côtière. Sur environ 500 km, entre la Somalie et la Tanzanie s'étendent des plages de sable fin, protégées par leurs récifs de corail. À l'extrême nord, un chapelet d'îles borde la côte, les principales sont Manda, Pate et Lamu. La plaine côtière, interrompue par les estuaires de la Tana (principal cours d'eau du pays) et de la Galana, est une zone assez fertile, surplombée par le plateau central qui s'élève rapidement, laissant la place au désert et à la savane arborée.

Les habitants, en majorité des Swahili, cultivent le manioc, le bananier, le sisal, la canne à sucre ainsi que le cocotier ou des arbres fruitiers. Cette étroite bande de terre bénéficie d'un climat relativement chaud et humide, assez loin tout de même d'un véritable climat équatorial, puisque les précipitations (concentrées entre mars et mai) dépassent rarement les 1 000 mm par an. La chaleur atténuée par les alizés de l'océan Indien permet à la ceinture côtière de bénéficier de températures agréables tout au long de l'année.

Les hautes terres centrales. Elles se situent de part et d'autre de la grande fosse du Rift. C'est une région très montagneuse qui inclut le mont Kenya (5 199 m), le massif des Aberdares (4 000 m), l'escarpement de Mau (3 100 m) et les Cherangana Hills (3 500 m) du côté ouest. Les hautes terres bénéficient de précipitations importantes et sont cultivées intensément par les Kikuyu ainsi que par les Meru et les Embu. Elles connaissent un climat subtropical d'altitude, caractérisé par deux saisons des pluies bien marquées (en novembre et de mai à août) et des températures agréables, parfois même fraîches en altitude (autour de 0 °C à 3 000 m d'altitude en soirée).

La vallée du Rift. La vallée du Rift, immense fosse installée dans la jonction des plaques tectoniques africaine et somalienne, et qui s'étire de la mer Rouge au Zambèze, passe au Kenya au milieu des hautes terres et s'étend sur toute la longueur du pays, depuis le lac Magadi au sud jusqu'au lac Turkana au nord. Le fond de cette vaste dépression est occupé par une série de lacs peu profonds qui attirent des centaines d'espèces d'oiseaux et offrent un spectacle ornithologique unique au monde.

L'activité volcanique, toujours latente (nombreux geysers et sources chaudes), a couvert le sol de cendres volcaniques riches en soude qui, peu à peu, ont été entraînées dans certains lacs. Ainsi, les lacs Magadi, Bogoria, Elmenteita, Nakuru et Turkana ont des eaux particulièrement alcalines favorisant le développement d'algues dont se nourrissent des milliers de flamants roses. Au contraire, les lacs Baringo et Naïvasha contiennent une eau fraîche et donc riche en poissons. La vallée du Rift, trop protégée et en contrebas des reliefs, souffre d'un effet de foehn, ou effet de foehn : les saisons sèches y sont plus marquées et les précipitations (novembre, d'avril à mai) plus faibles. Cela explique le caractère semi-désertique, voire désertique, des zones les plus au sud et au nord, dans lesquelles vivent des peuples semi-nomades et pasteurs tels que les Turkana.

L'ouest. Cette région est constituée d'un plateau vallonné qui s'étend le long de la frontière avec l'Ouganda (interrompu seulement par la masse énorme du mont Elgon, 4 321 m) et s'achève sur les rives du lac Victoria. Pays des Luo (troisième ethnie du Kenya), cette région est bien irriguée et très fertile : on y pratique une agriculture intensive (thé, canne à sucre...). Le lac Victoria s'introduit par la faille de Kano sur une profondeur de 80 km formant ainsi le golfe de Winam, au fond duquel se trouve la ville de Kisumu. La partie plus au sud vers la Tanzanie souffre régulièrement de sécheresse et les collines verdoyantes cèdent la place à la savane. Le plateau de l'Ouest est chaud et humide. Il recueille les bénéfices du flux ouest équatorial humide du Congo, de la présence de l'énorme masse d'eau du lac Victoria et de l'altitude. Cela lui permet d'être la région recevant les précipitations les plus importantes (partout plus de 1 000 mm par an) et les plus régulières (il pleut tout au long de l'année, le plus souvent le soir). L'Ouest est le domaine des cultures du thé, du café et de l'horticulture.

Le nord et l'est. Le nord du Kenya est occupé par de vastes plaines intérieures arides. Leur monotonie est rompue par le lac Turkana (6 405 km^2), au nord de la vallée du Rift, et par de nombreux cônes volcaniques. Seul le massif de Marsabit bénéficie d'une humidité importante. La partie sud-est du pays consiste en un plateau sec et ingrat qui descend de 1 300 m à 300 m et se prolonge au sud-est jusqu'à la plaine côtière. Il est parsemé d'inselbergs (collines isolées au milieu de plaines) dont les étonnantes Taïta Hills (2 208 m) et Chyulu Hills. Ces deux régions couvrent près des deux tiers du pays avec, en alternance, la brousse et le désert (le désert de Chalbi tout au nord est la zone la plus aride du Kenya). Seul l'élevage de quelques espèces, comme les dromadaires ou les chèvres, y est possible. Cette zone souffre en fait de phénomènes de subsidence et de divergence des vents qui limitent les précipitations (pas plus de 250 mm ou 300 mm par an). Les pluies sont donc rares mais très violentes (novembre est le mois le plus humide). Après un gros orage, les nombreux luggas (lits de rivières asséchés) se transforment en véritables torrents de boue et de sable. Les tribus vivant dans ces contrées (les Samburu, les Turkana, les Rendille, les Gabbra, les El Molo et les Boran) sont pour la plupart des pasteurs nomades. La limitation des contacts avec le monde moderne leur a permis de conserver jusqu'à aujourd'hui une grande part de leurs traditions et de leur mode de vie séculaire.

Une nature grandiose et variée

Le Kenya offre à peu près toute la gamme de paysages que l'on pourrait attendre d'un pays africain : savanes, forêts équatoriales, hauts plateaux, déserts et semi-déserts, immenses plages de sable fin aux eaux turquoise, cocoteraies... Des montagnes à l'immense dépression de la vallée du Rift, en passant par la silhouette charismatique du Kilimandjaro et la côte de l'océan Indien, les voyageurs seront fascinés par une quantité de paysages grandioses et saisissants. Comme l'habitat humain est d'une densité relativement faible et que cette nature bénéficie encore d'une vie sauvage riche, diversifiée, et pleine de surprises, le Kenya est définitivement une destination pour les amateurs de grands espaces. Nous avons mentionné le relief, mais les couleurs et les lumières qui s'y étalent sont tout aussi étonnantes, de même que la flore qui varie fortement d'une région à l'autre.

Coucher de soleil sur le lac Victoria.

Le Kenya regroupe la quasi-totalité de la faune africaine en milieu naturel, exception faite des grands singes d'Afrique équatoriale (chimpanzés, gorilles et bonobos). La géographie du Kenya et la diversité de son territoire ont permis le développement d'une faune et d'une flore remarquables. La célèbre réserve du Maasai Mara réunit à elle seule la plupart des espèces animales du Kenya. Mais il n'y a pas que les « Big Five » à découvrir, enthousiasmez-vous pour les nombreux sites naturels à parcourir. La flore afro-alpine sur les pentes du Mont Kenya, la forêt primaire de Kakamega, la savane des plaines du Sud, les mangroves de la côte kenyane… font toute la beauté et la diversité du Kenya. Celle-ci reste toutefois menacée à bien des égards par l'homme, et malgré les efforts qui sont faits pour la protéger, force est de constater que certaines espèces animales et végétales risquent bien de disparaître à jamais.

La savane africaine

La savane est le milieu végétal le plus emblématique du pays. Véritable royaume de l'herbe, les savanes sont parmi les paysages les plus remarquables de la planète. Il s'agit de zones de transition entre la forêt et le désert, des prairies d'herbes vivaces à perte de vue, parsemées d'arbres et d'arbustes, parfois regroupés en îlots forestiers, ou sous forme de bandes arborées le long des cours d'eau.

La répartition et l'abondance des pluies au cours de l'année expliquent la présence de ces savanes. D'une façon générale, on les trouve dans les régions où il tombe chaque année de 500 mm à 1 500 mm de pluies et où alternent saisons humides et périodes de sécheresse. Les couleurs des savanes passent ainsi du vert au jaune puis au brun roussi. La durée de la saison sèche caractérise la nature de la végétation. Dans le nord et l'est du pays, où les pluies sont rares, la savane prend l'aspect de steppe désertique ou semi-désertique, que l'on peut qualifier de brousse : seuls quelques arbres de 3 m à 5 m (généralement des acacias et des commiphores) se dressent au milieu de buissons épineux épais. Dans le Sud, notamment dans la région du Tsavo, la végétation devient plus dense et les baobabs sont très fréquents.

Le Centre et l'extrême Sud du Kenya se caractérisent par une savane composée d'herbes de moyenne hauteur (80 cm) et d'acacias parasols. Parfois, l'herbe, dite « herbe à éléphant », peut atteindre plusieurs mètres de hauteur. Lorsqu'une rivière serpente à travers la savane, ses rives sont recouvertes d'une forêt-galerie composée, entre autres, de grands acacias à tronc jaune, localement appelés arbres à fièvre. Dans les régions plus humides, la savane est constituée d'arbres plus hauts, plus nombreux et plus variés.

On peut y voir également des euphorbes candélabres (à Nakuru, par exemple) ou les éton-

Jeune serval curieux.

Acacia à Amboseli.

nants arbres à saucisses (surtout à proximité des points d'eau). La plupart des touristes qui visitent le Kenya le font pendant la saison sèche, ils n'ont donc pas la chance de circuler au milieu d'une savane d'un vert éclatant couverte de fleurs multicolores et parfumées. Appréciant les saisons intermédiaires, celles-ci s'épanouissent juste après les grandes pluies ou au tout début de la période sèche.

L'acacia, arbre emblématique de la savane

Qui n'a pas en tête l'image vécue ou fantasmée du soleil rougeoyant qui se couche derrière un acacia solitaire dans l'immensité de la savane africaine ? Un cliché que tout voyageur qui se respecte rapporte obligatoirement dans ses photos-souvenirs. Assez espacés les uns des autres, les acacias ont la forme de parasols. Cette forme si caractéristique est le fait des grands herbivores (principalement les girafes) qui broutent continuellement les rameaux à leur portée.

Ces arbres se sont parfaitement adaptés à la sécheresse, leurs racines forment un réseau particulièrement étendu et s'enfoncent très profondément dans le sol (jusqu'à 45 m), afin d'aller chercher l'eau là où elle est disponible. Les acacias perdent leurs feuilles lorsque les conditions atmosphériques deviennent particulièrement défavorables : elles sont capables de résister à des températures de 40 °C, au-delà elles tombent. Il existe une autre espèce d'acacia, plus grande, au tronc jaune, qui pousse le long des rivières : le Yellow Fever Tree (Acacia Xanthophloea).

Des forêts à préserver

Une forêt pluviale subsiste à Kakamega, près du lac Victoria. Il s'agit en fait de la continuité de l'immense forêt équatoriale qui s'étend de la côte ouest-africaine jusqu'à l'Ouganda. La forêt pluviale a besoin d'une température annuelle moyenne de 25 °C et d'au moins 1 500 mm par an de précipitations. Elle se caractérise par une flore extrêmement variée. Les cimes des arbres forment un véritable couvercle qui laisse à peine pénétrer les rayons du soleil. Chaque arbre est recouvert d'une multitude d'épiphytes (orchidées, fougères...) et de lianes.

Sur les hauts plateaux, de chaque côté du fossé d'effondrement et sur les pentes des montagnes, la quantité d'humidité provenant des précipitations et du brouillard a permis aussi le développement de forêts très caractéristiques (Aberderes, Mau, Mont Kenya…). On les trouve essentiellement dans les hautes terres entre 1 500 m et 3 000 m d'altitude. Ces forêts sont des lieux tout à fait exceptionnels et très impressionnants.

Hyrax du Tsavo.

Plus au nord, à 560 km de Nairobi, un îlot forestier montagneux, unique et spectaculaire, émerge au milieu du désert. C'est le Mont Marsabit. Il constitue une source d'eau permanente pour la région. Ici, comme dans toutes les zones où l'eau devient rare, la paix sociale, l'alimentation et l'abreuvement du bétail, les stocks de bois de chauffage, l'approvisionnement en eau des populations dépendent directement de la préservation et du bon fonctionnement de ces écosystèmes forestiers.

Malheureusement, ces forêts, essentielles à la vie humaine et animale, mais aussi en termes de biodiversité et de contribution à la séquestration du carbone, diminuent drastiquement et les efforts de reboisement peinent à compenser des années de déforestation intensive.

Une faune bien représentée

La quasi-totalité des espèces attendues en Afrique vivent au Kenya en nombre impressionnant : lions, léopards, guépards, éléphants, buffles, singes, girafes, zèbres, crocodiles, antilopes, hippopotames, et plus de 1 000 espèces d'oiseaux répertoriées, pour ne citer que ceux-ci. En bref, il ne manque au Kenya que les grands singes (bonobos, gorilles et chimpanzés) pour avoir une panoplie complète de la foisonnante faune africaine vivant dans son milieu naturel. Dans la savane, la grande famille des herbivores est particulièrement bien représentée (antilopes, gnous, girafes, zèbres, rhinocéros, buffles, éléphants...). Toutes ces espèces vivent en harmonie dans leur environnement naturel. Et forcément, elles s'accompagnent de leur lot d'espèces carnivores prédatrices qui fascinent par leur nombre et leur diversité.

Pour survivre, les uns ont développé des mécanismes de défense, les autres des techniques pour les contourner. Le guépard, par exemple, l'animal terrestre le plus rapide, mise sur des vitesses vertigineuses, pouvant atteindre 110 km/h sur de courtes distances. Ce grand félin élancé vit dans les vastes plaines et se place souvent sur de petits promontoires (arbre mort, termitière) pour observer les environs. Le guépard ne chasse pas à l'affût, mais s'approche doucement de sa proie puis la poursuit à toute vitesse sur une distance de 500 m maximum. Épuisé par sa course, il est régulièrement obligé d'abandonner sa proie aux lions et aux hyènes. Cette âpre compétition alimentaire est l'une des raisons de la disparition progressive de ces animaux.

Les lions, eux, enfin... surtout les lionnes, chassent le plus souvent seules, en utilisant des tactiques de diversion et en attaquant généralement les animaux les plus faibles dans un troupeau. Le crocodile, quant à lui, redoutable prédateur aux abords des fleuves et rivières, s'attaque à tous types de proies (sauf les hippopotames), en particulier aux gnous et aux zèbres lors de la grande migration. Sur la terre ferme, il est d'une étonnante rapidité. Généralement, il noie sa proie en la maintenant sous l'eau grâce à ses puissantes mâchoires, puis laisse faisander le cadavre plusieurs jours sous un tronc ou un rocher, à l'abri des charognards.

Des oiseaux et des lacs

La faune inclut aussi de nombreuses espèces d'oiseaux comme les autruches, le plus grand oiseau de la planète qui ne vole pas, mais peut courir à une vitesse de 50 km/h sur de très longues distances ; le calao à bec jaune, un oiseau au plumage brun ou gris foncé tacheté de blanc, facilement reconnaissable à son grand bec

© AXEL JUMELIN

DÉCOUVRIR

© AXEL JUMELIN

courbe de couleur jaune orangé, qui vit dans les zones plutôt humides et broussailleuses ; la grue royale ; l'ibis sacré ; le marabout, un charognard et un prédateur redoutable pour les oisillons, les gros insectes et les bébés crocodiles ; le merle métallique, un superbe oiseau, dont les petits yeux ronds jaune vif se détachent sur sa tête noire ; plusieurs espèces d'aigles et de vautours. Pour n'en citer que quelques-uns.

Les passionnés d'oiseaux ne seront pas déçus. Avec plus de 1 100 espèces recensées (soit plus de 10 % des oiseaux de la planète), le Kenya est l'un des pays d'Afrique les plus riches sur le plan ornithologique. De la savane de Samburu à la forêt tropicale primaire de Kakamega, des contreforts du Mont Kenya aux lacs de Naivasha ou Oloïden, en passant par les lacs interconnectés de la vallée du Grand Rift (Baringo, Bogoria, Nakuru, Elementaita – site inscrit au patrimoine de l'humanité et le plus important site de nourrissage de la planète pour les flamants nains), il y a de quoi observer une incroyable variété d'oiseaux.

Parcs nationaux, réserves nationales et conservancies

Toute cette faune peut être observée dans son habitat naturel. Les parcs et réserves du Kenya sont parmi les plus renommés d'Afrique. Le pays abrite 27 parcs, 34 réserves et 4 sanctuaires, terrestres et marins confondus. De plus, on y compte un certain nombre de sites Ramsar, ou encore de patrimoine mondial et réserve de biosphère de l'Unesco. La nature y est donc bien représentée. Beaucoup moins vastes que ceux de Tanzanie, de Namibie ou du Botswana, ils abritent cependant les plus grandes variétés d'animaux et d'oiseaux. Les parcs nationaux sont des zones de protection absolue de la faune et de la flore, placées sous la responsabilité du gouvernement central qui les finance, les réserves nationales bénéficient d'un financement régional tout en conservant les mêmes objectifs et les mêmes règles. Parcs et réserves sont gardés par des rangers qui dépendent du Kenya Wildlife Service (KWS). Il existe également des conservancies (Ol Pejeta, Lewa, Mara Naboisho, Selenkay, OlKinyei,...), des zones de protection où cohabitent animaux sauvages, domestiques et communautés locales. Ces sanctuaires bénéficient de la même faune (les animaux n'ont pas de frontières) et de paysages tout aussi somptueux que les réserves et parcs nationaux. Un safari dans une conservancy est la promesse d'une expérience unique, dans le respect des hommes et des animaux qui vivent sur ces terres sauvages protégées.

L'homme, cette menace pour la vie sauvage

Le Kenya a ceci d'incroyable qu'il rassemble sur son territoire tous les animaux de la savane, y compris les « Big Five », que le voyageur en safari aura la chance de découvrir. Toutefois, la principale menace pour toutes ces espèces sauvages reste l'homme. Si le Kenya fait figure d'exemple dans la lutte contre le braconnage et si désormais ce ne sont plus les chasseurs d'ivoire qui inquiètent, l'ennemi n'est pour autant pas vaincu, le braconnage de subsistance reste d'actualité (la pandémie de Covid-19 aura été un facteur aggravant) et les animaux sauvages entrent en conflit avec les populations humaines croissantes. La rivalité pour l'accès aux ressources naturelles, en particulier la terre et l'eau, étant renforcée par le changement climatique et les sécheresses répétées qui en découlent.

CLIMAT

Situé sur la ligne de l'équateur, le Kenya ne connaît pas pour autant un climat équatorial. Son climat s'approche plutôt d'un climat tropical, à tendance aride dans de nombreuses zones. En réalité, le Kenya possède une grande diversité de climats, en raison des fortes influences, souvent contraires, des différentes zones géographiques qui le composent et l'entourent. Espace intermédiaire entre l'Afrique équatoriale humide, l'Afrique sahélienne aride, l'Afrique australe intermédiaire et l'océan Indien, le Kenya peut se diviser en quatre zones climatiques. Toutes possèdent les caractéristiques d'avoir deux saisons sèches [de décembre à mars et de juin à septembre], et deux saisons des pluies [avril-mai et octobre-novembre]. De juin à septembre, vous profiterez d'une saison sèche avec des températures raisonnables. Les saisons intermédiaires [juin, septembre, octobre] restent idéales pour éviter le rush touristique en safari.

Variations régionales

La côte connaît le climat le plus chaud et humide, et reçoit la mousson de l'océan Indien pendant la grande saison des pluies. Ses températures moyennes oscillent entre 24 °C [juillet] et 28 °C [février à avril]. Le nord et l'est ont un climat semi-désertique et désertique, en raison des vents et des influences continentales. Dans l'ouest, autour du lac Victoria, règne ce qu'on appelle un climat tropical de savane à hiver sec [ou Aw]. Les précipitations y sont assez abondantes, mais les saisons sèches sont très marquées. Les hautes terres, dont Nairobi, ont un climat à tendance plus tempérée en raison de l'altitude et du mélange d'influences. Il reste chaud, mais peut être sec ou humide selon les saisons. En juillet, les températures vont de 11 à 21 °C à Nairobi, et en février de 14 à 26 °C.

Quatre saisons

- **Mi-décembre à mi-mars.** C'est le cœur de la saison touristique. Vous bénéficiez d'un temps généralement chaud et sec, mais vous ne serez pas seuls sur les pistes poussiéreuses ! Si l'affluence ne vous dérange pas, cette période est intéressante. Les animaux sont faciles à observer car ils se regroupent autour des quelques points d'eau subsistant et vous êtes presque certain de voyager sous le soleil. Pensez à réserver.

- **Fin mars à début juin.** C'est normalement l'époque des grandes pluies. Les averses transforment assez rapidement les pistes en véritable bourbier, certains circuits sont alors impraticables. Malheureusement, depuis quelques années l'eau a plutôt tendance à manquer. Sur la côte, les fortes chaleurs se mêlent au soleil et aux averses. Moiteur tropicale garantie !

- **De juin à octobre.** C'est la saison « intermédiaire », le temps est assez sec et c'est à cette période que s'effectue la grande migration des gnous et des zèbres vers le Maasaï Mara. Les mois de septembre et d'octobre restent d'ailleurs la meilleure période pour visiter le Kenya ; il fait encore beau et chaud, les animaux sont faciles à observer et les touristes beaucoup moins nombreux.

- **Mi-octobre à mi-décembre.** C'est la petite saison des pluies. Les avantages sont les mêmes que durant la période avril, mai, juin [tranquillité, lumière et paysages magnifiques, prix avantageux]. Malheureusement, il pleut encore beaucoup mais nettement moins que durant la grande saison des pluies. Les pistes sont un peu moins défoncées, le choix de circuits est donc un peu plus large.

Des sécheresses à répétition

Depuis 2006, la corne de l'Afrique, qui inclut tout le nord-est du Kenya, connaît une sécheresse importante, avec des précipitations de plus en plus rares. Les périodes de sécheresse à répétition provoquent de graves pénuries alimentaires. Les populations mais aussi la flore et la faune sauvage sont touchées. Dans un contexte de lutte et d'adaptation au changement climatique, afin de venir en aide aux localités vulnérables, le Kenya a prévu d'engager 8 milliards de dollars dans un projet visant la restauration d'au moins 500 000 hectares de pâturages dans 11 comtés arides.

ENVIRONNEMENT

Le Kenya est doté d'une grande variété d'écosystèmes. Ses paysages et sa mégafaune sont les étendards de cette diversité du vivant qui attirent de nombreux visiteurs. Mais les pressions anthropiques in situ et ex situ constituent de dangereuses menaces. L'urbanisation et la construction d'infrastructures provoquent la fragmentation des milieux. Les monocultures industrielles contribuent à la dissémination de pesticides, et avec l'élevage représentent d'importantes consommations en eau. Le changement climatique en cours accroît le stress hydrique du pays et fait poindre le spectre de l'insécurité alimentaire. Le Kenya a intégré dans sa stratégie « Vision 2030 » des objectifs pour améliorer la gestion des déchets et l'accès à l'eau pour tous. Parmi les mesures figure l'interdiction des sacs en plastique à usage unique. Les habitants, riches d'inventivité, n'ont pas attendu pour développer des solutions locales et low tech face aux différentes problématiques environnementales.

Parcs nationaux et biodiversité

Le Kenya présente une grande diversité de milieux naturels. Parmi les 34 réserves naturelles et les 27 parcs nationaux, on citera notamment :

- **Parc national du Mont Kenya** (Mount Kenya National Park) : classé au patrimoine mondial de l'UNESCO, il protège le Mont Kenya et ses forêts. Ancien volcan, il recèle une exceptionnelle biodiversité et des paysages grandioses.
- **Parcs nationaux du lac Turkana** (parc national de Sibiloi, parc national de Central Island, parc national de South Island) : ils abritent les écosystèmes du lac salé de Turkana, habitat d'oiseaux migrateurs, et site de reproduction de nombreuses espèces. Il est inscrit sur la liste du patrimoine mondial de l'humanité en péril depuis 2018.
- **Parc national d'Amboseli** (Amboseli National Park) : classé réserve de biosphère par l'UNESCO, il abrite une partie de la communauté Massai. C'est l'un des parcs les plus célèbres du pays, tant pour sa mégafaune que pour sa vue sur le Kilimandjaro. Il est possible d'y effectuer de l'écovolontariat et de l'écotourisme.
- **Parcs nationaux de Tsavo West et Tsavo East** : plus vastes parcs nationaux du pays, les deux entités sont séparées par des infrastructures de transports. Ils protègent une grande diversité de milieux naturels (zones humides à Tsavo West, dont les sources de Mzima, et milieux secs à Tsavo East).
- **Parc national du lac Nakuru** (Nakuru National Park) : il protège le lac éponyme où l'on peut observer de nombreux oiseaux, parmi lesquels des flamants roses. À noter que le lac de Nakuru, comme ses voisins d'Elementeita et de Baringo voient leurs niveaux fortement monter ces dernières années, en cause la déforestation, l'intensification des épisodes pluvieux, ou encore l'activité sismique de la vallée du rift.
- **Parc national Maasaï Mara** (Maasai Mara National Reserve) : jouxtant le parc national du Serengeti (Tanzanie), il est célèbre pour sa mégafaune (dont les « big five »), et pour la « Grande Migration ».
- **Parc national de Nairobi** (Nairobi National Park) : s'il subit les impacts négatifs de sa proximité avec la capitale, il abrite une grande diversité d'espèces que l'on peut observer.

La biodiversité du pays est principalement menacée par la fragmentation et la destruction des milieux naturels (construction d'infrastructures), l'utilisation de pesticides, et le braconnage. Ce dernier est lié à l'existence d'une demande – majoritairement extra-africaine –, d'ivoire, de cornes de rhinocéros, et au trafic d'espèces vivantes. Le changement climatique et la pandémie de COVID-19 ont exacerbé des situations de conflits entre humains et faune sauvage. Les sécheresses répétitives conduisent en effet des animaux à sortir des parcs et à se rapprocher des villages. La crise du secteur horticole kenyan, liée à la crise sanitaire, a conduit de nombreuses personnes au chômage à pratiquer une pêche illégale au sein d'espaces protégés.

Des démarches vertueuses en matière de gestion des déchets

Le manque de gestion des déchets est une source de nuisances écologiques et sanitaires. Les déchets s'amoncellent dans la nature - mais aussi dans le corps du bétail, selon des études menées dans les abattoirs - ou finissent brûlés au sein de décharges. En 2017, le Kenya s'est attaqué à la réduction à la source du plastique. Le pays a ainsi interdit les sacs plastiques à usage unique (vente, importation, utilisation). Cette mesure, associée à de fortes sanctions en cas de manquement (peine de prison, amendes),

© TONY CROCETTA

Hippopotames se prélassant aux heures chaudes sur la rive de la rivière Mara.

s'est révélée assez dissuasive. Il demeure cependant le problème de leur remplacement, en partie par des sacs toujours en plastique, réutilisables et importés, et moins onéreux que d'autres contenants locaux (cabas en fibre de sisal). Le manque de dispositifs de collecte et de traitement des déchets reste également problématique. Face à la situation, l'ingéniosité des habitants fait cependant florès, comme en témoigne une entreprise créée par une Kényane, qui vise à collecter et utiliser le plastique dans la fabrication d'enrobés routiers. Autre initiative, des restaurateurs réutilisent les biogaz issus de la fermentation de compost et d'excréments humains pour produire de l'énergie. Il s'agit d'une démarche d'économie circulaire qui apporte une solution au manque d'assainissement et à ses conséquences sanitaires, et constitue une production alternative d'énergie.

Préserver la ressource eau

Les monocultures intensives (thé, riziculture, fleurs) nécessitent l'usage de pesticides, qui contribuent à la pollution des lacs et rivières, des milieux déjà impactés par le manque de dispositifs d'assainissement. L'irrigation des fleurs et l'élevage représenteraient quant à eux plus de 70 % des consommations d'eau du pays. Pour faire face à ces besoins, le pays a créé des réservoirs artificiels. Le changement climatique aggrave les épisodes de sécheresse et fait poindre, avec le risque de pénurie d'eau, le spectre de l'insécurité alimentaire. Les sécheresses de 2015, 2017 et 2019 ont notamment accru le stress hydrique du pays et causé des pertes significatives au sein des cheptels.

Face au changement climatique

Le Kenya figure parmi les pays les plus vulnérables au changement climatique, alors qu'il fait partie des faibles émetteurs de gaz à effet de serre. Localement, le réchauffement climatique a pour effet une plus grande fréquence et intensité des phénomènes extrêmes (inondations, sécheresses), qui affectent en premier lieu les populations les plus pauvres du pays. Les productions exportées sont également menacées : on assiste déjà à une baisse de rendement des productions de thé, qui pourraient, selon certaines études, diminuer de moitié d'ici 2050. En 2018, des inondations ont provoqué la mort d'une centaine de personnes et en auraient contraint près de 300 000 habitants à se déplacer, dans un pays qui avait déjà subi une sécheresse plusieurs mois auparavant. La situation qui a entraîné une baisse des rendements et de l'inflation serait aussi à l'origine de flambées de violences dans le pays.

Afin de réduire ses émissions de gaz à effet de serre, le pays a mis en place une stratégie visant à développer l'efficacité énergétique et le développement des énergies renouvelables (solaire, géothermie). L'adaptation climatique est déjà en œuvre sur le terrain où les habitants ont mis en place des solutions low tech. On citera par exemple la centrale hydraulique de Mihuti, fabriquée avec des pièces de vélo et vélomoteurs, ou la plantation de fruitiers. Des solutions plus high tech sont aussi déployées, comme des motopompes pour irriguer au goutte-à-goutte, ou l'installation de fours éco-énergétiques, des démarches financées par le PNUD.

HISTOIRE

C'est dans la Vallée du Grand Rift que les premiers représentants de l'espèce humaine sont découverts. Au fil des siècles, des peuples venus d'horizons divers migrent vers l'actuel Kenya. La civilisation swahilie naît de l'influence arabe au Moyen Âge. Après une brève incursion des Portugais, le pays tombe aux mains des Britanniques en 1895. L'indépendance est proclamée en 1963, Jomo Kenyatta devient le premier président du Kenya. Son successeur, Daniel Arap Moi, met le pays à genoux (1978-2002). S'ensuit une alternance démocratique sur fond de crises, et l'arrivée d'Uhururu Kenyatta, fils de J. Kenyatta, en 2013 ne résoudra rien. Cédant la place en 2022 à son ancien vice-président, William Ruto, le Kenya semble aujourd'hui fragilisé par des affaires de corruption récurrentes, un endettement sans précédent, même s'il reste un modèle d'émergence et l'un des pays les plus attractifs d'Afrique.

MOINS 25 MILLIONS D'ANNÉES

Naissance de la Vallée du Grand Rift

Un effondrement tectonique a lieu à la rencontre des plaques africaine et somalienne, entraînant la formation de nombreux lacs (Assal, Kivu, Tanganyika, Malawi…) et une intense activité volcanique.

MOINS 5 MILLIONS D'ANNÉES

Les balbutiements de la bipédie

Les pionniers australopithèques (Lucy) laissent la place graduellement aux premiers humains. Leur alimentation se diversifie et les premiers outils apparaissent il y a environ 2,2 millions d'années au Kenya. C'est l'âge de l'*Homo habilis*, façonnant la pierre et maîtrisant la nature.

MOINS 1,5 MILLION D'ANNÉES

L'Homo erectus

Grâce à sa technologie et à son organisation sociale, l'*Homo erectus* part à la conquête du monde entier. Nous sommes à 800 000 ans av. J.-C. La vallée du Rift est le berceau de l'Humanité.

Vallée du Grand Rift.

VIIIE SIÈCLE APRÈS J.-C

Les débuts de la civilisation swahilie

Des populations persanes et arabes se fixent sur la côte de l'océan Indien. Un chapelet de comptoirs (Lamu, Malindi, Mombasa, Pemba, Zanzibar, Kilwa) voit le jour. Ces comptoirs s'organisent en petits sultanats insolites, sur fond d'islam évoluant en symbiose avec les populations locales. La « civilisation » swahilie est née avec sa langue, ses écrits, son architecture citadine, ses mosquées, sa musique et sa cuisine. Son domaine attire rapidement la convoitise de Venise dont l'opulence dépend presque exclusivement de son commerce avec l'Orient.

MOYEN-ÂGE

Le peuple Bantou

L'intérieur du pays est occupé par des peuples pasteurs et agriculteurs. Les Bantous apparaissent dans la région du Kenya pendant le 1er millénaire apr. J.-C. Les peuples nilotiques maasaï et samburu y migrent aux XIIIe et XIVe siècles. Sur la côte, apogée de la civilisation swahilie avec ses comptoirs commerciaux.

XVE-XVIIE SIÈCLES

Conquête et domination portugaise

Le contrôle des routes de la soie et des épices, sans parler de celle de l'or, constitue alors un enjeu de taille pour l'Europe. Les îles du Cap-Vert, l'Angola et le Mozambique seront des conquêtes aisées pour les Portugais qui coloniseront ces régions. Mais la côte swahilie leur sera autrement plus difficile à conquérir. A son arrivée, Vasco de Gama se voit refuser l'entrée du port de Mombasa mais sera accueilli à bras ouverts à Malindi, alors en conflit avec ce dernier. Les Portugais vont se battre près de 200 ans pour garder une mainmise sur cette région hautement stratégique. Il faudra attendre 1729 et l'Eviction des Portugais par la flotte d'Oman pour voir renaître une prospérité swahilie jusqu'à la fin du XIXe siècle.

1815

Vers l'abolition de la traite négrière

Après la chute de Napoléon, les puissances européennes réunies à Vienne reconnaissent officiellement l'abolition de la traite négrière. L'Angleterre en profite aussitôt pour assurer sa suprématie sur les mers, notamment dans l'océan Indien sous le prétexte de lutter contre le commerce des esclaves devenu illégal. Elle abolira officiellement la traite en 1873.

XIXe SIÈCLE

Les premiers explorateurs

Les Anglais, et surtout les Allemands s'aventurent à l'intérieur des terres, pendant que le commerce d'esclaves fleurit sur la côte swahilie. Krapf et Rebmann découvrent le Kilimandjaro et le mont Kenya. Joseph Thomson, un jeune aventurier de 26 ans, confirme les « découvertes » des deux missionnaires, en y ajoutant les siennes : les hauts plateaux du centre, « terres de miel et de lait ». La dernière expédition de Thomson a lieu en 1882. En 1857, Speke découvre le lac Victoria. L'Angleterre a désormais une idée relativement précise du potentiel que représente l'intérieur du continent.

FIN DU XIXe SIÈCLE

L'Afrique, un continent à conquérir

L'ouverture du canal de Suez en 1869 donne un intérêt stratégique aux côtes orientales du continent. La fièvre colonialiste s'empare de l'Europe. La méthode utilisée est partout identique : les explorateurs signent ou imposent des traités de dupes avec les chefs locaux qui leur reconnaissent la souveraineté sur leurs territoires. En Afrique de l'Est, Anglais et Allemands jouent la montre.

1885-1902

Début de la colonisation

Afin d'éviter que les rivalités suscitées par ces terres lointaines ne dégénèrent en conflit ouvert en Europe, le congrès de Berlin, réuni en 1885 pour régler la question du Congo, définit les « règles » du partage de l'Afrique par les puissances européennes. Les zones d'influence deviennent des possessions. Les frontières sont tracées entre le Tanganyika allemand et la British East Africa (Kenya et Ouganda actuels). Comme partout ailleurs en Afrique, la gestion de ces possessions lointaines est confiée à des compagnies privées, qui reçoivent le monopole d'exploitation et d'administration de ces territoires. La Couronne britannique confie donc l'administration de sa sphère d'influence est-africaine à l'Imperial British East African Company (IBEAC), un consortium privé composé de capitalistes. Mais la compagnie fait rapidement faillite. L'Angleterre n'a d'autre choix que de prendre officiellement en charge la gestion et l'administration de ces territoires, qui deviennent un protectorat anglais en 1895.

1902

Les « White Highlands »

Le gouvernement britannique autorise l'aliénation des terres africaines au profit de colons européens, mais aussi d'Australie et de Nouvelle-Zélande ou encore d'Afrique du Sud. Début de la colonisation blanche des hautes terres centrales. Les grandes cultures coloniales sont organisées : thé, café, sisal, céréales.

1918

Armistice de la Première Guerre mondiale

La Couronne offre à ses soldats démobilisés de nouvelles terres. Ainsi, un million de Kikuyu vivent sur 5 500 km², quand 9 600 Blancs se partagent 42 000 km², alors qu'ils n'en cultivent même pas la moitié. Les Africains des Highlands sont cantonnés dans des réserves bientôt trop petites pour supporter la forte pression démographique qui caractérise l'entre-deux-guerres. Ils sont alors nombreux, notamment les jeunes et les femmes non mariées, à quitter les réserves pour s'installer illégalement dans les premiers « slums » (bidonvilles) de Nairobi : Pangani, Kileleshwa ou encore Kibera.

Naissance du nationalisme kenyan

1921

La faiblesse de l'administration coloniale britannique rend nécessaire le recours à des intermédiaires locaux. Parmi eux des Africains éduqués par les missionnaires, une élite indigène dépourvue de droits et de pouvoirs. C'est dans ses rangs qu'apparaîtront les premières revendications nationalistes. En 1921, Harry Thuku fonde à Nairobi la Young Kikuyu Association (YKA), visant à défendre les droits des Kikuyu expulsés des hautes terres centrales et ouvrant la voie à la résistance nationaliste kényane. Il est arrêté en 1922.

Jomo Kenyatta, guide de la résistance nationaliste

1929-1946

Une presse indigène se développe, dont l'un des principaux rédacteurs est Johnstone Kamau, plus tard connu sous le nom de Jomo Kenyatta. En 1929, Kenyatta part pour l'Angleterre dans le but de plaider la cause africaine, au nom de la Kikuyu Central Association (KCA), auprès du secrétaire d'Etat aux colonies. Econduit, il reste en Grande-Bretagne jusqu'en 1946, où il se consacre à ses études. Lorsque Kenyatta revient au Kenya, il prend la tête du mouvement indépendantiste Kenya African Union (KAU). La révolte des Mau-Mau commence dans la foulée. Kenyatta est emprisonné de 1952 à 1961.

© SYRUS NEILSON - SHUTTERSTOCK.COM

Vers l'indépendance

1952-1961

La ferveur nationaliste gronde. Bien que quelques concessions timides soient mises en place en 1957, le vent de la décolonisation souffle sur le Kenya comme partout ailleurs dans le monde. Trop peu, trop tard : « Uhuru sasa » (L'indépendance tout de suite) devient le slogan du peuple kényan. Finalement, la première conférence de Lancaster House a lieu ayant pour but l'établissement d'une Constitution menant vers l'indépendance. En résulte une élection générale en 1961, où sont représentés deux partis politiques nouvellement formés : la Kenya African National Union (KANU), centraliste et représentant les ethnies majoritaires (Luo, Kikuyu), et la Kenya African Democratic Union (KADU), à vocation fédéraliste, avec, à sa tête, Ronald Ngala. Kenyatta est libéré de sa détention par les Britanniques.

Indépendance du Kenya

1963

Le 12 décembre 1963, le Kenya obtient son indépendance. L'élection confirme la force de la KANU et, de fait, Jomo Kenyatta devient le Premier ministre du Kenya sous statut de domination (comme le Canada ou l'Australie).

Jomo Kenyatta, premier président du Kenya

1964 Dans l'année qui suit, la KADU se dissout et rejoint le parti KANU, une Chambre législative unanime vote la République, et Jomo Kenyatta devient le premier président du Kenya indépendant le 12 décembre 1964. L'unité des nationalistes qui ont achevé l'indépendance s'estompe peu à peu du fait de la politique conservatrice du gouvernement Kenyatta. Un mouvement radical se dessine au sein de la KANU, sous la direction du Luo Odinga Odinga, vice-président du parti, ainsi que de la République. Il revendique la restitution des terres blanches sans compensation, l'africanisation de celles-ci sous forme de coopératives communautaires, ainsi qu'un alignement politique sur l'Est et la nationalisation des entreprises. Les comptes se règlent en 1966 lors du congrès de Limuru : Odinga perd sa vice-présidence de la KANU, quitte le gouvernement et forme la Kenya Peoples' Union (KPU), parti d'opposition ; une mini-élection générale a lieu, après laquelle le KPU reste minoritaire au sein du Parlement.

Prospérité économique du Kenya indépendant

1965-70 Malgré les conflits politiques, le nouveau Kenya affiche une remarquable stabilité durant ses premières années et devient un modèle en Afrique, bien que la répartition équitable des terres demeure problématique, car beaucoup n'en possèdent pas et malgré un taux de chômage alarmant.

Réélection de Jomo Kenyatta

1969-1974 Kenyatta est réélu président, après avoir interdit les partis d'opposition. Assassinats politiques et répressions font loi en ce début des années 1970. En 1974, unique candidat à la présidentielle, il sera réélu pour un ultime mandat. Malade, il laisse son clan régner – et s'enrichir. Le swahili est décrété langue nationale.

Mort de Kenyatta. Daniel Arap Moi devient le second président du Kenya

1978 Il est alors son vice-président. Moi appartient à une tribu minoritaire et a été choisi pour équilibrer la balance ethnique Kikuyu-Luo. Moi veut donner une image nouvelle, loin du culte de la personnalité entretenu par son prédécesseur. Il parcourt le pays de part en part pour avoir un contact direct avec la population, il libère tous les prisonniers politiques, met l'accent sur le développement des infrastructures de santé et d'éducation, rassure la population et les investisseurs, le monde des affaires est soulagé. Mais au fond, rien ne change vraiment.

Tentative de coup d'Etat contre Moi

1982 Une tentative de coup d'Etat, organisée au sein de l'armée de l'air par des officiers luos et kikuyus, unis pour l'occasion, échoue dans le sang. Moi durcit son régime. L'économie kényane perd peu à peu de la vitesse, minée par une corruption rampante et une expansion démographique galopante. La population s'appauvrit.

Apogée de la dictature de Moi

1989-1991 Insurrection populaire suite à plusieurs assassinats politiques. Répression sanglante et menaces internationales. Abrogations des lois sur le parti unique, le président ne peut se présenter que pour deux mandats de cinq ans, en vue des élections de 1992.

Réélection de Moi sur fond de corruption

1992 L'opposition qui s'était regroupée au sein du Forum pour la restauration de la démocratie (FORD) ne parvient pas à nommer un candidat et une équipe unique contre la KANU. Ce front éclate à la dernière heure, se fracturant le long des brèches ethniques : Moi et son régime KANU l'emportent sur une opposition divisée.

1997 Réélection de Moi, mais l'opposition se fait plus présente. Foisonnement de médias de plus en plus libres. Son précédent mandat aura été marqué par un pillage de l'économie : le pays s'appauvrit, l'infrastructure routière se dégrade, la production agricole diminue, les hôpitaux d'Etat se transforment en mouroirs, la sécurité urbaine devient précaire sous l'afflux de populations déplacées par la pauvreté. Cela n'empêche pas les vampires du régime de détourner des sommes fabuleuses.

Mwai Kibaki reprend les rênes du pouvoir

2002 La National Alliance Rainbow Coalition (NARC) fait bloc derrière Mwai Kibaki (politicien de première heure, ministre de l'Economie sous Kenyatta, premier vice-président sous Moi, infortuné candidat d'opposition à la présidence en 1992 et 1997). Il est élu par un véritable raz-de-marée et devient le troisième président du Kenya indépendant. Kibaki tente de maintenir la stabilité du Kenya (en faisant notamment de la lutte contre la corruption son cheval de bataille) et amorce un nouvel élan économique. Mais le bilan de son quinquennat est mitigé.

Le pays au bord du gouffre

2007 Lors de l'élection présidentielle du 27 décembre 2007, le camp du président sortant, Mwai Kibaki, et celui de son opposant, Raila Odinga, se déclarent chacun vainqueur et refusent de reconnaître la victoire à l'autre. La situation dégénère. Des affrontements éclatent dans tout le pays provoquant plus de 1 500 morts et déplaçant 300 000 personnes dans des centaines de camps de réfugiés. Localement, ces violences ont pris l'aspect d'un conflit interethnique : les Kikuyus, traditionnels soutiens du président, ont été pris à partie par les partisans de l'opposition : les Luos. L'Union africaine et l'Union européenne appellent au retour du dialogue entre les représentants de chacune des parties.

Accord de paix

2008 Le 28 février 2008, un accord de paix a été signé pour former un gouvernement de coalition avec pour président Mwai Kibaki (Kikuyu) et son rival Raila Odinga (Luo) au poste de Premier ministre. C'est la première grande coalition interethnique dans le pays. Le pays est passé près d'un conflit à couleur ethnique, mais une fois de plus, le compromis national est trouvé.

2010 Un changement constitutionnel est adopté par référendum. Ce changement de constitution entérine une réduction des pouvoirs du président, en même temps qu'une délégation de pouvoir accrue aux gouvernements locaux, ainsi qu'une charte de droits. La nouvelle constitution est promulguée le 27 août 2010.

2011

Grave crise alimentaire

La sécheresse, combinée à une augmentation du prix des produits, fait subir une grave crise au Kenya, au sein de la crise qui touche toute l'Afrique de l'Est, la plus forte depuis 60 ans. Le Kenya, allié aux Américains depuis 2007 dans la lutte contre l'islamisme en Somalie, doit également accueillir un nombre accru de réfugiés de la guerre civile somalienne. C'est surtout le Nord-Est, zone déjà sensible, qui subit de plein fouet ces deux crises. Ces deux aspects soulignent la fragilité du nord-est du pays, qui a une stabilité très précaire et sur lequel l'Etat central exerce un contrôle très relatif.

AVRIL 2013

Election d'Uhuru Kenyatta

Le fils de Jomo Kenyatta, inculpé par la Cour pénale internationale (CPI) de crimes contre l'humanité pour sa responsabilité dans les violences postélectorales de 2007, est élu, dès le premier tour de la présidentielle avec 50,07 % des voix.

2013 ET 2015

Le 21 septembre 2013, le terrorisme frappe Nairobi au cœur avec l'attaque du centre commercial Westgate, imputée aux Shebabs somaliens et à certains étrangers originaires de ce pays. Au moins 67 personnes y trouvent la mort, plusieurs assaillants sont tués. Le 2 avril 2015, les Shebabs somaliens attaquent l'université de Garissa, tuant 152 personnes, majoritairement des étudiants chrétiens. C'est l'attaque la plus meurtrière attribuée aux Shebabs au Kenya.

2017

Turbulences post-électorales

Lors des élections présidentielles du 8 août, les électeurs reconduisent Uhuru Kenyatta avec 54,27 % des voix. Mais début septembre, la Cour suprême, c'est une première, annule l'élection présidentielle pour irrégularités. Raila Odinga, le seul opposant (seuls deux candidats sont autorisés à se présenter), tente le 17 octobre de renverser le président sortant, comme il a déjà échoué à le faire en 1997, 2007, et 2013. Le 30 octobre, Uhuru Kenyatta est officiellement réinvesti pour un second mandat. Le 6 novembre, des recours sont déposés à la Cour suprême, contestant la présidentielle et demandant l'invalidation des résultats. Ils sont rejetés. La Cour valide la réélection du président sortant Uhuru Kenyatta. Fin du feuilleton présidentiel. Ou presque.

2018

Fin des divisions ?

En janvier, le rapport final de la mission d'observation de l'Union européenne sur les élections kényanes est sévère. Droits démocratiques bafoués, la faute aux politiciens de tous bords. L'opposant Raila Odinga ne veut toujours pas reconnaître les résultats de la présidentielle et la victoire d'Uhuru Kenyatta. Onze ambassades signent un communiqué commun visant à encourager un dialogue national entre le pouvoir et l'opposition. Le 9 mars, le président kényan et son opposant Raïla Odinga annoncent la fin de leurs divisions.

MARS 2019

Première visite d'un président français au Kenya

Lors de son voyage officiel, Emmanuel Macron démontre la volonté de réorienter la politique africaine de la France vers les pays les plus dynamiques, notamment ceux de l'Afrique anglophone. Une coopération économique qui sera de nouveau discutée, en septembre 2020, lors de la visite officielle du président Kenyatta en France.

FÉVRIER 2020

Disparition de Daniel Arap Moi

L'ancien président du Kenya (1978-2002) décède à l'âge de 95 ans. Le bilan de sa longue présidence reste controversé.

2020

La spirale de l'endettement

La dette publique du Kenya a augmenté de plus de 11 milliards de dollars en un an, selon la Banque centrale (2021), dépassant les 66 milliards de dollars américains. Un chiffre record. La pandémie de Covid-19 n'a fait qu'aggraver la situation budgétaire de l'Etat. En avril 2021, le Kenya obtient avec le FMI un accord de principe pour le décaissement de 410 millions de dollars US, destinés aux réformes.

2021

Membre temporaire du Conseil de sécurité de l'ONU

Le 1er janvier 2021, le Kenya entre au Conseil de sécurité des Nations unies en tant que membre non permanent, pour une durée de 2 ans.

2021

Coup d'arrêt de la réforme constitutionnelle

Le 13 mai, la Haute Cour du Kenya rend son verdict sur le statut de la réforme de la constitution voulue par le président Uhuru Kenyatta. Ce projet baptisé « Building Bridges Initiative » (BBI) devait être adopté par référendum avant l'élection présidentielle de 2022, sur fond de tensions entre le président Kenyatta et son vice-président William Ruto. Cette réforme vise à remplacer les règles actuelles qui seraient à l'origine des conflits post-électoraux à répétition, selon le chef de l'Etat. Mais la Haute Cour a clairement jugé le processus « illégal et inconstitutionnel ».

MARS 2021

Le Kenya et la Somalie devant la justice

Les deux pays sont en procès devant la Cour internationale de justice. En cause, un litige sur le tracé de leurs frontières maritimes. Une affaire qui mêle nationalisme, intérêts économiques et soupçons d'ingérence.

2022

Nouvelle élection controversée

Les élections générales de 2022 voient le candidat William Ruto, ancien vice-président d'Uhuru Kenyatta, s'imposer d'une très courte tête pour la présidentielle. L'opposant est encore une fois Raila Odinga, qui contestera les résultats en vain, puisqu'ils seront officialisés. Le clan Ruto remporte par la même occasion l'Assemblée nationale mais sans majorité absolue.

2023-2024

Tensions anti-gouvernementales

Le quinquennat de William Ruto semble s'enliser sur les mêmes questions et problématiques que pour son prédécesseur. Depuis 2023, et notamment avec un pic de tensions à l'été 2024, les manifestations anti-gouvernementales s'enchaînent, souvent empêchées ou réprimées dans la violence. En jeu, la réforme de la loi finance visant à instaurer de nouvelles taxes, sujet qui a fait lever la jeunesse, en mal d'emploi, dans un contexte de crise économique et d'augmentation générale du coût de la vie.

LA RÉVOLTE MAU-MAU

DANS LES ANNÉES 50, LA RÉVOLTE DES KIKUYUS ÉBRANLE LE SYSTÈME COLONIAL

Mouvement de rébellion contre l'oppression des colons britanniques sur le peuple kenyan, de 1952 à 1956, la révolte des Mau-Mau est menée par quelques milliers de combattants seulement, majoritairement issus de l'ethnie kikuyu (qui représente aujourd'hui 23 % de la population). La plupart sont agriculteurs, très pauvres, et ne possèdent ni éducation ni armes à feu. Pour s'équiper, les Mau-Mau multiplient les attaques de postes de police et s'emparent de leurs armes. Quiconque en possède devient alors une cible. Ces combattants de la liberté qui luttent pour l'indépendance de leur pays font serment de tuer tout Européen ou tout Africain hostile à leur cause. Des milliers de Mau-Mau prennent ainsi le maquis et trouvent refuge dans les forêts des Aberdares et du mont Kenya. Ils sont longtemps considérés comme des terroristes.

Etat d'urgence et répression violente

En 1952, ce mouvement atteint son paroxysme : les premiers raids sur les fermes européennes ont lieu, provoquant ainsi la terreur des colons, qui convainquent Evelyn Baring, le gouverneur du pouvoir colonial anglais en place, de déclarer l'état d'urgence en octobre 1952. Des opérations militaires à l'encontre des rebelles sont alors organisées et entraînent une terrible répression, coûtant la vie à environ 15 000 combattants des forêts. Les populations kikuyus soutenant massivement la guérilla en nourriture, armes et intelligence, sont aussi réprimées et une grande partie des villageois kikuyus sont parqués dans des « villages protégés » (euphémisme) sous l'œil et à la merci des troupes anglaises et loyalistes. Les victimes civiles, soumises au régime du travail forcé, à la torture, à la famine et aux maladies dans les villages protégés, seraient entre 10 000 et 90 000, et jusqu'à 300 000 selon les historiens, contre une centaine de « Blancs », parmi lesquels une trentaine de civils. Jomo Kenyatta, à l'époque secrétaire général de la Kenya African National Union, et accusé d'être l'instigateur du mouvement Mau-Mau, est arrêté et condamné à sept ans de prison. Il sera libéré en 1961, alors que l'indépendance du Kenya se profile.

Une reconnaissance timide et tardive

Ce massacre est longtemps nié par le Royaume-Uni, qui dissimule ou détruit systématiquement de nombreuses archives embarrassantes. Ce n'est qu'en 2003 qu'il reconnaît sa responsabilité dans cette répression de la révolte Mau-Mau, la torture et la détention de dizaines de milliers de Kenyans. Un véritable travail de mémoire est alors entamé. Quatre ans plus tard, les Mau-Mau deviendront symboliquement des « combattants de la liberté », lorsqu'une statue de Dedan Kimathi, légende nationale et chef charismatique de la rébellion Mau Mau capturé par les Britanniques et pendu en 1957, est érigée au centre de Nairobi. En 2013, la justice britannique donne raison à 5 228 anciens combattants Mau-Mau en leur octroyant quelque 3 000 euros. Le gouvernement britannique reconnaît sa responsabilité et déclare « regretter sincèrement » les abus qui ont eu lieu. En 2015, un mémorial en l'honneur des Mau-Mau est également inauguré à Nairobi, financé par le Royaume-Uni. Plus de 60 ans après, les victimes ou leurs descendants demandent toujours réparation.

La reconnaissance et l'indemnisation des Mau-Mau font régulièrement l'objet de vagues promesses ou d'hommages symboliques, notamment de la part des politiciens. Cependant dans les faits, le président Uhuru Kenyatta – lui-même Kikuyu – ne s'est pourtant jamais réellement attaqué au sujet. En 2018, dans le cadre d'une seconde procédure, l'affaire est de nouveau portée en justice, mais les anciens combattants n'obtiennent aucune compensation, la Haute Cour estimant cette fois qu'il s'est passé trop de temps entre les événements et le procès. Aujourd'hui, alors qu'ils se sont battus pour leur pays et sont maintenant considérés comme des héros, les quelques centaines de Mau-Mau survivants vivent encore dans la pauvreté et le dénuement, le plus souvent sans une parcelle de terre qui leur appartienne.

Dedan Kimathi, chef des Mau Mau

Le général Dedan Kimathi était le chef des Mau-Mau (1920-1957). En octobre 1956, Kimathi est capturé par l'armée britannique et pendu en prison. Quelques mois plus tard, le mouvement est définitivement maté. Mais il aura eu raison de l'administration coloniale pour qui Mau-Mau est un acronyme formé par l'expression Mzungu Arudi Ulaya, Mwafrika Apate Uhuru, qui signifie dans notre langue « Que le Blanc retourne en Europe, que l'Africain devienne libre ».

TOP 10

PERSONNAGES HISTORIQUES

Jomo Kenyatta, le « père de l'indépendance », Wangari Maathai, « celle qui plante des arbres », ou encore Kip Keino, l'un des plus grands coureurs kenyans… L'histoire contemporaine du Kenya est naturellement jalonnée de figures emblématiques et de destins hors du commun, qui ont marqué le pays.

HARRY THUKU

L'une des toutes premières personnalités kényanes à combattre la politique menée par les colons.

DAVID SHELDRICK

Fondateur du Parc national Tsavo Est. Sa femme Daphne fonde ensuite le D. Sheldrick Wildlife Trust.

KAREN BLIXEN

Femme de lettres danoise, s'installe au Kenya en 1922. Auteure du roman autobiographique *Out of Africa*.

© JANUSZ PIENKOWSKI - SHUTTERSTOCK.COM

JOMO KENYATTA

Le « père de la nation ». Premier président du Kenya indépendant. Son fils, Uhuru Kenyatta, est élu en 2013.

© PRACHAYA ROEKDEETHAWEESAB - SHUTTERSTOCK.COM

KIP KEINO

Athlète à l'origine de la tradition des coureurs de fond kényans. Médaille d'or aux JO de Munich en 1972.

© MIRT ALEXANDER - SHUTTERSTOCK.COM

DANIEL ARAP MOÏ

Vice-président de Jomo Kenyatta de 1967 à 1978, il accèdera à la fonction suprême de 1978 à 2002.

© PRACHAYA ROEKDEETHAWEESAB - SHUTTERSTOCK.COM

WANGARI MAATHAI

Écologiste engagée. Icône mondiale du droit des femmes. Elle reçoit le prix Nobel de la paix en 2004.

© SPATULETAIL - SHUTTERSTOCK.COM

ELIUD KIPCHOGE

Double champion olympique du marathon à Rio et Tokyo (2016 et 2020), Kipchoge est un immense athlète.

© PHOTOCOSMOS1 - SHUTTERSTOCK.COM

LUPITA NYONG'O

Première actrice kenyane à décrocher un Oscar : meilleure actrice dans un second rôle en 2014.

© DENIS MAKARENKO - SHUTTERSTOCK.COM

BARACK OBAMA

Fils d'un père kényan, d'une mère américaine, né en Amérique. Un enfant du pays pour les Kenyans.

© GRINDSTONE MEDIA GROUP - SHUTTERSTOCK.COM

LES ENJEUX ACTUELS

Soixante ans après son indépendance, le Kenya est conscient d'être envié par les autres pays d'Afrique subsaharienne pour sa stabilité politique et son développement économique. Il est vrai qu'il faut porter au crédit de ce pays près de trente années de solide expansion économique, durant lesquelles le taux de croissance du PIB a été supérieur à son taux de croissance démographique. Le Kenya, classé depuis 2015 pays à revenus intermédiaires, est ainsi devenu l'un des moteurs économiques du continent africain et de la sous-région. Le Kenya a ainsi vu l'émergence d'une classe moyenne supérieure avec le développement de nouveaux secteurs d'activité principalement dans le tertiaire. Toutefois, sur fond de querelles politiques et de kleptocratie, le peuple kényan subit toujours de grandes inégalités et disparités régionales et le taux de chômage reste élevé ; plus de 45 % de la population vit encore avec moins de 2 dollars par jour.

Vers plus de démocratie et moins de corruption

La trajectoire politique du Kenya reste semée d'embûches et de surprises, preuve que la démocratie dans ce pays mérite encore d'être renforcée. La corruption des membres des gouvernements successifs reste un frein notable. La politique intérieure du Kenya étant régulièrement marquée par des scandales de corruption qui ternissent l'image de la classe politique et provoquent de fortes réactions populaires.

L'élection de Mwai Kibaki, en 2002, fut accueillie par la population comme l'espoir d'un renouveau, d'une seconde indépendance : ce qu'il ne fut pas, eu égard à la crise politique de 2007-2008. Le Kenya a mis plusieurs années à se relever des violences ethniques. En 2013, c'est un homme, Uhuru Kenyatta, empêtré dans des démêlés judiciaires avec la Cour pénale internationale, qui a été choisi d'une courte tête face à Odinga. William Ruto, son vice-président, a, lui aussi, été mis en examen. Le 8 août 2017, la Cour suprême kényane invalide l'élection présidentielle remportée par le chef de l'État sortant, Uhuru Kenyatta.

En cause, des « irrégularités » de transmission des résultats compromettant l'intégrité du scrutin. Une grande première au Kenya et sur le continent africain, attestant néanmoins de l'indépendance de la justice kényane. La Cour ordonne la tenue d'un nouveau scrutin. Uhuru Kenyatta remporte finalement cette élection. Malgré un accord conclu en mars 2018, avec le chef de l'opposition, Raila Odinga, de profondes divisions sociales, ethniques, politiques, demeurent. Toutefois, le poids de la société civile kényane se renforce avec le temps sur le front des grands débats. Certaines voix influentes, portées par une élite éduquée, que les autorités ne peuvent plus aujourd'hui ignorer, tirent indéniablement le pays vers le haut.

Une position stratégique en Afrique de l'Est

La situation de la Somalie, en crise depuis 1991, reste un sujet d'inquiétude majeur pour le Kenya. En 2011, craignant les incursions de la milice islamiste Al-Shebab sur son territoire, le Kenya intervient en Somalie et crée une zone tampon le long de la frontière. Depuis 2012, les forces kényanes font partie de la mission de l'Union africaine en Somalie (AMISOM). Le pays a subi plusieurs attaques majeures (le centre commercial de Westgate en 2013, l'université de Garissa en 2015, le complexe Dusit D2 en 2019, la base américano-kényane de Camp Simba en 2020…) et les menaces d'attentats sont récurrentes.

Le Kenya abrite près de 500 000 réfugiés, principalement venus du Soudan du Sud et de Somalie, sur les sites de Kakuma et de Dadaab. Depuis 2016, Nairobi demande la fermeture de ces deux immenses camps de réfugiés, invoquant des raisons sécuritaires. Les relations diplomatiques entre le Kenya et la Somalie restent en outre tendues, notamment en raison d'un contentieux sur le tracé de leur frontière maritime. Nairobi et Mogadiscio se disputent une zone de 100 000 km^2 riche en poissons et en hydrocarbures. Le litige fut réglé en 2021 par la cour d'instruction à la Cour internationale de Justice (CIJ) en faveur de la Somalie.

Membre fondateur de la Communauté d'Afrique de l'Est (EAC) avec la Tanzanie et l'Ouganda, le Kenya joue par ailleurs un rôle majeur dans le développement de la région (union douanière, marché commun, projet d'union monétaire, zone de libre-échange tripartite). Le Kenya est également membre de l'IGAD (Intergovernmental Authority on Development) regroupant les sept pays de la Corne de l'Afrique ; du Marché commun de l'Afrique orientale et australe (COMESA) et de la Communauté de développement d'Afrique australe (SADC).

© BARTOSZ HADYNIAK - ISTOCKPHOTO.COM

Femmes cultivant le thé.

Boom économique, oui, mais…

Le Kenya est l'une des cinq plus grandes économies d'Afrique subsaharienne et un centre régional de commerce. Mais, malgré le boom économique de ces quinze dernières années, favorisant l'émergence d'une classe moyenne, le pays reste très inégalitaire. Le taux de pauvreté est élevé et, selon l'ONU, entre 3 et 3,5 millions de personnes seraient confrontées à une insécurité alimentaire grave. Et si des efforts notables ont été observés pour améliorer la sécurité sur le sol kényan, si les infrastructures et le secteur des services ont connu un boom ces dernières années, les objectifs de dépenses consacrées à la santé et à l'éducation sont toujours loin d'être atteints. Quant aux finances publiques, malgré des phases d'assainissement, elles sont aujourd'hui dans le rouge.

Entre 2014 et 2020, le Kenya a bénéficié du Fonds européen de développement à hauteur de 435 millions d'euros, pour trois secteurs (sécurité alimentaire, infrastructures durables, gouvernance et état de droit), mais la dette publique n'a cessé de progresser, atteignant un seuil critique en 2020, avec la pandémie du Covid-19, qui n'a fait qu'exacerber cette tendance. Dans ce contexte, le Kenya bénéficie d'un soutien conjoncturel conséquent de la Banque mondiale et du Fonds monétaire international (FMI), qui en 2021 lui accorde un nouveau prêt de 2,30 milliards de dollars. Les Kényans, inquiets de voir leur pays s'endetter une nouvelle fois, y voient là une mauvaise gestion des fonds. Le projet de réforme de la loi finance du président Ruto, en 2023, n'arrange rien. En résultent de nouvelles tensions antigouvernementales, à la tête desquelles la jeunesse proteste face au manque d'emploi et à l'augmentation du coût de la vie.

Une économie diversifiée

Le Kenya a su développer son industrie, une agriculture d'exportation, le tourisme et de par sa position géographique, le pays est devenu un centre régional de commerce. Et même si historiquement, le pays dépend essentiellement de quatre sources de devises étrangères : le café, le thé, le tourisme (et… l'aide internationale), la multiplicité des secteurs fonctionne et ceux-ci peuvent se compenser par temps de crise.

Le Kenya est d'abord une économie de services. En combinant technologies numériques et services, le Kenya a su se montrer particulièrement innovant. C'est le cas notamment avec son système de paiement mobile M-Pesa, lancé en 2007 et repris partout dans le monde, ou encore M-Akiba, plateforme mobile de souscription d'obligations du Trésor inaugurée en mars 2017. Constitué à plus de 50 % de services, son niveau de développement dans ce secteur fait du pays une plateforme régionale.

Le Kenya se distingue particulièrement dans le secteur du numérique. Les fonds se bousculent pour soutenir les start-up du pays, à travers des incubateurs. Pour six mois, un an ou deux, les jeunes entrepreneurs reçoivent un financement pour développer leur idée. Née en 2008 durant les violences des élections présidentielles, la plateforme de géolocalisation en ligne Ushahidi est un bel exemple de ce boom puisqu'elle est devenue une référence mondiale. Ça bouge tellement que le gouvernement kényan, lui, a entrepris la construction de la Konza Technology City (devenue Konza Technopolis), un parc dédié au high-tech sur 2 000 hectares à une soixantaine de kilomètres de Nairobi, au milieu de la savane. Environ 50 000 emplois sont attendus à l'achèvement complet, en 2030.

Le programme « Vision 2030 »

Lancé en 2008, le programme « Vision 2030 » a l'ambition de transformer le Kenya « en un pays intermédiaire nouvellement industrialisé, qui confère à ses citoyens un haut niveau de vie, dans un environnement propre et sécurisé ». Il donne la priorité au développement des infrastructures, et s'est traduit par un quasi-doublement du rythme de croissance annuelle depuis le début des années 2010. Malgré cela, le pays reste très inégalitaire, avec un taux de pauvreté élevé et une assistance alimentaire qui concerne encore 2,6 millions de personnes. Dans le domaine de la santé et de l'éducation, les objectifs sont très loin d'être atteints, notamment en faveur de la formation professionnelle, alors que l'économie souffre d'une pénurie de main-d'œuvre technique.

Dans le domaine des infrastructures, les progrès accomplis sont incontestables. Le développement du secteur énergétique est notable, notamment grâce à l'ouverture aux investisseurs privés, et le Kenya peut se flatter d'avoir désormais un mix électrique composé à 80 % de renouvelables. Il en est de même de l'accès à l'eau, qui progresse, sans pour autant avoir été généralisé. Quant au secteur des transports, si la réhabilitation de la liaison ferroviaire entre Mombasa et Nairobi – le grand chantier du président – a été menée à bien (au prix toutefois d'un endettement massif auprès de la Chine), aucune ville kényane ne dispose encore d'un système de transport urbain massifié, le secteur reste dominé par des minibus informels, les « matatus ».

Les enjeux environnementaux

Le Kenya fait figure d'exemple en matière de conservation de la nature et il existe un réel engagement en faveur de la protection de l'environnement. Le pays est lucide sur les conséquences du changement climatique, quand les sécheresses répétées depuis des années menacent sérieusement la survie de plusieurs millions d'habitants. Le gouvernement s'est engagé dans ce sens à restaurer 500 000 hectares de pâturages dans onze comtés arides afin de limiter les déplacements à venir de populations, de préserver leurs moyens de subsistance et la biodiversité des écosystèmes. La survie des animaux sauvages en dépend également, car eux aussi luttent pour l'accès à l'eau. L'autre enjeu est celui des infrastructures humaines qui interfèrent de plus en plus avec les déplacements animaliers. La nouvelle ligne ferroviaire électrifiée, qui va de Mombasa à Nairobi, et qui traverse le Parc national de Nairobi, le plus ancien parc de l'Afrique de l'Est (1946) et le Parc national de Tsavo, a déjà suscité polémiques et controverses et entraîné des changements dans le comportement des animaux qui vivent sur ces espaces naturels protégés. De gros projets d'infrastructures routières prévus également sur cet axe auront des conséquences dramatiques si rien n'est fait – ou mal fait – pour préserver ce patrimoine naturel.

DÉCOUVRIR

© CARLFOURIE - ISTOCKPHOTO.COM

Panneaux solaires à Kilaguni.

ARCHITECTURE

Les superbes paysages du Kenya n'abritent pas uniquement une faune extraordinaire. Ils servent également d'écrin à un patrimoine architectural riche. Le pays abrite ainsi des sites préhistoriques révélant un art déjà très raffiné. Il porte aussi fièrement la marque de son identité swahilie à travers ses maisons et mosquées de corail au cœur de villes aux ruelles labyrinthiques. Après les colons portugais au XVIe siècle, ce furent les Anglais, à partir du XIXe, qui imposèrent leur présence européenne sur le pays, entre grands domaines agricoles et architecture « néo ». Symbole d'une indépendance nouvellement acquise, le modernisme de béton a fleuri dans les grands centres urbains. Aujourd'hui, alors que la spéculation immobilière fait rage, de nombreux architectes tentent de renouer avec les riches traditions vernaculaires dans des projets durables, inspirés d'un habitat autochtone qui ne manquera pas, lui non plus, de vous étonner !

Sur les traces de l'Histoire

Première étape de ce grand voyage architectural : le site préhistorique de Hyrax Hill (p.202), qui abrite les vestiges de trois lieux de peuplement dont le plus ancien remonterait à 3 000 ans. Tumuli funéraires, vestiges d'un fort en pierre et fondations de deux huttes en pierre de forme semi-circulaire complètent cet étonnant panorama d'un habitat préhistorique déjà très raffiné et codifié. Dans l'un de ces premiers « villages », la présence de 13 enclos distincts a, en effet, été révélée, traduisant une organisation hiérarchisée de l'espace. Faisons maintenant un bond dans le temps pour partir à la découverte de la riche civilisation swahilie, étonnant mélange de cultures arabes et africaines, qui apparut dès le IXe siècle avec l'émergence des premières cités-Etats et grands comptoirs commerciaux. Le site de Gede est sans doute l'un des plus importants du pays. Vous y découvrirez les vestiges d'une cité fondée au XIe siècle et qui était jadis protégée de deux imposants murs d'enceinte. Maîtres de l'architecture de l'eau, les bâtisseurs de l'époque rivalisaient d'ingénierie dans la création de puits et citernes nécessaires à l'adduction d'eau et aux ablutions rituelles. Ceux de la Grande Mosquée sont encore visibles. Ne manquez pas non plus son superbe mihrab (niche indiquant la Mecque) savamment sculpté dans le corail. Jadis, il était recouvert de plâtre et agrémenté de… porcelaines de Chine ! Un type de décoration que l'on retrouve également sur de nombreuses stèles funéraires dont une aux étonnants piliers cannelés et bossages de corail. Autre symbole de la splendeur de cette cité swahilie : les ruines de son palais avec son porche d'entrée et ses multiples salles et cours. Vous remarquerez deux trous percés dans le sol… il s'agissait là d'un des premiers exemples de système de ventilation. Et ne faites pas l'impasse sur les latrines d'une étonnante modernité, avec leur petit muret de séparation et leur « lavabo » pour se nettoyer ! Les maisons du site sont de très

La vieille ville de Lamu, classée au patrimoine mondial de l'Unesco.

© KAVRAM - ISTOCKPHOTO.COM

Fort Jesus à Mombasa.

beaux exemples de cette culture swahilie avec leurs murs faits de blocs de pierre taillés dans le corail non encore fossilisé, donc plus tendre et facile à travailler. Les ruines de Mnarani, Jumba la Mtwana, la vieille ville de Mombasa ou le village de Shela sont d'autres superbes témoins de la culture swahilie. Mais s'il ne fallait visiter qu'un site, ce serait bien sûr la ville de Lamu ★★ (p.337), la plus vieille ville d'Afrique de l'Est, dont le cœur est classé au Patrimoine mondial de l'Unesco. Si la ville est ancienne, ses édifices datent principalement des XVIIIe et XIXe siècles. Toute la culture swahilie est là, dans ces dédales de ruelles labyrinthiques et ombragées tout juste assez larges pour faire passer les animaux, dans cette division en petits quartiers (*mitaa*) et surtout dans ces maisons aux caractéristiques si particulières. En pierre de corail, mortier de chaux et bois de palétuvier, ces maisons possèdent peu d'ouvertures sur la rue, si ce n'est une porte superbement sculptée et décorée de motifs floraux ou calligraphiques et des balcons fermés tels des moucharabiehs. Un porche (*daka*) agrémenté d'un banc de pierre (*bazaras*) offre un espace de convivialité avant d'entrer dans la demeure qui s'organise autour d'une cour ou d'un jardin.Plafonds peints et niches sculptées font partie des éléments phares de la décoration de ces somptueuses maisons. En vous promenant dans les rues de la ville, vous passerez sans doute devant des portes à caissons cloutés… il s'agit là d'un apport de la communauté indienne, très présente à Lamu. Ne manquez pas non plus les très belles mosquées de la ville et les maisons du front de mer avec leurs vérandas ouvertes et leurs arcades. En parallèle de ces trésors swahilis, le Kenya abrite également des témoins de la présence portugaise, dont le Fort Jesus (p.299) à Mombasa. Bâti au XVIe siècle, il est un bel exemple de l'adaptation de l'architecture militaire aux évolutions de l'artillerie. Chef-d'œuvre d'harmonie et de géométrie, il porte fièrement les idéaux de la Renaissance. Voyez ses murailles imposantes, ses douves et ses bastions aux formes angulaires protégeant citernes, magasins et quartiers privés, l'ensemble étant, là encore, sculpté dans la pierre de corail.

Héritage colonial

L'Uganda Railway, surnommée la Lunatic Railway par les locaux, est la première grande transformation du pays lancée sous le protectorat britannique. Progressivement, les gares nouvellement édifiées vont devenir le centre névralgique de grands centres urbains, à l'image de Nairobi, nouveau siège du Protectorat. Travaux d'assèchement, création d'un plan d'urbanisme autour de la City Square, rien n'est laissé au hasard… surtout pas la définition des zones d'habitation réservées aux Européens qui s'octroient les meilleurs terrains, reléguant la population noire aux périphéries, dans des logements de fortune. La ségrégation urbaine se met en place. Dans la ville, les Anglais multiplient les édifices aux influences « néo » comme la Court House et son porche flanqué de six colonnes, la Pan Africa House avec ses fenêtres sculptées d'inspiration Renaissance ou bien encore la très néoclassique McMillan Library. A Mombasa, les styles « néo » se mêlent aux influences swahilies, comme en témoignent l'Africa Hotel et son double balcon à la partie supérieure fermée ou bien encore la Vieille Poste avec son balcon en bois et sa façade aux accents arabisants. La communauté indo-pakistanaise, très présente sous le protectorat britannique, laisse également sa marque à travers des échoppes et temples aux couleurs chatoyantes. D'une manière générale, les maisons urbaines de l'époque sont souvent surélevées pour une meilleure isolation, et possèdent une véranda/galerie et un toit avec des avancées protégeant de la pluie et du soleil, tandis que l'intérieur fait la part belle aux bois et à la céramique.

En parallèle, les Britanniques créent également de grands domaines agricoles au milieu desquels trônent des maisons dont l'évolution stylistique traduit le pouvoir grandissant des propriétaires sur ces terres. Au départ, les premiers arrivants logeaient dans des huttes tout à fait rudimentaires. Puis, progressivement, ils ont érigé de plus grandes demeures sur des fondations de pierre. Ces maisons pouvaient être en brique ou en bois (de cèdre le plus souvent), et possédaient, sous des dehors parfois rustiques, des aménagements confortables et fonctionnels. En plus de la maison, ces grands domaines possédaient granges, étables, espaces de stockage et habitations pour le personnel. Des exemples sont à voir non loin de Mau Narok, qui possède également une étonnante église de pierre aux atours romans fortifiés et crénelés alors même qu'elle date… des années 60. Une incongruité architecturale qui souligne un peu plus l'aspect artificiel de cette présence britannique qui, si elle s'est accompagnée d'une ouverture indéniable à la modernité, a surtout dénaturé le pays, expropriant les populations locales et détruisant une partie de son riche habitat.

Architecture moderne et contemporaine

Dès la fin des années 50, l'architecte Amyas Connell annonce l'arrivée du modernisme avec des édifices comme l'Aga Khan Jubilee Hospital. Mais sa réalisation la plus célèbre, inaugurée l'année même de l'indépendance du pays, est le Parlement de Nairobi dont la tour d'horloge blanche et élancée domine alors la ville. L'objectif de l'architecte est d'allier sobriété et fonctionnalité dans un style qui se détache définitivement du passé. Désormais libre et indépendant, le Kenya se lance pleinement dans la folie moderniste avec des édifices emblématiques tels que le Kenyatta International Conference Centre, tour de 28 étages toute de verre et de béton, surmontée d'une étrange corolle inversée et dont l'amphithéâtre adjacent a été pensé sur le modèle d'une hutte africaine. Une juxtaposition détonante ! Les années 70 portent aussi la marque de l'architecte David Mutiso qui réalise le siège de l'ONU, ainsi que le Kenya Technical Teachers College aux tuiles de béton rouge et à l'amphithéâtre surmonté d'une pyramide à toit plat, tous deux dans le quartier de Gigiri à Nairobi. Depuis lors, la capitale connaît une croissance urbaine que rien ne semble pouvoir arrêter. Jadis verdoyante, Nairobi ne cesse de rogner ses espaces verts au profit d'aménagements autoroutiers ou résidentiels où dominent le béton, tandis que son Central Business District se dote de gratte-ciel toujours plus hauts… la ville devait d'ailleurs inaugurer en 2023 le pharaonique projet des Pinnacle Towers, deux tours de 320 m et 201 m accueillant hôtels et appartements de luxe, mais la construction oscille entre reports et retards. Un projet fou, comme celui baptisé Kenya Vision 2030 et qui prévoit la création du plus grand port d'Afrique de l'Est dans la baie de Manda, entamé en 2020, et qui s'accompagnera de moult raffineries, pipelines, quais, resorts touristiques et autres voies ferrées et autoroutières… Fort heureusement, nombreux sont les architectes à faire un autre choix, celui de la durabilité et du respect des traditions. Cela avait été lancé avec la très belle **African Heritage House** (p.136) de l'américain Alan Donovan qui s'était inspiré des mosquées de boue du Mali pour réaliser cette somptueuse demeure rouge-ocre qui possède aussi des éléments de nombreuses autres cultures africaines (porte sculptée swahilie, patio marocain, motifs décoratifs ouest-africains). Aujourd'hui, des édifices allient avec brio tradition et innovation, comme la Cathédrale du Sacré-Cœur de Kiricho avec sa superbe charpente en V renversé faite d'arches en béton supportant des lattes de bois et ses éléments en granit, bois, pierre à savon

Le parlement de Nairobi, qui a été dessiné par Amyas Douglas Connell.

© AXEL JUMELIN

Manyatta traditionnelle au village de Lobolo.

et argile réalisés par des artisans locaux. Une démarche également portée par l'architecte burkinabè Francis Kéré qui a récemment réalisé le Startup Lions Campus pour aider les jeunes de la région du Turkana. Inspiré des étonnantes buttes des colonies de termites, ce bâtiment impressionne par ses vastes toits-terrasses ombragés et ses ingénieuses colonnes de ventilation inspirées de la tradition arabe. La fondation Eco Moyo Education Centre multiplie également les projets durables réalisant des salles de classe et centres éducatifs en bois, pierre de corail et makuti (le célèbre chaume de feuilles de palmier). Autant d'éléments que l'on retrouve dans les somptueux écolodges du pays, comme le Tortilis Camp à Amboseli ou la Ngong House à Nairobi. Soucieux de limiter leur impact sur l'environnement, ces lodges en deviendraient presque invisibles !

Richesses vernaculaires

Le site archéologique de Thimlich Ohinga, près de Mingori, est unique à bien des égards. Daté du XVIe siècle, il témoigne d'établissements communaux partagés, fondés sur l'agropastoralisme et l'artisanat. L'Ohinga, ou enceinte, avait principalement pour but de protéger les communautés et le bétail. La particularité de ce site fortifié réside dans son ingénieuse architecture de pierre sèche. Les murs d'enceinte étaient alors construits en trois phases : les tranches intérieure et extérieure étaient construites séparément, avant que ne leur soit adjointe une tranche médiane assurant leur cohésion. De tailles variables, les pierres étaient assemblées dans un savant jeu d'équilibre assurant une stabilité parfaite, et ce, sans mortier. Ces murs pouvaient atteindre jusqu'à 4,5 m de haut et faisaient en moyenne 1 m d'épaisseur. Contreforts, conduites de drainage, site industriel et fosses d'habitation complètent cet étonnant exemple d'un habitat de pierre fortifié réalisé par les premières communautés pastorales de la région. Un exemple d'autant plus étonnant que la très grande majorité des ethnies du Kenya privilégient les constructions temporaires en matériaux naturels et donc périssables (bois, terre, herbe, roseaux, écorces, bouse...) Parmi les constructions autochtones les plus étonnantes, vous pourrez peut-être apercevoir les huttes d'acacia et de palmier en forme d'igloo du peuple El Molo ; les huttes circulaires aux toits de chaume coniques du peuple Taïta qui utilise toutes les ressources de la nature environnante pour s'adapter au climat, à commencer par les grands arbres protecteurs et pourvoyeurs d'ombre ; les huttes du peuple Oromo que l'on reconnaît aux motifs colorés peints sur leurs murs de bois et torchis ; les huttes du peuple Dassanech qui doivent leur silhouette d'igloo à leur structure en bois recourbé et au côté desquelles se trouvent souvent des espaces de stockage en forme de cases cylindriques à toits coniques et sur pilotis ; ou bien encore les incroyables kayas, villages fortifiés, du peuple Mijikenda, indissociables des forêts où ils sont construits et aujourd'hui considérés comme la demeure sacrée des ancêtres. Mais l'habitat autochtone le plus connu est sans aucun doute celui du peuple Maasaï. Les villages maasaï sont célèbres pour leur « boma » ou « kraal », c'est-à-dire l'enceinte qui protège les habitations. Cette dernière peut être faite de pierre, de poteaux de bois ou de bosquets de fourrés épineux et impénétrables. Un système de clôture partagé par le peuple Samburu. Les habitations maasaï sont généralement de plan rectangulaire et leur silhouette de boue et de paille est souvent bombée. Très touristiques et peut-être un peu artificiels, les Bomas du Kenya (musée de plein air), le Bomtolulu Workshops and Cultural Centre de Mombasa et le réseau des Villages Culturels Maasaï ont au moins le mérite de faire vivre et connaître ces riches traditions vernaculaires.

BEAUX-ARTS

S'il est vrai que l'Afrique de l'Ouest et du Sud a longtemps accaparé l'attention, les projecteurs se tournent désormais aussi vers le Kenya. Sa richesse culturelle est enfin reconnue. Depuis les temps anciens, les peuples ont développé sur cette partie du continent des traditions picturales qui continuent de marquer l'imaginaire. À présent, la scène artistique se diversifie. Street art, sculpture, collage, photographie et peinture bénéficient d'une multitude de lieux d'exposition. La plupart des espaces consacrés à l'art sont centrés autour de Nairobi. Son énergie désorganisée, autrefois dépréciée, inspire la jeune génération. Les artistes originaires du Kenya, mais aussi d'Ouganda ou du Soudan se nourrissent de ses vibrations aussi stimulantes que chaleureuses. Seuls quelques artistes accèdent pour l'instant à une notoriété internationale. Mais tout se met en place pour favoriser l'émergence des talents locaux. À découvrir…

Préhistoire et traditions

Les origines de l'Homme se découvrent sur les rives du lac Turkana, sur le site archéologique de Koobi Fora. Les nombreux objets présentés au musée du « berceau de l'humanité », là où vécut Lucy, retracent l'évolution de nos plus anciens ancêtres. Dans cet espace aride, des découvertes majeures ont bouleversé nos connaissances sur le quotidien des premiers représentants de l'espèce humaine. Le lac Turkana est un peu l'Eden des paléontologues. Le premier atelier de pierre taillée du monde a été mis au jour sur ces berges. Le site de Lokalalei a révélé pas moins de 2 000 vestiges remontant à 3 millions d'années. Parmi ces trouvailles, des couteaux qui seraient les plus anciens outils de pierre jamais découverts.

Pour admirer de l'art pariétal, il faut se rendre sur le site de Kwitone. Là, des peintures datées de 18 000 ans s'étalent sur une quarantaine de mètres. Entre les séries de spirales blanches et noires, des serpentins rougeoyants évoquent la course du soleil, du lever au coucher. Attribuées aux pygmées (Twa), ces œuvres restent pour les autochtones dotées de pouvoirs surnaturels. L'île kenyane de Mfangano, sur le lac Victoria, abrite d'autres créations de la tribu des Twa. Les 40 sites sacrés répartis sur l'île ont pour fonction première d'assurer le lien entre l'homme et le divin. Le langage pictural twa est dominé par les cercles concentriques et trois couleurs : noir, blanc et rouge.
A cheval sur le Kenya et la Tanzanie, le peuple Massaï perpétue la tradition de l'ornementation

Bijoux maasai.

© WLDAVIES - ISTOCKPHOTO.COM

Bois sculpté swahili.

depuis plusieurs centaines d'années. L'histoire de l'art de la parure corporelle est encore méconnue. Il se manifeste par des objets qui symbolisent le statut social (masques rituels, bijoux, ceintures, etc.) ou directement sur la peau. Les scarifications soulignent la beauté d'un détail physique, comme les yeux. Cet art « direct » ou corporel fait appel à tous les matériaux disponibles dans l'environnement. Rappelons que ce que nous qualifions d'art africain regroupe des objets qui n'étaient à l'origine pas conçus comme des créations artistiques. Même si une volonté de produire une œuvre harmonieuse animait le sculpteur, les masques avaient avant tout une signification spirituelle, sociale ou politique. Leur fonction était d'entretenir l'équilibre et la survie de la société.

A l'extérieur du musée national de Nairobi, une sculpture en bronze représente l'évolution de l'espèce humaine en quatre étapes. A l'intérieur, le lieu rend compte de tous les peuples kényans et de leurs arts, présente des fossiles préhistoriques, la faune et la flore locales. Indispensable pour se familiariser avec le Kenya.

De l'art colonial à l'ère moderne

La rencontre avec les colons européens n'est pas sans conséquence sur la tradition picturale kényane. Au contact des Portugais, les portraits sculptés voient leurs traits se modifier. Le nez s'affine et une barbe est signifiée par des rangées de billes sur certaines sculptures. Les perles habituellement utilisées par les femmes pour agrémenter des éléments de la parure servent à présent de monnaie d'échange. Les sculpteurs ne signent toujours pas leurs œuvres, le collectif primant sur la notion d'individu. Du côté de Mombasa, la culture swahilie née au IIe siècle s'enrichit au rythme des échanges, plus fréquents dans la ville portuaire. Cependant, les Swahilis ayant été islamisés très tôt n'ont pas recours aux images. Les motifs géométriques se répètent. L'héritage musulman se nuance toutefois d'éléments africains. On retrouve ce métissage au musée des ruines de Gedi de Watamu qui accompagne le village du XIIe siècle.

Il faut attendre les années 1960 pour que les premières galeries d'art kényanes voient le jour, à la période de l'Indépendance (1963).

Sur la côte, la première galerie est la galerie d'art Diani Beach qui présente une collection extrêmement diversifiée d'art africain et kényan. Photographies, sculptures et peintures offrent un vaste panorama de la création actuelle. Particularité de Mombasa, son Sand Art Museum met à l'honneur une forme de sculpture naturelle, la sculpture sur sable. Avant de quitter la ville, offrez-vous des souvenirs uniques à la Coast Gallery of Arts. Située le long de la route Nyali Links, elle propose des peintures assorties de cadres artisanaux en matériaux bruts.

Emergence de la scène contemporaine

Nairobi s'impose depuis plusieurs décennies en tant que cœur battant de la création kényane. Devenue un point d'ancrage pour la population du continent qui fuit les conflits, la capitale a vu s'enrichir sa scène culturelle grâce à des artistes tels que le Soudanais Eltayeb Dawelbait, parti en quête d'un environnement plus favorable à l'expression de son talent. Les années 1960 ont vu éclore les premières galeries d'art kényanes dans le centre de la capitale, à proximité des hôtels et des lieux de vente.

Parmi les pionnières, la galerie Paa Ya Paa Arts, réduite en cendres par un incendie en 1997 avant de renaître sous la forme d'un lieu d'échanges multidisciplinaires. A la même époque, la galerie Watatu devient sous la houlette de Ruth Shaffner la première à favoriser l'art contemporain au Kenya en défendant des scènes colorées réalisées par des autodidactes. Suivent des lieux tels que le Nairobi Museum, le Village Market ou encore la Maison française. Plus tard, le RaMoMa (Rahimtulla Museum of Modern Art) se démarque par son audace, manifeste dans sa collection d'art contemporain.

Un art collaboratif

Sur cette scène émergente, se regrouper permet aux artistes d'échanger et de s'initier à des techniques. Les deux associations les plus déterminantes sont la Ngecha Artists Association qui tient son nom du village de Ngecha, près de Nairobi. Dans un premier temps, la population entière se prête au jeu et expérimente toutes les disciplines artistiques, de la sculpture à la poterie. L'activité du lieu décline vers 2000, puis se déplace au Banana Hill Studio, dirigé par le peintre Shine Tani. L'art figuratif garde la première place : joyeuses tranches de vie rurale et scènes au réalisme poignant montrent diverses facettes de la société kényane. Parmi les élèves issus de l'atelier, Joseph Cartoon, King Dodge ou encore Meek Gichugu exposent leur travail à l'étranger.

Plus récemment, l'association Kuona Trust, située dans le Musée de Nairobi, met l'accent sur la professionnalisation des plasticiens. Une trentaine d'artistes se forment ainsi sous la direction de Judy Ogana.

Chefs de file

Une peinture stéréotypée destinée à satisfaire les touristes règne sur le marché. Elle montre une Afrique idéalisée, des clichés sans âme. Plusieurs personnalités arrachent la peinture kényane à ce style commercial. Le précurseur de la peinture kényane est en réalité né en Ouganda (en 1940). Jak Katarikawe, surnommé le « Chagall d'Afrique de l'Est », débute sa carrière en autodidacte dans les années 1970. Son style empreint de tendresse fait appel aux tons pastel, aux formes estompées, aux vaches et aux poules. Ses motifs adoucis, de plus en plus brumeux le rapprochent clairement de l'abstraction au tournant du siècle. Katarikawé expose un peu partout dans le monde.

Seconde figure majeure de l'art contemporain, Sane Wadu naît au Kenya en 1954. Egalement poète et écrivain, il se démarque par son excentricité. Il peint à ses débuts à l'aquarelle sur du tissu ou des plaques de plastique, et représente la faune et la flore de son pays. Par la suite, il adopte l'huile sur toile pour peindre des paysages urbains qui deviennent progressivement plus abstraits dans les années 1990. Sane Wadu est à présent un artiste international.

Sur une scène artistique majoritairement masculine, quelques femmes poursuivent une belle carrière, à l'instar de Rosemary Karuga (1928-2021). Formée à la School of Fine Art de Makerere College, elle remporte de nombreux prix et devient enseignante. Rosemary passe habilement de la peinture à l'huile au collage pour représenter le quotidien de son village ou des histoires d'animaux.

La seconde génération d'artistes est menée par le peintre et vidéaste Justus Kyalo. Né en 1972, il pratique plusieurs disciplines : la photographie, l'illustration, l'univers de la mode et de l'édition s'entrecroisent dans sa démarche. Citons ses grandes fresques en hommage à la femme, ses esquisses de danseurs saisis sur le vif, ses œuvres abstraites, presque monochromes peintes sur des plaques de métal.

A Nairobi, il expose à la galerie Mam ainsi qu'à Circle Art Gallery (p.136), qui se veut le premier lieu d'exposition de toute cette partie du continent. Il est vrai qu'elle organise depuis 2013 la grande vente annuelle d'art d'Afrique de l'Est. Au fil du temps, l'événement a permis à la capitale kenyane de se hisser au rang de villes aussi renommées que Le Cap ou Lagos dans le paysage culturel.

De nos jours

L'énergie qui fait vibrer Nairobi reste quelque peu chaotique. Mais certains des jeunes talents locaux puisent leur inspiration dans ce désordre.

Wisetwo, pionnier de l'art de rue en Afrique centrale et orientale, a largement dépassé les frontières du pays. Exposé pour la première fois en France, il parcourt le monde, mêlant dans ses œuvres colorées la culture africaine, les rythmes, les codes, la symbologie, les objets mystiques et les rituels du continent. Le graffiti connaît de beaux jours dans les rues de la capitale. Ici, les artistes se mettent au service de la communauté depuis les années 1970. Ils sont considérés comme un modèle pour les plus jeunes. Des associations comme TICAH multiplient les initiatives collectives pour valoriser le paysage urbain. Daddo peint un peu partout lui aussi, mais de préférence avec d'autres graffeurs, tels que Ibra et en collaboration avec le Sanaa Center qui défend l'accès aux soins médicaux pour tous.

Sur la scène bouillonnante de Nairobi, les artistes de toutes les disciplines se retrouvent au GoDown Arts Centre et au Kuona Trust Art Centre de Nairobi. Espaces d'exposition et ateliers, ce sont des lieux de rencontre majeurs pour la relève artistique.

MUSIQUES ET SCÈNES

Le Kenya a toujours été une place forte de la musique en Afrique de l'Est. Dès les années 1950/1960, des artistes comme Fundi Konde, un des premiers guitaristes de cette partie du continent, Daniel Katuga ou George Mukabi enregistrent leur musique, qui plus est sur de grands labels de l'époque comme His Master's Voice (HMV) ou Capital Music Stores (CMS). Au moment de l'indépendance du pays en 1963, l'industrie musicale est alors si vaillante que la légende raconte qu'il y sort des milliers de nouveaux enregistrements chaque mois. Si la dynamique s'est un peu tassée depuis, le Kenya demeure un grand pays de musique du continent africain, où les traditions des nombreuses ethnies telles que le *nyatiti* ou le *taarab* côtoient des courants modernes, voire avant-gardistes. Une Histoire qui raconte ô combien il y a mille raisons de venir au Kenya autres que ses paysages.

La musique traditionnelle

A l'instar de nombreuses régions du continent africain, les traditions musicales kenyanes varient selon les ethnies. Chez les peuples bantous, par exemple, les percussions prédominent et les tambours tels que le fameux *ngoma* sont très utilisés. Le terme désigne d'ailleurs aussi bien l'instrument qu'une rythmique ou une danse. Chez les Kikuyu, une des tribus bantoues les plus importantes du Kenya, on peut entendre les femmes interpréter des chants et danses traditionnels, destinés aux initiations, mariages, à la chasse ou au travail. Relatifs aux Bantous, les Mijikenda, peuple du littoral kenyan, cultivent quant à eux une tradition folklorique dynamique, elle aussi principalement basée sur les percussions.

Chez les peuples Luo, la musique se distingue par sa syncope et l'importance accordée à la voix. Riches en ornementations vocales, les chansons sont souvent structurées en appels et réponses. Aussi, on trouve ici le *sigalagala*, un type d'ululation pratiqué principalement par les femmes, généralement point culminant de la performance musicale. L'instrument emblématique de la musique luo, c'est évidemment le *nyatiti*, un type de lyre à cinq ou huit cordes dont le son fascine le monde entier (le musicien américain Andrew Bird en a par exemple introduit dans certaines de ses chansons). Joué le plus souvent seul, il est cependant parfois accompagné de quelques autres instruments typiques de la région comme l'*oporo*, longue corne insérée dans une calebasse, ou l'*orutu*, vièle à une corde. Loin d'être cantonné au folklore ou à la tradition, le *nyatiti* comporte quelques musiciens stars comme Ayub Ogada, dont les morceaux se sont de nombreuses fois invités dans des films (notamment de *The Constant Gardener*), Suzanna Owiyo qui mélange sonorités luo et pop ou folk, John « Rapasa » Otieno ou Anyango (de nationalité japonaise).

Chez les Maasaï, historiquement semi-nomades, la musique est traditionnellement dénuée d'instrument, purement vocale et polyphonique. Les rythmiques sont quant à elles généralement assurées par le corps. Chez les voisins Turkana et Samburu, on trouve des instruments à vent comme le *kudu*, une corne d'antilope, et des chants d'appels et réponses.

Enfin, chez les peuples swahilis, la tradition musicale la plus courante est le *taarab*, musique métissée, fusion de styles combinant poésie africaine chantée, percussions, instruments à cordes hérités d'Egypte, de l'Inde occidentale et de rites bantous.

Un très beau rendez-vous de musique et danses traditionnelles dans le pays est le Lake Turkana Festival, trois jours de festivités célébrant la richesse culturelle des différentes communautés qui vivent autour du lac Turkana, surnommé la « mer de Jade ».

La musique populaire

Le grand pilier de la musique populaire kényane du XXe siècle est incontestablement la guitare. L'instrument est incontournable dans le pays depuis les années 1950, époque à partir de laquelle des albums de guitaristes congolais légendaires comme Edouard Massengo et Jean-Bosco Mwenda sont accessibles au Kenya. Les musiciens congolais ont d'ailleurs connu le succès très tôt au Kenya, dès les années 1970 et 1980, comme l'Orchestre Virunga. C'est aussi un genre congolais, la *soukous*, qui est historiquement un des grands favoris du pays. Autrement appelé « rumba congolaise », ce style a connu quelques groupes stars au Kenya comme Super Mazembe et Les Mangelepa.

L'autre esthétique essentielle au Kenya, c'est le *benga*. Musique pop du peuple Luo, l'un des groupes ethniques majeurs du pays, le *benga* s'est développé entre la fin des années 1940 et 1960, à Nairobi, mélange de mélodies syncopées imitant le *nyatititi* et de *soukous* et *kwela* sud-africaine.

Danse sautée des Maasai

C'est George Ramogi et son groupe CK Jazz qui sont considérés comme les pères du genre. Ce dernier a ensuite été popularisé dans les années 1970 par Shirati Jazz, ensemble formé par Daniel Owino Misiani et Migori Super Stars, premières vedettes de la discipline. Un pilier de l'identité Luo qui fait danser tout le pays. Si vous cherchez le roi (autoproclamé) actuel du *benga*, c'est vers Ken Wa Maria qu'il faut se tourner. Très grand nom du genre, il se produit très régulièrement dans le pays, et on a pu par exemple le voir par le passé à l'Alliance française de Nairobi ou au Koroga Festival.

A noter aussi que le fameux restaurant Carnivore de Nairobi propose quelquefois des concerts où il n'est pas rare d'entendre du benga. Pour l'anecdote, le premier artiste kenyan à avoir foulé les planches du restaurant susmentionné, dans les années 1980, fut Joseph Kamaru. Icône du *benga* – et activiste reconnu – Kamaru est une influence géante sur les jeunes générations de musiciens ainsi qu'un des meilleurs vendeurs de disques du pays (un demi-million d'exemplaires écoulés sur l'ensemble de sa carrière).

Les musiques actuelles

Nairobi cultive une scène de musiques actuelles hyper dynamique. Si le reggae, puis le hip-hop et le dancehall se sont longtemps taillé la part du lion, la musique électronique et des esthétiques plus variées s'imposent de plus en plus dans les clubs du pays. Côté afro-pop, la grande star est le groupe Sauti Sol, quatre Kényans à l'origine d'un véritable phénomène musical de ces dernières années au Kenya. Ce sont d'ailleurs eux qui ont chanté pour accueillir Barack Obama sur la terre de son père en 2015. Leurs tubes, constamment joués dans les boîtes de nuit, mêlent rythmes pop et sons traditionnels, tout en relatant la vie des jeunes gens, la fête, l'amour...

Côté rap, c'est Henry Ohanga, dit Octopizzo, qui rafle la mise : né dans le plus grand bidonville de Nairobi, Kibera, où il tourne aujourd'hui tous ses clips, il est devenu l'un des musiciens les plus populaires d'Afrique de l'Est. Rayon rap toujours, impossible de ne pas parler de Muthoni Drummer Queen, incarnation féminine de la scène rap et électro kenyane. Rappeuse, percussionniste, productrice, Muthoni est une artiste engagée, militante féministe et antisystème.

Comme à peu près partout sur le globe, le Kenya a vu se développer une scène rap bien à elle. Ici, les artistes rappent en anglais, en swahili, ou en sheng, l'argot local. Hormis les deux mentionnés précédemment, les quelques noms à retenir du genre sont Bamboo et KayCyy, deux MCs locaux qui ont embrassé une belle carrière aux Etats-Unis (surtout le second, proche de Kanye West), Khaligraph Jones, réputé pour son flow ou encore Petra Bockle, Naiboi, Monski et Camp Mulla. Ce dernier groupe est parfois considéré comme les Black Eyed Peas kenyans et a connu un succès massif dans le pays. Après plusieurs décennies de vie sur place, le hip-hop s'est acculturé et a accouché de cousins typiquement locaux comme le *genge*, qui mélange rap et dancehall – Jua Cali, Nonini et Jimwat en sont les dignes représentants – ou le *boomba* (aussi appelé *kapuka*), hybride de rap, reggae et traditions musicales africaines.

Aussi, désormais, la musique électronique n'est pas loin d'être populaire au Kenya. Le genre attire des centaines de personnes autour des platines. Le collectif de DJ EA Wave est un des plus dynamiques du pays et organise de nombreux concerts et soirées dans des hauts lieux de Nairobi tels que le K1 Klub House (p.164), très grand complexe à la fois club, bar sportif (retransmission de matchs sur grand écran) et restaurant ou le Muze Club (p.164), un immanquable de la vie nocturne branchée de Nairobi. C'est grâce à cette effervescence que la scène électronique kényane croît à vue d'œil, des pionniers DJ Rachael étant aujourd'hui rejoints par de jeunes prodiges tels que Slikback, remarqué pour son électronique rugueuse et épique ou kmRU, plus intrépide et avant-gardiste, insufflant de vrais morceaux du Kenya – via le *field recording* – dans ses compositions profondes d'ambient-drone. Plus brutal, le duo Duma, signé sur le fabuleux label Nyege Nyege Tapes, propose des productions pleines de bestialité qui ont reçu des éloges de la part de la presse.

La danse

Sans surprise, le Kenya est une terre particulièrement riche en danses ethniques traditionnelles. Pour la plupart, elles jouent toujours un rôle fondamental d'un point de vue identitaire et au sein de la vie de la communauté. Parmi les plus remarquables, citons bien sûr l'*adamu*, danse sautée des Maasaï ; le *mwomboko*, danse de couple des Agikuyu, généralement exécutée par les membres les plus âgés de la communauté ; l'*isikuti*, tradition luhya tout en mouvements énergiques et rapides des épaules, de la taille et des pieds ; ou encore la *chakacha*, très courante chez les Swahilis.

Certains ensembles ont adapté ces danses rituelles à des chorégraphies pour ballet de type occidental, comme le Nairobi National Dance Ensemble ou Nairobi Dance Company, qu'on peut voir se produire sur la scène du Kenya National Theatre (p.165) dans la capitale. Par ailleurs, le festival Lamu Art Festival et le centre culturel Bomas Of Kenya (p.165) proposent leur lot de spectacles de danses traditionnelles kenyanes.

DÉCOUVRIR

LITTÉRATURE

Il est l'image que chacun conservera d'*Out of Africa*, l'adaptation cinématographique de Sidney Pollack du grand roman semi-autobiographique *La Ferme africaine* de Karen Blixen, mais le Kenya – par le biais de sa littérature – se montre aussi très politique comme le confirme l'œuvre de son plus éminent représentant, Ngugi wa Thiong'o, qui aura connu la prison et l'exil. Terre des hommes, l'Afrique est également exaltation d'une nature à protéger, en témoignent les écrits, écologiques avant l'heure, de Joy Adamson (1910-1980) et de Daphne Sheldrick (1934-2018), l'auteure d'*Une histoire d'amour africaine* (Flammarion). Une approche qu'il faudra consolider en s'accordant la lecture de *Celle qui plante les arbres* (éditions J'ai Lu), le récit poignant du parcours de la militante pour les droits de l'homme Wangari Maathai, consacrée par le Prix Nobel de la Paix en 2004. Autant de facettes que de livres, comme une belle promesse des voyages à venir.

Les origines

Si la vallée du Grand Rift qui traverse le Kenya est considérée comme le berceau de l'humanité, la région – plus vaste que les frontières tracées par les hommes et qu'il faudrait étendre jusqu'en Tanzanie – est aussi celle qui a vu émerger une langue, le kiswahili (la langue de la côte), et une forme poétique, l'utendi (ou utenzi). La première est née de la rencontre entre le parler des peuples bantous autochtones et le vocabulaire des marchands de la péninsule arabique avec qui les échanges se sont intensifiés au Xe siècle, la seconde répond à une métrique toujours très appréciée de nos jours : des quatrains dont les trois premiers vers riment ensemble et dont le quatrième trouve écho tout au long du poème.
C'est dans l'archipel de Lamu, et plus précisément sur l'île de Pate, que l'on situe le passage à l'écrit du kiswahili en caractères arabes (littérature ajemi) car ce n'est qu'avec l'arrivée des missionnaires à la fin du XIXe siècle qu'il sera transposé en alphabet latin. Ainsi, c'est dans le palais royal de Yunga que Mwengo aurait composé pour le roi de l'île l'Utendu wa Tambuka, l'un des plus vieux manuscrits en swahili – appelé ici kiamu – dans lequel est racontée l'épopée des guerriers de Mahomet. C'est de l'île de Pate encore que viendrait un héros légendaire, Fumo Liyongo, dont les péripéties ont nourri tout autant la tradition orale qu'un important corpus de textes écrits. Enfin, l'archipel a vu naître une grande poétesse, Mwana Kupona, au début du XIXe siècle. Si sa vie est mal documentée, l'utendi qui porte son nom est resté célèbre. L'auteure y prodigue à sa fille des conseils sur la fonction d'épouse, et mâtine son propos d'une tonalité mystique. A peu près à la même époque apparaît une autre œuvre miraculeusement sauvée de l'oubli grâce à la retranscription qu'en a faite Mwalimu Sikujua, lettré de Mombasa, à la demande d'un missionnaire, William Taylor. Il s'agit d'un recueil élaboré par Muyaka (1776-1840), poète que l'on qualifie volontiers de nationaliste car il use de ses vers pour contester le pouvoir

Maison de Karen Blixen à Nairobi.

grandissant du Sultan d'Oman, mais qui s'autorise toutefois à aborder d'autres thématiques fortes telles que l'amour ou la prospérité. Enfin, il faudrait citer le poète touche-à-tout Muhammad Kimjuwa (1855-1945) qui avait importé de Zanzibar jusque dans sa région natale de Lamu le taarab, devenu tarabu, un concours de chants où l'improvisation se faisait poétique, et parfois taquine.
A la toute fin du XIXe siècle voit le jour un homme destiné à devenir auteur et président de la République. C'est dans ce qui est alors une colonie britannique que Jomo Kenyatta est élevé par ses parents puis, à leur mort, par son oncle et son grand-père. Il quitte Gatundu en 1920, d'abord pour Nairobi, ensuite pour l'étranger. Fraîchement diplômé de ses études en Anthropologie suivies à Londres, il publie en 1938 sa thèse, *Au pied du mont Kenya*, document précieux sur le mode de vie de l'ethnie dont il est issu, les Kikuyus, mais aussi diatribe contre les Européens qui ont colonisé l'Afrique. Cette colère rejaillira lorsque, de retour dans son pays, il s'investira dans le mouvement indépendantiste, ce qui l'amènera à connaître la prison lorsque l'état d'urgence sera instauré en représailles à la révolte des Mau Mau en 1952. Le gouvernement colonial finira par le libérer quasiment dix ans plus tard, l'estimant en capacité de gérer l'indépendance devenue incontournable. Jomo Kenyatta la proclamera en décembre 1963 et sera élu président l'année suivante, fonction qu'il occupera jusqu'à sa mort, survenue en 1978.

L'effervescence

La période pré- et post-indépendance va assister à une recrudescence de publications qui s'intéressent aux événements politiques, bien sûr, mais également, et plus largement, au folklore ou aux questions sociétales. L'un de ces précurseurs est trop souvent oublié, alors que sa carrière dans le monde du livre aura duré plus de 50 ans et qu'elle l'aura amené, lui aussi, à connaître la prison suite à la publication de pamphlets contre la colonisation qu'il avait pris soin de rédiger en swahili pour que le plus grand nombre – colons compris – puissent les lire. Pourtant, ce qui fait la particularité de Gakaara wa Wanjaũ (1921-2001) est qu'il se consacrera à promouvoir la culture kikuyu et qu'il sera l'un des seuls à user de cette langue, surtout dans ses ouvrages destinés à la nouvelle génération. Il avait été le premier à créer une association d'écrivains kényans dès 1946, l'*African Book Writers Ltd.*, et se fera par ailleurs éditeur, de livres et de revues, gardant à cœur de proposer ses parutions à des prix modiques. Mais c'est le *Journal* – 7 000 pages ! – qu'il tenait notamment durant sa détention, qui lui valut de remporter le prix Noma en 1984, bien que ceux qui alors l'acclamèrent ne prirent guère le soin de s'intéresser à ses autres travaux littéraires, et

© ANTEGER - SHUTTERSTOCK.COM

L'auteur Ngugi wa Thiong'o, à Malmö, Suède, en 2013.

finirent par regretter de ne pas le voir plus radical dans son engagement, lui le fervent admirateur du modéré Jomo Kenyatta.
L'idée d'éditer ces documents intimes était le fruit de sa rencontre avec celui qui est désormais considéré comme le plus grand écrivain kényan, celui qu'il aura influencé et qui aura poursuivi l'écriture en kikuyu, Ngugi wa Thiong'o, né en janvier 1938 à Kamirithu. La majeure partie de son œuvre se fera politique, à l'instar de son premier roman qu'il publie en 1962 et qui se découvre en français aux éditions Passage(s) sous le titre *Ne pleure pas, mon enfant*. L'écrivain s'attache aux pas d'un adolescent qui passe à l'âge adulte au moment même où son pays mène sa lutte pour l'indépendance. Thiong'o est alors en Ouganda et étudie à l'université Makerere, réputée pour avoir formé de nombreuses femmes et hommes de lettres. Il s'installe ensuite à Leeds pour poursuivre son cursus, s'attelle à un travail de recherche sur Joseph Conrad, et rencontre déjà un beau succès pour *A Grain of Wheat* (1967), mais c'est *Pétales de sang* (éditions Présence africaine) qui achève de le faire reconnaître sur la scène internationale dix ans plus tard. Cette même année, 1977, il écrit une pièce jouée en kikuyu, *Ngaahika Ndeenda* (*Je me marierai quand je voudrai*), qui s'interroge sur le Kenya post-indépendance et sur l'héritage du colonialisme. Le gouvernement n'apprécie pas, Thiong'o est envoyé en prison, ainsi que Ngugi wa Mirii, le co-auteur de cette œuvre. La détention rendra Thiong'o d'autant plus critique envers le pouvoir en place qui ne le laissera d'ailleurs pas en paix : en 1982, sa nouvelle pièce *Maitu Njugira* est non seulement interdite, mais le théâtre où elle devait être jouée est rasé ! L'écrivain fera alors le choix de l'exil dont il ne rentrera qu'en 2004, pour son plus grand malheur puisque quelques jours après ce retour, sa femme et lui subiront une grave agression.

Thiong'o a également publié des essais dont *Pour décoloniser l'esprit* (éditions La Fabrique) dans lequel il explique qu'il n'écrira désormais plus en anglais mais uniquement dans sa langue, le kikuyu, et, plus récemment, *Pour une Afrique libre* paru en traduction chez Philippe Rey en 2017.
La génération à laquelle il appartient, celle des années 30 à 40, a aussi vu naître des femmes promises à de belles carrières littéraires. Leur aînée est Marjorie Oludhe Macgoye qui, bien qu'originaire d'Angleterre, a fait du Kenya sa patrie de cœur. Une adoption réciproque qui lui valut le surnom de « mère de la littérature kényane » tant son investissement dans la vie culturelle locale fut à la hauteur de la qualité de ses romans. *A Farm called Kishinev* publié en 2005 le confirme puisqu'il a été couronné par le Prix Jomo Kenyatta. La réputation de sa cadette, Grace Ogot (1930-2015), a quant à elle largement dépassé les frontières du pays bien que le lecteur français ne puisse découvrir ses œuvres dans sa langue. Elle est l'écrivaine du folklore qu'elle pousse parfois jusqu'à l'étude sociologique comme en témoigne *The strange Bridge* où elle décortique la culture du pays Luo. Son premier roman, *The Promised Land*, explorait pour sa part les années 30 et la délicate question du mariage. Citons encore Rebeka Njau qui s'intéresse aux questions féminines, de l'excision dans sa pièce *The Scar* au poids du patriarcat dans *The Sacred Seed*. Elle a aussi valorisé la tradition orale de son pays en faisant œuvre de collecte dans le recueil *The Hypocrite and other Stories* publié en 1977. Charity Wanjiku Waciuma et Asenath Bole Odaga se sont quant à elles investies dans le segment de la littérature enfantine. Enfin, il serait impossible de ne pas citer la très influente Micere Githae Mugo, poétesse et dramaturge, qui dut se résoudre à l'exil sous la gouvernance de Daniel arap Moi, une extrémité à laquelle durent également se plier la romancière Philo Ikonya et la militante féministe Wanjiru Kihoro.

Nouveau souffle

Durant les riches années 70 se distinguent encore les talents de Charles Mangua (1939-2021) qui vend plusieurs milliers d'exemplaires de ses très irrévérencieux *Son of Woman* et *A tail in the Mouth*, de Meja Mwangi, l'auteur du roman culte *Going down River Road*, du dramaturge Francis Davis Imbuga (*Betrayal in the City*) ou encore du très populaire David G. Maillu (*After 4:30*). Après une période de relatif déclin, en 2003 une revue chamboule le paysage littéraire, *Kwani ?*, lancée par le collectif éponyme juste après que les élections de 2002 aient rimé avec l'espoir du changement. L'une des vocations de cette novatrice publication étant d'éclairer une mémoire passée sous silence, elle publia dans son premier numéro la courte histoire *A Likely Story* dans laquelle Andia Kisia mettait en scène les turpitudes dévastatrices d'un historien. Portant les nouvelles voix kényanes, *Kwani ?* a de plus fait paraître des textes de Yvonne Adhiambo Owuor, née en 1968 à Nairobi, dont le roman *Dust* fut salué par la critique internationale et que les éditions Actes Sud firent traduire en 2017 (*La Maison au bout des voyages*). Une nouvelle génération d'auteurs est donc prête à prendre la relève, d'autant plus que les Kényans d'aujourd'hui revendiquent leur envie de découvrir des écrivains africains, au titre desquels nous pourrions mentionner au moins deux des lauréates du prestigieux Prix Caine : Okwiri Oduor en 2014 pour My Father's Head, et Makena Onjerika en 2018 pour Fanta Blackcurrant. Enfin, Binyavanga Wainaina, précocement disparu en 2019 à l'âge de 49 ans, était lui aussi certainement promis à une belle carrière, l'un de ses textes se retrouve dans *L'Afrique qui vient* publié en 2020 sous la houlette d'Alain Mabanckou aux éditions Hoëbeke, une anthologie qui aide à se faire une idée très précise de la qualité des écrivains que compte aujourd'hui le continent africain.

Bibliothèque McMillan à Nairobi.

TOP 10

LECTURE

L'auteur kényan le plus traduit en français est sans aucun doute Ngugi wa Thiong'o, mais un voyage dans ce magnifique pays offre aussi un bon prétexte pour lire ou relire de grands classiques, tels que *Le Lion* de Kessel ou *La Ferme africaine* de Karen Blixen adapté au cinéma sous le titre *Out of Africa*.

NIRGENDWO IN AFRIKA

Roman autobiographique basé sur son enfance au Kenya, où sa famille avait fui pour échapper à la persécution nazie.
Stefanie Zweig, *éditions Heyne.*

COMBATTANTS ET MARTYRS

© ÉDITIONS PASSAGE(S)

Dans ce recueil, le plus grand écrivain kényan s'interroge sur son pays à l'heure de la décolonisation.
Ngugi wa Thiong'o, *éditions Passage(s).*

CELLE QUI PLANTE DES ARBRES

© J'AI LU

En 2004, son parcours de militante en faveur des femmes lui valut le Prix Nobel de la Paix. Une autobiographie indispensable.
Wangari Maathai, *éditions J'ai lu.*

LETTRES D'AFRIQUE : 1914-1931

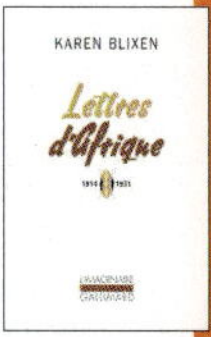

© GALLIMARD

Une approche plus intime de la célèbre romancière dont *La Ferme africaine* est désormais un classique.
Karen Blixen, *éditions Gallimard.*

UNE HISTOIRE D'AMOUR AFRICAINE

© FLAMMARION

Décédée en 2018, la « mère des éléphants » revient sur son parcours et son combat en faveur des pachydermes.
Daphne Sheldrick, *éditions Flammarion.*

DÉCOLONISER L'ESPRIT

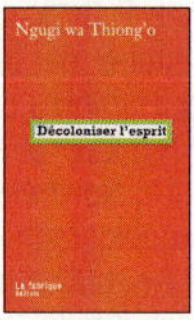

© LA FABRIQUE ÉDITIONS

Dans ce texte fondamental, l'écrivain explique pourquoi il délaissa l'anglais en faveur de la langue de son peuple, le kikuyu.
Ngũgĩ wa Thiong'o, *éditions La Fabrique.*

LES VERTES COLLINES D'AFRIQUE

© ÉDITIONS FOLIO

Un des nombreux ouvrages de l'auteur américain traitant de l'Afrique, ici le récit de son safari de 1933-1934.
Ernest Hemingway, *Éditions Gallimard.*

LA MAISON AU BOUT DES VOYAGES

© ACTES SUD

Récompensé par le Jomo Kenyatta Prize of Literature en 2015, ce premier roman se lit comme une bouleversante quête des origines.
Yvonne Adhiambo Owuor, *éditions Actes Sud.*

LE LION

© FOLIO

Il n'y a pas d'âge pour lire ou relire cette bouleversante histoire d'amitié entre une petite fille, Patricia, et un lion, King.
Joseph Kessel, *éditions Folio junior.*

KILILANA SONG

© ÉDITIONS FUTUROPOLIS

Une jolie bande dessinée en 2 tomes se déroulant dans l'archipel de Lamu.
Benjamin Flao, *éditions Futuropolis.*

A L'ÉCRAN

Des grands succès américains portés par Lupita Nyong'o, oscarisée en 2014 pour son rôle dans *12 Years a Slave*, aux films autoproduits dans les quartiers les plus pauvres du pays, le cinéma joue son rôle dans la vie sociale et culturelle kenyane. La capitale compte d'ailleurs une dizaine de salles dont le Century Cinemax à Junction Mall, haut lieu de l'exploitation nationale. Par ailleurs, nombreux sont les films inspirés par le Kenya ou qui s'y déroulent. Les découvrir, c'est aussi un moyen de se familiariser avec la culture et les paysages locaux. Par ailleurs, le pays compte des festivals et évènements qui permettent de diffuser la production locale mais aussi d'encourager les nouvelles pratiques cinématographiques.

Découvrir le Kenya à travers le cinéma

Jusqu'à tardivement, en raison du contexte colonial et post-colonial, les productions tournées au Kenya ont été réalisées essentiellement par des étrangers. Malgré un point de vue occidental et donc limité, elles permettent de découvrir certains aspects de l'histoire du pays. Parmi les plus connus, *Le carnaval des dieux* de Richard Brooks (1967), qui narre l'amitié de deux personnages, un homme blanc et un homme noir, au sein d'un pays en transition vers l'indépendance. On pense aussi à *Out of Africa* (1985), un drame romantique de Sydney Pollack avec Meryl Streep, qui raconte l'histoire de deux amants européens et leur amour ambigu pour ce continent à l'aube de la Première Guerre mondiale. Dans le même registre, *Nowhere in Africa,* adaptation du roman autobiographique de Stefanie Zweig, nous raconte l'installation au cœur de la savane kenyane d'une famille juive allemande fuyant la persécution nazie de l'Allemagne d'entre-deux guerres.

Dans un genre plus récent, trois films français permettent de découvrir la vie dans le Kenya rural. *Massaï, les guerriers de la pluie* de Pascal Plisson (2004) est un conte immersif dans la brousse aux côtés d'une tribu masaï. Côté documentaire, *Les Chroniques de l'Afrique sauvage* (1995) nous font découvrir la faune de la brousse en douze épisodes très complets. Enfin, *Umoja, le village interdit aux hommes* (2008), réalisé par Jean Crousillac et Jean-Marc Sinclair, présente une communauté-refuge autonome créée par des femmes Samburu violées par des soldats britanniques puis répudiées par leurs familles. Une expérience matriarcale fascinante qui accueille aujourd'hui toutes les femmes en quête d'un nouveau modèle de société.

Une production locale en expansion

L'association Riverwood Filmmakers, qui regroupe près de 300 producteurs et réalisateurs kenyans, soutient l'industrie locale qui vient concurrencer les films américains, indiens et nigérians.

Plus d'une centaine de films « made in Kenya » ont été produits jusqu'ici, pour des budgets très modestes. Le marché des séries télévisées est aussi en plein essor depuis que le gouvernement a imposé des quotas pour la diffusion de programmes locaux.

Côté cinéma d'auteur, bien que l'accès à des moyens de production pour les jeunes Kenyans reste difficile, un cinéma émergent se fait peu à peu une place sur la scène internationale. Parmi ces nouvelles figures, impossible de ne pas citer David Gitonga pour *Nairobi Half life* (2012), premier film kenyan nominé aux Oscars. Cette nouvelle génération du cinéma africain est également représentée par la réalisatrice Wanuri Kahiu. Son dernier film, *Rafiki*, – « amie » en swahili – raconte une histoire d'amour entre deux jeunes filles. Présenté à Cannes en mai 2018, il a eu beaucoup de succès auprès du public local avant d'être interdit par le Kenya Film Classification Board, car jugé contraire aux mœurs kenyanes.

Des événements engagés pour le cinéma tout au long de l'année

Fondé en 2011 à Nairobi, le Slum Film Festival – Festival de films sur les bidonvilles – célèbre chaque année des fictions et documentaires tournés au sein des bidonvilles. Ce rendez-vous international porte haut et fort l'expression et la créativité des réalisateurs issus de ces quartiers, et fait entrer le cinéma dans des zones qui n'y ont habituellement pas accès.

Pour les plus jeunes, le Lola Kenya Screen Festival met à l'honneur depuis 2005 des films pour enfants et/ou réalisés par des enfants et adolescents. C'est là que sont repérés les talents du cinéma kenyan de demain ! Au programme, des courts-métrages et des productions africaines, sélectionnés par les jeunes et récompensés par un prix du public.

POPULATION

Le Kenya, avec presque 53 millions d'habitants en 2020, abrite une incroyable diversité de peuples : presque toutes les langues majeures d'Afrique y sont parlées. Il est difficile de cerner avec exactitude les groupes ethniques qui y sont présents, tant l'alchimie est à l'œuvre depuis des siècles. Mais on distingue tout de même trois peuples d'origines différentes : celui d'origine bantoue (Kikuyu, Luhya, Meru, Embu), celui d'origine nilotique (Maasaï, Luo, Kalenjin, Samburu, Pokot, Turkana) et celui d'origine couchitique (Orma, Somali, Borana). Le pays compte aussi des minorités d'Asiatiques, d'Arabes et d'Européens. Cette diversité constitue à la fois la richesse humaine du Kenya, mais parfois aussi un obstacle social et politique majeur. Les langues officielles sont le kiswahili et l'anglais. Au swahili s'ajoutent 51 dialectes, dont certains en voie de disparition, mais officiellement protégés et promus par la Constitution.

Le monde swahili

Il est constitué de quelque 3 000 km de côtes le long du littoral est-africain, entre la Somalie et le Mozambique, ainsi que des îles et archipels environnants, notamment Lamu, Mombasa, Pemba, Zanzibar, Kilwa et même les Comores. C'est une terre de métissage où des gens d'origines variées se sont côtoyés durant des siècles et, ensemble, ont façonné son histoire. Mais le cosmopolitisme de la population s'explique avant tout par les relations anciennes et régulières établies entre les deux continents du bassin de l'océan Indien : l'Afrique et l'Asie. Il est le résultat de l'intégration des migrants persans et arabes, en particulier ceux d'Oman et du Yémen, dans les sociétés africaines des littoraux. La rencontre de ces deux continents a laissé son empreinte qui se manifeste dans l'architecture, la musique, la religion, l'art culinaire et les habitudes vestimentaires.

La langue swahilie est constituée d'importants apports arabes et d'autres langues autochtones. En dehors de l'anglais, c'est au Kenya la langue de communication entre les ethnies. Mais sur la côte, le swahili est la langue et la culture maternelles d'une part importante de la population, d'origine métissée.

Les Bantous

Originaires de l'Afrique de l'Ouest, les Bantous arrivèrent dans la région du lac Victoria par vagues successives. Ces populations d'agriculteurs colonisèrent les hautes terres centrales et une partie des régions autour du lac Victoria. Linguistiquement et culturellement très homogène, ce groupe est dominé par la tribu des Kikuyu (c'est la plus importante du pays, elle représente aujourd'hui 22 % de la population totale) qui vit traditionnellement au nord de Nairobi.

Leur rôle dans l'indépendance du pays et leur esprit d'entreprise leur ont permis de monopoliser le pouvoir politique pendant près de trente ans. Leur influence est moins grande aujourd'hui, mais reste néanmoins déterminante. Les Meru et les Embu, des agriculteurs qui vivent sur les pentes du mont Kenya sont très proches des Kikuyu. Leurs voisins, les Kamba, qui occupent les régions semi-désertiques entre Nairobi et la côte, sont réputés pour avoir servi de lien pour le commerce entre les Swahilis de la côte et les tribus de l'intérieur. Ces anciens commerçants travaillent aujourd'hui dans l'artisanat touristique, dans l'élevage et dans l'armée. À l'ouest du pays, entre le lac Victoria et le mont Elgon vivent les Luhya. Ce conglomérat dense de populations diverses, soumises à de multiples influences culturelles, vit de l'agriculture et, dans une moindre mesure, de l'élevage. Leurs « cousins », les Gusii et les Kuria, vivent un peu plus au sud.

Les peuples nilotes

Les Nilotes sont des peuples d'éleveurs venus de la vallée du Nil il y a environ 2 500 ans. Leurs contacts et leurs échanges avec les populations couchite et bantou les ont poussés vers l'agriculture et la pêche.

On distingue les Nilotiques méridionaux, orientaux et occidentaux. Le premier groupe est le plus ancien. Il rassemble sous le terme de Kalenjin un ensemble d'ethnies (Kipsigi, Marakwet, Tugen, Nandi...) qui occupent une grande partie des hautes terres fertiles de l'ouest du Kenya. Seuls les Pokots qui vivent au nord du lac Baringo ont conservé leurs activités pastorales. Le second groupe, arrivé plus récemment (il y a environ mille ans), est composé de pasteurs nomades qui ont pu préserver leurs traditions. Les plus célèbres sont les Maasaï, aux côtés de leurs cousins du nord, les Samburu. Les Maasaï tirent leur nom de la langue qu'ils parlent, la Maa (que les Samburu parlent également).

Jusqu'à présent, ces tribus ont réussi à conserver leurs traditions et se battent avec vigueur pour faire respecter leurs droits vitaux. C'est peut-être ce qui fait des Maasaï l'ethnie la plus connue, alors qu'elle est pourtant très minoritaire dans le pays puisqu'elle n'est représentée que par 2 % de la population. Dans le même groupe, on trouve également les Turkana. Ce peuple de pasteurs nomades, parfaitement adapté aux régions arides, vit à l'ouest du lac Turkana. Souffrant des sécheresses à répétition, une partie des Turkana s'est tournée vers la pêche, malheureusement sans grand succès. Enfin, le troisième groupe est constitué par les Luo qui arrivèrent, il y a environ 500 ans, dans la région du lac Victoria. Originaires du Soudan, ce sont aujourd'hui d'excellents agriculteurs et de très bons pêcheurs. Ils bénéficient également d'une réputation d'intellectuels et détiennent des postes importants dans l'enseignement supérieur et, depuis peu, en politique, du fait de leur important poids démographique.

▶ Les Maasaï, peuple nilote vivant à cheval sur le Kenya et la Tanzanie, ont été chantés par le romantisme colonial comme le pasteur nomade par excellence. Les écrivains anglais ont vu le noble guerrier sillonnant la plaine, lance à la main, simplement vêtu d'une tunique rouge. Certains Maasaï ont conservé une existence semi-nomade, déplaçant leur village en fonction des points d'eau.

▶ En ce qui concerne leur structure sociale, le peuple maasaï est composé de cinq clans originels (sept d'après certains spécialistes) correspondant aux cinq fils de l'ancêtre fondateur et se subdivisant à leur tour en plusieurs groupes. L'autorité suprême est exercée par le « laibon », à la fois chef, prêtre et sorcier. Le rôle social de chacun est défini par la coutume et s'ordonne selon les classes d'âge. Les jeunes guerriers morans sont chargés de la sécurité des troupeaux. Le Conseil des anciens sélectionne vingt-neuf d'entre eux, dotés de qualités morales et physiques supérieures. Ces jeunes morans obtiennent alors un statut hiérarchique plus élevé qu'ils conserveront toute leur vie. Deux d'entre eux se distinguent plus encore : le « olaiguenani », porte-parole et chef de la classe d'âge, et le « olotuno », leader spirituel de la classe d'âge. Les rites de passage constituent l'un des aspects les plus importants de la culture maasaï. La vie des hommes est réglée en fonction des passages d'une classe d'âge à l'autre, selon des rituels transmis de génération en génération.Les cérémonies de l'ilmoran (guerrier) et de l'eunoto (passage à l'âge adulte) sont les deux étapes les plus importantes. La première se déroule juste après la circoncision : les jeunes maasaï (12-14 ans) sont alors considérés comme des guerriers (Morans). Pendant six à dix ans, ils vont vivre entre eux, à l'écart de leur famille. Cette longue période d'apprentissage doit leur permettre de s'aguerrir et de s'entraider. Pour prouver leur courage, les Morans devaient tuer un lion. Cette tradition, aujourd'hui interdite, reste pratiquée exceptionnellement. Les Maasaï vivent dans le respect de la vie sauvage, et leurs connaissances sont de plus en plus mises au service de la préservation de la faune. Certains de ces anciens « tueurs de lions » se reconvertissent ainsi en « protecteurs », auprès des associations et ONG qui œuvrent dans ce domaine. L'eunoto se déroule vers l'âge de 20 ans, la fête dure quatre jours avec danses et chants. Les moments forts de la fête sont la coupe des cheveux du Moran, la cérémonie du lait et la cérémonie de la viande. Devenu adulte, le jeune guerrier peut se marier.

▶ La vie familiale est réglée selon les rôles et fonctions de chaque membre. Les femmes dis-

Groupe de femmes de l'ethnie Samburu.

© HADYNYAH - ISTOCKPHOTO.COM

Homme issu du peuple Oromo.

posent de la jouissance du lait des bêtes. Elles sont craintes et respectées, mais doivent subir l'excision et connaissent des conditions de vie difficiles : elles construisent et entretiennent les cases, soignent les animaux, transportent l'eau et le bois et effectuent tous les travaux ménagers. Leur espérance de vie est d'ailleurs plus faible que celle des hommes. Ces derniers laissent les enfants et les Morans garder les troupeaux, et passent leur temps à palabrer et à arpenter la brousse. L'alimentation traditionnelle des Maasaï est le lait de vache, le sang et quelquefois la viande. Tous les arbres de la brousse et leurs racines sont aussi consommés selon leurs propriétés.

▶ La vie moderne bouscule le mode de vie traditionnel de ce peuple d'éleveurs et de guerriers semi-nomades. Déplacés plusieurs fois au cours de l'histoire récente, une partie d'entre eux se sont rapprochés d'un mode de vie extérieur à leurs coutumes ancestrales. Beaucoup se « reconvertissent » dans le tourisme (employés par les nombreux camps et lodges des parcs et conservancies), parfois dans la lutte anti-braconnage. Ils font cependant partie des peuples du Kenya les plus traditionalistes, et c'est toujours loin des villes que l'on pourra les rencontrer. Car la nature sauvage, qu'ils respectent, protègent et craignent à la fois, est et restera leur première maison. Malheureusement, l'image d'Epinal que l'on présente aux touristes est souvent instrumentalisée et folklorisée à des fins commerciales.

Les peuples couchitiques

Les premières populations à coloniser le Kenya étaient des Couchites, apparentés aux actuels Somali (on parle de Somaliens pour désigner les habitants de la Somalie, et de Somali pour désigner le groupe ethnique). Ils introduisirent l'élevage, l'agriculture, l'irrigation et de nombreuses pratiques et coutumes encore en vigueur aujourd'hui (notamment brûlis des pâturages et circoncision). Ces populations ont été peu à peu assimilées et leur langue ne subsiste plus que dans quelques tribus isolées (les Dahalo qui vivent au bord du delta de la Tana par exemple). En revanche, une seconde vague plus récente d'immigrants couchitiques arriva par le nord aux XIVe et XVe siècles.

Ces populations pastorales, culturellement assez proches, se caractérisent par une organisation sociale particulièrement complexe. Les principaux groupes sont les Somali, les Rendille et les Oromo (Gabbra, Boran, Orma...), et forment la majorité de la population du quart nord-est du pays. Les premiers regroupent une dizaine de clans (Degodia, Gurreh, Ogaden, Hawiya...). De religion musulmane, ce sont des éleveurs de dromadaires mais aussi des commerçants dynamiques. Les seconds sont une petite tribu de pasteurs nomades vivant entre Marsabit et le lac Turkana ; ils sont culturellement assez proches de leurs voisins géographiques, les Samburu. Enfin, les Oromo, qui regroupent plusieurs tribus, vivent avec leurs troupeaux le long de la frontière avec l'Éthiopie.

Les minorités issues de l'empire colonial

Comme dans la plupart des anciennes colonies anglaises, la communauté indo-pakistanaise est ici importante. Le nombre de ses ressortissants reste modeste, mais leur influence économique est considérable. Ils contrôlent quasiment tous les commerces et monopolisent les postes clés dans l'immobilier et les services. Il est presque impossible de trouver une boutique en ville qui ne soit pas gérée par un Indien.

SOCIÉTÉ

Les différents groupes ethniques qui composent le Kenya jouent la musique d'un mode de vie largement déterminé par des us et coutumes transmis de génération en génération. Les valeurs de la famille sont sacrées, elles en constituent le noyau dur où elles garantissent le maintien des traditions. La croissance économique a permis l'éclosion d'une classe moyenne et l'amélioration des conditions de vie des Kényans, mais cette prospérité reste très inégalement répartie. Les politiques de lutte contre la pauvreté sont loin d'être une réussite et le Kenya doit encore s'atteler à différents chantiers comme le développement d'une protection sociale universelle plus équitable pour tenter de diminuer ces inégalités, le perfectionnement de son système éducatif, la place des femmes dans la société et pour une meilleure prise en compte de l'économie informelle dont la part est essentielle dans le pays et où celles-ci jouent un rôle déterminant.

Vie politique

Le Kenya est une république indépendante, depuis 1963, et membre du Commonwealth. La Constitution, révisée en 2001, a institué un régime présidentiel. Le Président, élu pour cinq ans au suffrage universel, nomme les membres du gouvernement et choisit un vice-président. L'Assemblée nationale (une chambre de 210 députés) détient le pouvoir législatif. Le pays est divisé en huit provinces, gérées, chacune, par un conseil consultatif dont les membres sont nommés par le Président de la République. Chaque province est divisée en quarante districts, dotés de conseils locaux. Ces autorités locales disposent d'une large autonomie, de leurs propres impôts pour assurer les dépenses de santé, d'équipement ou d'enseignement.

La famille, une valeur centrale

Au Kenya, l'appartenance à l'ethnie étant encore assez importante (souvent plus que la nation), la loyauté envers la famille est capitale dans les groupes. Les malades et les personnes âgées restent toujours des membres à part entière de la communauté.

De manière générale, les familles des zones rurales comptent 4 à 6 enfants ; les hommes peuvent avoir plus d'une femme. Les habitations sont formées de plusieurs logis : les parents, les jeunes enfants et les jeunes filles vivent dans le logis principal, alors que les grands-parents et les garçons plus âgés ont leur propre hutte. Les femmes font la cuisine et le ménage, veillent au ravitaillement en eau et en bois sec pour le feu, s'occupent des enfants et des récoltes, et construisent leurs propres maisons, tandis que

Jour de marché, Nairobi.

DÉCOUVRIR

© HADYNYAH - ISTOCKPHOTO.COM

Femmes maasaï transportant de l'eau jusqu'à leur village.

les hommes sont chargés de rapporter l'argent à la famille. Les logis sont en brique non cuite, avec des toits en chaume et des planchers en ciment.

Nombreux sont ceux qui partent à la ville à la recherche d'un emploi. Mais les villes, surpeuplées, voient bien souvent les gens vivre en appartement ou dans des abris de fortune. Plus de la moitié de la population de Nairobi, soit près de 2 millions de personnes, vit dans des bidonvilles ou dans des quartiers informels. Ces personnes n'ont que peu accès à l'eau, aux hôpitaux, aux écoles et vivent sous la menace constante d'une expulsion forcée.

La situation des enfants

Traditionnellement, il est admis dans la culture kényane que les enfants aident la mère dans ses diverses fonctions. Cette aide familiale est observée par les gouvernements et les organisations internationales, notamment l'Unicef et le Bureau international du travail. Qualifiée de travail domestique, cette aide fait que de nombreux enfants ne vont pas à l'école. Ils travaillent aux champs, dans les ateliers artisanaux, ou viennent hanter les rues des villes pour fuir les conditions de vie éprouvantes. Les filles sont d'autant plus touchées car elles secondent la mère dans les activités domestiques et s'occupent des enfants plus jeunes, pour permettre aux aînées de travailler et de nourrir la famille. Dans certaines tribus nomades, les enfants dès l'âge de 3 ou 4 ans, sont chargés de surveiller les troupeaux, c'est le cas des Maasaïs.

La place des personnes âgées

Au Kenya, le vieillissement démographique s'inscrit dans le contexte de changements économiques rapides, accompagnés par l'urbanisation, l'évolution des comportements et pratiques au sein des communautés et des mouvements de population. L'exode rural a bouleversé la structure familiale, laissant les personnes âgées gérer les affaires économiques et sociales des zones rurales. Ceci a affaibli les soutiens traditionnels et accru les difficultés des personnes âgées.

En dépit des efforts déployés par le gouvernement pour répondre à leurs besoins, la majorité d'entre elles sont encore confrontées à des problèmes essentiellement économiques, sanitaires et sociaux. Les anciens sont les plus pauvres parmi les pauvres et il est fréquent qu'ils ne disposent pas d'un revenu régulier à cause des possibilités limitées d'emploi. Ils sont aussi plus vulnérables aux maladies, à la malnutrition, à la perte d'indépendance et aux mauvais traitements perpétrés par la famille et la société. Seulement un faible pourcentage de la population âgée perçoit une pension de retraite.

La place de la femme

Dans les zones rurales, les femmes gèrent la famille et la maison : elles s'occupent de la nourriture, de la collecte du bois de chauffage et de l'approvisionnement en eau. Les femmes constituent une part essentielle et généralement gratuite de la main-d'œuvre agricole, contrôlée par le chef de l'exploitation rurale ou les chefs de ménage regroupés en son sein. Sur leur propre terre, elles sont peu aidées par l'époux, sauf pour les gros travaux. Et même là, l'aide est comptée. Elles font appel aux associations d'entraide, généralement féminines, et, dans les limites de leurs possibilités, au salariat agricole.

L'économie informelle (qui représente 45 % de l'activité économique du pays) est détenue en grande partie par les femmes. Mais ce sont aussi elles les plus vulnérables, les entreprises informelles étant synonymes de précarité et de pauvreté.

En milieu urbain, l'émergence d'une classe moyenne supérieure a permis une plus grande autonomie financière et la réduction des disparités entre les hommes et les femmes. Mais le Kenya reste une société profondément patriarcale et sur le front de l'égalité des genres, des progrès restent à accomplir. Si le taux de scolarisation en école primaire est élevé au Kenya, l'instruction secondaire et l'inscription aux universités enregistrent des disparités phénoménales. Et dans certaines communautés, les filles doivent renoncer à l'enseignement secondaire, craignant de perdre leur « capacité de mariage ».

Enfin, en haut de l'échelle, sur le terrain politique, même si la constitution de 2010 exige que le nombre d'hommes députés ne soit pas supérieur aux deux tiers, en 2019 seulement 21 % des sièges étaient occupés par des femmes. Le Kenya reste loin derrière ses voisins.

Dans les familles les plus démunies, ce sont aussi les femmes qui trinquent. Les risques de maladies liées à la pauvreté sont plus importants pour les femmes, aggravés par leur rôle de reproduction : mariages, grossesses précoces et nombreuses maladies sexuellement transmissibles (le sida frappe davantage les femmes que les hommes ; à Nairobi le risque de contracter le virus est de 90 % pour les adolescentes contraintes à la prostitution), mutilations génitales, avortements clandestins, cancers du sein et du col de l'utérus, etc., se traduisent par un taux de mortalité important. Le risque le plus grave étant l'absence de contrôle des femmes sur leur propre statut, sur leur corps et leur fécondité, absence renforcée par les codes culturels et législatifs.

L'éducation, un secteur en crise

Depuis que l'école primaire est devenue gratuite (en 2003, contre 2008 pour le secondaire) et obligatoire (en 2010) pour tous les enfants de 6 à 14 ans, le nombre d'enfants scolarisés dans le pays a augmenté considérablement. L'augmentation du nombre d'enfants inscrits dans les écoles s'est traduite par des classes tellement surpeuplées que les administrateurs ont dû ajourner des admissions d'élèves faute de place.

Dans de nombreuses écoles, des salles de classe où il y avait 40 élèves en accueillent désormais 70. Et malgré une progression spectaculaire des inscriptions dans le primaire, plus de 1,2 million d'enfants en âge d'être scolarisés restent en dehors du système éducatif. (UNICEF, 2020).

Si plus de 85 % des enfants en âge d'être scolarisés fréquentent aujourd'hui l'école primaire, certains facteurs, tels que les coûts, les résultats obtenus aux examens ainsi que le manque d'établissements, font que beaucoup ne font pas d'études secondaires ou post-secondaires. Dans certaines régions, comme le nord-est du Kenya, touché par des actes de violence terroriste et des sécheresses répétées, les jeunes se retrouvent même totalement privés d'éducation faute d'écoles et d'enseignants.

Santé et protection sociale

Selon l'Organisation mondiale de la santé (OMS), le Kenya compte à peine un médecin pour 10 000 habitants, quand l'OMS en recommande dix fois plus. Et les trois quarts travaillent dans le privé à des prix évidemment inabordables pour la quasi-totalité de la population. Dans le public, les soins médicaux sont dispensés par des organismes gouvernementaux, des institutions religieuses et des associations de volontaires. Les hôpitaux provinciaux sont situés dans la grande ville de chaque province. Au niveau local, il existe aussi des dispensaires et des hôpitaux régionaux offrant des services de base.

Longtemps considéré comme l'un des meilleurs du continent, le système de santé kényan est aujourd'hui lourdement fragilisé par une mauvaise gestion, un manque cruel de financement, de moyens techniques et humains. Les soins médicaux coûtent cher et la plupart des Kényans n'iront donc voir un médecin que s'ils sont vraiment malades, préférant avoir recours à la médecine traditionnelle.

Pendant de nombreuses années, la protection sociale n'a pas été une priorité pour le Kenya. En 2003, seulement 15 % de la population bénéficiait d'une couverture sociale. En 2014, un fonds de pension obligatoire pour tous les citoyens de 18 à 65 ans a été mis en place. Aujourd'hui, « The National Social Security Fund », la Caisse nationale de sécurité sociale et de retraite offre une protection sociale à tous les travailleurs kényans des secteurs formels et informels.

En pratique toutefois, l'extension de la protection sociale au secteur informel, qui représente 45 % de l'activité économique du pays, reste un vaste chantier et bon nombre de ces travailleurs, dont l'activité est irrégulière et peu rémunératrice, ne bénéficient pas de ce fonds.

RELIGIONS

Le christianisme, l'islam et les religions traditionnelles coexistent de façon pacifique au Kenya. Les chrétiens représentent 85 % de la population, avec une majorité de protestants, suivis par environ 10 % de musulmans et 2 % de personnes qui pratiquent une religion traditionnelle. Bon nombre de Kényans délaissent la religion africaine traditionnelle pour se convertir au christianisme ou à l'islam ; ils passent aussi du christianisme à l'islam et d'une secte chrétienne à une autre. Et il n'est pas rare de constater plusieurs appartenances religieuses au sein d'une même famille. Ainsi, sur cinq frères, on pourra trouver un musulman, un catholique, un anglican, un membre d'une église africaine instituée et un fidèle à la religion africaine traditionnelle ! La plupart du temps, les membres de la famille parviennent à vivre en harmonie car ils partagent tous un même enracinement dans la religion africaine traditionnelle.

Le christianisme au Kenya

Le christianisme, sous des formes extrêmement variées, rassemble la majorité des Kényans pratiquants. On peut diviser cette population chrétienne en deux groupes : les protestants et les catholiques. Sans compter les différents « sous-groupes » qui les composent : évangéliques, anglicans, luthériens, baptistes, adventistes du septième jour, quakers, presbytériens, méthodistes et catholiques romains, et bien d'autres encore...

Le christianisme s'est implanté au Kenya par l'intermédiaire des groupes et mouvements religieux qui existaient en Europe occidentale et en Amérique. Les chrétiens africains ont ainsi hérité des diverses structures et traditions importées de ces églises. Les différents groupes évangéliques ont cherché à fabriquer de parfaits anglicans, luthériens, baptistes, adventistes du septième jour, quakers, presbytériens, méthodistes, catholiques romains, etc., plutôt que de chercher à faire de leurs adeptes des disciples de Jésus-Christ.

Pour gagner des adeptes, ces groupes se sont livrés à une propagande verbale et parfois même à des violences physiques. Les missionnaires étaient davantage soucieux d'évangélisation de terrain que de rencontre et de dialogue avec les religions et philosophies africaines. Au Kenya comme à peu près partout en Afrique, le christianisme est confronté à la multiplicité des églises africaines instituées ou églises autonomes ou séparatistes. Ce sont de petits groupes qui ont rompu avec les églises missionnaires et se sont coupés les uns des autres.

DÉCOUVRIR

La cathédrale de Mombasa.

La mosquée de Lamu.

En outre, le contrôle missionnaire euro-américain qui s'exerçait sur les convertis africains donnait à entendre que les Africains devaient rester sous tutelle tant en matière politique qu'ecclésiale. Les convertis africains ont donc cherché à fonder leurs propres églises, des églises libérées de la domination et du paternalisme missionnaire, et à intégrer le christianisme dans la religiosité africaine. Les Africains ont été grandement affectés par les changements religieux, socioculturels et politiques. Les églises africaines instituées ont donc voulu édifier des lieux où les Africains se sentiraient chez eux, et renouer les liens de la solidarité traditionnelle. L'insistance de ces églises se porte sur la révélation et la guérison, sur l'action de l'Esprit saint chez les individus et les communautés.

L'islam au Kenya

L'islam, en majorité de confession sunnite (80% des musulmans au Kenya), représente environ 10 % de la population et est presque exclusivement concentré sur la côte Est où, au total, près d'un tiers des Kényans sont musulmans. La minorité chiite est davantage représentée par les peuples venus originellement d'Inde et du Pakistan. Même s'il représente une insignifiante proportion de la population, un mouvement chiite est cependant très influent au Kenya, ce sont les ismaéliens, les adeptes d'Aga Khan, qui envisagent l'islam sous une forme libérale (aussi bien en matière de mœurs que d'économie).

La plupart des musulmans du Kenya pratiquent une version modérée de l'islam. Cependant, les fondamentalistes wahhabites prennent aujourd'hui une place de plus en plus importante, notamment en ouvrant de nombreuses écoles coraniques (financées par l'Arabie saoudite).

Contrairement au christianisme, l'islam a adapté ses croyances religieuses et ses pratiques à la religion africaine lorsqu'il y avait similitude : par exemple, le concept d'un Dieu unique universel ; les êtres spirituels dont les anges, djinns et démons ; les pratiques en matière de divination et de magie. De fait, la pratique islamique encourage l'usage de la bonne magie. Les attaques terroristes récurrentes perpétrées par les shebabs de Somalie depuis 2008 ont entraîné une certaine défiance à l'égard des Kényans d'origine somalienne et des musulmans en général malgré les efforts du gouvernement pour lutter contre l'extrémisme religieux.

Religions traditionnelles africaines

Les Kényans pratiquent aussi l'une des religions traditionnelles que l'on regroupe sous « l'étiquette » animiste. Ceci concerne en particulier les Maasaï, les Samburu, les Pokot et les Turkana. On ne peut évoquer la question religieuse en Afrique sans parler d'organisation sociale et donc de relations entre les jeunes et les anciens, de relations avec la nature, de relations entre les sexes, de perception de la maladie, de l'acceptation de la mort, etc. Tous les aspects de la vie sociale africaine sont réglés par la religion. En l'absence de textes religieux écrits comparables à la Bible ou au Coran, les détenteurs de la tradition religieuse sont généralement les membres les plus âgés de la communauté, lesquels transmettent leur savoir oralement, le plus souvent sous la forme de contes et de proverbes.

Toutes les religions dont nous parlons ici reposent sur la croyance en un seul Dieu que l'histoire des religions définit comme l'Être suprême. Ce Dieu-Créateur est à peu près identique dans toutes les religions africaines : après avoir créé le monde, ce Dieu s'en désintéresse et intervient rarement dans les affaires humaines. Il est le garant de l'ordre établi des choses, mais il n'y prend aucune part active et ne se soucie pas de l'humanité. L'Être suprême est rarement l'objet d'une vénération ou d'un culte. Par exemple, Ngai, le dieu du peuple kikuyu, est censé s'être retiré sur le sommet du mont Kenya, où il ne prend aucune part active aux vicissitudes de ses créatures. Cependant, les Kikuyu tournent toujours le visage en direction de la montagne lorsqu'ils prient, en témoignage de respect. Le Dieu-Créateur est à la fois bon et méchant : le peuple le craint car ses rares actions peuvent être violentes, mais le peuple est aussi plein de gratitude pour sa générosité. L'Être suprême est la figure la plus importante de toute une série d'êtres spirituels qui agissent en tant que médiateurs entre l'Être suprême et les humains.

Le rôle des esprits

Dans les religions africaines, les divers esprits sont souvent plus importants que l'Être suprême qui est perçu comme trop lointain. C'est vers ces esprits que le peuple se tourne pour formuler ses demandes. Il existe pour ces religions deux sortes d'esprits : ceux qui ne sont pas d'origine humaine et ceux qui, après avoir été des humains, sont devenus des « esprits ancestraux ». Les esprits d'origine non humaine sont souvent en rapport avec des lieux naturels, par exemple, les esprits des bois ou les esprits de la mer. Pour les Luo, l'un des esprits les plus actifs et les plus proches est l'esprit du lac. Ce qui s'explique par la proximité du lac Victoria sur les rives duquel les Luo habitent depuis longtemps. Les esprits de la nature n'ont pas une personnalité bien définie. Ils sont les gardiens du territoire sur lequel vit une population donnée et avec laquelle ils établissent des relations sociales complexes. D'autres esprits sont identifiés avec des phénomènes naturels, comme l'esprit du tonnerre, l'esprit du vent, l'esprit de la tempête, de la pluie, et ainsi de suite.

Toutes ces entités spirituelles, que certains experts définissent comme des « divinités secondaires », peuvent être bonnes ou mauvaises ou même avoir une nature ambivalente. Dans certains cas, elles sont amicales et bien disposées envers les humains, dans d'autres cas elles peuvent se montrer hostiles. Certaines interviennent rarement, d'autres sont omniprésentes dans la vie quotidienne. Certaines voyagent beaucoup, d'autres sont sédentaires. Chacune de ces entités occupe une place bien définie sur une échelle hiérarchique et leurs relations entre elles et avec les humains sont codifiées selon cette position hiérarchique.

Pour ces religions, certains esprits entrent en contact avec les hommes : c'est ainsi l'occasion d'états de transe ou de possession. Quelquefois, des familles entières d'esprits s'emparent périodiquement d'une personne et lui dictent son action pour le bien du clan ou de la communauté tout entière. Les ancêtres appartiennent naturellement à la deuxième catégorie d'esprits. La mort ne transformant pas automatiquement un parent en ancêtre, des rites précis sont nécessaires. Ils accompagnent en quelque sorte le défunt dans l'au-delà pour l'aider à assumer une nouvelle essence spirituelle. Ces rites consistent, entre autres, en « doubles funérailles » : dans ce cas, on s'attend à ce que, pendant un certain laps de temps, l'esprit du défunt soit mal disposé envers les vivants, jusqu'à ce que de secondes funérailles, avec toute une série d'offrandes et de prières collectives, le réconcilient avec sa famille.

Dans toutes les sociétés africaines, les liens entre les vivants et les morts sont très forts : il faut toujours respecter les morts et les apaiser au moyen d'offrandes de diverses natures. Ils gardent une ferme emprise sur la structure familiale et on redoute de provoquer leur colère. Les ancêtres représentent le lien le plus immédiat entre les vivants et le monde spirituel, ils sont en mesure de garantir la prospérité, la santé et la fécondité de leurs descendants. Au Kenya, la structure sociale des Kikuyu est le reflet du monde de leurs ancêtres, qu'ils appellent Ngoma, et parmi lesquels figurent les « Ngoma cia aciari », ou ancêtres immédiats.

Le lien communautaire

L'esprit religieux africain a toujours été totalement centré sur la communauté, en son origine comme dans sa finalité. Les religions africaines ne convertissent pas les étrangers. Elles ne font pas l'objet de la prédication d'un groupe à l'égard d'un autre groupe. Un individu doit être né dans un groupe ethnique africain spécifique pour pouvoir vivre la religion traditionnelle dans ce groupe. Voilà pourquoi la religion prend des formes diverses en fonction de ses différents enracinements ethniques.

Elle a une emprise très forte sur le quotidien. Même s'ils se sont convertis au christianisme ou à l'islam, ils n'abandonnent pas leur religion traditionnelle. Elle continue à les accompagner pendant des générations et des siècles. Donnant un sentiment de sécurité à ses membres et constituant une part essentielle de la vie du groupe ethnique, elle régit toute la vie, en deçà de la naissance et au-delà de la mort.

Les religions traditionnelles africaines n'ont pas de doctrines écrites, elles se transmettent de génération en génération par le biais de la tradition orale, des activités religieuses, des cérémonies, des fêtes, des rituels, des proverbes, des paroles de sagesse, des mythes et du vécu.

L'hindouisme

Il représente une proportion infime de la population kényane, mais on peut voir quelques jolis temples à Mombasa, Nairobi ou encore Eldoret. Certains d'ailleurs sont très imposants. Ils sont généralement dédiés à Vishnu et certains appartiennent à la secte Swaminarayan. Les mouvements hindouistes sont cependant très nombreux, au point qu'il est difficile de tous les citer.

Entrée d'un Temple Hindou à Mombasa.

QUE RAPPORTER ?

Que rapporter du Kenya ? Tant de souvenirs en images et en sensations. Les voyageurs qui font l'expérience de leur premier safari au Kenya reviendront avec des étoiles plein les yeux et l'envie certaine d'y retourner. Personne ne peut rester indifférent à cette faune sauvage et aux grands espaces qui font la beauté de ces terres est-africaines. Les plus fervents défenseurs de la nature et cœurs sensibles reviendront peut-être même parrains d'un petit éléphant orphelin. Au rayon des souvenirs plus matériels, l'artisanat kényan, aussi varié que le pays compte de tribus, en séduira plus d'un(e), même s'il est vrai qu'il est parfois difficile pour un œil non averti de distinguer un objet traditionnel de facture masaï d'un autre fabriqué par des Samburu ou des Turkana... Objets, pagnes et batiks, paniers en sisal... Sur les marchés ou dans les boutiques de la capitale, il y a de quoi revenir avec quelques kilos de plus dans ses valises.

Art et artisanat

- **Objets massaï.** Les bijoux en perles multicolores sont particulièrement appréciés, bien qu'ils soient fabriqués exclusivement pour les touristes (ils sont néanmoins toujours traditionnellement portés par les tribus Maasaï, Turkana, Samburu...). On peut aussi trouver des calebasses très finement décorées de perles, ainsi que d'autres objets tribaux (lances, boucliers, chasse-mouches...).
- **Paniers en sisal.** Les paniers kiondos sont souvent tressés par de vieilles femmes kikuyus. Il en existe de toutes sortes et de toutes tailles. On en trouve sur tous les marchés. Les plus beaux (donc les plus chers) sont tressés en fibre d'écorce de baobab.
- **Objets en pierre de savon (soapstone).** Ces objets sculptés (animaux, jeux d'échecs, cendriers...) aux tons pastel, de la région de Kisii, sont très prisés. Le meilleur endroit pour s'en procurer est la ville de Kisumu (au bord du lac Victoria).
- **Sculptures makondes.** Ces magnifiques sculptures en ébène sont originaires du sud de la Tanzanie. Malheureusement, il existe de très nombreux sous-produits. Les véritables sculptures makondes sont assez chères, mieux vaut donc se rendre en Tanzanie où les prix sont plus abordables.
- **Art contemporain.** Le Kenya est une destination réputée pour ses savanes, mais le pays regorge aussi de trésors artistiques et culturels. De nombreuses galeries d'art ont ouvert ces 10 dernières années dans la capitale, témoignant de l'effervescence de la création artistique contemporaine locale.
- **Divers.** Ne passez pas à côté de la maroquinerie, des tissus, des peintures et statuettes diverses en tous genres.

Sculpture sur bois ébène.

SPORTS ET LOISIRS

Le football est incontestablement le sport qui déchaîne le plus les passions au Kenya, comme un peu partout en Afrique d'ailleurs. Malheureusement, l'équipe nationale kenyane (les Harambee Stars) n'enregistrant pas des résultats très probants, les gens se rabattent sur les clubs anglais. Et les clubs de Sa Majesté déchaînent les passions dans les bars du pays. Mais s'il y a bien un sport où les Kenyans brillent, c'est la course à pied. Le Kenya est devenu une référence mondiale pour la course de fond et de demi-fond. Côté activités sportives, même si vous n'avez pas glissé vos pointes d'athlétisme dans la valise, il y a vraiment de quoi faire lors d'un séjour au Kenya. Randonnée et trekking, dans les parcs, réserves et massifs montagneux, mais aussi parapente, parachutisme ou rafting. Alors que l'océan offrira des sessions de plongée sous-marine, de kitesurf, de surf et de pêche… Équitation, VTT ou golf sont aussi envisageables.

La course à pied, le sport national

Les Kenyans excellent dans les courses de fond et de demi-fond. Depuis la fin des années 1960, les coureurs kenyans raflent la plupart des titres mondiaux et olympiques de cross-country ou de 3 000 m steeple, et sont très souvent sur les podiums des 1 500 m, 5 000 m, 10 000 m et marathons. Plusieurs raisons ont été avancées pour expliquer ce succès : la vie et l'entraînement sur les hauts plateaux à plus de 2 000 m d'altitude, l'endurance acquise par les enfants qui doivent parcourir parfois des dizaines de kilomètres pour aller à l'école et, enfin, une morphologie particulièrement bien adaptée à la course de fond. Les camps d'entraînement se sont donc multipliés sur les hauts plateaux, notamment dans la région d'Eldoret, et attirent des athlètes du monde entier.

Le premier à avoir ouvert la voie fut Kipchoge Keino, qui rafla deux médailles d'or aux J. O. de Mexico en 1968. Suivi par Eliud Kipchoge, double champion olympique du marathon à Rio en 2016 et à Tokyo en 2021 et premier homme à descendre sous les 2h lors d'une course non homologuée. Dernier exploit en date, le record du monde officiel du marathon de Kelvin Kiptum en 2023, avec un temps de 2h00m35s. Jeune athlète malheureusement décédé d'un accident de voiture début 2024, en pleine gloire, à seulement 24 ans.

Safaris et treks, les activités reines

Voilà ce qui fait la réputation du Kenya : les safaris et les fameux « Big Five » observables dans les conditions sauvages… La quasi-totalité des espèces attendues en Afrique y est représentée en nombre impressionnant : lions, léopards, guépards, éléphants, buffles, singes, girafes, zèbres, crocodiles, antilopes, hippopotames… Pour les observer, plusieurs options : 4x4, mais aussi à dos de chameau, à pied, voire même en montgolfière pour des vues d'ensemble impressionnantes… Plus de 1 000 espèces d'oiseaux sont aussi répertoriées. Amateurs de *birdwatching*, n'oubliez pas vos jumelles ! En dehors des parcs et des réserves, les randonneurs pourront également envisager un trek, notamment sur la crête des collines de Ngong Hills, de Loita, située le long de la vallée du Grand Rift, de Cherangani Hills ou de Chyulu Hills, mais aussi sur le mont Longonot, sur le mont Elgon, à la frontière ougandaise et protégé par le Mount Elgon National Park, ou encore sur le majestueux mont Kenya, au sein du Mount Kenya National Park, pour les plus chevronnés.

De nombreuses activités nautiques

La côte kenyane, particulièrement au sud de Mombasa et à Lamu, est un véritable décor de carte postale : des eaux limpides et chaudes (25 °C à 27 °C), une barrière de corail qui repousse les requins, un sable fin immaculé, des cocotiers… Evidemment, le cadre est parfait pour la pratique de nombreux sports nautiques : le surf, notamment à Malindi, la pêche au gros, la voile, la planche à voile et le kitesurf. Sur terre, on peut pratiquer le kayak et le rafting dans les nombreuses rivières.

Une destination plongée

La plongée est donc une activité très prisée grâce à la barrière de corail facilement accessible et bien conservée. Il faut dire que de Lamu à Mombasa, les fonds sont magnifiques, les réserves marines plutôt nombreuses. On conseillera notamment le Malindi Marine Park, le Watamu Marine Park (p.323) et la réserve de Kisite Mpunguti. La visibilité est bonne toute l'année, même si les fortes marées de juillet-août peuvent quelque peu perturber les plongées. Les plus chanceux peuvent apercevoir les célèbres raies mantas ou baleines à bosse. Il existe toute une série de clubs sur la côte. La saison idéale s'étend d'octobre à avril.

GASTRONOMIE

Si l'on pense avant tout au Kenya pour ses paysages spectaculaires et sa faune sauvage, on imagine rarement que ce pays possède une gastronomie pleine de saveurs. A base de viande, de féculents et de légumes, elle met à l'honneur l'ugali, une pâte de maïs ou de mil, aussi importante pour les Kényans que le pain ne l'est pour nous Français. On le sert avec des viandes que l'on prépare aussi bien grillées qu'en ragoût avec juste ce qu'il faut d'épices, la cuisine locale n'étant que modérément pimentée. Les légumes feuilles et les poissons – d'eau de mer comme d'eau douce – sont également prisés. Tout comme la cuisine indienne, très populaire, fruits d'échanges et de migrations anciennes dans la région. Ainsi currys, samoussas et biryanis sont des spécialités devenues presque kényanes. Si les desserts sont peu variés, on compensera avec d'excellents fruits tropicaux. Sans oublier une production de bière tout à fait respectable.

Produits et habitudes alimentaires

Faisant honneur aux féculents, la cuisine kényane met en valeur maïs, igname, patate douce, haricots blancs, sorgho et millet. L'agriculture représente 75 % des ressources du pays. Entre la production de thé, de café, de maïs, de sucre de canne et divers viandes et poissons, la cuisine swahilie est assez variée. On trouve une grande variété de fruits et légumes.

Le lait occupe une grande place dans l'alimentation kényane, il est la base des repas des Maasaï. Le lait en brique est équivalent à celui que l'on peut trouver en Occident et les grandes fermes du Kenya produisent des fromages à pâte cuite, de bonne qualité, qui se rapprochent du cheddar. Le bœuf est de bonne qualité au Kenya et on consomme également poulet, porc, agneau et chèvre. La viande de brousse ou *bushmeat* a longtemps été une source de protéines importante pour les locaux. Toutefois, de nombreuses espèces sauvages sont aujourd'hui menacées et il est important de se renseigner avant de consommer ces produits.

Sur la côte, vous trouverez des poissons en grande quantité. En milieu de matinée, les *dhows* des pêcheurs rentrent et déchargent leur pêche sur des étalages. Les langoustes et les crabes sont succulents et évidemment bien meilleur marché qu'en Occident. Sans oublier thon, daurade coryphène, espadon, rascasse, etc. Dans les hôtels de l'intérieur, on vous proposera des perches du Nil et, surtout, du tilapia, pêchés l'un comme l'autre dans les grands lacs.

Les classiques de la cuisine kenyane

Un des éléments de base de l'alimentation kényane est l'*ugali* (sorte de polenta à base de farine de mil ou de maïs blanc) que l'on prend dans la main et qu'on roule en boule. C'est

Mukimo.

l'accompagnement typique de multiples plats : viande grillée, ragoût de viande et de légumes.

Parmi les féculents citons le *matoke* (ragoût de bananes plantain) un plat certes d'origine ougandaise, mais très populaire au Kenya. Les bananes plantain sont cuites dans une casserole avec de l'huile, des tomates, des oignons, de l'ail et des piments, voire parfois de la viande. Le *pilau*, une combinaison savoureuse de riz, est cuit à l'étouffée avec des épices (cumin, cardamome, cannelle, clous de girofle), des oignons et de la viande. Sur les côtes, on prépare le *wali wa nazi*, du riz infusé au lait de coco. Le terme « makai » désigne les épis de maïs entiers grillés. L'*irio kikuyu* est une purée de pois, de pommes de terre et de maïs, très populaire, à moins de préférer le *mukimo*, un mélange de purée de pommes de terre et de légumes-feuilles, souvent accompagné de viande en sauce.

Les légumes sont souvent préparés sous forme de ragoût comme le *sukuma wiki*, une potée de chou vert/kale mijoté avec des oignons alors que la *mrenda* est une recette similaire à base de feuilles de corète potagère. Plat très simple et nourrissant, le *githeri* se compose de maïs et de haricots bouillis puis frits. Il peut être servi avec du riz. Les *viazi karai* sont des beignets de pommes de terre entières parfumés d'un soupçon de piment. A moins de préférer le *chips mayai*, une simple omelette aux frites. Gras certes, mais idéal après une grosse journée de marche. On l'accompagne souvent avec du *kachumbari*. Cet émincé de tomates, oignons, piments, coriandre et parfois avocat est très apprécié pour apporter une pointe de fraîcheur.

Les Kenyans aiment la viande. Le *nyama choma* (viande grillée) est d'ailleurs le plat national, composé comme son nom l'indique de viande, de mouton, de chèvre, de poulet ou de bœuf, mais aussi de crocodile, d'antilope ou d'autruche. On y ajoute uniquement une pointe de sel traditionnellement, mais certains l'agrémentent de poivre et de piment en poudre. La version avec de la viande de chèvre (*mbuzi choma*) est très appréciée. Sinon régalez-vous de *mishkakis*, de brochettes de bœuf très savoureuses. Le terme « kenyan stew » désigne divers types de ragoût de bœuf (parfois chèvre ou poulet) avec légumes-racines, tomate et curry. Le poulet (*ingoho*) est souvent braisé avec tomate et oignon. Sur les côtes, on apprécie le *kuku wa kupaka* (poulet, lait de coco, tomate, piment et coriandre). Enfin, la *mutura* est une saucisse composée de viande hachée de chèvre et du sang de l'animal. La saucisse est bouillie puis grillée. La viande est délicieuse au Kenya, au grand dam des végétariens qui pourront toujours trouver leur bonheur dans la cuisine indienne, très répandue dans le pays.

En effet, la cuisine indienne est très répandue. Historiquement, les côtes d'Afrique de l'Est ont souvent été sous contrôle de puissances maritimes indo-arabes qui ont importé dans la région de nombreux produits d'Asie. Plus tard, la présence britannique au Kenya a permis l'arrivée de nombreux travailleurs indiens qui s'installèrent dans la région. Les restaurants indiens – souvent très bons – sont présents à peu près partout, avec des plats épicés et habituellement à base de légumes. On retrouvera sans problème des samoussas (*sambusa*), currys, biryanis, tandooris et chapatis (pain plat).

Mandaazi.

Desserts et boissons

On ne retrouve pas vraiment de pâtisseries traditionnelles dans le pays. Citons toutefois les *maandazi*, des beignets au sucre tout simple, typiques de l'Afrique de l'Est. Sinon laissez-vous tenter par des *biskuti ya nazi*, sorte de rocher-coco. Vous pourrez vous rattraper sur les succulents fruits tropicaux cultivés dans le pays : mangue, banane, ananas, papaye, goyave, etc.

La tradition anglaise a persisté et le thé (*chaï*) est toujours très consommé au *tea time*, en général au lait et très sucré, à moins que vous ne demandiez un *chaï kavu* (nature). Le café servi au Kenya est la plupart du temps du café arabica soluble produit dans le pays, bien que le café en poudre fraîchement moulu se trouve dans les bonnes boutiques et cafés de la capitale ou dans les villes de la côte. Les plus curieux testeront le *mursik*, une sorte de lait fermenté dans une calebasse (courge séchée) souvent considéré comme un super-aliment.

Les bières au malt produites localement sont très appréciées aussi, notamment la Tusker (brasserie de Nairobi), généralement vendues en bouteilles de 50 cl. Les vins consommés dans le pays sont le plus souvent originaires d'Afrique du Sud. Vous trouverez ces boissons ainsi que tous les alcools occidentaux (whisky, cognac, gin, rhum) dans les hôtels et les lodges.

Marre de passer des heures sur internet pour trouver des bons plans ?
my petit fute
M'A FAIT GAGNER UN TEMPS FOU AVEC SES RECOMMANDATIONS D'ITINÉRAIRES ET SES BONS PLANS TESTÉS PAR DES RÉDACTEURS LOCAUX.
VOTRE GUIDE NUMÉRIQUE SUR MESURE EN MOINS DE 5 MINUTES POUR 2,99 €
mypetitfute.fr
© VIKTOR GL - ISTOCKPHOTO.COM

AGENDA

Les Kenyans, catholiques pour une grande majorité, célèbrent les fêtes chrétiennes, telles que Pâques et Noël. Sur la côte, la communauté musulmane a aussi ses propres fêtes, la plus importante étant l'Aïd el-Fitr, qui marque la fin du mois de ramadan. A Kilifi, le Nouvel An est l'occasion d'un festival renommé et très attendu chaque année. La fête de l'Indépendance (Jamhuri Day), le 12 décembre, est aussi une journée festive, bien que très officielle. Le Lamu Yoga Festival, la Kenya Kite Cup, le Safari Rally... font aussi partie de l'agenda. Mais le rendez-vous le plus convoité (du moins par les voyageurs) reste la grande migration. Entre un et deux millions de gnous et quelques centaines de milliers de zèbres traversent la rivière Mara en juillet-août pour passer du Serengeti (Tanzanie) au Maasai Mara (Kenya). Un spectacle étourdissant qui attire chaque année de nombreux visiteurs et photographes animaliers du monde entier.

BENEATH THE BAOBABS

KILIFI
✆ +254 705 186 723
https://beneaththebaobabs.com/

Beneath the Baobabs (anciennement Kilifi New Year) au Nouvel An.

Distant Relatives Ecolodge organisait chaque fin d'année un petit festival de musique électro sur son terrain de beach-volley. Le « Kilifi New Year » est devenu si populaire qu'il a fallu trouver un autre site. Les organisateurs se sont alors installés au cœur d'une forêt de baobabs, sur un domaine qui peut accueillir aujourd'hui jusqu'à 10 000 personnes. Les festivaliers sont invités à vibrer de cœur et d'âme, pendant trois jours, au rythme d'une programmation musicale endiablée. Rebaptisé « Beneath the Baobabs », l'événement est très attendu chaque année.

KENYA KITE CUP

DIANI BEACH
https://kitecupkenya.com

Chaque année à Diani Beach, on célèbre le vent et la vitesse ! Les champions de kite amateurs et professionnels se retrouvent sur la magnifique plage de Diani lors d'une compétition internationale de freestyle. La Kenya Kite Cup a généralement lieu sur deux jours, le dernier week-end de janvier. C'est l'un des événements sportifs les plus convoités au Kenya. Depuis 2022, la Kenya Kite Cup permet de collecter des fonds au profit de « Diani Turtle Watch », un programme visant à protéger les tortues marines et leur environnement naturel.

KILIFI WELLNESS FESTIVAL

Salty's Kitesurf Village, Bofa Beach
KILIFI
✆ +254 734 608 201
https://kilifiwellness.com

Achat des tickets en ligne sur le site officiel du festival.

Le Kilifi Wellness Festival se déroule en février et est une joyeuse célébration de l'amour avant la Saint-Valentin. Il se déroule au Salty's Kitesurf Village sur la magnifique plage de Bofa et au Three Degrees South Water-sports Centre sur la falaise de Kilifi Creek. Le festival est un espace sûr et accueillant pour tous ceux qui aiment l'art, la musique, le yoga, le fitness, la discussion, la danse, le rire et l'océan. Le festival commence par un bain sonore bienheureux sous les arbres et se termine par une cérémonie au coucher du soleil.

KALEIDOSCOPE FESTIVAL

WATAMU
✆ +254792343367
www.kaleidoscope.wtf

Événement annuel de la ville de Watamu, réservations en ligne

Le Kaléidoscope Festival est un véritable concept artistique ayant lieu chaque année pendant 3 jours, en mars, dans la ville côtière de Watamu, non loin du Parc National de Mida Creek. Au menu, musique électronique avec notamment de nombreux artistes et DJ internationaux, tatoueurs, boutiques concepts, découvertes culinaires, pratique du yoga, et bien plus encore en totale harmonie avec l'environnement. Certains concerts ont même lieu directement sur des dhows traditionnels. Vous pouvez réserver vos tickets en ligne ou par téléphone.

RALLYE SAFARI

LAC ELEMENTEITA

✆ +254 710 692 777

www.safarirally.ke

Le Rallye Safari est un événement mondial inauguré en 1953. Réintégré au championnat du monde en 2021, il parcourt chaque année courant mars les plaines de Naïvasha et d'Elementeita. À noter qu'il s'agit de la seule manche du championnat ayant lieu sur le continent africain. Les concurrents, parmi lesquels on retrouve de célèbres noms de la discipline, progressent dans la terre, le sable, et même parfois entre zèbres et girafes jusqu'à l'entrée du Parc d'Hells Gate. Considéré comme le rallye le plus difficile au monde, il est un véritable événement populaire.

LAKE TURKANA FESTIVAL

LODWAR

Tous les ans, en général au mois de mai.

Trois jours de festivités (musiques et danses traditionnelles notamment) qui célèbrent la richesse culturelle des différentes communautés (Turkana, Samburu, Gabbra, Pokot et Borana) qui vivent autour du lac Turkana, surnommé la « mer de Jade ». Les tribus se déplacent pour se retrouver et festoyer lors de ce festival qui vise également à favoriser le développement économique et touristique de la région. La dernière édition a eu lieu en 2019, en août à Lodwar, et non Loiyangalani. A l'heure où nous écrivons ce guide, la prochaine édition n'est pas connue.

LEWA SAFARI MARATHON

LEWA WILDLIFE CONSERVANCY

✆ +44 174 783 10 05

www.lewasafarimarathon.com

Chaque année en Juin, inscription en ligne

La réserve faunique de Lewa, dans le nord du Kenya, accueille chaque année le Lewa Safari Marathon. Les participants partagent la réserve avec plusieurs grands prédateurs africains, dont les Big Five. Ce marathon est réputé pour être l'un des plus difficiles et des plus gratifiants au monde. Situé sur les chemins de terre de la réserve, le parcours emmène les coureurs à travers les plaines de savane, le long des berges des rivières et à travers les forêts d'acacias. Cet événement unique soutient des projets de conservation à travers le Kenya depuis plus de 25 ans.

LAMU CULTURAL FESTIVAL

LAMU

Chaque année en novembre.

Se déroulant chaque année, à la fin du mois de novembre, le Festival Culturel de Lamu prend place dans la vieille ville. Au programme, spectacles de danses, représentations théâtrales, multitude de stands d'artisanat et d'art locaux, découvertes culinaires, mais aussi les folkloriques courses de dhows et d'ânes. Le tout ayant un objectif principal : la promotion de la culture swahilie. En effet, la cité de Lamu est l'une des emblématiques cités swahilies qui, rappelons-le, est classée au patrimoine mondial de l'Unesco.

CARNAVAL DE MOMBASA

MOMBASA

Tous les ans en novembre.

Avec près de 3 000 carnavaliers en costumes, et une cinquantaine de chars, le carnaval coloré et multiculturel de Mombasa est le plus grand carnaval du Kenya. Il se tient en novembre sur la Moi Avenue, et met en avant la pluriethnicité du Kenya en mélangeant des influences d'Afrique centrale et des pays arabes. Le tout en défilant en musique sur des danses folkloriques. Une manière originale de découvrir la deuxième ville du pays, et notamment la Moi Avenue et ses célèbres défenses d'éléphants, qui se parent de couleurs l'espace d'une journée.

FÊTE DE L'INDÉPENDANCE

La fête de l'Indépendance ou « Jamhuri Day » (« république » en swahili) est une fête nationale célébrée chaque année le 12 décembre. Des défilés, des parades et des manifestations populaires ont lieu un peu partout au Kenya, mais en particulier à Nairobi, pour célébrer l'accession à l'indépendance du Kenya, accordée par les Britanniques le 12 décembre 1963 (un amendement constitutionnel fait du Kenya une république une et indivisible le 12 décembre 1964). Il s'agit d'une journée festive, mais aussi officielle, avec un discours présidentiel très écouté.

PASSPORT

RÉGION DE NAIROBI

Nairobi est le plus grand centre urbain du Kenya avec plus de 5 millions d'habitants. La capitale a doublé sa population en quinze ans, et devrait atteindre 6 millions d'ici à 2030. C'est une métropole industrielle, qui a drainé dans sa jeune histoire une importante population rurale et qui continue de s'imposer en centre absolu du pays. Ville héritée de l'histoire coloniale, au départ centre ferroviaire sorti de la savane, elle ne possède pas les charmes d'une ville d'histoire. Et si les amateurs de safaris délaissent vite ce centre urbain bruyant, agité, marqué aussi par une précarité importante, pour se précipiter dans les parcs naturels, elle n'en abrite pas moins un centre-ville moderne et agréable, d'un cosmopolitisme rare en Afrique. Non loin de ce centre effervescent, où le béton domine, le Parc national de Nairobi, la banlieue de Karen, les Ngong Hills offrent la possibilité d'escapades nature.

LIMURU
Rioki
Ting'ang'a
Kabuku
Rironi
Kibubuti
Kiambu
E 426
Banana
D 409
C 63
Ndenderu
B 32
Gachie
Githogoro
Kibera forest
Kikuyu
A 8
A 8
Mlango
Uthiru
Gicharani
UCB 6
UCA 2
Waithaka
D 2001
NAIROBI
Mutuini
Lenana
UCA 2
KIBIKU FOREST
Aéroport
Wilson
Embulbul
UCB 2
Ngong Hills
Ngong
NAIROBI
NATIONAL PAR
Ongata Rongai
Matasia
Kiserian
RIMPA ESTATE WILDLIFE
CONSERVANCY
5 KM

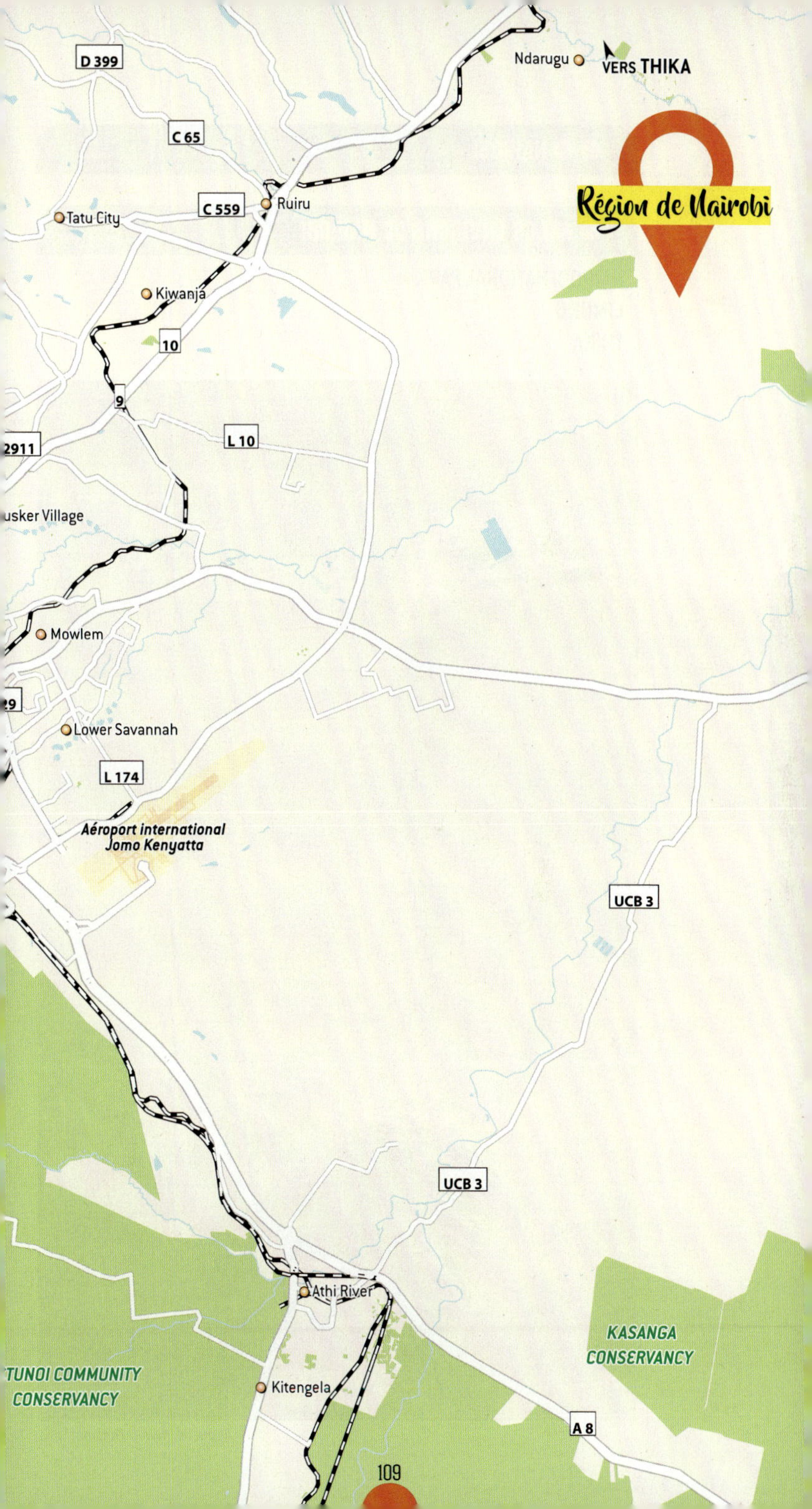
Région de Nairobi
VERS THIKA
Ndarugu
D 399
C 65
C 559
Ruiru
Tatu City
Kiwanja
10
9
L 10
2911
usker Village
Mowlem
29
Lower Savannah
L 174
Aéroport international
Jomo Kenyatta
UCB 3
UCB 3
Athi River
Kitengela
A 8
KASANGA
CONSERVANCY
TUNOI COMMUNITY
CONSERVANCY

Autruche, Nairobi National Park.

NAIROBI

Plate-forme financière de l'Afrique de l'Est, ce centre-ville peuplé d'hommes d'affaires et de commerçants est empreint d'un dynamisme très palpable. Au demeurant, si son architecture n'est pas spécialement digne d'intérêt, y séjourner permettra au mieux de rentrer en contact avec le pays et sa population, et de prendre la température. Nairobi possède quelques points d'intérêt touristique, comme son parc national, le plus ancien, qui peut constituer une première approche de la nature kenyane, le musée national de Nairobi pour découvrir la culture et l'histoire du pays, le musée des chemins de fer, celui de Karen Blixen, ou encore la fondation David Sheldrick Wildlife. Son nombre d'hôtels et de bons restaurants, sa vie nocturne, ses galeries et musées, ses marchés, entre autres, peuvent rendre un séjour à Nairobi agréable permettant de comprendre le Kenya au-delà de ses beautés paysagères.

300 M
NAIROBI NATIONAL MUSEUM
Waiyaki Way
Nairobi
John Michuki Memorial Park
Professor Maurice Alala Road
MAWIMBI SEAFOOD RESTAURANT
Harry Thuku Road
Kijabe Street
LORD DELAMERE TERRACE
KENYA NATIONAL THEATRE
FAIRMONT THE NORFOLK
Kivemia Road
Slip Road
University Way
University Way
Monrovia La
Monrovia Stre
Dorobo Road
Mamlaka Road
Utalii Lane
GOETHE INSTITUT
ALLIANCE FRANÇAISE DE NAIROBI
Loita Street
Central Park
Market Street
A 8
Processional Way
PAWA 254
Nyerere Road
NAIROBI SERENA HOTEL
NAIROB GALLER
D 2001
Kenyatta Avenue
UHURU PARK
Boating Pond
SAROVA PANAFRIC HOTEL

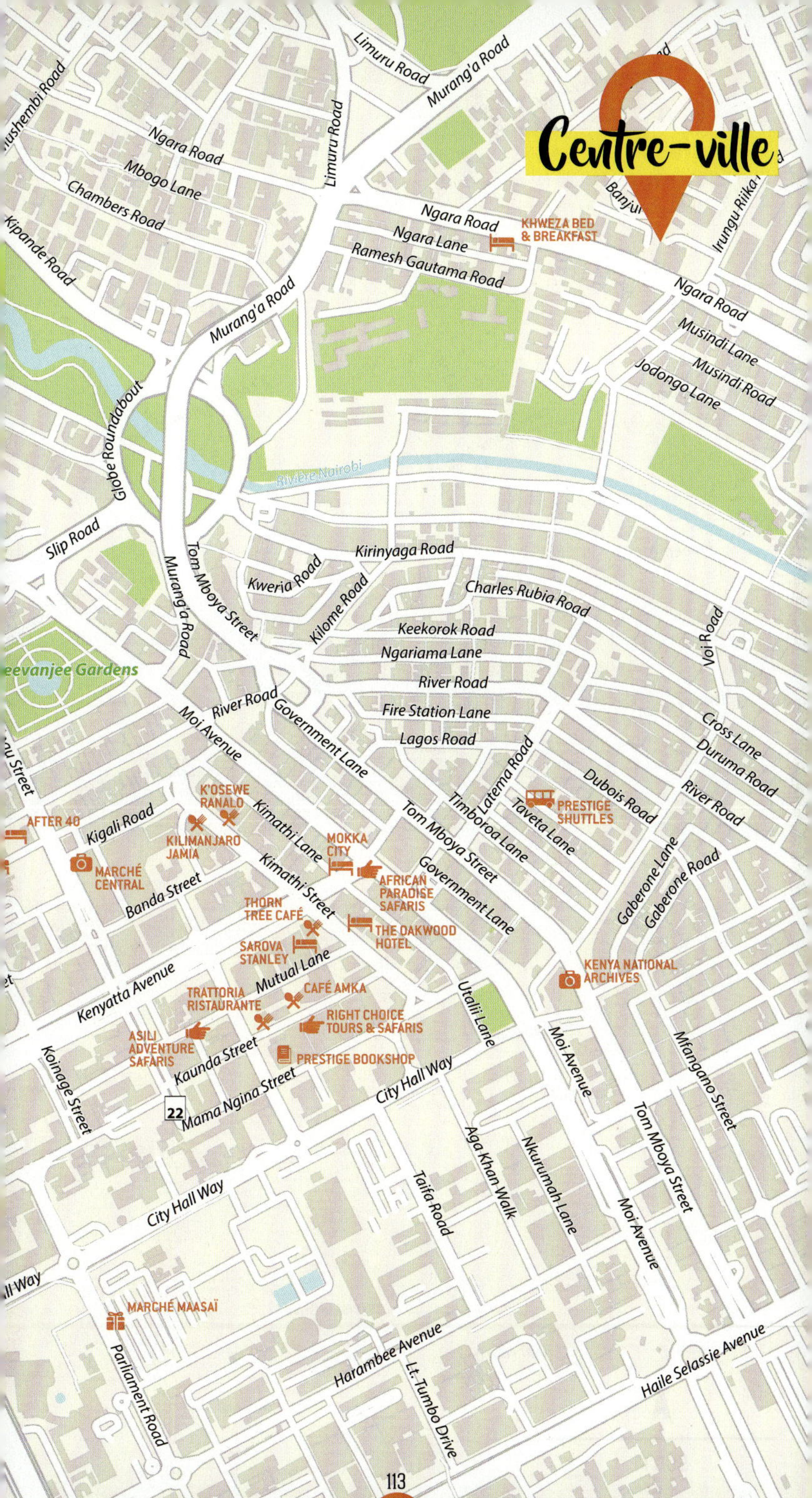
Centre-ville
Limuru Road
Murang'a Road
Mushembi Road
Ngara Road
Mbogo Lane
Chambers Road
Kipande Road
Limuru Road
Ngara Road
Ngara Lane
Ramesh Gautama Road
KHWEZA BED & BREAKFAST
Banjul
Irungu Riika
Ngara Road
Musindi Lane
Musindi Road
Jodongo Lane
Murang'a Road
Globe Roundabout
Rivière Nairobi
Slip Road
Kirinyaga Road
Kweria Road
Kilome Road
Tom Mboya Street
Murang'a Road
Charles Rubia Road
Keekorok Road
Ngariama Lane
Voi Road
Jeevanjee Gardens
River Road
Fire Station Lane
Lagos Road
River Road
Government Lane
Moi Avenue
Cross Lane
Duruma Road
Latema Road
Dubois Road
River Road
K'OSEWE RANALO
Kimathi Lane
PRESTIGE SHUTTLES
Taveta Lane
Timboroa Lane
AFTER 40
Kigali Road
KILIMANJARO JAMIA
MOKKA CITY
Tom Mboya Street
MARCHÉ CENTRAL
AFRICAN PARADISE SAFARIS
Gaberone Lane
Gaberone Road
Banda Street
Kimathi Street
Government Lane
THORN TREE CAFÉ
THE OAKWOOD HOTEL
SAROVA STANLEY
Mutual Lane
KENYA NATIONAL ARCHIVES
Kenyatta Avenue
TRATTORIA RISTAURANTE
CAFÉ AMKA
Utalii Lane
RIGHT CHOICE TOURS & SAFARIS
ASILI ADVENTURE SAFARIS
Koinange Street
Kaunda Street
PRESTIGE BOOKSHOP
Moi Avenue
Mfangano Street
22
Mama Ngina Street
City Hall Way
Aga Khan Walk
Nkurumah Lane
Tom Mboya Street
City Hall Way
Taifa Road
Moi Avenue
City Hall Way
MARCHÉ MAASAÏ
Harambee Avenue
Parliament Road
Lt. Tumbo Drive
Haile Selassie Avenue

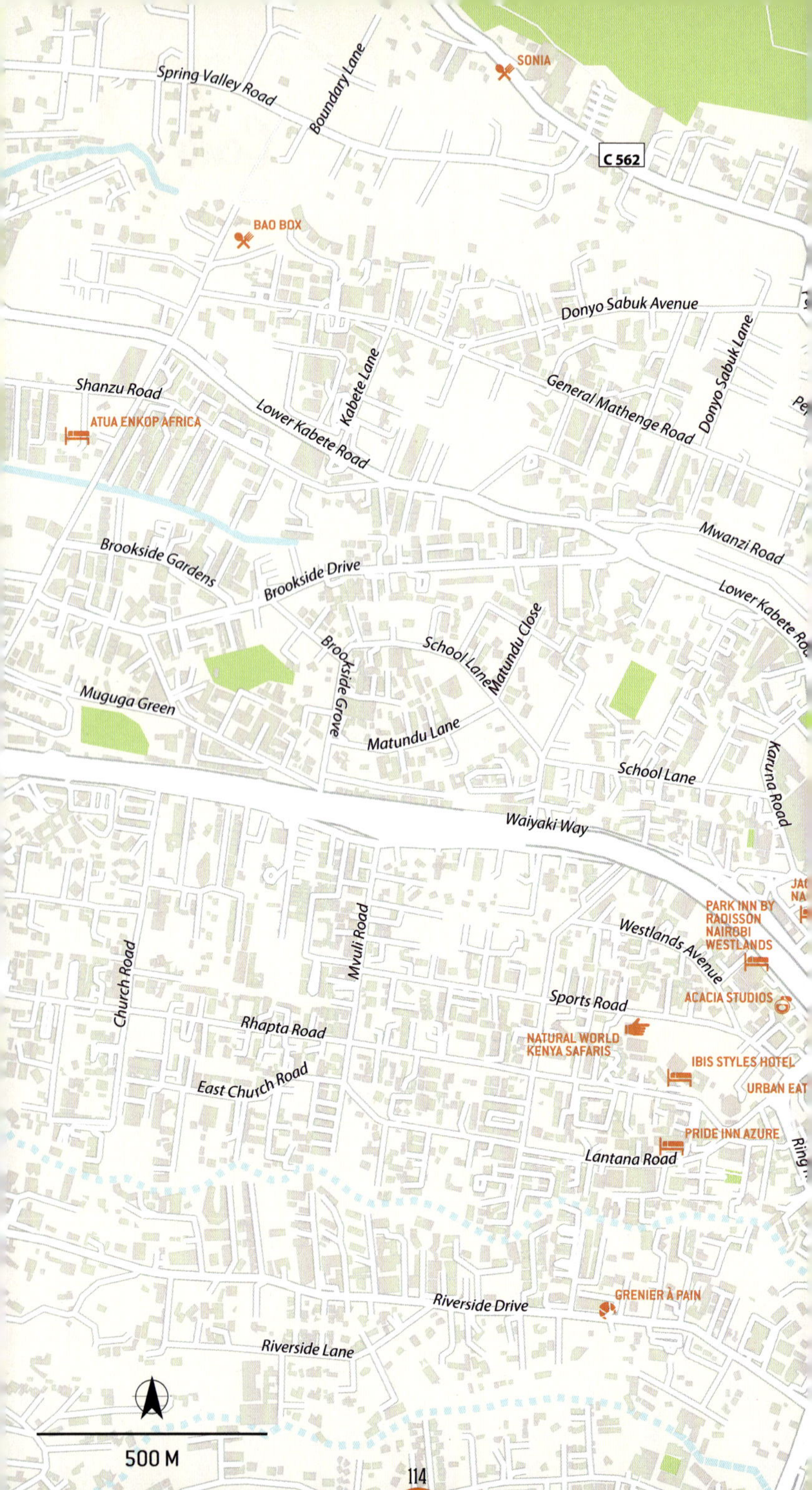

SONIA
Spring Valley Road
Boundary Lane
C 562
BAO BOX
Donyo Sabuk Avenue
Donyo Sabuk Lane
Shanzu Road
ATUA ENKOP AFRICA
Lower Kabete Road
Kabete Lane
General Mathenge Road
Mwanzi Road
Brookside Gardens
Brookside Drive
Lower Kabete Road
Brookside Grove
School Lane
Matundu Close
Muguga Green
Matundu Lane
School Lane
Karuna Road
Waiyaki Way
PARK INN BY RADISSON NAIROBI WESTLANDS
Westlands Avenue
Mvuli Road
Church Road
Sports Road
ACACIA STUDIOS
Rhapta Road
NATURAL WORLD KENYA SAFARIS
IBIS STYLES HOTEL
East Church Road
URBAN EAT
PRIDE INN AZURE
Lantana Road
GRENIER À PAIN
Riverside Drive
Riverside Lane
500 M

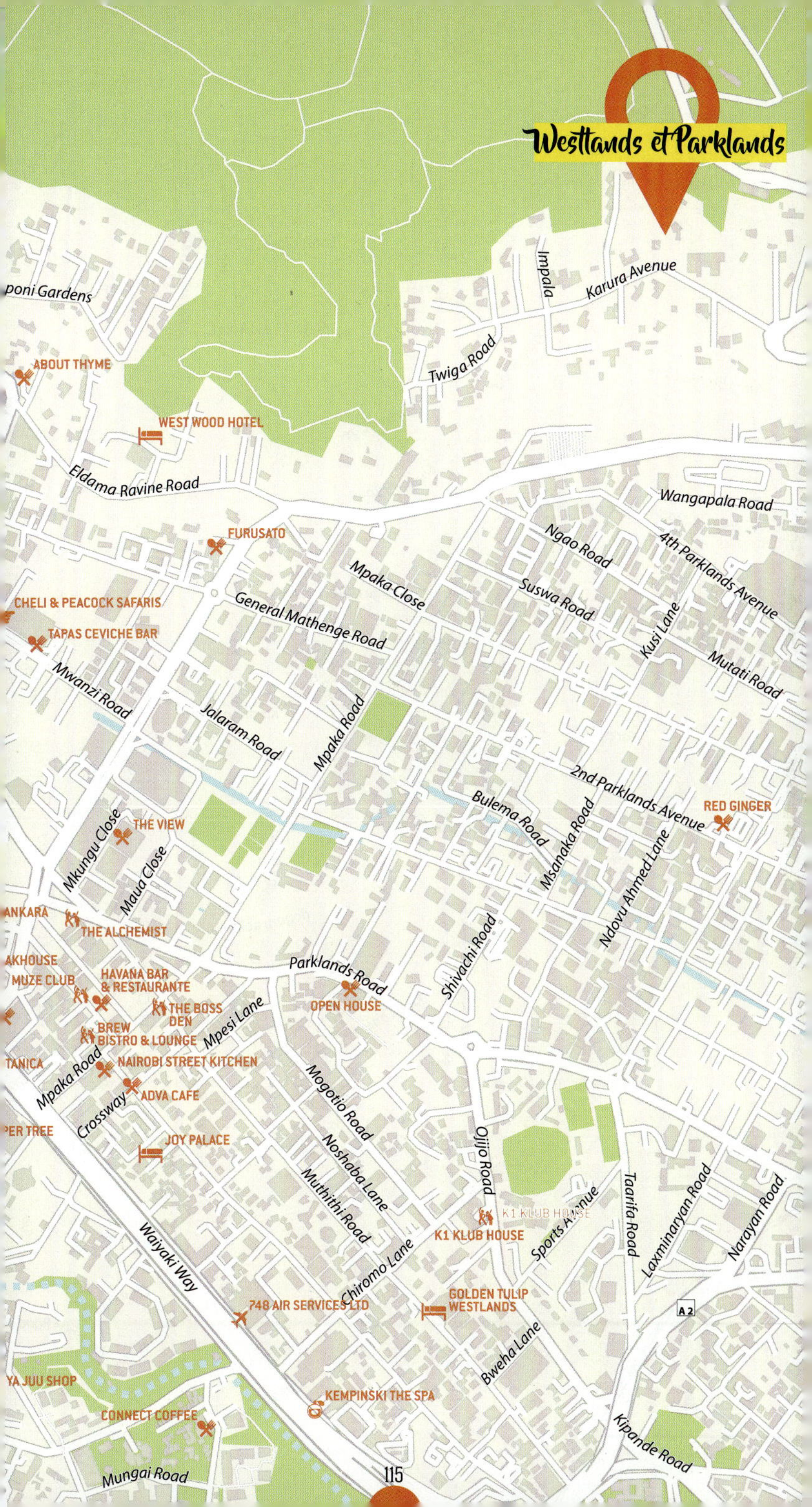
Westtands et Parklands
Impala
Karura Avenue
poni Gardens
Twiga Road
ABOUT THYME
WEST WOOD HOTEL
Eldama Ravine Road
Wangapala Road
FURUSATO
Ngao Road
4th Parklands Avenue
Mpaka Close
Suswa Road
CHELI & PEACOCK SAFARIS
General Mathenge Road
Kusi Lane
TAPAS CEVICHE BAR
Mutati Road
Mwanzi Road
Jalaram Road
Mpaka Road
2nd Parklands Avenue
RED GINGER
Bulema Road
Msanaka Road
THE VIEW
Mkungu Close
Maua Close
Ndovu Ahmed Lane
ANKARA
THE ALCHEMIST
Shivachi Road
AKHOUSE
Parklands Road
MUZE CLUB
HAVANA BAR & RESTAURANTE
OPEN HOUSE
THE BOSS DEN
Mpesi Lane
BREW BISTRO & LOUNGE
TANICA
NAIROBI STREET KITCHEN
Mpaka Road
Mogotio Road
Crossway
ADVA CAFE
PER TREE
JOY PALACE
Noshaba Lane
Ojijo Road
Muthithi Road
K1 KLUB HOUSE
K1 KLUB HOUSE
Sports Avenue
Taarifa Road
Laxminaryan Road
Narayan Road
Waiyaki Way
Chiromo Lane
748 AIR SERVICES LTD
GOLDEN TULIP WESTLANDS
A2
Bweha Lane
YA JUU SHOP
KEMPINSKI THE SPA
CONNECT COFFEE
Kipande Road
Mungai Road

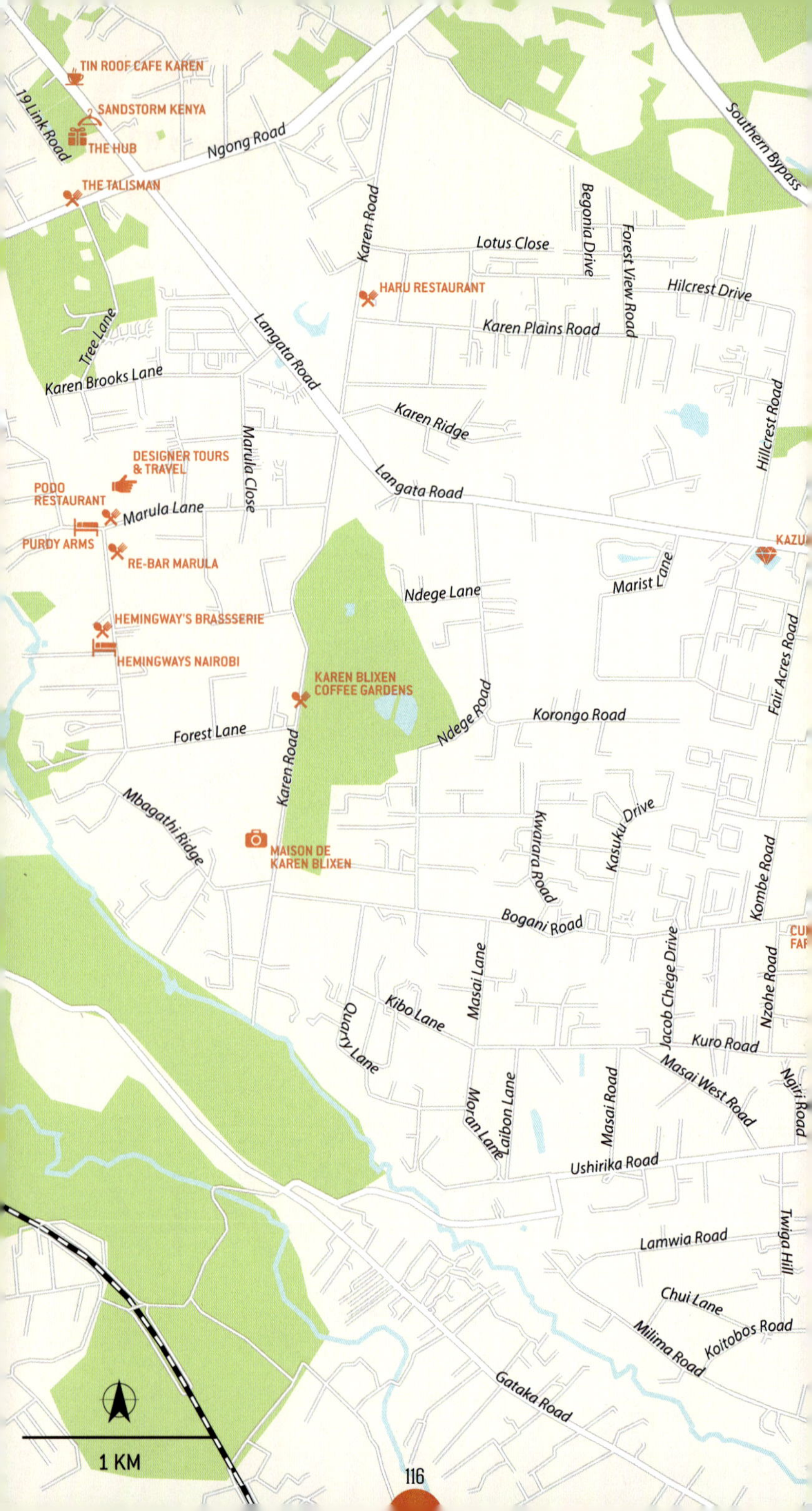
TIN ROOF CAFE KAREN
SANDSTORM KENYA
THE HUB
THE TALISMAN
19 Link Road
Ngong Road
Southern Bypass
Karen Road
Lotus Close
Begonia Drive
Forest View Road
Hilcrest Drive
HARU RESTAURANT
Karen Plains Road
Langata Road
Tree Lane
Karen Brooks Lane
Karen Ridge
Hillcrest Road
DESIGNER TOURS & TRAVEL
PODO RESTAURANT
Marula Close
Marula Lane
PURDY ARMS
RE-BAR MARULA
KAZU
Marist Lane
Ndege Lane
HEMINGWAY'S BRASSERIE
HEMINGWAYS NAIROBI
Fair Acres Road
KAREN BLIXEN COFFEE GARDENS
Ndege Road
Korongo Road
Forest Lane
Mbagathi Ridge
Kasuku Drive
Kwarara Road
MAISON DE KAREN BLIXEN
Kombe Road
Bogani Road
Jacob Chege Drive
Masai Lane
Nzohe Road
Kibo Lane
Quarry Lane
Kuro Road
Masai West Road
Ngiri Road
Moran Lane
Laibon Lane
Masai Road
Ushirika Road
Twiga Hill
Lamwia Road
Chui Lane
Milima Road
Koitobos Road
Gataka Road
1 KM

Quartiers périphériques sud
Southern Bypass
thern Bypass
WILDEBEEST ECO CAMP
ACHI'S RANCH
Mukinduri Road
Murishu Road
KAREN GREEN HOSTELS
BOMAS OF KENYA
Muiri Road
Muiri Lane
Forest Edge Road
Kufuga Road
Kuwinda Road
Langata North Road
Academy Road
Mokoyeti Road West
Mokoyeti Road East
Langata Road
GALLERIA SHOPPING MALL
Seminary Drive
Seminary Road
Silanga Road
Langata South Road
B 19
Bogani East Road
UTAMADUNI CRAFT CENTER
Papai Road
LANGATA LINK SHOPS
May E Road
Ndalat Road
Ushirika Road
MATBRONZE CAFE
MATBRONZE WILDLIFE ART
Ndovu Close
BOHO EATERY
Kiboko Road
Banda Lane
Kisembe Lane
Mukoma Road
Koitobos Road
Simba Hill Road
Kima Road
Nyumbi Road
GIRAFFE CENTER
Kikenni Road
Ndorobo Road
Wasaa Road
Magadi Road
THE DAVID SHELDRICK'S WILDLIFE TRUST

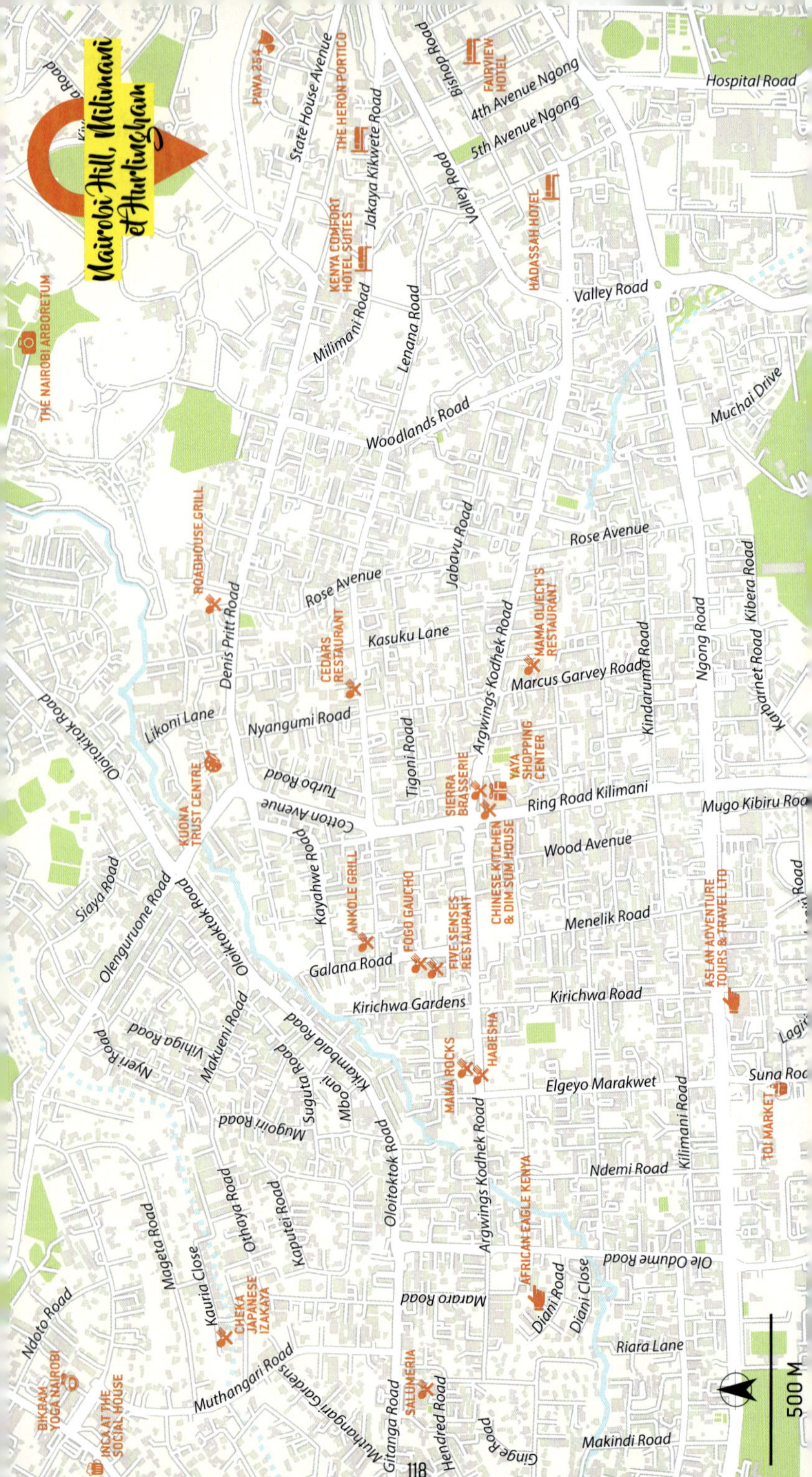

Nairobi Hill, Milimani et Hurlingham
THE NAIROBI ARBORETUM
PAWA 254
THE HERON PORTICO
FAIRVIEW HOTEL
KENYA COMFORT HOTEL SUITES
HADASSAH HOTEL
ROADHOUSE GRILL
CEDARS RESTAURANT
MAMA OLIECH'S RESTAURANT
KUONA TRUST CENTRE
SIERRA BRASSERIE
YAYA SHOPPING CENTER
CHINESE KITCHEN & DIM SUM HOUSE
ANKOLE GRILL
FOGO GAUCHO
FIVE SENSES RESTAURANT
ASLAN ADVENTURE TOURS & TRAVEL LTD
MAMA ROCKS
HABESHA
TOI MARKET
AFRICAN EAGLE KENYA
CHEKA JAPANESE IZAKAYA
SALUMERIA
BIKRAM YOGA NAIROBI
INCA AT THE SOCIAL HOUSE
Hospital Road
State House Avenue
Jakaya Kikwete Road
Bishop Road
4th Avenue Ngong
5th Avenue Ngong
Valley Road
Milimani Road
Lenana Road
Woodlands Road
Muchai Drive
Rose Avenue
Jabavu Road
Denis Pritt Road
Kasuku Lane
Argwings Kodhek Road
Marcus Garvey Road
Kindaruma Road
Ngong Road
Kibera Road
Karbarnet Road
Nyangumi Road
Likoni Lane
Oloitokitok Road
Tigoni Road
Turbo Road
Cotton Avenue
Ring Road Kilimani
Mugo Kibiru Road
Wood Avenue
Siaya Road
Olenguruone Road
Kayahwe Road
Menelik Road
Galana Road
Kirichwa Gardens
Kirichwa Road
Nyeri Road
Vihiga Road
Makueni Road
Kikambala Road
Suguta Road
Mbooni
Elgeyo Marakwet
Suna Road
Magoiri Road
Oloitoktok Road
Ndemi Road
Kilimani Road
Othaya Road
Kaputei Road
Mageta Road
Kauria Close
Ole Odume Road
Mararo Road
Diani Road
Diani Close
Riara Lane
Ndoto Road
Muthangari Road
Muthangari Gardens
Gitanga Road
Hendred Road
Ginge Road
Makindi Road
500 M

QUARTIERS

Nairobi naît avec la construction de la ligne de chemin de fer, au début du XXe siècle. Elle n'est jusque là qu'une vaste plaine de pâturages pour les éleveurs nomades maasaïs. Pour les besoins du chantier, ingénieurs et techniciens anglais, ouvriers indiens et africains sont rassemblés le long d'une même rue et, malgré des conditions de vie et d'hygiène déplorables, la ville se développe. Quand en 1905, l'administration britannique déménage de Mombasa à Nairobi, elle ressemble à une petite bourgade du Far West américain. Elle voit son importance grandir à l'indépendance du Kenya (1963), devenant le centre économique et industriel du pays et d'une partie de l'Afrique de l'Est. Nairobi est aujourd'hui une métropole internationale, moderne, dynamique, effervescente, et sous l'effet d'une croissance urbaine exponentielle et de la destruction de son environnement, elle s'éloigne drastiquement de la « ville verte au soleil » qu'elle était.

Centre-ville

Le centre-ville de Nairobi est bâti sur le modèle d'un centre d'affaires anglo-saxon, avec son plan rectangulaire. L'architecture y est assez hétérogène, avec de hauts buildings flambant neufs dominant des immeubles coloniaux à deux ou trois étages. Le centre urbain draine tout un public d'affaires de l'Est du continent (et au-delà), et est parsemé de boutiques, cafés et bureaux. Le soir venu, le centre névralgique de Nairobi se vide. Il ne possède pas de monument particulier en dehors de la mosquée, de l'hôtel de ville, ainsi que de son pittoresque marché. Mais de jour c'est un endroit vivant et fort agréable pour palper le cœur battant du Kenya. Au nord de la Moi Avenue, autour de la River Road, c'est une partie plus populaire du centre, plus pauvre aussi, toujours très agitée et beaucoup moins occidentalisée. Les gares se trouvent ici, ainsi que les hôtels bon marché.

Westlands et Parklands

Au nord-ouest du centre, les quartiers de Westlands et Parklands sont des quartiers riches et prospères, modernes et verts. Westlands est avant tout un quartier d'affaires et de centres commerciaux ; Parklands est une zone de villégiature peuplée par la population la plus riche de la ville et notamment la communauté indienne. On y trouve un certain nombre d'hôtels et de restaurants. Non loin du centre-ville, ce quartier qui attire la classe moyenne kenyane peut être une bonne option de séjour, plus au calme.

Nairobi Hill, Milimani et Hurlingham

A l'ouest du centre-ville, au-delà de Central Park et d'Uhuru Park, s'étendent les quartiers de Milimani (autour des rues Milimani Road et Valley Road), Nairobi Hill et Upper Hill (entre Ngong Road et Langata Road) puis Hurlingham (autour de Lenana Road et Argwings Kodhek Road) ou encore Kilimani (Milimani Road, Ngong Road). Il s'agit d'une partie assez prospère et vivante de la ville, qui revêt à la fois le caractère de zones résidentielles des classes moyennes et supérieures, et d'extension du centre-ville. Vivants autour des grands axes, ils abritent nombre de restaurants, centres commerciaux (comme le Yaya Center) et infrastructures diverses, comme l'hôpital Kenyatta. Ces quartiers sont souvent les plus prisés des expatriés occidentaux.

Quartiers périphériques

La capitale kenyane est une ville très étendue et possède de multiples extensions, très contrastées, regroupant nombre de quartiers très pauvres, mais aussi quelques quartiers riches. Les quartiers pauvres s'étendent çà et là autour de la zone industrielle au sud-est et au sud-ouest du centre. A quelques kilomètres de ce dernier, au sud-ouest, Kibera est l'un des plus grands bidonvilles d'Afrique, avec 250 000 habitants environ sur 4 km^2, selon le gouvernement kenyan (un million selon les ONG !).

Tout au sud, le Parc national de Nairobi, le plus ancien du Kenya, reste un incontournable, à l'image de ce qui fait l'intérêt touristique du pays. La ville empiète sur le lieu de vie des animaux sauvages, mais le parc, traversé désormais par une ligne de chemin de fer surélevée, garde de son charme et de son intérêt.

La banlieue de Karen, à l'extrême sud-ouest de la ville, est un quartier résidentiel, vert et huppé, où nombre de magnats du pays ont leurs villas, ainsi qu'une grande partie de la bourgeoisie « blanche », descendante des colons, qui vit encore dans le pays. Ce quartier aux airs britanniques attirera probablement le visiteur, avec entre autres le musée Karen Blixen, la fondation David Sheldrick's Wildlife, et des restaurants de renom.

SE REPÉRER SE DÉPLACER

A Nairobi, les embouteillages sont quotidiens. Et pas des moindres. Dès la sortie de l'aéroport international Jomo Kenyatta, surtout en journée et en semaine, il est courant de se retrouver dans un embouteillage interminable sur une autoroute à... 6 voies ! Les chauffeurs de taxi ont l'habitude, « Nairobi traffic jam », ils vous répondront d'un air résigné. De Jomo Kenyatta, il faut parfois une heure et demie, si tout va bien, pour parcourir les 16 kilomètres qui mènent au centre-ville. Autant dire qu'il faut s'armer de patience. À noter l'inauguration en 2022 de la Nairobi Expressway, autoroute de 27 km entre l'aéroport JKIA et le quartier de Westland. Les meilleurs connaisseurs de la ville arrivent à déjouer certains embouteillages, mais il vaut mieux toujours prévoir un temps de parcours suffisant au cas où. Relativement bon marché et sûr, le taxi est le meilleur moyen de locomotion dans Nairobi, de jour comme de nuit.

AÉROPORT INTERNATIONAL JOMO-KENYATTA

Mombasa Highway © +254 722 205 061
https://www.kaa.go.ke
Principal aéroport du Kenya, desservi par des compagnies aériennes internationales, ainsi que certains vols locaux.

Jomo Kenyatta est l'aéroport principal du Kenya, desservi par la plupart des grandes compagnies aériennes internationales (Air France, Ethiopian airlines, Tanzania airlines, Asky, etc.). C'est également d'ici que partent bon nombre de vols internes, notamment ceux de la compagnie Kenya Airways et Jambojet. Pour rejoindre le centre-ville, le plus simple est de prendre l'un des nombreux taxis qui attendent devant les terminaux. Compter entre 1 500 et 2 000 Ksh pour le centre-ville.

AÉROPORT WILSON

Nairobi West Estate
© +254 724 256 837
Aéroport accueillant de nombreuses compagnies pour des vols intérieurs (Mombasa, Lamu, Mara, Amboseli, Lodwar, etc.).

Cet aéroport, situé dans le sud de la capitale, en lisière du parc national de Nairobi, est le point de départ et d'arrivée de certains vols internes, notamment de nombreux vols de Safarilink, Skyward Express et Air Kenya, desservant les parcs nationaux. L'aéroport Wilson est le deuxième aéroport civil de Nairobi, après l'aéroport international Jomo Kenyatta. Il est également utilisé pour les vols d'affaires ainsi que par les compagnies aériennes à bas prix. C'est aussi la base de l'aéro-club « Aero Club of East Africa » et de l'ONG Amref - Flying Doctors.

AIR FRANCE-KLM

48 Apple Cross Road, Off Mbabane Road
© +254 203 893 722
Ouvert du lundi au vendredi de 9h00 à 20h et le samedi de 10h à 19h.

Air France-KLM propose des vols quotidiens, directs ou avec une correspondance à Londres ou Amsterdam, au départ de Paris-CDG, à partir de 450 € l'aller-retour à certaines périodes ! Vous trouverez difficilement mieux. En temps normal toutefois, notamment en saison haute, il faut plutôt compter 800 € l'aller-retour. Compter 8 heures de vol au départ de Paris-CDG, avec un atterrissage à l'aéroport de Jomo Kenyatta International (NBO). Consulter le site Internet d'Air France pour connaître les meilleurs tarifs et promotions selon la saison.

AIR KENYA

Aéroport Wilson
© +254 203 916 000
www.airkenya.com
Nombreuses destinations (Mara, Amboseli, Mombasa, etc.).

Ne pas confondre avec Kenya Airways. Air Kenya est spécialisée dans les vols intérieurs, avec des liaisons régulières de Nairobi vers Diani, Lamu, Malindi, Nanuyki, et l'ensemble des parcs nationaux du pays, dont l'incontournable Maasaï Mara. Les circuits peuvent également être étendus aux pays voisins avec des liaisons entre le Mara et le Serengeti en Tanzanie, et entre le Mara et Entebbe en Ouganda. La compagnie propose également des packages comprenant le vol et l'hébergement (3 jours, 2 nuits) pour Amboseli, Maasaï Mara et Samburu.

ASKY

Westlands stellato building 1st floor
✆ +254 732 247 000
https://www.flyasky.com/
3 départs par semaine depuis Lomé vers Nairobi, pareil dans l'autre sens.

La compagnie panafricaine, basée à Lomé au Togo, s'installe peu à peu sur le marché continental comme une alternative économique et sérieuse aux compagnies éthiopiennes ou kényanes. Si la flotte est vieillissante, le service reste de qualité et fiable. Asky dessert une trentaine de villes africaines dont N'Djamena, Dakar, Abidjan... Lomé devient donc une escale de choix pour les résidents du continent souhaitant se rendre au Kenya, et en particulier à Nairobi, avec pas moins de 3 départs hebdomadaires, à savoir les mardi, jeudi et dimanche, en vols de jour.

ETHIOPIAN AIRLINES

Muindi Mbingu Street
✆ +254 202 296 000
www.ethiopianairlines.com
Agence ouverte du Lundi au Vendredi de 8h30 à 17h, et de 9h à 13h le samedi.

Fondée en 1945, Ethiopian Airlines est la compagnie de référence en Afrique. Basée à Addis-Abeba, la compagnie nationale éthiopienne est dotée d'une flotte composée à 70 % de Boeing. La compagnie dessert 120 destinations internationales, dont la moitié en Afrique. Reconnue pour la qualité de son service à bord, elle est réputée fiable et plutôt haut de gamme. Vol quotidien entre Paris et Nairobi en Airbus A350, via Addis-Abeba, et trois vols hebdomadaires de Marseille via Genève. Elle dessert également Bruxelles à raison de trois vols par semaine.

KENYA AIRWAYS

Airport North Road, Embakasi
✆ +254 705 474 747
www.kenya-airways.com
L'agence située à l'aéroport JKI est ouverte 24/7.

Bureau de réservation. Permanence téléphonique 24h/24 aux numéros indiqués. Kenya Airways, membre de Sky Team Alliance, dessert plus de 50 destinations dans le monde, dont environ 40 en Afrique. En Europe, la compagnie nationale kenyane dessert Londres, Paris et Amsterdam (en partage de codes avec Air France-KLM). Elle propose 1 vol quotidien entre Nairobi-Jomo Kenyatta et Paris Charles de Gaulle avec escale à Londres. La compagnie a célébré ses 45 ans d'activité en janvier 2021. Elle a été nommée « Africa Leading Airline 2019 » par les « World Travel Awards ».

JAMBOJET

Loita Street ✆ +254 711 024 545
www.jambojet.com
Agence de Nairobi ouverte de 8h à 18h en semaine, 8h30 à 13h le samedi. Service client disponible 24/7.

Jambojet, reconnaissable à sa couleur rose, est la compagnie aérienne low-cost de Kenya Airways. Avec des vols intérieurs quotidiens, Jambojet offre un service fiable et efficace à ses voyageurs, souvent à des prix imbattables, vers et depuis l'aéroport international Jomo Kenyatta de Nairobi. La compagnie aérienne dessert les villes de Mombasa, Malindi, Ukunda (Diani), Lamu, Kisumu, Eldoret, Zanzibar en Tanzanie et même Goma en République démocratique du Congo voisine. Jambojet possède des bureaux dans chacune de ces villes et aéroports.

SAFARILINK

Wilson Airport
✆ +254 206 690 000
www.flysafarilink.com
Propose des vols, et des packs de plusieurs jours dans les parcs avec hébergement.

Cette compagnie nationale assure des liaisons directes vers les lieux d'intérêt et les correspondances pour les voyageurs de Kenya Airways vers différentes destinations touristiques au Kenya et en Tanzanie. Basée à l'aéroport Wilson, à Nairobi, Safarilink propose des vols réguliers chaque jour vers le Maasaï Mara, Amboseli, Tsavo Ouest, Naivasha, Nanyuki, Lewa, Samburu, Lamu, Kilimandjaro, Loisaba, Kitale, Kapese, Lodwar, Migori, Vipingo, Diani Beach, Zanzibar et Kisumu. On voyage dans des petits avions (Dash 8 et Grand Caravan), confortables et sûrs.

KENYA RAILWAYS

Nairobi Railway Station
✆ +254 728 603 581
https://metickets.krc.co.ke
Départ pour Mombasa tous les jours à la gare de Syokimau. 4 500 Ksh en première classe, 1 500 Ksh en éco

Le train qui mettait autrefois plus de 10 heures pour relier Nairobi à Mombasa (quand il arrivait !) ne met plus que 5 à 6 heures. Le Madaraka part tous les jours à 8h de la gare de Syokimau (Mombasa Road, près de l'aéroport JKI), il s'arrête dans 7 gares (dont Voi) et arrive à sa destination finale à 14h. Le train Express (direct) part à 15h et arrive à 20h08. Des bus et des trains font la navette depuis la gare centrale de Nairobi pour 50 Ksh. Il est préférable de réserver plusieurs jours à l'avance, par téléphone, en ligne ou au guichet de la gare centrale.

LES MATATUS, PATRIMOINE NATIONAL

Les *matatus* offrent un véritable spectacle. Il s'agit de minibus qui assurent les déplacements urbains et interurbains (13 à 19 places, chacune théoriquement équipée d'une ceinture de sécurité). C'est sans aucun doute le moyen de transport le plus pittoresque et le moins cher, utilisé par plus de 90 % des travailleurs et étudiants, mais aussi le plus risqué... Jadis, on trouvait toujours de la place dans un *matatu*, lesquels étaient alors plus que bondés. Aujourd'hui, le nombre de passagers est limité aux places assises et c'est une différence notable avec la Tanzanie. Exception faite des pistes isolées, les chauffeurs respectent cette règle car ils sont désormais systématiquement contrôlés aux « *police check* » (barrages de police, très nombreux sur les routes) et s'exposent à de fortes amendes. Il n'en reste pas moins que les pilotes (le terme n'est pas trop fort) ont une conduite tout à fait hallucinante et, en tant que chauffeur, vous devez vous méfier des comportements routiers des *matatus*. Cependant, ces minibus souvent customisés (une véritable institution au Kenya !) sont peints de couleurs vives et généreusement décorés, notamment avec des graffitis, des guirlandes lumineuses et autres tubes fluorescents à effet stroboscopique du plus bel effet à la nuit tombée. Ils sont également accompagnés d'un véritable tintamarre provoqué par l'autoradio surpuissant ainsi que par le préposé à l'encaissement des tickets, qui hurle et siffle pour attirer l'attention des clients et donner le signal de départ.

COAST BUS

✆ +254 722 206 448
www.coastbus.com
Compter 1 000 Ksh pour aller de Nairobi à Mombasa.

Avec plus de 56 ans d'expérience, cette compagnie de bus, très fiable, est une référence de qualité pour rejoindre la côte Est. Une dizaine de bus par jour partent de Nairobi pour Mombasa et inversement. Certains font même la route (de nuit) d'est en ouest, de Mombasa à Kisumu et Kakamega. Les horaires sont renseignés sur le site Internet de la compagnie. Les véhicules, modernes et confortables, sont climatisés, équipés d'une connexion Wi-Fi gratuite et de toilettes à bord. Des collations sont également disponibles pour les fringales durant le trajet.

CROWN BUS SERVICE LIMITED

Monrovia Street, Lagos House
✆ +254 722 719 944
https://www.crownbus.co
Compagnie sûre avec un grand nombre de destinations. A titre indicatif, compter 1 500 Ksh pour ou depuis Mombasa.

Confort, fiabilité, accueil, expérience d'exception... Rien que ça ! Cette compagnie, qui existe depuis 2006, se veut être l'une des meilleures du Kenya, du moins avec la plus grande flotte et le plus grand nombre de destinations. Départs tous les jours à partir de 7h pour Mombasa, Eldoret ou Kisumu. D'autres villes secondaires sont aussi desservies. Les heures de départ, selon la destination, sont renseignées sur le site Internet de la compagnie.

EASY COACH

✆ +254 738 200 301
www.easycoach.co.ke
Compter 1 400 Ksh pour Kisumu, 1 350 Ksh pour Kitale, 2 500 Ksh pour Kampala (Ouganda), à partir de Nairobi.

L'une des meilleures compagnies de bus, qui dessert les villes de l'Ouest (Kakamega, Kitale, Kisumu, Kericho, Eldoret, Homa Bay, ...) et Kampala en Ouganda. Sur les longs trajets, deux chauffeurs se relaient. Pas de conduite au-delà de 80 km/h. Sécurité et confort sont assurés. À titre d'exemple, pour Kisumu, la compagnie assure quatre départs de jour (7h, 8h, 9h et 11h) et trois départs ou plus en soirée (19h30, 20h30 et 21h30). Compter environ 7h30 de route. Les horaires de départ peuvent être soumis à modification, mieux vaut se renseigner au préalable.

PRESTIGE SHUTTLES

✆ +254 715 358 820
https://prestigeshuttle.co.ke
Compter 400 Ksh pour ou depuis Nakuru et 1 000 Ksh pour ou depuis Kakamega.

Prestige Shuttles est une bonne alternative pour les voyageurs soucieux d'avoir un minimum de confort et de sécurité, à des prix très abordables. La compagnie dispose de minibus qui peuvent accueillir un maximum de 10 personnes. Le service client est efficace, les conducteurs professionnels. Il s'agit de l'une des compagnies les plus sérieuses pour se rendre et/ou quitter la capitale kenyane et dans l'ensemble du pays. Le plus dur étant de sortir ou d'entrer dans Nairobi en raison des embouteillages. Egalement un service de location de voitures avec chauffeur.

AVENUE CAR HIRE

51 Westlands Road
✆ +254 722 827 440
http://avenuecarhire.com
Bureau ouvert du lundi au vendredi de 8h à 17h et le samedi de 8h30 à 12h45.

Cette compagnie très correcte de location de véhicules existe depuis plus de 40 ans. Elle dispose aujourd'hui de plus de 160 véhicules disponibles à la location (Toyota Prado, Fortuner, Rav 4, Hilux, Mitsubishi Pajero,..) et d'une équipe de plus de 65 chauffeurs confirmés. Avenue Car Hire travaille principalement avec les entreprises, groupes internationaux et ONG, dans le cadre de locations longue durée, mais les particuliers ne sont pas en reste et bénéficient de la même qualité de service. Ils organisent également les transferts aéroport.

CENTRAL RENT-A-CAR

Muindi Mbingu Street
✆ +254 202 222 888
www.carhirekenya.com
Self-drive uniquement. Compter environ 70 US$ par jour pour une petite voiture de ville et 110 US$ pour un 4x4.

Entreprise familiale depuis 40 ans ! Autant d'expérience dans le domaine de la location de voitures. Sérieuse, rigoureuse et professionnelle, la société dispose de sa propre flotte. Les 25 véhicules mis à disposition (de ville ou 4x4 de type Mitsubishi Pajero ou Toyota Prado) sont en excellent état. L'une des rares compagnies qui vous assurent contre le vol ou la casse et proposent une franchise raisonnable. Vous pouvez partir tranquille. Le service reste personnalisé, tout est fait dans les règles pour vous assurer un maximum de sécurité et de garanties.

CONCORDE CAR HIRE

Ring Road, Westlands
✆ +254 715 032 430
www.concorde.co.ke
Compter 3 900 Ksh/jour pour un véhicule de catégorie A et 6 500 Ksh/jour (39 000 Ksh/semaine) pour une catégorie C.

Cette société propose différents types de véhicules à la location (Nissan, Pajero, Mitsubishi). Elle promet à ses clients un service efficace et sans tracas. Les véhicules sont en bon état et régulièrement révisés. Un numéro d'assistance téléphonique est à disposition 24h/24 et 7 j/7, avec des relais locaux dans tout le pays en cas de pépin. Pour plus de sérénité, des chauffeurs sont également à disposition et la compagnie peut organiser vos safaris dans tout le pays, par la route en 4x4 ou par les airs, notamment pour le Maasai Mara et Tsavo.

ROAD TRIP KENYA

✆ +254 791 959 998
www.roadtripkenya.com
A partir de 119 US$/jour pour un Land Cruiser. Ajouter 40 US$/jour avec un chauffeur et 25 US$ avec la tente.

Une excellente agence de location, réputée parmi les voyageurs indépendants. Les tarifs comprennent l'assurance, le matériel de camping, un GPS, un téléphone mobile, le plan des routes et des pistes, ainsi que la garantie d'une assistance en cas de pépin 24h/24 et 7 jours sur 7. Les véhicules sont en très bon état et le kilométrage illimité. De deux à six personnes, c'est la garantie d'un voyage en toute liberté. Ont été exclues de la location en conduite autonome les zones où toute offre d'assistance devient difficile, à savoir tout le nord du pays.

KENATCO TAXIS LTD

11 Kitui Road
✆ +254 709 642 000
www.kenatco.co.ke

Kenatco Taxis est l'une des grandes compagnies de Nairobi. Elle dispose d'un système fiable de réservation en ligne et d'un numéro d'appel 24h/24. La compagnie est également présente à Mombasa, Kisumu et Eldoret. Kenatco dispose d'une flotte de plus de 300 véhicules, des berlines (Toyota Premio), des fourgonnettes (Toyota Hiace et Noah), des 4x4 et des bus (Toyota Coaster et Isuzu) pour le transport de groupes. Environ 50 véhicules sont dédiés aux transferts de l'aéroport Jomo Kenyatta, une bonne façon d'organiser une arrivée sereine à Nairobi.

UBER

www.uber.com
Au même titre qu'en Europe, application mobile proposant des services de transport sur demande.

Si vous disposez d'un téléphone avec une puce locale, n'hésitez pas à télécharger l'application. Uber fonctionne très bien à Nairobi, et à des tarifs imbattables. Les chauffeurs sont sérieux et dans l'ensemble très heureux de profiter de l'aventure Uber ! Il n'est pas nécessaire de rentrer les coordonnées de votre CB, vous pourrez payer la course en espèces. Certains ont parfois du mal à se géolocaliser, il faudra alors préciser votre lieu de prise en charge par SMS ou téléphone via l'application. Il est toujours bon d'avoir un point de repère.

À VOIR / À FAIRE

La capitale du Kenya n'attire guère les voyageurs qui n'ont d'yeux que pour les parcs nationaux, pourtant elle mérite bien au moins un ou deux jours de visite. Nairobi est une ville qui pulse, une ville tumultueuse, qui se modernise à grands pas ; elle déborde d'énergie. Certains la fuient, d'autres l'embrassent, elle ne laisse pas indifférente. Un séjour à Nairobi peut en tout cas rester une expérience agréable et riche en découvertes. Flâner sur les marchés maasaï, marcher au grand air dans la forêt de Karura ou dans les collines de Ngong, prendre ses premières ou dernières photos de safari dans le parc national de Nairobi, passer une matinée avec les éléphanteaux orphelins de la Fondation Sheldrick (incontournable), approcher une girafe Rothschild au Giraffe Centre, faire la tournée des musées et des galeries d'art contemporain africain, se plonger dans la culture du pays aux Bomas du Kenya... Il y a de quoi voir et faire !

ALLIANCE FRANÇAISE DE NAIROBI

Loita et Monrovia Streets
✆ +254 204 917 110
https://afkenya.org
Ouvert toute la semaine de 8h30 à 20h, le samedi de 9h à 13h.
Si l'Alliance est principalement dédiée à l'enseignement du français langue étrangère permettant d'obtenir les fameux DELF et DALF, c'est aussi à Nairobi un centre culturel très dynamique, dont la programmation se renouvelle tous les deux mois. Théâtre, cinéma, concerts, expositions, festivals, cafés-rencontres... Consultez le programme de l'alliance en ligne, régulièrement mis à jour. Elle dispose aussi d'une médiathèque pour emprunter livres, journaux et DVD.

AFRICA SAFARI TRIPS

Mombasa Road Logistics Park
✆ +33 2 57 88 00 88
https://safarienafrique.fr
Packages et safaris sur mesure sur le site web. Agence francophone.
Spécialisée sur le marché francophone, cette agence propose des prestations d'un très bon rapport qualité-prix, notamment sur les circuits de safari. L'équipe est en partie francophone et fait le maximum pour que ses voyageurs passent un séjour inoubliable. Les circuits sont organisés sur mesure, avec guide francophone et 4x4 privatif. Des itinéraires sous forme de packages sont également proposés (voir le site Internet qui est très bien fait). Au programme, des safaris spectaculaires dans les parcs nationaux du Kenya, des trekkings ou des séjours balnéaires.

AFRICAN EAGLE KENYA

Diani road, Kilimani
✆ +254 202 699 174
www.africaneagle.com
African Eagle est spécialiste des voyages sur mesure. Réservation d'hôtels, transferts, restaurants, excursions, visites guidées, location de voiture... Cette agence francophone, spécialiste de l'Afrique australe depuis 1993 propose un éventail de services qui peuvent être déclinés selon vos besoins, vos souhaits et votre budget. L'essentiel de l'offre concerne des circuits avec des dates de départ fixes. African Eagle propose d'organiser également vos séjours en Afrique du Sud, en Namibie, au Zimbabwe, au Botswana et en Tanzanie.

AFRICAN EDEN

910 James Gichuru Road, Lavington
✆ +254 732 282 177
www.africaneden.com
Ouverts toute l'année.
Fondateur de cette agence, le fort sympathique Rajiv Chadha est né et a grandi en Afrique de l'Est. Avec plus de 20 ans d'expérience, il vit et partage avec sourire ce qu'il définit comme le « rêve africain ». African Eden opère également en Tanzanie, à Zanzibar, au Rwanda et en Ouganda. L'agence croit fermement au tourisme responsable et s'implique fortement dans les projets liés à la communauté et à la faune. Une équipe fiable et amicale, toujours disponible et prête à répondre à toutes vos questions à tout moment via email ou WhatsApp.

AFRICA KEYS

5th Floor, Kampus Towers, University Way

✆ +254 722 715 459

Africa Keys a été fondée en 2008 par Aparajita, avec pour mission de magnifier la splendeur de l'Afrique à travers des voyages et safaris sur mesure. Leur expertise réside dans la création de votre itinéraire selon vos besoins, de façon rapide, fiable et à des prix imbattables. Allant du luxe à l'économique, des safaris d'aventure aux lunes de miel, en passant par l'écotourisme et les voyages d'affaires. Équipe de chauffeurs-guides dévoués et motivés. Africa Keys est l'organisateur de safari préféré des diplomates et de la communauté expatriée à Nairobi.

AFRICAN LATITUDE

Karen, Ololua Bridge

✆ +254 722 515 377

www.africanlatitude.com

Cette très bonne agence, co-dirigée par un Français, propose toutes sortes de randonnées passionnantes dans l'ensemble du pays. Avec plus de vingt ans d'expérience au Kenya, Michel Laplace-Toulouse et Robyn Boyd proposent des itinéraires inédits, au plus proche de la nature et des populations locales. Vous serez assuré de découvrir des coins peu visités et parfois tenus secrets. Leur connaissance du terrain réserve de belles surprises. Petits budgets s'abstenir, car même sur le principe de la randonnée et du bivouac, l'exception a un prix.

AFRICAN PARADISE SAFARIS

Moi avenue

✆ +254 728 567 308

www.africanparadisesafaris.com/

Circuits et excursions riches et variée, au Kenya. Les circuits sont rodés, les prestations standard.

African Paradise Safaris dispose d'une offre de circuits, séjours et excursions riche et variée, au Kenya, en Tanzanie, en Ouganda et au Rwanda. De quoi même combiner plusieurs pays ! Au Kenya, ce tour-opérateur propose des séjours tout compris entre 3 et 5 jours, des circuits safari, en lodge ou en camping, jusqu'à 12 jours, des séjours thématiques (orientés « big five » ou « sport »), des safaris en montgolfière, des visites de la ville de Nairobi. Il y en a pour tous les goûts. Les circuits sont rodés, les prestations standard.

APASIO SAFARI

Tembo Sacco Plaza Road
✆ +254 755 806 064
https://mara-big-five.com

Organisateur de safaris possédant notamment 2 camps dans la Maasaï Mara.

Apasio organise des safaris, mais possède également deux camps dans le Maasaï Mara (Mara Legends et Mara Big Five Camp), un lodge les pieds dans l'eau sur la côte (The Coconut Beach Boutique Lodge & Spa) et un lodge dans la région centrale, entouré de trois réserves naturelles et bénéficiant d'une vue magnifique sur le mont Kenya (The Rhino Watch Lodge). De quoi faire un circuit unique parmi les plus beaux sites du pays. La protection des écosystèmes naturels est une valeur chère à Apasio, qui s'inscrit dans une démarche volontaire de tourisme responsable.

AFRICAN HARTEBEEST SAFARIS

Arnold Plaza, 3rd Floor Woodvale Grove ✆ +254 722 821 302
www.africanhartebeest.com

Présents au Kenya, Tanzanie, Ouganda, Rwanda.

African Hartebeest – représentée par un bubale – est une agence réceptive créée en 2010 par des enfants du pays, soucieuse d'offrir les meilleures expériences touristiques du point de vue autochtone. Leur objectif : vous faire vivre l'expérience africaine en toute authenticité : partez à la découverte des habitants, de la nature sauvage et de beautés à couper le souffle. L'équipe vous accompagne dans la création de safaris sur mesure respectueux des communautés et de l'environnement.

ASILI ADVENTURE SAFARIS

Standard street
✆ +254 722 864 021
https://www.asiliadventuresafaris.com

La gentillesse, le professionnalisme, la connaissance et la perspicacité des guides font la réputation de cette agence, qui depuis 2001, s'est développée pour devenir l'un des opérateurs les plus reconnus en Afrique de l'Est. Asili Adventure appartient fièrement à 100 % à des Kenyans qui pour certains ont près de 40 ans d'expérience dans le tourisme ou en tant que guides. Gère également l'Enkorok Mara Camp à seulement 10 minutes de la réserve du Masai Mara. Asili organise vos safaris au Kenya, en Tanzanie, en Ouganda et au Rwanda.

BELO LUXURY SAFARIS

Mombasa Road
✆ +254 722 413 502
belosafaris.com

Passion et engagement seront au service d'un voyage sur mesure. Spécialiste de l'Afrique de l'Est et Australe (Kenya, Tanzanie, Ouganda, Rwanda, Botswana, Zambie, Zimbabwe, Afrique du Sud…), Belo Luxury Safaris s'engage à vous concocter un séjour d'exception à prix compétitif. Rien n'est laissé au hasard, tout est pris en charge. Vous n'aurez qu'à monter dans l'avion et vous laisser porter. N'hésitez pas à les contacter pour discuter de vos projets de voyages, quand vous voulez, où que vous soyez. Ils sont joignables au numéro indiqué 24h/24 et 7j/7.

CHELI & PEACOCK SAFARIS

Peponi Plaza, Block E, 4th Floor
✆ +254 730 721 000
www.chelipeacock.com

L'agence Cheli & Peacock a été créée en 1985 par Stefano et Liz Peacock. Ce tour-opérateur n'a cessé de croître depuis lors pour devenir aujourd'hui l'un des leaders de l'organisation de safaris de luxe au Kenya et en Tanzanie. L'agence propose une quinzaine de circuits d'exception et s'occupe de tout en matière de logistique. Par ailleurs, Cheli & Peacock est à la tête d'une dizaine de campements de luxe dans tout le pays, tous idéalement situés dans des sites majestueux et authentiques. Les prestations offertes sont de grande qualité.

DESIGNER TOURS & TRAVEL

Marula lane, The Marula Manor
✆ +254 700 769 355
www.designersafari.com

Cette agence a été créée par deux sympathiques spécialistes du tourisme au Kenya, Eunice et Justin. Elle offre un large choix de safaris originaux dans le pays mais également en Tanzanie et en Ouganda. Vous trouverez au catalogue de ce réceptif aussi bien des safaris organisés en coopération avec les plus beaux lodges du pays que des découvertes de la faune et la flore est-africaines avec nuitées sous la tente comme pour vivre au temps des pionniers. Des excursions à la journée, dans les sites autour de Nairobi, peuvent également être réservées.

ECO TOURISM KENYA

Kato Place, Longonot Road, Upper Hill
✆ +254 205 292 078
www.ecotourismkenya.org

Ecotourism Kenya est une association, fondée en 1996, qui encadre et fait la promotion d'un tourisme respectueux de la nature, tout en participant au développement des communautés locales. Quelque 300 membres et organisations composent cette association connue et reconnue. N'hésitez pas à les contacter pour des renseignements sur votre séjour. Les curieux pourront trouver aussi sur leur site des informations intéressantes sur les programmes visant à développer un tourisme durable ainsi que la liste de toutes les structures qui bénéficient du label Eco Tourism.

AFRICAN QUEST SAFARIS LTD

44027 off Mombasa Road, Outer Ring Road
✆ +254 704 154 227
www.africanquestsafaris.com

2 agences à Nairobi et Mombasa, Kenya. 1 à Arusha, Tanzanie. Elle organise des safaris au Kenya, Tanzanie et Ouganda.

Fiabilité, succès et notoriété sont les maîtres-mots de cette agence d'exception créée par Tasneem en 1994. Tous les employés, des chauffeurs aux standardistes en passant par les guides, sont pour la plupart francophones et possèdent plusieurs années d'expérience. La recette miracle est simple : Tasneem, la responsable, est une passionnée qui passe au peigne fin toutes les étapes de l'organisation d'un safari et ne laisse rien au hasard pour faire de votre séjour en brousse une aventure inoubliable.

© AFRICAN QUEST SAFARIS

© AFRICAN QUEST SAFARIS

GLORY SAFARIS

Chiromo Lane Off Muthithi Road
✆ +254 208 000 415
www.glorysafaris.com

Glory Safaris, un tour-opérateur géré par l'accueillant Jason, offre divers circuits thématiques au Kenya. Exemple : le Hippo Safari vous emmène aux lacs Nakuru, Naivasha et au Maasaï Mara. Le Chui Safari, alias le safari pour léopards, opte pour Samburu, Bakuru et Maasaï Mara. Chaque circuit proposé est extrêmement bien expliqué, avec comparatif de la durée en voiture ou en avion, avec les distances parcourues. Trois autres thèmes de safaris en fonction des niveaux d'attente : le Discovery, l'Explorator et enfin le Migratory. Un must !

EXCLUSIVE PORTFOLIO AFRICA

✆ +254 708 275 491
www.exclusiveportfolioafrica.com

Vous voulez faire de votre séjour un vrai documentaire et contempler la vie sauvage dans son environnement naturel ? Avec plus de 25 années d'expérience dans le pays, Thierry et Dominique réaliseront vos rêves d'Afrique. Ils vous proposeront les meilleurs plans, d'un jour, de quelques jours, ou plus, sans autre feuille de route que celle de vos envies. Pour les plus sportifs, VTT, plongée, snorkeling, kitesurf, parachutisme, expéditions en moto, parapente, rafting… Tout est possible.

GAMETRACKERS SAFARIS

Lodge Road, Off Magadi Road
✆ +254 202 222 703
www.gametrackersafaris.com

L'un des rares opérateurs à organiser des safaris dans le grand Nord. En toute sécurité.

Gametrackers organise des circuits dans tout le Kenya, mais il reste surtout l'un des rares opérateurs à organiser des safaris dans le grand Nord. En toute sécurité, en 4x4 et en petits groupes, avec des guides-chauffeurs expérimentés, vous pourrez réaliser l'un des plus beaux *road trip* que l'on puisse vivre au Kenya ! Hors des sentiers battus, à la rencontre des tribus du Nord, et à la découverte de sites grandioses et de paysages à couper le souffle : le lac Turkana et le désert de Chalbi en seront le point d'orgue. Une aventure mémorable.

GAMETRACKERS SAFARIS

Lodge road, Ongata Rongai
✆ +254 202 222 703
www.gametrackersafaris.com

Gametrackers reste l'un des rares opérateurs à organiser des safaris dans le grand Nord : la région du lac Turkana. C'est d'ailleurs avec des expéditions en camion et en camping, pour les *backpackers*, que l'aventure a commencé en 1981 ! Depuis, les formules ont évolué. Mais l'expérience et la connaissance de ces régions reculées, si fascinantes, restent dans l'ADN de cette agence réputée. En toute sécurité, et désormais en 4x4, avec des guides-chauffeurs expérimentés, vous pourrez réaliser l'un des plus beaux *road trips* que l'on puisse vivre au Kenya !

GAMEWATCHERS SAFARIS

Village market
✆ +254 774 136 523
www.porini.com

Cette compagnie engagée, vouée au tourisme durable, possède plusieurs camps, au Masaï Mara, à Amboseli ou encore dans les Aberdares. L'agence loue aux fermiers leurs terres pour en faire une zone protégée où de luxueux camps peuvent se consacrer à l'écotourisme. Une partie des recettes est reversée aux populations locales et ces camps embauchent et forment localement. L'agence tente d'avoir un faible impact carbone, en utilisant des panneaux solaires et des pompes à eau. Une compagnie professionnelle qui vous fera découvrir le Kenya au plus près de son écosystème.

GRAYTON EXPEDITIONS

Standard Street
✆ +254 774 736 712
https://www.graytonexpeditions.com/

Avec Grayton Expeditions, le concept de safari prend une nouvelle dimension dans la mesure où ils examinent méticuleusement chaque détail, de la phase de planification initiale à la réalisation du circuit. Leur équipe de guides experts, hautement formés et expérimentés dans le domaine du guidage, est soigneusement sélectionnée parmi les meilleurs talents locaux, animés par leur passion pour leur pays et leur patrimoine. Grayton Expeditions propose une gamme diversifiée de safaris et de vacances pour répondre à tous les types de voyageurs.

BUSHTROOP TOURS & SAFARIS

View Park Towers, 14th Floor Utali Street
✆ +254 722 802 513
www.bushtroop-safaris.com

Safaris sur mesure, et même en self-drive.

Tour-opérateur très complet qui vous propose ses services pour découvrir le Kenya, mais aussi la Tanzanie et l'Égypte, jusqu'aux safaris gorilles en Ouganda. Que vous souhaitiez un tour de la ville, faire l'ascension du Mont Kenya, un safari photo, culturel ou sportif, luxueux ou petit budget ou encore organiser une lune de miel, Bushtroop pourra répondre à vos attentes. Possibilité de louer un 4x4 à conduire soi-même dans tout le pays, mais aussi en Tanzanie et en Ouganda.

© BUSHTROOP TOURS ET SAFARIS

© BUSHTROOP TOURS ET SAFARIS

HOT AIR AFRICA ECO ADVENTURES

Business Park, Spring Valley
✆ +254 733 300 302
www.maraballooning.com

Voler au-dessus du Masai Mara, une expérience onéreuse, mais inoubliable. Après un décollage au petit jour, on observe la savane s'éveiller, on survole les plaines sillonnées par des animaux sauvages, et ce dans un incroyable silence. Le Mara prend encore d'autres couleurs vues d'en haut. On termine, après un atterrissage dans les herbes folles, par un petit-déjeuner au champagne, sous un acacia et le regard étonné de quelques zèbres de passage. À faire au moins une fois dans sa vie.

HORS PISTES KENYA

GENÈVE ✆ +33 6 14 13 91 17
www.hors-pistes-kenya.com
Agence francophone.

Hors Pistes fait partie des rares agences réceptives que tout le monde connaît en Afrique de l'Est. Leur réputation d'agence dynamique et fiable n'est plus à refaire, mais ils restent toujours à l'affût de nouveautés. Notamment leur Lodge Nyota Mara qui donne la possibilité de dormir dans une bulle extérieure ou dans un Boma traditionnel revisité. Hors Pistes propose des safaris sur mesure pour tous les budgets, toutes les envies, moins chers qu'en France, car l'agence est basée sur place, avec des guides francophones qualifiés. Que demander de plus ?

JADE SEA JOURNEYS

Imara Daima Road A, Off Enterprise Rd
https://www.jade-sea-journeys.com/
A contacter par mail, Joyce se fera un plaisir de répondre à vos requêtes. Le personnel est discret et qualifié.

Depuis plus de trois décennies, Jade Sea Journeys est devenu un phare pour les passionnés d'aventure en quête de sensations fortes en explorant les paysages à couper le souffle et la faune charismatique de l'Afrique de l'Est. Fondée sur une passion pour l'exploration et un engagement pour l'excellence, à offrir des expériences de voyage inoubliables, cette agence de voyages basée à Nairobi s'adresse à un large éventail de voyageurs, des groupes aux familles en passant par les aventuriers solitaires aspirant à des safaris réguliers ou sur mesure.

KIBO SLOPES SAFARIS

Ndege Road, Karen
✆ +254 740 849 957
www.kiboslopessafaris.com
Spécialiste des circuits transfrontaliers : Ouganda + Kenya, ou encore Kenya + Tanzanie.

Kibo Slopes Safaris est spécialisé dans les trekkings et les safaris à la carte tant au Kenya qu'en Tanzanie et peut vous proposer toutes sortes de séjours et excursions dans les cinq pays où il opère (Kenya, Tanzanie, Ouganda, Rwanda et Ethiopie), allant de l'ascension du mont Kenya, à la photographie des éléphants en montgolfière, en passant par une semaine farniente sur la superbe côte de l'océan Indien. Le matériel est en excellent état et les guides sont multilingues (dont le français). Tarifs spéciaux pour les résidents de l'Afrique de l'Est.

KENYA EXPRESSO TOURS AND SAFARIS

Vision Plaza, Mombasa Road 3rd Floor, Room number 2
✆ +254724291139
www.ketsafaris.com

Paul a créé Kenya Expresso Tours and Safaris en 2009, fort d'une expérience de plus de 20 ans dans le voyage. C'est son histoire et son amour de la découverte des autres cultures qui lui permet de construire des safaris sur mesure pour les voyageurs. Paul et son équipe sont très réactifs et construiront avec vous la meilleure expérience de safari possible. C'est également une agence responsable, impliquée et engagée dans l'éducation des enfants des communautés défavorisées.

KIBOKO TOURS

Nine Planets Apartments
✆ +254 700 185 095
https://kibokotoursandtravel.com

Kiboko Tours est une agence de voyage vieille de près de dix ans, dirigée par une équipe de professionnels qui ont collectivement plus de 20 années d'expérience dans l'industrie du tourisme. Avec Kiboko, le voyage est une célébration de la vie ! L'agence de voyage kenyane a une mission unique : connecter des personnes de tous horizons. Leurs aventures sur mesure sont conçues pour être thérapeutiques pour l'esprit et le corps. Ils sont particulièrement passionnés, spécialisés et recommandés pour la création d'expériences inoubliables pour les voyageurs handicapés.

LEBOO SAFARIS

Masai Lane, off Bogani Road
✆ +254 722 638 082
www.leboosafaris.com

A partir de 105 €/personne/jour pour un groupe de 4, sans les entrées dans les parcs.

Une agence francophone montée par un Français tombé amoureux du pays il y a déjà pas mal d'années. Didier (qui partage aujourd'hui son temps entre le Maroc et le Kenya), Claudio et leur équipe organisent des safaris personnalisés, des trekkings à pied, des voyages en famille... « Hors des sentiers battus », en alternant campings, lodges, hébergements plus luxueux et anciennes maisons coloniales. On peut même finir tout en douceur sur la côte... Ils proposent aussi des safaris en Tanzanie et au Rwanda. Agence très sérieuse, recommandée par beaucoup de nos lecteurs.

EXPLORER KENYA TOURS AND TRAVEL

Ridgeways Rd
✆ +254 798 310 097 - www.explorerkenya.com
Informations et réservations via le site internet de l'agence ainsi que par mail. Guides francophones
Spécialisée dans les safaris haut de gamme, l'agence Explorer Kenya, riche de plus de 20 années d'expérience dans le domaine, vous garantit un safari d'exception en toute sécurité. À bord de véhicules modernes et confortables, accompagnés de guides francophones, vous profiterez d'une aventure sur-mesure, sinon de circuits spécialisés, valorisant le patrimoine naturel du Kenya, la beauté de ses paysages, la richesse de sa faune, sans oublier de vous imprégner de la richesse culturelle.

SAVANNAH ADVENTURES LTD

Magadi Road Ongata Rongai
✆ +254 722 324 817
https://savannahadventureslimited.com
Depuis plus de 20 ans, cette agence de voyages dont le siège est situé à Nairobi, a développé une forte expérience avec tous types de voyageurs : individuels, groupes, familles, photographes professionnels et aussi aux tour-opérateurs. Siraj, le Kenyan francophone, recherche toujours le meilleur rapport qualité-prix pour vous permettre d'accéder à la réalisation de vos rêves. Il ProPose des circuits préétablis ou sur mesure pour découvrir la richesse du Kenya et de la Tanzanie à travers ses habitants. Siraj est très réactif sur Whatsapp, idéal pour vous aiguiller.

NATURAL WORLD KENYA SAFARIS

204 Sports Road, Westlands
✆ +254 704 001 122
www.naturaltoursandsafaris.com
Possède bureau à Mombasa, Moi avenue au Diamond Trust Bank Building. Disponible 24h/24h sur WhatsApp.
Récompensés par le « Certificat d'Excellence 2017 » et forts d'une excellente réputation depuis plus de 17 ans, l'agence fournit des safaris de qualité au Kenya, adaptés à tous les budgets. Du minibus à la Jeep ou 4x4 Land Cruiser, tous les types de transports sont envisageables. Vous avez également la possibilité de faire un safari en avion ou de prendre le nouveau chemin de fer entre Nairobi et Mombasa, sur la côte du Kenya. Contact WhatsApp : +254 788 287 151.

SIGHTS TRAVEL & TOURS

Mombasa Road, Westlands
✆ +254 727 498 561
https://sightstravel.co.ke
La réactive Catherine de Sights Travel & Tours saura vous donner de très bons plans via WhatsApp. Que ce soit juste de la billetterie, de la réservation d'hôtels ou la création complète d'un safari, cette agence peut vous aider. Catherine voyage elle-même beaucoup, donc elle connaît bien les standards européens, soucieuse d'inscrire ses safaris hors des sentiers battus et dans le respect de l'environnement et des communautés locales. Elle garantit des chauffeurs et guides francophones si besoin. N'hésitez pas à la consulter directement.

RIGHT CHOICE TOURS & SAFARIS

Town House, 5th Floor, Kaunda Street
✆ +254 722 445 219
https://rightchoicesafaris.com/
Safaris personnalisés dans les parcs nationaux du Kenya, de Tanzanie ou encore sur les traces des gorilles en Ouganda.
Right Choice Safaris est une agence proposant des safaris personnalisés dans les parcs nationaux du Kenya, de Tanzanie ou encore sur les traces des gorilles en Ouganda. Que vous choisissiez un tour privé ou en groupe, soyez convaincus que vous trouverez ce que vous cherchez : un safari de qualité faisant de votre séjour une expérience inoubliable. Les safaris sont au départ de Nairobi, Mombasa ou encore en combiné Kenya/Tanzanie. Alors, n'hésitez pas à leur envoyer un email.

WAYS OF AFRICA TRAVELS

Main Mugumoini Street, Nairobi, Kenya ✆ +254 794 740740
www.waysofafrica.com
Informations et réserviations via la site web et email. Guides francophones.
Toute nouvelle dans le paysage du voyage organisé au Kenya, Ways Of Africa est une agence familiale, s'adressant principalement aux familles, mais aussi à celles et ceux en recherche de voyage personnalisé. Leur vision, proposer des voyages à tous, y compris ceux à mobilité réduite, avec une expérience « orientée client », et des attentions personnalisées jusqu'aux moindres détails. Leur leitmotiv, mener leurs clients en dehors des sentiers battus, pour des expériences exclusives, authentiques et intenses, tout en vous promettant le fameux *big five.*

WAYS OF AFRICA TRAVEL
POUR UNE APPROCHE NOUVELLE DU VOYAGE

Un nouveau-né dans le paysage du safari

L'agence ***Ways of Africa*** a été créée en 2023, par Paul et Janet, avec le désir de proposer des voyages privés, emplis d'authenticité, mais aussi de combler une lacune dans l'industrie du tourisme au Kenya. Leur vision : proposer des voyages à tous, y compris ceux à mobilité réduite, avec une expérience « orientée client », et des attentions personnalisées jusqu'aux moindres détails.

Un projet familial et destiné aux familles

Janet travaillait auparavant dans le secteur bancaire. Paul, son mari, tire de son expérience de l'agence de voyage de ses parents, *Motto Tours*, dans laquelle il travaillait. Leurs enfants, René, Jean-Claude et Xavier, respectivement 9, 7 et 2 ans, ont déjà la fibre voyageuse et aiment rencontrer les groupes que reçoit l'agence familiale. Leur volonté : garder l'entreprise à taille humaine, afin de proposer des séjours ultra personnalisés pour des couples et des familles.

Des voyages, une vision

Toujours avec l'optique de proposer des projets uniques, en dehors des sentiers battus, Janet et Paul s'investiront personnellement pour la création de votre safari, feront leur maximum pour vous offrir un service spécifique, ainsi votre projet de voyage répondra sur mesure à vos besoins. De l'accueil à l'aéroport à un déjeuner en fin de séjour, ***Ways of Africa*** ce sont avant tout des Hommes œuvrant pour votre satisfaction.

Savoir-faire et connaissance du terrain

Que vous parliez français, anglais, espagnol, allemand ou même russe, que vous souhaitiez visiter des Parcs et Réserves, faire du trekking, ou même aller plonger dans l'Océan Indien, ***Ways of Africa*** vous proposera des chauffeurs et des guides dédiés, expérimentés et passionnés.

WAYS OF AFRICA TRAVELS

Main Mugumoini Street, Nairobi, Kenya ✆ +254 794 740740
www.waysofafrica.com

SUNWORLD SAFARIS

Riverside Lane, Off Riverside Drive
✆ +254 714 018 914
www.sunworld-safari.com

Bureau ouvert du lundi au vendredi de 8h30 à 17h30 et le samedi de 8h30 à 13h.

Sunworld Safaris est dirigée par Gabriele qui est Autrichienne et Dave, un Kenyan, tous deux très compétents et réactifs. Les véhicules sont très bien entretenus, les guides expérimentés, l'organisation est rigoureuse. Ils proposent une large gamme de safaris, version petit budget ou luxe sur une semaine ou quinze jours et peuvent également vous concocter un « safari privé » sur mesure. Ils sont aussi parmi les seuls au Kenya à proposer des safaris « 4x4 home » avec les tentes placées directement sur les toits des 4x4 entièrement équipés.

THE SAFARI COMPANY

✆ +254 723 914 094
https://thesafaricoltd.com

Cette agence gérée par Chania, une femme autant dévouée à ses enfants qu'aux safaris qu'elle organise, possède une vraie valeur ajoutée. Spécialiste des safaris en famille, elle a visité plus de 1 000 lodges, camps et autres boutiques-hôtels. Son top safari est le « Safari en famille et à pied », qui privilégie les initiatives communautaires locales. Elle propose des expériences inédites et authentiques, pour les petits et les grands. En somme, Chania sait prendre soin des voyageurs et non des touristes, comme elle le dit si bien.

TRAVEL WILD

54 Ngong Road
✆ +254 728 970 786
www.travel-wild.com

Cette agence est spécialiste du séjour sur mesure pour les voyageurs soucieux de vivre leur séjour au Kenya au plus proche de la nature. Demandez ce dont vous avez besoin, ce qui vous fait rêver, et Travel Wild s'occupe de tout. Safaris classiques ou plus exclusifs, à dos de dromadaire ou à cheval par exemple, sports en eaux vives, ascension des sommets est-africains, trekking ou aventure à VTT, tels sont par exemple les différents séjours proposés. L'équipe connaît parfaitement le Kenya et son professionnalisme vous garantit un séjour authentique.

WILD SPIRIT SAFARI

✆ +33 1 45 74 11 14
www.wild-spirit-safari.com

Accueil des professionnels du tourisme uniquement, sur rendez-vous.

Depuis 1995 Wild Spirit Safari est une référence incontournable des safaris d'exception, avec certainement l'un des meilleurs rapports qualité/prix. Véhicules privatifs ultra équipés, activités originales : safaris pédestres, en montgolfière, en canoë, à cheval, randonnées dans des sites préservés, rencontres ethniques, plongée, kitesurf, découverte des dauphins et baleines… Les couples en voyage de noces bénéficient d'offres spéciales. Pour les familles, les enfants ont des tarifs réduits ainsi que l'accès à des activités spécialement adaptées aux petits.

AIR ADVENTURES

Ololoitikosh
✆ +254 722 998 315
www.air-adventures.fr

Safaris personnalisés en avion privé.

Pilote de formation et fervent défenseur de l'environnement, Alexis Peltier vous offre la possibilité d'effectuer un vol en sa compagnie au Kenya. Frisson garanti et paysages à couper le souffle. Possibilité également de concocter des safaris totalement sur mesure et personnalisés, au départ de Nairobi, sur une ou plusieurs journées. Il peut vous emmener jusqu'en Namibie ! Alexis effectue par ailleurs des vols de recensement environnemental pour des ONG telles que WWF et se met à disposition des professionnels de l'image pour les prises de vue aériennes.

ASLAN ADVENTURE TOURS & TRAVEL LTD

Ngong Road, Suite 7, 4th Floor, The Greenhouse
✆ +254 722 131 813
https://www.aslanadventuretours.com/

Basé au Kenya proposant des séjours dans toute la sous-région (Ouganda, Tanzanie,…), et même jusqu'en Afrique du Sud.

Fondée en 2008 dans le but de rendre les safaris accessibles aux voyageurs du monde entier, Aslan Adventure propose des solutions de voyages et de visites aux entreprises et particuliers du monde entier. Leur équipe sympathique et très professionnelle a une connaissance directe des destinations et saura répondre à vos besoins. L'entreprise s'engage également à privilégier les relations qui soutiennent les communautés locales par le développement d'un tourisme durable.

KENYA NATIONAL ARCHIVES

KNAD complex, Moi Avenue
✆ +254 202 228 959
www.archives.go.ke
Du lundi au vendredi de 9h à 16h30. Entrée gratuite.

Installées dans le beau bâtiment de l'ancienne Bank of India, les archives nationales sont un puits de savoir précieux pour les chercheurs en histoire du Kenya. Au rez-de-chaussée, il y a une petite exposition très intéressante à voir qui présente des documents de l'histoire nationale, des photographies, des objets d'art et de peinture. Une histoire choisie du Kenya qui vaut le coup d'oeil, ne serait-ce que pour comprendre comment la nation kenyane se définit et se présente officiellement. Les amateurs d'histoire y trouveront un intérêt certain.

KENYA RAILWAY MUSEUM

Station Road
✆ +254 724 380 975
Ouvert tous les jours de 8h à 17h. Entrée 600 Ksh.

Ce Railway Museum est une page d'histoire du pays et notamment de sa période coloniale, il retrace l'aventure du chemin de fer en Afrique de l'Est, et ce dernier est à l'origine même de la fondation de Nairobi. Il expose des modèles de trains, des objets techniques, des photographies, des cartes et des anecdotes sur la construction du rail. Au sous-sol, de vieilles locomotives. Une visite intéressante à faire en famille. Même si ce musée mériterait d'être mieux entretenu. Une section archives peut également être consultée sur rendez-vous auprès du conservateur.

MARCHÉ CENTRAL

Market et Muindi Mbingu Streets
Ouvert tous les jours de 6h à 20h.

Ce marché est probablement le lieu le plus animé et le plus coloré de Nairobi, à ne manquer sous aucun prétexte, même si l'on ne peut pas le qualifier d'attraction touristique à proprement parler. Comme en plus il est central, c'est l'occasion de plonger dans une ambiance typiquement africaine. Les étals en tous genres se succèdent avec de l'artisanat de qualité. C'est aussi l'occasion de rentrer en contact avec des Kényans : nous conseillons de jouer le jeu de montrer de l'intérêt pour les produits que l'on vous propose, même si vous ne voulez rien acheter.

NAIROBI GALLERY

Intersection Kenyatta Avenue et Uhuru Highway
✆ +254 202 216 566
www.museums.or.ke/nairobi-gallery
Ouvert du lundi au samedi de 8h30 à 17h30. Entrée 1 000 Ksh.

Collection privée de Joseph et Sheila Murumbi, très attachés à préserver la culture kenyane toute leur vie durant et grands collectionneurs d'art africain. Il s'agit ici de l'une des plus importantes collections personnelles en Afrique subsaharienne, réunie dans l'une des rares et plus vieilles bâtisses de Nairobi, construite en 1913 (également le point zéro de toutes les distances mesurées dans le pays), et classée Musée national. La visite vaut le détour, sans compter la petite pause qui s'impose dans le joli café installé dans l'enceinte du musée.

NAIROBI NATIONAL MUSEUM ★

Museum Road
✆ +254 208 164 136
Ouvert tous les jours de 8h30 à 17h30. Entrée : 1 200 Ksh pour un ticket adulte.

Voici un musée du Kenya qui mérite vraiment une visite. Vitrine du pays, il en synthétise l'histoire et la nature, à travers une très riche collection paléontologique (crânes et objets fossilisés, peintures rupestres, etc.), de superbes objets ethnographiques (instruments de musique, bijoux, tissus, armes, masques, peintures et photos). La section animale présente des spécimens assez étonnants et la salle consacrée à la culture swahilie est remarquable. Enfin, une galerie d'art contemporain expose et vend des œuvres d'artistes locaux.

UHURU PARK

Uhuru Highway

Il s'agit du plus agréable des parcs de Nairobi. La journée, il fait bon s'y promener. La nuit, en revanche, le public se transforme radicalement et nous déconseillons formellement de s'y aventurer. Ce parc de 12,9 hectares, proche du quartier central des affaires de Nairobi, revêt une certaine symbolique, car il a été sauvé de la destruction dans les années 1980 par le prix Nobel de la paix, Wangari Maathai. Cette militante écologiste kenyane est à l'origine du mouvement « *Green Belt* », fondé en 1997, et de programmes pour « reboiser » l'Afrique.

AFRICAN HERITAGE HOUSE ★

Mombasa Road

✆ +254 721 518 389

http://africanheritagehouse.info

Sur réservation, moyennant 1 000 Ksh par personne, pour un minimum de 4 personnes.

African Heritage House est un édifice à l'architecture unique, fruit de l'architecte américain Alan Donovan (1938-2021), grand voyageur et passionné d'Afrique. Sont exposés, dans cette maison qu'il a habitée, pas moins de 6 000 objets d'art issus de toutes les contrées qu'il a traversées sur le continent. Une collection d'antiquités et d'artisanat impressionnante. Un lieu insolite et chargé d'histoire exceptionnel. Un véritable musée et lieu précieux, qui témoigne de la richesse du patrimoine culturel africain, classé désormais Monument national.

BANANA HILL ART GALLERY

Banana Raini Road

✆ +254 711 756 911

https://www.bananahillgallery.com

Ouvert du lundi au vendredi, de 10h à 18h et le dimanche de midi à 18h.

Cette galerie d'art représente plus de 70 artistes originaires du continent africain. Elle met l'accent en particulier sur l'Afrique de l'Est et expose peintures et sculptures qui reflètent la vivacité de l'art contemporain. Le Kenya n'est pas en reste et la galerie présente une belle variété d'artistes locaux, dont certains vivent sur place. On peut y dénicher de superbes œuvres d'art à des prix très raisonnables. Le site vaut le détour si vous avez envie de découvrir l'art local et de repartir avec une toile. On y passe facilement quelques heures.

CIRCLE ART GALLERY

910 James Gichuru Road, Lavington

✆ +254 790 289 991

www.circleartagency.com

Ouvert du lundi au vendredi de 10h à 17h et le weekend de midi à 17h.

Haut lieu d'exposition à Nairobi. L'une des galeries les plus réputées en Afrique sur le marché de l'art contemporain. C'est aussi la première agence d'art indépendante en Afrique de l'Est. Elle expose des artistes locaux et internationaux, fait le lien entre conservateurs, critiques d'art, collectionneurs et universitaires, leur offrant ainsi une grande visibilité sur la scène de l'art contemporain africain en plein développement. La liste des artistes représentés ainsi que le programme des expositions temporaires peuvent être consultés sur le site Internet.

GIRAFFE CENTER ★

Gogo Falls Road

✆ +254 734 890 952

https://www.giraffecentre.org

Ouvert tous les jours de la semaine, de 9h à 17h. Entrée : 1 500 Ksh par adulte et 750 Ksh par enfant.

Ce fonds africain pour la faune sauvage en danger a été créé en 1979. Dans un joli parc, on peut observer quelques dizaines de girafes de Rothschild, une espèce en danger dont le maintien est l'objectif premier du centre. On peut les nourrir du haut d'une grande tour en bois. Quelques milliers d'écoliers kenyans passent chaque année par ce centre à but éducatif. Le centre mène des activités annexes sur les girafes et la faune kenyane. Un joli sentier de 1,5 km peut aussi faire l'objet d'une jolie balade à pied, avec un superbe panorama sur les collines de Ngong.

Au Giraffe Center de Nairobi.

JUA KALI METAL MARKET

Ahero Street, Jogoo Road

C'est un immense marché où des centaines d'artisans, impressionnants de créativité, travaillent des métaux récupérés. Ils les recyclent en articles les plus divers : malles, lampes à huile, outils… L'ambiance y est oppressante au bout d'un moment, du fait de la chaleur et du bruit infernal des marteaux qui frappent le métal, mais c'est un lieu fort intéressant, très représentatif du secteur informel de la capitale ! Jua Kali signifie littéralement « soleil féroce » en kiswahili ; le sens réel désignant toute personne qui peut tout réparer, tout faire, sur demande.

KIBERA

S'y rendre accompagné par un Kenyan et en taxi, pour ne pas avoir à y laisser sa voiture.

C'est l'un des plus gros bidonvilles d'Afrique. À condition d'avoir le cœur bien accroché, vous pouvez déambuler dans le labyrinthe des ruelles qui composent ce quartier rassemblant près d'un million de personnes (selon les ONG, près de 200 000 selon le gouvernement) sur une superficie restreinte (4 km^2), aux portes de la ville. Ne vous y aventurez pas la nuit. Le mieux est de se faire accompagner par un Kenyan, ne serait-ce que pour éviter de se perdre ou de se retrouver dans des situations embarrassantes. Reste à assumer la démarche de visiter un bidonville…

KITENGELA GLASS ART ★

Kitengela Glass

✆ +254 727 450 925

https://www.kitengela.glass

Boutique et ateliers ouverts tous les jours, du lundi au samedi de 8h à 16h30.

Kitengela Glass est certainement l'un des lieux les plus étonnants rencontrés au Kenya. Fondé en 1981, le « village » est l'œuvre de l'artiste Nani Croze, une Allemande installée dans le pays depuis près de quarante ans, internationalement reconnue pour ses vitraux et mosaïques, vaisselle et autres objets, réalisés à partir de verre recyclé. Le jardin qui entoure la galerie et l'atelier de fabrication est aussi parsemé de sculptures en ferraille et verre recyclés et de chemins en mosaïques. Kitengela est à la fois un lieu de création et d'exposition. L'atmosphère y est surprenante et unique. Kitengela est aussi un centre de formation pour plus de cinquante artisans. Nani Croze a par ailleurs conçu et construit six cottages disponibles à la location, qui font penser aux œuvres de Gaudi, avec une touche d'*Alice aux pays des merveilles*. Un sauna et une piscine complètent l'ensemble. L'originalité de ce lieu et de ses œuvres décalées mérite la visite. Si vous pouvez y séjourner, bien que ce soit excentré, c'est encore mieux ! Des activités (balades à pied dans la nature environnante, ou à dos de dromadaire, ateliers artistiques) permettent de s'occuper. Un pont suspendu vous emmène de l'autre côté de la rivière, pour un déjeuner chez Rolf (Rolf's Place). Juste à côté, le fils de Nani, dans la continuité de l'œuvre de sa mère, a lancé Anselm Kitengela Hot Glass. L'atelier présente les produits de sa création, plus contemporains, plus commerciaux aussi. Mais c'est chez Nani que l'on retrouve toute l'âme d'une grande artiste.

KUONA TRUST CENTRE ★

Likoni Lane, off Denis Pritt Road, Kilimani

✆ +254 721 262 326

kuonatrust.org

Ouvert tous les jours de 9h à 20h.

Kuona Trust est un organisme à but non lucratif fondé en 1995. Depuis 2008, c'est aussi un centre dédié à la promotion des arts visuels, une plateforme d'innovation et d'expérimentation, qui soutient les artistes à travers des programmes de formation et de résidences, de *workshops* et d'expositions. Le centre et les ateliers sont ouverts au public. Depuis 2011, le centre dispose d'une boutique, le Kuona Art Shop, où l'on peut acheter des œuvres de jeunes artistes résidents qui ont le vent en poupe. Les amateurs d'art contemporain pourront s'y attarder.

MATBRONZE WILDLIFE ART

Kifaru Lane, Karen

✆ +254 733 969 165

www.matbronze.com

Ouvert du lundi au samedi de 8h à 17h, et le dimanche de 9h30 à 17h30.

Cette galerie d'art familiale expose toute une série de sculptures en bronze faites à la main (plus de 600 pièces !) représentant les animaux de la vie sauvage africaine. En capturant la beauté de la faune africaine, les animaux en deviennent intemporels. Le site dispose également d'un café-restaurant dans un beau jardin, ce qui peut faire l'objet d'une pause artistique et bucolique très agréable. Des événements y sont aussi régulièrement organisés (conférences, soirées spéciales, concerts…) : les informations sont publiées sur la page Facebook Matbronze.

The David Sheldrick's Wildlife Trust.

SIEGE DES NATIONS UNIES

UN Ave, Off Limuru Road
✆ +254 207 622 034
https://www.un.org/en/visit/nairobi
Du lundi au vendredi, deux tours par jour, à 9h30 et 16h. Réservation en ligne, 15 US$ pour un non-résident.

Situé dans le quartier de Gigiri sur près de 50 hectares, le complexe des Nations Unies de Nairobi est depuis 1996, avec New York, Genève ainsi que Vienne, l'un des quatre sièges des Nations Unies. Vous découvrirez le fameux « Green Building », bâtiment écologique, siège du PNUE et de l'UN Habitat. Ensuite, vous parcourrez son immense jardin luxuriant doté d'œuvres d'art venant du monde entier. Enfin, vous prendrez place dans l'une des nombreuses salles de conférence capables d'accueillir plus de 1 000 invités lors des assemblées générales.

THE NAIROBI ARBORETUM

Ring Road Kileleshwa
✆ +254 771 343 138
www.kenyaforestservice.org
Ouvert tous les jours de 6h à 18h. Entrée à 600 Ksh pour les non-résidents.

Situé à 3 km du centre-ville, l'Arboretum de Nairobi a été classé réserve forestière protégée en 1932. Géré par le Kenya Forest Service (KFS), ce domaine de 30 hectares abrite pas moins de 350 espèces de plantes indigènes et exotiques, dont la plupart sont étiquetées. On y rencontre également plus de 100 espèces d'oiseaux migrateurs ou sédentaires et une population importante de singes Sykes et Vervet. Les passionnés de botanique et d'ornithologie y trouveront un intérêt certain. C'est aussi un lieu de pique-nique très populaire.

THE DAVID SHELDRICK'S WILDLIFE TRUST ★

Mbagathi Road, Karen
✆ +254 733 891 996
www.sheldrickwildlifetrust.org
Ouvert au public tous les jours et seulement de 11h à midi. Entrée : 20 US$ par adulte et 5 US$ par enfant.

Fondée en 1977 par Daphne Sheldrick, pour honorer son défunt mari, David Sheldrick, fondateur du parc national de Tsavo Est, et dirigée depuis 2001 par leur fille, Angela Sheldrick, cette fondation fait un extraordinaire travail de réhabilitation de la faune sauvage au Kenya. Elle développe notamment un programme de sauvetage d'éléphants et de rhinocéros orphelins. La lutte contre le braconnage, la protection des écosystèmes naturels, la sensibilisation et l'éducation de la communauté à la protection de l'environnement, le sauvetage des animaux en détresse et l'apport d'une assistance vétérinaire font le cœur de son activité. On peut effectuer une visite de l'orphelinat pour éléphants. Les fonds récoltés par les visites touristiques et les parrainages sont reversés à l'organisation qui prend en charge ces orphelins et les prépare petit à petit à réintégrer la vie sauvage. Soyez présent dès 11h car la « démonstration » ne dure qu'une heure et les éléphanteaux, présentés par catégorie d'âge, se succèdent.

Bien consciente de l'importance du tourisme pour la protection de la faune au Kenya et forte de ses engagements et de ses valeurs, la fondation Sheldrick dispose par ailleurs de six écolodges, dont cinq sont basés dans le Parc national de Tsavo Est : *Ithumba Camp, Ithumba Hill* et *Ithumba Private* dans la zone nord ; *Galdessa Camp* et *Galdessa Little* sur la rivière Galana ; enfin, le petit dernier, *Umani Springs*, niché dans la forêt de Kibwezi.

THE GODOWN ARTS CENTRE ★

Dunga Road

https://godowntransforms.org/

The GoDown forme un ensemble d'ateliers ouverts à tous, où de jeunes artistes kenyans affichent leur créativité, à travers la peinture, le design, la sculpture, la musique, la danse, le théâtre… C'est dans toute sa variété et sa diversité artistiques que réside la force de cette organisation culturelle kenyane à but non lucratif, créée progressivement dans les années 1990, jusqu'à voir le jour officiellement en 2003. Un lieu intéressant pour découvrir bien des talents, un lieu d'échanges et de rencontres, où toutes les fibres artistiques sont libres de s'exprimer. Depuis 2019, le centre est en pleine phase de transformation mais n'a pas encore déménagé. Le projet, dans sa version plus contemporaine, est visible ici : godowntransforms.org. Le complexe artistique se trouve dans la zone industrielle de Nairobi, dans un entrepôt de 10 000 m², autrefois dédié à la réparation automobile, avec des studios, des espaces de répétition, des ateliers de peintres. Ce centre a pour but de contribuer à la croissance, à la reconnaissance et à la visibilité des artistes locaux en favorisant et en facilitant les collaborations et les rencontres entre artistes de différentes disciplines et de différentes parties du monde. Le nouveau GoDown Arts Centre doit couvrir une superficie de 30 000 m². La structure moderne, imaginée par le cabinet d'architectes, White Arkitekter, basé à Stockholm, en Suède, doit comprendre trois étages de galeries d'art, un auditorium polyvalent de 300 places, un centre de ressources numériques, un studio de création pour enfants et 20 studios de musique et de cinéma. Cet ambitieux projet devait voir le jour en 2021. Toutefois les 20 millions de dollars US nécessaires à sa construction n'ont pas encore été réunis dans leur totalité. A hauteur de 2 millions, le conseil d'administration de GoDown a contribué au projet tandis que des programmes de collecte de fonds [crowdfunding] ont été mis en place, mais l'objectif est encore loin d'être atteint. Le GoDown cible donc aussi les entreprises et le gouvernement pour un soutien financier. A bon entendeur ! Si le projet voit le jour, il s'agira du premier grand complexe public dédié aux arts visuels et du spectacle jamais construit depuis l'indépendance du Kenya, en 1963. Premier du genre en Afrique de l'Est, ce centre pourrait booster le secteur culturel, en lui offrant une plate-forme d'accueil, d'exposition, de production, avec une plus grande visibilité, à l'échelle locale et internationale, tout en permettant le développement d'une production artistique plurielle et indépendante.

MAISON DE KAREN BLIXEN ★

Karen Road

✆ +254 208 002 139

www.museums.or.ke/karen-blixen

Ouvert de 8h30 à 18h tous les jours. Entrée : 1 200 Ksh.

Ceux qui ont rêvé à la lecture d'*Out of Africa* [*La ferme africaine*] viendront visiter cette jolie maison pour se replonger dans l'atmosphère et le charme de l'époque coloniale,… Karen Blixen vécut dans cette belle demeure entre 1914 et 1931. À son départ, on transforma la maison en école. Depuis, elle a été restaurée et décorée d'originaux et de reproductions. Plusieurs scènes du film de Sydney Pollack, avec Robert Redford et Meryl Streep, furent tournées ici en 1985. En cas de petit creux, le Karen Blixen Coffee Gardens est situé à 500 mètres.

© BUMIHILLS - SHUTTERSTOCK.COM

© ABDELRAHMAN HASSANEIN - SHUTTERSTOCK.COM

SE LOGER

Le parc hôtelier de Nairobi, contrasté, possède toute une gamme de très bonne qualité, particulièrement fournie en établissements de luxe. Cette scène hôtelière est en revanche assez onéreuse. Il existe néanmoins des options bon marché, même s'il faut être prudent et sélectif. Quelques maisons d'hôtes méritent le détour. Le quartier résidentiel de Karen a l'avantage d'être calme et proche de sites touristiques incontournables (Giraffe Center, Karen Blixen Museum, David Sheldrick's Wildlife Trust). Pour goûter à la vie nocturne, et profiter du dynamisme de la ville, le quartier de Westlands sera plus adapté, les voyageurs d'affaires s'y retrouveront également. Enfin, pour les amoureux de la nature et tous ceux qui veulent rester proche de la vie sauvage, direction le parc national de Nairobi. De quoi prolonger de belles sensations, à quelques encablures de l'une des plus grandes capitales africaines. Inédit.

AFTER 40 €

Biashara St, CBD
✆ +254 710 500 377
https://www.after40hotel.com
Chambre simple à 55 US$, double à 65 US$, sans petit déjeuner.

Cet hôtel, bien connu des chauffeurs de taxis, présente l'avantage d'être placé en plein cœur du centre-ville de Nairobi, notamment à proximité immédiate du City Market et de nombreux commerces. Sa position permet de visiter la ville à pied en toute sécurité. En revanche, cela implique un certain bruit le matin. L'établissement dispose de nombreuses chambres de standard classique, propres et entretenues. À noter également le restaurant au dernier étage, tout à fait correct, et évitant d'avoir à sortir en ville. En somme, une adresse sûre pour les petits budgets.

HADASSAH HOTEL €

Ralph Bunche Road ✆ +254 702 668 317
www.superiorhotelskenya.com/
Chambre simple avec petit déjeuner à partir de 45 US$ et double à partir de 50 US$. 55 US$ en pension complète. Wifi.

Établissement récemment rattaché au groupe « Hôtels Supérieurs Kenya », dans un quartier calme, proche des commerces et des banques, situé à 25 minutes en voiture de l'aéroport international Jomo Kenyatta. Les tarifs appliqués restent très abordables au regard de la qualité proposée. Les chambres sont fonctionnelles, avec une bonne literie, une télévision satellite et le wifi. Une adresse intéressante, car ce groupe possède d'autres hôtels, à Naivasha notamment, ce qui peut faciliter les réservations. Un parking extérieur privé est à disposition des visiteurs.

HOTEL EMBASSY €

48 Tubman Road, Off Koinange Street
✆ +254 722 855 553
www.hotelembassy.co.ke
Chambre double budget à partir de 3 800 Ksh, standard à 5 000 Ksh, petit déjeuner inclus. Réservations en ligne.

Un petit hôtel simple, sur quatre étages (sans ascenseur), juste à côté du marché artisanal en plein centre-ville. Les chambres sont basiques, quoique un peu moins entretenues à chacun de nos passages. Elles possèdent toutes une salle de bains (serviettes et savons fournis). Salle de télévision commune et restaurant au premier étage. L'atout de l'hôtel réside plus dans sa localisation et son prix que dans son confort. C'est une adresse très populaire parmi les voyageurs indépendants. Réserver en haute saison. Réception ouverte 24h/24.

HOTEL METRO €

Koinange Street, Moktar Daddah Street
✆ +254 700 777 999
http://hotelmetro.co.ke
Chambre standard simple à partir de 4 750 Ksh, avec petit déjeuner.

Cet hôtel relativement récent et bien situé, non loin de l'Alliance française, du city market et du Jevanjee Gardens, pourra satisfaire ceux qui veulent rester au centre-ville à moindre coût. Les chambres disposent d'un confort standard moyen. Bien entretenu, l'établissement propose un bar et un restaurant, ce qui peut vous éviter de sortir le soir, même si ce quartier reste sûr. Seul inconvénient : on se trouve dans la City de Nairobi qui ne cesse de grandir et le bruit des travaux environnants peut s'avérer néfaste pour ceux qui ont le sommeil léger.

JOY PALACE €

Westland Cl
✆ +254 727 828 209

Réservation via Booking. Chambre double avec petit-déjeuner à partir de 5 000 Ksh. Simple à 4 000 Ksh. Excellente wifi.

L'établissement, s'il n'est pas un must, représente un excellent rapport qualité-prix en plein cœur du quartier de Westland, il est donc un point de chute idéal pour une escale d'une ou plusieurs nuits en ville. À ce prix-là, on sera très satisfaits du grand lit, de l'eau chaude, de la TV, du wifi, de la propreté de la chambre et du calme du quartier. Par ailleurs, l'établissement est mitoyen du BN's Bar and Grill, et fait également face au Rozina's Restaurant, deux adresses correctes vous évitant d'avoir à vous déplacer en véhicule pour dîner.

KAREN GREEN HOSTELS €

Mokoyeti West Road
✆ +254 707 032 850

Chambres simple et double, à 65 et 75 US$, avec petit-déjeuner. Wifi. Réservation sur leur site internet.

L'endroit est paisible dans un quartier agréable loin du bruit de Nairobi. Chambres propres et climatisées. L'ensemble forme un U autour d'une cour. La résidence est sécurisée, le salon, la cuisine équipée et la salle à manger sont à partager, tout comme la salle de bain. Une bonne adresse pour les budgets moyens. Les principaux points d'attraction touristiques (Nairobi National Park, National Museum, Karen Blixen Museum, Giraffe Center, David Sheldrick Wildlife Trust, ...) restent facilement accessibles, et l'établissement peut d'ailleurs organiser vos visites.

KHWEZA BED & BREAKFAST €

Ngara Road
✆ +254 717 060 045
www.khweza.com

A partir de 3 000 Ksh la chambre simple, 4 000 Ksh pour une double. Safaris à partir de 50 US$ par personne et par jour.

Cette petite structure offre un très bon rapport qualité-prix en plein centre de Nairobi. Plusieurs types de chambres pour une, deux, trois ou quatre personnes, avec moustiquaires et salle de bain privée. La maison est propre et bien tenue, par une équipe accueillante et dynamique. Les espaces communs, dont la terrasse sur le toit, sont très agréables. Possibilité de se restaurer sur place et transferts aéroports assurés. Khweza organise également des tours et safaris de 2 à 6 jours à petits prix. Réservation depuis leur site internet.

IBIS STYLES NAIROBI WESTLANDS €€

155 Rahapta Road
✆ +254 205 147 500
www.ibisstylesnairobi.com

A partir de 100 US$ pour deux personnes, petit déjeuner inclus (buffet copieux). Réception 24h/24.

Situé dans le centre ville de Nairobi, dans une rue tranquille, l'hôtel s'élève sur 11 étages (277 chambres, simples, doubles et familiales). Les chambres sont équipées pour être fonctionnelles et offrir un maximum de confort. Au dernier étage, un *sky bar* et un restaurant offrent une vue panoramique à 360°. La décoration de l'espace petit déjeuner et café est chaleureuse et colorée. Ibis Styles Nairobi Westlands bénéficie d'un emplacement idéal et mention spéciale pour son équipe dévouée et souriante. Un service de tuk-tuk électrique vous est également proposé.

© IBIS STYLES

© IBIS STYLES

NAIROBI

KOZI SUITES €

Chady road, Syokimau
✆ +254 723 111 207
https://kozi.ke
Réservation via le site internet. Studio à partir de 4 875 Ksh, et appartement 1 chambre à 6 300 Ksh la nuit, pour deux.

Dans le style d'un hôtel Ibis, avec le confort moderne et fonctionnel, doté d'un excellent réseau wifi, frigo, etc., le tout récent Kozi Suites, dont l'accueil est ouvert 24 heures sur 24, propose des studios et appartements pour 1 à 3 personnes, à un prix très attractif. L'établissement, au sommet duquel se trouve un restaurant ainsi qu'une piscine, est l'adresse idéale pour un transit à Nairobi entre un vol intérieur et un vol international. Situé dans un quartier calme, vous rejoindrez les terminaux de l'aéroport JKI en à peine 5 minutes.

MOKKA CITY €

HH Towers, Moi Ave
✆ +254 742 111 444
https://hotelmokkacity.com
Réservations via Booking ou le site internet de l'hôtel. Chambres doubles standard à partir de 7 000 Ksh. Restaurant.

L'hôtel est situé au 13e étage de la HH Tower, en plein cœur de Nairobi, ce qui offre une vue intéressante sur le CBD pour toutes les chambres, l'occasion d'observer la cohue, d'en haut. Les chambres, elles, sont toutes d'un standing et d'un style très modernes. Spacieuses et propres, télévision, eau chaude, excellent réseau wifi. L'hôtel dispose aussi de son restaurant. Certainement un des meilleurs rapports qualité-prix pour les petits budgets, parfaitement placé pour une escale dans la capitale ou encore pour faire les achats de souvenirs.

THE OAKWOOD HOTEL €

Kimathi Street
✆ +254 722 208 905
www.madahotels.com
64 US$ la chambre simple et 72 US$ la double, avec petit déjeuner à l'anglaise. Réservation via leur site internet.

Un joli petit hôtel de la chaîne internationale Mada, en plein centre de Nairobi, bien tenu et à des prix abordables. L'intérieur de style colonial est tout boisé de chêne (comme son nom l'indique). Petit mais aéré, notamment avec sa salle de restaurant en mi-terrasse intérieure, c'est un espace agréable, avec son ascenseur et sa décoration. Plus familial et chaleureux que la plupart des hôtels de Nairobi, c'est une très bonne option tant pour son ambiance que pour son emplacement. Pour une nuit calme, préférez les chambres qui donnent sur l'arrière.

WILDEBEEST ECO CAMP €

151 Mokoyeti Road West, Langata
✆ +254 734 770 733
http://wildebeestecocamp.com
Cottages à partir de 120 US$ pour deux, tentes safari à partir de 176 US$ et 40 US$ pour un lit en dortoir.

Une oasis de verdure au cœur de Nairobi. Les cottages et tentes de safari sont parfaitement équipés pour offrir un confort maximal, et disposés dans un joli jardin tropical. Ce campement de toile est une bonne option pour ceux qui veulent rester au vert, sans se ruiner, tout en étant proche des magasins, des marchés, des banques, et des restaurants de la ville. Une réelle impression de safari dans la jungle urbaine. L'autoroute qui se fait entendre au loin nous rappelle qu'on est en ville, mais l'atmosphère y est résolument paisible.

FOUR POINTS BY SHERATON €€

9042/1044 Tower Avenue
✆ +254 709 760 000
www.fourpointsnairobiairport.com
Ouvert toute l'année. Accueil 24h/24. Tarifs variables selon la saison et le nombre de personnes, consulter le site.

Situé dans l'enceinte de l'aéroport international Jomo Kenyatta, le Four Point est idéal en transit, à la nuit ou à la journée. Les 172 chambres et suites, sur 5 étages, dont certaines font face au Parc national de Nairobi, élégantes, éminemment confortables et fonctionnelles, parfaitement insonorisées, promettent un sommeil réparateur. La piscine extérieure sur le *roof-top*, le centre de *fitness*, le spa, le café/bar et le restaurant en rez-de-jardin ouvert 24h/24, font le reste. Accueil et service exemplaires, dignes du groupe Marriott.

GOLDEN TULIP WESTLANDS €€

65 Muthithi Street
✆ +254 204 034 000
www.goldentulipwestlandsnairobi.com
Ouvert toute l'année. Accueil 24h/24. A partir de 129 € la nuit pour une chambre double standard. Wifi gratuit.

Cet hôtel de 94 chambres dignes d'un 4 étoiles, au cœur de la capitale, dans le fameux quartier de Westlands, offre un bon rapport qualité-prix dans la zone. Il dispose d'une piscine et d'un bar en rooftop surplombant la ville. Le buffet international, avec un choix de spécialités locales, ainsi que les deux restaurants sauront ravir les papilles gourmandes. Au rayon bien-être, le Golden Tulip n'est pas en reste ; le massage suédois est à tester absolument, leur masseuse est une experte. Une belle parenthèse de douceur pour soi dans cette jungle urbaine.

HILTON GARDEN INN NAIROBI AIRPORT €€

Jomo Kenyatta Airport
✆ +254 204 075 000
www.hiltonhotels.com
Chambres, à partir de 180 US$ pour deux avec petit-déjeuner. Réservations possibles en ligne. Navette aéroport.

Inauguré en 2018, cet hôtel de la chaîne Hilton a l'avantage d'être situé tout proche de l'aéroport international Jomo Kenyatta. Idéal pour une nuit de transit tout confort. La réception est ouverte 24h/24, le personnel parle français, anglais, italien et swahili. Une grande piscine extérieure au dernier étage, un spa, une salle de sport ouverte 24h/24, un centre d'affaires et un distributeur automatique de billets sont à disposition. Service gratuit de navette pour l'aéroport.

HOB HOUSE €€

Kinanda Rd, Off Kihara Road
✆ +254 702 076 969
https://hobhouse.co/
Compter 105 $US pour une chambre double, avec petit déjeuner pour deux. Wifi et parking. Réservation via leur site.

Hob House est un petit bijou. Cette charmante maison d'hôtes, très accueillante, met à disposition des voyageurs six chambres doubles, aménagées avec goût et bien équipées. Elles disposent toutes de leur propre salle de bain. La maison, dit-on, fait les meilleurs petits déjeuners de la ville. Egalement table d'hôtes, vous pourrez y déguster, notamment, tout plein de spécialités libanaises, plus exquises les unes que les autres. En somme, un bien bel endroit, loin de l'agitation urbaine, propice au repos du corps et de l'esprit et... au régal des papilles.

JACARANDA NAIROBI HOTEL €€

Woodvale Close, Off Waiyaki Way
✆ +254 711 089 000
www.jacarandahotels.com
Chambre standard à partir de 18 000 Ksh pour deux, 14 000 Ksh pour un, petit déjeuner inclus. Réservations en ligne.

Après une vague de rénovations en 2017, l'Hôtel Jacaranda, créé dans les années 1960, s'est remis à niveau. Situé dans le quartier huppé des Westlands, à 2 km du musée national de Nairobi et de l'arboretum, cet établissement conviendra bien aux voyageurs d'affaires. L'endroit est calme et parfaitement équipé. Les chambres disposent d'une télévision, d'un accès Wi-Fi gratuit, d'un coffre-fort, d'un mini bar, d'un coin salon, ainsi que d'un nécessaire à thé et café. Service de chambre à disposition 24h/24 et 7j/7. Agréable jardin et piscine extérieure.

KENYA COMFORT HOTEL SUITES €€

Milimani Road ✆ +254 722 608 865
www.kenyacomfort.com
De 60 à 80 US$ la chambre standard simple ou double avec petit déjeuner, de 70 à 100 US$ en demi-pension.

Situé dans le quartier tranquille de Milimani, cet hôtel de 64 chambres climatisées, ne propose que des suites, à savoir des chambres avec salon et petit coin cuisine bien équipé. Un très bon choix pour les familles ou les groupes qui cherchent des chambres spacieuses et confortables à moindre coût. La décoration n'a rien d'enchanteur, mais l'hôtel renferme un jardin intérieur et une piscine. Il dispose également d'un bar avec terrasse et d'un restaurant ouverts 24h/24 et 7j/7.

MADA HOTELS €€€

Red Cross Road
✆ +254 722 202564
https://madahotels.com/
Groupe d'hôtels, resorts et safari lodges au Kenya, Ouganda et Tanzanie.

MADA Collection propose une gamme variée d'hébergements de luxe à travers l'Afrique de l'Est. A Nairobi, ils ont 2 hôtels : Hotel La Mada en périphérie de la ville, dans un jardin calme et luxuriant, et le Oakwood Hotel dans le centre des affaires. Hunters Lodge est à 3h de route de Nairobi avant le Chyulu Hills National Park. Dans le Masai Mara, l'iconique Fig Tree Camp et au Kilima Safari Camp à Amboseli. Sur la côte le Kilifi Bay Beach Resort et le Baobab Sea Lodge. Des établissements de qualité, une équipe accueillante et chaleureuse dans chaque établissement.

PRIDE INN AZURE €€

Lantana Road
✆ +254 709 532 100
www.prideinn.co.ke
Différents types de chambres, à partir de 105 US$. Réservation via le site Internet de l'hôtel.

Situé dans le quartier des affaires, à Westlands, cet hôtel de la chaîne PrideInn bénéficie d'un environnement calme et verdoyant. Les 164 chambres de cet immeuble moderne offrent tout le confort nécessaire au voyageur exigeant (de l'espace et a minima pour toutes les unités, un lit king size, climatisation, wifi haut débit, télévision écran LCD et chaînes satellite, mini bar, coffre-fort, thé/café, coin bureau). Egalement une piscine extérieure, un spa, un casino. Un bon rapport qualité-prix dans le genre et dans ce quartier de la capitale.

SAMSARA HOUSE €€

Kabarnet Road
✆ +254 733 671 660
Compter 90 € la nuit pour une personne et 120 € pour deux, avec le petit-déjeuner. Pas de paiement par CB.

Au cœur de Nairobi, Aude Demoustier, artiste-peintre, vous accueille dans une grande maison de pierres, entourée d'un jardin au calme, et dans un quartier sécurisé. Décorée dans un style africain, entretenue et aménagée avec soin, cette maison peut héberger jusqu'à huit personnes dans 3 chambres spacieuses et lumineuses, disposant d'une salle de bain indépendante. Table d'hôtes sur demande le soir. Une adresse chaleureuse. Nombreux bars, centres commerciaux et restaurants à proximité. Aude peut aussi organiser vos safaris dans tout le Kenya.

THE HERON PORTICO €€

Milimani Road
✆ +254 202 720 740
www.theheronporticohotelnairobi.com
Chambre double standard à partir de 80 US$ (petit déjeuner inclus). Réservations et promotions sur le site Internet.

Un hôtel moderne et agréable dans un quartier résidentiel plutôt calme, non loin du centre-ville. Les chambres sont spacieuses et confortables, avec TV chaînes satellite, mini bar, thé/café, wifi et air conditionné. L'hôtel dispose d'une petite piscine extérieure chauffée, dotée d'une terrasse bien exposée et de chaises longues propices à la détente, ainsi que d'un restaurant ouvert, d'un spa et d'une salle de remise en forme avec des équipements ultra-modernes. Service et accueil de qualité. L'un des meilleurs hôtels de Nairobi dans sa catégorie.

TAMARIND TREE HOTEL €€

Off Langata Road
✆ +254 709 240 000
www.tamarindtree-hotels.com
A partir de 166 US$ pour 1 personne, 200 US$ pour 2, petit déjeuner inclus. Tarifs selon la saison. Réception 24h/24.

Cet hôtel récent (2018) a l'énorme avantage d'être situé à 10 min de l'aéroport Wilson et à 25 min de Jomo Kenyatta. Très pratique donc. Il est également à quelques pas du Carnivore, le restaurant incontournable des tour-opérateurs. Hyper sécurisé, au calme, l'hôtel dispose de 160 chambres sur 3 étages, fonctionnelles, spacieuses, confortables (vous apprécierez la literie et la pression de folie sous la douche !), bien insonorisées. Snack-bar, bar lounge et restaurant-terrasse, fréquentés également par une clientèle extérieure, salle de sport, piscine.

TRADEMARK HOTEL €€

Limuru Road Nairobi 00621
✆ +254 207 250 000
www.trademark-hotel.com
Chambre double avec petit-déjeuner à partir de 185 €. Piscine. Salle de Sport.

Ce grand hôtel aux 215 chambres, installé dans le quartier des ambassades de Nairobi, est essentiellement fréquenté par une clientèle d'affaires. Ses chambres et suites, décorées plutôt sobrement, offrent un confort imparable. Le Village Market, temple du shopping, se trouve juste en face du Trademark Hotel. Préférez une chambre qui donne de l'autre côté, car celles qui font face au Village Market sont plus bruyantes. La terrasse avec piscine offre un panorama dégagé sur Nairobi. Un hôtel d'affaires avec une vraie personnalité.

THE BOMA NAIROBI €€

Bellevue, Off Mombasa Road
✆ +254 719 050 000
www.theboma.co.ke
A partir de 130 US$ par personne la nuit à l'hôtel Boma, 70 US$ à l'auberge.

Tous les profits servent à financer les activités de la Croix-Rouge. La plus petite chambre, une supérieure de 35 m², dispose d'un grand lit ou de lits doubles, d'une salle de bain, mini-bar, wifi, climatisation, TV satellite, théière et cafetière. L'hôtel possède l'un des meilleurs et plus grands spas de la ville, le Zoezi Spa. Un deuxième hôtel a été créé à Nairobi, le Boma Inn, moins onéreux, qui a la particularité d'avoir un centre de bien-être et d'une salle de gym de qualité, avec accès gratuit au hammam et sauna. Le groupe a aussi une adresse à Eldoret.

WEST WOOD HOTEL €€

Off Eldama Ravine Rd.
✆ +254 707 118 866
www.superiorhotelskenya.com
A partir de 13 500 Ksh la chambre pour deux, avec petit déjeuner. 20 000 Ksh pension complète. Navette aéroport. Wi-Fi.

En bordure de la forêt de Karura, dans le quartier de Westlands, cette élégante résidence, sur trois étages, dispose d'une poignée de chambres spacieuses et confortables, d'une réception ouverte 24h/24, d'un restaurant, salon commun et terrasse, d'un service de nettoyage à sec, d'une piscine extérieure et d'une salle de conférence. Toutes les chambres sont ouvertes sur le jardin et sont dotées d'une salle de bain, mini bar, plateau-bouilloire et télévision satellite avec écran LCD. Possibilité de faire une promenade guidée dans la forêt de Karura.

WESTON HOTEL €€

Langata Road, Opposite Wilson Airport
✆ +254 709 995 000
https://www.westonhotel.com/
A partir de 170 € par nuit en chambre supérieure, avec petit-déjeuner.

Bienvenue dans le trésor qu'est le Weston Hôtel à Nairobi, confortable et très bien conçu. Profitez d'un verre de vin après une journée d'activités touristiques ou de réunions professionnelles. Puis allez vous détendre en testant la salle de sport ainsi que le hammam et le sauna. Peut-être même après avoir goûté les côtelettes d'agneau préparées avec goût et amour, le personnel très sympathique pourra vous organiser une visite du Parc national de Nairobi se trouvant à seulement deux minutes de l'hôtel. L'équipe du Weston Hôtel aime accueillir !

FAIRMONT THE NORFOLK €€€

Harry Thuku Road
✆ +254 202 265 000
www.fairmont.com/norfolkhotel
A partir de 212 US$ la chambre double avec petit déjeuner, pour 2. Tarifs selon la saison.

Edifié en 1904, le Norfolk aujourd'hui propriété du groupe Fairmont, demeure sans aucun doute l'un des hôtels les plus luxueux et les plus raffinés de Nairobi. Une véritable institution. S'il a su conserver son authenticité et son style colonial britannique, le Norfolk possède également tous les équipements modernes que l'on attend d'un établissement de ce standing. La réputation de son restaurant, le Lord Delamere, n'est plus à faire. En bref, un lieu de séjour distingué et prestigieux, plein de charme, dans un quartier vert et agréable, à côté de l'université.

FAIRVIEW HOTEL €€€

Bishops Road
✆ +254 733 636 561
www.ihg.com
A partir de 145 US$ la chambre double avec petit déjeuner. Réservation via le site du groupe IHG.

Ce vieil hôtel colonial – il existe depuis 1946 – est surnommé « The country hotel in town » [l'hôtel de campagne en ville] en raison de son calme et des jolis jardins fleuris qui l'entourent. A quelques minutes du centre-ville, à l'ouest d'Uhuru Park, c'est une adresse plaisante et particulièrement reposante. Les 127 chambres climatisées sont simples et confortables, certaines se trouvent dans l'annexe de l'hôtel située de l'autre côté du parking. Un agréable bar extérieur, une piscine et quatre restaurants complètent l'ensemble.

HEMINGWAYS NAIROBI €€€

Mbagathi Ridge
✆ +254 711 032 204
www.hemingways-collection.com
A partir de 555 US$ pour une personne et 750 US$ pour deux.

Ce petit palace de 45 suites rappelle dans son style et son atmosphère la grandeur du passé colonial, avec des inspirations créoles. Chaque chambre fait au moins 80 m² et possède son balcon privé sur le jardin. Le maître mot de l'établissement est le service ultra-personnalisé. Le luxe à l'état pur, dans un cadre paisible qui bénéficie d'une superbe vue sur les Ngong Hills. Si vous ne pouvez pas vous payer la chambre, vous pourrez au moins venir y boire un verre à l'heure du coucher de soleil. L'hôtel dispose également d'un très beau spa, ouvert aux non-résidents.

NAIROBI SERENA HOTEL €€€

Kenyatta Avenue ✆ +254 732 124 000
www.serenahotels.com
A partir de 187 US$ la chambre double supérieure, avec petit-déjeuner. Service de navette pour l'aéroport.

Cet hôtel 5 étoiles, complètement rénové en 2018, est sans doute parmi ce qui se fait de mieux à Nairobi en hôtellerie de luxe. Élégant, confortable, accueillant, paisible, le Serena Nairobi est digne d'un palace. Serena s'adresse à une clientèle internationale haut de gamme, et met tout en œuvre pour satisfaire ses visiteurs. Plusieurs restaurants à thème proposent une savoureuse cuisine. Il y en a pour tous les goûts. Le matin, dans un calme absolu, vous prenez votre petit-déjeuner en terrasse au bord de la somptueuse piscine. De quoi bien démarrer une journée.

OLE SERENI €€€

Mombassa Road
✆ +254 732 191 000
www.ole-sereni.com
Chambre supérieure à partir de 225 US$, pour une ou deux personnes. Petit déjeuner inclus.

Très bel hôtel avec un design afro-chic et tous les équipements dignes d'un lieu de haut standing. Il offre une vue directe sur le parc national de Nairobi où il est possible de faire un safari à la demi-journée. Sans compter le coucher de soleil appréciable tout en faisant des longueurs au pool-bar. Il est parfaitement situé pour éviter les bouchons du centre-ville et profiter de l'ambiance de la savane avant de prendre son avion. Très bien pour une nuit ou une journée de transit. Le groupe dispose depuis 2020 d'un deuxième complexe adjacent, plus luxueux encore.

PANARI HOTEL €€€

Mombasa Road
✆ +254 711 091 000
http://panarihotels.com/hotel-nairobi
De 175 à 290 US$ la nuit, selon le format de la chambre, petit déjeuner inclus. Promotions régulières sur le site.

A deux pas de l'aéroport international Jomo Kenyatta sur Mombasa Road, l'hôtel Panari est le lieu de transit idéal. Alliant confort et charme des années 80, il offre également l'unique patinoire de tout l'est de l'Afrique. Le sport est à l'honneur avec un complexe sportif complet, de la gym à la piscine, en passant par le spa. Aussi, de nombreux cafés et restaurants se trouvent dans ce lieu haut en couleur et en activités. Les chambres (fumeurs ou non-fumeurs) y sont très spacieuses et offrent toutes une vue imprenable sur le Parc national de Nairobi.

PARK INN BY RADISSON NAIROBI WESTLANDS €€€

Waiyaki Way ✆ +254 709 498 000
www.radissonhotels.com
Chambre double standard à partir de 120 US$, pour une ou deux personnes, avec le petit déjeuner.

Cet hôtel de onze étages est l'un des derniers nés à Nairobi (2017). Le confort, associé à un design ultra-moderne (et de bon goût), qui joue sur les couleurs primaires et sur des éclairages ludiques, y est optimal. Les chambres les plus en hauteur offrent une vue imprenable sur la ville ou les Ngong Hills. Très bonne literie. Les restaurants proposent une cuisine internationale de qualité. Salle de gym et petite piscine en terrasse. Personnel très professionnel, service excellent.

SAFARI PARK HOTEL & CASINO €€€

Thika Highway ✆ +254 203 633 000
www.safaripark-hotel.com
Chambre deluxe à partir de 200 US$ pour 1 personne. Suite junior à partir de 240 US$ et business à partir de 300 US$.

Cet hôtel offre une oasis de tranquillité au cœur de la capitale kenyane. Le luxe des installations se mélange au style traditionnel africain. Cinq restaurants sont là pour assouvir vos appétits. Le complexe possède également un casino, un piano-bar, une salle de sport, un spa moderne, des magasins d'artisanat, une salle de conférence et une grande piscine. Des événements et mariages y sont régulièrement organisés. L'hôtel est réputé pour son spectacle de danse unique en son genre.

SANKARA €€€

Woodvale Grove
✆ +254 703 028 000
www.sankara.com
Chambre double à partir de 232 US$ (avec le petit déjeuner, l'accès à la salle de sport, à la piscine et au sauna).

Le Sankara s'inscrit dans la lignée très tendance des boutiques-hôtels. Un lieu chic et branché. Tout y est fait pour se sentir bien, dans une atmosphère intimiste. Les chambres, au design moderne et aux couleurs africaines, sont spacieuses (32 m² pour la Superior) et lumineuses. Un soin particulier est apporté à la literie, avec la possibilité même de choisir son oreiller. L'hôtel propose pas moins de six restaurants, dont le fameux Graze SteakHouse, où l'on peut déguster de délicieuses viandes grillées, et des brunchs (au champagne !) le dimanche.

SAROVA STANLEY €€€

Kimathi Street, Kenyatta Avenue
✆ +254 709 111 000
A partir de 145 US$ la chambre Deluxe pour 2 personnes, selon la saison, avec petit déjeuner.

Cet établissement mythique, qui ouvrit ses portes en 1902, a bénéficié d'une rénovation complète il y a quelques années. Celle-ci lui a fait garder un certain charme colonial ; l'hôtel, en plein centre-ville, reste agréable, et le confort y est remarquable. Un luxe impeccable, avec une ribambelle de services, comme une belle piscine ou un buffet-barbecue sur le toit de l'hôtel. Parmi l'un des 3 restaurants où sont servis les petits déjeuners, le Thorn Tree Café, fréquenté jadis par Hemingway, attire toujours beaucoup de monde !

WINDSOR GOLF HOTEL & COUNTRY €€€

Kiambu Road ✆ +254 208 647 000
https://www.windsorgolfresort.com
A partir de 182 US$ la nuit pour la chambre double deluxe, avec petit déjeuner. Promotions sur le site de l'hôtel.

Un resort complet avec toutes les activités sportives : vélo, piscine, golf bien évidemment, tennis, pétanque... Egalement les infrastructures de compétition avec de nombreux bars lounge et restaurants de qualité. Les 80 chambres deluxe, 20 suites et 15 studios ou chalets sont confortables et calmes, avec vue sur le terrain de golf, voire sur la montagne Ol Doinyo Sabuk. Le Golf Hôtel Windsor & Country Club est ouvert à tous, sans avoir besoin d'être membre ou de résider à l'hôtel.

SE RÉGALER

Le moins que l'on puisse dire, c'est que l'on a l'embarras du choix en termes de restauration à Nairobi. Depuis quelques années, de nombreux établissements ont vu le jour. Bien sûr, ils attirent les occidentaux, mais le développement économique du pays a aussi permis l'expansion de la classe moyenne kenyane, qui suit le mouvement. Cuisine kenyane et swahilie, éthiopienne, indienne, chinoise, thaïlandaise, japonaise, italienne, péruvienne, fusion... il y en a pour tous les goûts et tous les budgets, et ce pour notre plus grand plaisir. Mais, avant toute exploration culinaire, impossible de passer au Kenya sans goûter au plat national, le *nyama choma* (viande grillée, le plus souvent du bœuf), le barbecue kenyan, accompagné d'*ugali* (sorte de polenta à base de farine de mil ou de maïs blanc) ou d'*irio kikuyu* (purée de pois, de pomme de terre et de maïs). C'est sans doute la base de tout voyageur à la découverte du Kenya.

K'OSEWE RANALO €

Kimathi Street
✆ +254 722 638 538

Ouvert tous les jours de 10h30 à 23h en semaine et jusqu'à 2h du matin le week-end. Compter environ 1 000 Ksh le repas.

Excellente cuisine traditionnelle swahilie. Il s'agit de l'un des restaurants kenyans les plus réputés de la ville, il est donc souvent bien rempli. En revanche, côté service, il ne faut pas être pressé. L'hygiène est irréprochable et ce qui arrive dans votre assiette est de toute fraîcheur. Tilapia grillé, frit ou en curry au lait de coco, Ugali, Sukuma wiki (chou kale africain, le seul légume vert consommé quotidiennement), Mokimo (sorte de ragoût de chèvre)... Vous n'aurez qu'à vous laisser aller à la découverte avec la formule à volonté.

CAFÉ AMKA €€

Lonrho House, Standard St, Nairobi, Kenya ✆ +254748 701 585
https://cafeamka.cafe/

Ouvert du lundi au vendredi de 6h à minuit.

Situé en plein centre-ville, café Amka – qui signifie « se réveiller » en swahili – vous accueille tout au long de la journée dans ce magnifique espace à deux étages. Le café est de grande qualité, « directement de la ferme à la tasse » et leurs baristas sont parmi les meilleurs du pays ! Le menu proposé est fait de produits frais et sains qui nourrissent le corps et l'âme. Ils ont également une super carte d'infusions d'herbes et de fruits frais (un vrai délice !) ou de jus. Le soir, c'est dans une ambiance branchée que vous pouvez venir dîner et/ou danser.

KILIMANJARO JAMIA €

Kenwood House, Kimathi Street
✆ +254 796 766 808
https://kilimanjarojamia.com

Ouvert tous les jours de 8h à 22h. Compter entre 300 Ksh et 600 Ksh pour un plat.

Très bonne cuisine est-africaine. Service excellent, même s'il faut être patient à la commande. Ce restau attire du monde à la sortie des bureaux. Par temps chaud, ne manquez pas de goûter leur « dawa » (cocktail sans alcool à base de jus de citron, gingembre et miel) et les chips masala. En matinée, le porridge et le « masala tea » sont excellents. La carte est riche en spécialités indiennes. Les amateurs de pizzas pourront aussi trouver satisfaction. Grand choix de jus de fruits frais et de smoothies. Bref une adresse très appréciée à toute heure de la journée.

LORD DELAMERE TERRACE €€

Harry Thuku Road, au Fairmont Norfolk
✆ +254 202 265 000
www.fairmont.com

Ouvert tous les jours de 6h30 à 22h.

Restaurant de l'historique hôtel Norfolk, le Lord Delamere possède le cachet de l'époque coloniale accompagné d'un service impeccable et d'une cuisine savoureuse. De plus, il détient l'une des rares terrasses de Nairobi, dans un quartier vert et agréable. Anciennement restaurant préféré de l'élite coloniale de la ville (il existe depuis 1904), le Lord Delamere – nommé d'après l'un des hommes d'Etat qui marqua le Kenya britannique – propose une très bonne cuisine kenyane et anglaise dans son cadre prestigieux, pour des prix très corrects.

THORN TREE CAFÉ €€

Kimathi Street
✆ +254 719 048 000

Ouvert tous les jours de 6h à 21h30. Compter entre 1 000 Ksh et 2 000 Ksh pour un repas.

Le café-restaurant du Sarova Stanley Hotel, aux allures de bistro-brasserie, en plein centre-ville, est une institution pour les voyageurs internationaux dont c'est un point de rencontre privilégié. Ouvert tous les jours de 6h à 21h30, l'établissement sert une très bonne cuisine kenyane et internationale (dont de bonnes pizzas et pas moins savoureux biryanis et kebabs). Il est aussi idéal pour aller boire un verre. Le Thai Chi, situé dans ce même hôtel, et qui comme son nom l'indique est spécialisé dans la cuisine thaïlandaise, est également recommandé.

TRATTORIA RISTAURANTE €€

Kaunda Street, off Wabera Street
✆ +254 202 240 205

Ouvert tous les jours de 7h à minuit. Compter environ 1 000 Ksh pour une pizza.

La famille Ruffo fait le succès de ce restaurant, depuis 1981. L'un des meilleurs italiens de la ville. On y vient pour le petit-déjeuner, un café, le déjeuner ou le dîner. On y mange bien, dans un décor verdoyant et aéré. Le Luna Lounge, au dernier étage, offre un cadre plus intime et un espace en terrasse, avec des tables en bois et un éclairage tamisé. De quoi bien se détendre en fin de journée avant de déguster une pizza, un risotto, un filet mignon ou un bon plat de pâtes maison, sans oublier, pour les plus gourmands, leur délicieux tiramisu.

ABOUT THYME €€

Eldama Ravine Road ✆ +254 721 850 026
https://about-thyme.com/
12h à 22h du mardi au vendredi, dès 10h samedi, ferme à 19h dimanche. Compter environ 2 500 Ksh pour un plat.

Environnement très verdoyant pour une pause déjeuner relaxante. Ici, on prend le temps de mettre l'esprit au repos, autour d'un bon repas, en extérieur, dans un joli jardin sur cour. La carte propose diverses salades composées, des spécialités méditerranéennes, de la Grèce au Maroc, en passant par l'Italie et le Liban, des grillades et des burgers. Pour les desserts, on passe en Grande-Bretagne, avec notamment un délicieux cheesecake, un pudding aux dattes ou une tarte aux pommes gourmande. En somme, une bonne adresse au calme, à 500 m du Westgate Shopping Mall.

ADVA CAFE €€

Westlands Road
✆ +254 708 829 193
Ouvert tous les jours de 7h à 19h sauf dimanche. Entre 450 Ksh et 550 Ksh pour un petit déjeuner complet.

Du parquet, de grandes tables en bois, des banquettes en simili cuir noir, une carte variée, des produits gourmets à la vente… Ce café-restau, chic et urbain, remporte un franc succès dans le quartier. Pâtisseries, cafés, milkshakes, snacks, sandwichs, soupes, diverses recettes de poulet, de bœuf et de poisson, des plats strictement végétariens, des spécialités locales… Il y en a pour toutes les envies et tous les appétits, le tout fraîchement concocté et joliment présenté. Idéal aussi pour un petit-déjeuner (à l'anglaise ou à l'africaine selon les goûts).

BAO BOX €€

Westlands Road
✆ +254 715 226 269
https://baobox.co.ke/
Ouvert tous les jours de 8h à 23h. Compter environ 1 500 Ksh pour une pizza ou un burger.

Bao Box est unique en son genre à Nairobi, et même au Kenya. Le café-restau a été créé par six jeunes Kenyans passionnés de jeux de société, avec la forte envie de partager cette passion dans un lieu convivial, où les smartphones et autres écrans sont laissés un temps de côté. « Eat. Play. Socialize. », tel est la devise. On vient boire un verre entre amis, on mange (au menu, des burgers, des pizzas, des snacks et des salades), on joue et on se sociabilise. Le tout dans un cadre urbain simple et agréable (avec une grande terrasse couverte) et décontracté.

CONNECT COFFEE €

The RiverFront
✆ +254 708 790 480
www.connectcoffee.net
Ouvert du lundi au vendredi de 8h à 19h, le week-end de 9h à 19h. Comptez de 300 à 500 Ksh pour un café.

Ce café travaille directement avec de petits producteurs locaux du Kenya, d'Ethiopie, du Rwanda et d'Ouganda, dans le respect de la qualité et d'une production durable. Une éthique responsable qui donne encore plus de saveur au café dégusté ici. L'un des meilleurs de la ville, sinon le meilleur ! Les thés, chauds ou glacés, ne sont pas en reste et suivent la même logique. Le Connect Coffee propose aussi des *sandwichs*, des *wraps*, des salades et… un grand choix de pâtisseries. Attention, les *waffles* (gaufres) sont un véritable péché de gourmandise.

FURUSATO €€

Ring Road Parklands
✆ +254 722 488 706
Ouvert tous les jours de 12h à 22h. Plats à emporter possibles.

Ce restaurant japonais est spécialiste du *teppanyaki* (cuisson des aliments sur une plaque chauffante), réputé excellent. Le chef cuisinier assemble sous vos yeux tous les ingrédients, dans un savant mélange de saveurs. Les menus sont copieux (les sushis sont aussi très bons, nous recommandons les versions croustillantes), le cadre magnifique, dans un quartier calme et résidentiel. Le service est rapide et les prix corrects. Bref, une excellente adresse. En revanche, méfiez-vous des horaires de fermeture en soirée, les « mange-tard » pourraient trouver porte close.

GRAZE STEAKHOUSE €€

Woodvale Grove
✆ +254 20 420 8111
www.sankara.com
Ouvert du lundi au samedi de 12h à 23h.

Depuis son ouverture, ce restaurant (situé dans l'enceinte de l'hôtel Sankara) a gagné sa réputation du meilleur *steakhouse* de Nairobi. Les amateurs de viande rouge seront ravis. La qualité de la viande et sa cuisson sont irréprochables. Pour les autres, les fruits de mer sont aussi représentés. Cet établissement de prestige propose également une sélection éclectique de vins et de whiskies de grande qualité. Il est fortement recommandé de réserver pour le dîner. Les résidents de l'hôtel peuvent bénéficier du même service pour un dîner plus intime en chambre.

HAANDI €€

Waiyaki Way
✆ +254 733 648 294
haandirestaurants.com
Ouvert de 12h à 15h et de 18h30 à 23h en semaine. Service continu du Vendredi au Dimanche. Réservations conseillées.

Ce restaurant récemment rénové est parmi ce qui se fait de mieux en matière de cuisine indienne (spécialités du nord de l'Inde). Vous aurez le choix entre pas moins de 100 plats différents sur la carte. Agréable pour un dîner, dans un espace élégant et aéré. Le restaurant est à l'origine d'une chaîne internationale, à présent représentée à Londres et dans d'autres capitales est-africaines. Qualité et classe font sa renommée. Haandi a également la réputation d'être un parfait organisateur d'événements, avec des repas allant jusqu'à 1 000 convives.

HAVANA BAR & RESTAURANTE €€

33 Woodvale Grove, Westlands
✆ +254 723 605 842
Ouvert tous les jours de 11h30 à 2h du matin. Compter 650 Ksh pour une quesadilla, 800 Ksh pour des nachos.

Cuisine plutôt tex-mex que cubaine, on y mange bien (les viandes et le bœuf Wellington, notamment, méritent le détour). En soirée, vous prendrez le temps de la commande et ne manquerez pas de siroter un cocktail ou deux en attendant d'être servi. L'ambiance feutrée, les murs et les éclairages rouges donnent le ton : c'est la passion qui anime ce lieu. Un lieu de prédilection, fréquenté aussi bien par les voyageurs que les habitués du coin, pour se restaurer, boire un verre, rencontrer et passer une soirée très sympa sans se ruiner.

NAIROBI STREET KITCHEN €

Mpaka Road
✆ +254 707 800 800
https://nairobistreetkitchen.com/
Ouvert du mardi au dimanche de 8h à minuit et plus le week-end. Soirée jazz le mercredi, latine le jeudi.

Coup de cœur pour ce lieu inédit qui réunit, sous le même toit, le meilleur de la *street food* internationale et un aperçu de la culture kenyane contemporaine. On vient ici pour se restaurer (un tour du monde en onze restaurants), dans un décor éclatant, se divertir dans une ambiance jeune et relax (musique *live* le week-end, soirées thématiques en semaine, et un bar dansant à l'étage), rencontrer des artistes locaux et découvrir le meilleur de l'artisanat. NSK est un mélange éclectique de trésors culturels et gastronomiques qui séduira tous les appétits.

MAWIMBI SEAFOOD RESTAURANT €€

Longonot Place, Kijabe Street
✆ +254 758 956 805
www.mawimbirestaurant.com
Ouvert du lundi au dimanche, de 6h à 23h. Réservation conseillée via le site internet.

Expérience incontournable pour les adeptes de tables gastronomiques et en particulier de produits de la mer. Bien plus qu'un restaurant, ici on ne vous servira que la quintessence de ce qui se trouve et se fait au Kenya, sans aucun doute le meilleur restaurant du genre à Nairobi. Des vagues de produits frais, magnifiés par des chefs expérimentés, pour aboutir à un menu aussi varié que raffiné. Embarquez pour une véritable régate culinaire, tout en gardant les pieds sur terre !

NJUGUNA'S PLACE €

Waiyaki Way
✆ +254 727 738 364
Ouvert tous les jours de 8h à minuit. Compter 1 200 Ksh le repas (avec la bière !).

Le long de la route, voici un lieu typiquement kényan, de qualité, où vous pourrez tester votre premier *nyama choma* (viande de chèvre cuite au barbecue), ou renouveler l'expérience. Dans une arrière-cour, on s'installe autour d'une table de jardin en plastique, sans chichi, et on commence inévitablement par commander une Tusker bien fraîche. Ambiance locale et populaire. Par contre, la carte ne propose pas autre chose que des grillades de viande, du riz, des frites et de l'ugali (farine de maïs ou de mil cuite à l'eau et agglomérée). Végétariens s'abstenir.

OPEN HOUSE €€

Parklands Road
✆ +254 735 621 824
www.openhouserestaurant.co.ke/
Ouvert tous les jours de 12h à 15h et de 17h30 à 21h. Compter 1 500 à 2 000 Ksh le repas (sans entrée ni dessert).

Chilly Paneer, Palak Paneer, Butter Chicken, Chicken Tikka, Malai Kabab, pour ne citer que les spécialités les plus classiques, mettront vos papilles en joie. Ce restaurant classieux est un incontournable de la cuisine indienne à Nairobi et l'un des meilleurs dans le quartier. On y va plus pour le contenu de l'assiette, moins pour le cadre. Certes il est plus cher que les autres, mais la qualité des plats mérite bien qu'on y laisse quelques billets de plus. Les amateurs de cuisine indienne (spécialités de diverses régions) ne devraient pas être déçus.

FOCUS

MAWIMBI SEAFOOD RESTAURANT

PLONGEZ DANS LES SAVEURS DE L'OCÉAN INDIEN

Voici une expérience immanquable pour les adeptes de tables gastronomiques et en particulier de produits de la mer. Bien plus qu'un restaurant, ici on ne vous servira que la quintessence de ce qui se trouve et se fait au Kenya, sans aucun doute le meilleur restaurant du genre à Nairobi. Il va sans dire que vous aurez dans votre assiette l'excellence, c'est-à-dire des vagues de produits frais, magnifiés par des chefs expérimentés, pour aboutir à un menu aussi varié que raffiné. Embarquez pour une véritable régate culinaire, tout en gardant les pieds sur terre !

Directement approvisionné par les pêcheurs et poissonneries de la côte kenyane, le Mawimbi Seafood Restaurant promeut une pêche raisonnée, employant des pratiques durables exclusivement à base d'hameçons et de lignes. De fait, aucune surpêche n'est réalisée, et les pêcheurs partenaires pratiquent la remise à l'eau systématique des juvéniles et des espèces vulnérables. L'ensemble des produits proviennent donc de pêcheries formées et certifiées, répondant à un certain nombre de normes en matière environnementale ainsi que de traçabilité.

En retour, le restaurant soutient les communautés locales ainsi que des organisations de conservation de la biodiversité, et ce sur des initiatives de recherche, d'éducation ainsi que de plaidoyer environnemental. Bien plus que des fournisseurs, les pêcheurs sont pour le Mawimbi de véritables partenaires, assurant la meilleure qualité à long terme.

Du brunch du dimanche, à la spéciale crabe du samedi, embarquer à une table du Mawimbi vous assure un service impeccable, dans une ambiance chaleureuse. Le personnel pourra vous faire naviguer à travers le menu. Ne vous restant plus qu'à profiter d'une gamme de produits et plats n'ayant pas leur égal au Kenya, allant du crabe des profondeurs au thon, carangue, mérou, marlin et autres vivaneaux, sans omettre les huîtres, crevettes, homards, poulpes...

MAWIMBI SEAFOOD RESTAURANT

Longonot Place, Kijabe Street
✆ +254 758 956 805
www.mawimbirestaurant.com

© MAWIMBI SEA FOOD

© MAWIMBI SEA FOOD

© MAWIMBI SEA FOOD

PEPPER TREE €€

Waiyaki Way
✆ +254 721 172 950
http://peppertreekenya.com/
Ouvert dimanche-mercredi 12h-22h30, jeudi-samedi ferme à 23h. 1 500 Ksh pour un burger, 2 000 pour une grillade.

Le Pepper Tree a du succès auprès des employés de bureau, quartier des affaires oblige. Que ce soit le midi pour la pause déj' ou en fin de journée, pour l'« after work », le lieu attire du monde. Il faut dire l'espace en soi, une grande verrière, avec des fauteuils en osier, banquettes et plantes vertes, donne déjà envie. Ce restau-bar propose de nombreux cocktails avec ou sans alcool, et pour se sustenter, d'excellents burgers-frites ainsi que des tacos, des grillades et des salades composées. Ambiance relax, quoiqu'un peu bruyante parfois.

TAPAS CEVICHE BAR €€

Westgate Mall, Mwanzi Road
✆ +254 726 303 030
http://tapas.co.ke/
Ouvert tous les jours de 11h30 à 0h. Happy Hour de 16h à 19h. Tapas et ceviche entre 400 et 650 Ksh, paëlla à 1 300 Ksh.

L'Andalousie à portée de papilles au cœur de Nairobi. Grand choix de *tapas* (y compris végétariennes) et de *ceviches* (spécialité sud-américaine de poisson cru mariné, « cuit » dans du jus de citron). Les calamars et le saumon grillés font beaucoup d'adeptes parmi la clientèle. Les quantités ont toutefois parfois tendance à décevoir les grosses faims. Ambiance décontractée avec, selon les soirs, des concerts de musique andalouse et des spectacles de danses sévillanes. Le restau dispose d'une agréable terrasse ouverte sur un coin de verdure, ce qui ne gâche rien.

RED GINGER €

2nd Parkland Avenue
✆ +254 779 444 444
www.redginger.co.ke
Ouvert tous les jours de 11h à 23h. Buffet tous les lundis midis.

A l'unanimité, le Red Ginger fait partie des meilleures adresses en matière de cuisine indienne. On y va en famille ou entre amis. La spécificité du lieu est de proposer des « koroga » : les convives s'installent sous des huttes privatisées autour d'une table ronde, au centre on place un « jiko » (poêle à charbon), ils choisissent tous les ingrédients nécessaires à la réalisation de leur recette personnalisée, et procèdent à la cuisson ensemble. S'en dégage une joyeuse ambiance, surtout après quelques bières consommées en attendant que le repas soit prêt !

THE VIEW €€€

Parklands Road ✆ +254 709 548 183
www.movenpick.com
Ouvert du mardi au dimanche, de midi à 20h. Compter entre 3 000 Ksh et 4 000 Ksh pour une entrée-plat ou plat-dessert.

Ce restaurant gastronomique, signé Mövenpick, situé au 24e étage, a la particularité de tourner doucement sur son axe. Le restau, comme son nom l'indique, promet donc une superbe vue panoramique à 360°. Un *must* dans la capitale. Autant dire qu'on ne débarque pas ici en short, le lieu exige un minimum d'élégance, mais reste décontracté. Au menu, essentiellement une cuisine méditerranéenne raffinée et une carte de vins bien fournie. Vous vivrez une expérience gastronomique inédite, de jour comme de nuit, pour le plus grand plaisir des papilles et... des pupilles.

CHEZ SONIA €€

68 Peponi Road
✆ +254 702 363 666
www.chezsoniavinos.com
Ouvert tous les jours de 9h à 23h. Fermé le lundi. Compter en moyenne 800 Ksh pour un verre de vin.

Dans une maison particulière, à quelques minutes à pied de la forêt de Karura, bienvenus Chez Sonia. Ici, Dionysos veille. Les bons vins (français, italiens, espagnols...) sont à l'honneur. Et pour accompagner ces gorgées divines, la maison propose des spécialités de chaque région (confit de canard, côte de bœuf braisée, burrata, raviolis maison, calamars frits en tapas, planches de fromages et diverses charcuteries...), la carte change tous les jours, en fonction de l'inspiration et des produits du moment. Une adresse sympathique et confidentielle.

URBAN EATERY €€

Chiromo Road
✆ +254 790 999 149
www.urbaneatery.co.ke
Du lundi au vendredi de 7h à 23h, le samedi et dimanche ouverture à 9h. Service continu.

Situé au pied d'une tour, dans le quartier des affaires. Soupes, salades, pizzas, burgers, biryanis, currys thaïs, sushis... pour des tarifs compris entre 1000 et 1500 Ksh. Le moins que l'on puisse dire, c'est que la carte est riche et variée. Il y en a pour tous les goûts et tous les budgets. Qui plus est, c'est copieux et plutôt très bon. La grande salle intérieure prend des allures de réfectoire le midi, tant il y a affluence, mais le service est à la hauteur, avenant et efficace. Les tables en terrasse, sous les parasols, permettent d'être plus au calme.

ANKOLE GRILL €€

Galana et Lenana Road ✆ +254 710 20 20 20
https://www.ankole.co.ke
Service continu tous les jours de 7h30 à 23h. Compter en moyenne 1 500 a 2 000 Ksh pour un petit-déjeuner ou une salade

Ce *steakhouse* très design (bois et métal, dans une ambiance feutrée) propose un choix de viandes grillées et de burgers, proches de la perfection. Un bon plan pour les carnivores. Mais les soupes du jour ne sont pas mal non plus. Sandwiches, pizzas et menus enfants à la carte également. Excellents cocktails et quelques bons vins (sud-africains). L'Ankole organise souvent des concerts acoustiques. Le tout dans une atmosphère plaisante et apaisante. L'enseigne dispose d'un deuxième restaurant plus spacieux (notamment en extérieur) sur Kitisuru Road (Westlands).

CEDARS RESTAURANT €€

Lenana Road, Hurlingham
✆ +254 202 710 399
www.cedarsnairobi.com
Ouvert tous les jours de 12h à 23h. Compter 1 200 Ksh pour un Mezze, 2 500 Ksh pour un kebab.

Cedars propose... des spécialités libanaises de toute fraîcheur, aux saveurs authentiques. L'enseigne possède deux restaurants. Le premier est installé à Kilimani, dans une grande maison très agréable, depuis plus de 20 ans ; le deuxième, inauguré en 2020, est situé dans le quartier de Gigiri (très beaux espaces extérieurs, en terrasse ou dans le jardin). La cuisine est bonne (les grands classiques y sont représentés : chawarma, kebab, labneh, houmous, taboulé...), les *Mezzés* copieux et les prix raisonnables pour une grande capitale. On y retourne avec plaisir.

CHEKA JAPANESE IZAKAYA €€

101 Manyani East Road
✆ +254 704 777 111
Ouvert tous les jours de 10h à 19h. Ferme à 22h30 les Lundi, Mercredi et Dimanche.

S'il y a un restaurant japonais à tester à Nairobi, c'est bien celui-ci ! Cette cantine zen offre une cuisine authentique, validée par de nombreux visiteurs. Vous pourrez y déguster des sushis et des sashimis, mais pas seulement, et c'est là que l'aventure commence. On vous recommande particulièrement l'*okonomiyaki*. Vous pouvez aussi y venir pour le *brunch*. Les dernières rénovations (2021) ont rendu le lieu plus agréable encore qu'il n'était, plus spacieux, plus moderne, plus zen, avec un extérieur agréable. Une adresse très appréciée dans le quartier.

CHINESE KITCHEN & DIM SUM HOUSE €€

Yaya Centre, Argwings Kodhek Road
✆ +254 719 671 390
Ouvert tous les jours de 11h à 20h30. Compter 1 000 à 1 500 Ksh par plat. Livraison ou à emporter possibles.

Certes ce restaurant est dans un centre commercial, mais il sert une bonne cuisine chinoise. Les raviolis croustillants ou à la vapeur (*dim sum, dumplings*) sont le must. Le poulet Gungbao fait aussi beaucoup d'adeptes. Une pause copieuse et savoureuse entre deux courses, si besoin. A condition toutefois de ne pas être trop pressé, ni trop regardant sur le service, car c'est très inégal. Mais cela se tente. La note ne sera pas salée au moins, et c'est un bon point.

FIVE SENSES RESTAURANT €€

off Galana Road ✆ +254 733 274 375
https://5senses.co.ke/
Ouvert du lundi au samedi de 11h à 23h. Fermé le dimanche. Compter 3 000 Ksh pour un plat, 1 000 Ksh pour une entrée.

Ce restaurant gastronomique a ouvert ses portes en juillet 2018. Le chef Kimani et son équipe de jeunes talents mettent tous les sens en éveil : l'odorat, le toucher, le goût, la vue, sont convoqués dans l'assiette, au plus grand plaisir des convives. L'ambiance très jazzy, dans un décor contemporain, vient agréablement compléter cette expérience culinaire. De type fusion, les plats qui sont proposés s'inspirent directement du savoir-faire à la française. Depuis 2021, le chef propose un menu dégustation d'exception (sur commande) avec des produits de haut vol.

FOGO GAUCHO €€

Denis Pritt Road, Kilimani ✆ +254 715 414 141
www.fogogaucho.co.ke
Ouvert tous les jours de midi à 22h30. Possible de se faire livrer ou d'emporter. Compter 1 500 à 2 500 Ksh le plat.

Fogo Gaucho est LE restaurant brésilien de Nairobi. Depuis 2008, sa réputation n'est plus à faire. On y mange une belle sélection de viandes et de poissons grillés au barbecue, à la mode brésilienne, accompagnés en buffet à volonté de salades diverses et variées. Un concept au Brésil nommé « Rodizio ». Le Fogo Gaucho dispose de deux autres restaurants dans les quartiers de Westlands (Viking House) et de Panari (Mombasa Road). Possibilité de commander à emporter et offres spéciales hebdomadaires (voir le site Internet). Compter 1 500 à 2 500 Ksh pour une grillade.

HABESHA €€

Argwings Kodhek Road

✆ +254 733 730 469

Ouvert tous les jours de 9h à 23h. Compter environ 1 200 Ksh par personne pour un repas.

Grande variété de plats végétariens et à base de viande, servis sur une galette typique de la cuisine éthiopienne (*Injera*) à base farine de teff (sans gluten) et dont on se sert comme couverts. On mange avec les doigts (de la main droite), dans la même assiette. Très bon, copieux et authentique, à un prix très correct. Ne manquez pas la cérémonie du café, servi dans un petit salon dédié. Incontournable. Les tables sont en extérieur, sous des paillotes, ou sur une grande salle ouverte, dans un jardin fort agréable. Très convivial et à l'unanimité un régal.

ROADHOUSE GRILL €€

Denis Pritt Road, Kilimani

✆ +254 720 768 663

https://roadhouse.co.ke

Ouvert tous les jours de 7h à 21h, voire plus tard selon l'affluence. Compter 1 000 à 1 500 Ksh pour un plat.

De la viande, de la viande et de la viande. Un resto local, très bien tenu, dédié aux carnivores, et considéré comme l'un des meilleurs *nyama choma* de la ville. Poulet, bœuf, chèvre, mouton... Il y a l'embarras du choix. Vous l'aurez compris, en revanche, pas grand-chose pour les végétariens. En dehors des accompagnements classiques. En intérieur ou en extérieur, atmosphère détendue et ambiance musicale et festive le week-end en soirée. Un billard et un grand parking sont à disposition des clients. Une adresse populaire qui ne déçoit généralement pas.

MAMA OLIECH'S RESTAURANT €

Marcus Garvey Road, Off Argwings Kodhek, Hurlingham

✆ +254 701 707 070

Ouvert tous les jours de 10h30 à 23h30. Entre 500 Ksh et 1 000 Ksh le plat.

Bonne cuisine locale, dans un petit restaurant simpliste et agréable. On y vient surtout pour le poisson frit (tilapia essentiellement, ce poisson d'eau douce provient de la région des grands lacs) et tous les accompagnements habituels (ugali, riz, chapatis, frites, kale). Le restaurant a sa clientèle d'habitués. Réputé depuis des années, il garde son caractère authentique et reste bon marché. Il dispose d'un espace intérieur et de tables dans une cour extérieure. D'autres adresses ont ouvert notamment à Olympic Estate. Les plats peuvent aussi être pris à emporter.

LA SALUMERIA €€

Gitanga Road

✆ +254 796 088 520

Ouvert tous les jours de midi à 22h. Réservation conseillée.

Dans l'enceinte de Valley Arcade, un centre commercial sans grande prétention, mais dans le cadre intimiste d'une taverne italienne, La Salumeria propose une cuisine savoureuse et selon les connaisseurs, authentique. La carte offre un grand choix de pâtes faites maison et de pizzas pour tous les goûts. Mais nous préférons les pâtes aux pizzas ! Les raviolis, le risotto bien crémeux et les gnocchis valent le détour. Et dans l'ensemble, vous ne serez pas déçu. Une valeur sûre depuis plus de 20 ans. Le soir il vaut mieux réserver.

MAMA ROCKS €

Argwings Kodhek Road, Kilimani

✆ +254 705 155 155

https://mamarocksburgers.com

Ouvert tous les jours de midi à 22h. Entre 950 et 1 100 Ksh le burger/frites. Wifi gratuit.

Cantine urbaine pour les gourmets, fans de burgers. Une vingtaine au choix, fraîchement composés, avec des ingrédients de qualité. Ce resto de rue, très tendance, est installé dans une baraque en tôle, palettes en bois et gravier au sol, sur la même parcelle qu'un garage automobile. Très fréquenté le midi par les jeunes travailleurs branchés du coin, et le soir pour l'after-work. La musique à fond, dans une ambiance afro-cool, on partage son repas sur des tables hautes ou dans un box aux banquettes colorées. Service ultra-rapide. *Rock the food !*

SIERRA BRASSERIE €€

Yaya Centre, Argwings Kodhek Road, Hurlingham

✆ +254 738 893 880

https://sierrarestaurants.com

Ouvert tous les jours de midi à 23h. Compter entre 1 500 et 3 000 Ksh le repas du burger au steak.

Ce restaurant situé au Yaya Center est de prime abord peu attrayant, mais une fois à l'intérieur, et surtout sur la terrasse, c'est beaucoup plus agréable. On vient ici pour la viande, les hamburgers (excellents) et... la bière, puisque Sierra est aussi une marque de fabrique. En effet, il s'agit aussi d'une micro-brasserie qui produit une excellente bière, selon un procédé originel, le Reinheitsgebot, ou « loi de pureté de la bière » née en 1516 en Bavière. Ils ont plus récemment ouvert un restau-grill à Karen, et un bar à tapas au Sarit Center.

BOHO EATERY €€

114 Ndovu Road, Hardy, Karen
✆ +254 727 502 416
www.boho.co.ke
Ouvert mardi et mercredi de 11h30 à 17h30. Jeudi et vendredi de 11h30 à 22h. Samedi 9h à 22h. Dimanche 9h à 17h30.

Dans une charmante villa, ouverte sur un beau jardin, on s'installe à l'intérieur ou sur la terrasse extérieure, pour déguster une savoureuse cuisine *healthy*. Ce lieu a plutôt des allures de salon de thé, où l'on vient se détendre et régaler les papilles, dans une atmosphère à l'anglaise très *cosy*. La carte propose essentiellement des plats végétariens/végans et sans gluten. L'heure du brunch est un moment très convoité. Ne manquez pas le thé glacé au basilic et hibiscus, accompagné pour les gourmands d'un *cheesecake* végan. Une pause fortement recommandée.

CULTIVA FARM KENYA €€

Pofu Road
✆ +254 701 579 902
https://cultivakenya.com
Ouvert tous les jours de 8h à 23h. Ouverture 12h le Mardi. Fermé le lundi.

De la ferme à l'assiette, tel est le concept de ce restaurant très tendance qui propose une nourriture saine et sans intermédiaires. Des légumes et des fruits bio, des ingrédients naturels, du cru, du cuit, des saveurs authentiques, des inspirations sud-américaines, des fleurs comestibles pour agrémenter, une touche de créativité, et un régal pour les papilles et les pupilles. Les repas sont partagés sur de grandes tables rustiques, comme à la ferme, sous un préau décoré de plantes vertes ; les téléphones portables sont invités à se faire discrets.

HARU RESTAURANT €€

Karen Road
✆ +254 720 945 400
Ouvert tous les jours de 11h30 à 21h. Compter en moyenne 2 000 Ksh pour un plateau de sushis. Réservation conseillée.

En intérieur ou en extérieur, le cadre de ce restaurant japonais est plaisant. Le propriétaire est Coréen, les connaisseurs diront donc que ce n'est pas la vraie cuisine japonaise. Il n'empêche que l'on peut y déguster de très bons sushis et sashimis ; c'est ultra-frais, vous pouvez y aller sans crainte. Si la nourriture crue n'est pas votre tasse de thé, les tempuras de crevettes et le calamar grillé sont à tomber. La carte propose également quelques plats strictement végétariens. La qualité et la quantité sont au rendez-vous. Service impeccable.

HEMINGWAY'S BRASSSERIE €€€

Mbagathi Ridge
✆ +254 718 529 070
https://www.hemingways-collection.com
Ouvert de 8h à 22h. Réservation conseillée. Compter 2 000 Ksh le petit-déjeuner, 3 000 un plat pour le déjeuner.

Une grande table, dans une atmosphère sereine et le cadre ultra-luxueux de l'hôtel Hemingway. On peut y venir pour le petit déjeuner, le déjeuner, le thé, ou le dîner, ou juste à l'heure de l'apéro, devant un beau coucher de soleil sur les Ngong Hills. Les *brunchs* du dimanche, dans une ambiance jazzy (concerts live) ont énormément de succès. La cuisine est à la hauteur du lieu, fabuleuse. Et l'équipe met tout en œuvre pour que votre expérience soit exemplaire, sans pression. Détente assurée, comme une parenthèse enchantée, loin des tumultes du monde.

KAREN BLIXEN COFFEE GARDENS €€

336 Karen Road, Karen
✆ +254 733 616 206
www.karenblixencoffeegarden.com
Ouvert tous les jours, sauf le dimanche, de 6h30 à 23h. Compter 3 000 à 5 000 Ksh le repas.

Situé dans un magnifique cottage – la Swedo House, pavillon de chasse historique datant de 1906 –, ce restaurant offre un cadre admirable et reposant. Entouré de verdure, cet endroit est idéal pour se restaurer à l'ombre des arbres, après la visite du musée Karen Blixen (à proximité). Bonne cuisine variée (viandes, poissons, sandwiches, excellentes petites tartes maison). Le charme historique de ce site et le jardin luxuriant à l'anglaise, valent le déplacement.

MATBRONZE CAFE €€

2 Kifaru Lane, Karen ✆ +254 721 762 855
https://www.matbronze.com/restaurant
Ouvert du mardi au vendredi de 8h à 17h, le vendredi jusqu'à 21h, le week-end jusqu'à 17h30. Fermé le lundi.

Restaurant et salon de thé attenants à la galerie d'art du même nom. Un lieu propice au *brunch* du dimanche, dans un environnement paisible et un décor artistique. Idéal aussi pour un déjeuner. Au menu, une quinzaine de plats et de burgers ; la carte change constamment, elle est visible sur le site Internet. Succulente cuisine et accueil agréable. De quoi passer un bon moment, à coupler avec une visite du lieu. Les sculptures en bronze d'animaux sauvages, certaines impressionnantes par leur taille, habillent le jardin, la galerie mérite aussi un petit coup d'œil.

MEDITERRANEO RISTORANTE €€

The Junction Mall
✆ +254 725 547 800
www.mediterraneorestaurant.co.ke
Pizzas à partir de 1 200 Ksh, pâtes à partir de 1 700 Ksh. Ouvert tous les jours de 11h à 23h.

Considéré par beaucoup comme le meilleur restaurant italien de la ville, le Mediterraneo propose un grand choix, à la carte, de plats (viandes, pâtes, fruits de mer...) résolument typiques, car réalisés avec des produits frais locaux et des ingrédients spécifiques importés. Spécialiste également de la pizza au mètre. Les crèmes glacées, faites maison, ne manqueront pas de réjouir les gourmands. Le cadre est très agréable et plutôt romantique. Dans la famille Mediterraneo, il existe deux autres restaurants à Nairobi, à Junction Mall et à Gigiri.

THE CARNIVORE €€

Langata Road ✆ +254 722 204 648
www.tamarind.co.ke
Ouvert tous les jours de 11h30 à minuit. A partir de 2 000 Ksh le repas. Réservation conseillée. Nombreux événements.

Cet immense restaurant est une institution. Il présente une version élaborée de la cuisine locale, avec viande rôtie et barbecue à la clé. Sur un gigantesque barbecue circulaire, les serveurs font griller des morceaux de viande au bout de lances maasaïs. Pas de carte : on vous apporte sauces et accompagnements, puis on vous propose toutes sortes de viandes (saucisses, porc, mouton, bœuf, mais aussi crocodile, autruche...). Quand vous êtes rassasié, vous couchez le petit drapeau qui se trouve sur votre table. La chaîne compte plusieurs adresses thématiques au Kenya.

THE TALISMAN €€

320 Ngong Road
✆ +254 705 999 997
www.thetalismanrestaurant.com
Du mardi au dimanche de 11h à 21h. A partir de 8h le week-end. Fermé le lundi. Compter en moyenne 3 500 Ksh le repas.

Une institution depuis les années 90. Un restaurant chic (mais pas guindé) et très à la mode dans le quartier huppé de Karen, installé dans une ancienne villa. L'établissement est spacieux, et conçu comme un lounge, avec différentes salles décorées dans un style oriental et une cour intérieure, donnant sur une terrasse et un joli jardin avec des jeux pour les enfants. Ambiance familiale en journée, plus intime en soirée. Le Talisman propose une cuisine internationale, raffinée, d'influence orientale et européenne. Les plats sont excellents.

UNDER THE SWAHILI TREE €€

61 Marula Lane, Karen
✆ +254 110 509 778
https://www.undertheswahilitree.com
Ouvert tous les jours, à partir de 10h30 en semaine, 9h le week-end. Compter en moyenne 2 000 à 2 500 Ksh le plat.

Dans un très beau jardin, au calme de la banlieue verte de Karen, que vous vous installiez à l'intérieur dans une décoration colorée, ou en terrasse, Under The Swahili Tree vous promet un moment exquis entre saveurs locales et d'ailleurs. On y déguste une variété de plats qui devrait satisfaire tous les goûts. Pour n'en citer que quelques-uns, la carte propose des langoustes au coco, ribs de porc, pizzas... Les végétariens ne seront pas en reste, il y en a aussi pour eux. A noter qu'ils possèdent une annexe au bord du lac Naïvasha, tout aussi délicieuse.

WASP & SPROUT €

Old Loresho Shopping Centre, Loresho Ridge Road, Loresho
✆ +254 799 873 422
Ouvert tous les jours de 8h à 16h. Les horaires peuvent changer, notamment les weekends. Voir la page Facebook.

Ce café chic et bohème, aux couleurs africaines, propose de délicieux *brunchs* (grand choix de thés chauds ou froids, muffins salés ou sucrés, gaufres, muesli, œufs sous toutes ses formes...), salades, sandwichs, smoothies. C'est aussi un lieu d'exposition et de vente de meubles, bijoux, tissus, coussins et divers objets de décoration intérieure, réalisés par des créateurs locaux, dans un souci de commerce équitable et de respect de l'environnement. De quoi dénicher quelques perles. On y passe un agréable moment, simple et convivial.

FAIRE UNE PAUSE

Nairobi offre bien des lieux pour se poser, loin de l'agitation de la capitale. Certains des établissements cités parmi les restaurants (Boho Eatery, Karen Blixen Coffee Garden, Matt Bronze, ...) permettent aussi bien de déjeuner que de s'installer pour un thé ou un café et prendre le temps de la lecture et de la détente, souvent dans un cadre verdoyant plaisant à souhait. Quelques hôtels de renom, comme l'Hemingway's, pour n'en citer qu'un, font de l'heure du thé (le fameux « tea time » si sacré pour les Anglais), un rituel qui attire des visiteurs de tous horizons, à la recherche d'une pause d'exception. Il y a bien sûr aussi de bons « coffee shops », les Java House que l'on retrouve partout dans la ville, ou les lieux culturels comme l'Alliance française et l'Alchemist, pour les amateurs d'ambiance. En fin de journée, les amoureux des « sundowners » chercheront parmi les meilleurs « roof tops » de la ville pour en prendre plein la vue.

BOTANICA

Waiyaki Way
✆ +254 735 065 865
www.thefoodlibrary.co.ke/
Ouvert tous les jours de 9h à 22h.

Dans le genre café gastronomique, Botanica Kitchen & Gin Bar excelle. L'établissement propose un large choix de délicieux plats sains et variés, aux influences culturelles multiples. Il y en a pour les végétariens, les crudivores, les carnivores, les végans, les gourmets et les grands gourmands. Le service n'est pas moins à la hauteur de l'attention culinaire qui est portée aux visiteurs, qui viennent également ici pour déguster l'un de leurs délicieux cocktails. Le Gin Bar propose plus de trente variétés de gin ! Le classique « gin tonic » est lui-même revisité.

LE GRENIER À PAIN

9 Riverside Dr
✆ +254 799 848 118
www.legrenierapain.co.ke
4 adresses à Nairobi : Riverside, Warwick, Yaya Center et Mwanzi Square. Ouvert tous les jours de 8h à 17h.

C'est LA boulangerie française de Nairobi par excellence. Et il s'agit bien de la chaîne de Michel Galloyer, qui s'est développée à travers le monde. Le Grenier à pain de Nairobi est la première succursale ouverte sur le continent africain. Les expats en sont friands. On y trouve baguettes et toutes sortes de pains, mais également un large choix de viennoiseries (le croissant au beurre fera des heureux, pour ceux qui sont en manque !), de tartes et de gâteaux, de quiches, et d'assiettes composées. Dégustation sur place dans un cadre très design.

BREW BISTRO & LOUNGE

Mpaka Road, Westlands
✆ +254 705 466 836
www.thebigfivebreweries.com
Ouvert tous les jours de 11h à 03h. Nombreuses soirées thématiques (salsa, brunch le dimanche, etc.).

A toute heure de la journée, on vient dans ce bar-lounge qui domine la ville, pour boire un verre et se restaurer (viandes grillées, burgers, pizzas, salades), mais c'est surtout en soirée que l'ambiance s'enflamme (notamment en fin de semaine). La jeunesse dorée de Nairobi aime venir ici. Bonne musique, bons cocktails, et ambiance clubbing en soirée... Avis aux amateurs de dance-floor. Le Brew dispose d'un deuxième site, sur Ngong Road (Karen), en haut de Piedmont Plaza, qui propose des brunchs tous les dimanches de 11h à 17h.

INCA AT THE SOCIAL HOUSE

154 James Gichuru Road ✆ +254 709 216 000
https://thesocialhouse.ke/
Ouvert tous les jours de midi à 19h. Compter 1 500 Ksh pour un ceviche sur le pouce et 700-900 Ksh pour un cocktail.

Le restaurant et bar Inca au dernier étage du boutique-hôtel « The Social House » s'est mis aux couleurs du Pérou. Les spécialités du menu, ainsi que les cocktails vous transporteront donc en Amérique du Sud. Le lieu offre une vue verdoyante et reposante, les banquettes et les coussins colorés invitent à la détente. Musique latino bien sûr pour l'ambiance et à la carte, toute une série de *piqueos* (tapas) exquis de saveurs outre-Atlantique. Les cocktails promettent également de belles surprises. Petit bémol tout de même sur les tarifs, l'exception a un prix.

MUTHONI DRUMMER QUEEN, REINE DU RAP

Muthoni Drummer Queen, « reine de la batterie », est le visage et la voix de la scène rap et électro kenyane... mais pas seulement. Enfant de Nairobi, Muthoni Ndonga, a percé en 2013 avec la sortie de son album éponyme « MDQ », produit par deux musiciens suisses, GR ! et Hook. Elle a ensuite été révélée au public lors de tournées au Kenya et en Suisse, notamment au Montreux Jazz Festival. Rappeuse, percussionniste, productrice, Muthoni est une artiste engagée, militante féministe et antisystème. *Kenyan Message*, l'un de ses premiers titres chantés en anglais, swahili et sheng (argot kenyan) dénonce ceux qui « ont tout l'argent qui ne sont que 1 % de la population », entre autres. Elle a aussi créé deux festivals, « Le Kenya's blankets and wine music festival » (des couvertures et du vin) il y a dix ans et « L'Africa Nouveau Festival » en 2015, deux événements majeurs de la culture africaine actuelle où se côtoient concerts, projections, performances, défilés. Ses looks flamboyants (dreadlocks, maquillages, tenues, bijoux multicolores) et ses engagements font d'elle une icône locale très populaire et une artiste connue dans toute l'Europe. Son troisième album, *She*, est paru en 2018. En novembre 2021, le trio lance un quatrième album studio, intitulé *River*, dont le clip vidéo *Power* est sacré meilleur clip de Suisse. Femme de caractère et artiste aux multiples facettes, Muthoni défie tous les horizons créatifs pour propager son amour de la musique et son engagement en faveur des libertés féminines.

SIMBA SALOON

Langata Road
✆ +254 722 204 647
Du lundi au samedi de 8h à 17h. Fermé le dimanche.

Le Simba est très fréquenté par la bourgeoisie kenyane et les clients du fameux restaurant The Carnivore (beaucoup de touristes). Le très grand bar et la salle ouverte sur un jardin sont très agréables et plus respirables que certaines boîtes du centre-ville. Concerts live de temps en temps, souvent le mercredi. Egalement des sessions mensuelles de rumba, en mode thé-dansant. Le bar propose de quoi se restaurer, en provenance de la même cuisine que le Carnivore. Si vous venez en famille, une aire de jeux est à disposition des enfants.

THE ALCHEMIST

Parklands Road
✆ +254 727 591 116
www.alchemist254.com
Ouvert tous les jours à partir de midi. Entrée gratuite.

Eat. Drink. Learn. Shop. Party. Tout est dit. Une alchimie réussie. The Alchemist est « le » lieu branché qui fait l'unanimité, aussi bien auprès des Kenyans que des expatriés et des touristes. Un lieu de détente, de rencontres et de fête. La piste de danse est au centre d'un vaste espace en plein air, avec canapés, coin jardin et bons *food trucks* pour se nourrir. Ambiance décontractée et chaleureuse. Un spot incontournable de la vie nocturne à Nairobi. Mais pas seulement, car en journée, c'est aussi un lieu très agréable pour faire une pause.

THE WINE SHOP

291 Loresho Ridge
✆ +254 718 003 302
www.thewineshopkenya.com
Ouvert du lundi au samedi de 9h à 22h. Compter 500-600 Ksh le verre de vin, 2 000 Ksh la planche de fromages pour 2.

Les amateurs de bons vins et curieux d'œnologie pourraient bien tomber dans le tonneau. Au verre ou à la bouteille (sur place ou à emporter), le visiteur peut découvrir différents cépages (Sauvignon, Chardonnay, Chenin blanc, Merlot, Pinot noir, Shiraz...) en provenance d'Argentine, du Chili, de France, d'Italie, d'Afrique du Sud, et même d'Australie et des USA. Des tapas méditerranéennes, plateaux de fromages et charcuteries, pâtes et pizzas, soupes, salades, font le menu pour accompagner les précieux élixirs. Le lieu est réservé aux personnes majeures.

TIN ROOF CAFE KAREN

Dagoretti Road
✆ +254 748 259 066
tinroof.cafe
Ouvert tous les jours de 8h à 17h30. Petit-déjeuner autour de 800 Ksh, déjeuner entre 1 000 et 1 700 Ksh.

Ce petit café, installé dans une jolie villa nichée dans la végétation, est un havre de paix, au charme irrésistible. Il propose une nourriture essentiellement végétalienne. Que du bon, du frais et du coloré. Pas d'alcool, mais d'excellents *smoothies*. Sur le même concept, un autre café, tout aussi séduisant, situé dans les boutiques de Langata Link, fera le bonheur de ceux qui veulent en profiter pour faire aussi un peu de shopping. C'est en effet là que toutes les belles marques d'artisanat, « 100 % made in Kenya », sont représentées.

(SE) FAIRE PLAISIR

Artisanat, art et déco, tissus, maroquinerie, vêtements ethniques, vannerie, bijoux... Faire ses achats à Nairobi est facile et les tentations sont grandes, notamment au City Market ! Les « malls », de véritables complexes commerciaux, de loisirs et de divertissement, ont fleuri ces dernières années, de plus en plus grands, bien fournis en magasins de tous genres et ouverts tous les jours. Les plus réputés étant The Village Market (le plus chic), The Hub Karen et Two Rivers Mall (les plus récents), Yaya et Galleria. Le marché maasaï (Maasai Market) populaire et haut en couleur, a lieu dans différents endroits de la ville, selon les jours de la semaine. Celui-ci attire une clientèle de touristes, il faut donc s'armer de patience et d'énergie pour marchander un tant soit peu. Enfin, pour avoir un éventail exhaustif de ce qui se fait de mieux en matière d'artisanat « 100 % made in Kenya », direction Langata Link Shops !

GALLERIA SHOPPING MALL

Langata Road
https://galleria.co.ke
Ouvert tous les jours de 8h à 22h.

Ce n'est pas tant pour le centre commercial que cette adresse mérite d'être retenue, mais pour le petit marché permanent d'artisanat local, dans l'enceinte du parking. Vous y trouverez un peu de tout (sans grande originalité toutefois), et vous serez invité à jeter un œil à tous les stands, sans être pour autant sollicité à outrance, ce qui peut être appréciable. Si vous êtes dans le quartier, c'est une bonne option pour vos achats en toute tranquillité. En revanche, négociez toujours les prix ! Qui ne tente rien... cela fonctionne dans les deux sens.

THE HUB

Dagoretti Road
✆ +254 702 120 120
www.thehubkaren.com
Ouvert tous les jours de 8h à 23h.

Centre commercial à ciel ouvert où l'on trouve absolument tout. Les enseignes Carrefour, Decathlon et Yves Rocher y sont représentées. Agences de voyages, boutiques d'artisanat et de marques, banques, cafés et restaurants... On y vient pour joindre l'utile à l'agréable. Si vous avez oublié vos chaussures de randonnée, que vous voulez vous équiper sur place pour camper, c'est ici qu'il faut venir. L'ensemble est aménagé sur deux étages autour d'une grande cour intérieure. L'un de nos favoris parmi les *shopping malls* de Nairobi.

TWO RIVERS MALL

Limuru Road
✆ +254 709 190 508
https://tworiversmall.com/home/
Ouvert tous les jours de 7h à 23h.

Le dernier-né, le plus moderne et le plus grand ! Plus qu'un centre commercial, il s'agit d'un énorme complexe incluant des appartements résidentiels, des bureaux, des infrastructures de divertissement (une grande roue, un skate park, un circuit de karting et bientôt un cinéma), de nombreux restaurants et cafés, un hôtel, et bien sûr une foule de boutiques et de grands magasins (Decathlon et Carrefour, entre autres). Pas moins de 200 enseignes y sont représentées. Ce qui en fait le plus grand centre commercial d'Afrique subsaharienne (hors Afrique du Sud).

YAYA SHOPPING CENTER

Argwings Kodhek Road, Kilimani
✆ +254 709 439 000
http://yaya-centre.com/
Ouvert de 8h à 21h du lundi au samedi.
De 9h à 18h le dimanche.

Ce centre commercial regroupe une ribambelle de boutiques diverses et variées (mode, déco, cosmétique, banques, photo et téléphonie, alimentation...). Possible aussi de se restaurer, diverses enseignes présentes (Artcaffé, Java House, Pizza Hut, Absolute Juice, Alexandre Bakery). Le dimanche, aux abords de ce centre commercial très réputé dans la ville (l'un des plus gros et des plus anciens), un marché d'artisanat local bien fourni et de moyenne taille prend ses quartiers. Bon plan pour vos achats de souvenirs et cadeaux typiques.

THE VILLAGE MARKET

Limuru Road
✆ +254 207 122 488
villagemarket-kenya.com
Ouvert tous les jours de 7h à 23h.

Malgré ses apparences de village, avec de nombreux espaces extérieurs, plantes et cascades artificielles, ce complexe commercial et de divertissement est le plus chic de la capitale, moderne et diversifié, très fréquenté par les expats. Il compte 150 boutiques, notamment de l'artisanat africain et des créateurs de mode. On peut aussi y manger, avec plus d'une trentaine d'enseignes aux saveurs internationales et des terrasses à ciel ouvert. Un haut lieu du shopping à Nairobi. Le centre accueille un grand marché Maasaï tous les vendredis.

AMANI YA JUU SHOP

Ring Road
✆ +254 769 818 031
https://amaniafrica.org/
La boutique comme le café sont ouverts tous les jours sauf le dimanche, de 8h30 à 19h30 (17h30 le lundi).

Si vous voulez faire une bonne action tout en achetant de très jolies choses faites à la main, 100 % *made in* Kenya, c'est ici qu'il faut venir. Il s'agit d'un collectif de femmes réfugiées d'Ouganda, qui pour subvenir à leurs besoins, se sont réunies, formées à la couture, et mettent à profit leur savoir-faire. Vêtements (hommes, femmes, enfants), sets et nappes de table, couvre-lits, coussins, objets de déco, pochettes et sacs en wax, bijoux… Tout est de qualité, sur des modèles originaux, et aux couleurs de l'Afrique ! Egalement une boutique en ligne.

TOI MARKET

Kinangop Road, off Suna Road
Tous les jours de 8h à 18h.

Vêtements et chaussures d'occasion, fruits et légumes, tissus en tous genres (shuka, kanga et kikoi), vaisselle, artisanat, gargotes alimentaires… Ce marché très populaire est le cœur palpitant de Nairobi, une façon de découvrir et de mieux comprendre comme les gens vivent, d'observer cette économie informelle florissante qui imprègne les rues de la capitale. Pour qui aime les marchés, vous trouverez ici de tout. Vous pourrez y dénicher des trésors. Et même si vous ne voulez rien acheter, cela peut faire l'objet d'une immersion totale dans l'ambiance locale.

KAZURI

Langata road
✆ +254 714 672 827
https://www.kazuribeads.com
L'atelier et la boutique sont ouverts aux visiteurs tous les jours de 8h30 à 18h, le dimanche, seule la boutique.

Kazuri signifie « petit et beau ». Ce fabricant de perles et de vaisselle en céramique a ouvert ses ateliers en 1975, sur les domaines de Karen Blixen. Il possède une solide réputation, et plusieurs distributeurs à travers le pays et à l'étranger, notamment en France. Cette fabrique, dans sa philosophie, a souhaité venir en aide aux mères célibataires dans le besoin. Elle emploie aujourd'hui près de 300 femmes. La visite de l'atelier, en soi, vaut le détour. Vous pourrez y découvrir toutes les étapes de fabrication. L'atelier est fermé le dimanche.

SANDSTORM KENYA

Dagoretti Road
✆ +254 704 147 466
https://sandstormkenya.com/
Tous les jours de 10h à 18h. Autres boutiques à Nairobi : Yaya Center, Sarit Center, Villa Kempinski, Village Market.

C'est LA marque incontournable de sacs et accessoires en cuir et toile « Made by Kenya ». Depuis plus de 20 ans, Sandstorm, fabricant à l'origine de tentes safari, utilise des textiles et des cuirs produits localement pour fabriquer des sacs à main, sacoches, trousses de toilette et sacs de voyage. Le style safari et les couleurs sable, terre et savane, s'inspirent de la beauté des paysages kenyans. La qualité des matières premières et des produits finis, ainsi que leur durée de vie font de la marque une référence au Kenya et à l'international.

LANGATA LINK SHOPS

Langata South Road
✆ +254 738 651 042
www.langatalinkshops.com
Ouvert du lundi au samedi de 8h à 17h, le dimanche de 8h30 à 16h. Euros et US$ acceptés. Paiement par CB. ATM.

Une adresse de prédilection pour vos achats de souvenirs et cadeaux. Ou tout simplement pour se faire plaisir. Les principaux designers kenyans y sont représentés. On y trouve de jolis objets d'artisanat, de déco, des tissus, des kikoi (paréos), des produits gourmands, des vêtements, sacs et accessoires, des bijoux, des cosmétiques et savons naturels, des jouets, etc. 100 % made in Kenya. Au centre de cette maison aux multiples trésors, le Tin Roof Coffee propose des jus de fruits frais, sandwichs et salades. Une aire de jeu également pour les enfants.

MARCHÉ MAASAÏ

Les marchés maasaïs sont nombreux, se référer aux différents lieux selon les jours.

Artisanat maasaï en pagaille (chapeaux, sacs, sandales, objets en bois, bijoux, sculptures, vêtements et textiles...) pour des prix très raisonnables une fois négociés. Le mardi, le marché prend place au Prestige Plaza le long de Ngong Road, le mercredi en centre-ville le long de Mombasa Road, le jeudi au Junction Mall et au Garden City Mall, le vendredi au Junction Mall, le long de la route de Limuru et du centre commercial Langinton, le samedi sur le parking de la Haute Cour en face du Prestige Plaza et le dimanche sur le parking du Yaya Centre, à Hurlingham.

UTAMADUNI CRAFT CENTER

Bogani East Road
✆ +254 722 205 028
https://utamadunishops.com
Ouvert tous les jours de 9h à 18h.

Ce centre d'artisanat expose, dans une belle villa d'époque, l'ensemble de tout ce que l'on peut trouver au Kenya en termes d'artisanat. Vêtements, bijoux, déco, tissus, tentures murales, objets en tous genres... on déambule d'une pièce thématique à une autre (il y en a une vingtaine). Les prix sont fixes. Outre la grande diversité d'objets, c'est un endroit agréable grâce à son environnement bucolique, sa présentation originale des produits et son petit restau en terrasse. Une sélection de produits sont disponibles à l'achat en ligne.

OCEAN SOLE - FLIP FLOP ART

Karen Village
✆ +254 727 531 301
https://oceansoleonline.com/
Expo du Karen Village ouverte de 8h à 17h du lundi au samedi.

Grâce à cette entreprise sociale, les tongs en plastique, abandonnées ou rejetées par l'océan sur les plages du Kenya, sont recyclées pour devenir des jouets et objets d'art. Ocean Sole organise régulièrement des opérations de nettoyage sur la côte ; les savates sont ensuite envoyées dans un atelier qui les transforme en plaques multicolores. Certains chefs-d'œuvre peuvent nécessiter quelque 2 000 tongs. Les plus grandes pièces (éléphants ou girafes) mesurent environ 2 mètres.

WASP & SPROUT

Old Loresho Shopping Centre, Loresho Ridge Road, Loresho
✆ +254 799 873 422
Ouvert du lundi au jeudi de 8h à 16h, vendredi jusqu'à 21h, le week-end jusqu'à 17h.

Ce café chic et bohème, aux couleurs africaines, propose de délicieux *brunchs*, salades, sandwichs, smoothies. C'est aussi un lieu d'exposition d'art et d'artisanat, de vente de meubles, bijoux, tissus, luminaires, coussins et divers objets de décoration intérieure, réalisés par des créateurs locaux, dans un souci de commerce équitable et de respect de l'environnement. De quoi dénicher quelques perles. Les objets et pièces d'artisanat sont visibles pour la plupart sur le site Internet. Fort à parier que vous ne repartirez pas les mains vides.

SPINNERS WEB KENYA

Kitisuru Road, Peponi Road
✆ +254 731 168 996
www.spinnerswebkenya.com
Du mardi au dimanche de 9h30 à 17h30, fermé le lundi.

Bijoux, sculptures en bois, sacs, cuirs, textiles, objets de décoration, vêtements, etc., ce magasin propose un grand choix de produits parmi ce qu'il y a de mieux en matière d'artisanat kényan (du plus traditionnel au plus moderne). Pas moins de 200 artisans vendeurs sont représentés. Difficile de repartir les mains vides. C'est une bonne adresse pour vos achats. Sur place, vous pourrez vous désaltérer et vous restaurer. Le café Spinners propose quelques plats, boissons et encas à déguster sur le pouce, au milieu de quelques étagères de livres.

PRESTIGE BOOKSHOP

Mama Ngina Street
✆ +254 707 660 164
https://prestigebookshop.com/
Ouvert du lundi au vendredi de 9h à 17h, le samedi de 9h à 15h. Fermé le dimanche.

Cette petite librairie est assez bien fournie et nourrit l'esprit de ses clients depuis plus de 50 ans. Le Kenya est bien sûr représenté, aux côtés d'une bonne sélection d'auteurs africains, européens, américains... De quoi étancher votre soif de découvertes littéraires. Vous y trouverez également des ouvrages rares et de nombreux livres pour enfants. En revanche, la majorité des ouvrages sont en anglais. La libraire dispose d'un site Internet qui présente l'ensemble de son fonds littéraire. Une bonne adresse à Nairobi pour les inconditionnels du papier.

BOUGER & BULLER

Vous souhaitez marcher au grand air ? Rendez-vous dans la forêt de Karura. Les adeptes de sorties pédestres aiment s'y retrouver pour une courte balade entre amis ou en famille (1-2h), c'est sans aucun doute l'un des endroits les plus fréquentés pour se mettre au vert, non loin de Nairobi. De nombreux habitants de la capitale se sont par ailleurs mis au vélo, depuis l'arrivée de la pandémie de Covid-19, et ce malgré l'inexistence de pistes cyclables. Nous vous conseillons toutefois de privilégier les sorties en VTT, loin de la circulation urbaine, notamment vers les Ngong Hills. Les amateurs de rafting ou canoë-kayak pourront s'adresser à Savage Wilderness, les passionnés de golf se rendre au Royal Nairobi Golf Club. Pour les adeptes de yoga et de détente holistique, la capitale kenyane offre quelques possibilités intéressantes et les spas des plus grands hôtels restent accessibles à tous.

ACHI'S RANCH

2 km off Langata Road
✆ +254 724 932 279

A pied ou à cheval, vous pourrez faire une balade dans la forêt de Langata, loin de l'agitation de la ville. Le week-end, les Kényans sont nombreux à venir prendre l'air dans cet immense domaine où le vert domine. En semaine, il n'est pas rare que les entreprises organisent des séances de « team building ». Le centre de loisirs dispense également des cours d'équitation. Une activité à faire en famille si vous avez du temps à passer à Nairobi. Les excursions à cheval à travers la forêt de Ngong sont guidées par des professionnels bien formés.

KARURA FOREST

83 Muthaiga Road
✆ +254 791 398 371
www.karurafriends.org

Ouvert de 6h à 18h. Entrée à 600 Ksh pour un adulte et 300 Ksh pour un enfant. 500 Ksh pour un VTT (2 heures).

La forêt attire de nombreux citadins qui viennent s'oxygéner le week-end. Les sentiers forestiers que l'on peut emprunter, à pied ou à vélo, sont l'occasion d'une excursion d'une journée ou d'une demi-journée, au vert, loin de l'agitation de la ville. Les oiseaux foisonnent, et il n'est pas rare de croiser des singes et autres petits mammifères. Ne manquez de faire une pause sur la terrasse du River Café, au cœur de la forêt : on ne peut plus agréable et on y mange très bien (idéal pour un brunch, par exemple). Espaces de jeux pour les enfants.

GP KARTING

Carnivore road
✆ +254 733 666 333

Du mardi au dimanche de 9h à 18h.

GP Karting est une référence pour les amateurs de sports automobiles au Kenya, et en particulier de karting. En effet, rares sont les circuits de course en Afrique de l'Est, et les infrastructures de GP Karting ont fière allure, avec une piste extérieure ainsi que de bonnes normes de sécurité. Les prix sont attractifs, et des compétitions sont organisées pour les plus jeunes mais aussi pour les groupes. Une boutique spécialisée existe sur place. Vous pourrez également manger sur le site, ou encore faire une partie de paintball.

MOUNTAIN CLUB OF KENYA

Langata Road
✆ +254 722 760 159
www.mck.or.ke

Rencontres le premier mercredi de chaque mois à 20h. Mais vérifiez avant qu'elles ont bien lieu.

Le club réunit une communauté de grimpeurs et de randonneurs passionnés. Les membres aiment explorer de nouveaux chemins, sortir des sentiers battus, relever de nouveaux défis. Leur esprit d'aventure s'accompagne d'une parfaite connaissance du terrain et d'une expérience acquise au cours de nombreuses expéditions. Ils participent aussi régulièrement à des actions de sensibilisation et de préservation des espaces naturels (aux côtés du Mountain Trust of Kenya notamment) et se réunissent en général une fois par mois à Nairobi.

SAVAGE WILDERNESS

Sarit Centre ✆ +254 737 835 963
savagewilderness.org
1h de Nairobi, sur la route de Nanyuki. 8 000 Ksh / personne / jour transport aller-retour, équipement, déjeuner compris

A 1h de Nairobi, sur la route de Nanyuki et 3 km environ avant la ville de Sagana, le Savage Wilderness Camp est le point de départ pour les aventures sportives sur le fleuve Tana (le plus long fleuve du Kenya). Rafting ou canoë-kayak, vous pourrez, au départ de Nairobi, y passer une journée pour environ 8 000 Ksh par personne, tout compris (transport aller-retour, équipement, déjeuner), si vous passez par l'agence. Il est aussi possible de dormir sur place. Le camp dispose, sur un grand domaine paisible en bordure du fleuve (14 cottages et un terrain de camping).

KEMPINSKI THE SPA

Chiromo Road
✆ +254 703 049 000
www.kempinski.com
Ouvert de 9h à 21h tous les jours. Réservation conseillée.

Avec 9 salles de soins, un hammam, un bain à remous, une piscine extérieure chauffée, une salle de sport, un bar de piscine... Le spa de l'hôtel Kempinski bénéficie d'équipements haut de gamme et d'un cadre pour le moins luxueux. Il propose une gamme de soins corporels et de massages, déclinés au gré des saisons européennes (printemps - détoxifiant, été - équilibrant, automne - relaxant, hiver - énergisant) et réalisés haut la main par des thérapeutes bien formés. De quoi venir y passer quelques heures, pour un moment privilégié de bien-être et de détente.

ACACIA STUDIOS

Waiyaki Way, Westlands
✆ +254 721 111 141
Ouvert tous les jours. Le pass 3 séances coûte 2 500 Ksh.

Vinyasa, Yin, Ashtanga et Hatha Yoga... Que vous soyez novice ou yogi aguerri, ce centre offre plusieurs cours de qualité, adaptés à tous les niveaux, dans un cadre agréable, avec des profs certifiés. Des ateliers et des stages de plusieurs jours sont régulièrement organisés. C'est aussi une façon de rencontrer des personnes qui partagent ce même besoin d'harmonie et d'équilibre intérieur, la même philosophie de vie et de se reconnecter à soi. En milieu urbain, un espace de pratique salvateur, pour les amateurs du « chien tête en bas ».

SERENITY SPA

412 UN Crescent ✆ +254 792 66 44 66
www.serenityspa.co.ke
Quatre spas, l'un à Kitisuru, les autres à Gigiri, Karen et Tigoni, ouverts tous les jours de 9h à 21h, 20h le dimanche.

Avec une équipe de thérapeutes qualifiés, une grande variété de soins pour hommes et femmes (soins du corps, du visage, gommages, massages, épilations, pédicures, manucures, hammam, sauna...), réalisés avec des produits de qualité (Natural Spa Factory), c'est une véritable bulle de bien-être à explorer sans modération. Le site de Giriri dispose d'un jardin luxuriant et d'un café pour se relaxer et se restaurer. Les sites de Karen, Kitisuru et Tigoni offrent les mêmes prestations. Les week-ends sont particulièrement chargés, mieux vaut réserver son soin à l'avance.

BIKRAM YOGA NAIROBI

Chandarana Lavington Green Shopping Center
✆ +254 737 932 573
https://bikramyoganairobi.com/
Ouvert tous les jours, 5 cours par jour en semaine, 2 à 3 par jour les weekends.

Cet espace, installé dans l'enceinte du Lavington Green Mall, propose essentiellement des cours de Bikram Yoga et de Power Yoga. Les séances de Bikram, la forme de « yoga chaud » la plus populaire, se pratiquent dans une pièce à 40 °C, avec un taux d'humidité de 40 %. Les séances durent 90 minutes, elles sont constituées d'une série de 26 poses chaque fois identiques et répétées dans le même ordre. Le club propose entre 2 et 5 séances par jour et accueille volontiers les nouveaux-venus. Sur place, vous trouverez également un bar ainsi qu'une boutique thématique.

KENYA CONSERVATOIRE OF MUSIC

Harry Thuku Road
✆ +254 720 962 288
www.conservatoire.co.ke
Forfaits de 12 cours (30 min, 45 min ou une heure) de 14 400 Ksh à 28 800 Ksh.

Toute la musique (danses, chants, instruments, etc.) réunie sous un même toit. Le conservatoire, une institution à but non lucratif, a pour but de promouvoir l'enseignement d'une musique de qualité au Kenya. Il accueille en moyenne 400 élèves par an de tous âges. L'orchestre symphonique a été fondé en 2004. Il comprend actuellement des étudiants de 14 ans et plus. On peut assister aux répétitions tous les samedis, en période scolaire, entre 16h et 19h.

Le cœur de la vie nocturne de Nairobi se trouve dans le quartier de Westlands. Dans ce quartier d'affaires moderne, de nombreux resto-bars-pubs ont ouvert, fréquentés en premier lieu par les Kényans de la classe moyenne, de plus en plus adeptes des *after-works*. En une soirée, vous pouvez faire la tournée des bars qui pulsent : commencez par profiter du coucher du soleil sur la terrasse de l'hôtel Sankara, puis dînez et buvez un verre au Havana, enchaînez ensuite sur le Gipsy, l'Alchemist, le Brew Bistro, ou le Black Diamond. Au feeling, et selon l'ambiance et la musique. Ces lieux sont aussi bien fréquentés par les Kényans que les occidentaux, et peuvent se parcourir à pied. Le quartier ne présente pas de danger particulier. Néanmoins, tard la nuit lors de vos déplacements, restez vigilant. En centre-ville, l'Alliance française peut offrir de belles surprises musicales, n'hésitez pas à consulter le programme culturel.

BREW BISTRO & LOUNGE

Mpaka Road, Westlands
✆ +254 705 466 836
www.thebigfivebreweries.com
Ouvert tous les jours de 11h à 03h. Nombreuses soirées thématiques (salsa, brunch le dimanche, etc.).

A toute heure de la journée, on vient dans ce bar-lounge qui domine la ville, pour boire un verre et se restaurer (viandes grillées, burgers, pizzas, salades), mais c'est surtout en soirée que l'ambiance s'enflamme (notamment en fin de semaine). La jeunesse dorée de Nairobi aime venir ici. Bonne musique, bons cocktails, et ambiance clubbing en soirée... Avis aux amateurs de dance-floor. Le Brew dispose d'un deuxième site, sur Ngong Road (Karen), en haut de Piedmont Plaza, qui propose des brunchs tous les dimanches de 11h à 17h.

MUZE CLUB

Woodvale Grove
✆ +254 727 247 494
www.muzeclub.com
Ouvert seulement les vendredis et samedis, à partir de 22h. Entrée libre ou payante selon les soirées.

Haut lieu de la vie nocturne branchée de Nairobi, un réel lieu de melting-pot. Soirées clubbing et... électriques ! Musique innovante, branchée, jamais rien de redondant, le tout avec un excellent sound-system. Nuit blanche et lâcher-prise assurés, le tout accompagné d'excellents cocktails, attention aux excès. On pourrait presque se croire à Ibiza certains soirs. Les DJ kenyans et internationaux font le *show* avec plusieurs événements mensuels. Rendez-vous sur leur page Facebook pour connaître le programme des événements et les mises à jour.

K1 KLUB HOUSE

Ojijo Road, Parklands
✆ +254 717 969 500
https://linktr.ee/k1klubhouse
Ouvert tous les jours à partir de 10h à 20h30. Entrée gratuite.

Très grand complexe à la fois disco, bar sportif (retransmission de matchs sur grand écran), restau, qui comblera les adeptes de bars animés. Beaucoup d'ambiance en fin de semaine. DJ et musique live, black music (funk, disco, hip-hop, soul) et parfois du jazz. Bien pour festoyer également en journée entre amis, la carte propose essentiellement des burgers et des viandes grillées, des smoothies et des cocktails en tout genre. Le Klub House organise régulièrement des événements thématiques à tarif unique, incluant les boissons, le repas et les animations.

THE ALCHEMIST

Parklands Road
✆ +254 727 591 116
www.alchemist254.com
Ouvert tous les jours à partir de midi. Entrée gratuite.

Eat. Drink. Learn. Shop. Party. Tout est dit. Une alchimie réussie. The Alchemist est « le » lieu branché qui fait l'unanimité, aussi bien auprès des Kenyans que des expatriés et des touristes. Un lieu de détente, de rencontres et de fête. La piste de danse est au centre d'un vaste espace en plein air, avec canapés, coin jardin et bons *food trucks* pour se nourrir. Ambiance décontractée et chaleureuse. Un spot incontournable de la vie nocturne à Nairobi. Mais pas seulement, car en journée, c'est aussi un lieu très agréable pour faire une pause.

THE BOSS DEN

Mpaka Rd

✆ +254 745 380 336

Ouvert habituellement tous les jours de 16h à 5h du matin. Entrée gratuite.

Le Boss Den, anciennement le Black Diamond, a la réputation d'être une discothèque faisant office de lieu de rencontre branché pour célibataires, des soirées thématiques sont même organisées pour les favoriser, notamment les mercredis. Mais tout le monde est là pour s'amuser et l'ambiance en terrasse est très sympa. Vous pourrez profiter de la musique afro-européenne (par un DJ local), avec une petite piste de danse et boules à facettes, le tout agrémenté d'un bon cocktail. Ouvert tous les jours, ou du moins toutes les nuits.

ALLIANCE FRANÇAISE DE NAIROBI

Loita et Monrovia Streets

✆ +254 204 917 110

https://afkenya.org

Consulter la programmation culturelle sur le site Internet de l'Alliance.

Si l'Alliance Française est principalement dédiée à l'enseignement du français langue étrangère permettant d'obtenir les fameux DELF et DALF, c'est aussi à Nairobi un centre culturel très dynamique, dont la programmation se renouvelle tous les deux mois. Théâtre, cinéma, concerts, expositions, festivals, cafés-rencontres... Consultez le programme de l'alliance en ligne, régulièrement mis à jour. L'Alliance Française de Nairobi dispose aussi d'une bibliothèque.

BOMAS OF KENYA

Langata, Forest Road (Karen)

✆ +254 208 890 798

www.bomasofkenya.co.ke

Représentations quotidiennes de 14h30 à 16h en semaine, et de 15h30 à 17h15 les week-ends et jours fériés.

Bien pour découvrir les musiques et danses traditionnelles du Kenya, si vous n'êtes pas contre un certain folklore. Des spectacles sont organisés tous les jours. Les troupes de danseurs-chanteurs peuvent réaliser plus de 50 chorégraphies différentes inspirées des cultures et des ethnies qui font la richesse du Kenya. Côté musique, les rythmes de l'Afrique pourraient bien vous faire vibrer de plaisir ! Le restaurant Utamadoni constitue également une immersion culturelle, les grands classiques de la cuisine kenyane y sont proposés, et c'est plutôt très bon !

GOETHE INSTITUT

3 Monrovia Street

✆ +254 202 211 381

www.goethe.de

Ouvre de 8h à 17h du lundi au vendredi, de 8h à 12h le samedi.

À l'instar de l'Alliance Française, son pendant germanique, le Goethe Institut, est très actif en termes de programmation culturelle et artistique. Les événements à venir sont disponibles sur leur site Internet. Au programme : un grand nombre de séminaires, forums littéraires, concerts, expositions, etc. L'institut dispose également d'une excellente bibliothèque, et propose des cours d'allemand pour tous les niveaux, vous permettant d'obtenir des diplômes et des certificats. À noter qu'à Mombasa, ils empruntent les locaux de l'Alliance pour leurs cours.

KENYA NATIONAL THEATRE

Harry Thuku Road

✆ +254 724 033 144

www.kenyaculturalcentre.go.ke

Consulter la programmation culturelle sur le site Internet du centre.

Rénové en 2014, c'est LE grand théâtre de Nairobi. Le répertoire, contemporain, est varié, de qualité inégale et la programmation aléatoire, mais cela peut tout de même faire l'objet d'une sortie sympathique au milieu du Tout-Nairobi. Consultez le programme des événements à venir sur le site Internet. Le théâtre dispose d'un bar-restaurant, le Wasanii. On peut notamment y manger quelques spécialités locales de poisson (tilapia) à des prix très raisonnables. Le coin terrasse en balcon offre une jolie vue arborée. Agréable pour boire un verre dans le quartier.

PAWA 254

State House CRE

✆ +254 721 956 552

http://pawa254.org/

Ouvert du lundi au vendredi de 8h à 17h, sauf événement particulier. Programme des événements sur le site Internet.

Dans un environnement calme et serein, ce collectif de jeunes artistes kenyans et acteurs de la vie sociale et politique (journalistes, photographes, réalisateurs engagés, acteurs des réseaux sociaux...), très actif, prône une contre-culture mêlant art et politique, pour un avenir meilleur. Il s'agit d'un espace d'expression libre dédié aux arts graphiques et visuels, ainsi qu'aux arts vivants, un espace d'échanges et de dialogue, où l'on vient flâner, rencontrer des gens, confronter ses idées. Un incontournable de la vie culturelle à Nairobi.

Nairobi National Park.

NAIROBI NATIONAL PARK ★

À quelques minutes du centre-ville de Nairobi, et juste à côté de l'aéroport international Jomo Kenyatta, on se retrouve dans la savane, au milieu des gazelles, des girafes, des rhinocéros et des lions. Ce parc surprenant, et de petite taille (114 km²) fut créé en décembre 1946, ce qui en fait le plus ancien sanctuaire animalier du Kenya. Il accueille près de 120 000 visiteurs par an. Il est clôturé au nord, le long de la route qui relie Nairobi et Mombasa, et à l'ouest ; il est en revanche ouvert vers le sud afin de permettre aux animaux de migrer. Ces derniers sont nombreux et toutes les espèces sont présentes, à l'exception des éléphants, faute de zones boisées.

Durant les périodes sèches, la concentration d'animaux est beaucoup plus forte. Les points d'eau permanents au sud du parc attirent en effet un grand nombre d'herbivores (zèbres, gnous, gazelles et élans arrivent en masse en juillet et août). La proximité des gratte-ciel de Nairobi, et les clôtures partielles pourraient donner l'illusion d'un grand zoo. Il n'en est rien. Le parc est en effet d'une taille assez importante et les paysages très vallonnés lui confèrent un caractère sauvage.

Ce parc n'est pas aussi spectaculaire qu'Amboseli ou Samburu, mais il a du charme et mérite une visite. Pour une première approche de la savane, et aussi si vous manquez de temps pour vous éloigner de la capitale, c'est l'idéal. Il reste néanmoins bien menacé par l'urbanisation galopante de la ville, la récente ligne de train à grande vitesse qui traverse aujourd'hui le parc constitue une menace supplémentaire pour un écosystème déjà fragile. La voie ferrée est surélevée, permettant aux animaux de circuler, mais sa construction n'a pas été sans bouleverser l'environnement, le paysage s'en trouve transformé et les nuisances sonores auront forcément un impact sur la vie des animaux. Comme ailleurs, souhaitons que la cohabitation entre l'homme et l'animal trouve un point d'équilibre durable.

La meilleure façon de visiter le Parc national de Nairobi est de louer une voiture pour la journée ou la demi-journée. Les pistes sont bonnes et la signalisation correcte. Vous ne risquez donc pas de vous perdre. Si vous n'avez pas de véhicule, vous pouvez effectuer la visite en taxi ou, plus simplement, vous adresser à l'une des nombreuses agences (certains hôtels également) qui organisent des circuits dans le parc. La visite dure généralement quatre heures. Droits d'entrée : 43 US$.

NAIROBI ANIMAL ORPHANAGE

Langata Road ✆ +254 800 597 000
https://www.kws.go.ke

Ouvert tous les jours de 8 à 17h. Entrée à 22 US$ pour un adulte et 13 US$ pour un enfant.

Centre de soins et de réhabilitation pour les animaux sauvages, l'orphelinat est situé dans le Parc national de Nairobi. Il accueille des lions, des guépards, des hyènes, des chacals, des léopards, des buffles et diverses espèces de singes. Attendrissement garanti devant les lionceaux et autres animaux en difficulté qui trouvent refuge ici, en attendant de rejoindre leur environnement naturel. Un site intéressant à visiter, notamment avec de jeunes enfants, pour mieux comprendre la vie sauvage et les menaces qui pèsent sur elle.

NAIROBI TENTED CAMP €€

Magadi Road
✆ +254 774 136 524
http://nairobitentedcamp.com/

Entre 132 et 163 US$ par nuit et par personne (avec le petit déjeuner).

Au cœur d'une forêt, ce lodge, géré par Game Watchers, est le seul camp de toiles à l'intérieur du Parc national de Nairobi. Si vous avez le désir de rester au plus près de la nature, pour commencer votre voyage ou le terminer, c'est une bonne option. Le parc se trouve à quelques minutes de l'aéroport international Jomo Kenyatta. Le campement dispose de neuf tentes safari tout confort, avec toilettes, douche, eau chaude et électricité. Unique en son genre, en immersion totale dans un environnement sauvage, aux portes de la capitale.

EMAKOKO LODGE €€€

Au sud du parc ✆ +254 724 156 044
emakoko.com

Tarifs et réservations sur leur site internet. Compter environ 1 700 US$ par nuit pour le cottage pour 2.

L'Emakoko est idéal pour commencer (ou finir) votre voyage au Kenya. Situé dans le Parc national de Nairobi, à côté de la rivière Mbagathi, l'observation de la faune – rhinocéros, lions, léopards, buffles – peut commencer 20 minutes après avoir quitté l'aéroport. Avec seulement dix chambres, mariant l'élégance au naturel, le lodge offre un environnement exclusif et intimiste. Les chambres donnent directement sur le Parc national de Nairobi, loin des nuisances sonores. Nourriture excellente. Une bulle de bonheur, à la fois si proche et si loin de la capitale.

OLOLO SAFARI LODGE €€€

✆ +254 708 844 818
www.ololodge.com

A réserver via leur site internet. Twin room à partir de 660 US$ pour 2.

Situé en bordure du Parc national de Nairobi, ce superbe lodge allie l'ambiance de brousse avec le service complet, les commodités et le confort d'un hôtel de luxe en ville. Le souci du détail combiné à l'aspect chaleureux de la maison, une ferme coloniale traditionnelle, et à un haut niveau de confort sont autant de caractéristiques de l'expérience Ololo. Les magnifiques jardins d'Ololo voient passer plus de 500 espèces d'oiseaux et quatre des « Big Five » sont souvent visibles de la terrasse principale. Vous accédez au parc par une passerelle suspendue.

BROWN'S FOOD COMPANY €€€

✆ +254 728 999 654
https://www.brownsfoodco.com

Compter 4 000 Ksh le menu dégustation avec la visite de la ferme.

Cette ferme laitière, réputée pour la qualité de ses fromages (cheddar, camembert, parmesan, feta, halloumi), offre la possibilité de déjeuner sur place. Le menu dégustation comprend une variété de six fromages et six vins, le dessert et le café. Pains, confitures et *chutneys* sont faits maison. Agriculture biologique et biodynamique. Déjeuners sur réservation uniquement du jeudi au samedi. Le samedi, il faut souvent réserver 15 jours avant. La ferme dispose de deux boutiques en ville, au Village Market et au Sarit Centre, avec la possibilité de déguster sur place.

LIMURU

Petite bourgade à 40 km au nord-ouest de Nairobi, Limuru est située à la lisière de la vallée du Rift, à 2 500 mètres d'altitude. C'était autrefois l'un des centres des « White Highlands », ces terres fertiles où s'étaient établis les colons blancs pour se livrer à l'agriculture. Il existe aujourd'hui encore de nombreuses fermes tenues par des descendants de colons. Depuis 1903, les plantations de thé façonnent le paysage de la région. En raison de sa proximité avec Nairobi et de son emplacement sur l'autoroute principale reliant Nairobi à d'autres villes comme Naivasha, Eldoret et Kisumu, Limuru attire de nombreux investisseurs et entreprises.

THIKA

Située à 40 km au nord-est de Nairobi, à une altitude de 1 500 mètres, sur la rivière du même nom, Thika fait partie de l'espace urbain de la capitale. Il s'agit d'une ville industrielle, moderne, qui s'étend rapidement. C'est aussi un centre de production d'ananas en conserve et de café. La production de textiles, la fabrication de boîtes de conserve en fer blanc et d'allumettes, font aussi partie du paysage industriel. Sur le plan touristique en revanche, pas grand-chose à y faire, à part visiter des plantations agricoles et les « Fourteen Falls », une cascade de 27 mètres de haut, sur la deuxième plus longue rivière du pays, la rivière Athi.

KIAMBETHU FARM

Girls School Road ✆ +254 729 290 894
www.kiambethufarm.com

Compter 4 500 Ksh par personne (tout compris), et la moitié pour les enfants de moins de 12 ans. Sur réservation.

Cette magnifique demeure est tenue depuis des décennies par une famille anglaise. Ce n'est ni plus ni moins que le point de départ d'une visite des plantations de thé qui l'entourent. Petit cours d'histoire sur les premiers planteurs en préambule et dégustation à l'arrivée rendent complète cette visite qui s'effectue dans un cadre très agréable et délibérément britannique ! Possibilité de loger sur place. Il est conseillé d'arriver vers 11h pour la visite quotidienne qui se conclut par le déjeuner, à base de produits locaux, vers 13h. Réservation conseillée.

FOURTEEN FALLS

Fourteen Falls adventure

A 20 km à l'Est de Thika. Ouvert tous les jours. 2 100 Ksh par adulte, 1 000 Ksh par véhicule.

Les Fourteen Falls, au pied du parc national d'Ol Donyo Sabuk, sont une curiosité qui vaut le détour sur la route du mont Kenya. En effet, ces jolies cascades sont surprenantes tant le paysage est aride aux alentours. L'endroit idéal pour une pause, et de jolies photos, sans faire un trop grand détour. Malheureusement le site n'est pas très bien entretenu, entre eau polluée, déchets et absence de poubelles, le manque de sérieux des guides proposant des tarifs extravagants. Ne comptez pas non plus sur un restaurant sur place, prévoyez donc vos sandwichs.

CENTRE

Constitué de vastes hauts plateaux montagneux et de la célèbre faille qui les borde, la vallée du Rift, le centre abrite le point culminant du pays, et deuxième du continent africain, après le Kilimandjaro, le mont Kenya (5 199 m). Il est secondé par un autre massif de montagnes : les Aberdares. Autour de ces mastodontes s'élèvent les hautes terres fertiles de l'ethnie principale du Kenya, les Kikuyus, le grenier agricole du pays. De nombreux Kenyans blancs s'y sont installés, délogeant, il fut un temps, les Kikuyus et créant le grief principal des populations locales, notamment des éleveurs en quête de pâturages. Certaines de ces exploitations continuent d'être un point central de l'économie du pays. Les plantations de café, d'ananas, de bananes sont bien les ressources principales du pays Kikuyu. À l'est du mont Kenya, le Parc national de Meru, grande étendue de savane des hauts plateaux, reste méconnu.

MARALAL
VERS LTUNGAI-MALASO CONSERVANCY
Kisir
Kapsowar
Chemolingot
Chebara
Bartabwa
Tangulbei
ITEN
Bartolimo
Chemoigut
LAC BARINGO
Kapteren
Ol Moran
Kabarnet
Marigat
Strawberg
Kinamba
Ol Mai
Kapkuikui
A 4
Kapchebelei
BOGORIA NATIONAL RESERVE
SEGERA CONSERVANCY
Nyalilpuch
Gatudia
Kimose
RUMURUTI
Saos
Mugurin
Timboroa
NYAHURURU
Thuthur
Mogotio
Mutukanio C Upper
B 2
Londiani
Salgaa
A 12
A 8
NAKURU
Ol Kalou
Tumuiyot
Lac Nakuru
ABER NATIONA
Twendane Upper
A 8
LAC ELEMENTEITA
NAKURU NATIONAL PARK
Gilgil
Tenduet
Timbwalo A
Quarry
Tallstation
Chikamba
B 18
Topoti
NAIVASHA
LAC NAIVASHA
Kongoni
Torokiat
Kamae
HELL'S GATE NATIONAL PARK
Entontol
MOUNT LONGONOT NATIONAL PARK
Masandare
B 7
Kimende
B 7
Suswa
NAROK
Ntulele
LIMURU
30 KM
NAIROB

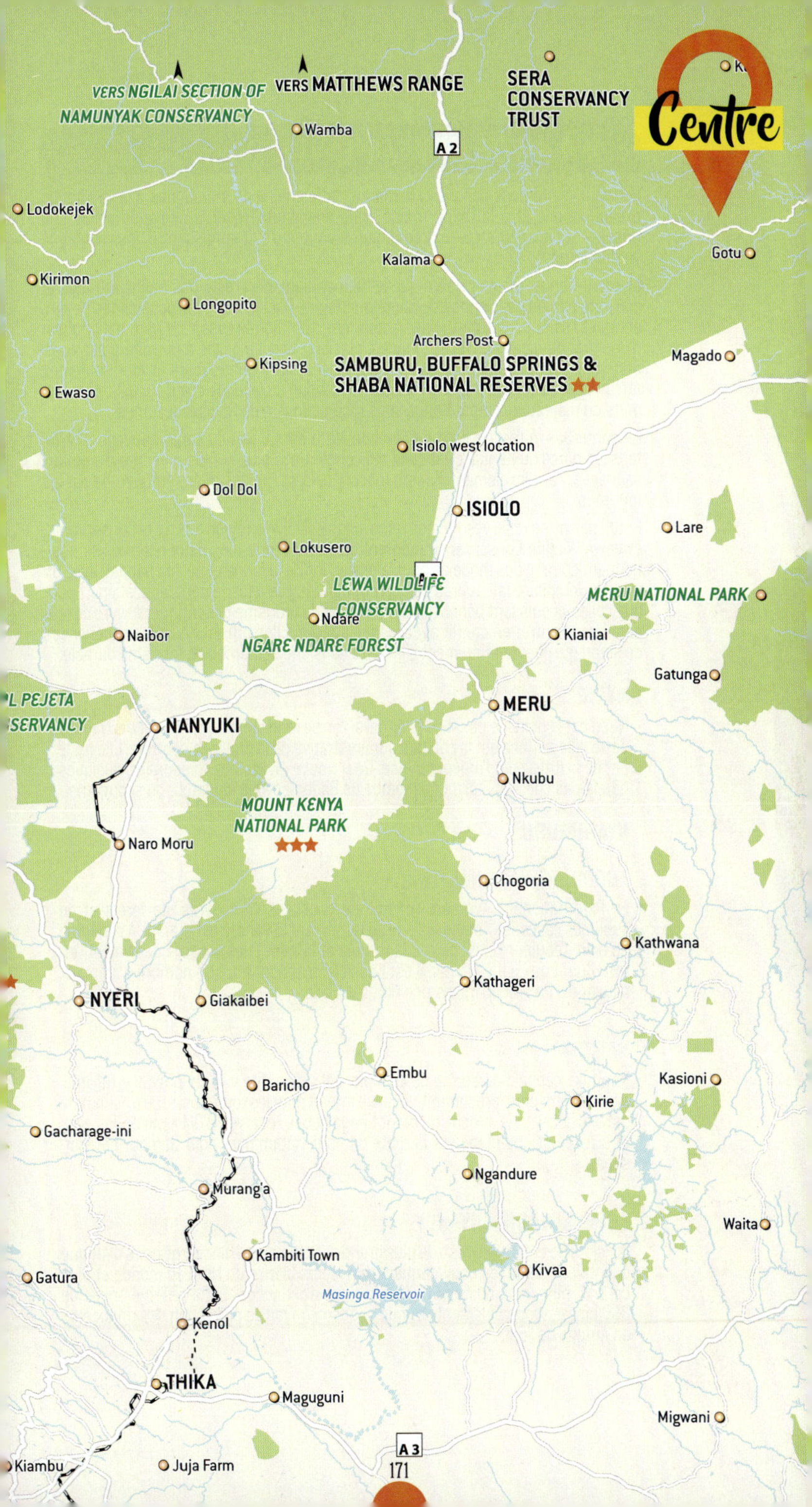
Centre
VERS NGILAI SECTION OF NAMUNYAK CONSERVANCY
VERS MATTHEWS RANGE
SERA CONSERVANCY TRUST
Wamba
A 2
Lodokejek
Kirimon
Kalama
Gotu
Longopito
Archers Post
Kipsing
SAMBURU, BUFFALO SPRINGS & SHABA NATIONAL RESERVES ★★
Magado
Ewaso
Isiolo west location
Dol Dol
ISIOLO
Lare
Lokusero
LEWA WILDLIFE CONSERVANCY
MERU NATIONAL PARK
Ndare
Naibor
Kianiai
NGARE NDARE FOREST
Gatunga
MERU
NANYUKI
Nkubu
MOUNT KENYA NATIONAL PARK ★★★
Naro Moru
Chogoria
Kathwana
Kathageri
NYERI
Giakaibei
Embu
Baricho
Kasioni
Kirie
Gacharage-ini
Ngandure
Murang'a
Waita
Kambiti Town
Kivaa
Gatura
Masinga Reservoir
Kenol
THIKA
Maguguni
Migwani
A 3
Kiambu
Juja Farm

PAGES

175

●● HAUTES TERRES CENTRALES

Pour qui se promène dans les Aberdares, cette chaîne de montagnes à la végétation exceptionnelle et à la faune timide mais abondante, réserve quelques belles surprises – à l'image de ces extraordinaires chutes d'eau surgissant d'une montagne verdoyante !

Le mont Kenya, moins célèbre que le Kilimandjaro, n'en reste pas moins attractif, et convoité par les passionnés de haute montagne. D'autant que les possibilités de randonnées, sans pour autant viser le sommet, sont nombreuses. Le parc national est d'une grande richesse : forêts, landes, glaciers, lacs. La pêche à la truite y est aussi pratiquée. Compter une nuit ou deux sur place, trois à quatre jours si vous souhaitez atteindre le sommet (5 199 m). La contemplation du lever de soleil sur les trois sommets du majestueux mont Kenya vous récompensera de l'exploit accompli.

En contrebas, à l'est, le parc national de Meru est LE lieu du safari sauvage ! Parmi tous les parcs du Kenya, c'est celui qui concentre la plus grande diversité d'animaux sauvages. Paradoxalement, il reste méconnu, c'est l'un des moins fréquentés par les touristes.

Enfin, parmi les réserves privées remarquables dans la région, Ol Pejeta Conservancy et Lewa Wildlife Conservancy méritent qu'on s'y arrête. Ces deux réserves se positionnent comme des modèles pour la protection de la faune et de son habitat, avec un travail exemplaire fait auprès des communautés (développement, éducation...) pour que celles-ci puissent bénéficier des revenus du tourisme et continuer à vivre de leur bétail sans entrer en conflit avec la vie sauvage. Elles offrent de belles expériences de safari qui peuvent fièrement s'inscrire dans une démarche de tourisme durable.

NYERI

175

Nyeri est le point de passage habituel si l'on se rend aux Aberdares depuis Nairobi. Cette ville animée est la capitale administrative de la province centrale. Elle fut le fief de la lutte pour l'indépendance. On y trouve un marché foisonnant, quelques hôtels pas chers et, surtout, la tombe de Baden-Powell, fondateur du scoutisme.

176

NYAHURURU

ABERDARE NATIONAL PARK ★

177

Le Parc national d'Aberdare regorge de paysages verdoyants, de forêts et de sublimes cascades. Impossible de se lasser tant la variété est grande. A condition de bien s'équiper (car il peut y faire froid et humide), les randonnées valent l'effort. Quant aux game drives, il est possible de rencontrer bon nombre d'animaux sauvages. Prévoir au moins une nuit sur place.

NANYUKI

179

Nanyuki, capitale du comté de Laikipia, est une petite ville de province typique, animée, prospère, présentant un faible intérêt pour les touristes, si ce n'est qu'elle est assez centrale, proche du mont Kenya et des réserves d'Ol Pejeta et de Lewa, et qu'elle est une étape sur la route du nord, notamment pour Samburu et Marsabit.

OL PEJETA CONSERVANCY

182

Ol Pejeta Conservancy reste le plus grand sanctuaire de rhinocéros noirs d'Afrique orientale. Il abrite les deux derniers rhinocéros blancs du Nord au monde et plus de 170 rhinocéros noirs en danger critique d'extinction. Cette réserve privée de 360 km² est mondialement connue pour son travail de protection des rhinocéros en Afrique de l'Est.

PAGES

MOUNT KENYA NATIONAL PARK ★★★

185 Outre l'ascension du Mont Kenya, deuxième plus haut sommet d'Afrique (5 199 m) après le Kilimandjaro, qui se fait généralement en trois jours, de nombreuses randonnées sont possibles, au milieu de paysages somptueux, sans forcément atteindre le sommet. Escalade, pêche à la truite et spéléologie également possibles pour les amateurs.

188

MERU

MERU NATIONAL PARK ★

189 C'est l'un des plus beaux parcs du Kenya et l'un des moins visités. Victime d'un braconnage intensif dans les années 1980, Meru est resté depuis toujours sous-exploité. La faune y est très dispersée et plus difficile à observer que dans d'autres parcs, mais les amoureux de nature, amateurs de quiétude, loin du tourisme de masse, et passionnés d'ornithologie, y trouveront leur compte.

191

●● VALLÉE DU RIFT

Berceau de l'humanité, la vallée du Rift du territoire kényan est le plus incroyable témoignage du fossé d'effondrement qui s'étend de l'Asie occidentale à l'Afrique orientale. Long de 7 800 km, ce fossé est le plus important jamais recensé, et c'est sur le territoire kényan qu'il prend le plus distinctement racine, lieu de prédilection des géologues.

Le lent ballet des plaques tectoniques à la surface de la terre produit des zones de frottement, lieux privilégiés d'une intense activité sismique. Ces nombreux séismes engendrent des failles. Il en existe trois types : les failles inverses (ou chevauchement), qui créent des chaînes de montagnes, les failles horizontales (ou décrochement), qui déplacent des reliefs existants, et, enfin, les failles dites normales qui créent des fossés d'effondrement également appelés rifts.

Au Kenya, la région de la vallée du Rift accueille en son sein sept lacs dont la salinité favorise la présence de quantité d'oiseaux migrateurs. Véritable enchantement pour les ornithologues, elle offre un panorama insoupçonné par la plupart des touristes. C'est pour ses lacs qu'on viendra en premier visiter la région.

La vue qui se découvre du sommet du Longonot sur la vallée du Rift est probablement sans égale. On se remettra de ses émotions et de la grimpette dans l'un des charmants cottages qui dominent le lac Naïvasha. Ne pas manquer le Crater Lake et sa réserve privée. Le parc Hell's Gate, où il est permis et même conseillé de se promener à pied ou à vélo, mérite également une petite étape.

Le lac de Nakuru offre une diversité de paysages exceptionnelle. Cette variété, concentrée sur sa petite superficie, explique la richesse hors du commun de la faune qui peuple les abords de son lac, fréquentés par des centaines de milliers de flamants roses ! Malheureusement, la sécheresse lui a fait perdre une partie de ses attraits. Mais les flamants roses et les pélicans sont encore là, sans oublier les rhinocéros, les léopards… Une journée entière sur place est suffisante.

Les lacs Bogoria et Baringo sont l'occasion de magnifiques promenades, à pied et en bateau, dans un paradis terrestre pour les oiseaux. Si, avec un peu de chance, vous pouvez passer une nuit à Samatian ou Teddy Bear, sur l'une des petites îles du lac Baringo, alors l'expérience sera complète.

NAIVASHA

191 Naivasha est une ville d'environ 200 000 habitants, un lieu de passage, situé sur les rives du lac Naivasha, à 2 085 mètres d'altitude et à environ 90 kilomètres au nord-ouest de Nairobi, sur l'autoroute qui la relie à Nakuru.

PAGES

192

LAC NAIVASHA ★

Le lac Naivasha est généralement la première étape sur la route de l'Ouest ou du Nord. Situé à 2h de route environ de la capitale, et à une altitude de 1 884 m, ce joli petit lac d'eau douce attire de très nombreux oiseaux et hippopotames. Il fait partie de la vallée du Grand Rift. Quelques heures suffisent à en faire le tour.

195

HELL'S GATE NATIONAL PARK ★

Ce petit parc est particulièrement spectaculaire et très agréable à visiter, car on peut s'y promener seul, à pied ou à vélo. Sous une chaleur souvent caniculaire, on évolue dans un impressionnant décor composé de falaises et de gorges. Le spectacle est vraiment grandiose, d'autant plus que les animaux sauvages circulent, eux aussi, librement dans le parc.

197

MOUNT LONGONOT NATIONAL PARK

197

LAC ELEMENTEITA

Moins fréquenté que ses voisins de Nakuru et Naivasha, Elmenteita n'en est pas moins exceptionnel. Le petit lac alcalin est le cadre idéal pour un safari (Soysambu Conservancy), une randonnée (Sleeping warrior volcano), ou une mise au vert de quelques jours, loin des tumultes de la capitale.

200

NAKURU NATIONAL PARK ★★

Le parc national de Nakuru, situé dans les faubourgs de la ville, a été créé en 1967. Avec moins de 200 km², il permet d'approcher facilement les animaux. Le lac était autrefois réputé pour ses flamants roses, Nakuru était alors considéré comme « le plus beau spectacle ornithologique du monde » ! On en voit beaucoup moins aujourd'hui.

202

NAKURU

Nakuru est le quatrième plus grand centre urbain du pays. À l'exception de ses grandes rues bordées de jacarandas en fleur et de son vaste marché où l'on trouve de tout, la ville n'a pas grand-chose à offrir aux voyageurs. C'est néanmoins une ville étape intéressante pour visiter la région et, plus particulièrement, le parc national qui se trouve à cinq minutes du centre-ville.

205

BOGORIA NATIONAL RESERVE

Bogoria est sans doute le plus beau lac de la vallée du Rift. Ses eaux salées d'un vert métallique, au cœur de paysages arides, sont recouvertes par des centaines de milliers de flamants nains. Selon les années, leur nombre et leur concentration sont bien plus spectaculaires qu'à Nakuru.

207

LAC BARINGO ★

Dans un paysage aride et rouge, parsemé d'épineux et d'euphorbes candélabres, le vaste lac Baringo (170 km²) dégage une impression de calme et de sérénité, renforcée par les hautes montagnes qui l'entourent dans le lointain. Seuls les grognements des hippopotames et le gazouillis permanent de milliers d'oiseaux viennent troubler la quiétude des lieux. Superbe.

NYERI

Pour se rendre aux Aberdares depuis Nairobi, Nyeri reste un point de passage obligé. Cette ville animée est la capitale administrative de la province centrale. On y trouve un marché foisonnant, quelques hôtels pas chers et, surtout, la tombe de Baden-Powell, fondateur du scoutisme, qui passa la fin de sa vie au Kenya. Les « fans » visiteront le petit musée qui lui est consacré dans les jardins de l'hôtel Outspan ou se rendront sur sa tombe au cimetière de l'église St-Peter. Il est surprenant qu'une ville comme Nyeri, fief de la lutte pour l'indépendance, rende de tels honneurs à un ancien général anglais colonisateur, alors que le chef des Mau-Mau, D. Kimathi, n'a droit qu'à une simple pierre tombale sans la moindre inscription, à l'autre bout de la ville. Mais ça, c'est une autre histoire.

La charmante petite ville de Kiganjo, située à quelques kilomètres de Nyeri sur la route A2, abrite un centre de formation de la police kényane réputé dans le pays, non pas pour la qualité des policiers qui en sortent mais pour celle des athlètes. De nombreux coureurs de niveau international sont en effet issus de ces camps d'entraînement.

Si vous venez de Nanyuki et que vous souhaitez vous rendre à Nyeri, il est intéressant de bifurquer à Kiganjo, vous gagnerez ainsi un peu de temps et emprunterez une jolie petite route qui serpente au milieu des collines.

Nyeri est bien desservie par les transports en commun. Les matatus et bus stationnent non loin du marché municipal, sur Gakare Road. Nombreux départs de ou vers Nairobi (2 heures), Nanyuki (45 minutes), Nakuru (2 heures), Nyahururu (1 heure).

TOMBE DE LORD ROBERT BADEN-POWELL

Baden-Powell est né en 1857 à Londres. Il intègre l'armée royale à 19 ans. Cela le mène en Inde, alors colonie britannique, où il développe le concept de reconnaissance des territoires inconnus, qui va entraîner la formation des « éclaireurs », autrement dit les « scouts ». Pour de nombreux voyageurs, c'est la raison principale de leur visite à Nyeri : voir la tombe du fondateur du mouvement scout, mort en 1941, à l'âge de 83 ans. Il est enterré au cimetière de l'église Saint-Peter.

SOLIO GAME RESERVE

Naro moru

✆ +254 725 675 830

Droit d'entrée : 92 US$ par personne/jour. Ouvert tous les jours de 8h à 18h.

Cet immense ranch privé est en fait une très belle réserve animalière de 76 km², où l'on observe aisément girafes, buffles, antilopes, zèbres et gazelles au milieu de très beaux paysages. Il n'y a pas d'éléphants ici, ce qui a l'avantage de protéger les splendides acacias aux troncs jaunes (*yellow fever acacia*) qui caractérisent la végétation de Solio. Mais la grande attraction de ce sanctuaire privé est le rhinocéros. Ou plutôt les rhinocéros, car ils sont nombreux à profiter de ce havre de paix qui leur est entièrement consacré, depuis 1970. Grâce à un programme de sauvegarde, ils se reproduisent et grandissent ici en toute sécurité (la réserve est surveillée et clôturée dans sa totalité) avant d'être parfois transférés dans les différents parcs du pays (Nakuru, Ol Pejeta, Lewa, notamment). La réserve est située à une vingtaine de kilomètres au nord de Nyeri, à la sortie de Naro Moru, sur la route de Nyahuhuru. Un panneau vous indique l'entrée. La réservation se fait depuis Nairobi par les agences de voyages ou bien auprès des deux grands hôtels de Nyeri. Le Rhino Watch Safari Lodge et le splendide Solio Lodge (à l'intérieur même de la réserve) peuvent représenter des bases de séjours idylliques. Mais vous pouvez également vous présenter directement à la porte du ranch avec votre propre véhicule (attention, 4X4 obligatoire). Vous pouvez alors soit prendre un guide à l'entrée, soit vous laisser guider par votre instinct (le ranch est de taille réduite et une carte détaillée est disponible sur place).

© AXEL JUMELIN

CENTRE

GLAMPING KENYA €€

Naro moru

✆ +254 702 003 120

https://www.glamping-kenya.com

À partir de 185 US$ pour 1 en pension complète, 285 US$ pour 2. Proximité Solio Game Reserve, Mount Kenya et Ol Pejeta.

Situé à 5 km de Naro Moru, 10 de la réserve de Solio, 20 du mont Kenya et moins d'une heure d'Ol Pejeta, ce lodge créé en 2023, à partir de matériaux locaux, dispose de 7 tentes de luxe de 50 mètres carrés chacune, permettant de préserver le calme et l'intimité du site. Son excellent emplacement pour visiter la région, combiné à son restaurant de qualité, sa piscine avec vue sur le mont Kenya, son confort supérieur, le professionnalisme de son personnel, et les diverses activités proposées (trek, safari, location de vtt) en font un coup de cœur de la rédaction.

THE WHITE RHINO €€

Kenyatta Road

✆ +254 726 967 315

http://whiterhinohotel.com

À partir de 8 300 Ksh pour une chambre simple, et 9 700 Ksh pour une double (petit déjeuner).

Proche du Green Hills, cet ancien hôtel colonial a été entièrement rénové et a revu son standing. Autrefois un peu vieillot, il fait désormais partie des meilleurs hôtels de la ville. Il offre une centaine de chambres et de suites tout confort, chaleureusement décorées. Wifi, TV satellite, thé/café, coffre-fort, dans toutes les chambres. Avec 3 restaurants, 2 cafés, 3 bars, des salles de conférence, un joli petit jardin, et la possibilité de nombreuses excursions dans la région, le White Rhino est devenu un lieu très populaire. Parking surveillé.

RHINO WATCH SAFARI LODGE €€€

Muiga ✆ +254 758 940 187

www.rhinowatchlodge.com

Chalet simple 285 US$, double 360 US$. Tente simple 233 US$, double 280 US$. Petit déjeuner, déjeuner et dîner inclus.

Ce paradis naturel rempli d'arbres, d'orchidées et d'oiseaux fait la promotion du développement durable. A disposition, des tentes et des chalets d'un confort sans pareil, dans le plus pur style kikuyu. La piscine baptisée « Infinity » (15 m x 8 m) offre, comme son nom le suggère, un infini horizon qui appelle à la contemplation, avec le Mont Kenya en fond de paysage. Rhino Watch Safari Lodge constitue une base stratégique idéale pour les safaris, les randonnées et l'observation de la nature dans les différents parcs et zones protégées qui l'entourent.

NYAHURURU

Située à 2 630 mètres d'altitude, cette petite bourgade fut l'une des dernières villes fondées dans la région par les colons. Elle connut un fort développement grâce à l'arrivée du chemin de fer en 1929. Aujourd'hui, les trains ne circulent plus et la ville n'offre guère d'intérêt en dehors des chutes de Thomson. C'est néanmoins une étape pratique entre Nakuru et les hautes terres. Les matatus partent d'Ol Kalu Road. Très nombreux départs quotidiens (et arrivées) jusqu'à relativement tard le soir, pour Nakuru (45 min de trajet), Nyeri (1h), Nairobi (2h30), Nanyuki (2h), Naïvasha (1h30). Pour Maralal, quelques départs seulement jusqu'à 13h (3h).

THOMSON'S FALLS ★★

Site ouvert de 7h à 18h tous les jours. Droits de visite : 200 Ksh pour un adulte, 100 Ksh pour un enfant.

Ces chutes de 72 mètres sont particulièrement jolies et méritent un arrêt si vous passez dans les environs. Elles ont été découvertes en 1883 par Joseph Thomson (1854-1895), qui fut le premier Européen à relier Mombasa au lac Victoria à pied. La cascade crée une brume qui alimente en eau la forêt dense située en contrebas. Un sentier mène vers le fond du ravin. Malheureusement, les marchands de souvenirs et les danseurs traditionnels improvisés, moyennant un petit pourboire contre photo, et parfois trop insistants, ôtent un peu de charme au lieu.

THOMSON'S FALLS LODGE €€

A Nyahururu, à l'entrée de la ville sur votre droite en venant de Nyeri.

✆ +254 716 108 833

www.thomsonsfallslodge.co.ke

Chambre standard double entre 90 et 130 US$ selon la saison, avec petit déjeuner.

Cet ancien lodge colonial a le charme de l'ancien et l'avantage d'être situé à proximité des Thomson's Falls. L'ensemble est bien tenu et assez confortable. Les chambres ou cottages, des maisonnettes en murs de pierre et toitures en tuiles, ont une salle de bains et une petite cheminée. Les petits-déjeuners et déjeuners sous une paillote, dans le jardin verdoyant, sont un régal de détente. Pour les campeurs, il est possible de planter sa tente dans les jardins du lodge (toilettes et douches), sur réservation. Un bon point de chute pour une nuit d'étape.

ABERDARE NATIONAL PARK ★

Cet incroyable parc est situé dans la chaîne des Aberdares. Ce massif volcanique de 70 km de long, qui culmine à 4 000 m d'altitude, est couvert d'une forêt dense, de bambouseraies et d'une lande alpine où poussent lobélies et séneçons géants.

Cette végétation exceptionnelle s'est développée grâce à un climat extrêmement humide. Les pluies régulières et les fréquents brouillards rendent la réserve difficile d'accès. Ne vous découragez pas et armez-vous d'un 4x4, car les pistes à l'intérieur et autour du parc sont très boueuses et pentues. Votre abnégation vous permettra sûrement d'observer des animaux (dont les bongos) avec un sentiment d'exclusivité.

Transports

- **De Nyeri.** Deux possibilités : Kiandongoro Gate permet d'atteindre la partie du parc où se concentrent les immenses chutes d'eau. Pour la rejoindre, suivez la direction de l'hôtel Outspan, puis continuez tout droit.
- **De Naïvasha.** Prenez la direction de North Kinangop, afin d'atteindre Mutubio Gate. Cette route est la moins mauvaise, d'autant que le dernier tronçon, très pentu, est goudronné.
- **De Nyahuhuru.** Shamata Gate et Rhino Gate donnent accès à la partie nord du parc. Un peu avant Mweiga, elles permettent de pénétrer dans la partie du parc nommée Salient. Ces entrées sont exclusivement réservées à la clientèle des luxueux lodges Treetops et The Ark. Néanmoins, il est possible de visiter cette magnifique zone en allant simplement demander une autorisation au Quartier Général du parc.

FISHING LODGE-ABERDARE €€

Quartier général du parc
✆ +254 726 610 533
https://africanspicesafaris.com

Comptez 250 US$ pour le cottage. 7 personnes maximum. 2 cottages disponibles.

Le lodge est situé non loin de Kiandongoro Gate au milieu d'une vaste prairie, dans un environnement sauvage et agréable. Il est constitué de deux grands cottages comprenant chacun deux vastes chambres avec un lit double et un simple plus une troisième petite chambre avec un lit simple. Soit une capacité d'accueil de sept personnes par cottage. Les occupants se partagent une grande salle de bains, un vaste salon avec cheminée et une cuisine tout équipée. Chaque cottage se loue dans son intégralité. Idéal si vous êtes un petit groupe et totalement autonome.

ABERDARE COUNTRY CLUB €€€

Mweiga Hill, Aberdare National Park
✆ +254 730 841 841
www.aberdarecountryclub.com

Compter de 270 à 405 US$ en pension complète et selon la saison pour une chambre double. Réservations par mail.

Hôtel superbe et luxueux situé à hauteur de Mweiga, le long de la route qui relie Nyeri à Nyahururu. Fréquenté jadis par les riches colons blancs, le Country Club est perché au sommet d'une colline et entouré d'un incroyable parc paysager fleuri et d'une pelouse « *so british* ». L'ensemble, qui a conservé son charme colonial, est aujourd'hui un lieu de week-end très prisé par la bourgeoisie kenyane pour son calme, son cadre et sa cuisine. Toutes les chambres et les petits cottages ont une très belle vue. Piscine, spa, golf, tennis, équitation, pêche à la truite.

THE ARK €€€

✆ +254 784 799 997
www.thearkkenya.com

Réservations via le site Internet ou par courriel. Compter 193 US$ pour 1 personne en full board, 290 US$ pour 2.

Ne vous attendez pas à trouver des petites maisons perchées à la cime des arbres. Il s'agit (tout comme à Treetops) d'un grand bâtiment tout en bois au beau milieu de la forêt. L'architecture donne un cachet certain au lodge et le cadre est tout simplement superbe. Propriété du groupe Marasa, l'ensemble a été rénové récemment, pour un plus grand confort de ses visiteurs. Le point d'eau, éclairé le soir, est fréquenté par de nombreux animaux (éléphants, buffles, rhinocéros, parfois un bongo...). Le transfert se fait en navette depuis l'Aberdare Country Club.

TREETOPS €€€

Treetops Lodge & Estate
✆ +254 757 949 494
https://treetops.ke

Chambre standard à 280 US$ pour personne, 400 US$ pour deux, pension complète. Réservations en ligne.

Situé dans le parc national des Aberdares, le Treetops, ouvert en 1932, est l'un des plus anciens lodges d'Afrique permettant l'observation des animaux. Il se démarque par son histoire prestigieuse. C'est ici que la princesse Elisabeth est devenue reine, son père George VI étant décédé alors qu'elle y séjournait. Quelques années plus tard, le lodge fut détruit lors de la révolte des Mau-Mau. Aujourd'hui cet établissement a été entièrement rénové et compte 36 chambres. Autres atouts, la cuisine (bonne) et la vue sur le point d'eau depuis certaines chambres.

VISITE DES ABERDARES

✆ +254 772 171 242

kws.go.ke

Compter 52 US$ par jour et par adulte, et 26 US$ par jour et par enfant de 3 à 18 ans.

Amoureux de la nature, vous serez ici comblés. Le Parc national des Aberdares offre une ambiance atypique à ses visiteurs. Situé au cœur de l'un des plus hauts massifs boisés du Kenya (le sommet culmine à 4 000 m), il regorge de paysages verdoyants, composés de vallées, de forêts denses, de rivières ainsi que de sublimes cascades. Impossible de se lasser tant la variété et les possibilités sont grandes. À condition de bien s'équiper (car il peut y faire froid et humide, prévoyez un pull et de quoi vous protéger de la tête aux pieds), les randonnées valent l'effort. Quant aux *game drives*, il est possible de rencontrer bon nombre d'animaux sauvages (éléphants, buffles, singes, antilopes, phacochères, léopards...), ainsi que de nombreuses espèces d'oiseaux.

En fait, on peut diviser le parc en trois parties bien distinctes : le nord, peu fréquenté ; le sud, avec ses cascades impressionnantes ; et l'est, avec la petite zone appelée Salient. Il existe également d'autres possibilités de randonnées à l'intérieur du parc. Renseignez-vous au Park Headquarters ou au Kenya Mountain Club à Nairobi, car vous devez en principe être accompagné d'un ranger armé pour parcourir ce parc, en particulier pour les parties boisées où vous risquez de croiser buffles ou éléphants.

Les pistes qui sillonnent le parc ont été tracées par les troupes britanniques lors de la révolte des Mau-Mau dans les années 1950. C'est en effet dans cette région des forêts des Aberdares, que se cachaient les fameux combattants kikuyus. Aujourd'hui, cette région fortement agricole connaît l'un des taux de natalité les plus élevés du pays. La croissance de la population entraîne inévitablement une pression certaine sur le Parc, avec en tête de celle-ci la déforestation qui prend des proportions inquiétantes dans le massif et ses environs.

La partie nord du parc. Elle est plus difficile d'accès car les pistes ne sont pas toujours en très bon état. Vous circulez à des altitudes élevées (plus de 3 000 m) dans de très beaux paysages, malheureusement les animaux y sont peu nombreux et particulièrement difficiles à observer. Mieux vaut donc visiter le reste du parc en priorité, sauf si vous souhaitez gravir le point culminant des Aberdares : Ol Doinyo Lesatima (4 000 m). Cette promenade est absolument exceptionnelle tout en étant à la portée de tous. Il est effectivement possible de monter déjà assez haut en 4x4, et de poursuivre l'ascension de plusieurs sommets qui se succèdent, jusqu'au quatrième, le Lesatima lui-même. Comptez à peine 2 heures de marche. À cette altitude, il n'est plus possible de rencontrer d'animaux potentiellement dangereux, la présence d'un ranger n'est donc pas utile, à moins que vous ne craigniez de ne pas trouver votre chemin, même avec une carte.

Le sud et le centre. Ces zones sont composées d'une forêt très dense puis, au-delà de 3 000 m, d'une lande ondulée où se faufilent plusieurs petits ruisseaux. Vous pouvez y observer assez facilement des éléphants et, avec un peu de chance, vous croiserez un léopard ou un serval noir dans la lande autour du Fishing Lodge. La grande attraction de cette partie du parc ce sont les nombreuses cascades. Bien que moins spectaculaires, les Chania Falls sont peut-être les plus jolies et donnent l'occasion d'une balade agréable de quelques minutes. Un sentier vous permet d'accéder au pied de la cascade. Attention, la partie finale, assez pentue, peut être glissante. Les courageux pourront piquer une tête dans une eau à 12 °C. Si vous entrez par Ruhuruini Gate, les chutes se trouvent au bord de la piste, quelques kilomètres avant le Fishing Lodge. Juste avant un petit pont, une zone herbeuse sur la gauche permet de garer son véhicule à proximité d'une inquiétante pancarte qui précise : Beware of lions while walking (« attention aux lions en marchant ! »). Rassurez-vous, personne n'a encore été mangé.

A l'extrémité sud du parc, on peut admirer les impressionnantes Karuru et Gura Falls (près de 300 m chacune). Un petit sentier a également été aménagé ainsi que des passerelles et des terrasses en bois, afin de bénéficier de plusieurs points de vue. Par beau temps, le site est absolument grandiose. Quand le temps se gâte, le brouillard et les lichens qui pendent le long des branches confèrent au lieu une certaine magie.

L'est, ou « Salient ». Cette petite partie du parc, nommée Salient, est composée d'une forêt dense parsemée de jolies clairières où l'on observe un très grand nombre d'animaux. Théoriquement, cette zone est réservée aux clients des lodges The Ark et Treetops. Néanmoins, et si vous voulez faire les choses dans les règles, il est possible de la visiter après avoir obtenu une autorisation au Park Headquarters situé près de Mweiga. Dans ce cas, profitez-en pour demander également un guide car c'est de loin la meilleure solution pour découvrir toutes les richesses de Salient. Sinon, ceux qui le souhaitent peuvent se rendre directement sur les lieux et partir à la découverte de la zone, il est peu probable que leur présence alerte qui que ce soit. Un bon guide (ils le sont généralement tous) vous permettra cependant d'observer facilement éléphants, buffles, colobes et, avec un peu de chance, rhinocéros, lions ou encore bongos. C'est l'assurance de voir de nombreux animaux et d'apprendre plein de choses intéressantes sur la faune. Seul, vous risquez de circuler de longues heures sans rien voir et de vous égarer dans un véritable dédale de pistes, ce qui peut avoir son charme aussi.

NANYUKI

Nanyuki fut créée au début du XXe siècle par les premiers colons blancs. Favorisée par un climat clément puis par l'arrivée du chemin de fer, la ville prospéra rapidement et les grandes exploitations agricoles se multiplièrent aux alentours pour le plus grand malheur des nombreux animaux sauvages qui y vivaient. Aujourd'hui, beaucoup de ces ranchs se sont transformés en sanctuaires animaliers, afin de protéger les espèces menacées comme le rhinocéros, et accueillent les touristes fortunés.

Un peu avant d'entrer dans la ville, si vous venez du sud, vous traversez l'équateur. Ne vous inquiétez pas, vous ne pouvez pas manquer l'endroit précis où vous changerez d'hémisphère. Un grand panneau jaune vous le signale et une multitude de cabanes à souvenirs attendent les touristes.

Sur le « site » du passage de l'équateur, on vous proposera une expérience censée démontrer un effet de la puissante force de Coriolis, qui influe sur le sens de circulation de vastes masses d'eau et d'air (elle explique notamment pourquoi de nombreux flux océaniques tournent dans le sens des aiguilles d'une montre dans l'hémisphère nord, et dans l'autre dans l'hémisphère sud). Une croyance répandue veut que cela influe également sur l'écoulement de l'eau dans un lavabo. Le volume d'eau est bien trop faible pour que le phénomène soit mesurable... Mais pour quelques shillings, on vous fera une démonstration (truquée) de cet « effet lavabo ». Une bassine d'eau dans laquelle flotte un petit bâtonnet est successivement placée d'un côté puis de l'autre de l'équateur. On constate alors que l'objet en question ne tourne pas dans le même sens d'un côté ou de l'autre de la ligne. Tout dépend en réalité de la façon dont l'eau est reversée dans la bassine !

Transports

Par la route, Nanyuki est à environ 3h de route de Nairobi (plus ou moins 1h selon le trafic), par l'autoroute A2, en passant par Thika (ne comparez pas avec les autoroutes occidentales... la 4-voies est principalement une 2-voies, mais la route est en excellent état). La gare des bus et matatus se situe sur Laikipia Road, à côté du Nanyuki Park.

Par les airs, Air Kenya et Safarilink effectuent plusieurs vols par semaine entre l'aéroport Wilson de Nairobi et Nanyuki (35 min de vol).

AIR KENYA

Nanyuki Airfield
✆ +254 721 415 346
www.airkenya.com

Compter environ 186 US$ l'aller simple entre Nairobi et Nanyuki.

Ne pas confondre avec Kenya Airways. Air Kenya est spécialisée dans les vols intérieurs, avec des liaisons régulières de Nairobi vers Diani, Lamu, Malindi, Nanyuki, et l'ensemble des parcs nationaux du pays, dont l'incontournable Masaï Mara. Les circuits peuvent également être étendus aux pays voisins avec des liaisons en Caravan entre le Mara et le Serengeti, en Tanzanie, et entre le Mara et Entebbe en Ouganda. La compagnie propose également des packages comprenant le vol et l'hébergement (3 jours, 2 nuits) pour Amboseli, Maasaï Mara et Samburu.

SAFARILINK

Nanyuki Airfield
✆ +254 734 388 888
www.flysafarilink.com

Compter environ 145 à 200 US$ l'aller simple entre Nairobi et Nanyuki.

Cette compagnie nationale assure des liaisons directes vers les lieux d'intérêt touristique et les correspondances pour les voyageurs de Kenya Airways vers différentes destinations touristiques au Kenya et en Tanzanie. Basée à l'aéroport Wilson, à Nairobi, Safarilink propose des vols réguliers chaque jour vers le Maasaï Mara, Amboseli, Tsavo Ouest, Naivasha, Nanyuki, Lewa, Samburu, Lamu, Kilimandjaro, Loisaba, Kitale, Kapese, Lodwar, Migori, Vipingo, Diani Beach, Zanzibar et Kisumu. On voyage dans des petits avions (Dash 8 et Grand Caravan), confortables et sûrs.

EL KARAMA ECO-LODGE €€

El Karama Tourism and Wildlife Ltd.
✆ +254 702 996 902
http://elkaramalodge.com

El Karama s'inscrit sans compromis dans une démarche de développement durable et responsable. Tarifs par courriel.

Ce ranch familial, construit et géré par Murray et Sophie Grant, qui vivent ici avec leurs deux enfants, est composé de 8 cottages épurés et joliment aménagés, avec de grandes ouvertures sur la nature. Superbe piscine toute en rondeurs. Côté repas, 90% des fruits et légumes bio viennent du jardin, la viande d'élevages locaux, c'est frais et tout en saveurs. Les enfants sont les bienvenus. Très bonne adresse dans un environnement sauvage, un peu difficile d'accès, mais l'immersion n'en est que plus forte. Balades à cheval, safaris à pied et bien d'autres activités.

KONGONI CAMP €€

En venant de Nairobi, l'hôtel se trouve sur la droite, à 2 km après le centre-ville de Nanyuki, sur l'A2 (en direction de Meru). ✆ 254 622 031 225

www.kongonicamp.com

Compter entre 115 et 145 US$ pour deux. Superbe petit déjeuner inclus. Wifi dans toutes les chambres.

Cet hôtel au standard européen propose 5 bandas tout en rondeur, à l'architecture traditionnelle, avec grand lit double, moustiquaire, salle de bain, et 18 chambres et suites modernes au style identique, dans un bâtiment récent, décorées avec des couleurs chaudes et tonalités africaines. Piscine chauffée, aire de jeu, très joli spa et un restaurant réputé pour son ambiance et sa cuisine internationale. Agréable et bien tenu, très bon rapport qualité-prix. Vos activités, visites et excursions peuvent être organisées par l'hôtel. Parking sécurisé.

SOAMES €€

Nanyuki-Naro Moru Road

✆ +254 711 100 891

www.soameshotelkenya.com

Tarifs différenciés semaine et week-end. Renseignements par courriel.

Cet hôtel plutôt chic et de bon goût offre 12 superbes cottages en pierre, cernés de fleurs, décorés de façon contemporaine dans les tons de gris clair et blanc, spacieux et éminemment confortables. TV (12 chaînes internationales) et wifi dans toutes les chambres. Le jardin de 40 hectares mérite de voir pousser encore quelques arbres, mais la vue sur le mont Kenya et le petit étang artificiel font son charme. Le restaurant et le bar du Soames (Jack's Bar) attirent pas mal de monde pour la qualité de leur offre gastronomique et leur carte des vins.

ONE STOP NANYUKI €€

One Stop CoffeeShop

✆ +254 700 888 646

www.onestopnanyuki.com

Cottages et tentes safari aménagées. Cabanes à partir de 10 000 Ksh pour un, 13 500 Ksh pour deux.

Ces charmants petits cottages inspirés des cabanes de bergers traditionnelles anglaises sont installés dans un grand jardin fleuri. Construits en bois, ils sont joliment meublés dans le style ad hoc, avec leur petite terrasse, au calme et très *cosy*. Douches et toilettes communes aménagées dans un cabanon annexe. Une adresse agréable et pratique pour séjourner une nuit en arrivant ou au départ de Nanyuki. Un magasin de fruits et légumes de la ferme (Nanmatt Farm Shop) et le One Stop Coffee Shop sur la même propriété valent aussi une visite.

SEGERA RETREAT €€€

Laikipia Wildlife Forum

✆ +254 729 809 764

www.segera.com

Tarifs en villa, pension complète et activités comprises (safaris), sur demande par courriel.

Sur 20 000 hectares, Segera est au cœur même du plateau de Laikipia, entre le glorieux mont Kenya à l'est et la vallée du Grand Rift à l'ouest. C'est un environnement incroyablement diversifié et magique, avec les forêts, les prairies et les rivières fertiles où l'eau coule des montagnes Aberdare... A Segera Retreat, en dehors des hébergements de très haut standing (5 villas somptueuses), où le luxe flirte passionnément avec la nature, les populations et la faune sont protégées sur des terres essentiellement privées et communales. Une expérience privilégiée.

LE RUSTIQUE HOTEL €€

Mont Kenya Road

✆ +254 721 609 601

www.lerustique.co.ke

A partir de 10 500 Ksh pour une chambre simple et 14 700 Ksh pour deux (petit déjeuner compris).

Le Rustique est avant tout un restaurant réputé dans le coin, pour son cadre agréable, son ambiance et la qualité de sa cuisine. Il offre également la possibilité de se loger, dans le style boutique-hôtel de charme. Cinq cottages, dix chambres en tout, modernes, décorées dans les tons rouges, gris et crème, spacieuses, lumineuses et confortables, sont disposées un peu à l'écart du restau, autour d'un joli petit jardin verdoyant. Intime et reposant. Cours de yoga et services de massages et soins du corps/visage sur réservation.

DORMAN'S COFFEE SHOP €

Kenyatta Avenue

✆ +254 702 787 890

www.dormanscoffee.com

Ouvert tous les jours de 7h à 19h.

Un point de rendez-vous très central, le temps d'un bon jus de fruits frais, d'un milkshake (le meilleur pour certains habitués de Nanyuki), d'un copieux burger-frites ou d'une pâtisserie. Les muffins à la banane méritent que l'on croque dedans. Le café y est toujours apprécié. Café de la fameuse marque kenyane Dormans bien sûr ! La terrasse extérieure abritée, plutôt agréable, permet de s'y installer un moment. Très bien pour un petit déjeuner ou casse-croûte déjeuner. Personnel accueillant et prix raisonnables. Wifi disponible.

BARNEY'S BAR & RESTAURANT €€

Nanyuki Airstrip
✆ +254 723 310 064
Ouvert tous les jours à partir de 7h à 18h.

L'ambiance au coucher du soleil y est fantastique. Le Barney's est le café-restaurant de l'aérodrome, situé à 5 km de la ville sur la route de Nairobi. Convivial et familial. Vous serez en plein air, au bord de la petite piste d'atterrissage. Le cadre est unique. Pour un café, une collation ou un déjeuner (on y mange très bien), le lieu est idéal. Bonne musique. Vous y trouverez aussi une jolie boutique de souvenirs, avec des articles de qualité.

TUFAHA RESORT €€

Daiga ✆ +254 712 333 351
tufaharesort.com
Réservation via le site internet. Compter 111 US$ pour un, et 127 US$ pour deux, petit-déjeuner compris.

Tufaha n'est pas seulement un refuge contre l'agitation de la vie quotidienne ; c'est un havre de paix niché dans les paysages sereins de Nanyuki, où nature et confort s'entremêlent. Le complexe propose des cottages élégants et bien équipés, ainsi que des tentes glamping luxueuses qui permettent aux clients de s'immerger dans la beauté de l'environnement tout en profitant de la commodité des installations. Sur place, deux restaurants cosy, une piscine chauffée, et de nombreuses activités nature (randonnée, etc.). Le tout est dominé par le majestueux Mont Kenya.

CAPE CHESTNUT €€

A côté du Nanyuki Cottage Hospital.
✆ +254 705 250 650
Ouvert du lundi au vendredi de 8h à 17h. 8h à 12h le samedi. Tous les vendredis, soirée tapas de 20h à 22h.

Cape Chestnut est un café-restaurant familial, installé dans une vieille maison coloniale en bois, et dans un magnifique jardin au calme. La cuisine y est de qualité, le menu change tous les jours, les plats sont confectionnés avec les produits locaux du jour et de la ferme. Les gourmets seront comblés. Une vraie cuisine maison, saine et variée, dont les recettes sont élaborées avec le cœur. On peut y venir aussi simplement pour un café, un thé ou une bière. Atmosphère chaleureuse et conviviale. De quoi passer un savoureux moment.

LE RUSTIQUE €€

Mont Kenya Road
✆ +254 721 609 601
www.lerustique.co.ke
Ouvert tous les jours de 8h à 22h, et même 23h les weekends. Compter entre 1 200 et 1 600 Ksh le repas.

L'un des meilleurs restaurants gastronomiques de la ville, dans un joli jardin zen. Que ce soit en extérieur pour une pause déjeuner bucolique ou un dîner en intérieur, dans un cadre chic et décontracté, aux tonalités orientales, on y passe un bon moment. Crêpes, glaces, pizzas, sandwichs, jus de fruits, sont servis à toute heure, mais Le Rustique propose également une cuisine fine, de type méditerranéen, dont les palais se souviennent (l'agneau à la provençale est un régal). La carte de dégustation des vins devrait aussi satisfaire bon nombre d'amateurs.

KONGONI CAMP RESTAURANT & BAR €€

✆ +254 702 868 888
www.kongonicamp.com
Ouvert tous les jours de 11h à 22h. Plats entre 1 000 Ksh et 2 000 Ksh.

Restaurant réputé pour sa cuisine internationale, de l'entrecôte grillée (très appréciée par les amateurs de viande) et des hamburgers au teppanyaki et aux sushis, en passant par la cuisine indienne et italienne. C'est bon et c'est copieux. Le Kongoni prend des allures de pub en soirée ; pour peu que ce soit un jour de retransmission sportive, l'ambiance peut devenir très animée ! Les enfants peuvent eux profiter de l'aire de jeux qui leur est dédiée, le temps que la commande arrive.

SOAMES JACK'S BAR €€

✆ +254 711 100 891
www.soameshotelkenya.com
Ouvert tous les jours.

Le Jack's Bar est le bar-restaurant de l'hôtel Soames, situé à 7 km de la ville de Nanyuki sur la route de Naro Moru, dans une propriété privée de 40 hectares, bénéficiant d'une vue imprenable sur le mont Kenya. Dans un style contemporain, meublé avec goût, cet établissement récent est fréquenté par les Occidentaux qui viennent ici pour se détendre autour d'un cocktail ou d'un verre de vin, déjeuner ou dîner, dans une atmosphère décontractée et chic. La cuisine maison y est raffinée, s'inspirant de saveurs du monde, avec les meilleurs ingrédients disponibles.

CENTRE

THE NOOK CAFE & BAR €€

Haile Selassie Road
✆ +254 701 241 241
https://thenook.co.ke/
Compter entre 1 200 Ksh et 2 300 Ksh pour un plat. Fermé le lundi.

Pour contenter sa clientèle d'habitués, ici, la carte de type fusion change régulièrement. Si vous tombez dans une semaine thématique, d'inspiration asiatique, vos papilles devront choisir entre des *tempuras* de calamars, un *butter chicken* ou un *cha siu bao*. Au menu également de savoureuses salades composées, inspirées d'ailleurs (salade de thon tataki, salade César au poulet, salade *kokoda*,...) et divers burgers. Les cocktails méritent aussi le détour, d'autant que le cadre, soigné et convivial, est agréable. Quelques plats sont proposés en service continu.

THE TROUT TREE RESTAURANT €€

Trout Tree
✆ +254 726 281 704
www.trout-tree.com
Ouvert tous les jours de 10h à 16h45. Comptez au moins 1 500 Ksh pour un plat, et un peu plus avec entrée ou dessert.

Ce restaurant est l'un des plus intéressants et des plus originaux du Kenya. Vous mangerez sur l'une des terrasses en bois « accrochées » à un arbre sacré, le *Mugumo Fig Tree*, au-dessus d'une rivière et des bassins de truites. La spécialité est bien évidemment la truite, pêchée sur place et cuisinée sous toutes ses formes (tandoori, masala, grillée, fumée…). Egalement un magnifique cottage dans les arbres disponible à la location (pour 6 personnes).

THE CEDAR MALL

Laikipia Road
✆ +254 746 607 791
www.cedarmallnanyuki.co.ke
Ouvert tous les jours de 8h à 22h.

C'est LE centre commercial de Nanyuki. Les résidents, bénéficiant d'un certain niveau de vie, en ont fait leur lieu de courses habituel. A disposition des visiteurs, quelques boutiques de vêtements, chaussures et accessoires, un spa, une banque, une pharmacie, un Java House, une pharmacie, une boucherie, un distributeur de vins et spiritueux et le supermarché de la chaîne Chandarana (les produits sont de qualité, mais les prix vont avec). Les voyageurs qui font étape à Nanyuki, avant de continuer leur route vers le Nord, trouveront ici tout ce qu'il leur faut.

OL PEJETA CONSERVANCY

Cette réserve privée, de 36 000 hectares, propriété de l'ONG de conservation britannique Fauna & Flora International, est située à une cinquantaine de kilomètres au nord-ouest du mont Kenya, proche de la ville de Nanyuki. Elle a été développée dans les années 1970. L'homme d'affaires saoudien Adnan Khashoggi – considéré comme l'homme le plus riche du monde dans les années 1980 – y a notamment pris part. On y trouve bien évidemment les « Big Five », mais la réserve met un point d'honneur à développer des programmes particuliers de préservation de la faune. Comme pour le rhinocéros blanc du Nord, dont elle possède les deux derniers spécimens (2 femelles) au monde. Le dernier mâle, Sudan, est mort le 19 mars 2018, à l'âge de 45 ans. Toutes les tentatives de reproduction ont pour le moment échoué. Les rhinocéros blancs du Sud sont eux 52 en 2024. Les rhinocéros noirs ont connu une meilleure destinée. La réserve en possédait 20 en 1993. Leur nombre dépasse la centaine aujourd'hui (170 en 2024). Mais l'animal est toujours menacé de disparition sur la planète. En raison notamment du braconnage pour leur corne, très utilisée en médecine traditionnelle chinoise. Afin de les protéger, Ol Pejeta a déployé pas moins de 150 *rangers*, dont 40 membres de la Police nationale armés, hautement entraînés.

Ol Pejeta gère également le *Sweetwaters Chimpanzee Sanctuary*, un refuge pour chimpanzés. Originaires d'Afrique centrale et de l'Ouest et souvent chassés pour leur viande, ils trouvent ici un lieu d'accueil et de protection.

La réserve se visite à la journée, et offre différents types d'hébergements dont les plus intéressants sont pourvus d'un point d'eau. De nombreuses sorties sont proposées pour découvrir l'une des plus grandes diversités animales de l'Afrique de l'Est. Ol Pejeta est par ailleurs très fière de protéger d'autres animaux rares ou en voie de disparition, comme le lycaon, le zèbre impérial de Grévy, le bubale de Lelwel, ou le guépard.

Transports

Ol Pejeta Conservancy se trouve à 13 km au sud-ouest de Nanyuki. En venant de Nairobi, 6 km après l'aérodrome, et avant de rentrer dans la ville, un panneau indique la direction sur la gauche. Si vous n'avez pas votre propre véhicule, des taxis peuvent vous conduire jusqu'à l'entrée de la réserve, de là généralement le lodge qui vous héberge vient vous accueillir. Celui-ci peut également vous organiser le transfert.

SWEETWATERS SERENA
CAMP

KENYA | TANZANIA | ZANZIBAR | UGANDA
RWANDA | MOZAMBIQUE | DR CONGO

SWEETWATERS SERENA CAMP €€€

✆ +254 734 699 851

www.serenahotels.com/sweetwaters

Tentes standards à partir de 270 US$ par personne en pension complète.

Installé autour d'un point d'eau, où les animaux viennent s'abreuver jour et nuit, dans un environnement bercé par le chant des oiseaux, le campement Sweetwaters du groupe Serena ne déçoit pas. Moins exclusif que d'autres (car il peut y avoir du monde !), il n'en reste pas moins en parfaite harmonie avec la nature et offre une qualité d'accueil, de confort et de service irréprochables. Il dispose de 56 tentes safari spacieuses et joliment aménagées, chacune avec une salle de bains privative (électricité, wifi et eau chaude 24h/24) et une terrasse avec vue.

SWEETWATERS CHIMPANZEE SANCTUARY ★

✆ +254 707 187 141

www.olpejetaconservancy.org

Visite de 11h45 à 12h45 tous les jours. Tarif unique : 9 070 Ksh. Hors droits de visite dans la réserve.

A l'origine de ce refuge, Jane Goodall. Aujourd'hui, il accueille des chimpanzés originaires d'Afrique centrale et de l'Ouest. Souvent chassés pour leur viande, ils trouvent ici un lieu d'accueil et de protection. Accessible toute la journée et gratuit pour le belvédère. Cependant pour l'activité « behind the scene », à 11h45, la réservation est indispensable et le nombre de personnes est limité à 8. Aucun contact physique n'est autorisé entre les visiteurs et les chimpanzés.

MEET THE NORTHERN WHITE RHINOS

Morani Information Centre

✆ +254 707 187 141

www.olpejetaconservancy.org

Tarif adulte : 9 070 Ksh. Enfant : 4 535 Ksh. Durée 1h. Créneaux à 8h30, 11h, 15h et 16h30.

Activité débutant au centre d'information de Morani. Ici, les visiteurs ont l'occasion unique de rencontrer les deux derniers rhinocéros blancs du Nord. De petites populations de zèbres de Grévy et de bubales de Lelwel sont également observables sur le territoire, des espèces en voie de disparition, 280 ha d'habitat sont dédiés à leur protection. Plusieurs horaires possibles dans la journée. Pour ceux qui ne seraient pas véhiculés, transfert possible, moyennant un coût supplémentaire.

VISITE D'OL PEJETA

✆ +254 707 187 141

www.olpejetaconservancy.org

Portes ouvertes de 7h à 19h. Compter 110 US$ par jour pour un adulte non-résident, 55 US$ pour un enfant.

Ol Pejeta mérite bien deux jours/une nuit à l'intérieur de la réserve pour explorer et s'imprégner de l'atmosphère. Toutefois pour les voyageurs au pas de course et ceux qui n'auraient pas le budget d'y séjourner, il est possible d'opter pour la visite guidée à la journée. Elle comprend un safari matinal au lever du soleil, une visite du refuge pour chimpanzés, une pause pique-nique dans le bush ou un déjeuner au restaurant Morani's, puis dans l'après-midi une visite du sanctuaire des rhinocéros et, si le temps le permet, un dernier petit *game drive*.

OL PEJETA'S TRACKER DOGS

Morani Information Centre

✆ +254 707 187 141

www.olpejetaconservancy.org

Tarif adulte : 9 070 Ksh. Enfant : 4 535 Ksh. Hors droits de visite à la journée de la réserve.

Une activité à la fois ludique et instructive au sein de l'unité de lutte anti-braconnage d'Ol Pejeta. Vous apprendrez comment les chiens sont formés à repérer les braconniers dans la brousse. Vous pourrez participer à une session d'entraînement où il vous faudra courir et trouver un endroit où vous cacher pour mettre le chien renifleur à l'épreuve, sous la supervision de l'éducateur. Cette activité commence à 8h30 au centre d'information de Morani. La taille des groupes est limitée à 6 personnes. Les interactions physiques avec les chiens sont limitées.

THE STABLES €

✆ +254 707 187 141

Compter 9 070 Ksh par personne en pension complète (hébergement et repas seulement). Wifi aux heures d'électricité.

Avec cette petite structure, Ol Pejeta se met à la portée de tous ! Idéal pour les petits budgets, à condition de venir avec son propre véhicule (safari autonome). Construit à l'origine pour abriter les chevaux de l'ancien propriétaire d'Ol Pejeta, Adnan Khashoggi, The Stables, autrefois centre de recherche, a été reconverti. Les installations sont basiques, mais confortables. Les chambres disposent d'un lit simple avec moustiquaire, d'une prise de courant (électricité de 7h à 13h et de 14h à 23h) et de petit mobilier. Salles de bain partagées.

© AXEL JUMELIN

Zèbres à Ol Pejeta.

KICHECHE LAIKIPIA CAMP €€€

✆ +254 736 888 055

www.kicheche.com

Entre 1 300 US$ par nuit pour 2 en pension complète, selon la saison, avec les game drives. 805 US$ pour une personne.

Luxe, calme, volupté et vie sauvage... ceux qui viendront ici seront privilégiés, le camp de Kicheche est un rêve éveillé, au cœur de la nature préservée d'Ol Pejeta, et dans la partie très privée du sanctuaire animalier. Sur les rives d'un petit lac artificiel, les six tentes safari au confort irréprochable, nichées dans une forêt indigène, accueillent au total un maximum de 12 personnes. Autant dire qu'on s'occupe de vous avec le plus grand soin. Vous aurez la garantie d'un safari très privé et personnalisé, dans une ambiance détendue. Un lieu magique.

MORANI'S RESTAURANT €€

✆ +254 706 160 114

www.olpejetaconservancy.org

Ouvert tous les jours de 8h à 16h30. Entre 600 et 900 Ksh pour un sandwich, entre 800 et 1 200 Ksh pour un plat.

Situé au centre d'information du même nom près de Rongai Gate, le restaurant dispose de grandes tables en bois que l'on partage le temps d'un déjeuner, goûter ou apéro au coucher de soleil, bien appréciable lorsque l'on vient passer seulement la journée dans la réserve. Restauration variée et de qualité, pour les grandes et les petites faims. Le *Morani burger* est un *must*. Les salades composées et les *wraps* ont également bonne presse. Plats végans et sans gluten à la carte. Tout est fait maison. Formules sundowners en fin de semaine. Petite boutique attenante.

MOUNT KENYA NATIONAL PARK ★★★

De nombreux voyageurs pensent qu'une visite du parc national du mont Kenya, classé patrimoine mondial de l'Unesco, se limite à l'ascension de ses sommets et ne voient pas l'intérêt d'y séjourner. Ils ont tort, car ce parc offre une multitude d'activités au milieu de paysages somptueux. Il existe des dizaines de randonnées faciles de quelques heures qui vous permettront de découvrir une flore unique au monde.

Les moins sportifs pourront se contenter d'admirer buffles, éléphants ou léopards depuis leur lodge perdu au milieu d'une véritable jungle. Ceux qui optent pour une simple randonnée ne le regretteront pas. De très nombreuses antilopes, mais aussi des éléphants et surtout des buffles vivent sur les pentes du mont Kenya.

Vous marcherez au pied des glaciers, dans une forêt tropicale composée tout d'abord de podocarpus et de cèdres (entre 2 000 m et 2 500 m), puis de bambous géants (autour de 2 500 m) et, enfin, d'arbres rabougris (autour de 3 000 m). Au-delà de 3 000 m, la végétation s'appauvrit, vous marchez alors dans une sorte de lande couverte de bruyères géantes, puis de lobélies et de séneçons pouvant atteindre plus de 5 m de hauteur. La route de Chogoria est sans doute la plus belle où vous passez de vallée en vallée au milieu de dizaines de petits lacs. Ce n'est malheureusement pas la plus facile d'accès ni la plus courte.

L'ascension du mont Kenya est à effectuer avec un guide. Si le sentier n'est pas particulièrement difficile à suivre, la véritable difficulté réside dans le fait de rejoindre le sommet pour le lever du soleil, ce qui implique de quitter Mackinder's Camp vers 3h du matin, et de suivre ce qui ne ressemble plus vraiment à un sentier, qui plus est de nuit !

Renseignez-vous bien sur les difficultés de l'ascension, le mont Kenya, second sommet d'Afrique culminant à 5 199 m, n'étant pas une promenade de tout repos. Il y a le problème d'altitude d'une part (à 5 000 m, les effets du mal des montagnes se font bien sentir) et de condition physique (compter entre 10 et 12 heures de marche le dernier jour). En effet, si la dernière étape pour atteindre le sommet ne nécessite pas d'aptitudes particulières, il vous faudra tout de même vous hisser sur les rochers.

Nous vous conseillons donc de monter en utilisant la voie Sirimon, ou bien la Naro Moru, et de redescendre par la voie Chogoria à l'Est, ceci vous permettra qui plus est de mieux appréhender la variété des paysages.

Transports

Le Parc national du mont Kenya est situé à moins de 175 km de Nairobi. La route depuis la capitale est excellente, de même que celle qui fait tout le tour de la montagne. Il existe trois portes d'entrée principales. Une première au niveau de Naro Moru (à l'ouest), une seconde un peu avant Timau (au nord) et, enfin, une troisième à Chogoria (à l'est). A chaque fois, vous devez quitter la route principale et emprunter une piste plus ou moins longue (30 km pour Chogoria Gate par exemple) avant d'atteindre la porte, car le parc ne commence véritablement qu'à partir de 3 200 m d'altitude.

MONT KENYA ★★★

✆ +254 723 690 482
www.kws.go.ke
156 US$/adulte et 78 US$/enfant pour 3 jours ; 208 US$/adulte et 104 US$/enfant pour 4 jours.

Avec ses 5 199 m, le mont Kenya est le deuxième sommet d'Afrique après le Kilimandjaro. Pour les Kikuyu, cette énorme montagne est la maison du dieu Ngai. Le nom Kenya provient d'ailleurs du mot kikuyu *Kerenyaga*, qui signifie « montagne qui brille », sans doute en raison des glaciers et des neiges éternelles qui scintillent sur les sommets Batian (5 199 m), Nelion (5 188 m) et Lenana (4 985 m). La présence de neige sur l'équateur paraissait si impensable au siècle dernier que Ludwig Krapf, premier Européen à découvrir le mont Kenya en 1849, ne parvint pas à en convaincre les scientifiques de l'époque. Le comte Teleki fut le premier à tenter l'ascension en 1887, mais il dut renoncer avant d'avoir atteint le sommet. Le mont Kenya ne sera finalement vaincu que douze ans plus tard par Mackinder. Les pentes basses sont aujourd'hui cultivées par les Kikuyu, les Merus et les Embus, tandis que les vastes plaines au nord sont occupées par d'immenses ranchs appartenant à de riches propriétaires. Au début du siècle, les colons blancs se sont installés en masse dans cette région qui bénéficie d'un climat particulièrement clément et très favorable à l'agriculture. Une partie de leurs terres a été redistribuée aux Kikuyu après l'indépendance, mais de nombreuses familles d'origine anglaise possèdent encore de grands domaines dans la région. Cette montagne de plus de 400 km de circonférence est entourée d'une excellente route goudronnée qui relie toutes les grandes villes de la région : Nanyuki, Meru, Embu et, à l'extrémité nord, Isiolo.

HIGH PEAK SAFARIS

Laipha House, Nanuyki
✆ +254 722 687 008
300 US$ pour 1 personne pour 3 jours, 500 US$ pour 4 ou 5 jours. Prix dépendants du nombre de participants.

L'agence High Peak est expérimentée, et est une référence au Kenya pour vos trekkings. Elle dispose de tout le matériel (à louer si nécessaire) et se charge de recruter l'intégralité de l'équipe pour l'expédition, que ce soit le cuisinier ou les porteurs. Bien que l'agence soit basée au Kenya et ait fait du Mont Kenya sa spécialité, elle sera ravie d'organiser pour vous une ascension du Kilimandjaro côté tanzanien. Avec une expertise diversifiée, l'équipe d'High Peak organise aussi des safaris en lodge et en camping partout au Kenya.

MOUNT KENYA GUIDES AND PORTERS SAFARI CLUB

Naro Moru ✆ +254 791 923 538
www.mtkenyaguides.com
20 US$ pour un guide par groupe et par jour, 15 US$ pour un porteur par jour et par personne.

Ce collectif de guides et porteurs – dont certains sont francophones – est une mine d'or pour ceux qui tentent l'ascension ou qui souhaitent simplement organiser une randonnée dans le parc. Aussi bien pour obtenir des informations fiables que pour trouver un guide compétent. N'hésitez pas à les consulter, par courriel avant de venir. Ils disposent également de bandas pouvant accueillir jusqu'à 8 personnes, pour 30 US$ par personne (avec le petit-déjeuner et le dîner).

MOUNT KENYA HIKE

Within Riversyde Villas, off Hospital Road
✆ +254 703 536 617
www.mountkenyakilitreks.co.ke
Prix en fonction du nombre de personnes. Tout inclus : repas, hébergement, porteur, et taxes du parc.

Cette agence, gérée par Josphat Muruga, guide senior, pour qui l'ascension du mont Kenya n'a plus de secrets, propose des randonnées à flanc de montagne, l'ascension des deux plus hauts sommets d'Afrique (Kilimanjaro et mont Kenya) et s'adapte à vos souhaits. Pour une personne seulement, deux personnes, ou tout un groupe, Josphat Muruga prendra soin de vous proposer des itinéraires personnalisés avec des guides expérimentés. Y compris pour des circuits qui peuvent vous mener à Samburu, Amboseli, dans le Maasai Mara et jusque sur la côte.

NORTHWEST EXPEDITIONS

Naro Moru
✆ +254 722 737 849
www.northwest.co.ke
Les contacter pour organiser votre trek au Mont Kenya.

Cette petite agence, cogérée par « Peter and Peter » (deux Kenyans très sympathiques qui portent... le même prénom), peut organiser des safaris au Kenya, en Ouganda et en Tanzanie. Si vous voulez faire l'ascension du mont Kenya, vous pouvez également vous adresser à eux. Très professionnels, ils disposent de tout l'équipement nécessaire et travaillent avec des guides compétents. Peter et Peter gèrent également le Batian's View, une guesthouse que l'on recommande chaudement par ailleurs, notamment aux jeunes aventuriers et voyageurs en quête de sens.

BATIAN'S VIEW GUESTHOUSE €

Naro Moru ✆ +254 727 860 287
http://batiansview.com
2 500 Ksh/pers. pour une chambre (de 5 pers.), 2 000 Ksh pour les bandas. Sans le petit-déjeuner. Paiement en espèces.

Sur un joli domaine de 2 800 ha, en lisière de forêt, vous aurez le choix entre les cabanes en bois, très rudimentaires (avec cheminée !) et les chambres plus confortables dans un bâtiment en dur. Camping aussi possible. Ambiance accueillante, sobre et authentique. On vient ici dans un esprit d'échange et de partage, pour l'aventure, un défi personnel (l'ascension du mont Kenya en est un !), un projet de volontariat, ou juste pour se ressourcer... L'établissement peut organiser l'ascension du mont Kenya et, a minima, une journée de randonnée à flanc de montagne.

KEN TROUT GUEST COTTAGES €

Sur la route de Samburu, à environ 200 m après être entré dans le village de Timau (c'est indiqué), prendre une piste de terre sur 3 km.
✆ +254 720 743 215
Comptez 3 000 Ksh la nuit par personne avec le petit-déjeuner. Camping à 1 000 Ksh par personne.

On vient ici surtout pour le restaurant (à ne pas confondre avec le Trout Tree, au sud de Nanyuki) et à l'heure du déjeuner seulement. Si vous aimez la truite, vous allez être servi ! L'élevage en bassin se trouve sur le site et se visite. Les légumes sont également cultivés sur place. Le domaine en lui-même (plus de 400 hectares) vaut le détour. En particulier, la maison principale, une vieille bâtisse pleine de charme. Le jardin juste devant est splendide. Un bel endroit pour camper, beaucoup moins pour les chambres et cottages, dans un état très sommaire.

CENTRE

Paysage typique du Mont Kenya.

SIRIMON COTTAGE €

A l'entrée du parc sur la route Sirimon.
✆ +254 712 294 084
https://www.kws.go.ke
80 US$ le cottage de 4 personnes.

Les deux cottages ont chacun deux chambres confortables, soit une capacité d'accueil de huit personnes au total. Le bâtiment principal abrite une cuisine équipée, un salon, une salle à manger et une grande véranda où, à la nuit tombée, vous pourrez admirer un grandiose ciel étoilé. L'endroit est idéal pour un petit groupe en quête de calme et d'air pur. A condition d'être autonome. Le ménage est fait tous les jours et on vous apporte du bois pour la cheminée. Vous pouvez louer les services d'un ranger pour une randonnée en montagne.

TIMAU RIVER LODGE €

Timau
✆ +254 716 703 111
Résidents ou non-résidents, même prix pour tous : à partir de 4 000 Ksh en pension complète. Camping : 800 Ksh/pers.

Depuis 1960, Mumtaz et Satish Wason, les proprios d'origine indienne, font vivre ce lieu unique. Le tourisme en perte de vitesse ces dernières années au Kenya laisse peu de moyens pour quelques petites rénovations… mais vous trouverez ici authenticité et bienveillance. Il s'agit d'un étonnant ensemble de maisonnettes de toutes tailles ressemblant à des cabanes de bûcheron du Grand Nord canadien. Parmi ces chalets déambulent toutes sortes d'animaux : canards, oies, moutons, dindons, chiens... Ambiance décontractée et sympathique.

TRANSIT MOTEL €

Chogoria
✆ +254 725 609 151
A partir de 1 800 Ksh la chambre simple et 2 800 Ksh la chambre double (avec le petit déjeuner).

L'unique petit hôtel correct de Chogoria situé au sud du village, bien indiqué depuis la route principale, pas loin de la gare des *matatus*. Les 26 chambres sont simples et relativement propres. Il est également possible de camper dans leur jardin. L'hôtel peut servir de point de départ pour l'ascension du mont Kenya par la très belle route de Chogoria. Guides et porteurs sont disponibles sur place. L'hôtel dispose d'un restaurant et d'un bar en terrasse avec vue sur le mont Kenya. Une adresse accueillante, paisible et bon marché.

NARO MORU RIVER LODGE €€

Naro Moru
✆ +254 724 082 754
https://naromoruriverlodge.com
Tarifs variables selon la saison, le nombre de personnes et le type de chambre. Réservations en ligne via leur site.

Cet immense lodge offre une gamme infinie de logements. Il y en a pour tous les goûts et pour toutes les bourses ! Pour les petits budgets, des places pour camper ont été prévues dans l'enceinte du lodge (toilettes, douches et possibilité de profiter du bar, du restaurant et des activités proposées). Ambiance décontractée. Le lodge propose de multiples activités : piscine, sauna et squash (réservation nécessaire), tennis, VTT, balades à cheval, ping-pong et, surtout, randonnées et ascension du mont Kenya. Bien pour les familles actives.

MERU

La ville de Meru ne présente guère d'intérêt pour les voyageurs de passage. C'est pour ainsi dire une ville étape. On y fait le plein d'essence, quelques courses, et l'on part à la découverte du parc, à 85 km de là, ou l'on se dirige vers la Chogoria Way pour l'ascension du mont Kenya. Meru est surtout réputée au Kenya pour la qualité de son « miraa » (le khat), une plante psychotrope que l'on mâche et qui possède des propriétés stimulantes. Elle permet aussi de couper la faim. La culture et le commerce du khat (considéré comme une drogue en Europe, au Canada et aux États-Unis), très répandu en Afrique de l'Est, sont légaux au Kenya.

MERU NATIONAL MUSEUM

En venant d'Isiolo, une fois sur Kenyatta Highway, prendre la première route à droite après le County Hotel. ✆ +254 208 164 134
www.museums.or.ke/meru
Musée ouvert tous les jours de 8h30 à 17h30. 500 Ksh l'entrée (adulte).

Le musée Meru a vu le jour en 1974. Installé dans un ancien bâtiment administratif de l'époque coloniale, ce petit musée a pour vocation de valoriser le patrimoine culturel du peuple Meru. Le musée expose l'histoire du peuple Meru et de la région, des vêtements, des outils traditionnels. Quelques explications également concernant la faune et la flore de la région. Arbustes et plantes médicinales indigènes viennent agrémenter le jardin dans lequel ont été reproduites des huttes traditionnelles. Une étape intéressante, si vous avez du temps.

MERU NATIONAL PARK ★

Le Parc national de Meru reste méconnu. Victime d'un braconnage spectaculaire au début des années 1980, Meru est longtemps resté en marge des circuits touristiques et peine aujourd'hui encore à attirer les visiteurs.

C'est ici que Joy et George Adamson s'étaient installés en compagnie de leur lionne Elsa. Malheureusement, ils payèrent de leur vie leur engagement pour la défense des animaux. Joy fut assassinée à Meru par des braconniers (selon la version officielle) et, quelques années plus tard, en 1989, George et deux de ses assistants ont été trouvés morts dans la réserve voisine de Kora. Aujourd'hui, il n'y a plus vraiment de danger, mais Meru a conservé sa mauvaise réputation. C'est dommage, car il s'agit d'un parc passionnant, d'une grande richesse et qui a su conserver son caractère sauvage.

Le parc reçoit des pluies abondantes qui se déversent sur le flanc oriental du mont Kenya. De très nombreuses rivières alimentées par ces eaux parcourent le parc de Meru, d'où la très grande variété de paysages, avec le mont Kenya en arrière-plan. Forêts denses, marécages, grandes plaines semi-désertiques, savanes procurent nourriture et abris à toutes sortes d'herbivores (zèbres de Grevy, cobes des roseaux, buffles, girafes, éléphants, rhinocéros, hippopotames...) et à leurs prédateurs (lions, guépards, léopards...). La présence d'eau attire également une grande quantité d'oiseaux et de rapaces, dont plus de 400 espèces ont été recensées. En somme, vous aurez en quelques heures la sensation de passer du Tsavo à Samburu, en passant par Nyerere (ex Selous, en Tanzanie).

Le parc national de Meru est entouré par quatre réserves nationales qui ne sont accessibles qu'en 4x4 et qui n'offrent aucune possibilité d'hébergement. Ces réserves sont en fait principalement dédiées aux scientifiques. Bisanadi au nord, Rahole à l'est, Mwingi (ex-North Kitui) au sud et Kora, en face de Meru, sur l'autre rive de la Tana. Dans la réserve de Kora, les paysages sont absolument superbes, notamment le long de la rivière Tana. C'est ici que George Adamson s'était installé à la fin de sa vie. Un pont permet de franchir la Tana River et ainsi de relier Meru à Kora.

Pratique

A Maua, il est possible de retirer de l'argent (distributeur automatique), de se connecter à Internet et de faire le plein d'essence. Maua est la dernière véritable ville avant l'entrée dans le parc. Cela dit, si jamais, même tard après 18h, vous pouviez attraper un matatu, il vous serait possible de loger à l'entrée même du parc (Murera Gate), ce qui vous permettrait de visiter le parc de Meru dès les premières heures de la journée (à condition, là encore, d'avoir un véhicule). Droits d'entrée : 52 US$ par jour pour un adulte et 35 US$ pour un enfant (non-résidents).

Se loger

Malgré une volonté des autorités kenyanes de préserver le parc et d'en faire un haut lieu du tourisme au Kenya, les possibilités d'hébergement restent limitées et les visiteurs peu nombreux. Seul un lodge subsiste aujourd'hui à l'intérieur du parc (Elsa's Kopje), et deux-trois lodges et camps à lproximité de Murera Gate. Il existe toutefois une bonne dizaine d'aires de camping et quelques cottages en *self-catering*, gérés par le Kenya Wildlife Service (www.kws.go.ke), à disposition des aventuriers véhiculés, qui visiteront ce parc sauvage et authentique. Le camp de toile à moins de 2 km de l'entrée principale de la réserve, l'Ikweta Safari Camp, offre une formule intermédiaire de « luxe abordable » très satisfaisante.

Transports

▸ **Voiture.** A Meru, vous vous trouvez à 87 km du parc. Environ 70 km (via la C91) vous séparent de Maua, superbe route qui traverse les Nyambeni Hills. A Maua, il faut prendre une route sur la gauche, avant d'atteindre le Kiringo Hill Lodge, c'est assez clairement indiqué. Une dizaine de kilomètres vous séparent encore du parc, par une route en bon état. Dans le parc, le « self-drive » est autorisé et les pistes principales en bon état. En revanche, l'orientation est assez confuse sans l'appui d'une carte (les circuits principaux sont bien balisés) ou d'un GPS.

▸ **Transports en commun.** Ceux qui voudraient se rendre au parc de Meru en transports en commun devront s'armer d'un peu de patience… Autre problème, de taille celui-là, il leur faudra trouver de toute façon un véhicule pour circuler dans le parc. A Meru, ce sera difficile, à Maua et au-delà, impossible. Les lodges proposent des formules avec les *game drives*, ce sera donc la meilleure option dans ce cas.

Le mieux est de prendre un matatu jusqu'à Nanyuki, puis Meru, et de là un boda-boda (moto-taxi) jusqu'à Maua, ou de votre point de base.

VISITE DU PARC NATIONAL DE MERU

✆ +254 786 348 875
kws.go.ke
Droits de visite : 52 US$ pour un adulte et 35 US$ pour un enfant, par jour.

Le Parc national de Meru couvrant une superficie de 870 km² est peu fréquenté et sauvage. C'est ce qui fait son charme, mais aussi son danger. Si vous vous contentez de circuler autour de Murera Gate et du camping, vous pouvez vous débrouiller seul, d'autant que les pistes sont bonnes et la signalisation correcte. En revanche, si vous souhaitez visiter l'ensemble de la partie sud-est du parc, demandez conseil aux rangers et n'hésitez pas à vous faire accompagner. On peut diviser le parc en quatre zones distinctes.

- **Circuit des marais.** Il comprend toutes les petites pistes parallèles à la principale qui relie Murera Gate au site de camping. Plusieurs marais et de nombreux petits cours d'eau rendent cette zone particulièrement verdoyante.
- **Circuit des plaines.** Il s'agit de la partie située tout autour du camping. Quelques marécages, mais surtout de grandes plaines, attirent zèbres, élans, oryx et de nombreux herbivores. C'est ici que vous avez le plus de chances de voir des lions.
- **Grandes savanes de l'ouest.** Cette grande zone, limitée au sud par Ura Gate, comprend les plaines de Punguru, de Kiolu et de Kindani plus au nord. Cette partie est fréquentée par de grands troupeaux d'éléphants.
- **Circuit de la rivière Tana.** Cette immense zone est constituée d'une végétation beaucoup plus sèche et se trouve bordée à son extrémité sud par la rivière Tana, où sont situées les chutes Adamson. Les rives de la Tana sont peuplées de crocodiles et d'hippopotames.

BWATHERONGI €

✆ +254 786 348 875
kws.go.ke
Comptez 20 US$ par nuit et par adulte et 15 US$ par enfant de 3 à 18 ans. Réserver auprès de KWS.

Idéalement situé au centre du parc, à proximité du Headquarters, ce camping très accessible, pouvant accueillir un maximum de 20 personnes, permet de séjourner dans le parc à moindre coût, avec un minimum de commodités (toilettes, douches, eau courante, barbecue...). Le soir, dans un calme absolu, vous vous laisserez bercer par le doux murmure de la rivière. Seuls les cris des chacals ou les rugissements des lions (parfois très proches) viendront troubler votre sommeil... Une aire de camping exclusive pour les voyageurs autonomes.

IKWETA SAFARI CAMP €€

Murera Gate
✆ +254 705 200 050
https://ikwetasafaricamp.com/
Tente safari de luxe à partir de 180 US$ pour deux personnes en pension complète. Réservations via le site.

Situé proche de l'entrée de Murera Gate, Ikweta offre le confort et le service d'un camp de luxe, à prix raisonnable. Il peut héberger une vingtaine de personnes. Les tentes, disposées dans le bush, offrent une intimité totale. Elles sont spacieuses et joliment aménagées, avec une salle de bains attenante et l'électricité. Le soir venu, les tables sont installées dehors et le jeu des lumières sous le ciel africain fait la magie du moment. Excellente cuisine, personnel proactif et professionnel. Une grande piscine fera votre bonheur après de longs *gamedrives*.

ELSA'S KOPJE €€€

✆ +254 730 127 000
www.elewanacollection.com
Entre 940 et 1 386 US$ pour une ou deux personnes en cottage, tout inclus, y compris gamedrive, selon la saison.

Ce joli lodge a rejoint la famille Elewana en 2015, une prestigieuse « collection » d'établissements en Afrique de l'Est. Accroché sur une colline rocheuse, il offre un panorama à 360° sur les plaines environnantes ; c'est absolument magnifique. Les visiteurs (une quinzaine max) logent dans de vastes cottages en partie ouverts et décorés avec goût (lits immenses, petits salons, mobilier en bois, baignoires en plein air, petite passerelle d'accès...). Tous les cottages sont différents. La piscine taillée à même la roche est divine, idem pour la cuisine, exquise.

RHINO RIVER CAMP €€€

Situé dans la partie ouest du parc. Assez difficile d'accès (4x4 obligatoire) mais demander à Gamewatchers de gérer le transfert.
✆ +254 732 809 287 - www.porini.com
Tarifs variant en fonction des saisons, des offres, du type de services requis. Compter un minimum de 1 200 US$ pour 2.

Imaginez six chalets en bois et toile safari, disposés au cœur d'une végétation luxuriante, ouverts sur la nature, et une salle de bain en plein air. Ajoutez-y une piscine de rêve qui flirte avec la rivière, des massages divins, une cuisine de haut vol, mélange d'Afrique et de Méditerranée... tout cela à quelques minutes de l'un des plus beaux safaris-photos que l'on puisse faire au Kenya, dans le Parc national de Meru. Le tour est joué, c'est la promesse d'une expérience exclusive et mémorable. La compagnie GameWatchers possède d'autres camps, notamment au Mara.

NAIVASHA

Naivasha est une cité d'environ 200 000 habitants, à la jonction entre Nairobi, le superbe cratère de Longonot, le lac Nakuru, les Aberdares, le parc de Hell's Gate et le lac Naivasha lui-même, vous vous trouvez ici au cœur de la vallée du Grand Rift. Le temps de retirer de l'argent, de faire un plein d'essence, quelques courses, et on s'échappe vite de cette bourgade bruyante et agitée pour aller chercher le calme autour du lac, à quelques kilomètres seulement de là. L'agriculture, principalement la floriculture, est le principal secteur d'activité. Mais elle est aussi une destination touristique importante avec plusieurs parcs nationaux à proximité.

Transports

Les lacs de la Vallée du Rift sont très faciles d'accès par la route. Si vous souhaitez rester indépendant, la location d'une voiture pour quelques jours peut être une bonne option. Les *matatus* et les *bodas-bodas* (motos-taxis) sont aussi très fréquents entre les différents points d'intérêt, vous n'aurez aucun mal non plus à circuler par ce moyen-là.

Transports en commun. La gare des *matatus* se trouve juste à côté du marché municipal, sur Mbaria Kaniu Road. Fréquents départs de/pour Nairobi (1h30 de trajet), Nakuru (1 h), Nyahururu (1h30) et toutes les villes principales de l'ouest du pays. Les *matatus* pour la Moi south lake road, en direction de Kongoni, sur la rive ouest du lac (45 minutes), stationnent sur Kenyatta Avenue, à l'angle de Kariuki Chotara Road.

En voiture. Le lac est situé au sud-ouest de la ville de Naivasha. Si vous venez de Nakuru, vous devez quitter la nouvelle route principale, traverser la ville et emprunter l'ancienne route de Nairobi, avant de bifurquer sur la droite. Et bifurquer sur la gauche si vous venez de Nairobi. La route est goudronnée le long de la rive sud jusqu'à Kongoni, avant la Moi North Lake Road, puis une piste à peu près correcte fait le tour du lac, mais elle est interminable et n'offre pratiquement aucune vue sur le lac. Il faudra l'emprunter pour aller jusqu'à la réserve de Crater Lake.
A partir de Nairobi, plutôt que d'emprunter la nationale A 104, très fréquentée (par les poids lourds notamment), il est possible de passer par Mai Mahiu (Narok Road), puis de prendre la C88. Il y a généralement moins de trafic sur cette route, elle est donc plus rapide.

© AXEL JUMELIN

Paysage typique du lac de Naïvasha.

SAFARILINK

Basé à l'aérodrome ✆ +254 730 888 000
www.flysafarilink.com

Nombreux packages comprenant les vols et deux ou trois nuits. Depuis Naivasha, vols vers Nairobi ou le Masai Mara.

Cette compagnie nationale assure des liaisons directes vers les lieux d'intérêt touristique et les correspondances pour les voyageurs de Kenya Airways vers différentes destinations touristiques au Kenya et en Tanzanie. Basée à l'aéroport Wilson, à Nairobi, Safarilink propose des vols réguliers chaque jour vers le Maasaï Mara, Amboseli, Tsavo Ouest, Naivasha, Nanyuki, Lewa, Samburu, Lamu, Kilimandjaro, Loisaba, Kitale, Kapese, Lodwar, Migori, Vipingo, Diani Beach, Zanzibar et Kisumu. On voyage dans des petits avions (Dash 8 et Grand Caravan), confortables et sûrs.

JANE'S GUESTHOUSE €

Mama Ngina Street, Police Line
✆ +254 728 032 793

A partir de 2 500 Ksh la nuit pour une personne (petit déjeuner inclus). Réservations via Whatsapp.

Située dans le centre de Naivasha, dans un environnement calme et sécurisé, cette maison d'hôtes très accueillante dispose d'une terrasse bien exposée et d'une vue sur le lac. Toutes les chambres sont équipées d'une salle de bains privée. Piscine et accès wifi gratuit. Réception ouverte 24h/24. Location de voiture possible à la propriété. Bref une adresse appréciable et très appréciée par les voyageurs qui souhaitent éviter les hôtels plus impersonnels et les lodges trop luxueux. A retenir dans le coin pour les petits budgets en transit.

LAC NAIVASHA ★

Contrairement à la ville du même nom, le lac Naivasha mérite un détour. Situé à 1 884 mètres d'altitude sur les hauts plateaux, bénéficiant d'une surface de 173 km², le lac Naivasha, dont le niveau n'a cessé de varier au cours des siècles, est l'un des seuls lacs d'eau douce (avec le lac Baringo) de la vallée du Rift. Cette eau permet l'irrigation des sols fertiles qui bordent le lac, favorisant le développement d'une agriculture spécialisée dans les fruits (notamment la vigne qui produit le seul vin du pays), les légumes (les haricots) et surtout et avant tout, les fleurs. Le voyageur qui vient ici est attiré principalement par l'incroyable richesse ornithologique. Moins spectaculaire que ses voisins Nakuru, Bogoria ou Baringo, le lac Naivasha offre toutefois quelques belles balades que l'on peut effectuer en une journée au départ de Nairobi et des lieux de séjour aux atmosphères uniques. La plupart des hébergements sont sur la rive sud du lac, à une vingtaine de kilomètres au sud de la ville de Naivasha. Attention aux escadrons de moustiques le soir, quand les températures sont les plus chaudes. Méfiez-vous également des hippopotames qui s'aventurent la nuit sur les rives du lac. Cet animal territorial, à l'allure placide, peut être redoutable. S'il se sent menacé, il peut attaquer avec ses canines de 30 cm de long et courir jusqu'à 48 km/h. Pour découvrir aisément les richesses du lac Naivasha, nous vous recommandons une balade d'1 à 2 heures en bateau à moteur.

CRESCENT ISLAND

33 US$ pour un adulte, 16 US$ pour un enfant. Ouvert tous les jours de 8h30 à 17h30 (dernière entrée à 16h30).

Cette île (ou presqu'île, quand le lac se vide), offre avant tout un spectacle ornithologique exceptionnel, mais son originalité demeure dans la possibilité d'évoluer à pied parmi les girafes, gnous ou autres zèbres. Tous les hôtels et campings peuvent assurer votre traversée en bateau. Compter au moins 2 heures sur place. Le *must* est de combiner la balade à Crescent Island tôt le matin avec le petit déjeuner au Sanctuary Farm (le domaine est dans la continuité de la presqu'île, vous pourrez circuler à pied de l'un à l'autre, si le niveau de l'eau le permet).

MARINA BOAT SAFARI

Moi South Lake Road
✆ +254 722 728 054
Tarifs à négocier sur place, souvent inférieurs à ceux pratiqués par les hôtels.

Location de bateaux, avec des guides compétents, pour une heure de balade sur le lac Naivasha et Crescent Island, située à quelques centaines de mètres du rivage (compter 2 heures dans ce cas). Pratique si l'on vient passer seulement la journée au bord du lac et que l'on veut optimiser son temps sur place. Mais beaucoup moins personnalisé que si vous passez par un hôtel. Le week-end, les Nairobiens qui viennent s'aérer s'ajoutent aux touristes, il peut y avoir du monde à embarquer et une joyeuse ambiance ! Tout dépend de ce que vous recherchez...

ELSAMERE CONSERVATION TRUST ★

Moi South Lake Road
✆ +254 722 648 123
https://elsaconservationtrust.org/
Ouvert tous les jours de 15h à 18h. 1 000 Ksh, avec une visite du musée. Possibilité de loger sur place.

C'est l'ancienne demeure de Joy Adamson, connue pour avoir adopté une petite lionne, Elsa, après que son mari a été contraint, pour se défendre, de tuer la mère... Elle fut célèbre également en tant qu'écrivaine et peintre, et devint un mythe lorsqu'elle fut assassinée le 3 janvier 1980 (officiellement) par des braconniers dans la réserve de Shaba. Son mari, George, subit le même sort le 20 août 1989. Joy Adamson est l'auteure du roman à succès, *Born free*, qui raconte l'histoire de la lionne Elsa. L'ouvrage, publié en 1960, est adapté au cinéma en 1966. Joy se consacre dès lors entièrement à la protection de la vie sauvage au Kenya. Elle rédige ensuite *Living free* qui raconte la suite de l'histoire d'Elsa, en tant que mère de trois lionceaux, puis *Forever free*. Tous les bénéfices des ventes sont reversés à la fondation « Elsa Wild Animal Appeal », qui devint ensuite « The Elsa Conservation Trust ». Naturaliste et artiste de talent, Joy a réalisé au cours de sa vie, entièrement dédiée à sa passion pour la nature, plus de 500 peintures et dessins d'animaux de la savane. Elsamere – la maison de Joy sur le lac Naivasha – appartient à la fondation. Elle a gardé les marques de l'histoire de ces pionniers qui se sont tant investis dans la protection de la vie sauvage, et dont la fin a été si brutale. Tous les jours à 16h, on peut assister à la projection du film *The Joy Adamson Story*. Ensuite, le thé est servi sur la jolie terrasse. Possibilité de loger sur place en cottage.

CAMP CARNELLEY'S €

Moi South Lake Road
✆ +254 722 260 749
www.campcarnelleys.com
Tarifs selon le type d'hébergement, la saison, le positionnement et la taille. Infos par mail.

Une adresse conviviale où il est possible de planter sa tente ou de dormir dans des habitations en dur, en bungalow (*bandas*), en chambre basique (sanitaires communs) ou en dortoir. Coup de cœur pour les *bandas* camouflés dans la végétation. A chacun sa petite maison, au milieu des arbres, avec jardin et véranda. Le tout est très simple, mais soigné et joliment décoré aux couleurs africaines. Les hippos du lac se baladent dans le coin. Bateaux à disposition pour naviguer sur le lac. On y mange aussi très bien. Ce qui ne gâche rien. Une de nos adresses préférées.

FISHERMAN'S CAMP €

Moi South Lake Road
✆ +254 718 880 634
Camping, bandas, cottages. Tarifs saison, semaine, week-end. Location de vélos à la journée et balades en bateau.

Bel emplacement pour camper en semaine, mais attention aux week-ends où le lieu, populaire, devient l'attraction des riverains et de leurs enfants. Dans ce cas, préférez les cottages en hauteur (Fisherman's Top Camp). Construits avec les matériaux et le style local, habillés avec des tissus colorés, moustiquaire, coin cuisine, petite terrasse avec superbe vue, c'est rustique, petit, mais charmant. Quiétude assurée. En contrebas, le lieu reste toujours une option agréable pour venir déjeuner face au lac. La visite des girafes fait partie du charme.

LAKE OLOIDEN CAMP €

Moi North Lake Road
✆ +254 708 798 075
http://oloidencamp.com/
Tentes équipées, de différentes tailles, de 3 500 Ksh la nuit pour 2, 6 000 Ksh pour 4, à 10 000 Ksh pour 8. Restaurant.

Situé entre le lac Naivasha et le Crater Lake, sur les rives plus paisibles du lac Oloiden, ce campement occupe un terrain impeccablement tenu, sur un peu plus de deux hectares. Les tentes de camping, que vous pouvez louer complètement équipées, sont installées sur une pelouse bien verte et ombragée, bordée d'une clôture électrique qui protège de l'intrusion des hippos la nuit. Possibilité de choisir entre l'espace « calme » et l'espace « famille ». Et le soir, c'est feu de camp pour tout le monde ! Une bonne option pour les campeurs.

CRATER LAKE ★★

Droit d'entrée : 25 US$ pour un adulte.

© ARIJIT_1976 - SHUTTERSTOCK.COM

Ce site, sur la rive ouest du lac Naivasha, vaut le coup d'œil et bien une petite randonnée. Le minuscule lac volcanique, blotti au fond d'un cratère et au milieu d'une végétation luxuriante, offre un superbe paysage. Loin de la foule qui se précipite sur Crescent Island, un petit sentier très agréable en fait le tour et permet d'observer les nombreux colobes guéréza (*Colobus guereza*), singes herbivores, ainsi que les innombrables oiseaux. Le lieu est paisible et enchanteur. Accessible par la route, en matatu et piki-piki si vous n'avez pas votre propre véhicule.

BURCH'S RESORT & CAMPSITE €€

Moi South Lake Road ✆ +254 712 333 136
www.burchsresort.co.ke
Cottages à partir de 8 000 Ksh pour 1 personne, camping à 30 US$, avec le petit déjeuner. Réservations en ligne.

Ce *resort* dispose de 44 chambres réparties dans des cottages. Toutes disposent d'une salle de bains, d'un lit double ou de deux lits simples, avec moustiquaire, d'une connexion wifi, d'un téléviseur... L'ensemble reste correct, quoique vieillissant. En revanche, le site, à 10 minutes à pied du lac, est plutôt étendu et très calme. Piscine et restaurant en terrasse. L'hôtel organise les excursions sur le lac comme ailleurs. Formules pension complète pour les campeurs également.

CRATER LAKE CAMP €€

Moi North Lake Road
✆ +254 720 488 392
www.craterlake.co.ke

Tente double à partir de 8 000 Ksh. Réservations par mail. CB acceptée, mais pas de wifi.

A l'ouest du lac Naivasha, ce petit camp de toiles, niché dans un écrin de verdure au creux du volcan et au bord du lac, est un havre de paix à l'écart du monde. Ceux qui recherchent la solitude et le repos de l'âme y trouveront leur bonheur. Seuls le chant des oiseaux et les acrobaties des colobes viendront vous distraire. Les 4 bungalows familiaux et 13 jolies tentes safari disposent d'une salle de bain en dur, d'un grand lit à baldaquin avec moustiquaire, et d'une terrasse qui donne sur le lac. Restaurant chaleureux, terrasse flottante et piscine.

ELSAMERE LODGE €€

✆ +254 722 648 123
https://elsaconservationtrust.org/

Dix chambres (simples, doubles, triples), cottage à partir de 165 US$ par personne, ou 270 US$ pour deux.

Une adresse mythique et une institution ! Situé au bord du lac, à 25 km de Naivasha, ce centre fut autrefois la demeure des fameux Joy et George Adamson. Aujourd'hui, un petit musée leur est consacré et le centre accueille de nombreux scientifiques. Il est également ouvert au public et les passionnés d'environnement y trouveront à qui parler. Les petits cottages sont agréables et confortables. Atmosphère reposante et accueil amical, simple et authentique. Gare aux hippopotames la nuit qui viennent brouter l'herbe devant vos cottages, un moment saisissant et rare !

CHUI LODGE €€€

Moi South Lake Road
✆ +254 722 200 596
https://www.oseriantwolakes.com

Renseignements et tarifs par courriel. Compter 50 US$ par adulte de droit d'entrée dans le sanctuaire.

Chui Lodge est situé sur les hauteurs, dans une réserve privée (Oserengoni Wildlife Sanctuary) de plus de 7 000 hectares, dédiée au règne animal. Ici tout n'est que beauté, luxe, calme et volupté. Le lodge, très exclusif (seulement 8 cottages), offre un service ultra-personnalisé. Des guides professionnels vous accompagneront jusqu'au soir où vous regagnerez la terrasse de votre superbe cottage, confortable et spacieux, pour compter les étoiles. Il est aussi possible de faire une journée seule d'excursion dans la réserve, avec le déjeuner sur place.

GREAT RIFT VALLEY LODGE & GOLF RESORT €€€

Moi North Lake Road ✆ +254 711 019 900
www.heritage-eastafrica.com

Chambre à partir de 180 US$ pour une personne, 240 US$ pour deux personnes, en pension complète. Réservations en ligne.

Cet immense complexe bénéficie d'une situation remarquable sur la rive nord du lac. Les chambres sont spacieuses et particulièrement soignées. Toutes ont une vue admirable sur le lac, tout comme le terrain de golf, la jolie piscine et la salle de restaurant (où l'on mange d'ailleurs très bien). Bien que l'organisation et le service soient irréprochables, l'ensemble manque un peu de chaleur. Ceci étant dû probablement au principe de standardisation de ces « complexes » de vacances.

HIPPO POINT €€€

Route de South Lake.
✆ +254 733 333 014
www.hippopointkenya.com

Prix unique tout au long de l'année. Renseignements par courriel.

Ce lieu abrite deux propriétés exclusives séparées, pleines de caractère et entourées d'acacias sauvages. D'un côté, le manoir Tudor de 1932, une maison de campagne rustique avec un jardin à l'anglaise, qui comprend 12 chambres. Chacune d'entre elles est décorée avec amour grâce à la passion de la famille pour les antiquités. De l'autre, l'emblématique tour de plusieurs dizaines de mètres, construite sur mesure, avec ses 5 chambres, salon, cuisine, terrasse, salle de méditation... Idéale pour une famille à la recherche d'une expérience de « slow safari » unique.

KIBOKO LUXURY CAMP €€€

Moi South Lake Road
✆ +254 703 048 000
www.sunafricahotels.com

En « All inclusive », visites incluses, compter un minimum de 600 US$ pour une chambre double.

Mobilier déco d'un autre âge, grande bibliothèque, belle cheminée, superbe terrasse couverte où l'on peut prendre ses repas devant une vue plongeante sur le lac, le Kiboko réunit tout ce qu'on peut imaginer de mieux pour sa maison de campagne ! Huit tentes safari, parfaitement bien équipées, garantissent à cet établissement son appartenance à la catégorie grand luxe. Le Kiboko fait partie de la prestigieuse chaîne d'hôtels Sun Africa, qui gère huit propriétés au Kenya, toutes plus belles les unes que les autres, dont deux nouveaux hôtels à Nairobi.

LAKE NAIVASHA SOPA RESORT €€€

✆ +254 203 750 235
https://sopalodges.com/
49 000 Ksh la chambre double standard en pension complète, selon la saison.

Une vingtaine de cottages, comprenant chacun deux chambres au rez-de-chaussée et deux à l'étage, disposés en arc de cercle, font face à un magnifique jardin verdoyant parsemé d'acacias et de cactus, où des dizaines de zèbres, girafes et antilopes se promènent paisiblement. Les chambres gardent le style des années 90, toutes à l'identique. Atmosphère très *british* dans les parties communes, de grands espaces circulaires ou le bois et le cuir dominent. Accueil et service à la hauteur.

SANCTUARY FARM €€€

Moi South Lake Road
✆ +254 722 761 940
https://sanctuaryfarmkenya.com
Plusieurs options de cottages familiaux. Possibilité de camper 12-15 US$ par personne. Tentes disponibles à la location.

En face de Crescent Island sur les rives du lac Naivasha, voici un endroit qu'on n'oublie pas et où l'on pourrait rester bien longtemps tant l'atmosphère y est unique. Les animaux sauvages de Crescent Island (qui est en fait une presqu'île) circulent librement sur les 160 hectares de nature préservée de ce domaine privé, parsemé d'acacias. Le site comprend la ferme, le sanctuaire animalier, le restaurant, 4 cottages (1 ou 2 chambres) entièrement équipés et 2 terrains de camping. On vous encourage à faire une balade à cheval dans le domaine. Magique.

RANCH HOUSE BISTRO €€

Moi South Lake Road
✆ +254 700 488 475
www.oseriantwolakes.com
Ouvert tous les jours de 10h à 18h, le vendredi et le samedi jusqu'à 21h. Visa acceptée.

Dans un cadre magnifique et avec une vue imprenable sur le lac, les tables en intérieur ou en extérieur à l'ombre, sur une pelouse impeccable, sont une invitation au plaisir. On y mange bien, au milieu de la nature et des oiseaux, des singes et parfois des girafes qui passent au loin. Très bonnes pizzas au feu de bois et jus de fruits naturels. Une épicerie fine avec des produits de la ferme et une boutique d'artisanat juste à côté peuvent compléter la pause déjeuner. Possibilité de coupler une excursion dans la réserve privée d'Oserengoni avec le déjeuner.

HELL'S GATE NATIONAL PARK ★

Ce petit parc de 68 km², ouvert en 1984, est particulièrement spectaculaire et très agréable à visiter car on peut s'y promener seul, à pied ou à vélo. Croiser à pied des zèbres, des gazelles, des antilopes ou des buffles ne procure pas du tout les mêmes sensations qu'en voiture. Quelques guépards et léopards vivent également dans les parages, mais ils sont quasiment impossibles à voir et plutôt farouches. Les falaises, hautes de plus de 120 m, abritent de leur côté de nombreux rapaces : aigles de Verreaux, buses, vautours, etc., et offrent de très belles possibilités d'escalade.

Hell's Gate est également réputé pour son intense activité géothermique : des jets de vapeur s'échappent des flancs du volcan Olkaria et fournissent une production électrique considérable.

Sa facilité d'accès et son originalité font de ce parc une très belle destination. Le camping est la seule solution dans l'enceinte du parc. Il existe plusieurs sites, qui promettent de belles nuits étoilées.

Transports

Hell's Gate est situé entre le lac Naivasha et le cratère du mont Longonot. On y accède depuis la rive du lac Naivasha par Elsa Gate. Deux kilomètres après avoir quitté la route qui fait le tour du lac, on atteint la porte. Il existe deux autres entrées, mais elles sont beaucoup moins faciles d'accès. La piste qui rejoint la route de Narok est pratique, mais souvent en très mauvais état.

Piste au coeur du Parc National d'Hell's Gate.

CENTRE

VISITE D'HELL'S GATE

✆ +254 774 435 934

www.kws.go.ke

Comptez 26 US$ par jour et par adulte, 17 US$ pour un enfant de 3 à 18 ans. Paiement uniquement par CB et M-Pesa.

La visite peut se faire à pied, à vélo ou en voiture. Même si vous avez un véhicule, il est fortement conseillé de faire un peu de marche. Une promenade parmi les animaux procure une sensation de liberté et d'espace qu'il serait dommage de manquer. Attention ! Il fait souvent extrêmement chaud au pied des falaises, vous avez donc intérêt à partir tôt le matin. Un petit centre d'information à l'entrée du parc pourra vous fournir des renseignements intéressants ainsi que quelques produits de base. À l'entrée du parc, 4 ou 5 VTT peuvent être loués pour la demi-journée ou la journée. Quelques minutes après être entré dans le parc, vous vous trouvez face à la Fisher's Tower. Cette étonnante colonne de roches volcaniques, haute de 25 m, marque approximativement le site de l'embuscade masaï dont fut victime l'explorateur allemand Gustav Fisher. Les circuits de Twiga et Buffalo partent de cette tour et rejoignent la piste centrale à l'autre extrémité des gorges. À moins d'avoir beaucoup de temps et de courage, il est conseillé d'effectuer ces circuits en voiture. La piste serpente ensuite au pied des falaises, au milieu d'une végétation sèche et rabougrie, avant d'arriver près de la station géothermale. Vous pourrez observer assez facilement des girafes, des zèbres, des phacochères et diverses espèces de gazelles. À mi-parcours, une piste sur la gauche permet de rejoindre une autre colonne volcanique – la Central Tower – ainsi que les spectaculaires gorges de Njorowa. Vous pouvez garer votre véhicule sur l'aire de pique-nique et prendre le petit sentier qui descend jusqu'aux gorges. En bas, il ne faut pas hésiter à suivre le petit cours d'eau. Après un passage très étroit et un peu glissant, on débouche dans des gorges plus larges. Là, vous continuez tout droit jusqu'à l'extrémité de la gorge principale. Comptez 1 heure aller-retour, mais attention, certains passages sont assez vertigineux. Autre possibilité, prendre l'embranchement de gauche : vous pénétrez alors dans un étroit canyon vraiment impressionnant, les gorges de Njorowa, que l'on peut visiter en une ou deux heures de marche selon son rythme (c'est ici que fut tourné *Tomb Raider II*). Par endroits, les parois hautes de plus de 100 m se resserrent tellement que l'on a du mal à distinguer le ciel. Cependant, bien vous renseigner au bureau du parc sur le niveau de l'eau avant de vous engager dans les gorges.

Le camping est la seule solution d'hébergement dans l'enceinte du parc. Il existe plusieurs sites, installés sur les hauteurs. Se renseigner au bureau du parc.

ENDACHATA CAMPSITE €

✆ +254 800 597 000

www.kws.go.ke

Comptez 20 US$ par adulte et par jour, et 15 US$ par jour par enfant de moins de 18 ans.

Ce camp sommaire mais fonctionnel se trouve au bout de la piste, à proximité de celui de Nairburta. Il bénéficie d'un très beau cadre verdoyant, avec des sanitaires et un coin barbecue. L'avantage de camper ici, comme sur les deux autres sites dédiés aux campeurs à l'intérieur du parc, étant que vous pourrez profiter à l'aube ou au coucher de soleil des 68 km² de ce petit parc sans être dérangé par les visiteurs qui débarquent pour la journée. Le grand luxe de la nature pour vous seul ! Les balades à pied ou à vélo feront tout le plaisir de l'expérience.

NAIBURTA CAMPSITE €

✆ +254 800 597 000

www.kws.go.ke

Comptez 20 US$ par adulte et par jour, et 15 US$ par jour par enfant de moins de 18 ans.

Ce camping se trouve sur la droite de la piste principale, en haut de la falaise nord. Il offre une vue imprenable sur Hell's Gate, dont on se délecte aux premières heures du jour, quand la savane se réveille. Un moment magique, avant de partir en safari. A pied, à vélo ou en voiture, il y a de quoi savourer la nature. Toilettes, douches, eau courante (non potable), et un banda pour cuisiner à l'abri, sont à disposition. Les animaux curieux peuvent s'aventurer sur le site la nuit, ne laissez aucune nourriture à l'extérieur, cela pourrait les attirer davantage.

OLDUBAI CAMPSITE €

✆ +254 800 597 000

www.kws.go.ke/

Comptez 20 US$ par adulte et par jour, et 15 US$ par jour par enfant de moins de 18 ans.

Ce camping est situé au sud de la tour de Fisher. Pour l'atteindre, prendre à gauche après Elsa Gate. Le site bénéficie désormais de sanitaires et d'un coin barbecue, et le cadre est vraiment magnifique. A condition d'être autonome, le camping à Hell's Gate est plus que recommandé. Ce petit parc offre notamment la possibilité de faire des safaris à vélo, au départ de Naivasha. Une expérience que les sportifs, amoureux de la nature et aventuriers pourront tenter, avec un minimum d'équipement. Location de VTT à l'entrée du parc.

MOUNT LONGONOT NATIONAL PARK

Les amateurs de randonnées ne doivent en aucun cas manquer l'ascension du mont Longonot. Ce jeune volcan (à peine un million d'années !), qui culmine à 2 776 m d'altitude, est parfaitement visible depuis l'ancienne route Naivasha-Nairobi. Situé à quelques kilomètres au sud de Naivasha et à 80 kilomètres au nord-ouest de Nairobi, le mont Longonot est un stratovolcan (ou volcan composite), couronné par une caldeira (dépression circulaire) de 8 km de largeur sur 12 km de longueur. Sa dernière éruption remonte aux environs de 1863. La montée jusqu'à l'arête du cratère demande une bonne heure de marche, elle est un peu raide, mais pas franchement difficile (bonnes chaussures, eau et chapeau sont néanmoins indispensables). Il faut ensuite compter entre deux et trois heures (si on souhaite prendre son temps) pour faire le tour du cratère. Le panorama offert est tout simplement grandiose : vous dominez toute la vallée du Rift. Vous y découvrirez également une flore unique. Il n'est pas rare non plus de croiser des zèbres et des antilopes. Un petit sentier assez périlleux permet de descendre au fond du cratère, ce qui offre toutefois un intérêt assez limité. Pour rejoindre le départ du sentier, vous devez vous rendre à la gare de Longonot située le long de l'ancienne route Naivasha-Nairobi (à environ 25 km de Naivasha). Un petit parking et un poste de rangers vous attendent. L'avantage, c'est qu'un *ranger* vous servira de guide (vous lui donnerez ce que vous voudrez). Si vous le pouvez, n'hésitez pas car c'est l'une des plus belles randonnées du Kenya.

LAC ELEMENTEITA

Ce joli petit lac alcalin (18 km²) se trouve entre le lac Naivasha et le lac Nakuru. Comme son prestigieux voisin, Elementaita est souvent couvert de milliers de flamants roses (selon les pluies et le niveau des eaux). Il est malheureusement très difficile d'atteindre ses rives car il est entouré de propriétés privées. Le meilleur plan pour profiter des richesses du lac Elementaita est de visiter Soysambu Conservancy, un joyau. Ceux qui ne souhaiteraient pas s'y arrêter se contenteront des quelques beaux points de vue le long de la route Nakuru-Naivasha. Sur les hauteurs du lac, le Lemon Valley Farm offre également un beau panorama.

SLEEPING WARRIOR

Sleeping Warrior Mountain

Randonnée de base d'environ 1h (montée et descente) depuis le pied du massif. Possibilité de se rendre dans le cratère.

Le Sleeping Warrior, pour sa ressemblance avec la silhouette d'un homme couché, est en fait un ancien volcan, non loin des rives du lac Elementeita et de la ville de Kikopey. Il peut être l'occasion d'une randonnée ni trop longue, ni trop compliquée, le tout offrant un joli point de vue sur le lac et ses flamants roses d'un côté, et sur la caldeira de l'autre. Le Sleeping Warrior est aussi l'emblème mondialement connu des adeptes de rallye, en effet, il sert de cadre et toile de fond à l'annuel Safari Rallye, manche du championnat du monde WRC.

CENTRE

Vue du cratère Longonot.

SOYSAMBU CONSERVANCY

Soysambu conservancy
✆ +254 711 235 039
https://soysambuconservancy.org/
Droit d'entrée de 47 US$ par adulte, 24 US$ par enfant. Guidage a 1 200 Ksh pour 3h de jour, 2 000 Ksh de nuit.

Soysambu est une zone de conservation de 190 km², sur les rives du lac Elementeita, se prolongeant jusqu'aux limites du parc de Nakuru. Elle est partie intégrante du système lacustre de la vallée du Rift. Assez méconnue, elle est pourtant le refuge de 176 girafes nubiennes, espèce en danger critique d'extinction avec moins de 500 individus à l'état sauvage, répartis entre le Kenya et l'Ouganda. Une petite population de lions y a élu domicile, tout comme des buffles, hyènes, impalas, élands, mais aussi de nombreux oiseaux dont le pélican blanc.

LEMON VALLEY FARM €€

Casambara, Soysambu
✆ +254 778 915 880
www.lemonvalley.co.ke
Cottage pour 4-8 personnes à partir de 16 500 Ksh, cabines pour 2, à 5 500 Ksh par personne. Piscine, sauna, Wifi.

© LEMON VALLEY FARM

Bien plus qu'un hébergement : un cadre chaleureux et unique. Les possibilités d'hébergement vont du cottage au camping, en passant par de petites cabanes en tôle et en bois, construites à flanc de colline. Chacune à son style et ses couleurs et sont autant de petits nids douillets (au confort simple, mais complet), dans l'immensité de la ferme. Sur place, équitation, tir à l'arc, piscine, sauna... Sans oublier la cantine, joliment aménagée en terrasse, qui invite à la pause gourmande. Tous les produits qui y sont utilisés, ou presque, viennent de la ferme.

LAKE ELMENTEITA SERENA €€€

Soysambu Conservancy
✆ +254 732 123 400
www.serenahotels.com/elmenteita
A partir de 700 US$ la tente double pour deux en pension complète. Spa et piscine chauffée.

Situé sur les rives basses du lac, ce lodge haut de gamme bénéficie d'un cadre exclusif. Les 25 tentes safari joliment aménagées à l'identique, sont face au lac et ses flamants roses à portée d'yeux spacieuses, luxueuses, parfaitement équipées et décorées avec style. Sont incluses aux tarifs toutes sortes d'activités (yoga, cours de cuisine, de swahili, ateliers d'aquarelle, et promenade dans la nature). Les safaris en 4x4 autour du lac, le tir à l'arc et les balades à cheval sont en extra.

SENTRIM ELEMENTAITA RESORT €€

Lake Elementaita Lodge
✆ +254 796 890 890
A partir de 88 US$ pour une personne, 142 US$ pour deux, en chambre deluxe double, petit-déjeuner inclus.

Dans la lignée des autres établissements du groupe Sentrim au Kenya, le Resort d'Elementaita est irréprochable. Directement situé sur la rive Est du lac, vous y trouverez toutes sortes de chambres, joliment décorées façon ethnique, salle de sport, spa, ainsi qu'une piscine... avec vue. Un hébergement idéal pour se dépayser totalement et immédiatement lorsqu'on arrive de la capitale, ou pour finir en beauté son séjour lorsqu'on revient du Masai Mara.

TULIZA COTTAGE €€€

Gil Gil
✆ +254 702 949 951
Chalets à partir de 35 000 Ksh. Camping possible.

Le Tuliza Cottage est idéalement placé non loin des rives du lac Elementeita, un cadre de qualité que ce soit pour une mise au vert, ou pour profiter des activités du lac. Deux options s'offrent à vous, le camping, ou bien la location de chalet, certes onéreuse, mais potentiellement avantageuse lorsqu'on voyage en groupe ou en autonomie. L'emplacement est idyllique pour profiter des couleurs des couchers de soleil, ou encore pour partir randonner au Sleeping Warrior comme aux Hot Springs. C'est aussi une bonne option pour profiter du Safari Rallye.

LAKE ELMENTEITA SERENA

CAMP

KENYA | TANZANIA | ZANZIBAR | UGANDA
RWANDA | MOZAMBIQUE | DR CONGO

NAKURU NATIONAL PARK ★★

Situé dans les faubourgs de Nakuru, le parc national de Nakuru englobe le lac et ses abords immédiats, les falaises le long de sa limite occidentale, les forêts sur la rive est et, enfin, l'immense zone de savane qui s'étend au sud. La modeste superficie du parc (moins de 200 km^2) rend l'observation des animaux très facile. Vous avez notamment de très grandes chances de pouvoir observer l'un des très nombreux rhinocéros qui vivent dans son enceinte. Entièrement clôturé par une barrière électrique, le parc compte aujourd'hui plus de 60 rhinocéros blancs et noirs. Plusieurs sont même nés au cours des dernières années.

Mais la grande attraction du lieu, c'est le lac alcalin et les milliers d'oiseaux qu'il attire : des flamants, des pélicans et plus de 400 autres espèces. Il y a quelques années, avant que le lac ne perde une partie de sa population de flamants roses, Nakuru était considéré comme « le plus beau spectacle ornithologique du monde » ! La variation du niveau de l'eau lui a malheureusement fait perdre une partie de sa magie. À la fin des années 1970, la montée des eaux a causé l'exode d'une partie non négligeable des flamants roses vers les autres lacs, notamment le lac Bogoria. Ils ne sont pas tous revenus. Ces importantes variations ne sont pas un phénomène récent, on sait que dans le passé le lac s'est complètement asséché à plusieurs reprises, notamment en 1950. Des tourbillons d'air soulèvent alors les dépôts de soude et les dispersent sur les champs des fermes voisines, pour le plus grand malheur des agriculteurs.

On comprend mieux ainsi l'origine du nom de Nakuru : « *enakuro* » en maasaï signifie tourbillons de poussière. Malgré toutes ces péripéties, le lac est toujours cerclé d'une ligne rose palpitante de milliers de flamants. On vous conseille d'y aller tôt le matin.

Transports

Il est particulièrement facile d'accès. En venant de Nairobi, il suffit de prendre la direction de Nakuru. Quelques kilomètres avant d'entrer dans la ville, vous pouvez bifurquer sur la gauche pour pénétrer par Lanet Gate. Attention, la piste est parfois en mauvais état. Vous pouvez aussi traverser le centre-ville pour atteindre Main Gate. Une fois dans Nakuru, tournez à gauche et dirigez-vous vers le sud (des petites pancartes en bois pas très visibles sont disposées aux différents carrefours).

VISITE DU PARC DE NAKURU

✆ +254 728 355 207

kws.go.ke

Droits de visite dans le parc : 60 US$ (adulte) et 35 US$ (3-18 ans) par jour pour les non-résidents.

La visite de Nakuru peut se faire en une journée. On se repère très facilement (une piste principale fait le tour du lac), et globalement les pistes sont en bon état. Le seul danger est de s'embourber en roulant trop près de la rive. La croûte de terre cache une boue collante, ne vous approchez donc pas trop près de l'eau ou suivez les traces déjà existantes. La rive nord du parc, autour de l'entrée principale, est couverte d'une forêt dense où vous pouvez observer des léopards affalés sur les branches et parfois quelques lions. Plusieurs petites pistes permettent de s'approcher du lac pour admirer les milliers de flamants roses ainsi que les pélicans. Sur la rive ouest, la *Baboon Cliff* s'étend jusqu'à l'extrémité sud du parc. Cette impressionnante falaise est habitée par des babouins et des damans des rochers. Une piste permet d'accéder au sommet. Du haut de la falaise, le point de vue sur le lac est absolument magnifique. En continuant plus au sud, la végétation se raréfie et on pénètre dans une véritable savane plantée d'acacias. C'est ici qu'on a le plus de chances de voir des girafes, des lions et l'un des nombreux rhinocéros du parc. A l'extrémité du parc, au bord d'une petite clairière se trouvent les Makalia Falls. Cette jolie cascade, qui tombe du haut d'une falaise dans un petit bassin, attire de nombreux herbivores. Puis, en remontant le long de la rive orientale du lac, on passe devant une extraordinaire forêt d'euphorbes candélabres, avant de rejoindre l'entrée principale.

WILDLIFE CLUB OF KENYA GUESTHOUSE €

Au nord, emprunter une piste qui part de la principale, faisant le tour du lac.
✆ +254 719 898 212
https://wildlifeclubsofkenya.or.ke
Comptez 1 250 Ksh par nuit et par personne. Apporter sa nourriture.

Il ne s'agit pas d'un hôtel, mais plutôt d'un centre d'hébergement pour les étudiants du Wildlife Club qui suivent des programmes de formation dédiés à la protection de la faune et de la flore. Le site possède 3 dortoirs qui peuvent accueillir jusqu'à 58 étudiants et 3 bandas pour 12 personnes au total. Douches chaudes, cuisine équipée (gaz, réfrigérateur, micro-ondes). C'est très sommaire, mais l'endroit est plutôt sympathique parce que très convivial.

NAISHI GUEST HOUSE €€

Au sud (est) du parc, près de la piste d'atterrissage du même nom.
✆ +254 726 610 533
https://reservations.kws.go.ke
Comptez 33 000 Ksh pour le cottage de 8 personnes, occupé intégralement.

Il s'agit d'un petit ensemble de cottages situés dans la partie sud du parc, en lisière de la forêt d'acacias. La maison principale comprend deux chambres, chacune avec un grand et un petit lit. L'annexe dispose de deux chambres avec lit simple. Huit personnes au total peuvent y séjourner et profiter du grand salon commun, de la cuisine équipée et de l'agréable terrasse. L'ensemble est bien tenu, les draps sont fournis et la décoration est plutôt réussie. Si vous êtes un petit groupe (obligation de louer au minimum la maison principale), c'est l'adresse idéale.

FLAMINGO HILL CAMP €€€

✆ +254 729 329 488
Tente standard à environ 300 US$ pour deux, en pension complète. Réservations par téléphone.

Ce camp de toile, très *cosy*, chaleureux et accueillant, est niché entre les collines, dans le parc. Les 25 tentes implantées dans le paysage sont protégées par un toit en makuti (feuilles de palmier tressées), décorées dans les tons safari, équipées de lits en bois naturel avec moustiquaire, de toilettes, douche, eau chaude, électricité, et d'une véranda avec vue sur la plaine. Flamingo Hill Camp est un établissement respectueux de l'environnement. Une partie des bénéfices est réinvestie dans la protection de l'environnement et des espèces en voie de disparition.

MBWEHA SAFARI CAMP €€€

✆ +254 702 692 648
www.atua-enkop.com
Compter 420 US$ pour deux personnes et par nuit, selon la saison, pour le cottage seulement.

© MBAWEHA CAMP

Le Mbweha Safari Camp, propriété du groupe Atua Enkop Africa, est niché sur la frontière sud du parc national du Lac Nakuru, offrant une jolie vue sur les montagnes Eburru et Mau. Entourés d'arbres, les 10 ravissants cottages sont construits en pierre volcanique. Il règne une atmosphère relaxante, où le luxe flirte audacieusement avec l'environnement sauvage. Nombreuses activités : safaris (de jour et de nuit), randonnées, équitation, VTT, excursions à dos de chameau avec petit-déjeuner dans la brousse, visite du parc national de Nakuru, visites culturelles etc.

SAROVA LION HILL GAME LODGE €€€

Off Old Nairobi Road ✆ +254 709 111 000
www.sarovahotels.com/lionhill-nakuru/
Chambre standard double à partir de 243 US$, en pension complète. Tarifs détaillés et réservations en ligne.

Beau lodge composé de bungalows noyés dans la végétation. Les 67 chambres, spacieuses, bénéficient chacune d'une petite terrasse. Les plus récentes sont joliment décorées. La vue sur le lac est très belle, bien qu'en partie masquée par les arbres, ce qui vous permet de mieux observer les nombreux oiseaux. L'hôtel dispose également d'un spa, d'une piscine et d'un bar-terrasse panoramique. Le Lion Hill propose une excellente cuisine. De quoi passer un savoureux séjour.

CENTRE

THE CLIFF €€€

✆ +254 748 813 006
www.thecliffkenya.com
Renseignements et tarifs par courriel.

Perché au sommet d'une paroi rocheuse à 100 m de haut, ce « camp de luxe » classieux, est un modèle hybride entre le lodge, le camp de toiles et l'hôtel de charme. Dans l'intimité de votre tente, vous bénéficierez d'une vue panoramique à 180°. Une invitation à la contemplation, au rythme de la nature et des journées qui se déroulent en toute quiétude. Le parc national du lac Nakuru étant le paradis des ornithologues, il y a de quoi observer une incroyable variété d'oiseaux, sans compter les hordes de flamants roses. Salle de sport, piscine et spa à disposition.

HYRAX HILL MUSEUM

Hyrax Hill Museum
✆ +254 722 936 630
www.museums.or.ke/hyrax-hill
Ouvert tous les jours de 9h à 18h.Comptez 500 Ksh par personne.

Avec Kariandusi, Hyrax Hill est le plus important site préhistorique du Kenya. Les passionnés d'archéologie et les curieux se doivent d'y aller. Sur un éperon rocheux qui culmine à 1 900 m, le site, découvert en 1926, a mis en évidence des restes datant de la fin du Néolithique. Toutes les trouvailles sont exposées sur place dans le musée dédié. Hyrax Hill tire son nom de l'« hyrax », ou daman, ce petit mammifère qui vit dans des habitats rocheux et que l'on trouvait autrefois en nombre sur le site, avant l'urbanisation accélérée des environs.

NAKURU

Nakuru, chef-lieu du comté de Nakuru, est une ville animée qui compte plus de 300 000 habitants, ce qui fait d'elle le quatrième plus grand centre urbain du pays, après Nairobi, Mombasa et Kisumu. La ville n'a pas grand-chose à offrir aux voyageurs. C'est néanmoins une ville étape intéressante pour visiter la région et, plus particulièrement, le parc national de Nakuru qui se trouve à cinq minutes du centre-ville. Ce petit parc a la particularité d'attirer une multitude d'oiseaux, notamment des flamants nains, emblème du lac Nakuru, qui couvre environ un tiers de sa superficie. Possibilités d'hébergement en ville ou dans le parc, selon le budget.

CRATÈRE DE MENENGAI

De Nakuru, prendre la direction de l'hôpital, dans la partie Nord-est de la ville, et emprunter ensuite la Forest Road jusqu'au cratère.
Aucun matatu ne s'y rend.

C'est le plus important cratère du Kenya par la taille (12 km de diamètre) et le second plus grand d'Afrique après le N'gorongoro, en Tanzanie. Il s'agit d'un cratère de volcan éteint. Il est conseillé de gagner le sommet en voiture, sinon il faut vous attendre à 2 heures de marche (sans grand intérêt, préférez Longonot pour une belle balade) avant d'atteindre le bord du cratère. L'immensité de l'espace qui se déploie alors sous vos yeux est véritablement stupéfiante. La vue sur le lac Nakuru et le lac Baringo est sublime. Camping déconseillé.

PEGA TOURS & TRAVEL AGENCY LTD

Moi Road, Opposite Post Office
✆ + 254 512 210 379
www.pegatours.co.ke
Contacter par mail ou whatsapp pour planifier et réserver.

Agence familiale, qui opère depuis 1997. Père (Peter) et fils (Dennis) organisent des circuits au Kenya, ainsi qu'en Ouganda, en Tanzanie et au Rwanda. Pegatours propose des packages de 3 à 18 jours pour découvrir le Kenya, mais les formules à la carte sont également possibles. Ne pas hésiter à les contacter aussi pour les excursions d'une journée dans la région de Nakuru. Dennis est un compagnon de route très agréable, affûté sur les lieux qui valent le détour.

EAGLE PALACE HOTEL €

Mburu Gichua Road
✆ +254 711 761 182
www.eaglepalacehotel.com
Chambre double à partir de 6 000 Ksh pour une personne, 7 000 Ksh pour deux. Petit déjeuner inclus.

Hôtel de 40 chambres, souvent plein, même en saison basse. Et pour cause, il propose l'un des meilleurs rapports qualité-prix en centre-ville. Un nouveau bâtiment de 30 chambres a d'ailleurs été construit juste à côté pour répondre à la demande croissante de voyageurs et hommes d'affaires. Chambres confortables (air conditionné, télévision, wifi, coffre-fort), qui donnent soit sur la rue soit sur l'arrière du bâtiment (pas très joli, mais plus calme). Restaurant au premier étage. Une adresse sans prétention, mais de qualité, qui peut rendre service.

Lac de Nakuru.

SPA RESORT KABARAK €

Eldama Ravine Road
✆ +254 710 760 545
https://www.lakebogoria-hotel.com

Chambre standard simple à 5 000 Ksh, double à 7 000 Ksh, avec petit-déjeuner. Accueil 24h/24.

Idéal pour les familles dans un lieu respirant la campagne kenyane. À mi-chemin entre le lac Bogoria et Nakuru, cet établissement propose à prix abordable des chambres au confort très correct. L'hôtel est situé dans un environnement calme et facile d'accès. Des séminaires professionnels y ont régulièrement lieu, l'hôtel peut alors se remplir. Une grande piscine ravira les enfants. Une salle de gym bien équipée pourra satisfaire les plus sportifs. Le restaurant propose une cuisine locale et internationale, à toute heure de la journée. Bien pratique.

WATERBUCK HOTEL €

West Road
✆ +254 720 576 611
www.waterbuck.co.ke

Compter 7 500 Ksh pour deux en chambre double standard, petit déjeuner inclus. 5 500 Ksh pour une personne.

Ce grand hôtel de 160 chambres, disposant de plusieurs salles de conférence, accueille régulièrement une clientèle d'affaires. Toutes les chambres se valent, à l'exception peut-être de celles situées au rez-de-chaussée, autour de la piscine, qui ne disposent pas de fenêtres sur l'extérieur, seulement sur la cour intérieure, donc plutôt confinées et sombres. La piscine est assez grande pour honorer une envie de longueurs. On peut déjeuner dans une jolie cour intérieure. Moustiquaire, salle de bain et wifi dans toutes les chambres. Deux parkings sécurisés.

KEMBU COTTAGES €€

Elburgon Road, Njoro ✆ +254 716 635 820
www.kembucottages.com

Cottage à partir de 100 US$ pour deux personnes, petit déjeuner inclus. Cabane dans les arbres à 65 US$.

Ici, on se croirait presque en Normandie, pas d'animaux sauvages, mais une multitude d'oiseaux et des troupeaux de vaches qui s'épanouissent dans un paysage vallonné et verdoyant. Les huit cottages dispersés dans le domaine, tous très différents dans leur style (une cabane dans les arbres, une maisonnette en pierre, une roulotte, ou encore la maison d'enfance de Beryl Markam, première femme pilote à traverser l'Atlantique en solo) sont confortables et pleins de charme. Possible également de camper. Activités en pagaille. Une très belle étape sur la route des lacs.

MAILI SABA CAMP €€

Nehru Road
✆ +245 729 288 553
www.mailisabacamp.com

A partir de 100 US$ pour deux, avec le petit déjeuner et 170 US$ en pension complète.

Une étape de charme. Situé sur les pentes du magnifique cratère Menengai, ce camp de toile offre à la fois une vue imparable et une intimité extrême. Seulement 10 bandas (tentes safari et salle de bain en dur, sous un toit de chaume), ce qui assure chaleur et décontraction au lieu. Parfait pour les petits groupes, voire les couples en mal d'air frais. Un lieu de repos idéal. La cuisine y est de plus très appréciée. Une petite piscine qui surplombe le paysage, parfait le décor. Les activités ne manquent pas (superbes balades à cheval), de quoi y rester 3-4 jours.

MURINGA FARM ECO CAMP €€

Muringa Farm ✆ +254 735 469 925
www.wild-routes-of-kenya.com
Séjours d'éco-volontariat de 7 à 11 jours avec activités variées.

Il s'agit de l'ancienne propriété d'Anne Spoerry, surnommée « Mama Daktari », connue pour avoir pendant des années soigné les Kenyans en tant que flying doctor. Un chemin en terre, à travers une végétation dense, mène à une clairière où six bandas traditionnels font le décor, sur un gazon vert impeccable. Astrid et Erick, propriétaires et fervents défenseurs de la nature, prônent un tourisme éco-responsable. Ils ont fait de ce lieu, simple, un havre de paix, où vous apprécierez le dîner au bord de l'eau. Un véritable paradis pour les animaux.

THE ALPS €€

Maragoli Avenue ✆ +254 716 411 119
www.thealpshotelnakuru.com
Chambre standard à partir de 10 000 Ksh pour deux (avec le petit déjeuner). Réservation par mail.

Hôtel récent de 4 étages, installé sur les hauteurs de la ville, au calme, dans un quartier résidentiel sécurisé. Il offre une vue imprenable sur la ville et le lac Nakuru. Bien conçu, contemporain, épuré, l'aménagement et la déco des chambres pourraient faire penser au meilleur d'Ikea. Elégantes, lumineuses, confortables, et fonctionnelles. La technologie n'est pas en reste. Et le superbe panorama jamais bien loin. L'atmosphère reste détendue, les espaces restaurant/bar en terrasse sont agréables. Accueil et service à la hauteur. Du 4-étoiles à prix raisonnable.

SAROVA WOODLANDS HOTEL & SPA €€€

✆ +254 709 111 000
https://www.sarovahotels.com
A partir de 148 US$ la chambre double, 162 US$ avec le petit déjeuner. Tarifs détaillés et réservations en ligne.

De nombreux espaces à vivre tels que la piscine, le spa, la salle de fitness, le café et le « Lethear bar » avec son style bois et cuir, qui apporte une ambiance intimiste et chaleureuse. Grandes chambres, à l'image des hôtels du Groupe Sarova. A 2h30 de Nairobi par une belle route, cet hôtel est un point d'ancrage idéal pour rayonner autour et découvrir les immanquables que sont les lacs Baringo, Bogoria et Nakuru bien entendu. De quoi y rester facilement 3 nuits.

JAVA HOUSE €

Kenyatta Road
✆ +254 700 074 850
https://javahouseafrica.com
Ouvert tous les jours de 7h à 21h.

Le Java House n'est plus à présenter. Cette chaîne de cafés s'est déployée dans toutes les grandes villes du Kenya. Vous serez assuré de boire un bon café à toute heure de la journée. Vous pouvez également y acheter du café fraîchement moulu et y manger. Une bonne option pour le petit déjeuner ou pour grignoter, mais ne vous attendez pas à de la grande cuisine. On est davantage dans le registre du fast-food. Il y en a un autre sur West Road (Westside Mall). Ce sont aussi des lieux où l'on vient chercher la connexion Internet pour travailler ou gérer ses mails.

GILANI'S BAR AND RESTAURANT €

Gilani's Supermarket Ltd. Club Road
✆ +254 708 882 552
http://gilanis.co.ke/restaurant
Ouvert tous les jours de 7h30 à 22h. Burgers entre 550 Ksh et 650 Ksh. Petit-déjeuner à 600 Ksh.

On peut manger un morceau à côté de ce supermarché où l'on trouve à peu près tout ce que l'on veut. La carte très variée propose des formules petit-déjeuner, des spécialités locales, indiennes, chinoises, des pizzas et des burgers. De quoi satisfaire une large clientèle. Le Gilani dispose également d'un bar/lounge, The Penalty Box, ouvert jusqu'à 2h du matin le week-end. Un lieu de sortie assez convoité. Les retransmissions sportives font salle comble.

MIDLAND CHICKEN GRILL €

Geoffrey Kamau Avenue
✆ +254 706 600 000
www.midlandhotel.co.ke
Ouvert tous les jours.

Dans la cour intérieure du Midland Hotel. Plutôt calme et agréable, loin de l'agitation de la ville. Ce restaurant est très fréquenté par les habitués du quartier le midi et les voyageurs de passage. Préférez les plats du jour, ce sera plus rapide. Le poulet grillé au charbon de bois, doré et moelleux à souhait, est la spécialité qui fait sa réputation depuis toujours, mais les currys ne sont pas mal non plus. Dans l'ensemble c'est plutôt bon, surtout au vu du choix très limité de restos à Nakuru. Une bonne étape déjeuner sur la route.

CENTRE

BOGORIA NATIONAL RESERVE

Bogoria est sans doute le plus beau lac de la vallée du Rift. Ses eaux salées d'un vert métallique, au cœur de paysages arides, sont recouvertes par des centaines de milliers de flamants roses. Selon les années, leur nombre (il peut y en avoir plus d'un million) et leur concentration sont bien plus spectaculaires qu'à Nakuru. Ce « sommet » ornithologique unique au monde commence à attirer un nombre croissant de visiteurs, mais le lieu reste encore peu fréquenté (sauf parfois par des hordes de touristes chinois). Pourtant, cette petite réserve de 107 km^2 a de nombreux atouts à faire valoir.

Dans un site absolument magnifique, dominé par l'impressionnant escarpement de Siracho, la réserve de Bogoria permet, d'une part, d'admirer des sources chaudes et des geysers qui jaillissent à plusieurs mètres de hauteur et, d'autre part, d'observer assez facilement l'insaisissable grand koudou. Cette grosse antilope très farouche se caractérise par d'imposantes cornes en spirale. C'est l'un des seuls endroits au Kenya où vous aurez une chance de la rencontrer. Les meilleurs moments de la journée pour l'observer sont tôt le matin et en fin d'après-midi, lorsque le koudou sort des fourrés pour aller se désaltérer au bord du lac ou dans les ruisseaux. En dehors des flamants et des koudous, vous pouvez également voir des gazelles, des zèbres, des dik-diks, des buffles et, exceptionnellement, un léopard ou un guépard. Mais c'est surtout le calme et la majesté du site qui font le charme de Bogoria, et ses levers et couchers de soleil offrent des instants magiques !

Balade

La réserve est parcourue par une seule et unique piste qui longe la rive ouest. Quelques minutes après avoir passé Loboi Gate, on découvre l'extrémité nord du lac couverte de milliers de flamants roses. Sur les berges, gazelles et zèbres broutent nonchalamment quelques touffes d'herbe.

Plus loin, à quelques kilomètres, les sources chaudes et les geysers. Un parking et une petite aire de pique-nique ont été installés sous de beaux arbres envahis de tisserins jaune vif. On peut se balader à pied autour des geysers qui crachent des jets d'eau bouillante à plusieurs mètres de hauteur.

Ne vous amusez pas à tremper vos mains dans l'eau car vous risqueriez de vous brûler gravement. Et faites attention où vous mettez les pieds : la fine couche de terre s'effondre parfois. Au-delà des sources chaudes, le paysage devient très caillouteux et la piste qui serpente le long du lac se dégrade de plus en plus. Elle prend par endroits l'allure de véritables escaliers et nécessite un 4x4. Si vous êtes attentif, vous remarquerez sûrement les nombreux rapaces postés près des berges à l'affût d'une proie.

La magnifique rive sud (où se trouvent les sites de camping) est une zone sauvage couverte d'acacias et de figuiers : l'endroit idéal pour se détendre en toute tranquillité.

Se loger

Excepté ce qui concerne les campeurs, qui pourront se poser au Fig Tree Campsite, il est nettement préférable de loger ailleurs qu'aux alentours de Bogoria.

Il existe une zone de camping au niveau de Loboi Gate avec quelques équipements sommaires. Les autres sites de camping sont situés à l'extrémité sud du lac. Attention, la piste qui y mène est parfois très difficile sur la fin, même en 4x4. Fig Tree Campsite reste le plus attrayant. On plante sa tente à quelques mètres d'un petit ruisseau, au pied de grands figuiers qui dispensent une ombre bienfaisante. Seul inconvénient (c'est le cas aussi des autres sites), le sol est très rocailleux. Pour les autres types d'hébergement, mieux vaut prévoir de pousser au nord, jusqu'au lac Baringo. D'autant qu'en période de fortes pluies, les inondations empêchent l'accès aux zones de camping.

Transports

Loboi Gate, l'entrée principale de la réserve, est située au nord du lac et desservie par une route goudronnée en parfait état. Depuis Nakuru, vous devez emprunter l'excellente route B4 en direction du nord et, 3 km avant la ville de Marigat, prendre à droite. Il reste alors 20 km à parcourir au milieu d'une végétation rabougrie où se dressent de superbes termitières rouges. Majimoto Gate (à l'est) et Emsos Gate (au sud) sont particulièrement difficiles à atteindre, l'état de la piste qui part de Mogotio étant par endroits apocalyptique. Un conseil : si vous souhaitez atteindre le lac de la manière la plus sûre, passez par Marigat. Si vous venez de Nakuru et que vous souhaitez découvrir le parc en vous rendant au lac Bogoria, alors passez par la Emsos Gate, au sud.

Jacana à poitrine dorée sur le lac Baringo.
© TONY CROCETTA

LAKE BOGORIA SPA RESORT €€

Marigat ✆ +254 710 445 627
www.lakebogoria-hotel.com
Chambre double standard à partir de 278 US$ pour deux, avec le petit déjeuner. Cottages à partir de 240 US$ pour deux.

Ce complexe hôtelier est situé dans un magnifique jardin arboré. On a le choix entre les chambres simples et un peu anciennes situées dans le bâtiment principal et les cottages construits un peu à l'écart, au milieu d'une profusion de bougainvillées et d'azalées. Les cottages sont plus spacieux et pourvus d'une petite terrasse. Toutes les unités sont parfaitement équipées. Deux piscines vous tendent les bras (l'une classique et immense, l'autre petite avec de l'eau de source chaude). La terrasse du restaurant donne sur les jardins. Possibilité également de camper.

LAC BARINGO ★

Contrairement à ses voisins Bogoria et Nakuru, le vaste lac Baringo (170 km²) est un lac d'eau douce, vous n'y verrez donc pas d'immenses colonies de flamants roses. En revanche, ses eaux douces et poissonneuses attirent plus de 450 espèces d'oiseaux qui en font un paradis pour les ornithologues. Hérons, pélicans, cormorans, aigles-pêcheurs, faucons, calaos côtoient crocodiles et hippopotames le long des berges couvertes de roseaux et de papyrus. Bogoria dégage un immense sentiment de quiétude.

Plusieurs petites îles, au centre du lac, peuvent être visitées en bateau. Ol Kokwa Island (la plus importante) est une petite merveille. Cette île abrite une profusion d'oiseaux et quelques antilopes, on y trouve également des sources chaudes ainsi que des vestiges archéologiques. Un luxueux camp de toile s'est installé dans ce cadre idyllique où vivent aussi plusieurs dizaines de Njemps avec leur bétail. Ces derniers font partie des trois seules ethnies – avec les Samburu et les Maasaï – à parler la langue maa. Ce peuple de pasteurs a conservé ses activités traditionnelles (élevage de chèvres), mais pratique également la pêche à bord de petites pirogues faites de branches d'ambach (bois léger comparable au balsa) liées les unes aux autres.

Le lac Baringo est également reconnu pour son miel, vendu le long de la route dans des bouteilles en... plastique.

Faune et Flore

Les balades à pied sont fortement recommandées. Certains guides du coin, comme le réputé Titus (Tumbili Cliff Lodge), passionné depuis son enfance par les oiseaux et formé à leur observation, pourra vous accompagner dans vos randonnées à la découverte de quelques-unes des 470 espèces d'oiseaux que l'on peut observer autour du lac, dont de rares espèces telles que le grand-duc africain, le ganga de Liechtenstein, l'engoulevent de Reichenow, le petit-duc à face blanche… Selon la saison, le lac Baringo devient aussi un haut lieu de migration pour la veuve dominicaine, le guêpier écarlate, le calao à joues grises, la huppe fasciée, le tisserin du Nil, la crécerelle aux yeux blancs, le traquet du désert...

Transports

- **De Nakuru.** Comme pour rejoindre Bogoria, empruntez l'excellente route B4 en direction du nord. Le lac se trouve à quelques kilomètres après la ville de Marigat.
- **Depuis Eldoret.** Une toute nouvelle route goudronnée (la C51) permet de rejoindre le lac Baringo, en traversant la vallée de Kerio, et en passant par Iten, Kabarnet et Marigat. Compter environ 3h30 pour faire Eldoret-Baringo, ou l'inverse. Cette petite route a le mérite d'être très peu fréquentée.
- **De Maralal ou Samburu.** Ce magnifique itinéraire permet de relier Baringo à Samburu en une journée en passant par Wamba, Kisima puis Tangulbei. L'arrivée sur le lac Baringo est particulièrement impressionnante. L'état de la piste nécessite un 4x4 et, pendant la saison des pluies, ce circuit peut même devenir impraticable.
- **Des Cherangany Hills.** Une piste superbe mais très éprouvante permet de relier Marich Pass à Baringo en passant par Sigor, Tot et Nginyang. Un 4x4 est indispensable et il est préférable de partir à deux véhicules.

ROBERT'S CAMP €

Kampi ya Samaki Village
✆ +254 717 176 656
http://robertscamp.com/
Différents types d'hébergement. Compter entre 4 500 Ksh en tente et 7 000 Ksh en banda, pour deux.

Situé sur les rives du lac Baringo, le Robert's Camp était à l'origine un camp de pêcheurs, fondé dans les années 1950. *Bandas* équipées, cottages confortables joliment décorés, tente de camping ou tente safari, vous avez le choix. Vous retrouverez les autres convives au *Thirsty Goat* (« la chèvre assoiffée »), le bar-restaurant de ce sympathique camp. Le Roberts' Camp est aussi idéal pour admirer la faune locale (oiseaux et hippos notamment) ou contempler un coucher de soleil. Un excellent point de chute et un lieu atypique qui séduira tous les voyageurs.

TAMARIND GARDENS €

Kampi Ya Samaki
✆ +254 722 649 446
Hébergement économique aux abords du lac Baringo. Quelques chambres et restauration sur place.

Le Tamarind Gardens est une adresse modeste, connue des backpackers ainsi que des petits budgets. Sa situation est pourtant idéale, sur les rives du lac Baringo et son avifaune exceptionnelle. Le camp est l'un des derniers à ne pas encore avoir les pieds dans l'eau. Il vous suffira de traverser la route pour admirer le coucher de soleil sur le lac. Au retour, un bon dîner vous attendra. L'établissement propose également des visites et excursions, notamment en bateau sur le lac, mais aussi des petites randonnées dans le bush.

SAMATIAN ISLAND €€€

Samatian Island
✆ +254 700 888 646
samatianisland.com
Tarifs et renseignements sur demande. Pension complète, à partir de 6 personnes. Sinon, prévoir nourriture et boissons.

Situé sur une des îles privées qui émergent au milieu du Lac Baringo, ce petit lodge comprend quatre cottages construits en totale harmonie avec la nature et ne peut accueillir que 10 personnes. Toutes les chambres bénéficient d'une sublime vue panoramique. Si l'endroit est idéal pour se reposer, le Samatian Island est également le point de départ de vos excursions dans la région et de diverses activités sportives (vélo, trekking, pêche, canoë), culturelles ou d'observation ornithologique. Un endroit unique et exclusif, loin, très loin du tourisme de masse.

TUMBILI CLIFF €€

✆ +254 720 880 260
www.tumbilicliff.com
Compter entre 205 et 235 US$ pour une personne, entre 275 et 320 US$ pour deux, selon la saison et en pension complète.

Si le paradis existe, il ressemble peut-être à Tumbili Cliff, la « falaise du petit singe », en termes traduits. C'est en tout cas le paradis des vervets et... des voyageurs. Ce petit lodge intégré à la nature, en haut d'une falaise, comprend 6 cottages robustes, confortables, spacieux, aérés, avec de grandes ouvertures. Vous serez seuls face à la sérénité du lac Baringo, aux eaux brunes, vertes et laiteuses, qui par ciel tourmenté peuvent parfois s'agiter. Une belle piscine bordée d'acacias complète l'ensemble pour vous rafraîchir aux heures les plus chaudes.

TEDDY BEAR CAMP €€€

Parmalok Island
✆ +254 733 224 556
www.teddybearbaringo.com
Camp privé, ultra-exclusif. Tarifs par courriel. Deux nuits minimum. Prévoir nourriture et boissons.

Camp très privilégié, perché sur l'île de Parmalok, au cœur du lac Baringo. La petite île appartient à un homme masaï, marié à 5 femmes qui lui ont donné 27 enfants ! Pour subvenir aux besoins de sa famille, il loue donc quelques hectares de terre. Le camp peut héberger au maximum 8 personnes. Un lieu de rêve si l'on veut s'isoler du monde, au milieu de l'un des plus beaux lacs du Kenya. De la tente safari au cottage, et dans l'intimité de la nature, tout le confort y est, sans autre vis-à-vis que l'horizon. Bel espace commun et très jolie piscine sous un acacia.

© AXEL JUMELIN

Crocodile du Nil au lac Baringo.

NORD

Le nord du Kenya est un vaste ensemble qui diffère grandement de la partie sud. Pour beaucoup, c'est un trou noir, ou au mieux un point flou sur la carte… qui occupe pourtant les deux tiers du pays !

Si la civilisation kenyane sédentaire, agricole et densément peuplée, se concentre effectivement dans le sud, le nord, à mesure qu'on le découvre, se présente de plus en plus désertique, « sahélien », influencé par l'islam et les civilisations couchitiques ; sporadiquement peuplé, faiblement pourvu d'infrastructures… et non sans risques. Il y a en fait deux nords. Le nord-ouest, dans un triangle entre le lac Turkana, Marsabit et Isiolo, est une région éloignée, mais accessible aux voyageurs. L'immense nord-est, de la côte à la frontière somalienne, jusqu'à la longitude de Marsabit, est un espace immense de déserts et de semi-déserts, dont l'état d'insécurité permanent interdit de s'y aventurer.

Kaikor
Bubwa
Nadapal
Lokitaung
Lokichogio
A 4
Kangakipur
SIBILOI NATION
Kalobeyei Town
Kanukurudio
LAC TURKANA
Letea
Nadwat
Kalokol
Central Island
National Park
Moite
ELIYE SPRINGS
LODWAR
Nadato
Turkwel
Nakuriot
Naipa
Nakalei
Loperot
OUGANDA
Katilu
Lokori
TURKWELL GORGE
NASALOT NATIONAL RESERVE
Kainuk
SOUTH TURKANA NATIONAL RESERVE
MARICH PASS
Lomelo
Chepkopegh
Ngoron
A 1
CHERANGANY HILLS
SAIWA SWAMP
NATIONAL PARK
B 14
MOUNT ELGON
NATIONAL PARK
KITALE
Kapsowar
Kimilili
B 14
ITEN
LAC BARINGO
Chemoigut
A 8
Bungoma
ELDORET
Kabarnet
B 12
KAKAMEGA
NATIONAL RESERVE
Kinamba

Nord
ÉTHIOPIE
Dukana
El Hadi
Forolle
Moyale
Walda
Olla Konchora
NORTH HORR
KALACHA
Katamura
Gas
MAIKONA
IYANGALANI
DÉSERT
DE CHALBI
B 75
Bubisa
Badan Rero
Olturot
Kargi
Basir
MARSABIT
MARSABIT
NATIONAL PARK
Kamboe
SOUTH HORR
Waso Rongai
Korr
Qara
BARAGOI
Ngurunit
LOSAI NATIONAL
RESERVE
Laisamis
Latakweni
NAMUNYAK WILDLIFE
CONSERVANCY TRUST
MERILLE
Kibartare
Barchuma Guda
MATTHEWS RANGE
Sereolipi
SERA CONSERVANCY TRUST
Kom
Sericho
Merti
RALAL
SERICHO COMMUNITY
CONSERVANCY
Barata
Archers Post
Kipsing
Ewaso
B 9
SAMBURU, BUFFALO SPRINGS &
SHABA NATIONAL RESERVES
50 KM
Il Polei
ISIOLO
Lare

●● AU-DELÀ DU MONT-KENYA

Au-delà du mont Kenya, c'est le grand Nord ! Une région que l'on peut clairement diviser en deux :

Le nord-ouest, dans un triangle entre le lac Turkana, Marsabit et Isiolo. C'est une région éloignée, mais plus facilement accessible aux voyageurs. Si ce nord-là est faiblement peuplé, semi-désertique et traversé par de longues pistes poussiéreuses qui rendent le voyage aventureux, il est entièrement sous contrôle de l'État central, et possède suffisamment d'attraits touristiques pour que l'on ait envie de le découvrir. À peine au nord des hautes terres centrales, le pays samburu (aisément accessible), avec la triple réserve de Samburu, Shaba et Buffalo Springs (en réalité une seule sous trois administrations différentes), est l'un des points phares d'une visite du Kenya. La savane y est plus belle que jamais, avec les paysages d'acacias et les collines surgies des hauts plateaux, merveilleux, la faune au complet ; c'est tout simplement d'une beauté renversante. C'est tout simplement l'un des points culminants d'un voyage au Kenya. Le lac Turkana, la « Mer de Jade », véritable mer intérieure au milieu du désert, est aussi d'une étrange et grandiose beauté, tandis que l'habitat traditionnel samburu ou turkana a de quoi intriguer et fasciner.

L'immense nord-est, de la côte à la frontière somalienne, jusqu'à la longitude de Marsabit. Il s'agit d'un espace immense de déserts et semi-déserts, peuplé (faiblement) de tribus semi-nomades musulmanes, qui constitue sans aucun doute un lieu fascinant à découvrir. Mais son état d'insécurité permanent découragera même les plus téméraires. Le banditisme y règne, l'armée kényane ne contrôle que les axes principaux, et la pauvreté est grande, accompagnée par l'instabilité amenée par la présence de rebelles somaliens dans la région. C'est ici que se trouve, à Dadaab, l'un des plus grands camps de réfugiés au monde. C'est ici encore que les sécheresses font rage avec vigueur. À moins d'y aller avec un escadron militaire, c'est une zone que nous déconseillons formellement d'arpenter dans un but touristique.

ISIOLO

Isiolo marque la frontière entre les hautes terres verdoyantes et le Nord désertique. Il s'agit d'un passage obligé sur la route du Nord. La ville en soi n'a guère d'intérêt, mais elle constitue une étape importante pour marquer une pause et se ravitailler, avant de poursuivre vers Samburu.

LEWA WILDLIFE CONSERVANCY ★

Au nord-ouest du mont Kenya, sur le vaste et superbe plateau de Laikipia, la réserve privée de Lewa est une sorte de Maasai Mara en miniature. La densité de sa faune est l'une des plus élevées au Kenya. Lewa est un modèle de protection de la faune et de la flore, de développement des communautés locales et de tourisme « équitable ». Elle compte plusieurs lodges au standing de haut vol.

SAMBURU, BUFFALO SPRINGS & SHABA NATIONAL RESERVES ★★

Magnifiques, sauvages, de la savane colorée, des collines lumineuses, des lions et des girafes à foison, mais aussi les rares zèbres de Grevy... Pour beaucoup, il s'agit des plus belles réserves du Kenya. Samburu, Buffalo Springs et à proximité Shaba sont une sorte de compromis entre le Maasaï Mara pour la richesse de leur faune et le Tsavo Ouest pour la variété et la beauté de leurs paysages.

PAGES

223 ## ●● EXPÉDITION VERS LA MER DE JADE

Au-delà de Samburu, après Archer's Post, vous entrez dans une immense zone désertique et assez inhospitalière. L'expédition jusqu'à la rive orientale du lac Turkana peut être une expérience extraordinaire, à travers la brousse quasiment vierge de modernité. Les conditions de sécurité jusqu'à Marsabit se sont considérablement améliorées et la nouvelle route asphaltée, qui monte vers l'Éthiopie, permet de circuler dans de bonnes conditions. Mais s'il est facile de rejoindre Marsabit en transports publics, les matatus vers le lac Turkana restent plus rares. Le mieux pour explorer cette région est donc de faire appel à une agence, et au minimum de partir avec un 4x4 et un chauffeur/guide qui connaît bien la région.

La plus ancienne (depuis 1981 !) à organiser cette superbe aventure est Gametrackers, qui propose plusieurs circuits plus ou moins longs, à des prix tout à fait raisonnables. L'itinéraire le plus beau, mais aussi le plus difficile, fait une boucle en passant par Isiolo, Marsabit, le désert de Chalbi, le lac Turkana (Loiyangalani), South Horr, Baragoi, Maralal, Baringo, Nakuru/Naivasha (nous recommandons la boucle inverse) : ce parcours est tout simplement fabuleux, et c'est l'aventure dans toute sa splendeur et en toute sécurité avec Gametrackers, qui connaît parfaitement le terrain. Toutefois, l'itinéraire le plus rapide et le plus sûr, en voiture, emprunte désormais une route en terre (la C77), qui permet de rejoindre Loiyangalani, à partir de Laisamis sur la route de Marsabit et en passant par Ngurunit.

Renseignez-vous sur l'état des routes et la sécurité avant de vous lancer à l'aventure. Soyez autonome en eau et en essence et partez, si possible, à deux véhicules. Dans tous les cas, il est recommandé d'avoir un véhicule 4x4, non pas pour les quatre roues motrices (inutile, du moins en saison sèche), mais pour la robustesse attendue de ce type de véhicule, à condition bien sûr d'être en bon état d'entretien. Les pistes, au-delà de Maralal, en passant par Baragoi, South Horr, Loiyangalani, jusqu'à Marsabit, *idem via* Ngurunit, sont globalement sableuses, poussiéreuses, rocailleuses et ne permettent qu'une vitesse moyenne de l'ordre de 50 km/h.

223 ### SERA CONSERVANCY TRUST

223 ### MERILLE

223 ### LOSAI NATIONAL RESERVE

MARSABIT

223 La ville et le mont Marsabit sont cernés au nord par le désert de Chalbi et au sud par celui de Kaisut. Marsabit est devenue une ville de passage obligé pour les voyageurs qui se rendent en Éthiopie et dans le Nord-Ouest du Kenya. Elle bénéficie d'un micro-climat exceptionnel et d'un parc national qui vaut le détour pour ses jolis paysages verdoyants.

MARSABIT NATIONAL PARK ★

225 Le parc national, d'une superficie de 360 km², est enclavé dans la réserve naturelle de Marsabit, qui elle fait plus de 1 500 km². Située à proximité du mont Marsabit, cette réserve est une véritable oasis de verdure au milieu du désert pour de nombreux oiseaux, mammifères et reptiles. Randonnées et balades à dos de dromadaire constituent les principales activités possibles.

226 ### MAIKONA

DÉSERT DE CHALBI

226 Le désert de Chalbi, « nu et salé » en langue gabbra, est le seul véritable désert du Kenya ; c'est la zone la plus chaude et la plus aride du pays. Il s'étend jusqu'aux rives du lac Turkana, le plus grand lac permanent du désert au monde. La traversée du désert de Chalbi et ses étendues à l'infinie platitude est une expérience inoubliable, et aussi une vraie aventure.

PAGES

226 **KALACHA**

Passage obligé sur la route qui va d'est en ouest, de Loiyangalani à Marsabit, Kalacha est une petite bourgade poussiéreuse, posée au milieu du désert de Chalbi. Elle abrite le peuple Gabbra, nomades éleveurs de dromadaires. Le passage de leurs troupeaux qui viennent s'abreuver dans l'oasis permanente de Kalacha constitue la principale attraction.

228 **NORTH HORR**

228 **SIBILOI NATIONAL PARK** ★

228 **LOIYANGALANI**

233 **LAC TURKANA** ★

Le lac Turkana est surnommé la « mer de Jade » pour ses reflets verts, couleur... Jade. Il s'étire sur 249 km de long, du nord au sud, le long de la vallée du Grand Rift africain, et mesure 44 km dans sa largeur maximale. Il est le plus grand lac désertique au monde.

234 **SOUTH HORR**

234 **BARAGOI**

234 **MARALAL** ★

236 **MATTHEWS RANGE**

236 **NAMUNYAK WILDLIFE CONSERVANCY TRUST**

Cette vaste réserve communautaire est le cœur du pays Samburu et bien loin des sentiers battus. Ici vous pourrez découvrir la riche culture locale, mais aussi réaliser de mémorables safaris à dos de dromadaire. Un exemple de cohabitation entre hommes et faune.

237 **●● À L'OUEST DU TURKANA**

Le Turkana est le plus grand lac désertique au monde. Les voyageurs curieux de découvrir ce territoire classé au patrimoine mondial depuis 1997 (territoire qui comprend trois parcs nationaux : Central Island, South Island et le parc de Sibiloi sur la rive est) peuvent prendre un avion pour Lodwar et, de là, rejoindre Eliye pour explorer la rive ouest. Une alternative à la route, qui demande elle plus de temps, de logistique et d'esprit d'aventure.

237 **MARICH PASS**

238 **CHERANGANY HILLS**

238 **NASALOT NATIONAL RESERVE**

238 **TURKWELL GORGES**

238 **SOUTH TURKANA NATIONAL RESERVE** ★

239 **LODWAR**

239 **ELIYE SPRINGS**

Eliye Springs marque le terminus d'une longue route vous menant vers le Nord. À vous le lac Turkana. Un lieu loin du tourisme de masse, proposant des activités sur et autour du lac, la découverte de la culture Turkana, et quelques jours les pieds dans le sable. Pas dénué d'intérêt pour les baroudeurs !

ISIOLO

Isiolo est le dernier endroit où vous trouverez facilement de l'essence, de quoi vous ravitailler et des banques. Lorsqu'on arrive de Nanyuki, le contraste est saisissant. En quelques kilomètres, la route descend de plusieurs centaines de mètres, la température paraît soudainement caniculaire, la végétation est rabougrie et poussiéreuse, la population elle-même est différente. Les Samburus, les Turkanas, les Rendilles ou les Borans ont remplacé les Kikuyus, et la ville est majoritairement peuplée de Somalis. Ce qui explique notamment la présence d'imposantes mosquées. Isiolo est un véritable carrefour ethnique, point de passage de toutes les tribus du Nord. C'est aussi une étape obligatoire pour tous les touristes qui se rendent dans les parcs de Samburu, Buffalo Springs et Shaba. Mais la ville en soi n'a guère d'intérêt. Au-delà d'Isiolo, la route goudronnée se prolonge jusqu'à Marsabit, puis la frontière éthiopienne.

Le fait étant trop rare pour ne pas être mentionné, il est bon de savoir que c'est tout près d'Isiolo, sur la route vers Samburu que s'est établie la première communauté exclusivement féminine. Elle n'accepte aucune présence masculine. Dans ce petit village baptisé Umoja, créé en 1990, vit une quarantaine de femmes (et leurs enfants), révoltées par les conditions de vie de la femme dans les villages traditionnels et par le diktat masculin qui s'y exerce parfois trop violemment. Dans la lignée de ce village refuge, trois autres communautés de femmes ont été créées dans la région.

Transports

Le meilleur moyen pour se rendre à Isiolo et explorer la région reste la voiture. Vous pouvez bien sûr trouver des matatus et des bus qui font le trajet depuis Meru, Nanyuki et même de Nairobi (un express par jour, 4h30 environ), et vous pourrez pousser jusqu'à Marsabit, mais il vous sera ensuite plus difficile de poursuivre votre chemin vers le nord-est et le lac Turkana, à moins d'avoir beaucoup de temps et une âme d'aventurier.

Pour le nord et les voyageurs sans voiture, des bus et matatus font la route jusqu'à Marsabit et s'arrêtent à Archers Post. Mais il vous faudra ensuite trouver un véhicule privé pour entrer dans un des parcs (Samburu ou Shaba).

BOMEN HOTEL €

Bomen Hotel
✆ +254 721 698 849
https://bomenhotel.com-kenya.com/fr/

Chambre standard à 4 500 Ksh pour une personne, 5 100 pour deux. Possibilité de réserver en ligne via leur site.

Si vous devez passer une nuit à Isiolo, l'hôtel Bomen (qui fut longtemps le seul petit hôtel moderne de la ville) reste le plus agréable. Il dispose de 47 chambres identiques sur trois étages, autour d'une courette arborée, avec salle de bain et moustiquaire. Propres, aérées et ensoleillées (notamment les chambres du troisième). Petit restaurant en intérieur (la cuisine y est appréciée par les habitués) et quelques tables en terrasse pour boire le thé ou une boisson bien fraîche. Sans charme, mais bien tenu, très propre et sûr. Parking surveillé.

L'ENTRECÔTE KISIMA €

Timau
✆ +254 700 777 707
https://entrecotekisima.co.ke

La boutique est ouverte tous les jours de 8h à 18h. Le restaurant de 6h30 à 21h. Plats entre 550 et 650 Ksh.

Une halte incontournable si vous passez dans le coin. À la fois restaurant et boutique à la ferme. Côté cuisine, les meilleures frites de la région. Produits (la viande et les pommes de terre) directs de la ferme du même nom, connue également pour ses cultures de fleurs. Les mangeurs de viande seront ravis, elle est extra. Profitez aussi d'un bon café avant de poursuivre la route. Service rapide. À côté se trouve une boutique pleine de jolis souvenirs en tous genres, le Vitu Too Farm Shop. Une pause agréable sur la route de Samburu.

IMAN RESTAURANT €

✆ +254 705 850 152

Ouvert tous les jours de 6 h à 21 h.

Franchement une bonne adresse pour se restaurer, boire un jus de fruits frais ou un bon café. Les *smoothies* et le lait de chamelle chaud arôme vanille-caramel en font revenir plus d'un ! Côté nourriture, rien d'original, des pizzas, les classiques de la cuisine kenyane, poulet et poissons grillés ou panés, frites *masala*, riz, *ugali, chapati*, ainsi que des spécialités végétariennes et somaliennes. C'est dans l'ensemble très satisfaisant. Retransmissions sportives dans une ambiance animée les jours de foot. Service rapide et accueillant.

LEWA WILDLIFE CONSERVANCY ★

Le superbe plateau des Laikipias s'étend au nord-ouest du mont Kenya, sur plusieurs milliers de kilomètres carrés. C'est là, sur ces contreforts, que se développe un nouveau type de tourisme que l'on pourrait qualifier de plus « équitable ». L'Unesco l'a compris puisque le comité de l'organisation a étendu à la zone du Lewa, en juin 2013, le périmètre du patrimoine mondial de l'humanité du mont Kenya. Il s'agit de la reconnaissance de l'envergure du travail de conservation entrepris depuis des décennies dans la très belle réserve de Lewa Downs, qui appartient à la famille Graig.

Suite à une rencontre avec Anna Merz, la spécialiste des rhinocéros, Ian Craig décida, au début des années 1980, de transformer une partie du ranch familial en sanctuaire animalier consacré plus particulièrement à la protection des rhinocéros. Les résultats furent très prometteurs et, en 1995, la famille décida que l'ensemble du ranch serait dédié à la protection des animaux. Les moyens mis en œuvre furent alors considérables et, surtout, les Craig eurent la bonne et généreuse idée d'associer étroitement les populations locales à leur projet. Le succès fut immédiat, la faune proliféra paisiblement, les touristes furent au rendez-vous et le ranch devint très vite le premier employeur de la région. Mais cette réserve n'a pas pour seul objectif la préservation de l'environnement. Elle contribue également à la promotion et au financement de toutes sortes d'actions en faveur des communautés locales, notamment dans les domaines de l'éducation (fournitures scolaires, bourses…) et de la santé.

Afin d'offrir aux animaux sauvages un espace de protection réellement adapté à leurs besoins, notamment en matière de migration, les responsables du ranch réussirent à convaincre, au début des années 1990, certaines communautés de la région de se lancer dans des projets équivalents. C'est ainsi que plusieurs réserves ont déjà vu le jour autour de Lewa Downs, d'autres sont espérées. L'objectif final étant de sécuriser l'ensemble du corridor de migration des éléphants qui s'étend du plateau des Laïkipias au sud jusqu'à la montagne des Matthew's au nord.

Parmi ces nouvelles réserves, on trouve ainsi le Il N'Gwesi Group Ranch, le Lekurruki Community Conservation Group Ranch ou le Namuniak Wildlife Conservation Trust. Toutes ces entités sont gérées directement par les communautés locales (Maasaï, Laikipiak, Samburu). Afin d'offrir les conditions favorables à la préservation et au développement de la faune sauvage, celles-ci ont dû accepter une diminution de leur seule source de revenus, à savoir leur cheptel. Pour le moment, tout le monde semble y trouver son compte : les animaux sont protégés, les touristes comblés et les populations locales satisfaites. Les bénéfices dégagés compensent en effet les pertes en bétail et sont intégralement et directement reversés aux populations ou consacrés à des actions communautaires.

Ce nouveau type de tourisme permet de découvrir la faune sauvage dans des conditions exceptionnelles et originales. Le seul « hic » au tableau enchanteur concerne les tarifs. Ces lodges sont en effet réservés à une clientèle très, très aisée. L'authenticité a un prix.

Transports

- **Par la route.** C'est un peu le point noir de ces réserves car, à l'exception du Lewa Wildlife Conservancy facilement accessible, les autres sont plus difficiles d'accès. Ces réserves n'accueillent en principe que les visiteurs ayant réservé une ou plusieurs nuits dans un de leurs lodges. C'est au moment de cette réservation que l'on vous expliquera comment vous y rendre si, bien sûr, vous souhaitez y aller avec votre propre véhicule (4x4 obligatoire). Mais, dans la grande majorité des cas, les visiteurs s'y rendent par avion ou accompagnés d'un guide.
- **En avion.** Outre les charters privés, SafariLink et Air Kenya assurent des vols directs quotidiens vers Lewa Downs depuis l'aéroport Wilson à Nairobi. Safarilink fait un don de 5 US$ à Lewa pour chaque passager entrant ou sortant de la réserve.

LEWA HOUSE €€€

✆ +254 206 000 457

www.bush-and-beyond.com

Le lodge est fermé en avril et novembre. Electricité solaire, wifi, piscine. Nombreuses activités dans la réserve.

Située au sommet d'une colline, au cœur de la réserve, Lewa House offre une vue imprenable sur la région, avec le mont Kenya au sud et la montagne sacrée d'Ol Olokwe au nord. La maison, habitée par ses propriétaires, Sophie et Calum Macfarlane, avec leur petite famille, dispose seulement d'une dizaine de cottages luxueux, en pierre, bois et makuti (dont des cottages familiaux), conférant au lieu son caractère exclusif. Dans l'intimité de votre baignoire, installée à l'extérieur, face à la savane, votre cœur ne pourra que tomber amoureux de ce lieu enchanteur.

LEWA WILDLIFE CONSERVANCY ★★

✆ +254 722 203 562

www.lewa.org

Le domaine de 26 000 ha est situé à une quinzaine de kilomètres avant Isiolo, sur la gauche de la route lorsqu'on vient de Nanyuki. Une pancarte vous indique l'entrée. Il vous reste alors environ 10 km de bonne piste pour atteindre la réserve. Attention, la réserve est fermée en saison des pluies (avril et mai). C'est sans doute le ranch (aujourd'hui sanctuaire de vie sauvage) le plus célèbre et le plus beau du Kenya. Lewa Wildlife Conservancy a été inscrit sur la liste du patrimoine mondial de l'UNESCO en 2013. Sa visite est un enchantement. Il faut loger dans l'un des luxueux lodges de la réserve pour en profiter et s'imprégner de la beauté des lieux. Au milieu de paysages extrêmement variés (savanes, forêts, marécages...) évolue une faune d'une richesse exceptionnelle avec, en toile de fond, la silhouette du mont Kenya. C'est une sorte de Maasaï Mara en miniature. L'excellente gestion de la faune a permis aux animaux de se reproduire et de grandir en toute sécurité, au point que certains sont aujourd'hui trop nombreux (girafes, éléphants par période, zèbres). On y compte plus de 14 % de la population de rhinocéros noirs du Kenya et plus de 12 % de la population mondiale de zèbres de Grévy, deux espèces emblématiques. Les seuls animaux qui pourraient éventuellement vous faire faux bond sont les lions (peu nombreux), les éléphants (lorsqu'ils ont migré vers le nord) ou encore la rarissime antilope sitatunga (très craintive et qui se cache dans les marais).

LEWA SAFARI CAMP €€€

Lewa Wildlife Conservancy

✆ +254 730 127 000

www.elewanacollection.com

Formule « All inclusive ». Tarifs selon la saison et la formule choisie, sur le site Internet.

Le Lewa Safari est un campement situé dans une zone où abonde la faune sauvage. Ce campement se compose de onze tentes, ouvertes sur un paysage grandiose, avec parquet en bois et toit de chaume (toutes munies d'une véranda et d'un petit jardin). Une piscine, un espace *lounge* et une salle à manger viennent parfaire le tout. Les activités ne manquent pas : marche dans la savane, balade à cheval ou dromadaire,... L'un de ces lieux uniques et exclusifs offrant une immersion de rêve dans une nature sauvage et préservée, au cœur du fameux sanctuaire animalier de Lewa.

LEWA WILDERNESS €€€

✆ +254 796 035 177

lewawilderness.com

Formule « All inclusive », tout compris dont les activités, réservations sur le site ou par courriel.

Ce lodge remarquable est situé au cœur de la réserve de Lewa. Les confortables cottages sont disséminés dans le joli jardin fleuri de la maison familiale des Craig (propriétaires de la réserve). La vaste demeure est toujours habitée, ce qui confère au lieu une atmosphère particulière et conviviale. Les clients privilégiés bénéficient de piscine à débordement et du salon-bar familial ouvert sur un paysage grandiose. Le lodge propose une multitude d'activités, notamment des balades à cheval et des excursions en hélicoptère. Un lieu exceptionnel qui a son prix.

Lewa Wildlife Conservancy.

IL NGWESI GROUP RANCH ★

La réserve, située au nord-ouest de Lewa, est gérée par la communauté des Massaï Laikipiak. Ces derniers ont suivi les conseils des responsables du Lewa Wildlife Conservancy et ont abandonné une partie de leurs activités pastorales pour se consacrer à la protection de l'environnement. Les animaux sont moins nombreux qu'à Lewa, mais les paysages sont absolument remarquables. Vos hôtes massaïs vous feront découvrir tous les secrets de leur région ainsi que la faune typique de cette partie du Kenya (girafes réticulées, zèbres de Grévy). Les éléphants peuvent être nombreux dans le ranch, celui-ci étant situé sur leur corridor de migration.

IL N'GWESI ECO-LODGE €€€

✆ +254 741 770 540

www.ilngwesi.com

Tarifs et réservations par courriel.

Ce petit écolodge bénéficie d'une architecture remarquable, totalement intégrée au paysage. Les grands bâtiments en bois présentent une décoration « ethnique » très réussie. Géré par la communauté maasaï, le lodge accueille, dans six charmants bandas, jusqu'à dix-sept personnes, qui y trouvent un calme absolu, des paysages somptueux, de nombreuses activités et une très belle piscine. Le lodge se loue en principe en entier et il faut également apporter sa nourriture et ses boissons. Vous cuisinez vous-même ou vous laissez faire le chef du lodge.

LEKURRUKI GROUP RANCH

Ce ranch de 7 000 ha est situé au nord-est de Il N'gwesi et permet de sécuriser le couloir de migration des éléphants vers le nord. Les centaines de familles maasaï mokogodo ont fait, elles aussi, le pari du tourisme en s'inspirant des expériences menées à Il N'Gwesi et Namuniak. La faune est relativement difficile à observer dans la réserve, mais les promenades à pied, ou à cheval, dans des paysages extrêmement variés et tourmentés, vous permettront de découvrir une flore remarquable et des dizaines d'espèces d'oiseaux. Compter 100 US$ de droits d'entrée par jour passé dans la réserve et par adulte (50 US$ pour un enfant de 5 à 12 ans).

TASSIA LODGE €€€

Isiolo ✆ +254 717 134 866

www.tassiasafaris.com

500 à 600 US$ par adulte (sur la base de 2 pax) en formule tout compris. Promotion possibles via le site internet.

Situé dans la réserve de Lekurruki, cet écolodge communautaire, géré par Anikia Henley et Martin Wheeler, qui portent le Kenya haut dans leur cœur, est construit sur un promontoire rocheux, en bordure de falaise, offrant un paysage somptueux. Magnifiquement intégré à l'environnement grâce à l'utilisation exclusive du bois et de la pierre (eau de source, panneaux solaires...), le lodge peut accueillir une dizaine de clients dans ses 6 chambres superbement décorées. Le paradis au cœur d'une région au relief accidenté. Pas de réseau mobile, ici on lâche prise.

NGARE NDARE FOREST ★

Cette réserve, située juste au sud de Lewa, a été créée afin de sauvegarder la dernière zone de forêt dense qui couvre les contreforts nord du mont Kenya. L'objectif était également de promouvoir la paix et la coexistence entre les différentes communautés de la région – les Meru, les Maasai, les Borana et les Kikuyu. La forêt est entretenue principalement par les communautés locales. De nombreux animaux vivent dans cette forêt : buffles, sangliers, élands, guibs, reduncas, colobes, léopards et même quelques lions. Elle héberge de belles cascades. Un pont suspendu de 500 m de long permet de faire une belle balade au-dessus de la canopée.

NGARE NDARE FOREST TRUST

✆ +254 720 658 156

www.ngarendare.org

Camping : 5 000 Ksh/nuit/pers. (non-résident). Véhicule (5 places) : 500 Ksh. Ranger obligatoire : 1 000 Ksh/jour.

Ce trust réunit tous les acteurs et bailleurs de la protection de l'environnement du Kenya, animés par la volonté de préserver et de planter des arbres dans cette forêt parmi les plus intactes du pays. En passant par le trust, on s'assure la possibilité de pratiquer diverses activités : canyoning, rando, escalade, observation des oiseaux... Ne manquez pas la balade sur le pont suspendu, au-dessus de la canopée. Un moment magique. Renseignez-vous auparavant sur l'état des pistes. Selon les pluies, elles peuvent être impraticables, notamment en avril et mai.

BORANA RANCH

Ce ranch est situé à l'ouest de Lewa. On y accède par une piste difficile qui part de la route Nanyuki-Isiolo au niveau du village de Timau, ou par avion de Nairobi-Wilson, puis 1h30 de transfert par la route. Il ne s'agit pas d'une réserve communautaire mais d'un ranch privé fonctionnant selon le même principe que celui de Lewa, c'est-à-dire que la population est étroitement associée à la protection de l'environnement. Les paysages sont tout aussi somptueux qu'à Lewa, mais les animaux sont moins nombreux et donc plus difficiles à observer. La réserve est néanmoins très plaisante à visiter et le Borana Lodge, au cœur du sanctuaire, absolument unique.

ARIJIJU €€€

✆ +44 7779 410481
https://arijiju.com/

Deux maisons d'hôtes en une, pouvant accueillir jusqu'à huit personnes au total. Renseignements et tarifs par courriel.

Arijiju incarne le rêve de la maison en Afrique. Cette demeure contemporaine en pierre et matériaux naturels, totalement intégrée à son environnement, surmontée de toits végétalisés, sobre et élégante, atteint la perfection. Un havre baigné de sérénité. La nature ici est reine, respectée, envoûtante. Le luxe se loge dans les détails, le confort y est exemplaire. Un soin particulier est apporté à la nourriture, saine, équilibrée et créative. Un spa et un hammam, un espace yoga, un court de tennis et une piscine complètent l'ensemble. Sublime.

BORANA LODGE €€€

Laikipia ✆ +254 702 243 171
www.borana.co.ke

Tarifs et réservations par courriel. Formules tout-compris avec les activités (game drives, randonnées guidées,...).

Très beau lodge privé situé dans le ranch Borana. Architecture locale très réussie, décoration « ethnique », cuisine raffinée, chambres confortables, luxueuses salles de bains et masseuse à disposition. Le tout dans un cadre superbe. Prendre un verre le soir sous la petite véranda de votre cottage, ou autour de la piscine à débordement, avec une vue à couper le souffle, est déjà en soi une expérience mémorable. Mais bien d'autres activités vous sont proposées, notamment des safaris à pied ou à cheval ainsi que des excursions « pêche » sur les flancs du mont Kenya.

SAMBURU, BUFFALO SPRINGS & SHABA NATIONAL RESERVES ★★

▸ **Samburu** (qui tire son nom de l'ethnie principale de la région) et **Buffalo Springs** (qui tient le sien d'une source minérale ainsi nommée) sont en fait un même territoire géré par des administrations distinctes. Ils s'étendent sur 239 km² de part et d'autre de l'Ewaso Ngiro qu'on ne peut traverser qu'en deux points, l'un à l'est en dehors de la réserve (avant Archer Post), l'autre à l'ouest près des lodges samburus et serenas.

Les rives sud et nord de la rivière, où se prélassent quelques gros crocodiles, sont couvertes d'une exubérante forêt d'acacias et de jolis palmiers doums. Dès que l'on s'éloigne de l'Ewaso Ngiro, on se retrouve au milieu d'un magnifique paysage vallonné, dominé au nord de Samburu par d'impressionnantes montagnes.

La végétation est composée d'une brousse sèche et clairsemée (sauf au plus fort de la saison des pluies) qui facilite l'observation des animaux. Ces derniers sont tous là, sans exception. Vous verrez notamment des zèbres de Grévy (reconnaissables à leur crinière hérissée et à leurs fines rayures), des girafes réticulées ainsi que de superbes oryx beisa. Buffalo Springs est légèrement plus plate et plus aride que Samburu, mais les deux réserves sont aussi belles l'une que l'autre.

▸ **Toujours le long de l'Ewaso Ngiro**, mais de l'autre côté de la route Isiolo-Marsabit, se trouve la superbe et peu fréquentée **réserve de Shaba**, qui tire son nom du mont Shaba (1 525 m), un volcan éteint qui domine la savane aride alentour. Charmée par ce site fabuleux, Joy Adamson s'installa ici à la fin des années 1970 pour étudier la réintroduction des léopards dans leur milieu naturel.

Les paysages se composent de vastes étendues arides et de nombreuses collines volcaniques, mais Shaba bénéficie de la présence de plusieurs sources qui donnent naissance à des zones marécageuses verdoyantes. Ces marais attirent une faune similaire à celle de Samburu et presque aussi nombreuse. Il est cependant plus difficile de la débusquer. Les monts Bodech au nord et Shaba (qui a donné son nom à la réserve) au sud constituent un arrière-plan spectaculaire. Cette réserve mérite vraiment une visite pour ses paysages et parce qu'elle est bien moins fréquentée que celle de Samburu.

Se loger

Camper à Samburu est l'occasion d'un contact étroit avec la nature dans un cadre superbe. Les sites de camping (Vervet Monkey, Butterfly, Kigelia, Kingfisher) se trouvent sur la rive nord de l'Ewaso Ngiro, à proximité du Samburu Lodge et du pont qui permet de traverser la rivière. Vous plantez votre tente au bord de l'eau, à l'ombre des grands acacias. Pas de douche mais des toilettes (plutôt rudimentaires). Il y a pas mal de monde en haute saison. Il est peut-être possible de trouver un arrangement avec les gens en charge du camp privé tout proche, géré par Gametrackers, pour avoir accès à leurs deux douches. Il faut s'y rendre obligatoirement en voiture car il est interdit de marcher dans le parc. Il existe d'autres sites plus à l'ouest (vers Intrepids), théoriquement réservés à des compagnies de safaris, mais où l'on peut toutefois passer une nuit.

Transports

Les trois réserves se trouvent à 350 km de Nairobi. La route jusqu'à Samburu est impeccable. La route jusqu'à Isiolo et au-delà aussi. Compter une journée pour y arriver, avec une halte à Nanyuki, depuis Nairobi. Si vous ne disposez pas de votre propre véhicule, des bus et matatus font le trajet plusieurs fois par jour, et peuvent vous déposer à Archer's Post pour Samburu. Pour Buffalo Springs, deux entrées sont possibles : Ngaremara Gate (au sud de la réserve) est la plus rapide d'accès depuis Isiolo, Chokaa Gate (ou Buffalo Gate) est située un peu plus loin, quelques kilomètres avant Archer's Post. En *self drive*, les pistes sont plutôt bonnes et vous pouvez circuler dans les deux réserves avec une voiture classique, sauf en saison des pluies. La signalisation n'est pas très bonne (seuls les lodges sont indiqués régulièrement), mais ce n'est pas vraiment gênant car on se repère assez facilement. La meilleure façon de visiter ces réserves est de se laisser conduire par son instinct : quel que soit votre itinéraire, vous ne serez pas déçu. Sachez toutefois que les léopards sont souvent vautrés dans les grands arbres qui bordent la rivière, tandis que, à quelques centaines de mètres de là, les lions se reposent à l'ombre des fourrés (surtout du côté de Samburu). Lorsqu'on s'écarte davantage de la rivière, du côté de Buffalo Springs, on a une chance d'apercevoir des guépards. Ceux qui recherchent la tranquillité s'aventureront tout au nord de Samburu, en contournant par exemple le mont Koitogor. Enfin, dans la partie est de Buffalo Springs se trouvent les sources qui ont donné leur nom à la réserve.

MONT OLOLOKWE

Mount Ololokwe

Au Nord d'Archers Post, à environ 30 km en poursuivant la route allant vers le Nord, sur votre gauche.

Une randonnée exigeante, mais au sommet vous serez récompensés d'une incroyable vue sur les plaines et le désert. L'ascension de la montagne sacrée Ololokwe, en pays *Samburu*, se fait idéalement en compagnie de guerriers locaux, en empruntant tantôt des sentiers sablonneux, parfois des sections abruptes. Ololokwe n'est pas isolée. Deux montagnes plus petites s'y connectent pour former un fer à cheval autour d'une vallée appelée Sabache. Idéalement, séjournez au camp du même nom dès la veille pour partir à l'attaque du sommet de bon matin.

SAMBURU NATIONAL RESERVE ★★★

www.samburureserve.com

Droits d'entrée non-résidents : 70 US$ par adulte/nuit, 40 US$/enfant. Paiement uniquement en liquide (US$ et Ksh).

La réserve nationale de Samburu est l'un des plus beaux parcs du Kenya. Située dans le centre du Kenya, elle borde la rivière Ewaso Ng'iro, cernée par de majestueux palmiers doum. Elle bénéficie d'un climat semi-aride, propice aux broussailles et acacias parasols. Entre zones montagneuses (les monts Koitogor et Ololokwe surplombent la réserve) et plaines arides, la beauté de ses paysages est unique. D'une superficie de 165 km², avec une altitude qui varie de 800 à 1 230 m au-dessus du niveau de la mer, Samburu est frontalière avec les réserves de Buffalo Springs et de Shaba. L'entrée la plus empruntée se situe à Archer's Post. C'est le long de la rivière que se situent la plupart des camps et lodges où les animaux viennent s'abreuver. Les éléphants y sont très nombreux. On y trouve des espèces spécifiques à la région : gazelles de Waller, oryx Beïsa, zèbres de Grévy, girafes réticulées et autruches de Somalie. Les félins font aussi partie des rencontres possibles. La rivière Ewaso Ng'iro compte un grand nombre de crocodiles du Nil. Il y en a aussi pour les ornithologues, avec plus de 450 espèces recensées. Samburu a été l'une des deux zones dans lesquelles les écologistes George et Joy Adamson ont élevé « Elsa, la lionne » (1956-1961), et lui ont appris « la vie dans la savane », avant de la remettre en liberté. Histoire rendue célèbre par un livre à succès et le film *Born Free*. La région est peuplée d'une tribu haute en couleur et en traditions, les *Samburus*, un peuple d'éleveurs nomades étroitement lié aux Maasaï.

SAFARILINK

Basé à l'aérodrome
✆ +254 730 888 000
www.flysafarilink.com
Compter 160 US$ l'aller simple entre Nairobi Wilson et SamburuKalama, même chose pour Lewa Downs.

Une des compagnies aériennes les plus sûres et les plus fiables du pays. Elle possède une flotte moderne et une équipe accueillante et professionnelle. Enfin, elle offre un choix de destinations bien plus large que n'importe quelle autre compagnie aérienne et des connexions complémentaires entre villes stratégiques. Il faut arriver 60 minutes avant le départ et la limite de poids des bagages en soute est de 15 kg. La compagnie opère des vols quotidiens entre Nairobi (Wilson Airport) et Lewa, Nanyuki, Samburu Buffalo et Samburu Kalama.

HESHIMA BEST CAMPING €

Samburu
Petit camp/hôtel économique, situé à Archer's Post, au bord de la rivière, permettant de visiter facilement Samburu.

Le camp d'Heshima est un petit hôtel, situé à l'entrée de la ville d'Archer's Post lorsqu'on arrive du Sud. Bien qu'en dehors des réserves alentours, il dispose d'un cadre non moins agréable, en effet, la petite rivière et les falaises la surplombant sont souvent visitées par les babouins. L'établissement est une adresse connue et reconnue des backpackers et autres petits budgets. Il est en effet une excellente base pour aller visiter Samburu, Buffalo Springs ou encore la réserve de Shaba à la journée. La cuisine proposée sur place est tout à fait correcte.

ASHNIL SAMBURU CAMP €€€

Buffalo Springs National Reserve
✆ +254 204 971 200 - www.ashnilhotels.com
Tarifs consultables en ligne, selon la saison.

« Venez une fois et emportez des souvenirs pour toujours », telle est la devise de Ashnil Samburu Camp. 19 tentes de luxe, chacune avec sa terrasse privative donnant sur la rivière Ewaso Nyiro. Un espace extérieur avec la piscine, un jardin et un bar face à la savane africaine. Le restaurant propose une cuisine africaine, orientale et internationale. Les safaris sont en compagnie d'un guide expérimenté, tout comme la visite culturelle du village de Samburu. Un très bel endroit et des espaces agréables. Les repas peuvent s'effectuer dans la savane, sur demande !

SURANA BUFFALO SPRINGS €€€

Buffalo Springs National Reserve
✆ +254 730 870 400
https://www.suranaluxury.com/
A partir de 520 US$ la nuit pour deux personnes. Tarif selon la saison.

© SURANA BUFFALO SPRINGS

Un lodge unique, qui offre une expérience africaine inoubliable. Il comprend 16 tentes de luxe avec une vue imprenable sur les rivières Ewaso et Isiolo, chacune dotée de sa terrasse privative avec son bassin profond. La superbe piscine à débordement et le spa sauront sublimer votre séjour. Tous les repas peuvent s'effectuer dans la savane. Un endroit idéal pour également observer les étoiles. Le lodge se situe à environ 300 km de Nairobi, dans la réserve nationale de Buffalo Springs, qui abrite les fameux « big five ». Magnifique adresse.

LION KING BUSH CAMP €€

Samburu National Reserve
✆ +254 710 350 782
www.lionkingsafari.com
150 US$ par personne et par nuit en pension complète.

Nahim, le gérant, vit depuis 30 ans sur les terres de Samburu. Son camp de toile offre six tentes disposées le long de la rivière. Ce n'est pas le grand luxe, mais c'est une option abordable et plus authentique parmi le panel des lodges haut de gamme de la réserve. Chaque tente dispose d'un lit confortable et d'une douche en extérieur. Nahim fera tout pour vous faire découvrir Samburu autrement. « Il n'y a pas que les animaux », affirme-t-il avec force. En venant ici, vous aurez donc sûrement l'opportunité de voir autre chose que ce que tout le monde regarde...

ELEPHANT BEDROOM CAMP €€€

Samburu National Reserve
✆ +254 704 418 651
www.atua-enkop.com
Comptez à partir de 810 US$ par nuit pour deux, selon la saison.

© ELEPHANT BEDROOM CAMP

Idéalement situé, à l'ombre d'une ribambelle de palmiers doum et au bord de la rivière Ewaso Nyiro, en plein cœur de la spectaculaire réserve de Samburu. Les 14 tentes safari, spacieuses et luxueuses, offrent tout le confort moderne dans un style africain. Il y a même une piscine sur chacune des terrasses face à la rivière ! Une zone lounge et un espace restauration complètent les lieux. Une dizaine d'éléphants mâles visitent régulièrement le camp, ainsi que des zèbres, girafes, singes et gazelles. Le luxe en toute simplicité, dans un environnement sauvage.

SABACHE ECO CAMP €€

O'Lolokwe
✆ +254 726 991 597
sabachecamp.com
Tarifs et réservations par courriel. Possibilité de camper.

Ce camp bénéficie d'un cadre exceptionnel au pied de la montagne sacrée de Samburu, le mont O'Lolokwe. Huit tentes safari de luxe, aménagées avec des matériaux naturels, dans un style africain, sans chichis, dotées d'électricité solaire et d'une salle de bain avec eau chaude. Chaque tente dispose d'une petite terrasse avec une vue imprenable sur la savane. Sabache fait partie de ces écolodges communautaires dont l'exploitation et les bénéfices sont entièrement dédiés à la communauté locale. Un exemple dans le secteur de l'écotourisme durable.

SAROVA SHABA GAME LODGE €€€

Shaba National Reserve ✆ +254 709 111 000
225 US$ en pension complète pour 1 personne, 275 pour 2. Hors transport, boissons et frais d'entrée du parc de Shaba.

Cet unique lodge du parc de Shaba offre de loin le meilleur rapport qualité-prix des trois réserves confondues. Magnifiquement situé dans une oasis au milieu du semi-désert de Shaba, le lodge s'étire le long de la rivière au milieu d'une luxuriance épatante. La vaste salle à manger est perchée à 10 m du sol, dans un grand bâtiment sur pilotis qui surplombe la rivière. Fontaines, chemins d'eau et cascades disséminées dans les jardins créent une impression de calme, de sérénité et de fraîcheur. Jolie piscine et beau spa. Wifi dans les chambres.

SARUNI SAMBURU €€€

Kalama Community Wildlife Conservancy
✆ +254 735 950 903
https://saruni.com/saruni-samburu/
900 US$/adulte (sur la base de 2) en saison basse, tout inclus. Droits de visite dans la réserve : 116 US$ (adulte).

Au Saruni Samburu, les guides et pisteurs sont des gens du cru. Ces derniers appartiennent à la communauté de Kalama et connaissent parfaitement la terre et les animaux, la météo et les chemins, ainsi que les éléments naturels. Une expérience de safari unique. Concernant le lodge, c'est LE must de la région. Six villas au style éco-chic sont implantées dans un décor époustouflant, bénéficiant d'une vue pas moins incroyable, où le luxe côtoie audacieusement les éléments, et où les paysages vous imprègnent et vous transportent.

SASAAB SAMBURU €€€

✆ +254 111 033 900
A partir de 1 300 US$ par adulte (sur la base de 2), tout inclus. Offres spéciales à consulter sur le site.

Perché au bord d'une vallée, mélange d'architectures swahilies et orientales, Sasaab est digne d'un conte des 1001 nuits, au cœur de la savane. Chacun des neuf logements, d'une surface de 100 m², surplombe la rivière et offre une vue à couper le souffle. Sérénité, confort, exclusivité... Tout ici promet un séjour exceptionnel, dans une atmosphère douce et chaleureuse. Une superbe piscine à débordement et un spa viennent compléter ce tableau idyllique. Le lodge propose de nombreuses activités, dont des balades à pied, à dos de chameau, en quad ou en hélico.

NORD

SERA CONSERVANCY TRUST

La *Conservancy* de Sera, à l'instar de sa voisine de Namunyak, fut initiée par les communautés Samburus.
En effet, depuis 2001, trois groupes sont réunis pour assurer la conservation et l'utilisation durable des ressources naturelles sur leurs terres ancestrales. Aussi, des infrastructures au profit des communautés sont sorties de terre. L'initiative a rencontré un tel succès qu'en 2015, le sanctuaire de rhinocéros de Sera a été créé avec le transfert de 10 rhinocéros. Il s'agit de la première réserve communautaire d'Afrique de l'Est à exploiter un sanctuaire dédié à la conservation du rhinocéros noir, une espèce en danger critique d'extinction.

SARUNI RHINO CAMP €€€

Sera Conservancy © +254 796 222 555
https://sarunibasecamp.com
Tarifs et réservations par mail selon la saison. Compter un minimum de 500 US$ par jour et par personne.
Saruni Rhino est un camp de 4 bandas disposés le long d'un lit de rivière asséchée, bordé de magnifiques palmiers doum. Rustiques en pierres et toiles avec un toit de chaume, les bandas se trouvent au cœur de Sera, en pleine brousse donc. Vous y trouverez confort et luxe (eau chaude, wifi...) mais aussi une faune sauvage abondante observable depuis votre logement. Saruni Rhino, c'est aussi des safaris à pied, des cours de pistage (de rhinocéros), des dîners dans la brousse... Le camp promeut une approche durable de la conservation en créant des emplois locaux.

LOSAI NATIONAL RESERVE

Située au Nord des *conservancies* de Namunyak et Sera, la Réserve de Losai, classée depuis 1976, et gérée par KWS, est un paysage sauvage et semi-désertique caractérisé par des collines rocheuses, des plaines et des forêts tantôt épineuses, tantôt fluviales qui serpentent le long des rivières saisonnières, le tout sur plus de 1 800 km².
La réserve abrite une grande variété d'animaux sauvages, notamment des éléphants, des lions, des grands et des petits koudous, des rhinocéros noirs, des gazelles et bien d'autres. Au menu : game drive, randonnées, camping... On y accède depuis la route allant d'Isiolo à Marsabit, en prenant à gauche après Merille.

CAMP NDOTTO €€

D371
© +254 718 116 913
Contacter par téléphone en amont pour toutes informations et réservations.
Situé à Ngurunit, au sein d'une communauté *Samburu* relativement isolée, le Camp Ndotto est le point de départ idéal pour visiter plusieurs jours durant d'une part la réserve de Losai à l'Est, et les monts Ndoto à l'Ouest. Le petit camp est doté de quelques tentes de type safari et est parfaitement géré par Harrison et Ferhad. Lits confortables, ventilateur, douches et toilettes attenantes à chaque tente. Le tout agrémenté d'une excellente cuisine. Il est aussi possible de camper sur place. Vous n'aurez plus qu'à profiter du cadre et de l'isolement.

MERILLE

Vous pouvez faire halte dans le village de Merille, sous prétexte de boire quelque chose au seul « bar » situé sur la place centrale. Vous êtes dans une communauté Rendille et les gens ici se demandent déjà ce que vous pouvez bien faire si loin de chez vous… Inutile de dire qu'il ne faut absolument pas photographier les gens sans leur en demander la permission. Idem pour les bâtiments. Souvent, pour accepter d'être pris en photo, les gens vous demanderont de l'argent. Leur extrême dénuement est déjà une raison suffisante pour proposer quelques shillings en échange de clichés, mais veillez tout de même à ne pas provoquer de débordements…

MARSABIT

Située le long de la route A2, à environ 275 km au nord d'Isiolo, la ville et le mont Marsabit sont cernés au nord par le désert de Chalbi et au sud par celui de Kaisut. On s'attend donc à découvrir une ville poussiéreuse et déserte, au pied d'une montagne pelée, mais, surprise, on pénètre dans une agglomération animée et développée (stratégiquement la dernière ville avant la frontière éthiopienne), au milieu d'une zone montagneuse couverte d'une forêt tropicale. En fait, Marsabit bénéficie d'un microclimat exceptionnel. L'air chaud des déserts voisins s'élève sur ses pentes montagneuses et se rafraîchit avec l'altitude, formant des nuages de pluie. Résultat, il pleut presque quotidiennement sur le mont Marsabit, alors qu'il ne tombe que quelques gouttes d'eau, une fois tous les deux ans, dans les environs.

Cette présence permanente d'eau attire toutes les tribus nomades de la région, qui viennent y faire paître leurs troupeaux avant de reprendre la route du désert. Marsabit est donc une ville où se croisent toutes les ethnies du nord du Kenya et du sud de l'Ethiopie. Dans les rues animées ou sur le marché aux bestiaux, vous remarquerez des Borans, des Gabbras et des Rendilles, couverts de bijoux et arborant d'étonnantes coiffures.

Argent

Vous n'aurez pas de mal à trouver un distributeur automatique (ATM), les banques et les stations-essence sont certainement ce qui s'est le plus développé ces dernières années. Toutefois, il n'est pas rare que certains guichets ne fonctionnent pas, alors si vous poursuivez votre périple vers le lac Turkana ou vers Samburu, retirez à Marsabit la somme en liquide dont vous aurez besoin pour la suite.

Transports

Marsabit est devenue une ville incontournable pour les voyageurs qui se rendent en Ethiopie et dans le Nord-Ouest du Kenya. Moyale, ville frontière, est à 244 km et Nanyuki à 335 km. La route principale de Nairobi à Moyale (A2) est asphaltée et en bon état, du début à la fin. Les barrages de police sont nombreux, notamment entre Archer's Post et Marsabit et jusqu'à la frontière éthiopienne. Au-delà de Marsabit vers le lac Turkana, des bus font désormais la liaison entre Marsabit et Loiyangalani au bord du lac Turkana en 7/8 heures (2 bus quotidiens, l'un de jour, l'autre de nuit).

- **Stations-essence.** Vous les trouverez aisément car elles constituent le point d'intérêt principal de la ville... Inutile de dire que pour poursuivre votre route plus au nord, il vous faut absolument faire le plein.

- **Bus.** Plusieurs compagnies de bus assurent la liaison quotidienne entre Nairobi et Marsabit, via Isiolo, Nanyuki et Moyale, la ville frontière avec l'Ethiopie.

- **Avion.** Pas de vols commerciaux pour Marsabit, hormis quelques vols de compagnies privées qui opèrent pour le compte d'une agence de voyages. Exceptionnellement, la MAF (Mission Aviation Fellowship), qui effectue deux vols hebdomadaires entre Marsabit et Nairobi, peut mettre à disposition des voyageurs les sièges qui resteraient disponibles (www.maf-kenya.org).

LIBAN BUS

Kenindia House, Loita Street
✆ +254 113 997 392

Nairobi à Marsabit pour 2 000 Ksh. Départ quotidien à 7h.

Avec plus de vingt ans d'expérience dans le secteur du transport public, cette compagnie assure la liaison quotidienne entre Nairobi et Moyale, en passant par Sagana, Nanyuki, Isiolo et Marsabit. Pour Moyale, départ à 7h sur Eastleigh 9th Street, à Nairobi, et à 8h pour Isiolo. Depuis Isiolo (Isiolo Office), départ à 14h pour Marsabit et de Marsabit (Marsabit Office) à 6h du matin pour Nairobi. Consulter le site Internet pour connaître les horaires mis à jour. Bus confortables, disposant d'une connexion wifi et chauffeurs expérimentés.

CAMP HENRY & ROSANNA €

Indiqué sur la gauche, juste avant d'entrer dans la ville.
✆ +254 722 458 444

600 Ksh/pers. en camping avec son propre matériel. 1 000 Ksh pour un lit en dortoir. 2 500 Ksh pour une chambre double.

Aire de camping en périphérie de la ville. Vous serez accueillis par Rosanna et/ou Henry qui veillent à la gestion et à l'entretien des lieux. Le terrain est sécurisé, au calme, avec des petits airs de cour d'école, bien aménagé pour les campeurs. Toilettes et douches avec eau chaude, coin barbecue, boissons fraîches et pain frais sur demande. Possibilité également de dormir en dortoir ou de réserver la petite chambre en dur, avec lit, moustiquaire et salle de bains pour un peu plus de confort. L'ensemble est très bien tenu.

CAVALLERA PASTORAL CENTRE €

A 1 km au sud de Marsabit, même embranchement que le camp Henry.
✆ +254 711 266 999

Compter 1 800 Ksh/pers. pour une chambre simple, avec le petit déjeuner ; 2 400 Ksh pour une twin. Repas : 550 Ksh.

Centre d'hébergement tenu par Sœur Beatriz et Sœur Jane, comportant 24 chambres simples avec douches et toilettes et 6 chambres pour 2 personnes, avec salle de bains commune. Ici, il va sans dire, pas de batifolage. Les chambres sont basiques et plus ou moins plaisantes, mais les chambres sont propres, le site est bien tenu, le jardin soigné. Les repas ne sont pas automatiques : le petit déjeuner, déjeuner et/ou dîner sont possibles uniquement sur commande.

JIRIME HOTEL €€

Moyale Road
✆ +254 742 744 178
https://jirimehotel.co.ke/
4 500 Ksh en standard simple pour une personne. Chambres doubles et cottages. Wifi dans les parties communes.

De loin l'hôtel le plus confortable de Marsabit. Situé à 2,5 km du centre-ville (cela conviendra surtout aux voyageurs autonomes), dans un environnement tranquille, il dispose de 24 chambres climatisées de plain-pied, spacieuses et bien équipées. Celles qui donnent sur le joli jardin sont les plus lumineuses, donc selon nous les plus agréables. Seul petit bémol, l'isolation sonore, ceux qui ont le sommeil léger pourraient bien entendre le voisin, de l'autre côté du couloir, rentrer tard dans la nuit. Le restaurant offre une cuisine correcte. Bon accueil.

MARSABIT NATIONAL PARK ★

Dans le parc de Marsabit, vous évoluerez dans une extraordinaire oasis de verdure perdue au milieu d'un désert dépourvu de toute vie. Soudain, tel un mirage, apparaîtra devant vous le lac Paradise... Un lieu tout simplement enchanteur.

Le parc couvre la partie supérieure de la montagne (soit environ 20 km²), alors que la Réserve nationale de Marsabit s'étend sur un territoire bien plus vaste (près de 2 000 km²). Le parc est composé d'une forêt dense et de trois petits lacs volcaniques (appelés *gofs*). Cette oasis de verdure au milieu du désert abrite bien évidemment une faune assez riche (grands koudous, buffles, léopards, caracals, girafes, zèbres, lions et quelques éléphants) mais difficile à observer. Bien que très peu fréquenté, le site est absolument superbe.

La plupart du temps, le visiteur aura l'impression de disposer du parc pour lui tout seul, ce qui rend la visite particulièrement agréable. Le parc en lui-même est petit et on le parcourt en une journée. Le circuit idéal consiste à en faire le tour en passant par les trois lacs de cratère. Ces trois sites enchanteurs, entourés de forêts, offrent des vues merveilleuses sur le désert et accueillent une grande partie de la faune ainsi qu'une multitude d'espèces d'oiseaux. Le plus grand lac, Gof Bongole (le troisième en partant de la porte), est le meilleur endroit pour observer les animaux, car la végétation y est moins dense. Mais le plus admirable des trois est le fameux lac Paradis (qui porte bien son nom). La vue plongeante du lac Paradise (en borana « Socreti Diko », qui signifie grand lac) du haut des arêtes parfaitement dessinées du cratère est un spectacle unique, et l'intérêt essentiel du parc.

Depuis quelques années, le parc a été repris en main, les pistes ont été refaites et sont entretenues, une aire de camping a été aménagée juste à l'entrée du parc, un petit musée a été construit, et le personnel chargé de l'accueil des visiteurs est entièrement dévoué pour redonner ses lettres de noblesse à ce joli parc longtemps délaissé.

Pratique

Compter 20 US$ par jour et par adulte, et 10 US$ par enfant de moins de 18 ans. 300 Ksh pour le véhicule. Paiement par CB uniquement. Ouverture à 6h, fermeture des portes à 19h. Si les animaux sont ici plus difficiles à observer, en raison d'une incroyable forêt tropicale, le parc n'en reste pas moins agréable, avec de très beaux points de vue. Une pause verdure et fraîcheur appréciable aussi, quand tout autour ce n'est que désert et chaleur.

Transports

Deux portes donnent accès au parc et au lac Paradise. La première, la Karare Gate, est située sur la route de Isiolo qui vous mène à Marsabit, sur votre droite, à moins de 20 m de la ville. La piste jusqu'à Lake Paradise (8 km) est entretenue et praticable en 4x4. Vous pourrez alors rejoindre Marsabit en traversant le parc. La deuxième porte s'appelle Ahmed, du nom d'un éléphant dont les défenses de taille tout à fait spectaculaire sont exposées au Musée national de Nairobi. A Ahmed Gate, vous êtes à 11 km de Lake Paradise.

MAIKONA

Le village de Maikona, qui regroupe les tribus Borana et Gabbra, est peut-être la meilleure halte à faire pour entrer en contact avec ces populations oubliées du reste du monde, et pour cause ! Il vous sera possible éventuellement d'y voir un nouveau type d'habitat, qui pourrait s'apparenter à la yourte mongole s'il n'était pas façonné avec des feuilles de palmier et des matériaux de récupération.

Pratique

C'est à partir de ce village qu'il vous faudra faire un choix. Prendre la piste qui traverse l'étonnant désert de Chalbi, qui nécessite un excellent véhicule et qui est, de toute façon, très fortement déconseillée pendant la saison des pluies (au risque de rester bloqué plusieurs jours !). La traversée de cette immense étendue de sable est une expérience inoubliable.
Dans la partie nord du désert, l'extrême chaleur s'est infiltrée dans le sol, craquelé, parcellisé à la manière d'un puzzle... Dans ce décor totalement minéral, d'une platitude infinie, vous aurez peut-être la chance de croiser une immense caravane de dromadaires en route vers l'Éthiopie. Il est très important de savoir que sur cette portion précise du parcours, l'état déplorable des pistes et l'isolement complet rendent nécessaire une préparation très minutieuse. Ou prendre la piste principale pour Kalacha et rejoindre ainsi le désert de Chalbi par son autre extrémité.

DÉSERT DE CHALBI

Le désert de Chalbi se trouve dans un triangle entre Marsabit, North Horr et la rive orientale du lac Turkana et se prolonge quasiment jusqu'à la frontière éthiopienne. On le traverse sur la route qui va de Marsabit à North Horr. C'est un milieu extrêmement dur, un océan de dunes où seules les espèces les plus résistantes et adaptées survivent. Son sable de roche volcanique est dru et chaud, et n'abrite aucune oasis. Deux tribus nomades, pastorales et chamelières, le peuplent : les Rendille et les Gabbra. Les pluies sont très rares dans le Chalbi, mais quand elles se produisent, le désert se transforme en un immense océan de boue.

KALACHA

Kalacha est à peu près à mi-chemin entre Marsabit et Loiyangalani. La ville peut constituer une étape d'une nuit. Les possibilités d'hébergement sont limitées, mais pas impossibles (Gabra Huts, chez Fatuma ; AIC ; Chalbi Safari Resort ; Catholic Parish House). Et surtout, à moins d'être totalement anticlérical, la charmante petite église catholique du père Anthony mérite franchement une visite. À l'intérieur, de très belles représentations bibliques ont été peintes par un artiste éthiopien dans les années 1980 (Alemayehu Bizuneh). Magnifique.

De Kalacha, pour rejoindre le fabuleux désert de Chalbi, comptez 15 à 20 minutes de route seulement. Sachez vous arrêter à temps. Étudiez régulièrement le terrain en descendant de votre voiture. Et n'hésitez pas à la laisser pour poursuivre à pied. On vous conseille de vous y rendre en fin de journée, quand la chaleur s'y fait moins écrasante, et pour y contempler l'un des plus beaux couchers de soleil de votre vie.

Communication

La couverture 4G du territoire kenyan, par le réseau Safaricom, s'est incroyablement développée ces dernières années. Nous vous recommandons vivement, si vous voulez explorer le Nord, de vous munir d'un téléphone avec une carte SIM locale. Si le wifi est rare, la connexion 3G/4G reste possible tout le long du périple dès que l'on approche d'une ville, et globalement sur l'axe routier principal, hormis tout de même certaines zones plus isolées (désert de Chalbi notamment).

Pratique

Kalacha est une petite bourgade de quelques centaines d'habitants, au milieu de nulle part, située à peu près à mi-chemin entre Marsabit et Loiyangalani. Ne comptez pas trouver une banque, encore moins un distributeur automatique, ni une station-essence. Côté alimentation, il est également fortement conseillé d'avoir fait le plein en amont. Prévoir notamment un stock d'eau minérale suffisant, car il s'agit d'une denrée rare dans la région ! D'ailleurs, sur le bord de la route, ce n'est pas de l'argent que l'on réclame aux voyageurs, mais de l'eau... Cela en dit long sur les conditions de vie des tribus du Nord. Le combat pour l'eau est un enjeu de taille là où les sécheresses récurrentes ne font qu'aggraver la situation au fil du temps.

CATHOLIC PARISH HOUSE €

Main road ✆ +254 720 959 708

Compter 1 000 Ksh pour une personne, avec le petit déjeuner, 700 Ksh juste pour le lit. Dîner sur commande : 500 Ksh.

Petite maison paroissiale, tenue par le sympathique père Anthony, un missionnaire allemand, arrivé à Kalacha en 1996. L'endroit n'a rien d'austère, l'accueil y est chaleureux. Les 4 chambres à disposition des visiteurs sont impeccables, chacune dispose de 2 lits simples avec moustiquaire, douche, toilettes, eau, électricité. La petite terrasse fleurie attenante à la salle à manger a son charme. On s'y sent bien. Enfin, la charmante petite église abrite en son cœur de belles peintures bibliques qui valent le coup d'œil. Réservation conseillée.

CHALBI SAFARI RESORT €

✆ +254 722 267 695

1 000 Ksh par personne en self-catering.

Neuf bandas, 18 lits au total, installés sur un terrain ne présentant pas l'ombre d'un acacia. Douches et toilettes communes. Électricité de 19h à 22h. Il faut venir avec sa nourriture et ne pas être trop regardant sur l'état des lieux ni sur le confort, mais ça peut dépanner. Une aire de camping est également à disposition des visiteurs. Sur la route du Nord, il s'agit d'une option intéressante, les étapes possibles ne sont pas si nombreuses. Prévoyez un sac à viande/sac de couchage dans vos bagages, vous n'en serez que plus à l'aise.

GABRA HUTS - CHEZ FATUMA €

Near Kalacha High School ✆ +254 720 746 966

www.kivulinitrust.org

1 000 Ksh par personne en hutte traditionnelle, 600 Ksh en camping. Self-catering.

Sur un terrain parsemé d'acacias, en pleine brousse, une vingtaine de huttes traditionnelles Gabbra sont à disposition des voyageurs. Elles sont équipées d'un sommier et d'un matelas douteux. Très sommaire. Prévoir son sac de couchage, sa lampe frontale et sa nourriture. Douches et toilettes communes. Repas sur commande. C'est aussi l'endroit où se déroule habituellement chaque année en avril et décembre le festival culturel de Kalacha qui, pendant 3 jours, réunit toutes les tribus de la région autour d'animations diverses, de danses, de musique, etc.

GÎTE AFRICA INLAND CHURCH (AIC) €

✆ +254 703 485 174

Compter 1 500 Ksh par personne. Six personnes maximum.

Uniquement pour les voyageurs autonomes. Trois chambres avec à peu près juste de quoi s'allonger (sommier et matelas, draps corrects) dans un bâtiment en dur, sécurisé par une terrasse grillagée, avec un coin cuisine, toilettes sèches et douche commune. Électricité. L'ensemble est un peu tristounet, mais il s'agit d'une option intéressante pour les petits groupes qui disposent de tout ce qu'il faut pour cuisiner. Gametrackers s'y arrête fréquemment.

NORD

Eglise de Kalacha.

NORTH HORR

North Horr est une étape obligée de votre progression vers le lac Turkana. Vous pouvez y faire une halte, notamment pour jeter un coup d'œil sur l'église construite par les pères allemands. Vue sous un certain angle, la mosquée n'est pas mal non plus, mais la photographier pose plus de problèmes. C'est à partir de North Horr qu'il vous faut faire de nouveau un choix. Soit Loiyangalani par la C77, soit la piste qui mène au Parc national de Siboloï. Aucune piste connue ne fait la jonction entre ces deux destinations. Il vous faudra impérativement repasser par North Horr. Toutefois, rares sont ceux qui s'aventurent par la route jusqu'à Siboloï.

SIBILOI NATIONAL PARK ★

Ouvert en août 1973, ce parc de 1 570 km², probablement le plus isolé du Kenya, a été créé pour protéger une faune assez riche : hyènes, lions, léopards, guépards, zèbres de Grévy, oryx, petits koudous… Le site est d'ailleurs inscrit au patrimoine mondial de l'Unesco. C'est également ici que se trouve concentré le plus grand nombre de crocodiles au monde. Réputés pour leur taille impressionnante (les plus gros après les crocodiles marins d'Australie), ils sont regroupés dans cette partie du lac.

Mais le Sibiloi National Park doit surtout sa réputation internationale à son très fameux site préhistorique de Koobi Fora. C'est ici qu'en 1968, Richard Leakey trouva un crâne fossilisé datant de plusieurs millions d'années. Depuis, d'autres vestiges y ont été découverts. Le parc est très difficile d'accès depuis Noth Horr, au point que la plupart des visiteurs viennent en avion ou en bateau depuis le golfe de Ferguson, sur l'autre rive.

A noter que Central Island fait partie intégrante du parc de Sibiloi.

Pratique

Bureau du parc : ✆ +254 202 379 407 – sibiloi@kws.go.ke – Comptez 22 US$ par jour et par adulte, et 13 US$ par enfant de moins de 18 ans.

Le parc de Sibiloi est très peu fréquenté et de façon très encadrée. Avant d'envisager une visite de ce parc, renseignez-vous sur les possibilités auprès de KWS. Le mieux est de s'adresser à une agence spécialiste de la région Nord, telle que Gametrackers.

LOIYANGALANI

C'est la plus belle des deux rives du lac, ou du moins la plus variée en termes de paysages, mais aussi la plus difficile d'accès. Loiyangalani est la seule bourgade sur la rive Est du Turkana. On l'atteint soit par la route du sud (Maralal, Baragoi, South Horr), soit par le nord (Marsabit, Kalacha, désert de Chalbi, North Horr). Après des heures interminables de pistes souvent défoncées, l'arrivée sur la rive du lac est un moment d'intense émotion tant le décor est somptueux et presque irréaliste. Le Turkana étant en effet le plus grand lac alcalin, mais aussi le plus grand lac permanent en milieu désertique au monde.

Selon la légende Turkana, tout ici, à l'origine, n'était que plaines couvertes d'une herbe verte et grasse. Les hommes y avaient élu domicile pour la beauté de ces prairies. Ils avaient accès à une source d'eau magique, intarissable. Il suffisait de soulever une pierre et l'eau surgissait.

Les femmes ne devaient cependant jamais oublier de reboucher l'entrée de la source une fois leur récipient rempli. Seulement, voilà… Un jour, l'une d'elles oublia. Et l'eau coula, coula, se déversa en abondance sur les prairies environnantes jusqu'à les recouvrir entièrement… Voilà pourquoi le lac aurait cette couleur vert jade qui le caractérise…

Loiyangalani est une petite ville, qui ne comptait que 1 000 habitants dans les années 1990. Aujourd'hui, les constructions en dur sont rares, la ville ne s'est guère développée en termes d'infrastructures, mais sa population serait estimée à quelques 30 000 habitants, et la localité prend littéralement des allures de camp de réfugiés. A ceci près que l'habitat traditionnel prédomine. Les communautés autrefois nomades (Turkana, Samburu, Rendille...) se sont sédentarisées, fragilisées par les conflits régionaux et inter-communautaires et les sécheresses répétées. Elles ont trouvé refuge là où l'aide alimentaire internationale leur permet de survivre et où l'eau potable reste accessible.

Au nord de la ville vit (ou survit) l'une des plus petites tribus du Kenya : le peuple El Molos. Ce groupe ethnique de pêcheurs, qui vit ici depuis plus de deux mille ans, compte aujourd'hui à peu près 1 070 individus et perd peu à peu son identité culturelle. L'arrivée des touristes (leur nombre reste toutefois encore très raisonnable…) et surtout la multiplication des mariages avec d'autres ethnies (notamment avec les Turkanas et les Samburus) ont profondément modifié la façon de vivre et les coutumes des El Molos. Le gouvernement en était même venu, pour éviter une disparition totale de la tribu, à accorder une allocation à tout enfant né de deux parents El Molos ! Aujourd'hui, deux villages El Molos subsistent. Il est possible d'aller à leur rencontre, moyennant un petit droit de visite.

Balade

▸ **Visiter Loiyangalani.** Pour aller à la rencontre des communautés qui vivent sur la rive orientale du lac, nous vous recommandons de faire appel à un guide local (adressez-vous à l'hôtel Palm Shade), il s'agira souvent d'un jeune Kenyan anglophone qui parle la langue Turkana, cela facilitera la communication et le contact avec les autochtones, qui peuvent se montrer parfois méfiants. Il vous emmènera sûrement à la rencontre des familles qu'il connaît, mais vous vous sentirez plus à l'aise accompagné, et si vous voulez prendre quelques photos, il demandera pour vous la permission et négociera le tarif. Car aucun cliché ne sera possible sans donner quelques shillings. A vous d'accepter le jeu ou non. La balade à pied en tout cas paraît incontournable, dès lors que l'on vient jusqu'ici. Vous serez littéralement plongé dans un autre monde. Compter environ deux heures, de préférence aux heures les moins chaudes, soit tôt le matin ou en fin de journée. Les couleurs du coucher de soleil sur les rives du lac Turkana sont immanquables.

Pour la petite histoire, c'est à Loiyangalani que fut tournée en 2005, une scène du célèbre film *La Constance du jardinier* (titre original : The Constant Gardener), adapté du roman éponyme de John le Carré. Pour ceux qui auraient vu le film, cette scène se déroule près du lac Turkana, lorsque l'on retrouve Tessa et le Docteur Arnold Bluhm assassinés...

Se loger

Les possibilités d'hébergement à Loiyangalani ne sont pas énormes. Palm Shade reste incontestablement en tête de liste. Une autre option est l'Oasis Lodge, l'hôtel historique de la ville (1960). Il a connu ses heures de gloire sous la direction de Wolfgang, aujourd'hui décédé. Cet hôtel bénéficie d'un cadre superbe. Le Malabo Resort, plus modeste, manque cruellement d'ombre et... d'entretien. Enfin, un tout nouveau lodge, le Sunset, devrait ouvrir prochainement, il était en effet en construction lors de notre passage. Implanté en hauteur et au cœur d'une palmeraie, il promet d'être le plus luxueux de tous.

Shopping

Difficile de parler de « shopping » à Loiyangalani. Car à part quelques petites épiceries de rue et une ou deux boutiques de tissus africains, vous ne trouverez pas grand-chose. Cependant, on viendra certainement vous proposer des pierres précieuses, des bijoux ou des objets ethniques, issus des différentes tribus. Certaines pièces peuvent retenir l'attention.

▸ **Les objets ethniques.** Armes, bijoux, poupées ou autres outils sont intéressants, car ils ont bien été fabriqués ici pour un usage interne et quotidien, contrairement à ceux vendus sur les marchés de Nairobi à l'attention des touristes. En ce qui concerne les prix, négociez, mais pas trop, afin de ne pas tirer profit de l'état de dénuement de ces populations.

NORD

Retour de la pêche - Village El Molo, lac Turkana.

Les pierres « précieuses ». C'est au mont Porr, dont la silhouette pyramidale se dessine sur la ligne d'horizon, que les Turkanas et les El Molos vont chercher les améthystes et les agates bleues. Sachez cependant que la superbe pierre verte translucide que l'on pourrait vous proposer n'est pas la précieuse tsavorite (ou grenat vert) mais un verre volcanique. Du verre dont la formation est naturelle, certes, mais qui n'a aucune valeur marchande ! Ce qui ne l'empêche pas de faire un bien joli souvenir.

Les fossiles. Dans la série des « trésors », on vous proposera également des os de perche du Nil, fossilisés. Mais voilà ! Fossilisé ne signifie pas forcément préhistorique, et les composants du sol de Turkana permettent une fossilisation très rapide, 400 ans seulement sont nécessaires pour transformer cet os de perche en un superbe fossile noir. L'objet ne manque cependant pas d'intérêt, et il vous sera possible de le trouver vous-même lors d'une promenade sur les bords du lac.

Transports

Deux bus quotidiens font la liaison Marsabit - Loiyangalani, via Kariji, en 7-8 heures de voyage. Pour Maralal, compter bien 9-10 heures. Dans les deux cas, le tarif est de 1 000 Ksh par personne. Les voyageurs indépendants devront s'armer de courage et de patience, car les trajets peuvent être longs et éprouvants. Les heures de départ dépendent du taux de remplissage. En véhicule privé, c'est un peu plus rapide, mais l'état des pistes ne permet pas de circuler à plus de 50 km/h. En revanche, il sera possible de faire des étapes, notamment à South Horr entre Maralal et Loiyangalani ou à Kalacha, sur la route de Marsabit.

DESERT MUSEUM

Sur la C77, A la sortie de Loiyangalani, au nord.
✆ +254 204 448 930
www.museums.or.ke
Ouvert tous les jours de 8h à 17h. Si c'est fermé, le gardien du musée n'est jamais bien loin. 500 Ksh par adulte.

Ce minuscule musée présente en textes et en images l'histoire, la géologie, la faune, la flore, les peuples, les traditions et les cultures du Nord. Pas moins de 14 tribus y sont représentées. Des objets sont également exposés. C'est assez scolaire et pas extrêmement fourni, mais ce musée a le mérite d'exister. Par curiosité, il vaut le coup d'œil. Surtout qu'il est situé sur une avancée de terre qui surplombe le lac Turkana et que la vue de là est juste bluffante. Pour les voyageurs autonomes, huit bungalows sont également à disposition sur la même parcelle.

MONT KULAL ★

Cette montagne, qui culmine à 2 285 m, se trouve juste à l'est de Loiyangalani. Elle est recouverte d'une forêt et peut être gravie sans difficulté en une ou deux journées. Les panoramas sur le lac sont grandioses. La région étant peu fréquentée (seules quelques centaines de Samburus vivent sur les flancs du mont Kulal), il est préférable de prendre un guide. Renseignez-vous auprès de votre hôtel ou de votre accompagnateur. Pas de structures d'accueil hôtelières. Il faut donc prévoir une tente et absolument de quoi se nourrir et se désaltérer.

Artisanat par les femmes du village El Molo.

NORD

MONT LOKILIPI ★

Pour pénétrer plus encore dans ce monde de l'isolement, partez à la découverte des derniers peuples nomades de cette petite chaîne de montagnes arides. Des tribus turkanas se déplacent constamment d'un point à un autre, pour nourrir leurs troupeaux là où subsistent de rares arbustes. Ils ne s'installent jamais plus d'un mois quelque part et vivent sous des tentes de fortune. Il n'y a de l'eau que durant la saison des pluies et elle est localisée exclusivement au sommet de la montagne. Le reste de l'année, ils doivent conduire leurs bêtes jusqu'au lac Turkana.

TILAMARI VILLAGE INN €

Juste à côté de l'Oasis lodge et avant l'aérodrome.
✆ +254 727 168 681
Compter 2 500 - 3 000 Ksh par personne avec le petit déjeuner.

Dans un jardin apportant un minimum d'ombre, sept bungalows ont été construits les uns à côté des autres, autour d'une grande salle de restaurant/bar/TV, sous un toit en makuti. L'adresse est assez populaire, car on y vient s'y réfugier au frais, boire une bière et se divertir. Les bungalows sont de bonne facture, et vraiment corrects pour le prix (lit double sur sommier en béton ciré, moustiquaire, douche, toilettes). Toutefois, certains soirs pouvant être plus animés que d'autres, le bruit pourrait contrarier les couche-tôt. Electricité 24h/24, mais pas de wifi.

PALM SHADE CAMP €€

✆ +254 726 714 768
Compter 4 500 Ksh par personne en chambre double, avec le petit déjeuner, 6 500 Ksh en occupation simple.

Notre endroit préféré pour séjourner à Loiyangalani et l'un des rares sur les rives du lac Turkana. Ce campement sécurisé, très bien tenu, propose 5 petits bungalows en dur avec salle de bain, 14 chambres dans un bâtiment sur deux étages et une dizaine de bandas plus sommaires. Le tout dans un joli cadre, à l'ombre des acacias et des palmiers doums. Possibilité aussi de camper. Les sanitaires sont propres. L'eau provient d'une source souterraine. Électricité (générateur) de 19h à 22h (le wifi avec). Très bonne cuisine et paillotes pour les repas (sur commande).

VISITE PARMI LA COMMUNAUTÉ EL MOLO

Peuple emblématique de la région du Turkana, les El Molo représentent le plus petit groupe ethnique du Kenya. Ils seraient environ 300 ; les mariages mixtes avec d'autres tribus et l'abandon du mode de vie nomade ayant contribué à diminuer leur nombre. Comme les Samburu, ils portent des bracelets et des colliers faits de perles colorées, seuls les anciens s'habillent de manière traditionnelle. La pêche lacustre reste au centre de leur vie, le poisson étant leur source principale d'alimentation. Ils ont un mode de vie qui est à des années-lumière du monde occidental, mais leur communauté s'est adaptée au tourisme. Deux villages subsistent, à 6 km et 12 km au nord de Loiyangalani. C'est en général le deuxième que l'on peut visiter, préparé à recevoir les visiteurs. L'argent revient à l'ensemble de la communauté. Vous pourrez poser toutes les questions que vous voudrez, prendre des photos, visiter une hutte... Vous apercevrez une partie du « cimetière » sur le chemin qui mène au point de vue sur le lac. Vous comprendrez alors pourquoi le village a dû récemment se déplacer. Le lac, par l'effet de l'évaporation, n'est en effet plus suffisamment approvisionné en eau par sa source éthiopienne. Celle-ci a été en partie détournée pour irriguer une vaste superficie de terre arable au sud du pays. Le lac Turkana peu à peu se salinise, et son niveau baisse au point qu'à cet endroit précis il s'est divisé en deux parties !

▸ **Soutien à la communauté.** Un droit de visite de 2 000 Ksh par personne est demandé. Contactez Julius (✆ +254 713 252 523 – elmolocommunity@gmail.com) pour être accompagné et vous permettre de communiquer un minimum avec les gens du village. Parfaitement anglophone, il vous expliquera toute l'histoire de sa communauté, son mode de vie, ses croyances, ses coutumes... La visite reste authentique, dans la mesure où la communauté poursuit ses activités et ne semble pas travestir quoi que ce soit pour se montrer autrement au visiteur. À la fin (compter bien 2 heures sur place), les femmes du village vous présenteront certainement le fruit de leur production artisanale, dans l'espoir que vous ne repartiez pas les mains vides. Les voyageurs de passage sont une source – infime – de revenus, clairement identifiée, il est difficile de leur en vouloir. Surtout qu'il n'en passe vraiment pas beaucoup... Et puis repartir avec un souvenir, c'est encore une façon de soutenir la communauté et de la remercier pour son accueil.

Lac Turkana.

LAC TURKANA ★

Le lac Turkana est surnommé la « mer de Jade » pour ses reflets verts, couleur... Jade. Il s'étire sur 249 km de long, du nord au sud, le long de la vallée du Grand Rift africain, et mesure 44 km dans sa largeur maximale. Il est le plus grand lac désertique au monde. Le territoire qui regroupe les trois parcs nationaux du lac, Central Island (500 hectares), South Island (3 900 hectares) et le parc de Sibiloi (157 085 hectares), est classé au patrimoine mondial de l'Unesco, depuis 1997. Il est le lac « *le plus salé de tous les grands lacs d'Afrique de l'Est et le plus vaste en milieu désertique au monde, dans un paysage aride, en apparence extraterrestre, qui est souvent sans vie* », décrit l'Unesco sur son site Internet. « *Les trois parcs nationaux servent d'étapes aux oiseaux d'eau migrateurs et constituent d'importantes zones de reproduction pour le crocodile du Nil, l'hippopotame et différents serpents venimeux* ». Mais le lac Turkana est aussi menacé par un barrage hydroélectrique, Gibe III, le plus haut barrage d'Afrique, construit par l'Ethiopie, ainsi que des projets d'irrigation sur son principal affluent, le fleuve Omo, entraînant une baisse générale du niveau d'eau. Les graves sécheresses qui se répètent, ainsi que les explorations pétrolières dans la région, n'arrangent pas la situation. De fait, en juin 2018, le lac Turkana a été placé sur la liste du patrimoine mondial en péril.

À l'est, on accède aux rives du lac Turkana par Loiyangalani. À l'ouest, le lac est accessible à deux endroits. Le plus facile à atteindre est le golfe de Ferguson, situé à proximité du petit village de Kalokol. Ici, toute la population vit de la pêche et plusieurs usines de traitement de poisson ont été construites grâce à des fonds européens. Malheureusement, la baisse du niveau de l'eau a fortement pénalisé cette industrie. Aujourd'hui, cette région est presque sinistrée. Plus au sud, le site d'Eliye Springs est nettement plus agréable, il est aussi beaucoup plus difficile d'accès (4x4 obligatoire, tourner à droite environ 25 km après Lodwar). Des sources procurent juste assez d'humidité pour permettre à des palmiers doums de pousser, ces derniers produisent des fruits dont se nourrissent les quelques Turkanas qui vivent ici. Un lieu à découvrir pour ceux qui cherchent le dépaysement total, d'autant qu'il existe désormais quelques possibilités d'hébergement.

LE PLUS GRAND PARC ÉOLIEN D'AFRIQUE

C'est près du lac Turkana, à 550 km au nord de Nairobi, que le plus grand parc éolien d'Afrique a été mis en service en 2017. Il est visible sur la route entre South Horr et Loiyangalani. Avec 365 turbines, chacune dotée d'une puissance de 850 kW, cette installation a une capacité de 310 MWh, soit de quoi fournir de l'électricité à 1 million de foyers. Elle est située en plein dans le Turkana Corridor Wind : les courants d'air rapides venus de l'océan Indien y soufflent toute l'année. Elle dépasse de loin celle du Maroc, qui était avant cela la plus grande d'Afrique avec 131 turbines. Malgré une croissance à deux chiffres, l'Afrique est un continent où les deux tiers de la population vivent encore sans électricité. L'électrification est donc un sujet central et les énergies renouvelables sont devenues l'une des solutions privilégiées pour pouvoir fournir à des populations isolées ce bien de première nécessité. En réalisant cet investissement majeur dans l'installation du parc éolien du lac Turkana, le gouvernement kenyan veut réduire sa dépendance énergétique, mais aussi garantir une source d'électricité propre, constante et à bas coût. Le parc éolien est couvert par un contrat d'achat d'électricité d'une durée de vingt ans, signé entre la holding Lake Turkana Wind Power (LTWP) et la Compagnie publique d'électricité Kenya Power (KPLC). Malgré de grands projets tels que celui-ci, une grande majorité des zones rurales africaines reste encore aujourd'hui sans équipement pour recevoir l'électricité.

SOUTH ISLAND NATIONAL PARK ★

✆ +254 800 597 000

Comptez 22 US$ par jour et par personne, et 13 US$ par enfant de 3 à 18 ans.

Cette île, située au large de la ville de Loiyangalani, a été classée parc national en 1983. Il n'y a pas grand-chose à voir, l'île n'étant peuplée que par des reptiles, ainsi que par une espèce unique de chèvre (très) sauvage. L'île peut constituer un but pour naviguer sur les eaux du lac. Toutefois, les visites sur place sont devenues rares, la navigation sur le lac restant très aléatoire. Le mieux est de contacter KWS en amont pour connaître les possibilités.

VOLCAN NABUYATON

Nabuyaton

Un incontournable du Sud du lac Turkana. A rejoindre en bateau si possible.

Le volcan Nabuyaton est LE paysage de carte postale du lac Turkana. Situé à l'extrémité Sud de la mer de Jade, sa forme conique et ses pentes douces et noires, contrastent fortement avec les eaux vertes du lac pour ligne d'horizon. Ce volcan, pas si simple d'approche, est l'occasion d'une excursion à la journée, en bateau, depuis Loiyangalani. Prévoyez votre nourriture et surtout de l'eau, car sur place vous ne trouverez rien ni personne. Faites-vous accompagner d'un guide local, notamment pour aller marcher dans les coulées de lave.

BARAGOI

Baragoi n'est rien d'autre qu'une ville étape, située dans le district de Samburu, au nord de Maralal et à l'est de la vallée de Suguta. Elle constitue un passage obligé sur la route (C77) vers South Horr et le lac Turkana, mais reste peu attrayante. Les séances photo sont à éviter en ville car la population n'y est guère favorable. A votre arrivée, il est probable aussi qu'on vous sollicite pour ceci ou cela. Si vous n'êtes pas d'accord, refusez et restez courtois, mais ferme. Sur la route entre Baragoi et Maralal, ne manquez pas de vous arrêter au World View Point. Une station-essence avec super et diesel, mais pas toujours disponibles.

SOUTH HORR

Curieusement, South Horr s'avère être une jolie petite bourgade dont les habitants prennent grand soin. Les rues ombragées sont propres. De South Horr, il est possible de rejoindre à pied Tuum. Comptez entre deux et trois heures de marche à travers la montagne. C'est l'une des nombreuses promenades à faire dans la région. Vous pouvez également gravir trois sommets : le mont Nyiro (2 752 m), le mont Porale (1 990 m) et le mont Supuko (2 066 m). Un guide est vivement recommandé, non pas que leur ascension soit particulièrement compliquée, mais il faut connaître un peu le terrain pour s'y retrouver… Vous pouvez accéder à Tuum par la route en 2 heures.

KOROS CAMP €€€

A 15 km environ au nord de South Horr. Le lac Turkana est à une 1h30 de route.

✆ +254 708 117 007 - www.koroscamp.com

Compter 610 US$/personne en pension complète. 30 US$/personne/nuit pour la L'Donyo Mara Community Trust Conservation.

Ce camp de toile, niché entre les montagnes, bénéficie d'un superbe décor, que les lumières du soleil couchant rendent inoubliable. Les cinq tentes de style safari disposées le long de la rivière asséchée, sous les acacias, sont aménagées avec soin et disposent de tout le confort nécessaire. Les douches sont en plein air. Il y a même une petite piscine, encastrée dans la roche, offrant une vue à 360°. On savoure ici le contact rapproché avec la nature, on goûte le plaisir d'être en pleine brousse, loin de tout, sauf des étoiles.

MARALAL ★

Balayée par le vent et la poussière, Maralal a une atmosphère de ville frontière, avec ses grandes rues bordées de vérandas dans le style des villes du Far West. Pour ceux qui viennent du Turkana, c'est le retour à la « civilisation »… Bien que ce ne soit qu'une petite ville d'à peine 20 000 âmes. Pour ceux qui viennent du sud, c'est le dernier endroit vivant avant les grandes étendues désertiques du Nord. A noter que c'est à Maralal que vous trouverez la Kenyatta house, lieu d'incarcération de Jomo Kenyatta. Maralal est aussi une bonne base de départ pour ceux qui veulent faire de la randonnée ou même du rafting dans les environs.

Pratique

Maralal possède aujourd'hui plusieurs banques, dont la KCB et Equity Bank, avec guichet automatique. Ce sont les dernières que vous verrez si vous comptez aller plus loin vers le Nord. La ville possède aussi plusieurs stations d'essence. Le gérant de la BP tient également un garage dans le centre, pour d'éventuelles réparations sur votre véhicule.

Transports

La route qui traverse le Pays Pokot de Maralal à Baringo est l'une des plus belles du pays. Elle permet de relier, en saison sèche, Baringo et les réserves de Samburu et Shaba. De Maralal, on passe par Kisima puis par Suguta Marmar (très joli marché le jeudi). A l'intersection de la route qui mène à Nyahururu (par Rumuruti) et celle qui mène à Baringo (avant d'atteindre la vallée du Rift), on peut observer un bel exemple d'habitat Pokot. On traverse enfin Tangulbei, mais attention ! Trois kilomètres plus loin environ, prendre la piste de gauche ! Celle de droite vous emmènerait vers le nord, dans un petit village appelé Nginyang (d'où il est possible – mais difficile – de rejoindre Marich Pass ou Lokichar sur la route de Lodwar !). Les paysages traversés sont d'une variété et d'une beauté remarquables. Ce parcours nécessite un véhicule tout-terrain, une bonne carte routière et une réserve d'essence.

De Nyahururu, des *matatus* vous conduiront plutôt régulièrement vers Maralal (4-5 heures de trajet). Quelques transports sont organisés d'Isiolo, beaucoup moins réguliers ceux-là... au point de ne pouvoir y compter (pas moins de 6 heures de route). De Nairobi, un *matatu* par jour, direct (8-9 heures de méditation shaolin...). Il part généralement tôt le matin. Mais il part plein, ce qui peut provoquer quelques impatiences...

De Maralal vers le nord en « transports en commun ». Pour le lac Turkana, et les vrais aventuriers, des véhicules de transport quittent Maralal presque tous les jours pour Loiyangalani. Compter 10h de route chaotique.

Pour Wamba, un départ quotidien, horaire très variable, 2 heures de route. C'est de Wamba seulement que vous pourrez trouver un bus allant à Isiolo et susceptible de s'arrêter en chemin pour Archer's Post, ou les autres portes d'accès de Samburu National Park ou Shaba.) Pas de transport pour le lac Baringo. Le seul moyen serait de prendre un *matatu* allant à Nairobi, via Rumuruti, de descendre à la jonction de la piste qui mène à Baringo (juste après le village de Tangulbei), puis prier pour trouver un véhicule... Si vous êtes à la jonction le matin, c'est très jouable.

MARCHÉ AUX TEXTILES

Tenues principalement par des femmes, les échoppes débordent de couvertures en laine de chameau ou de mouton (shukas), de tissus imprimés aux couleurs chatoyantes... Elles vendent également des colliers et bracelets samburus en perles de toutes les couleurs. Un régal pour les yeux. Vous pourrez faire de bonnes affaires, trouver de plus belles pièces que sur les marchés d'artisanat de la capitale, à des prix attractifs, toutefois plus élevés que ceux pratiqués pour les locaux. Le touriste se fait rare dans cette région, normal donc.

THE WORLD VIEW POINT ★

Droit de visite : 400 Ksh par personne.

Certains affirment que c'est la plus belle vue du Kenya. Il est vrai qu'elle est grandiose. Par temps clair, le panorama sur la vallée du Rift et les Cherengany Hills est tout simplement époustouflant. Les 20 km de route asphaltée, depuis Maralal, permettent de rejoindre rapidement le point de bifurcation (indiqué sur la gauche, « World View Point ») pour y accéder. Il faut de là compter environ 45 min de piste, et passer par le village de Porro. Sur le chemin, d'autres points de vue tout aussi impressionnants – et ceux-là gratuits – méritent un petit stop.

SAMBURU GUESTHOUSE & RESTAURANT €

✆ +254 725 363 471

A partir de 2 500 Ksh la nuit avec le petit-déjeuner. Les chambres rénovées sont à 7 000 Ksh. Plat à 550 Ksh. Wifi.

Nettement moins charmante et moins confortable que le Ngari Hill Guesthouse, cette maison d'hôtes moderne en plein centre-ville offre néanmoins des chambres correctes et propres, avec salle de bain, même si l'eau chaude n'est pas toujours au rendez-vous (chauffe-eau solaire). Bonne cuisine kenyane (les portions sont énormes), restaurant très fréquenté le midi par les habitués. Bien pour dépanner, sans plus. Mais une bonne étape pour déjeuner en ville si besoin.

MARALAL SAFARI LODGE €€

Maralal Wildlife Sanctuary

✆ +254 794 680 957

https://maralalsafarilodge.com

A partir de 85 US$ pour une chambre double standard en pension complète. Repas : 10 US$-20 US$.

Cet établissement existe depuis les années 1970. Il fut laissé à l'abandon vers 2015. Complètement réhabilité en 2018, il a été repris et transformé par Felistas Ngatuny qui a mis toute son énergie et sa passion pour en faire de nouveau un lieu attractif. Le lodge a l'avantage d'être au cœur d'une réserve animalière de 500 hectares, essentiellement peuplée d'herbivores. Il dispose de 20 chalets tout en bois, avec salle de bain. L'espace restaurant est doté de grandes baies vitrées qui permettent d'observer les animaux dans la savane. Un bel endroit.

NGARI HILL ECOLODGE €€

Ngara Hill
✆ +254 719 362 916
www.ngarihill.com
Compter 1 100 Ksh en camping, 8 900 Ksh pour une chambre double, 11 200 Ksh en tente de luxe, avec le petit déjeuner.

De loin le meilleur endroit où séjourner à Maralal. Et il y en a pour tous les budgets et tous les styles. Perché sur les hauteurs d'une colline, le lodge offre une superbe vue sur la ville et ses environs. Le coucher de soleil y est magnifique. Possibilité également de camper. Eau chaude, électricité solaire, wifi dans les parties communes. Très bonne cuisine. Nous avons apprécié le coq au vin ! 10 % des revenus générés vont à la communauté. Vous serez bien accueillis et assurés de passer une belle nuit sous le ciel de Maralal.

KITICH FOREST CAMP €€€

A Matthews Forest, Samburu.
✆ +254 717 468 049 - www.kitichforestcamp.com
Compter 560 US$ par personne en pension complète (activités safari comprises), 260 US$ pour un enfant jusqu'à 15 ans.

Le Kitich Camp se trouve dans une vallée reculée des Matthews Mountains, au bord d'une rivière (Ngeng River). Petite structure de luxe composée de six tentes dans le style safari, offrant intimité et confort. L'ensemble est construit en matériaux locaux et se fond totalement dans le paysage. Possibilité de se balader sur les sentiers de forêt, de se baigner dans les piscines naturelles, ou encore d'observer les animaux (éléphants, buffles, léopards...). Une expérience unique. Le camp est fermé du 15 mars au 15 juin et du 1er novembre au 15 décembre.

MATTHEWS RANGE

Cette chaîne de montagnes, qui s'étale sur près de 150 km et culmine à plus de 2 000 mètres, est couverte par une épaisse forêt et abrite quelques rhinocéros, éléphants, lions et autres élands. Les Matthews bénéficient, à l'instar de Marsabit, d'un microclimat qui rend la région particulièrement agréable pour la randonnée ou même le camping. Ce massif est situé au nord de la petite ville de Wamba (70 kilomètres après Archers Post), dans une région coupée du monde où vivent de nombreux Samburus. Au cours de votre ascension des Matthews, en suivant le lit de la rivière, vous pourrez vous baigner dans les splendides piscines naturelles qui se sont formées dans le roc. Pour les adeptes de sensations comme pour les plus gros budgets, des options existent pour visiter la région en quad, ou même via un survol en hélicoptère.

Balade

Le mont Ololokwe, dont le sommet culmine à plus de 2 000 mètres d'altitude, dans la chaîne des montagnes Matthews Range, est la montagne sacrée du peuple samburu qui vit dans la Vallée du Grand Rift. Il peut faire l'objet d'un trek mémorable. Nous conseillons un séjour de trois jours au moins dans la réserve, afin de profiter de la vie sauvage, de s'imprégner des paysages somptueux et d'aller à la rencontre des Samburus. La réserve se visite toute l'année, avec des températures agréables oscillant entre 23 °C (en juillet) et 30 °C (en février), les mois d'avril et de novembre étant les plus pluvieux.

NAMUNYAK WILDLIFE CONSERVANCY TRUST

La vaste réserve communautaire de Namunyak, de près de 40 000 ha, est située au cœur des plaines du nord du Kenya. Entourant la majestueuse chaîne de montagnes Mathews, elle abrite le peuple autochtone Samburu. En tant que pasteurs semi-nomades, ils élèvent depuis des siècles leur bétail tout en coexistant en harmonie avec l'incroyable faune de la région, notamment les pachydermes et autres lions. Namunyak, créée en 1995, est reconnue comme l'une des zones sauvages les plus vierges du Kenya, et la préservation de ses terres, de ses habitants et de sa faune est au cœur de toutes les initiatives et programmes de cette réserve à couper le souffle.

SARARA STAR CAMP €€€

Namunyak Wildlife Conservancy Trust
✆ +254 701 963 335
https://sarara.co/sarara-camp
Réservations et tarifs par courriel ou via leur site web. Formule pension complète (alcools compris), avec safaris.

Ce luxueux camp de toile est installé dans une région totalement sauvage. Les six tentes sont spacieuses et joliment décorées, d'une remarquable simplicité, pour un maximum de confort. Au bord de la petite piscine à débordement, creusée à même la roche, vous vous laisserez bercer par les gazouillis des oiseaux et les bruissements de la savane environnante, dans un décor grandiose. Une expérience unique. Campeurs, randonneurs et amoureux de la nature seront comblés. Les revenus du tourisme reviennent à l'ensemble de la communauté samburu.

MARICH PASS

Situé à 360 km au nord-ouest de Nairobi, Marich Pass offre un paysage spectaculaire le long de l'escarpement du Rift en descendant vers l'ouest depuis le lac Turkana. Le terme de Marich signifie « la passe » en pokot. Il s'agit d'un col montagneux qui sépare les collines de Cherangany de la chaîne de Sekker. Le mont Sekerr (Mtelo) culmine à 3 354 m. Sur la route qui descend vers Lodwar, les panoramas majestueux se succèdent dans un défilé de montagnes, de rivières et de vallées grandioses. La localité est entourée de plusieurs villages pokot. La seule station-service à proximité se trouve dans le village de Sigor, situé à un peu moins de 10 km à l'est.

MONT MTELO

Parmi les différentes randonnées que vous pouvez envisager, le mont Sekker figure en bonne place. Situé à quelques kilomètres au nord-ouest du Marich Pass, il s'élève à 3 326 m, mais son ascension ne présente pas de difficulté particulière et la vue du sommet vaut bien la grimpette. Vous trouverez aisément quelqu'un du coin pour vous servir de guide. Vous pouvez, si vous le souhaitez, atteindre le sommet dans la journée si vous vous approchez suffisamment en voiture, mais nous vous conseillons de prendre votre temps et de rester quelques jours dans cette région.

ELGEYO ESCARPMENT ★

Il s'agit d'un point de vue tout à fait spectaculaire dominant la vallée de Kerio. C'est également la route d'accès à quelques chutes d'eau. Compter deux bonnes heures de route à partir de Ortum. L'escarpement d'Elgeyo était autrefois une zone interdite où les membres indésirables de la société étaient envoyés, condamnés à y mourir. C'était aussi un lieu courant de sépulture lorsque les familles n'enterraient pas leurs morts, mais jetaient les corps dans la forêt dense pour y être dévorés par les animaux sauvages. On dit aussi que les personnes âgées, fatiguées de vivre, se jetaient des falaises abruptes. Une bien sombre histoire pour ce joyau de la région. Heureusement, les temps ont changé. Les croyances et les pratiques d'hier ne sont plus celles d'aujourd'hui et l'escarpement a regagné l'estime de ses habitants et toute la valeur qu'il mérite. De nombreux investisseurs y ont vu une mine d'or. En dix ans, le prix de vente d'un acre de terrain est passé de 100 000 shillings à 3-5 millions de shillings, selon l'emplacement. Les visiteurs sont de plus en plus nombreux. Les Kenyans eux-mêmes aiment venir ici prendre de la hauteur, profiter de la vue sur la vallée de Kerio, de la pureté de l'air et des températures fraîches. Le site est aussi réputé pour les athlètes qui viennent régulièrement s'y entraîner. Certains se sont même installés dans la région et y ont construit de magnifiques demeures. Une région également propice à la pratique du parapente, qui attire des parapentistes du monde entier.

MARICH PASS FIELD STUDIES CENTRE €

Kapenguria
✆ +254 722 139 151
www.ukconnection.co.uk

Réservations et tarifs par courriel.

Ce très joli centre est en principe réservé aux groupes qui étudient la biologie, l'écologie, la géologie ou la botanique, mais il accueille également les voyageurs indépendants. C'est quasiment le seul endroit où vous puissiez rester pour la nuit, obtenir des renseignements sur les excursions dans la région. Le centre dispose de 21 bandas pour 2-3 personnes avec sanitaires en commun, 6 disposent de leur propre salle de bain. Egalement un espace aménagé pour les campeurs.

MONT MTELO VIEW LODGE €

Mont Mtelo ✆ +254 718 281 729

Compter 750 Ksh par personne pour camper. 2 500 Ksh pour un banda pour 2. Nourriture et guides disponibles sur place.

Petit camping et bandas au sommet des collines, à l'écart des sentiers battus. Une montée très raide d'environ 1 heure est nécessaire pour y arriver. Une fois au sommet, la vue sur la vallée de Kerio est cependant assez spectaculaire, notamment au lever du soleil. Une cabine est aussi disponible à quelques kilomètres. L'hôte, John, est très accueillant et arrangeant, il se fera un plaisir d'organiser vos repas, mais aussi vos randonnées. Pensez à le contacter en amont. En bref, un lieu propice à la déconnexion et à la randonnée.

CHERANGANY HILLS

Situées au sud de Marich Pass, les Cherangany Hills offrent la possibilité d'une excellente balade à pied de plusieurs jours. Le parc est plutôt méconnu. Il en résulte que cet endroit est un véritable paradis pour ceux qui délaissent les sentiers battus, choisissant de partir à la rencontre du Kenya profond. Ici, ce sont les Pokots que vous serez amenés à croiser sur les sentiers, gens peu habitués aux étrangers donc d'un abord plutôt réservé. Sur la route de Turkwel et au-delà, la dernière station-service (avant Ken Gen ou, plus loin, Lodwar) se situe dans le petit village d'Ortum, à un kilomètre à peine de la route principale.

NASALOT NATIONAL RESERVE

La route qui mène aux gorges de Turkwell coupe cette vallée parfaitement plane où ne survivent que des épineux et de rares acacias… et qui constitue la réserve nationale de Nasalot. Il s'agit d'un superbe parc encerclé de magnifiques montagnes pelées par les températures extrêmes qui sévissent dans la région. Il est d'ailleurs difficile d'imaginer que des animaux puissent y vivre. Et pourtant, les gens du coin l'affirment, on peut y rencontrer des éléphants et quelques félins. Quoi qu'il en soit, c'est un parc qui se traverse plus qu'il ne se visite. On appréciera avant tout la beauté unique de ses paysages, sans chercher à traquer une quelconque bête.

TURKWELL GORGES

Turkwel, c'est avant tout une communauté de vie, Ken Gen (l'équivalent de notre EDF), plus communément appelée The French Campground, où sont réunies les quelque 200 personnes qui travaillent sur un immense barrage construit par le gouvernement kényan de 1986 à 1991, avec l'aide de la France. Le barrage hydroélectrique de Turkwell Gorge se situe à 30 kilomètres, sur la rivière Turkwel. Celle-ci prend sa source sur le mont Elgon, à la frontière du Kenya et de l'Ouganda, traverse les plaines désertiques de Loturerei et se jette dans le lac Turkana. « Turkwel » vient du nom Turkana, « Tir-kol », qui signifie une rivière qui « résiste à la nature sauvage ».

Se loger

Il doit être possible de passer la nuit à Ken Gen, où une guesthouse accueille régulièrement des étudiants venus découvrir le site. Cela dit, il n'y a pas de numéro de téléphone ni un quelconque moyen de réserver à l'avance. N'oubliez pas d'indiquer si vous souhaitez dîner ou prendre votre petit déjeuner dans la salle à manger commune. L'atmosphère qui règne dans ce lieu totalement isolé est pour le moins étrange. Un vidéoclub, un bar ouvert, une grosse télévision (du foot et encore du foot), deux billards : voilà pour l'essentiel les activités qui sont proposées à une communauté majoritairement composée d'hommes (quelques-uns vivent cependant ici en famille), qui ont définitivement élu domicile au beau milieu d'un territoire franchement inhospitalier.

SOUTH TURKANA NATIONAL RESERVE ★

Cette grande réserve est située sur la droite (à l'est) de la route qui mène à Lodwar. La bifurcation, située à environ 65 kilomètres de Marich Pass, est mal indiquée. Ensuite, il vous reste une dizaine de kilomètres à parcourir jusqu'à l'entrée. Ce parc, à l'écart des circuits touristiques, offre de très belles possibilités de safaris à pied dans un décor accidenté et sec. Accompagnés par des rangers, vous partez de bon matin à la recherche d'élands, d'éléphants ou de petits koudous. C'est aussi l'occasion de randonnées à dos de dromadaires ou en mountain bike, mais aussi de pratiquer la pêche dans les rivières permanentes. Émotions fortes garanties.

LODWAR

Lodwar est une grosse bourgade, une ville du bout du monde, au milieu du désert et des cônes rocheux. Chaude et poussiéreuse, elle est un point de passage obligé sur la route du Turkana. Mais il n'y a pas grand-chose à y voir. Toutefois, la ville s'est bien développée ces dernières années et quelques nouvelles structures, d'un standing supérieur, ont fait leur apparition le long du fleuve Turkwell. Vous y trouverez également des banques et autres commodités.

Transports

Lodwar est un point de passage obligatoire sur la rive Ouest du Turkana, pour ceux souhaitant rejoindre Eliye Springs, ou encore le Soudan.La ville est accessible avec des vols quotidiens de Skyward Express au départ de Nairobi, moyennant une courte escale à Eldoret. La compagnie Fly540 dessert aussi cette destination.

Par la route, le goudron venant du Sud et venant jusque Lodwar est très bon. Vous pouvez rejoindre Eldoret en moins de 4 heures. La compagnie de bus Eldoret Express fait d'ailleurs le trajet l'après-midi avec un grand bus. Des mini-bus, les *matatus*, partent eux tout au long de la journée vers Kitale, Eldoret ou encore Nakuru, départ une fois le véhicule remplis. La compagnie Quick Shuttle est certainement la mieux organisée. Attention, la route menant vers la frontière soudanaise est réputé peu sécurisée, avec des cas de coupeurs de route et d'enlèvement contre rançon. A noter que depuis Lodwar, il est très difficile de se rendre sur la rive Est du Turkana sans faire un important détour vers le Sud.

SKYWARD EXPRESS

Lodwar airport
✆ +254 709 786 000
https://www.skywardexpress.co.ke
L'aéroport de Lodwar est desservi quotidiennement, depuis Nairobi et Eldoret, par la compagnie Skyward Express.

Cette compagnie low cost, basée à l'aéroport de Wilson à Nairobi, est l'une des plus fiables d'un point de vue horaires, mais aussi l'une des plus économiques. Seul défaut, la flotte vieillissante, mais tout en restant sûre. Skyward Express est la principale compagnie à desservir Lodwar, avec un départ chaque matin de Nairobi à 6h45, pour atteindre Lodwar en moins de 2 heures, via Eldoret. Contre une journée complète par la route. Le site internet pour la réservation en ligne est très efficace et ergonomique et vous permettra d'anticiper votre séjour dans le nord.

THE CRADLE TENTED CAMP €€

✆ +254 723 724 638
www.thecradletentedcamp.com
120 US$ avec le petit déjeuner, pour une tente de luxe. 140 US$ pour une chambre executive.

Ce camp de toiles comprend une quinzaine de tentes safari de luxe, spacieuses, climatisées et bien aménagées, dans un joli cadre. Pour ceux qui préfèrent une chambre en dur, l'hôtel dispose aussi de chambres dites « executives », confortables et pétillantes de couleurs locales, et même d'une suite présidentielle et d'une « honeymoon suite ». Une salle de conférences, une piscine, une aire de jeux et un restaurant complètent l'ensemble. Le personnel attentif et accueillant prend soin de la clientèle. Certains connaissent même quelques mots de français.

QUICK SHUTTLE

Quick shuttle booking office
Bureaux dans les principales villes de l'Ouest

Parmi les innombrables compagnies de minibus, localement appelés *matatus*, qui sillonnent le pays s'il ne fallait en retenir qu'une au départ et vers Lodwar, ce serait bien Quick Shuttle. Sûrement la plus organisée, sûre, et avec les véhicules en excellent état. Cependant vous n'échapperez pas à la conduite sportive qui reste monnaie courante au Kenya. Comptez environ 5h en mini-bus de Lodwar à Kitale, 6h pour Eldoret et 7h pour Kakamega. Les départs s'enchaînent tout au long de la journée, tant qu'il y a des passagers pour remplir les véhicules.

ELIYE SPRINGS

Sur les rives du lac Turkana, au bout de 65 km d'une piste sablonneuse depuis Lodwar, ce village dans les dunes prend des airs de bout du monde, et c'est pour ainsi dire un peu le cas. Eliye Springs est l'un des accès, si ce n'est l'accès principal à la rive Ouest du lac Turkana. À vous la déconnexion, les repas à base de *tilapias*, la découverte de la culture locale, les baignades dans le lac salé (attention aux crocodiles du Nil !), les nuits bercées par le bruit des vagues, et les visites de *Ferguson's gulf* ou encore de l'incroyable *Central Island National Park*. Une pause de 2 à 3 jours sur place est le meilleur moyen de profiter des lieux.

CENTRAL ISLAND NATIONAL PARK

Compter 22 US$ par adulte et 13 US$ par enfant pour le droit d'accès. Eliye Springs Resort peut s'en charger pour vous.

Située au milieu du lac Turkana, cette île est à elle seule un parc national. Il est plus aisé de s'y rendre depuis Eliye ou le golfe de Ferguson sur la rive Ouest. D'une superficie de 5 km^2, l'île est formée de trois cônes volcaniques au fond desquels se nichent de petits lacs. Ces derniers attirent de nombreux oiseaux dont les flamants roses et sont peuplés de crocodiles. La façon la plus sûre de se rendre sur l'île est de s'inscrire à une excursion proposée par Eliye Springs Resort.

LOKARU BOAT

Eliye springs

✆ +254 717 443 980

Compter 30 000 Ksh pour la journée à Central Island et 130 000 Ksh pour la traversée vers Loiyangalani.

Le capitaine Lokaru, basé à Eliye, dispose d'un excellent bateau équipé d'un moteur de 85 cv pouvant accueillir jusqu'à 6 passagers, ce qui vous permet de réaliser des traversées du Turkana, ou des visites des alentours. Au choix, vous pourrez profiter d'une journée à Central Island, à Ferguson's Gulf, ou encore vous diriger vers Sibiloi ou Loiyangalani. Originaire de la région, il maîtrise parfaitement les vents et les courants, et vous garantira un voyage en toute sécurité. Il fera aussi office de guide. Contactez-le via Whatsapp pour organiser votre séjour.

FERGUSON'S GULF

Ferguson's gulf

Accessible en moto depuis Eliye ou Lodwar. Mais aussi en bateau depuis Eliye.

Le Ferguson's gulf (nom hérité de la colonisation britannique), non loin de Kalokol, est situé à environ 40 km au Nord d'Eliye. À l'abri du vent et bordé d'authentiques villages de pêcheurs turkanas, il est loin du tourisme de masse. S'y rendre depuis Eliye est l'occasion d'une journée de découverte de la culture locale, entre escales dans les villages, baignades et repas à base d'ugali et poisson. Le golfe vit cependant probablement ses dernières années, en effet la montée des eaux affecte particulièrement ses rives, et le golfe deviendra probablement une baie.

ELIYE SPRINGS RESORT €€€

Eliye springs

✆ +254 703 891 810

www.eliyespringresort.com

Réservations et tarifs par courriel, via le site Internet, ou Whatsapp.

Bien que la carte postale soit un peu désolée, les plus belles heures du resort étant derrière lui (en cause la montée des eaux), l'hôtel reste opérationnel, et un bon endroit pour découvrir le Turkana, ses villages et îles. Il propose une dizaine de chambres confortables, et une solution plus économique, les *manyattas*, sommaires, avec un bloc sanitaire commun. Contactez-les via Whatsapp au moins 48h à l'avance. Le resort propose des excursions et une bonne cuisine. Un lieu propice à la déconnexion. Prenez garde aux crocodiles si vous vous baignez dans le lac !

NORD

Rives du lac Turkana.

OUEST

L'ouest du Kenya, si l'on excepte les déserts du nord, est la région la moins visitée du pays. Région fortement peuplée, agricole et fertile, elle est constituée de plaines et de collines verdoyantes. S'il n'y a pas ici les plus grandes merveilles du Kenya, il y a tout de même de belles visites à y faire. On s'approche de l'Afrique équatoriale qui présente une atmosphère tout autre que l'Afrique de l'Est. Le climat est plus humide et c'est ici que se trouvent les uniques forêts équatoriales, du Kenya. On les verra au Parc national du mont Elgon, à la frontière de l'Ouganda, ou à Kakamega. On s'intéressera également aux rives du plus grand lac d'Afrique, le lac Victoria, étape intéressante pour ses ambiances et ses balades. Poussez jusqu'à l'île de Rusinga et l'île de Mfangano, plus exclusives, si vous avez le temps. Les paysages et les atmosphères y sont d'une sérénité absolue.

Ouest
50 KM
OUGANDA
TANZANIE
Lac Victoria
Katilu
TURKWELL GORGE
Lorokon
NASALOT NATIONAL RESERVE
SOUTH TURKANA NATIONAL RESERVE
Akoule
Kainuk
Mariny
Abongai
MARICH PASS
Chesta
Kapenguria
CHERANGANY HILLS
Makutano
MOUNT ELGON NATIONAL PARK
SAIWA SWAMP NATIONAL PARK
Laboot
KITALE
Moi's Bridge
Kimilili
B 14
ITEN
A 8
A 8
Bungoma
ELDORET
Busia
B 12
KAKAMEGA NATIONAL RESERVE
Kakamega
Lessos
B 8
Siaya
Mbale
Timboroa
C 27
Bondo
KISUMU
Awasi
B 9
Molo
ÎLE DE RUSINGA
KENDU BAY
KERICHO
MBITA
Kosele
Kapnandi
ÎLE DE MFANGANO
HOMA BAY
B 2
RUMA NATIONAL PARK
B 3
KISII
Sotik
TABAKA
B 7
Bomet
Sori
Masimba
Torokiat
Awendo
Mulot
Migori
B 3
NAROK
Lemek
B 1
Isebania

PAGES
246

●● AUTOUR DU LAC VICTORIA

Le lac Victoria est le plus grand lac tropical au monde, et le plus grand lac d'Afrique, avec 68 800 km². Il a une profondeur maximale de 80 m. Il porte le nom de la reine d'Angleterre, car l'Anglais John Hanning Speke fut le premier Européen à le découvrir en 1856. Il est la source du Nil blanc, tant recherché par les explorateurs du XIXe siècle. Ses rives sont aujourd'hui partagées entre le Kenya, l'Ouganda et la Tanzanie, qui en possède la plus grande portion. Monstre géographique, le lac Victoria est pourtant relativement peu touristique. Si ses rives ne sont pas les plus pittoresques qui soient, et si ses villes n'ont rien de particulièrement séduisant, ses paysages sont néanmoins parmi les plus jolis de l'ouest du Kenya, avec leur végétation tropicale humide, les collines douces, la belle eau bleue du lac et ses cultures agricoles. La région du lac est assez densément peuplée et « industrialisée » ; c'est un vivier économique important, notamment avec la pêche, intensément pratiquée, ce qui est d'ailleurs cause de problèmes écologiques de taille. Parmi ceux-ci, l'introduction de la perche du Nil pour la pêche et pour éliminer les moustiques paludéens il y a une soixantaine d'années a entraîné la disparition de nombreuses espèces locales.

Car le lac apporte également des problèmes sanitaires aux populations qui habitent sur ses rivages, malaria et bilharziose étant répandues, et c'est un problème de taille. La bilharziose est un problème permanent. Cette infection provoquée par un parasite qui s'infiltre dans l'organisme par la peau, au contact d'une eau douce contaminée, génère des symptômes très douloureux, peut atteindre le foie et la rate (bilharziose intestinale) et entraîner, dans les cas les plus graves, des complications cardiaques et neurologiques. La baignade est donc déconseillée, hormis dans certaines zones (autour de Rusinga ou Mfangano, devant les hôtels par exemple). Elle est de toute façon devenue difficile en raison de la prolifération des jacinthes d'eau qui ont envahi le lac, depuis le début des années 1990, au point d'y étouffer tous les autres organismes vivants. Elles recouvrent aujourd'hui près de 5 % de la surface du lac côté kényan. Un véritable fléau qu'il est difficile d'éradiquer, tout juste possible de contrôler. Les graines peuvent hiberner au fond du lac pendant 15 ans avant de réapparaître, cette plante invasive se nourrit du phosphore présent en quantité élevée dans l'eau en raison des activités agricoles dans le bassin du lac Victoria, et prolifère.

La navigation devient alors très difficile à certains endroits, la pêche constamment menacée. Parfois les pêcheurs se retrouvent coincés, car les jacinthes bloquent l'accès à la plage. Sans compter le taux diminué d'oxygène dans l'eau, la pollution et le réchauffement climatique comme facteurs aggravants. Ce qui entraîne une raréfaction du Tilapia, espèce très prisée des pêcheurs, maintenant importée de Chine… Le comble !

La côte kényane est particulièrement belle au sud du lac Victoria. Les montagnes s'élèvent pour former de superbes caps et de magnifiques baies. La région est surtout entourée de savane et est célèbre pour ses champs de riz, de canne à sucre et ses plantations de thé. Ici, loin des grandes infrastructures touristiques de la côte océanique et des parcs animaliers, souvent déconnectées de la réalité des hommes du pays, on sera au cœur de l'Afrique, de sa vie ; on verra ses difficultés, mais aussi sa civilisation et ses hommes. Et la nature reste bien là, belle et impressionnante, comme partout au Kenya.

KISUMU

246

Devenue un carrefour d'échanges au sein de la East African Community (EAC), qui comprend le Kenya, l'Ouganda, le Soudan du Sud, la Tanzanie, le Rwanda et le Burundi, Kisumu est aujourd'hui la troisième ville du pays par sa taille et l'une des plus dynamiques. La ville est une bonne base de départ pour toutes les excursions dans l'Ouest et le Nord du Kenya, ainsi qu'en Ouganda ou en Tanzanie.

249

KENDU BAY

PAGES

249
HOMA BAY

Homa Bay (la ville et la baie du même nom) est située sur la rive sud du lac Victoria (golfe de Winam) et vit essentiellement de la pêche. Le marché aux poissons, près de la jetée, atteste de sa vitalité. Comme Kendu Bay, Homa Bay peut faire l'objet d'une excursion agréable pour être en contact avec le lac.

250
MBITA

La péninsule de Mbita est un carrefour privilégié pour explorer les rives ainsi que les îles du lac Victoria, au cœur de la culture et des traditions de l'ethnie de pêcheurs Luo. Le récent ferry *waterbus* tend à rendre la ville plus dynamique et plus facile d'accès.

251
ÎLE DE MFANGANO

252
ÎLE DE RUSINGA ★

253
RUMA NATIONAL PARK

Le Parc national de Ruma, situé à 140 km au sud de Kisumu, près de Homa Bay et Mbita, est une petite réserve de 120 km², dont les paysages vallonnés sont composés d'une savane arborée parsemée de broussailles. Elle est le dernier sanctuaire au Kenya pour l'antilope rouanne, en voie de disparition.

253
KAKAMEGA NATIONAL RESERVE

Kakamega est la seule forêt équatoriale du Kenya. Il s'agit d'un site unique, réputé dans le monde entier pour sa richesse ornithologique (367 espèces d'oiseaux ont été enregistrées, 36 d'entre elles ne se trouvent nulle part ailleurs au Kenya). De nombreux singes peuplent également cette étonnante forêt. Et l'été venu, ce sont des milliers de papillons multicolores qui envahissent les sous-bois.

OUEST

256
● ● RÉGION DU MONT ELGON

Le mont Elgon est le deuxième point culminant du Kenya. Sa région est la plus « équatoriale » du Kenya. La luxuriance de sa végétation, la richesse de sa faune, la beauté de sa montagne, de ses chutes d'eau, des lacs, des sommets, en font, alors que la situation aujourd'hui est sécurisée, un environnement remarquable, fascinant, et propice à la marche. Sa beauté n'est pas à sous-estimer, même si elle est moins connue que celle des monts Kenya ou Kilimandjaro.

Pêcheur au large de l'île de Rusinga.

PAGES

256 **MOUNT ELGON NATIONAL PARK** ★

L'imposant mont Elgon est un ancien volcan placé sur la frontière avec l'Ouganda. Plus difficile d'accès que le mont Kenya, le mont Elgon est beaucoup moins fréquenté. Il est pourtant tout aussi somptueux et son sommet est bien plus facile à atteindre (aller-retour en moins d'une journée).

257 **SAIWA SWAMP NATIONAL PARK** ★

Saiwa Swamp est le plus petit parc du Kenya. Il ne mesure que 3 km². La réserve a été créée en 1974 pour protéger la rarissime sitatunga, la plus aquatique des antilopes, qui a la particularité de se nourrir dans les zones marécageuses. On y observe une foule d'oiseaux et pas un touriste. On en fait le tour en quelques heures grâce à un réseau de sentiers et de passerelles. Unique.

258 **KITALE**

259 **ELDORET**

La ville d'Eldoret est cernée de terres agricoles. Horticulture, céréales et production de lait font l'essentiel de l'économie locale. Eldoret est aussi le siège de l'une des plus importantes universités du pays. Et en raison de son altitude (2 095 m), la ville attire par ailleurs de nombreux coureurs, certains originaires de la région sont devenus des athlètes professionnels.

260 **ITEN**

Eliud Kipchoge, Jemima Jelagat, David Rudisha… Iten est le pays des champions. La ville, située dans le district d'Elgeyo-Marakwet, produit parmi les meilleurs coureurs de fond du monde. Dans la communauté des marathoniens, Iten bénéficie d'un statut presque légendaire, à tel point que les athlètes du monde entier s'y rendent pour s'entraîner en altitude.

261 ## ●● LE CŒUR AGRICOLE

Située à l'est du lac Victoria et au sud de Kisumu, cette région de hauts plateaux équatoriaux contraste avec la bande côtière plus sèche. Elle bénéficie de précipitations d'une étonnante régularité (il pleut presque tous les jours en milieu d'après-midi pendant une ou deux heures durant la saison humide) qui, ajoutées à la richesse du sol, font de cette région le cœur agricole du Kenya. Autour de Kericho, les plantations de thé s'étendent à l'infini. Plus au sud, bananeraies, vergers et champs de canne à sucre recouvrent les collines. L'absence de centres d'intérêt dans la région explique le nombre dérisoire de touristes. Elle mérite pourtant une brève visite, pour la beauté de ses paysages. On peut, par exemple, traverser cette zone pour se rendre au Maasaï Mara.

261 **KERICHO**

Kericho, capitale du thé, située à 40 km au sud de l'Equateur, est une ville littéralement cernée par les plantations. Kericho mérite au moins une étape sur la route vers l'ouest, le temps de s'imprégner de ces paysages verdoyants et de visiter l'une de ces plantations de thé qui s'étendent à perte de vue, sur plus de 8 000 hectares.

262 **KISII**

262 **TABAKA**

KISUMU

Appelée autrefois Port Florence, Kisumu est aujourd'hui la troisième ville du pays par sa taille. Au début du siècle, la ville était un port très actif, grâce notamment à l'arrivée du chemin de fer. Elle est restée un carrefour commercial animé jusqu'à la dissolution, en 1977, de l'East African Community (EAC). Refondée en 1999, la communauté d'Afrique de l'Est est de nouveau entrée en vigueur avec la ratification du Kenya, de l'Ouganda et de la Tanzanie en 2000, rejoints en 2007 par le Burundi et le Rwanda, puis par le Soudan du Sud en 2016. Kisumu a retrouvé son dynamisme grâce au renouveau de la coopération entre ces six pays et l'expansion de la ville ne cesse de s'affirmer. Ce qui frappe lorsqu'on arrive à Kisumu, c'est l'importance de la communauté indo-pakistanaise. Un grand nombre d'ouvriers indiens s'installèrent ici quand le chantier du train Mombasa-lac Victoria fut terminé. Ils furent rejoints bien plus tard par des milliers de réfugiés d'origine indienne expulsés d'Ouganda par Amin Dada. Aujourd'hui, ce sont les Chinois qui investissent la ville. Le projet de voie ferrée, financé par la Chine, et qui doit relier Mombasa à Kampala, devrait renforcer cet élan économique. Bien qu'il n'y ait pas grand-chose à voir ou à faire, Kisumu mérite une petite visite. Il est agréable de se balader dans le centre-ville autour d'Oginga Odinga Road, où se concentrent la plupart des commerces et des hôtels, sans oublier le marché.

Transports

Avion. Plusieurs vols quotidiens depuis et vers Nairobi ainsi que Mombasa. Le plus sûr moyen de transport. Compter à partir de 40 € l'aller simple pour Nairobi, avec Fly 540.

Train. La construction d'une nouvelle voie ferrée qui devrait relier l'Ouganda (dans la continuité du tout nouveau tronçon entre Mombasa et Nairobi) est programmée pour les années à venir.

Route. La route reste le moyen le plus long, mais le plus économique, de se rendre dans l'ouest. La station de bus, et matatus se trouve au nord du marché sur la Kenyatta Highway, plus ou moins à l'angle de la Nairobi Road. Nombreux départs pour Nairobi (5 ou 6 heures de trajet) ; Nakuru (2 heures 30) ; Eldoret (2 heures) ; Kakamega (45 min) ; Kericho (1 heure 30) ; et Homa Bay (1 heure 30). Attention, les matatus directs pour Kitale ne sont pas si courants, il faudra peut-être prendre une correspondance à Kakamega ou Eldoret.

KISUMU IMPALA SANCTUARY ★

Kisumu Impala Park ✆ +254 777 305 916

Comptez 22 US$ par adulte et 13 US$ pour les moins de 18 ans et les étudiants. Ouvert tous les jours de 8h à 18h.

Il s'agit d'un tout petit sanctuaire animalier, sur les rives du lac Victoria, créé pour protéger les impalas qui vivent dans cette zone. Situé en bordure du lac Victoria, le sanctuaire accueille également des buffles, des girafes, de nombreux oiseaux et reptiles, quelques hippopotames et deux ou trois espèces de singes. La présence de la très rare antilope sitatunga a été signalée ainsi que celle de léopards et de hyènes. Un endroit paisible et reposant pour profiter de la beauté naturelle du lac. Cinq aires de camping sont à disposition des visiteurs.

KISUMU MUSEUM

Nairobi Road

✆ +254 572 020 332

www.museums.or.ke/kisumu/

Ouvert tous les jours de 8h30 à 18h. Entrée : 500 Ksh et 250 Ksh pour les moins de 16 ans.

Ce petit musée, inauguré en 1980, assez riche et bien organisé, expose d'intéressantes collections d'objets traditionnels : outils agricoles, instruments de musique, meubles, animaux empaillés, dont un étonnant gnou attaqué par une lionne ! Il organise également des visites éducatives pour les écoliers de la région. Les activités de recherche occupent aussi une place importante, en limnologie notamment. Un certain nombre de sites et de monuments d'importance historique sont rattachés au musée de Kisumu (Fort Tenan, Songhor, Thimlich Ohinga et les îles Rusinga).

PARC NATIONAL DE NDERE ISLAND ★

Ndere Island National Park

✆ +254 774 747 946

www.kws.go.ke

Comptez 22 US$ pour les adultes et 13 US$ pour les enfants de moins de 18 ans.

Très jolie petite île (4,2 km²) située au large de Kisumu, inhabitée et classée parc national depuis 1986. Un havre de paix pour les oiseaux. La présence d'une riche faune lui a valu le statut de parc national. Très nombreux impalas, zèbres, hippopotames et une espèce protégée de crocodiles. Le mieux pour s'y rendre est de louer les services d'un bateau à moteur (45 min de traversée), renseignez-vous auprès de votre hôtel ou en contactant Ibrahim (Ibrahim Tours).

IBRAHIM TOURS KISUMU

✆ +254 723 083 045

http://ibrahimtours.weebly.com

Le contacter par téléphone ou mail en amont.

Ibrahim Odingo Nandi organise des visites de deux heures dans la ville, des randonnées dans la nature autour du lac, des balades en bateau au coucher du soleil, des excursions sur le lac Victoria pour une partie de pêche, sur l'île de Ndere pour une balade ornithologique, dans le Parc national de Ruma, ou dans la forêt de Kakamega. Guide professionnel (anglophone), toujours soucieux d'offrir le meilleur service possible à ses clients, Ibrahim s'assurera de faire de votre visite une expérience à la hauteur de vos souhaits. N'hésitez pas à le contacter.

CROWN BUS SERVICE LIMITED

Bank Street

✆ +254 722 719 944

crownbus.co.ke

A titre indicatif, compter 1 750 Ksh.pour ou depuis Nairobi

CROWN comme « Comfort - Reliability - Outstanding Performance - Welcoming - Nostalgic experience », autrement dit : confort, fiabilité, accueil, expérience d'exception... Rien que ça ! Cette compagnie, qui existe depuis 2006, se veut être l'une des meilleures du Kenya. Départs tous les jours entre Nairobi et Kisumu, Eldoret. D'autres villes secondaires sont aussi desservies. Les heures de départ, selon la destination, sont renseignées sur le site Internet de la compagnie.

EASY COACH LTD

En face de l'hôtel Jumuia.

✆ +254 738 200 317

https://easycoachkenya.com

Plusieurs départs par jour (en matinée et en soirée) pour Nairobi. Compter 1 750 Ksh le trajet.

L'une des meilleures compagnies de bus, qui dessert les villes de l'Ouest (Kakamega, Kitale, Kisumu, Kericho, Eldoret, Homa Bay,...) et Kampala en Ouganda. Sur les longs trajets, deux chauffeurs se relaient. Pas de conduite au-delà de 80 km/h. Sécurité et confort sont assurés. Pour Kisumu, la compagnie assure depuis Nairobi trois départs par jour (9h, 11h et 13h) et deux départs en soirée (21h et 21h30). Compter environ 7h30 de route. Les horaires de départ peuvent être soumis à modification, mieux vaut se renseigner au préalable.

CHE'S BAY RESORT €

Bukoma, Kenya

✆ +254 722 470 946

https://chesbayresort.com/

Situé à 90km à l'Ouest de Kisumu. Chambre simple à partir de 6 000 Ksh, petit déjeuner compris.

Le lieu exotique qui accueille chaque année le carnaval international de la plage d'Isambo est sans aucun doute l'un des endroits les plus agréables des rives du lac Victoria. Nichée entre les collines pittoresques de Singwe et de Mwita Fubu dans le comté de Busia, la baie de Che est un havre abrité offrant une vue imprenable sur le lac et les magnifiques îles qui le parsèment. Au Che's Bay Resort, vous avez la garantie d'un logement de qualité, agrémenté d'un important nombre d'activités, notamment nautiques, incluant la pêche sportive, la natation, le kayak...

MOUNTAINVIEW BACKPACKERS KISUMU €

Konya Road

✆ +254 791 827 624

www.mountainviewbackpackerskisumu.com

Chambre individuelle (1 000 Ksh) ou double (1 500 Ksh) avec salle de bains. Petit déjeuner inclus.

A l'écart du centre-ville, une maison autour d'un jardin avec la possibilité de camper ou de réserver un lit en dortoir, ou une chambre individuelle, double ou pouvant accueillir jusqu'à 6 personnes, avec salle de bains privée. Basique, mais propre et accueillante. Draps et serviettes de toilette fournis. Wifi disponible. Réception ouverte 24h/24. Possibilité de se restaurer sur place. Un barbecue dans le jardin est à disposition de la clientèle.

ROYAL CITY HOTEL GARDENS €

Aga Khan Road

✆ +254 702 996 183

http://royalcityhotel.co.ke

A partir de 7 000 Ksh pour une chambre double standard, 8 000 Ksh pour une Deluxe, avec le petit déjeuner.

Petit hôtel situé dans un quartier résidentiel calme et agréable, tout en restant central, qui perd malheureusement de son cachet au fil des ans. Toutes les chambres ne se valent pas, certaines sont même sombres, ne disposant que d'une ouverture sur le patio intérieur. Demandez à choisir la vôtre. Air conditionné, moustiquaire et wifi dans toutes les chambres. Petite piscine dans un jardin intérieur. Parking sécurisé. Réception ouverte 24h/24. Le groupe a aussi une autre adresse en ville, le Royal City Center, un peu moins cher.

WHIRLSPRING HOTEL €

Nzoia Rd, off Nairobi Rd, Kisumu Building
✆ +254 714 163 314
https://whirlspringhotelkisumu.co.ke
Chambre standard à partir de 3 500 Ksh avec petit-déjeuner, 5 500 en pension complète.

À Kisumu, le Whirlspring Hotel offre le confort à un prix correct, et ce en plein cœur de la ville. C'est bien là un cadre idéal pour une escale, que l'on arrive du Nord, ou bien de Nairobi. Avec un service de réservation en ligne depuis leur site internet, une réception ouverte 24/24, un restaurant de qualité, un bar, un parking, un service de navette, ainsi qu'un accès à la wifi, vous n'aurez plus qu'à vous laisser porter et vous reposer de la route. L'établissement propose également des formules pour les conférences et réunions.

IMPERIAL HOTEL EXPRESS €€

Oginga Odinga Street ✆ +254 713 555 365
www.imperialexpress.com
Chambre simple à partir de 7 500 Ksh et double à partir de 8 500 Ksh, avec le petit déjeuner.

Ouvert en 2016, cet hôtel de 55 chambres, sur trois étages, au cœur du centre-ville, est sans aucun doute le meilleur rapport qualité-prix dans sa catégorie. Conçu selon les standards occidentaux, moderne, élégant, lumineux, très bien équipé, fonctionnel, confortable et bien isolé du bruit de la rue. On y verrait presque un petit quelque chose de scandinave. Excellente literie, air conditionné, télévision, moustiquaire et wifi haut débit dans toutes les chambres. Chambres exclusivement non-fumeurs. Service de restauration uniquement pour le petit déjeuner.

PIKIDI GARDENS ECOLODGE €€

Port Southby ✆ +254 724 142 247
https://pikidigardens.com
Pension complète pour 1 personne, 9 900 Ksh, 14 800 Ksh pour 2, en chambre standard.

Le Pikidi Gardens Ecolodge fait partie de ces adresses récemment nées sur les rives du lac Victoria. Situé à environ 70 km à l'Ouest de Kisumu, c'est l'adresse idéale pour profiter du lac, sans se rendre sur la rive Sud de la baie (Homa Bay, Mbita, Rusinga) et donc sans passer trop de temps sur la route. L'établissement propose des chambres standards, des chambres deluxe, des cottages, et une alternative plus économique en camping. Ce joyau est idéal pour les amoureux de la nature qui ont juste besoin d'un endroit calme et serein pour se retirer.

SAVANNA COUNTRY HOTEL €€

Nyerere Road
✆ +254 714 995 510
www.lesavannacountrylodge.com
Compter entre 5 000 et 8 000 Ksh selon la catégorie (petit déjeuner inclus).

Dans une ambiance *country club*, cet hôtel confortable de 74 chambres, situé dans un quartier calme, peut satisfaire les voyageurs qui auraient besoin de travailler à distance. Air conditionné, wifi (connexion rapide et fiable), télévision et moustiquaire dans toutes les chambres, et même une chaîne Hi-Fi dans les suites aménagées comme de vrais petits appartements. Clientèle composée essentiellement d'hommes d'affaires. Le jardin est agrémenté d'une grande piscine, dans laquelle on peut se baigner à toute heure du jour et... de la nuit. Parking sécurisé.

THE CLARICE HOUSE €€

134 Off Awuor Otiende Road
✆ +254 708 183 523
www.theclaricehouse.com
Compter 6 500 Ksh pour une simple et à partir de 7 500 pour une double, avec le petit déjeuner à l'anglaise.

Ceux qui souhaitent sortir des hôtels impersonnels seront ravis de découvrir The Clarice House, une maison d'hôtes accueillante et bien tenue, avec un agréable jardin, un bar-restaurant en terrasse et un salon. Atmosphère familiale et conviviale. Les six chambres disposent d'une salle de bains privative et sont équipées d'un climatiseur et d'une télévision. L'établissement propose des transferts aéroport et un service de location de voitures. Possibilité de demi-pension et pension complète. Wifi fonctionnelle. Réception ouverte 24h/24.

THE VIC HOTEL €€

Nairobi Road
✆ +254 208 066 847
www.thevichotelkisumu.com
A partir de 80 US$ en chambre standard pour 1 personne et 100 US$ pour 2, avec le petit déjeuner. Réservations en ligne.

L'hôtel est l'un des plus cossus de Kisumu avec ses 48 chambres, confortables et spacieuses, élégamment aménagées avec des meubles en bois et bien équipées (air conditionné, moustiquaire, mini bar, coffre-fort, wifi et télévision). Service de petit déjeuner en chambre. Le cadre général est agréable. Salle de restauration lumineuse, et bonne cuisine internationale. L'hôtel dispose également d'un bar, convoité en soirée, ainsi que de deux restaurants avec terrasse extérieure, dont le Garam Masala (cuisine indienne). Piscine. Parking sécurisé.

OUEST

ACACIA PREMIER HOTEL €€€

Achieng'Oneko Road
✆ +254 709 850 000
www.acaciapremier.com
Chambre double standard à partir de 175 US$, avec un petit déjeuner de roi (buffet). Promotions sur le site de l'hôtel.

L'un des hôtels les plus récents et les plus luxueux de Kisumu, digne d'un grand hôtel international. Les chambres avec vue sur le lac, pour le même prix, sont évidemment conseillées. Confort exemplaire, design contemporain, repas de qualité, équipe professionnelle et service à la hauteur. La piscine en terrasse offre une vue panoramique sur la ville, cela peut mériter d'aller y boire au moins un verre. L'Aqua Pool Bar & Grill est idéal pour les adeptes du *sundowner*. Café Acacia pour les gourmands et les gourmets. Salle de gym et spa. Parking sécurisé.

KIBUYE MARKET

Jomo Kenyatta Highway
Au niveau de Nairobi Road. Le dimanche seulement.

C'est LE marché aux vêtements d'occasion et le lieu idéal pour renouveler sa garde-robe à moindre coût. Mais on y trouve de tout : café, thé, légumes et fruits à profusion. Même si vous ne voulez rien acheter, ça vaut la peine d'aller y faire un tour. Ce marché est l'un des plus anciens, des plus étendus et des plus animés du Kenya. Le comté de Kisumu a le projet de réhabiliter et moderniser ce célèbre marché de Kibuye, dont l'insalubrité est décriée, avec l'ambition d'en faire le plus grand et le plus beau d'Afrique de l'Est. Affaire à suivre...

HOMA BAY

Homa Bay, située dans une jolie baie, est une petite ville animée, vivant essentiellement de la pêche. Le marché aux poissons, près de la jetée, atteste de sa vitalité. Ne manquez pas d'aller y faire un tour et de vous imprégner de l'ambiance. La ville et la baie éponyme se trouvent sur la rive sud du Golfe de Winam, près du mont Homa (« Got Marahuma » ou « God Uma » en langue luo, qui signifie « montagne célèbre ») et du Parc national de Ruma, réputé pour le bubale de Jackson et l'antilope rouanne. Homa Bay peut faire l'objet d'une excursion agréable pour un contact avec le lac et se laisser porter par les atmosphères si particulières de la région.

Transports

Depuis Kisumu, compter environ 2 heures en voiture pour rejoindre Homa Bay, en passant par Kendu Bay. La route qui longe le lac offre de jolis paysages. En *matatu* (bus collectif), prévoir au moins une heure de plus. Il fut un temps où un ferry faisait la liaison entre Kisumu et Homa Bay. La route est le seul moyen de s'y rendre, à moins de prendre le ferry pour Mbita, à 45 km à l'ouest d'Homa Bay. Le *MV Mbita I* fait la liaison entre Mbita et l'île de Mfangano ; le *MV Mbita II* avec Luanda K'Otieno (sur la route de Kisumu). Ces deux ferries trop vieux pour offrir un service fiable et régulier sont désormais complétés par un tout nouveau ferry d'une capacité de 200 personnes et 18 véhicules. Une bonne nouvelle pour les résidents de Homa Bay !

OUEST

KENDU BAY

Entourée des champs de canne à sucre, Kendu Bay est située sur les berges du lac Victoria, à 40 km au sud-ouest de Kisumu. La petite ville fut autrefois considérée comme la capitale du divertissement de la province de Nyanza, avec un port très actif, et est aujourd'hui devenue un petit coin paisible, peu animé. On y vient pour son étrange petit lac alcalin (le lac Simbi), dont les eaux auraient des vertus curatives, peuplé de flamants roses à certaines périodes de l'année, et à l'origine de nombreuses légendes locales. Cela peut faire l'objet d'une excursion depuis Kisumu. Mais nous vous conseillons plutôt de pousser jusqu'à Homa Bay, et l'île de Rusinga.

COLD SPRINGS €€

Bank road
✆ +254 702 027 838
Réservations via leur site internet. Chambre à partir de 7 500 Ksh pour 1 personne.

Idéalement placé en plein cœur de la petite et agréable cité balnéaire d'Homa Bay, le Cold Springs, bien qu'ayant l'apparence d'une grande tour un peu austère, offre un excellent standing à un prix raisonnable. Chambres standards, deluxes, suites, il y en a pour toutes les bourses. Le tout agrémenté d'une très bonne cuisine, profitez notamment du petit-déjeuner sous forme de buffet. Enfin, l'hôtel dispose d'une piscine, d'une salle de conférence, mais aussi d'une salle de restaurant offrant sûrement la plus belle vue des environs sur la baie.

MBITA

Si la ville ne présente pas d'intérêt majeur, elle reste un point de passage ainsi qu'un carrefour privilégié, que ce soit pour vous rendre vers l'île de Rusinga via le pont situé au bout de la péninsule, vers Sindo ou le Parc National de Ruma en prenant la piste (cahoteuse) longeant le littoral, ves Homa Bay en prenant le tarmac, vers les diverses îles de la région en profitant du *waterbus* : Mfangano, Takawiri, Kimaboni... mais aussi vers l'autre rive du lac, du côté de Luanda Kotieno ou Misori toujours en usant du *waterbus*. Mbita est donc une excellente porte d'entrée sur le lac Victoria, au cœur de la culture et des traditions des pêcheurs Luo.

WATER BUS

Mbita Ferry
✆ +254 722 322 618
https://www.waterbus.online

6 départs par jour de Mbita vers Luanda, 3 de Mbita vers Mfangano Island. Tarif selon la distance, entre 150 et 350 Ksh.

La récente compagnie Water Bus, en plus d'être à faible émissions de CO_2, de proposer des tarifs intéressants (150 à 350 Ksh selon la distance), d'être sécurisante, a le mérite d'œuvrer à désenclaver Mbita et les îles environnantes. En effet, tout au long de l'année, la flotte de Water Bus relie Mbita aux îles de Mfangano et Takawiri, mais aussi à l'autre rive de la baie de Kisumu, à savoir Luanda et Misori, respectivement en 30 et 50 minutes, vous permettant un aller-retour dans la journée, ou vous permettant de rejoindre Kisumu plus rapidement.

PREMIUM SHUTTLE

Minibus terminus

Principale compagnie desservant Mbita et les environs. Environ 1 000 Ksh pour Kisumu, 1 300 pour Nairobi, etc.

La compagnie Premium Shuttle est sûrement la plus fiable et la plus sûre pour vous déplacer en matatu et donc à moindre coût dans la région du lac Victoria. Avec une flotte conséquente et en bon état, les principales villes de la région sont reliées quotidiennement, et vous pourrez même vous rendre jusqu'à Nairobi. Au départ de Mbita, vous rejoindrez Kisumu pour 1 000 Ksh, Nairobi pour 1 300 Ksh. Nombreux départs pour Homa Bay, Kisii, Nakuru, etc. À Mbita, la gare routière se trouve sur votre gauche peu avant le pont quand on se dirige vers l'île de Rusinga.

BIMOSS BEACH €

Gingo market center
✆ +254 722 471 678

Contactez les par téléphone/whatsapp pour réserver.Banda à 3 800 Ksh pour 1, 4 500 Ksh pour 2, avec petit-déjeuner.

Un lieu simple, apprécié des Kényans. Situé à environ 10 km au Sud de Mbita, ce petit hôtel, les pieds dans l'eau, bien entretenu, vous assurera la déconnexion et le calme, à condition de venir en semaine, les week-ends étant plus animés. Face à l'île de Mfangano, l'établissement propose 14 chambres, grandes et confortables à un tarif très intéressant. Sur place, un petit bar-restaurant, mais aussi des activités : kayak, volleyball, *gamedrive* au Parc National de Ruma, sans oublier la possibilité de se baigner ou de se prélasser sur un transat.

Pêcheurs de Sindo.

CENTER OF INSECT PHYSIOLOGY AND ECOLOGY [ICIPE] €

Mbita ✆ +254 709 813 000
www.icipe.org

1 000 Ksh pour une chambre simple (style chambre d'étudiant) avec salle de bain commune. 500 Ksh pour le petit-déjeuner.

Plus de 300 personnes travaillent ici, bénéficiant de logements, d'une école et d'un hôpital. Ce centre dispose d'une petite résidence hôtelière avec des chambres bien équipées et salle de bain individuelle. Mais le bâtiment qui date des années 1980 est tristounet et plutôt austère. Nous vous recommandons davantage les petites chambres individuelles de l'Africa House, le bâtiment réservé aux étudiants. Basique, mais très bien tenu. Idéal pour les petits budgets.

VICTORIA PALMS BEACH RESORT €

Muhuru pier
✆ +254 721 391 262

A contacter en amont par téléphone pour tarifs et disponibilités.

À deux pas de la jetée du village de Muhuru, village typique de pêcheurs Luo, et ultime localité au Sud du lac Victoria avant d'atteindre la frontière tanzanienne. Le Victoria Palms Beach Resort est, à l'instar d'un grand nombre d'adresses sur les rives du lac, récent, attestant de l'attrait grandissant pour la région. De standing très correct, tout comme les tarifs, l'établissement s'avère idéal pour une halte de 2-3 nuits afin de découvrir la culture locale et de profiter du calme.

VICTORIA SANDS LODGE €€

Gingo ✆ +254 722 279 902
https://www.victoriasandslodge.com

Réservation via leur site internet, sinon via Booking. À partir de 8 000 Ksh pour 2 personnes.

Dans un très beau cadre, faisant face aux îles de Mfangano et Rusinga, qui plus est à proximité immédiate de la petite ville de Mbita, l'établissement propose des chambres doubles, triples, familiales, de très bon standing et à un tarif correct. En prime une piscine, un joli jardin, des activités en bateau comme la pêche, des randonnées, etc. En somme, tout ce qu'il vous faut pour vous ressourcer, sans vous ruiner. À noter que le Victoria Sands possède une annexe non moins charmante, sur la petite île de Takawiri à quelques minutes de bateau du continent.

ÎLE DE MFANGANO

Cette grande île vallonnée (la plus grande île kenyane du lac Victoria) fait partie d'un ancien complexe volcanique. Sa forme rappelle celle d'un poisson dont la tête serait tournée vers l'Est. Elle est habitée par une population accueillante qui vit de la pêche et de l'agriculture. Un séjour sur l'île est l'occasion d'un dépaysement total et d'un contact chaleureux avec les habitants. On peut y voir également d'intéressantes peintures rupestres qui couvrent les parois d'une grotte située au nord de l'île. Pour vous y rendre, il est conseillé de vous faire accompagner d'un guide. Il n'y a ni route ni véhicule de transport motorisé sur l'île.

LOBBY RESORT €€

Lidha Beach, Muhuru
✆ +254 721 381 467

Les contacter pour les tarifs et disponibilités.

Non loin de la frontière tanzanienne, près du village de Muhuru, le Lobby Resort vous offrira le confort jumelé à un sentiment de bout du monde. L'établissement ne proposant qu'un petit nombre de chambres, toutes très confortables, quasiment neuves, et surtout avec une incroyable vue sur le lac Victoria. Sur place, laissez-vous vivre, faites un tour en bateau, profitez du calme ou de l'ambiance de cette région de pêcheurs de l'ethnie Luo, et surtout profitez-en pour déguster un excellent *tilapia-ugali*. Une adresse loin des sentiers battus mais qui ne déçoit pas.

MFANGANO ISLAND LODGE €€€

Mfangano Island
✆ +254 700 450 531
https://mfanganoislandlodge.com

Compter 200 US$ par personne et par nuit (sur la base de 2 personnes), en pension complète, 250 US$ avec les excursions.

Ce lodge, installé sur l'île de Mfangano, compte neuf chalets pour deux personnes construits sur les rives du lac, dans un style traditionnel. Lumineux et aérés, avec tout le confort du luxe, ils offrent une vue spectaculaire. De votre lit, vous bénéficierez d'une vue quasiment à 360° sur le lac. Piscine, spa et restaurant gastronomique. Le chant des oiseaux, très nombreux ici, vient parfaire la sérénité absolue de ce lieu de rêve. Le groupe dispose de deux autres propriétés : Kananga Tented Camp dans le Serengeti et Julia's River Camp dans le Maasaï Mara.

ÎLE DE RUSINGA ★

Plus petite, et sans doute un peu moins agréable que Mfangano, l'île est en revanche plus facile d'accès car elle est reliée au continent par un pont. Elle présente un double intérêt. Ressourçant de par son calme. Historique, car elle est le lieu de naissance de Tom Mboya. Cet homme politique *luo*, ardent défenseur des droits de l'homme et de la démocratie, était très populaire au Kenya. Sans doute trop pour certains, qui l'ont fait assassiner en 1969. Son tombeau se trouve au nord de l'île. Le Parc national de Ruma, qui se situe à environ 45 km de Rusinga, est une raison de plus d'y séjourner, lorsque l'on vient dans la région du lac Victoria.

Transports

Un ferry fait la liaison quatre fois par jour (une heure de traversée) entre la ville de Luando K'Otieno (à 100 km à l'ouest de Kisumu) et Mbita, le village où se trouve le pont qui permet de se rendre sur l'île de Rusinga. Des liaisons sont également assurées deux fois par jour entre Mbita et l'île de Mfangano.

Par la route qui longe le lac, de nombreux *matatus* font la liaison entre Kisumu et Mbita. Jusqu'à Rusinga, la route est bonne et offre de superbes paysages. Si vous n'avez pas votre propre véhicule, depuis Nairobi, deux bus par jour de la compagnie Easy Coach font la liaison entre Nairobi et Mbita. De là, vous n'aurez aucun mal à trouver un *piki-piki* ou *boda-boda* (moto-taxi) pour vous emmener où vous voulez.

WAYANDO BEACH ECO-LODGE €

Wayando ✆ +254 723 773 571
http://wayandobeachclub.com
55 US$ ou 6 000 Ksh par personne et par nuit avec le petit déjeuner.

Cet écolodge dispose de sept cottages, tout en rondeurs, dispersés dans un joli jardin garni de fleurs et d'arbres fruitiers. Intimiste et conçu avec beaucoup de goût, et dans le respect de l'environnement, sur les rives paisibles du lac Victoria, loin de tout, ce petit lodge est une vraie bulle de bonheur. Linda Okatch, l'artiste et propriétaire des lieux, y a mis tout son cœur. L'accueil y est chaleureux, le personnel d'une gentillesse rare. On y mange de plus très bien et copieusement. Une adresse unique à prix raisonnable. Vous pouvez aussi y camper.

WHITE STONE BEACH RESORT €

Lwanda Rombo beach
✆ +254 720 243 945
Réservations via Booking, ou en les contactant en amont par téléphone.

Quasi neuf, et idéalement placé dans une zone calme mais facilement accessible de l'île de Rusinga, le White Stone vous offrira un cadre idéal pour un séjour de quelques nuits sur les rives du lac Victoria. Il propose une petite dizaine de chambres, toutes identiques, parfaitement équipées, disposant de l'eau chaude et bien entendu avec vue sur le lac. L'établissement dispose aussi d'une belle petite plage privée et d'un cadre tout à fait exquis pour son bar-restaurant au bord de l'eau. Le spot idéal pour sortir en bateau, randonner, ou se rendre au Parc de Ruma.

Pirogues de Rusinga.

RUSINGA ISLAND LODGE €€€

Rusinga Island ✆ +254 716 055 924
www.rusinga.com
Tarifs variables selon la saison. A partir de 21 500 Ksh pour une chambre double standard en pension complète.

Avec leurs hauts toits de chaume et leurs patios donnant sur les jardins luxuriants et le lac scintillant, les 11 chalets de luxe du lodge, tous avec des noms d'oiseaux locaux, combinent charme et intimité avec un niveau de confort unique dans cette région. Compris dans le tarif : les repas, VTT, canoë-kayak, pêche sur la jetée, guide et visite à pied, wifi. Une courte promenade derrière le lodge vous conduit à l'endroit où Mary Leakey a trouvé Proconsul africanus (maintenant Proconsul heseloni) en 1948, le dernier ancêtre commun des grands singes et de l'homme.

RUMA NATIONAL PARK

Ce petit parc de 120 km², situé près d'Homa Bay et Mbita, est composé d'une savane arborée et vallonnée. Il a été créé pour protéger certaines espèces d'antilopes, il est en effet le dernier sanctuaire au Kenya pour la soixantaine d'antilopes rouannes, qui ont depuis peu été placées dans un sanctuaire à l'écart des prédateurs, que vous pouvez visiter. Vous y trouverez également des rhinocéros blancs, des girafes, des buffles... Sans être un must, c'est une visite agréable pour une demi-journée lorsqu'on séjourne aux bords du lac Victoria. En raison de son éloignement, vous aurez une impression d'exclusivité. Comptez 22 US$ par adulte et 13 US$ par enfant et par jour.

RUMA RIVER LODGE €€

89V3+FFM,
✆ +254 736 343 440
https://rumariverlodge.com
Tentes à partir de 5 500 Ksh et cottages à partir de 10 000 Ksh, pour 2 personnes en bed & breakfast.

Doté d'une trentaine de chambres et tentes, le Ruma River Lodge est unique dans la région et en particulier dans les environs du Parc National de Ruma, proposant un hébergement de qualité, des équipements et des activités variées. De plus, le professionnalisme du personnel, l'ambiance calme et le service personnalisé sont de véritables points forts pour passer un agréable séjour dans la région, que ce soit pour un *game-drive*, pour des randonnées, pour un tour au bord du lac Victoria... Le tout à un coût tout à fait raisonnable, nous recommandons !

KAKAMEGA NATIONAL RESERVE

La forêt de Kakamega est la seule forêt équatoriale du Kenya. Il s'agit en fait d'un vestige de l'immense ceinture de forêt pluviale qui traversait l'Afrique d'ouest en est. Cette véritable jungle a beaucoup souffert, et souffre encore, de la déforestation et ce malgré son classement en Réserve Nationale en 1985. C'est dommage, car c'est un site unique, réputé dans le monde entier pour sa richesse ornithologique. Dans ce décor féerique ont été répertoriées plus de 350 espèces d'oiseaux, dont certaines ne peuvent être vues ailleurs au Kenya (calaos, jacos ou encore les grands touracos bleus). La forêt est également peuplée de nombreux singes ainsi que d'une multitude de petits animaux : loutres, civettes, pangolins... On a l'occasion aussi d'y rencontrer quelques grosses bêtes : guibs, sangliers et parfois léopards, sans oublier le très fameux paresseux ! Autre attraction exceptionnelle : les papillons. Pendant l'été, les sous-bois sont envahis de milliers de papillons multicolores qui voltigent de fleur en fleur. Plus de 400 espèces de papillons ont été répertoriées ici.

Transports

La ville de Kakamega est située à 50 km au nord de Kisumu, le long de la route principale A1. La forêt elle est divisée en deux parties, gérées par deux entités distinctes. Le Nord, géré par KWS (Kenya Wildlife Service) est une Réserve Nationale, avec les même règles que les parcs nationaux kenyans. Le Sud, autour de Rondo, géré par KFS (Kenya Forest Service), est une forêt autorisant quelques activités économiques.

S'il ne fallait en visiter qu'une partie, nous vous recommanderions donc le Nord. La réserve qui se trouve à l'est de la route rejoignant Kitale, est accessible soit depuis Kakamega, comptez une quinzaine de kilomètres avant de voir le panneaux indiquant l'entrée sur votre droite.

Pour la partie Sud, si vous venez du sud (tournez à droite) une fois dans la petite ville de Khayega, une piste d'une petite dizaine de kilomètres vous mènera au village de Shinyalu, d'où vous continuerez sur 5 km avant de tourner à gauche pour atteindre la Forest Rest House. Un conseil : optez pour la route du sud, à partir de Khayega, entièrement goudronnée. Si vous n'êtes pas véhiculé, des bus peuvent vous déposer le long de la route principale. De là, vous n'aurez aucun mal à trouver un *matatu* jusqu'à Shinyalu puis un boda-boda qui vous emmènera jusqu'à l'entrée de la réserve.

Colobus dans la forêt de Kakamega.

VISITE DE LA RESERVE NATIONALE DE KAKAMEGA

✆ +254 202 418 419
www.kws.go.ke
Comptez 22 US$ par adulte et 13 US$ par enfant. Vous pouvez payer via ecitizen.

En arrivant à l'entrée principale de la réserve, présentez-vous au bureau des rangers pour partir avec l'un des quatre guides officiels. Bien que ce ne soit pas obligatoire, il est fortement recommandé de prendre un guide (tarif dépendant de la durée et de la distance, comptez 2 000 Ksh pour un circuit d'environ 4h). Il pourra vous faire découvrir un très grand nombre d'animaux que vous n'auriez sans doute pas repérés seul, vous expliquer le fonctionnement de cet écosystème forestier et vous éviter peut-être de tourner en rond pendant deux heures. Possibilité également d'organiser une promenade nocturne pour observer les paresseux lors de leurs longues et laborieuses progressions. Pour apprécier pleinement cette forêt, prenez l'un des nombreux sentiers de randonnée qui ont été tracés. Ils sont, en principe, bien fléchés (ce qui n'empêche pas, parfois, de s'égarer) et permettent d'effectuer de superbes et intéressantes balades d'une heure, d'une demi-journée, voire d'une journée entière, sans difficulté majeure.

L'un des sentiers vous mène au Buyango Hill, point culminant de la forêt qui offre un très beau panorama. Les Isiukhu Falls, situées tout au nord de la réserve, donnent l'occasion d'une belle marche de plusieurs heures durant laquelle vous devriez voir de nombreux singes. Le bonheur de se promener dans une véritable jungle, au pied d'arbres centenaires sur lesquels s'accrochent de magnifiques orchidées sauvages.

La forêt de Kakamega est un « must » pour tout ornithologue et c'est également l'épicentre des amoureux des papillons. Certains de ces papillons sont des espèces uniques et propres à la forêt. On y trouve d'autres insectes intéressants comme des scarabées Goliath, des phasmes et des lucioles. Outre les singes, on peut également observer les hylochères, les écureuils volants, les mangoustes, les civettes, les servals, les genettes, de petites antilopes telles que les céphalophes, et de nombreuses espèces de chauves-souris. Les amoureux d'avifaune trouveront aussi leur compte, avec notamment le rare calao à joues grises.

La meilleure période pour visiter la forêt se situe sans doute entre décembre et mars, car il pleut un peu moins. Toutefois, les amateurs de papillons viendront plutôt aux mois de juillet et août, tandis que les amoureux des fleurs choisiront les mois d'avril à juin (très humides, mais spectacle grandiose). Dans tous les cas, prévoir de bonnes chaussures étanches, une paire de jumelles et un parka.

KAMPI YA LUCKI €

Kambiri junction
✆ +254 707 768 869
5 000 Ksh la nuit pour une personne, petit déjeuner inclus. Possibilité de camper.

C'est le logement idéal pour visiter la Réserve de Kakamega. Situé à quelques 300 mètres de l'entrée de la forêt, il s'agit d'un camping avec de nombreux emplacements, ayant récemment construit 6 excellentes chambres doubles avec tout le confort (eau chaude, wifi). Plus qu'un logement, c'est là un appel à la déconnexion, dans un cadre vaste et verdoyant, permettant repos et intimité (en musique les week-ends). Sur place, Isaac et Precious feront tout pour vous assurer un séjour agréable, de l'accueil à l'organisation de vos visites, laissez-vous porter.

UDO GUESTHOUSE €

A l'entrée nord de la réserve.
✆ +254 726 610 533
www.kws.go.ke
Comptez 40 US$ par nuit pour une banda de deux personnes (en self-catering).

Kenya Wildlife Service dispose dans les réserves et parcs nationaux de cottages et bandas qu'il gère et met à disposition des visiteurs, généralement en « self-catering », moyennant des tarifs très abordables. L'ensemble ici comprend une cuisine, une salle à manger commune et des sanitaires. Le cadre est superbe, la maison est située dans un petit paradis pour les amoureux de la nature et offre une expérience unique au cœur de la forêt de Kakamega. Apportez nourriture et draps. Bonne adresse, à condition d'être autonome et pas trop regardant sur le confort.

RONDO RETREAT €€

✆ +254 733 299 149
www.rondoretreat.com
Réservations et prix par courriel. Versement de 50 % de la somme à l'avance. Possible de prendre les repas sur place.

Un endroit idyllique pour les amoureux de la nature et pour se ressourcer. Ce domaine, niché au cœur de la forêt, dispose de 6 jolis cottages, éminemment confortables, composés de deux ou trois chambres, et dispersés dans un splendide jardin à l'anglaise de plus de 3 hectares. C'est un de ces lieux uniques que l'on ne regrette pas d'avoir visités. Rien ne dénote, tout y est à sa place. Cuisine et accueil raffinés. Très jolies parties communes. Un sentier, qui prend son départ dans le jardin, vous permet une première approche de la forêt. Déconnexion assurée.

MOUNT ELGON NATIONAL PARK ★

C'est le deuxième sommet du Kenya. Le point culminant, Wagagai (4 321 m), ne se trouve d'ailleurs pas sur le territoire kenyan, seul le pic Koitoboss (4 187 m) fait partie du parc national. Plus difficile d'accès que le mont Kenya, le mont Elgon est beaucoup moins fréquenté. Il est pourtant tout aussi somptueux et son sommet est bien plus facile à atteindre (aller-retour en moins d'une journée). Il couvre l'ensemble de la montagne qui est recouverte dans sa partie basse par une forêt dense humide où vivent la plupart des animaux du parc (buffles, léopards, sangliers géants, diverses antilopes, colobes guéréza et éléphants). Cachés au milieu d'une végétation exceptionnelle (podocarpus géants, cèdres, tecks, juniperus...), ils sont assez difficiles à observer. Plus haut, on entre dans une véritable forêt de bambous avant d'atteindre, autour de 3 500 m, une lande alpine, royaume des lobélies et séneçons géants.
Mais la grande attraction du parc ce sont ses cavernes creusées par les éléphants. Les scientifiques ne sont pas tous d'accord sur l'origine de ces grottes : pour certains, elles ont été intégralement creusées par des éléphants à la recherche de sel ; pour d'autres, les éléphants se sont contentés de les agrandir. Quoi qu'il en soit, des troupeaux entiers de pachydermes viennent ici depuis des siècles, afin de satisfaire leurs besoins en sel. A grands coups de défense, ils creusent la roche, parfois à des hauteurs étonnantes, le tout dans une obscurité totale. Il est quasiment impossible d'assister à ce spectacle fascinant, car les quelques groupes d'éléphants qui vivent dans le parc ne viennent que durant la nuit.

Pratique

- **Droits d'entrée.** Comptez 26 US$ par jour et par adulte. L'ascension du mont Elgon est à la portée des randonneurs amateurs. Compter une journée de trek aller-retour pour traverser les différents écosystèmes de la montagne (forêts de bambous, jungles, landes alpines, grottes).
- **Quand y aller.** La meilleure saison pour se rendre au mont Elgon est comprise entre les mois de décembre et mars, car il pleut un peu moins. En revanche, les mois d'avril et mai puis août et septembre sont particulièrement humides. Il est interdit de se promener à pied dans le parc en dehors des circuits prévus. Pour découvrir le parc, deux balades s'offrent donc à vous : l'ascension du mont Elgon et visite des cavernes creusées par les éléphants. Dans les deux cas, discuter avec les rangers pour obtenir des infos sur les animaux, les sites de camping et la sécurité.

Transports

De Kitale, prendre la direction d'Endebess. Deux pistes bien indiquées (l'une avant Endebess, l'autre dans la ville) mènent jusqu'à Chorlim Gate, qui est actuellement la seule porte du parc ouverte. Des *matatus* font la liaison entre Kitale et Endebess. Après, ça se complique, car les véhicules sont rares, mieux vaut donc avoir son propre véhicule. Si le mont Elgon était plus connu et moins excentré par rapport aux sites les plus touristiques, il serait une destination de choix pour les marcheurs.

GROTTES DE KITUM, MACKINGENY ET CHEPNYALI ★

Même si vous avez peu de chances d'y rencontrer des éléphants, la visite de ces grottes est passionnante. Si vous n'avez pas de véhicule, un ranger peut vous accompagner, mais attendez-vous à de longues heures de marche. La grotte de Kitum (lieu de cérémonie en maasaï) est la plus célèbre, située à 2 400 m d'altitude, sur le versant kényan du mont Elgon, non loin de la frontière avec l'Ouganda. D'une profondeur de 165 m, elle fait une cinquantaine de mètres de large à son entrée. On l'atteint par un petit sentier qui serpente au milieu d'une végétation luxuriante. Au bout de quelques minutes, on se trouve face à une falaise couverte de mousses et de fougères. Sous une petite cascade se trouve une grande ouverture en forme d'arche. Une impression de mystère s'en dégage, encore renforcée lorsqu'on pénètre à l'intérieur d'une immense salle. A l'intérieur, ni stalactite ni lit de rivière, il s'agit d'une grotte dite « sèche ». L'obscurité devient rapidement totale – prévoyez absolument une lampe torche – et l'on est frappé par une forte odeur âcre. Elle est due aux milliers de chauves-souris qui pendouillent au-dessus de vos têtes ! A la lueur des torches, on peut constater les traces de défenses sur les parois, mais il est difficile d'imaginer des dizaines de pachydermes en train de creuser dans le noir total. La grotte de Mackingeny toute proche est tout aussi spectaculaire. Celle de Chepnyali est moins impressionnante, mais mérite néanmoins une petite visite.

L'ASCENSION DU MONT ELGON

L'ascension du mont Elgon est parmi les plus belles et les plus faciles d'Afrique. La raison en est simple, une piste carrossable vous emmène jusqu'à 3 500 m d'altitude. Cette piste est boueuse, rocailleuse et, par endroits, très pentue, un 4x4 reste nécessaire. Il faut compter entre 1 et 3 heures pour rallier Chorlim Gate et la fin de la route (environ 30 km). On gare sa voiture et on se lance à l'assaut du sommet. Le sentier est facile à repérer et la montée n'est pas difficile. Au bout d'environ 2 heures 30 de marche dans un décor grandiose, on atteint le col de Koitoboss où il est possible (mais en principe pas vraiment autorisé) de planter sa tente. Le site, au pied d'une immense paroi rocheuse, est magnifique. Depuis le col, il vous faut encore une heure pour atteindre le sommet.

Le retour au parking se fait en un peu plus d'une heure. On peut donc faire l'ascension dans la journée. Si vous avez le temps et une carte détaillée, vous pouvez descendre dans le cratère jusqu'aux sources chaudes de Suam (2 h à partir du col de Koitoboss). Vous pouvez vous faire accompagner par un ranger pour une somme modeste. Il existe deux autres routes en dehors du parc pour atteindre le sommet : celle de Masara et celle de Kimili. Cette dernière, qui était la plus fréquentée, est fermée. La meilleure saison pour se rendre au mont Elgon est comprise entre les mois de décembre et mars, les mois d'avril et mai puis août et septembre sont particulièrement humides.

KAPKURO COTTAGES €

✆ +254 726 610 533

40 US$ par cottage. 4 cottages de 3 personnes disponibles.

Le meilleur plan pour loger dans le parc à un prix raisonnable et dans un confort satisfaisant. L'ensemble est situé juste après Chorlim Gate et consiste en quatre grandes chambres réparties dans deux bungalows. Chaque chambre possède sa salle de bains, un lit double et un lit simple, soit une capacité totale de douze personnes. Une cuisine équipée est à la disposition des clients, qui doivent apporter nourriture et boissons. Le parc national du Mont Elgon dispose également de quatre zones de camping (Chorlim, Nyati, Rongai et Salt Lick).

SAIWA SWAMP NATIONAL PARK ★

Mesurant 3 km², Saiwa Swamp est le plus petit parc du Kenya. Il a été créé en 1974 pour protéger la rarissime sitatunga. Cette petite antilope craintive est difficile à observer car elle a la particularité de passer de longues heures immergée dans les marais, ne laissant dépasser que le bout de son museau. Autre caractéristique étonnante, elle possède de très longs sabots qui lui permettent de ne pas s'enfoncer dans les zones marécageuses.

Une petite centaine de sitatungas (l'estimation paraît un peu optimiste) vit dans le parc en compagnie de singes (colobes, cercopithèques de Brazza...), d'une multitude d'oiseaux (grues, ibis, touracos...) et de nombreux petits animaux, dont des écureuils géants, des loutres ou encore des pottos (petits animaux nocturnes avec de grands yeux écarquillés). Une immense zone marécageuse couverte de roseaux et de papyrus alterne avec une forêt pluviale très dense où poussent de nombreuses plantes épiphytes. Tout comme Kakamega, c'est un excellent parc pour les voyageurs qui ne possèdent pas leur propre véhicule, car on ne peut s'y promener qu'à pied.

C'est l'un des parcs les plus agréables à visiter, et l'absence presque totale de touristes augmente encore ce plaisir. On en fait le tour en quelques heures grâce à un réseau de sentiers, de passerelles (chancelantes) et de tours d'observation. Quel bonheur de se promener seul, au milieu des marais, dans un calme absolu, uniquement troublé de temps à autre par une querelle de singes ! Les observatoires ont été installés pour apercevoir l'antilope sitatunga (pensez aux jumelles), mais il arrive que l'on reparte bredouille. Qu'importe, la promenade dans ce site enchanteur vaut à elle seule la visite.

Pratique

Le parc se trouve à une vingtaine de kilomètres au nord de Kitale, en direction de Lodwar. Prendre une petite piste à droite (vers l'est) pour atteindre son entrée au bout de 5 km. Si vous n'êtes pas véhiculé, des *matatus* et des bus peuvent vous déposer à la bifurcation, d'où il vous reste moins d'une heure de marche. Très belle balade à faire le matin, quand la brume se lève et dévoile une végétation dense et diversifiée, composée de forêts et de marécages. Comptez 22 US$ par adulte et par jour de droits de visite dans le parc et 13 US$ pour les moins de 18 ans.

OUEST

TREE TOP HUT €

✆ +254 726 610 533

Comptez 50 US$ pour la hutte de 2 personnes. Réservation conseillée.

Seule et unique cabane dans les arbres (pour deux personnes), située dans le plus petit parc national du Kenya, idéale pour observer les animaux. Il faut apporter son sac de couchage, boissons et nourriture. Pensez également à l'anti-moustiques. C'est très sommaire, mais l'expérience en vaut la peine, on y retrouve son âme d'enfant et quel bonheur de se réveiller avec pour seul bruit le chant des oiseaux, loin de tout et au cœur d'une nature singulière et intacte. Saiwa abrite l'antilope de Situnga, la plus aquatique des antilopes.

EASY COACH LTD

Bank Road

✆ +254 738 200 300

Compter 1 700 Ksh pour un aller depuis ou vers Nairobi. Départs quotidiens.

L'une des meilleures compagnies de bus, qui dessert les villes de l'Ouest (Kakamega, Kitale, Kisumu, Kericho, Eldoret, Homa Bay,...) et Kampala en Ouganda. Sur les longs trajets, deux chauffeurs se relaient. Pas de conduite au-delà de 80 km/h. Sécurité et confort sont assurés. Entre Nairobi et Kitale, la compagnie assure plusieurs départs par jour, généralement un en matinée, l'autre en soirée, dans les deux sens. Compter environ 7h30-8h de route. Les horaires de départ peuvent être soumis à modification, mieux vaut se renseigner au préalable.

KITALE

Kitale est une ville moderne qui ne présente guère d'intérêt pour les voyageurs de passage, mais elle est située dans une jolie région agricole, dont était d'ailleurs originaire Daniel Arap Moi (1924-2020), président de la République du Kenya de 1978 à 2002. L'excellent état des routes dans la région permet d'atteindre facilement et rapidement les Cherangani Hills, le mont Elgon, le parc de Saïwa Swamp et même les lacs Baringo, Bogoria, voire Turkana. Kitale constitue donc une étape très pratique.

Pratique

- **Argent.** Comme dans toutes les villes désormais au Kenya, vous trouverez de nombreuses banques avec des distributeurs automatiques (ATM). Attention toutefois, dernier distributeur d'argent avant de vous aventurer plus loin vers le nord. A Lodwar, Equity Bank et KCB disposent d'un ATM.
- **Bon à savoir.** Les mécaniciens sont concentrés dans National Bank Street et sur Mont Elgon Road. Il est toujours conseillé de régler les problèmes de votre voiture avant de vous aventurer vers le nord.

Transports

La gare des *matatus* se trouve sur la route du mont Elgon, pas très loin du marché couvert. Kitale est, là encore, bien desservie par les transports en commun : Nairobi (6 heures de trajet) ; Eldoret (30 minutes) ; Kabernet (1 heure) ; Nakuru (2 heures) ; et Kisumu (3 heures). Des bus se rendent directement à Lodwar (6 heures de trajet).

KARIBUNI LODGE €

Milimani

✆ +254 706 043 618

2 000 Ksh - 2 500 Ksh pour une personne, 2 500 Ksh - 4 000 Ksh pour 2 personnes, avec le petit déjeuner. Repas 750 Ksh.

A 2 km du centre, cette maison d'hôtes, installée dans un quartier résidentiel, est sûrement le seul endroit paisible de Kitale. Theresa est Anglaise et vit ici depuis longtemps, elle vous accueille chez elle. Sa maison, à l'atmosphère bohème, et dont les pièces communes sont ouvertes à tous, est un lieu de vie pour les voyageurs en quête d'échanges et de partage. Les chambres indépendantes (avec salle de bain et kitchenette) sont réparties au fond du jardin. Accueil de groupes de jeunes Européens en voyage solidaire. Il peut y avoir de l'ambiance !

WESTSIDE HOTEL €

Milimani

✆ +254 732 993 110

www.westsidehotels.co.ke

Chambre simple à partir de 4 000 Ksh et 5 000 Ksh pour deux (petit déjeuner inclus).

Petit établissement très aéré et lumineux, aux couloirs ouverts sur l'extérieur. Les 20 chambres qui composent le bâtiment d'origine sont réparties sur deux étages autour de la piscine. Un deuxième bâtiment voisin, plus récent, accueille les séminaires. TV, wifi, moustiquaire, literie confortable et salle de bains dans toutes les chambres. Le quartier est calme. On y est bien accueilli et le restaurant ouvert sur le jardin et en partie sous une verrière est agréable. Petit déjeuner copieux et varié (buffet). Parking sécurisé.

OUEST

ELDORET

Eldoret est le siège de l'une des plus importantes universités du pays qui est pour beaucoup dans le dynamisme de cette ville, à la croissance rapide. Cité moderne de peu d'intérêt, mais qui peut constituer une étape. Elle fut fondée par des colons boers d'Afrique du Sud, qui fuyaient leur pays, en 1905. La ville a été marquée par les violences en 2008, quand une quarantaine de Kikuyu furent brûlés vifs dans une église par leurs rivaux luos. Les violences contre les Kikuyu furent intenses dans la région, et beaucoup d'entre eux l'ont fuie. Eldoret est la ville d'origine du célèbre coureur kényan Kipchoge Keino et de beaucoup d'autres.

Argent

Vous trouverez des banques à peu près partout, dont Barclay's Bank, sur Nairobi Road. Toutes ont un distributeur 24h/24.

Transports

- **Avion.** L'aéroport international d'Eldoret est desservi par les compagnies aériennes low cost JamboJet et Fly 540.
- **Bus et *matatus*.** La gare principale des *matatus* se trouve près de la station Total, au fond d'une impasse qui donne sur Nairobi Road. Pour Kitale (1 heure de trajet), pour Kericho (2 heures 30), pour Nakuru (2 heures), pour Nairobi (au moins 4 heures, en raison des embouteillages). Les *matatus* pour Kisumu attendent au croisement de Nandi Road et Oginga Street, non loin de la station Esso (2 heures de trajet). Pour Kabernet, à l'angle de Nairobi Road et Oginga Street.

Marché de rue.

MOUNTAIN VIEW HOTEL €

Uganda Road ✆ +254 718 813 046

Chambre simple avec balcon (sur rue) à 1 000 Ksh, double à 1 400 Ksh.

Rénové en 2017 (enfin... juste les peintures), cet hôtel très bon marché dispose de 64 chambres très basiques, mais propres, avec salle de bain et moustiquaire. Ne comptez pas être au calme, l'hôtel se situe dans une avenue très fréquentée. Vous ne pouvez pas manquer sa façade jaune citron. Fermé le soir, bonne sécurité, et staff sympathique. Le restaurant de l'hôtel n'est pas forcément le meilleur endroit pour déjeuner. On vous recommande plutôt le Balcony, situé à 50 mètres dans la rue Along Uganda, en face du Chomba Music. Cuisine locale très bon marché.

NAIBERI RIVER CAMPSITE & RESORT €

B54 Road

✆ +254 722 686 512

Camping, lits en dortoir, cabanes en bois et cottages. À partir de 5 500 Ksh pour une personne

Il s'agit d'un site atypique, particulièrement plaisant, en bordure de rivière et très apprécié des voyageurs. Il y a un petit côté préhistoire dans le style et l'ambiance (bar-restaurant troglodyte). On peut installer sa tente sur la pelouse en bordure de rivière, réserver un lit en dortoir, une cabine pour deux ou un bungalow en dur (en pierre, bois et makuti), dans un environnement serein. Piscine et sentiers naturels. Bonne ambiance et service accueillant.

EKA HOTEL ELDORET €€

Malaba Road West Wing

✆ +254 111 150 000

https://ekaeldoret.com/

À partir de 150 US$ pour deux en chambre supérieure, sans le petit déjeuner. Réservations et promotions en ligne.

Très récent à Eldoret, l'Eka Hotel offre un maximum de confort dans un cadre résolument contemporain. L'hôtel comprend 85 chambres climatisées, parfaitement équipées (bonne literie, DSTV, Wi-Fi haut débit, coffre-fort, cafetière/théière...). Situé à l'intérieur d'un centre commercial, il bénéficie d'une proximité avec de nombreux magasins, restaurants, salle de cinéma, discothèque, activités pour enfants. Excellent service et personnel attentif. Piscine chauffée au dernier étage, salle de sport dernier cri, restaurant et bar ouverts 24h/24.

ELDORET WAGON HOTEL €€

Au croisement de Oloo Street et de Elgeyo Road
✆ +254 727 504 364
Compter entre 4 500 Ksh et 5 500 Ksh pour une chambre double, avec le petit déjeuner. Réservation via Booking.

Immense complexe de plus d'une centaine de chambres, il servait à ses débuts à héberger le personnel des réseaux ferrés du Kenya (d'où son nom). Architecture originale, et cuisine de qualité. Les chambres standards sont rudimentaires mais de qualité, équipées de salles de bains et d'un coin bureau. Les chambres « Executive » ont été rénovées et sont donc largement plus agréables que les autres. Réception ouverte 24h/24. Service d'étage et wifi disponible partout. Supermarché Naivas à proximité. Navette aéroport moyennant des frais supplémentaires.

BOMA INN ELDORET €€€

Ramogi Dr
✆ +254 719 025 500
www.theboma.co.ke
A partir de 100 US$ pour deux (petit déjeuner, accès piscine, salle de gym, hammam, sauna inclus). Promotions en ligne.

En 2008, la Croix-Rouge du Kenya a ouvert le Red Court Hotel/Boma Inn, un établissement trois étoiles à Nairobi, offrant des installations d'hébergement et de conférence, dont les bénéfices servent à financer le travail humanitaire de KRC. L'hôtel a été un succès, devenant populaire auprès des professionnels impliqués dans le secteur de l'aide humanitaire, et auprès des voyageurs d'affaires et de loisirs. Le Boma Inn Eldoret a ouvert ses portes en juin 2013. Les 68 chambres confortables et modernes, ainsi que le service offert, sont dignes d'un 4 étoiles.

SIRIKWA HOTEL €€€

Elgeyo Road, Off Oloo Street
✆ +254 728 680 000
www.sirikwahotel.com
Chambre standard à 8 000 Ksh pour un, 9 800 Ksh pour deux (petit déjeuner inclus). Réservation via site de l'hôtel.

Hôtel de standing 3 étoiles, situé au calme, à 500 mètres du centre commercial Zion. Les 105 chambres se valent toutes, plus ou moins spacieuses, avec un plus ou moins grand lit. Propres, bien équipées et confortables, mais sans plus. L'hôtel dispose aussi d'une salle de sport et d'une grande piscine extérieure permettant de faire de belles longueurs. Le jardin est sans grand intérêt, mais agréable à l'heure du déjeuner. Bonne cuisine. Parking privé sécurisé. Réception ouverte 24h/24. L'aéroport d'Eldoret est à 13 kilomètres.

ITEN

N'importe quel grand champion kényan ou grande championne de course à pied est passé au moins une fois par un camp d'entraînement d'Iten, devenu le haut lieu de la préparation en altitude (2 400 m). Certains coureurs français y font même leur préparation, d'autres viennent par curiosité. C'est l'école des champions, l'école du travail, l'école de la vie. Ne vous étonnez pas de voir de nombreux Kényans courir sur le bord de la route, parfois pieds nus, car c'est dans leur tradition de courir et toujours courir. New York, Paris, Londres, Berlin, Amsterdam ou encore Chicago : tous ces marathons ont vu depuis des années défiler des dizaines de Kényans sur les podiums. Iten est aussi un haut lieu de parapente, où viennent, chaque année, d'Europe et d'ailleurs, des passionnés de ce sport extrême. Pour les autres, c'est une étape très agréable, où l'on peut faire de nombreuses randonnées à pied ou en VTT, sur l'une des plus jolies routes du Kenya, qui traverse la Vallée de Kerio.

Sports / Loisirs

De décembre à mars, c'est la saison du parapente. Mieux vaut réserver à l'avance votre hébergement. Le Kerio View Hotel dispose d'un très bon restaurant où l'on vient déjeuner pour profiter du panorama. De nombreuses excursions sont possibles, à pied, à VTT, ou à moto... et évidemment c'est aussi un lieu de prédilection pour les habitués de la course à pied qui veulent s'entraîner en altitude ! Le bol d'air pur est assuré.

KERIO VIEW HOTEL €€

Kerio View Road
✆ +254 722 781 916
www.kerioview.com
A partir de 52 € pour 2 personnes, petit déjeuner inclus. Formules demi-pension et pension complète (99 €).

Situé à 2 300 mètres d'altitude, l'hôtel domine la vallée de Kerio, autant dire que la vue est ici splendide, avec le mont Kenya à l'horizon par temps clair. Les chambres sont bien aménagées, toutes sont équipées d'une moustiquaire (même si ici, en raison de l'altitude, on n'a rien à craindre de la malaria) et toutes bénéficient de cette vue fantastique. L'hôtel dispose d'un très bon restaurant où l'on vient aussi déjeuner juste le temps d'une étape, pour profiter du panorama. Une belle adresse pour s'évader au grand air. Multitude d'activités possibles.

KERICHO

Le nom de la ville vient d'un chef maasaï, Ole Kericho, qui fut tué au cours d'une bataille contre les Gusii au XVIIIe siècle. Kericho est cernée par les plantations de thé, héritées de l'ancienne colonie britannique. Le thé représente pour le Kenya une source de revenus considérable. La plus grande partie de la production est exportée vers le Royaume-Uni. Les collines couvertes de plantations sont d'un vert vif et se parent de reflets magnifiques après les pluies. Les plantations s'élèvent à 2 200 m d'altitude. Elles jouissent de conditions climatiques favorables qui permettent une cueillette tous les 15 jours, tout au long de l'année.

PLANTATIONS DE THÉ ★

Les passionnés pourront également visiter l'Institut de recherche sur le thé, basé à Kericho (www.kalro.org).

Kericho est LA capitale kenyane du thé. Une étendue impressionnante de théiers tapisse les terres de cette région vallonnée. Avec des températures supérieures à 20 °C en journée, des nuits fraîches et une pluviométrie importante, les conditions climatiques favorisent une cueillette tous les 15 jours et ce tout au long de l'année. Le visiteur peut ainsi avoir la chance d'assister au spectacle fascinant de ces ouvrières qui évoluent au sein des plantations, avec leur chapeau de paille et leur panier en osier sur le dos. Une fois récoltées, les feuilles sont séchées au soleil pendant de longues heures. Thé vert, thé noir, thé blanc… Chaque type de thé suit des étapes de transformation différentes. Il est possible de visiter l'une de ces plantations de thé. Un guide vous expliquera en détail la façon dont on le cultive et récolte. Tous les secrets de fabrication (ou presque) vous seront dévoilés. L'expérience et les paysages valent le détour. Lipton et Finlay, principal fournisseur de thé kenyan, détiennent la majorité de ces plantations. Pas moins de 11 000 ouvriers et 5 000 saisonniers travaillent sur les plantations de Kericho pour Lipton. Pour un thé « responsable et durable », la marque se targue d'utiliser un minimum de pesticides, de recourir à des énergies renouvelables et de protéger les forêts riveraines (plus de 1,3 million d'arbres plantés depuis 2000). En protégeant la biodiversité et les ressources naturelles, Lipton est devenu le premier domaine au monde à recevoir la certification « Rainforest Alliance » en 2007.

SAHARA GARDENS €

✆ +254 702 510 044
www.saharagardens.co.ke

Chambres standard à partir de 4 000 Ksh pour deux (avec le petit déjeuner). Réservation via le site de l'hôtel.

Ce petit ensemble de maisonnettes blanches aux tuiles noires offre 11 chambres au confort simple mais correct, propres et joliment aménagées, à un prix très raisonnable, et au calme. Télévision, articles de toilette, bouilloire, wifi dans toutes les chambres. Des tables dans un jardin bien entretenu permettent d'y prendre le petit déjeuner ou le déjeuner. Un bar, avec salon-cheminée, a été installé dans une autre maison au fond du jardin. Réception ouverte 24h/24. Service de location de voitures. Une adresse pratique, accueillante et charmante.

THE SUNSHINE HOTEL €

A côté du Moi Garden.
✆ +254 705 475 090
www.sunshinehotel.co.ke

Chambre standard à partir de 7 500 Ksh pour une personne et 9 000 Ksh pour deux (petit déjeuner inclus).

Relativement récent, cet hôtel ressemble à tous ceux qui se sont développés dans le pays là où le business fleurit. Moderne, neuf, bien équipé, disposant de nombreuses salles de conférences, ne vous attendez pas à de l'exotisme. Douche ou baignoire, un lit en 140 ou en 180, c'est ce qui fait la différence de prix entre les chambres standard ou Deluxe. Restaurant et service de chambre. Jardin (sans intérêt particulier si ce n'est qu'on peut déjeuner en extérieur). Wifi dans les chambres. Parking sécurisé. L'hôtel dispose de deux annexes dans la ville.

KERICHO TEA HOTEL €€

Nairobi Road
✆ +254 714 510 824

Contacter l'hôtel directement pour connaître les tarifs. Renseignements également sur les visites de plantations de thé.

Cette très belle demeure a été construite dans les années 1950. L'hôtel est situé au milieu des plantations, dans un cadre particulièrement agréable. Mais il faudra aimer le charme désuet et faire preuve d'indulgence pour expérimenter les chambres, car l'établissement mériterait un sérieux rafraîchissement. Ambiance très british (*tea time* tous les jours en fin d'après-midi) et personnel fort sympathique. Le jardin reste magnifique au fil du temps et à l'heure du déjeuner ou du thé, la pause est exquise. Une adresse mythique.

Plantations de thé.

KISII

Petite ville compacte, avec son marché animé, Kisii vit presque exclusivement de l'agriculture et s'est spécialisée dans l'horticulture et la canne à sucre. Elle ne représente guère d'intérêt pour le voyageur de passage, si ce n'est qu'elle est réputée pour sa pierre à savon (*soap stone*). Cette jolie pierre de couleur pastel sert à fabriquer toutes sortes d'objets vendus dans toutes les boutiques de souvenirs du pays. Kisii est la capitale des Gusii, ce peuple de langue bantoue qui se trouve au milieu d'une région où ne vit aucun Bantou... Les Gusii sont cernés au sud par les Maasaï, à l'est par les Kipsigi et à l'ouest et au nord par les Luo.

SAKAWA TOWERS COUNTY HOTEL €

Sakawa Road

✆ +254 798 450 077

Comptez 2 300 Ksh la chambre double pour une personne, 2 500 Ksh pour deux, petit déjeuner inclus.

Petit hôtel d'une quinzaine de chambres, sans grand charme, mais correctement équipé. Son intérêt principal, c'est que certaines chambres ont un balcon avec une jolie vue. L'hôtel dispose d'un restaurant (cuisine kenyane) et d'un bar. Réception ouverte 24h/24. Service de restauration en chambre. Accès Wi-Fi et parking sécurisé. A proximité immédiate de Manga Hill, des pierres de savon Tabaka, des mines d'or Migori et du patrimoine culturel de Nyanturago Gusii.

MOCHA HOTEL LIMITED €€

Mocha Place Building

✆ +254 713 204 204

https://mochahotel.co.ke/

Contacter directement l'établissement pour connaitre les tarfis. Mais chambre standard à partir de 55 US$.

Incontestablement le meilleur rapport qualité/prix dans le coin. L'hôtel n'a rien de charmant, mais tout du confortable. Il dispose de 81 chambres climatisées sur 11 étages, et il y en a pour tous les prix. Plus ou moins spacieuses, elles sont toutes équipées à l'identique, les Deluxe bénéficient en plus d'un coin bureau et les suites d'un bain à remous. Wifi haut débit dans toutes les chambres et service d'étage. Rien de transcendant côté bar et restauration, mais un bon accueil. Adéquat pour une courte escale ou même un week-end dans la région.

TABAKA

C'est dans ce petit village, situé à 10 km au sud-ouest de Kisii, que l'on extrait et que l'on sculpte la pierre à savon. Cette industrie est devenue une importante source de revenus pour la région. Il est possible de visiter l'un des nombreux ateliers de la ville pour admirer le travail des ouvriers. La stéatite (nom savant de cette pierre tendre) est mouillée puis sculptée, polie et enfin vernie. Si l'on souhaite en acheter, c'est ici qu'il faut le faire, car les prix sont dérisoires en comparaison de ceux pratiqués dans les boutiques de souvenirs de Nairobi ou de Mombasa. Avec un peu de chance, on peut tomber sur un objet original.

Les plaines au sud de Nairobi ne forment pas en soi les paysages les plus pittoresques du Kenya. Mais ces plaines sont le royaume des parcs nationaux et des safaris ! C'est un véritable festival qui se déroule en permanence dans cette région et qui draine chaque année des milliers de visiteurs. La réserve nationale du Maasaï Mara, en plein pays Maasaï, incontournable pour sa densité extraordinaire en faune sauvage et la grande migration annuelle qui attirent les photographes du monde entier ; le parc national d'Amboseli, avec en toile de fond le toit de l'Afrique, le Kilimandjaro (5 895 m), dont le sommet se trouve en Tanzanie mais qui constitue le décor de cette savane, sont peut-être les deux parcs nationaux les plus célèbres d'Afrique. Les savanes chaudes du Tsavo abritent également deux magnifiques parcs. À proximité de la capitale, et sur la route de la côte, le sud kényan ne doit pas être oublié.

VERS KERICHO
B 18
LAC NAIVASHA
KIREITA FOREST
B 30
THIKA
HELL'S GATE NATIONAL PARK
MOUNT LONGONOT NATIONAL PARK
Bomet
Suswa
LIMURU
B 33
NAIROBI
NAROK
NAIROBI NATIONAL PARK
Lemek
Ntuka
Masai Village
MAASAI MARA NATIONAL RESERVE
Narosura
B 19
Sekenani
Kajiado
MAGADI
Shompole Conservancy
Bissil
Alangarua
Ngatatoek
LAC NATRON
Namanga
AMBOSELI NATIONAL PARK
TANZANIE
Sud
Mutitu
Kitui
Ngungi
Musini
Machakos
Kilala
A 8
Emali
Kiunduani Town
CHYULU HILLS NATIONAL PARK
Mbirikani
Namalok
Loitokitok
Ikanga
Mevoni
Imale
Kasiokoni
Kulelet
Kone
50 KM
TSAVO EAST NATIONAL PARK
TSAVO WEST NATIONAL PARK
Koito
Manyani
Voi
TAITA HILLS
Wundanyi
A 23
Taveta
Kitege

PAGES

267 ## SUD

Le sud du Kenya abrite quelques merveilles de la nature, dont le Maasaï Mara (4h30 de Nairobi), sans aucun doute la réserve la plus célèbre du Kenya, avec une faune sauvage d'une richesse exceptionnelle. Un safari dans le Maasaï Mara mérite qu'on y passe un minimum de deux nuits. Le parc d'Amboseli (3h30) a quant à lui la particularité de bénéficier des neiges éternelles du Kilimandjaro en toile de fond. Les éléphants y sont très nombreux, les paysages mythiques. Une ou deux nuits sont suffisantes. Enfin, il y a... Tsavo (3h30). C'est le plus grand parc du Kenya (20 800 km²). Il est divisé en deux. Une partie de la zone Est est interdite au public pour mieux lutter contre les braconniers. La faune y est très riche, mais parfois difficile à observer. Les paysages sont magnifiques. Une bonne option si vous séjournez sur la côte (à peine 150 km de bonne route !). Passez-y une ou deux nuits. Plus au sud, Magadi et surtout le lac Natron, promettent la découverte d'un autre monde, en dehors des sentiers battus, avec l'infinie beauté sauvage autour de vous.

NAROK

267 Narok est une ville étape quasi-incontournable sur la route du Maasaï Mara. De Nairobi, il faut compter près de 3-4 heures à travers des paysages grandioses. Cette petite ville animée n'offre guère d'intérêt, mais c'est le dernier endroit pour faire le plein d'essence, d'eau et de nourriture éventuelle, avant le parc. On s'arrête en général au moins à Narok pour la pause toilettes et café.

MAASAI MARA NATIONAL RESERVE ★★★

268 La réserve la plus célèbre et la plus fréquentée du Kenya n'est en fait que la continuation, en territoire kényan, de l'immense parc tanzanien du Serengeti, qui couvre près de 15 000 km². Les deux sanctuaires constituent un gigantesque écosystème dans lequel les animaux circulent en toute liberté. C'est cette faune d'une richesse exceptionnelle qui fait du Maasaï Mara une réserve hors du commun.

MAGADI

277 Magadi n'est rien d'autre qu'une « ville-compagnie » qui ne vit et n'existe qu'autour de l'extraction de soude caustique, produite naturellement par le lac. La ville n'offre aucun intérêt, sinon celui de permettre d'aller à la découverte de paysages grandioses sur les hauteurs du lac Magadi et à la rencontre d'une population assez isolée du reste du monde.

LAC NATRON

278 Très peu fréquenté, le lac Natron est pourtant une petite merveille ! Pour ceux qui chercheraient l'isolement total sans désirer s'embarquer pour des heures de piste dans le (grand) Nord, Magadi et le lac Natron apparaîtront comme un paradis terrestre.

AMBOSELI NATIONAL PARK ★★

278 Malgré sa taille modeste (392 km²), le parc d'Amboseli est l'un des plus fréquentés du Kenya. Il bénéficie de trois atouts : sa proximité avec Nairobi, ses immenses troupeaux d'éléphants et le somptueux dôme enneigé du Kilimandjaro en toile de fond. Amboseli se caractérise par son atmosphère envoûtante. Hemingway, Kessel et, plus récemment, Boyd, ont tous été fascinés par la magie du site.

PAGES

284

TSAVO EAST NATIONAL PARK ★

Le Parc national de Tsavo East est l'un des plus grands parcs du Kenya (13 747 km²), il est aussi l'un des plus vieux (1948). Cette plaine aride, broussailleuse, parsemée de quelques acacias, est le pays des éléphants rouges (couleur de la poussière qui les recouvre).

286

TSAVO WEST NATIONAL PARK ★

Le Tsavo Ouest bénéficie d'une variété de paysages tout à fait remarquable et offre des points de vue exceptionnels sur les Chyulu Hills, les Taita Hills et le Kilimandjaro. Cette partie du Tsavo pourra séduire les marcheurs, car elle offre de nombreuses possibilités de petites balades.

290

CHYULU HILLS NATIONAL PARK ★

Situées à 150 km à l'est de la vallée du Grand Rift, les Chyulu Hills constituent une chaîne de montagnes qui s'étirent sur environ 100 km. Dans ces collines volcaniques s'est formé l'un des plus longs tunnels de lave au monde, la grotte de Leviathan. Une piste serpente dans ce décor somptueux où vivent quelques animaux farouches. Le parc ne compte qu'un seul lodge « Relais et Châteaux ».

290

TAITA HILLS ★

Les Taita Hills, une chaîne de montagnes dont le sommet culmine à 2 200 mètres, constituent une frontière naturelle entre Tsavo Ouest et Tsavo Est. Au pied de ces monts, le Taita Hills Wildlife Sanctuary offre des paysages vallonnés, dominés par la terre rouge, des savanes verdoyantes et des massifs rocheux. Ce sanctuaire privé de 110 km² abrite de nombreux animaux sauvages.

Tsavo East National Park.

NAROK

Narok n'a guère d'intérêt, si ce n'est sa proximité avec le Maasaï Mara qui en fait une étape incontournable sur la route du parc. On pourra s'y promener agréablement, dans des rues encombrées par quantité d'échoppes et de petits magasins vendant tout et n'importe quoi. On ira également jeter un coup d'œil à la Grande Mosquée. Avec ses coupoles de verre vert émeraude, c'est l'une des plus jolies du Kenya. Narok intervient activement dans la gestion de la réserve, 19 % du total des revenus collectés au Maasaï Mara est destiné à soutenir les membres de la communauté autour du Maasaï Mara.

Transports

De Nairobi, il faut compter près de 3-4 heures de route jusqu'à Narok à travers des paysages grandioses. Vous passerez par le petit village de Suswa, d'où il est possible de partir en randonnée dans les montagnes environnantes, où il n'est pas rare de tomber sur des sources naturelles d'eau chaude. Suswa est également le nom du sommet qui domine ces montagnes à 2 357 m. Vous traverserez ensuite le village de Ntulelei, où se tient un authentique marché maasaï, deux fois par semaine. C'est l'occasion d'acheter ailleurs que dans l'une des nombreuses boutiques de souvenirs qui bordent la route. De Narok à Sekenani Gate, compter 2 heures de plus.
A Narok, la gare des *matatus* est à côté de l'hôtel Spear. Il est très facile de prendre un *matatu* pour Nairobi (3 heures de trajet). Plus rares sont ceux qui font la route entre Narok et Naivasha (2 heures 30) ou Nakuru et Kisii (3 heures).

MARA FRONTIER HOTEL €

Narok-Maai Road
✆ +254 743 514 868
https://marafrontierhotel.co.ke/
Chambre standard pour deux, à partir de 4 500 Ksh, petit déjeuner inclus. 4 000 Ksh pour la standard pour un.

Très bon rapport qualité-prix pour ce petit hôtel sans prétention, mais sympathique et très bien tenu, animé par une équipe jeune et dynamique. Les 40 chambres (différentes catégories) sont impeccables, confortables, équipées de l'essentiel et en bon état de fonctionnement. Certaines disposent d'un balcon. Le restaurant est ouvert toute la journée et la cuisine opérationnelle jusqu'à 23h, ce qui peut être appréciable en cas d'arrivée tardive. Egalement une petite piscine extérieure pour se rafraîchir. Réception ouverte 24h/24. Bonne connexion wifi.

SEASONS NAROK HOTEL €

Narok Road ✆ +254 708 345 602
www.seasonshotels.co.ke
A partir de 60 US$ la chambre double, avec le petit déjeuner.

Cet hôtel 3 étoiles dispose de 53 chambres avec des niveaux de confort variables, mais toutes équipées d'une salle de bains, télévision et chaînes satellite, coin bureau, wifi, balcon. Restaurant, bar et piscine à disposition. Rien d'extraordinaire, mais une des meilleures options si vous êtes en transit à Narok. Clientèle de touristes et d'hommes d'affaires. Le groupe possède également l'Elementaita Country Lodge (lac Elementaita), le Seasons Mara Sun Lodge (Oloololo Escarpment), ainsi qu'un hôtel proche de l'aéroport Jomo Kenyatta à Nairobi.

MAJI MOTO ECO-CAMP €€

Sekenani Road
✆ +254 716 430 722
http://majimotocamp.com
140 US$ par personne (pour une tente double), 180 US$ pour un usage simple. Repas et activités inclus.

Cadre somptueux au cœur des Loita Hills. Tentes de type Igloo équipées avec des matelas, et linge de toilette. Toilettes et douches partagées. « Maji Moto » signifie « eau chaude », en référence à la source d'eau chaude naturelle près du village, dans laquelle on se baigne au printemps et qui permet de fournir le camp. Bougies, lanternes et feux de camp sont le seul éclairage en soirée. Des petits panneaux solaires fournissent de l'électricité pour recharger les appareils photo et les téléphones. Balades en VTT et treks pour rejoindre le Maasai Mara.

SAHARA COFFEE HOUSE €

Bomet road
✆ +254 700 816 574
Ouvert tous les jours de 7h à 22h.

Narok étant surtout une ville étape le temps d'une pause café ou déjeuner sur la route du Maasaï Mara, voici une adresse appréciée des voyageurs. La salle intérieure n'a rien d'exceptionnel, mais le café dispose d'un jardin verdoyant à l'arrière de l'établissement où l'on peut s'installer à l'ombre d'un parasol. Le cadre est plutôt agréable et reposant. Le café, chaud ou glacé, de qualité. Et il y a le choix. La carte propose divers cakes et muffins, petits-déjeuners complets, snacks, sandwichs, et autres plats plus consistants (poulet au curry, poulet tikka,...).

MAASAI MARA NATIONAL RESERVE ★★★

Lions, guépards, hyènes, chacals, éléphants, rhinocéros, antilopes, zèbres, gazelles, buffles : ils sont tous là, dans des proportions inimaginables. La grande migration a lieu de début juillet à mi-septembre et constitue un spectacle grandiose dans des paysages magnifiques et variés.

Composé de vastes plaines ondulées et de collines, ce territoire est parsemé d'acacias parasols et de fourrés d'épineux. Pour certains, ce sont ces touches de couleur qui seraient à l'origine du nom de Mara, qui signifie « tacheté » en langue maa. Pour d'autres, il semble plus vraisemblable que ce soit l'invasion de deux millions d'herbivores qui a donné son nom à Mara. Malheureusement, tout comme Amboseli, le Maasaï Mara est un écosystème fragile, aujourd'hui menacé.

Sa réputation mondiale attire un nombre considérable de touristes et la concentration de véhicules y prend parfois des proportions alarmantes. Il n'est pas rare d'observer une pauvre lionne, ou un guépard en chasse, encerclés par une dizaine de véhicules. Non seulement cette situation n'est pas agréable pour le touriste qui a l'impression de se trouver dans un zoo, mais surtout elle perturbe les animaux qui modifient leur comportement. Le guépard, notamment, se met aujourd'hui à chasser à midi pour éviter d'être dérangé par les touristes. La chaleur à cette heure de la journée étant très élevée, il se fatigue plus vite, capture moins de proies et, tout naturellement, se reproduit moins. Le trafic incessant des véhicules entraîne également une dégradation des sols qui ne fait qu'accentuer la modification du paysage. Peu à peu, la brousse, formée de buissons et de bouquets d'arbres, se transforme en vastes pâturages. À cela, plusieurs raisons : naturelles tout d'abord, avec l'augmentation considérable du nombre d'herbivores, humaines ensuite, à cause des incendies allumés par les pasteurs maasaï. Cette méthode, pratiquée dans le monde entier, permet d'offrir des pâturages de meilleure qualité aux troupeaux et ne pose pas de problèmes sérieux tant qu'elle est pratiquée à l'extérieur du parc. Malheureusement, les animaux sauvages (zèbres, gazelles, gnous…) se sont très vite rendu compte que l'herbe en dehors de la réserve est bien meilleure. Résultat, ils émigrent au-delà des limites du Maasaï Mara, accompagnés d'une partie des prédateurs.

Afin d'éviter des accidents avec les populations locales et pour que la réserve ne soit pas désertée par ses animaux, les rangers allument à leur tour des incendies. Les arbres et les buissons disparaissent peu à peu au profit d'une savane herbacée.

Tous ces problèmes ne semblent guère émouvoir le Conseil de Narok, trop occupé à essayer d'amasser le maximum d'argent. C'est pourtant lui qui est censé gérer la réserve. Mais les énormes revenus tirés des droits d'entrée ne sont pas suffisamment réinvestis dans le parc. En conséquence, les pistes se détériorent et la route d'accès à la réserve vient seulement d'être achevée, après des années de travaux.

En raison du mauvais état des pistes, lors de la saison des pluies et les jours qui suivent, beaucoup de chemins sont fermés, ce qui contraint le visiteur à rester sur les axes principaux sous peine de s'enliser. Mieux vaut donc bien choisir sa période de séjour pour ne pas être confronté à ces difficultés.

Malgré ces quelques problèmes, l'endroit constitue toujours l'un des plus extraordinaires spectacles naturels au monde. Circuler au milieu de centaines de gnous, guetter pendant de longues minutes une lionne à l'affût, assister au dépeçage d'une carcasse par un groupe de hyènes déchaînées ou s'attendrir devant de jeunes lionceaux en train de jouer sont autant d'expériences inoubliables que seul le Maasaï Mara peut vous offrir.

Ne négligez pas les mois de mai/juin et octobre pour visiter la réserve, il y aura toujours autant d'animaux à observer (même si ce n'est pas aussi impressionnant qu'en période de migration) et bien moins de touristes. Le prix de votre séjour s'en trouvera aussi considérablement allégé.

Pratique

- **Le tarif d'entrée dans les parcs nationaux est élevé,** et n'est pas forcément compris dans le *package* que vous proposeront les lodges. Pour le Mara, il est seulement possible de payer en dollars. Le paiement par CB, contrairement à l'ensemble des parcs nationaux et *conservancies*, n'est pas pratiqué ici. Prévoir la somme nécessaire : 70 US$/jour et 40 US$ pour un enfant de moins de 12 ans, si vous séjournez à l'intérieur de la réserve, 80 US$ et 45 US$ si vous séjournez à l'extérieur.

- **Si vous voyagez avec votre propre véhicule,** il est possible de faire le plein d'essence dans la plupart des lodges de chacun des parcs et conservancies. Toutefois, les prix sont nettement plus élevés que dans les stations-service des villes en dehors des parcs. Penser donc à faire le plein avant d'arriver dans les parcs.

Nombre de guides et de tour-opérateurs organisent leurs safaris de 6h à 9h et de 16h à 18h, le reste du temps étant consacré au farniente dans les lodges autour de la piscine ou à la sieste suffocante sous les tentes dans les logements moins onéreux. Pourtant, il est possible et même recommandé de partir en safari pour la journée ou la demi-journée hors des sentiers battus aux abords des lodges. Vous vous retrouverez alors, seul au milieu de la savane, dans des paysages somptueux et s'il est vrai que les animaux se prélassent à l'ombre en pleine journée, il n'est pas rare toutefois de les apercevoir aux heures de grande chaleur.

Quel que soit l'endroit où vous logerez, vous êtes au cœur de la savane et les animations ne font pas rage, le but étant de profiter de la nature à l'état pur. Les seules activités proposées, mis à part se prélasser au bord des piscines dans les lodges, ont lieu en soirée. Un jour sur deux vous aurez droit à une petite animation *Danse maasaï* et *Histoire des Maasaï*, exclusivement en anglais. Prévoyez aussi de la lecture, et des jeux pour les enfants pour les journées entre deux safaris et les soirées.

Transports

En transports en commun. Au niveau de la station BP, à Narok, des matatus partent pour la Sekenani Gate et la Talek Gate (1 heure 30 de trajet). Après ça, vous risquez d'être bloqué, l'accès au parc ne se faisant qu'en voiture. Aussi est-il préférable de trouver un véhicule privé à Narok (ce qui devrait normalement revenir moins cher qu'en passant par une compagnie de safari, mais ce qui est bien sûr aussi plus aléatoire).

En voiture. Evidemment la meilleure solution, voire la seule vraiment viable, pour accéder au parc.

Si vous venez de Nakuru, il existe un itinéraire plus original et beaucoup moins fréquenté. Prenez la direction de Njoro puis à gauche, vers Mau Narok. Après 125 km environ, vous rejoignez Narok. Cette route longe la crête du Mau Escarpment (3 100 m) et traverse une étonnante région agricole, vallonnée, verdoyante et couverte de sapins. On se croirait presque en Suisse, si ce n'était l'état de la piste... Il est d'ailleurs fortement déconseillé d'envisager cet itinéraire pendant la saison des pluies.

A partir de Narok, deux possibilités s'offrent à vous. La première (route C12) consiste à entrer dans la réserve par Sekenani Gate, ce qui est le chemin le plus rapide et le plus sûr, si vous voyagez avec votre propre véhicule et sans chauffeur. Pour cela, prenez la route de gauche à la sortie d'Ewaso Ngiro (15 km au sud de Narok). Des panneaux vous signalent Keekorok Lodge ou le Sarova Lodge.

La deuxième possibilité (route C13) consiste à entrer par Oloololo Gate ou Musiara Gate, situées toutes les deux à l'extrémité ouest de la réserve. Cette fois-ci, vous devrez emprunter, après Ewaso Ngiro, la route légèrement à droite en direction de Ngorongoro ; des panneaux vous annoncent, là aussi, les principaux lodges. La première partie de cet axe a été complètement refaite, ce qui fait gagner beaucoup de temps, mais la fin du parcours reste difficile. Talek Gate est accessible par cette même route, mais il est plus simple et tout aussi rapide de rejoindre cette porte en entrant par Sekenani (C12). Dirigez-vous alors vers Keekorok et prenez la première grosse piste sur votre droite. A l'est, Olaimutiek Gate est très difficile d'accès. Enfin, il est possible aussi d'atteindre la réserve, par Oloololo Gate, depuis Kisii ou la frontière tanzanienne en passant par Suna (route A1) et Lolgorien. La route (C13), difficile mais assez bien entretenue, débouche au sommet du spectaculaire Oloololo Escarpment qui domine toute la plaine du Maasaï Mara.

En avion. Bien que le Mara soit à une distance raisonnable de Nairobi par la route, on peut gagner du temps en empruntant un vol depuis Nairobi-Wilson. Le temps de vol depuis Nairobi est d'une petite demi-heure à peine. Plusieurs aérodromes se sont déployés dans la réserve. En fonction de leur situation géographique, les lodges vous proposeront le plus souvent le vol inclus dans le séjour. A l'inverse, les compagnies, notamment Safarilink, mais aussi Sax et Air Kenya, proposent des forfaits avec le vol et l'hébergement. Des liaisons directes Mombasa-Mara sont également assurées.

SAFARILINK

✆ +254 206 690 000

www.flysafarilink.com

Quatre vols par jour pour le Maasai Mara et des packages comprenant les vols et l'hébergement.

Cette compagnie nationale assure des liaisons directes vers les lieux d'intérêt touristique et les correspondances pour les voyageurs de Kenya Airways vers différentes destinations touristiques au Kenya et en Tanzanie. Basée à l'aéroport Wilson, à Nairobi, Safarilink propose des vols réguliers chaque jour vers le Maasaï Mara, Amboseli, Tsavo Ouest, Naivasha, Nanyuki, Lewa, Samburu, Lamu, Kilimandjaro, Loisaba, Kitale, Kapese, Lodwar, Migori, Vipingo, Diani Beach, Zanzibar et Kisumu. On voyage dans des petits avions (Dash 8 et Grand Caravan), confortables et sûrs.

LA GRANDE MIGRATION

Tous les ans en juillet-août.

© MCKNUB - SHUTTERSTOCK.COM

Entre un et deux millions de gnous, accompagnés de quelques centaines de milliers de zèbres, migrent chaque année du sud vers le nord, entre la Tanzanie et le Kenya, à la recherche de nouveaux pâturages. De décembre à mars, c'est sur les vastes plaines du Serengeti (Tanzanie), après la saison des pluies, qu'ils se concentrent. En avril-mai, les troupeaux se dirigent vers l'ouest, puis vers le nord, avant de franchir la rivière Mara pour rejoindre le Maasai Mara au Kenya. Ils y restent jusqu'en octobre, avant de se diriger de nouveau vers le sud.

MITI MINGI ECO CAMP €

Masai Mara National Reserve

✆ +254 20 2218 841

https://mitimingiecocamp.com

Compter selon la saison entre 40 et 80 US$ pour une personne, 80 à 120 US$ pour deux, en pension complète.

Sans aucun doute l'un des camps les plus abordables du célèbre Masai Mara. Par ailleurs, sa localisation à proximité immédiate de l'Ololaimutiek gate (500 m) en fait un bon plan pour les petits budgets. Les tentes sont confortables, cependant ses buffets dans une grande salle la plupart du temps à moitié vide donnent un ressenti d'endroit peu convivial, mais cela fait l'affaire si on considère que l'on passe au camp seulement pour dormir et manger, et qu'on optimise son passage en visitant la réserve du lever au coucher du soleil.

LE TRIANGLE MARA ★★★

C'est la partie la plus célèbre du Maasaï Mara. Elle est délimitée au sud par la frontière tanzanienne, à l'est par la Mara River et à l'ouest par l'escarpement d'Oloololo. Ce dernier sert de frontière naturelle à la réserve et domine toute la partie occidentale du parc. C'est ici qu'ont été tournées plusieurs scènes du film *Out of Africa*. Le triangle Mara est constitué d'une vaste plaine parsemée d'acacias, et peuplée de très nombreux lions et de guépards. Son extrémité nord est occupée par une zone marécageuse, un véritable piège pour les véhicules, mais qui attire de nombreux animaux pendant la saison sèche. L'accès au triangle Mara ne se fait que par deux ponts, l'un situé au nord d'Oloololo Gate, l'autre tout au sud, le long de la frontière avec la Tanzanie. En vadrouille dans cette région, prenez le temps d'aller vous rafraîchir au Serena Lodge. Du haut de la colline, où il est situé, vous aurez une vue imprenable sur la plaine. Juste avant ce pont (en venant de Keekorok), vous pouvez descendre de votre véhicule au lieu-dit Hippo Pool, afin d'observer la dizaine d'hippopotames qui peuplent un coude de la rivière. Une autre zone d'observation se trouve en contrebas du Serena Lodge. Des dizaines d'hippopotames barbotent dans l'eau pendant que d'énormes sauriens sommeillent sur les berges. Pendant la grande migration, c'est, entre autres, ici que traversent d'immenses troupeaux de gnous. Plusieurs centaines d'entre eux périssent noyés ou dévorés par les crocodiles. Leurs carcasses s'entassent alors sur les rives pour le plus grand bonheur des vautours et des marabouts. La partie située au nord des rivières Mara et Talek est la moins fréquentée et peut-être la plus belle. On y accède par Musiara Gate ou par Talek Gate. Le 4x4 y est indispensable, surtout pendant et après la saison des pluies. Le sol est en effet assez humide et se gorge rapidement d'eau. Gros avantage : les minibus sont rares. Cette partie de la réserve est composée, elle aussi, d'une vaste plaine au nom évocateur de Paradise Plain où se baladent, entre autres animaux, quelques rhinocéros. La plaine s'étend bien au-delà des limites du parc et les animaux y sont tout aussi nombreux, notamment les lions et les léopards. Cette zone hors réserve est donc très intéressante à visiter, d'autant qu'elle est habitée par les Maasaï qui y font paître leurs troupeaux. Plusieurs lodges se sont d'ailleurs installés au nord d'Oloololo et Musiara Gate. Au sud de cette même porte se trouve le marais de Musiara, qui attire toute l'année une quantité considérable d'herbivores.

ELANGATA OLERAI CAMP €€

✆ +254 722 514 081

www.elangataoleraicamp.com

Tarifs et réservations par courriel ou via le site.

Les 20 tentes safari de ce luxueux camp, implantées dans un cadre et un environnement intacts, sont reliées par un charmant chemin en pierres. Elles disposent de tout le confort nécessaire, avec salle de bains attenante et terrasse privée aménagée. Tout est fait pour que chaque instant soit savouré. Les gamedrives sont évidemment la principale activité, mais pas l'unique : des safaris à pied sont également proposés, ainsi que des somptueux vols en montgolfière (à un certain prix). Un camp agréable, sans prétention et bien tenu.

FIG TREE CAMP €€

Talek

✆ +254 722 202 564

www.madahotels.com

Tarifs et réservations sur le site Internet. Compter un minimum de 326 US$ pour une tente double, en pension complète.

C'est un camp très accueillant et confortable, tenu par la chaîne La Mada. On peut opter soit pour les tentes supérieures ou les cabines. Dans les deux cas, vous bénéficiez d'un superbe spectacle car ce lieu est entouré par la rivière Talek. Sensation garantie le soir quand vous entendez de nombreux bruits suspects tels que des grognements d'hippos, ou d'autres singes venant se rafraîchir au bord du Talek. Doté d'un environnement saisissant, le camp est aussi spécialisé en safari en montgolfière. Rien que pour le panorama, cela vaut le coup.

MARA BUSH CAMP €€

✆ +254 700 141 736

www.marabushcamp.com

A partir de 931 US$/pers. pour 2 nuits (sur la base de 4 personnes), tout inclus depuis Nairobi, par la route.

Les 12 tentes de luxe ont été placées assez loin les unes des autres pour garantir une tranquillité et une intimité totales. Toutes les tentes sont équipées d'un confortable lit à baldaquin, moustiquaire, salle de bains attenante et douche style safari. S'ajoutent un salon dédié aux photographes, pour travailler et recharger leurs appareils, un *cozy lounge bar* ainsi qu'un restaurant sous tente privée où une sélection de repas fraîchement préparés sont servis par le chef maison. Ce camp est plébiscité par les photographes animaliers, amateurs et professionnels.

ASHNIL MARA CAMP €€

✆ +254 730 870 400

www.ashnilhotels.com

Compter à partir de 368 US$ pour deux, en pension complète. Il faut y ajouter les frais d'entrée dans la réserve.

Le Camp Ashnil Mara, avec ses tentes de luxe, est idéalement situé au cœur de la réserve nationale du Maasai Mara, à proximité du célèbre fleuve Mara. Vous y trouverez un havre de paix dans le calme de la savane. Le buffet du restaurant propose de la cuisine internationale, orientale ainsi que de la cuisine africaine traditionnelle, tandis que le bar en plein air offre une large sélection de bières, de cocktails et de liqueurs. Belle piscine à l'abri. Bon à savoir : des vols relient Mombasa au Camp Ashnil Mara en deux heures seulement.

MARA SERENA SAFARI LODGE €€

✆ +254 732 123 333

https://www.serenahotels.com/mara

À partir de 212 US$ pour une chambre double en pension complète. Réservation via le site internet.

Situé dans le triangle Mara, la localisation de ce lodge est tout bonnement spectaculaire. Ce n'est pas le plus intimiste de tous, mais il se trouve en haut d'une colline, avec un très beau point de vue sur la rivière Mara et la plaine environnante d'où on peut observer la migration des gnous. Le lodge est construit dans le style d'une manyatta (village maasaï). Les chambres sont accrochées à flanc de colline. Depuis la superbe petite piscine, on observe, grâce à une longue-vue, les nombreux animaux qui circulent au bord de la rivière.

NEPTUNE MARA RIANTA LUXURY CAMP €€

✆ +254 788 262 666

www.neptunehotels.com

A partir de 850 US$ pour deux, en pension complète. Packages possibles. Réservation via le site internet.

Situé proche de la réserve de Mara Nord, ce camp de tentes de luxe du groupe Neptune, est la base idéale pour partir en safari. Immergées dans la brousse, parmi les plantations et les arbres indigènes, les 20 tentes surplombent directement la rivière Mara qui serpente autour du camp. On y observe notamment de grands groupes d'hippopotames. Le groupe Neptune dispose de plusieurs hôtels sur la côte, il propose aussi des séjours combinés plage et safari.

LES « CONSERVANCIES », UNE ALTERNATIVE AU MAASAÏ MARA

Certes le Maasaï Mara est une merveille du monde incontournable, mais il existe aussi une dizaine de réserves ou zones de conservation (*Conservancies*) qui gravitent autour et méritent tout autant le détour. Mara North, Lemek, Ol Chorro Oiroua, Saruni Mara, Olaro Motorogi, Naboisho, Ol Kinyei, Mara Siana, Olderikesi... Le but de ces *conservancies* est de protéger les terres et la faune sauvage qu'elles abritent tout en préservant l'équilibre et le mode de vie des communautés locales qui y vivent. La continuité de leurs moyens de subsistance assurée, celles-ci participent directement à la préservation des écosystèmes. Ces sanctuaires animaliers privés bénéficient de la même faune (les animaux n'ont pas de frontières) et de paysages tout aussi somptueux. Nous ne saurions que vous recommander d'explorer cette voie, notamment pour y séjourner, les *lodges* et les camps à l'intérieur de ces réserves ou en périphérie pratiquent des tarifs globalement moins élevés que dans le Maasaï Mara, ils offrent plus d'intimité et d'exclusivité, et vous serez également moins nombreux sur les pistes. Un site – commercial – très bien fait permet d'avoir une vue globale de l'offre d'hébergement et des safaris possibles dans la région : www.maasaimara.com.

Pour en savoir plus, les sites suivants sont également une bonne source d'informations : Maasai Mara Wildlife Conservancies Association (www.maraconservancies.org) et The Maa Trust (www.themaatrust.org)

NYOTA MARA LODGE €€

+254 743 923 279 (WhatsApp).
✆ +33 6 14 03 91 17
https://www.nyotamaralodge.com/

En tente supérieure double, à partir de 500 € pour 2personnes la nuit : 3 repas quotidiens, frais du Mara, gamedrive.

Le Nyota Mara Lodge est un lodge permanent situé dans le Mara Nord face à la rivière Mara. Une des meilleures zones pour la grande migration d'août à décembre. Le lodge dispose, entre autres, d'une chambre sous bulle avec vue sur la rivière et l'expérience garantie d'une nuit étoilée à 360°. Le Nyota Mara Lodge est unique de par son emplacement en bordure de la rivière Mara, le confort de ses (très grandes) tentes et la gentillesse de l'équipe sur place ! Les animaux sont également au rendez-vous autour du camp ! Possibilité de réserver en français.

SERENITY MARA LEGENDS CAMP €€

Olare Orok Conservancy
✆ +254 751 555 669
www.mara-legends.com

À partir de 150 US$ par pers./nuit, sur la base de deux personnes, en pension complète. Réservation par mail.

Situé au bord d'une rivière très appréciée par les hippopotames, les 12 tentes safari de luxe du camp offrent un cadre chaleureux, confortable et fonctionnel, en bénéficiant d'un cadre verdoyant. Feu de camp et danses traditionnelles en soirée. Hors saison, le sentiment d'exclusivité devient bien réel. Vous aurez ici l'occasion d'explorer une très belle zone du Mara, moins fréquentée, sans vous priver du cœur de la réserve, avec des guides compétents et attentifs.

TANGULIA MARA CAMP €€

✆ +254 206 000 457
www.bush-and-beyond.com

Ouvert toute l'année. Renseignements et tarifs par courriel.

Le camp Tangulia Mara, qui surplombe la rivière Mara, est situé dans un endroit de choix pour observer les animaux : migration des gnous, attaques de crocodiles, hippopotames... Sur un terrain privé (terre dont les propriétaires sont les Maasaï), il permet un accès facile au safari autour du marais de Musiara, des plaines herbeuses et de Rhino Ridge, dans la réserve ou dans le triangle Mara. Les deux zones ont une riche biodiversité et offrent une faune et une flore remarquables. Pendant la migration, accès facile vers les principaux lieux de passage des rivières.

ALEX'S WALKER SERIAN €€€

✆ +254 717 468 045
serian.com

Informations et réservations par mail.

Serian a été le premier camp d'Alex. Ce camp capture parfaitement l'essence de son nom signifiant « paisible, calme, serein » dans la langue maasaï. Serian dispose de 5 tentes vastes et spacieuses, dont une familiale, montées sur une terrasse en bois dur, au-dessus de la rivière Mara avec vue sur l'escarpement d'Oloololo. Chacune a une salle de bains de brousse attenante avec eau courante chaude et froide, des toilettes, une douche et une baignoire sur mesure avec une vue magnifique. « *The Loo with the View* », comme disent les Anglais.

COTTAR'S CAMP & BUSH VILLA €€€

✆ +254 733 773 378
www.cottars.com
Informations et réservations par mail.

Ce camp de luxe dispose de 9 tentes dans le style authentique des années 1920. Le camp entier a été conçu pour assurer intimité et calme à la clientèle, que ce soit pour les jeunes mariés ou les familles avec de jeunes enfants. Il possède sa propre réserve privée, située à un kilomètre de la réserve de Maasai Mara. Pour ceux qui veulent une intimité absolue dans le Maasai Mara, Cottar's Bush Villa offre un espace de luxe exclusif, avec un personnel dévoué et discret.

ELEPHANT PEPPER CAMP €€€

Mara North Conservancy ✆ +254 730 127 000
Réservations et tarifs par courriel. Compter 3 200 à 4 000 US$ pour 2 nuits pour 2, tout inclus y compris gamedrives.

Elephant Pepper Camp, situé dans le nord du parc national de Maasaï Mara, est un campement du groupe Elewana. Il se trouve à l'écart des autres lodges, au beau milieu de la savane. Neuf tentes composent ce lieu, toutes munies de salles de bain et toilettes. Le bruit des animaux la nuit donne une atmosphère authentique à ce campement. On y est comme dans un nid douillet, au cœur de la vie sauvage. Service personnalisé et de qualité. Les game drives sont assurés par des guides compétents, et quand vient l'heure de se mettre à table, c'est toujours avec délice.

EMBOO RIVER'S CAMP €€€

✆ +254 719 538 707
www.emboo.camp
Tarifs et réservations via le site Internet. Compter 1 360 US$ par nuit en pension complète pour deux.

Un éco-camp exemplaire et de haut niveau au rayon « glamping ». Le luxe flirte ici avec la nature, dans une alchimie élégante de matières et de textures. Tout y est pensé dans une approche holistique. Les installations et meubles sur mesure ont été conçus dans le souci de minimiser l'impact sur l'environnement, tout en offrant un maximum de confort. Les ressources locales et les énergies renouvelables sont privilégiées, les véhicules électriques. En marge des activités de safari, les écotours permettent de découvrir les systèmes novateurs développés.

MARA NGENCHE SAFARI CAMP €€€

✆ +254 702 692 648
Compter 970 US$ pour deux personnes, selon la saison.

© MARA NGENCHE

Ce petit campement du groupe Atua Enkop Africa, intime et luxueux situé en plein cœur du parc, offre une vue panoramique sur les rivières Mara et Talek. Une piscine naturelle permet d'observer en permanence les hippopotames et parfois aussi des crocodiles. Les 12 tentes spacieuses sont joliment décorées dans le style africain et moderne, équipées de lits *king size*, salle de bains avec baignoire (et douche extérieure). Le lieu n'est pas clôturé, offrant de belles scènes de vie sauvage. Mara Ngenche constitue un bon point de départ pour rayonner dans le Maasaï Mara.

FAIRMONT MARA SAFARI CLUB €€€

Mara North Conservancy
✆ + 254 202 265 000
www.fairmont.com/masai-mara-safari
Tente double en pension complète à partir de 980 US$. Réservation en ligne conseillée.

Au bord d'un méandre de la rivière Mara au pied des collines Aitong, ce camp de 50 tentes est sans aucun doute l'un des plus beaux lieux de repos pour un séjour dans le Maasaï Mara. Le confort est à son maximum et les habitats spacieux disposent de tous les équipements nécessaires. Mobilier raffiné, lits à baldaquin, salle de bain privée, piscine et tentes de massage... Le Fairmont Mara Safari Club est incontestablement l'incarnation du luxe en tente, au cœur de la brousse.

GOVERNOR'S CAMP €€€

✆ +254 202 734 000
www.governorscamp.com
Tarifs et réservations en ligne ou par courriel. Compter un minimum de 1 000 US$ par nuit et par personne.

Au milieu d'un magnifique jardin à l'anglaise, les grandes tentes confortables donnent l'illusion de revenir au début du siècle, à l'époque où Theodore Roosevelt avait fait de ce site son campement de chasse. La parfaite intégration du camp dans son environnement permet une osmose totale avec la nature. Ambiance feutrée, clientèle aisée, cuisine excellente et nombreuses excursions. Le groupe possède sa propre compagnie aérienne et organise des safaris en montgolfière avec petit-déjeuner au champagne dans la savane à l'issue du vol.

MARA EXPLORER €€€

✆ +254 722 205 894
www.heritage-eastafrica.com
Selon la saison, tente double de luxe à partir de 470 US$ pour 2 personnes, en pension complète. Réservations en ligne.

Encore un très beau camp de toile, qui appartient à la chaîne Heritage Hotels, situé sur la rive nord de la rivière Talek, dans une zone peu fréquentée de la réserve. Confort, raffinement et calme dans un cadre agréable. Présence d'un naturaliste, safaris à pied, jolie piscine et nombreuses activités éducatives pour les enfants tournées autour de la nature et des animaux sauvages. Petits-déjeuners, apéritifs au coucher de soleil (*sundowner*) et dîners dans la savane. Possibilité également d'organiser un vol en montgolfière au-dessus du Mara.

MARA ENGAI WILDERNESS LODGE €€€

Oloololo Escarpment
✆ +254 726 091 330
www.maraengai.info
Informations et réservations par mail.

Niché sur l'escarpement d'Oloololo (Siria). Surplombant la réserve et les plaines du Masai Mara, il dispose d'une vue à travers la savane, le lieu est tout simplement à couper le souffle. Doté d'une vingtaine de tentes éminemment spacieuses et confortables, ainsi que d'un jardin bio intelligemment conçu. Le jardinier et son équipe travaillent en étroite collaboration avec le chef cuisinier pour assurer des produits tout au long de l'année. La cuisine y est une expérience à elle seule.

MUTHU KEEKOROK LODGE €€€

Keekorok ✆ +254 703 048 000
https://keekorok-lodge.com/fr/
Réservations et tarifs en ligne. Compter un minimum de 397 US$ pour deux personnes/nuit en pension complète.

Le plus ancien lodge du Mara, situé au cœur de la réserve. Il est relativement excentré, à son désavantage, un peu loin des lieux clés de la réserve. Il se compose de charmants bungalows mi-pierre mi-bois, confortables et spacieux disséminés autour d'une grande pelouse. Le bâtiment principal, typique et conforme au style local, comprend un grand restaurant et un bar. Une piscine trône au milieu de la verdure. Le *must* de ce lodge, c'est le petit « walk path » : un ponton avec un superbe point de vue surélevé qui se transforme en petit bar à la tombée de la nuit.

SUD

© TONY CROCETTA

Lionne en chasse, Maasai Mara national reserve.

OL SEKI HEMINGWAYS MARA €€€

Naboisho Conservancy ✆ +254 202 295 011
www.hemingways-collection.com/mara/
Compter 575 US$ à 760 US$ par personne (sur la base de 2), selon la saison. Réservations par mail.

Ce camp de toiles, situé au cœur de Naboisho Conservancy, bordant la réserve du Maasaï Mara, est un coin de paradis sauvage. Les dix tentes de luxe sont placées sur un escarpement en hauteur, ce qui permet d'avoir une vue magnifique sur la savane environnante. Le camp ne dispose d'aucune clôture, le spectacle de la nature, la beauté infinie des paysages, vous procureront un sentiment d'éternité. Chaque séjour est unique, personnalisé et exclusif. Le nombre de véhicules est limité dans la réserve, autant dire que vous vivrez un safari d'exception.

OLENGOTI ECO SAFARI CAMP €€€

Sur les bords de la rivière Talek.
✆ +34 983 303 666 - www.eastafricacamps.com
Tarifs et réservations en ligne. Le groupe possède 4 autres camps en Tanzanie. Formules incluant les deux pays.

Le camp de toiles Olengoti est installé sur les rives de la rivière Talek, aux premières loges pour assister à la grande migration annuelle. Les 11 tentes luxueuses sont décorées de manière exquise. Le confort y est optimal, tout a été pensé et conçu pour créer une atmosphère douce et chaleureuse. Le service y est personnalisé, le dîner servi sous les étoiles, à la lueur des bougies... Le groupe East Africa Camps peut organiser des circuits de « camp en camp », et vous emmener du Kenya en Tanzanie ou inversement, par la route ou par les airs.

TIPILIKWANI MARA CAMP €€€

Talek ✆ +254 702 692 648
Compter à partir de 460 US$ par nuit pour deux. Hors repas et activités. Réservation via le site internet.

© TIPILIKWANI MARA CAMP

Ce luxueux campement, appartenant au groupe Atua Enkop, est situé dans le Maasaï Mara (vue sur la plaine), au bord de la rivière Talek. Les vingt tentes qui composent les lieux sont parfaitement équipées avec salle de bain (baignoire et douche), bonne literie, terrasse. De nombreuses activités sont possibles depuis le campement : safaris en voiture (de jour et de nuit) ou à pied, montgolfière, dîner dans la savane, visites culturelles (Maasaï). Le must étant la « Grande Migration ». Atua-Enkop dispose d'un autre camp dans le Mara : Mara Ngenche Safari Camp.

PORINI CHEETAH CAMP €€€

Ol Kinyei conservancy
✆ +254 774 136 523
www.porini.com
A partir de 1 580 US$ par personne pour 2 nuits, pension complète, frais d'entrée dans la réserve et game drives.

Dernier-né des petits camps de tentes Porini, conçu pour maximiser votre expérience africaine. Il est géré par Jui et Nirmalya Banerjee, de grands passionnés de la faune. Comme tous les autres camps, le Cheetah Porini est non clôturé et situé dans une réserve privée loin des foules. Il propose six tentes spacieuses, confortables, dotées d'une salle de bains privative avec douche, toilettes et eau chaude. Le camp est entièrement alimenté à l'énergie solaire. Le chef utilise des ingrédients frais pour préparer des repas de haute qualité et le pain maison.

PORINI LION CAMP €€€

Ol Kinyei Conservancy
✆ +254 774 136 523
www.porini.com
Réservations via site internet. Packages de plusieurs nuits. Compter un minimum de 1 500 US$ par personne pour 2 nuits.

Le groupe Porini dispose de nombreux camps auprès et en dedans de la réserve nationale du Maasaï. Le Porini Lion est situé à Olare Orak, près du Governor's Camp. Comme les autres camps, il propose un cadre intimiste, confortable et écologique. Le grand avantage de ces camps est la possibilité de faire des safaris de nuit mais aussi de participer au développement économique de la région, puisque une partie des profits est reversée aux communautés locales. Les camps sont luxueux et simples, parfaitement adaptés à la nature environnante.

BALLOON SAFARIS LTD

✆ +254 731 701 761
http://balloonsafariskenya.com
Compter 505 $ par personne pour un vol d'1 heure en montgolfière. Réservation par mail.

Laissez-vous emporter par les pionniers du vol en montgolfière en Afrique de l'Est et venez rejoindre une nouvelle aventure dans le ciel. L'équipe Balloon Safaris viendra vous récupérer à votre lodge à l'aube afin que vous puissiez décoller et survoler le Mara au soleil levant. Admirez la faune et la flore avant de redescendre sur terre dans le Mara où un petit déjeuner copieux vous attendra ainsi que du champagne pour trinquer avec vos pilotes et compagnons de vol. Le prix comprend le transfert aller-retour depuis votre lodge, le vol ainsi que le petit déjeuner.

SARUNI MARA €€€

Mara North Conservancy
✆ +254 796 222 555
https://sarunibasecamp.com
Informations et réservations par mail. Packages et promotions disponibles sur le site.

Ce lodge exclusif et absolument unique propose une gamme impressionnante d'activités pour s'imprégner de la nature et des grands espaces. Situé dans une zone de conservation privée (Mara North Conservancy), où le nombre de véhicules reste limité, tout en bénéficiant de la même faune que le Maasai Mara, il permet des safaris d'exception, loin du tourisme de masse. Les promenades guidées à travers la forêt et les vallées autour du lodge, les randonnées jusqu'à Kilelioni, le plus haut sommet de l'écosystème Serengeti-Mara... ne sont pas moins motivantes.

RICHARD'S CAMP €€€

Mara North Conservancy
✆ +254 712 362 941
www.richardscamp.com
Informations et réservations par mail.

Ce camp, luxueusement décontracté, est un petit bijou au cœur de la vie sauvage. Situé sur les bords de la rivière Njageteck, et disposant d'une source d'eau naturelle, nombre d'animaux sont observables à proximité. Avec seulement sept tentes, joliment et chaleureusement décorées, dans le pur esprit « Out of Africa », le visiteur est plongé dans un cadre intimiste et idyllique. Les game drives sont personnalisés. Les savoureux dîners aux chandelles sous les étoiles et les petits déjeuners dans la brousse s'ajoutent au charme du lieu. Une expérience inoubliable.

SPEKE'S CAMP €€€

✆ +254 740 036 884
www.spekescamp.com
Possibilité de trails entre 3 et 6 jours en camp mobile. Consulter le site internet pour infos et réservations.

Speke's Camp est situé aux abords de la réserve Maasai Mara, entouré de fabuleux arbres indigènes surplombant la rivière Olare Orok. Un camp traditionnel haut de gamme qui peut servir de base pour explorer la plaine, avec la possibilité d'utiliser un camp éphémère et mobile pour visiter d'autres zones du Mara. L'une des activités les plus spectaculaires au départ de Speke's est une aventure à pied à travers les plaines du Maasai Mara et les collines de Loita. Il s'agit là d'un vrai safari épique et le seul moyen de vraiment découvrir la vraie brousse africaine.

SAROVA MARA GAME CAMP €€€

Keekorok ✆ +254 728 606 583
Compter à partir 292 US$ pour deux en tente en semi-dur en pension complète. Réservation via le site internet.

Ce très grand camp de toile du groupe Sarova est situé juste après Sekenani Gate, dans un très agréable environnement boisé. Les tentes en semi-dur, dispersées dans un joli parc, sont éloignées les unes des autres pour préserver l'intimité de chacun et décorées avec raffinement. L'architecture est réussie avec de nombreuses activités possibles. Piscine, très joli jardin, volley-ball, badminton, et connexion Internet. Enfin en petit plus, vous pourrez tester un repas dans le *bush,* en plein cœur de la savane. Le tout à un tarif très raisonnable.

SPIRIT OF THE MASAI MARA €€€

✆ +254 768 982 516
https://www.spiritofthemasaimara.com/
Packages découverte du maasaï mara, 894 US$ par jour et par personne, sur une base de 2.

Spirit of The Masai Mara, véritable joyau au cœur du Masai Mara, vous invite à une expérience unique. Ses chambres offrent une vue imprenable sur la faune sauvage environnante. Justin, propriétaire visionnaire, a édifié ce lodge il y a 10 ans assurant un impact positif sur la communauté locale. L'équipe dévouée, composée de Masai rendra votre séjour inoubliable. Laissez-vous tenter par une gamme d'activités passionnantes, des safaris classiques au golf en falaise, ou de la visite de l'inspirant orphelinat Olmalaika. Préparez-vous à vivre un séjour exceptionnel !

MAGADI

Le lac Magadi contient une eau à haute teneur en sel, dont la température dépasse 40 °C. Bien qu'inhospitalier, des milliers de flamants nains viennent se nourrir des micro-algues et des petits crustacés qui prolifèrent dans les eaux du lac. Sa profondeur étant si faible, il se recouvre en grande partie d'une épaisse croûte de cristaux de soude. Ces cristaux, considérés comme les plus purs au monde, sont exploités depuis plus d'un siècle par la plus ancienne exploitation minière du Kenya, la Magadi Soda Company. Magadi est ainsi devenue une « ville-compagnie » qui ne vit et n'existe qu'autour de la production de carbonate de soude. Le voyageur qui s'aventure dans ces contrées aura néanmoins la surprise de découvrir autour, et jusqu'au lac Natron, une région somptueuse et hors du temps.

Pratique

Pas de banque, pas d'Internet sur place... Quelques échoppes et un mini supermarché seulement pour le strict nécessaire. Mieux vaut avoir pris ses dispositions.

Transports

Si vous utilisez les transports publics, le dernier *matatu* quitte Magadi pour Nairobi quand il est plein, aux alentours de 15h à 16h. Il est possible de trouver un véhicule près de la station-service, mais difficilement au-delà de 18h. Un véhicule de location (4x4) est recommandé (avec un bon GPS), car cette zone très peu visitée n'offre que peu de possibilités d'hébergement et donc de prise en charge à Magadi pour vous rendre jusqu'à l'un des rares campements de la région.

SHOMPOLE CONSERVANCY

Shompole Conservancy
✆ +254 716 511 162
https://shompoleconservancy.com
Information auprès du Shompole Wilderness.

Le Shompole Conservancy est une grande zone de conservation privée située entre le lac Magadi au nord et le lac Natron (à la frontière tanzanienne) au sud, deux lacs alcalins. Nichée sous les figuiers géants, et longeant la rivière Ewaso Ng'iro, c'est là une zone du Kenya loin du tourisme de masse, où vous ne trouverez qu'un resort avec 6 tentes luxueuses. Au programme de vos quelques jours sur place : festival de couleurs, lacs couverts de flamants roses, zèbres et autres girafes, mais aussi une communauté maasaï accueillante et authentique.

LENTORRE €€€

Olkirimatian Conservancy
✆ +254 757 894 814
https://lentorre.com
Tarifs et réservations par courriel.

Ce lodge familial est composé de quatre grandes villas, pouvant accueillir jusqu'à 16 personnes au total. Chaque villa, construite avec des matériaux naturels, est totalement ouverte sur le paysage et bénéficie d'un confort irréprochable. La déco épurée, composée de blanc et de bois, leur confère une élégance naturelle. Elles disposent toutes d'un petit bassin d'eau et d'une terrasse avec une vue imprenable sur le mont Shompole. Ce lodge unique et loin de tout est la promesse d'une expérience mémorable dans les grands espaces vierges et sauvages du Sud.

Lac Magadi, sud de la vallée du Rift.

SHOMPOLE WILDERNESS €€€

Shompole Conservancy
✆ +254 759 148 222
www.shompolewilderness.com
Renseignements et tarifs sur demande par courriel. Comptez 600 à 800 US$ par personne en pension complète.

Shompole Wilderness se situe au pied de l'escarpement de la vallée du Rift, avec à l'est le lac Magadi, et au sud le lac Natron. Il dispose de six tentes safari de luxe, une piscine, une excellente cuisine, et des guides de qualité. On y est coupé du monde avec délice (pas de wifi), dans un environnement paisible et sauvage, où la faune et la flore restent préservées, et où le contact avec les populations masaï s'avère bien plus authentique qu'ailleurs. Peu de touristes s'aventurent dans cette région, ce qui lui confère un caractère d'exception.

LAC NATRON

Le lac tient son nom du natron, un minéral présent en forte concentration dans ses eaux. Avec un pH supérieur à 10, le moindre contact avec l'eau peut se révéler dangereux, pour l'homme comme pour l'animal. Seuls les flamants nains semblent tolérer et apprécier cet écosystème pour le moins hostile. Le lac Natron est même leur lieu de reproduction privilégié. Le lac Natron fait partie des rares lacs salés de la Terre, et offre des paysages quasi lunaires. Quasi asséché pendant la saison chaude, il se présente davantage sous la forme d'une croûte salée, légèrement rosée, qui couvre une étendue presque infinie et parfaitement plane. Seules les chaînes de montagnes alentour inscrivent ce paysage surréaliste dans un espace défini… Et vous donnent quelques repères. Sur la piste qui mène à Natron, quasi inexistante par endroits, on passe quelques communautés maasaï, et on reste songeur face aux conditions de vie extrêmes que connaissent ces hommes et ces femmes… C'est un paysage de totale désolation et, en même temps, d'une beauté irréelle. En chemin, on rencontre également des sources d'eau chaude où il est même parfois possible de se baigner. Les abords du lac se prêtent parfaitement à des explorations à pied. C'est le meilleur moyen d'accéder aux plus beaux panoramas, notamment en prenant un peu de hauteur sur les cratères alentour. Les ascensions sont relativement faciles, il n'est donc pas nécessaire d'être dans une forme physique olympique pour profiter de ces paysages. Il est en revanche absolument impératif de se faire accompagner par un guide.

AMBOSELI NATIONAL PARK ★★

Amboseli, « poussière salée » en maasaï, est la terre de tous les contrastes. Malgré son apparence souvent aride et très poussiéreuse, le parc possède une source qu'on pouvait croire, jusqu'à peu, intarissable : les neiges éternelles du Kilimandjaro. L'eau filtre à travers les centaines de mètres de roches volcaniques avant de rejaillir au cœur du parc, créant ainsi de vastes zones marécageuses. L'impressionnante poussière d'Amboseli est constituée de cendres volcaniques provenant du Kilimandjaro. Pendant les périodes sèches, de curieux mirages, ponctués parfois de silhouettes d'animaux, apparaissent dans la cuvette desséchée du lac et des dizaines de tourbillons de poussière s'élèvent vers le ciel.

À quelques mètres de là, buffles et éléphants barbotent dans les marais au milieu des plantes aquatiques et des aigrettes. Cette variété de paysages a permis le développement d'une faune particulièrement riche. Zèbres, antilopes, gazelles, gnous, girafes, buffles et éléphants sont partout.

La présence permanente d'eau attire également une très grande quantité d'oiseaux. Les félins sont beaucoup plus difficiles à observer. Caracals, servals, léopards, guépards et lions vivent dans le parc, mais leur nombre a fortement diminué et il est très rare de les apercevoir. Dans les années 1980, plusieurs lions mâles ont été tués par les Maasaï, en signe du désaccord de ces derniers avec la politique menée dans la région par le gouvernement. De leur côté, les guépards ont souffert du trop grand nombre de touristes et ont dû modifier leurs habitudes de chasse, ce qui a provoqué une baisse de la natalité.

Ces deux exemples montrent bien la fragilité de cet écosystème, aujourd'hui en péril. Le parc souffre de plusieurs maux qui menacent à moyen terme son existence. La sécheresse qui a sévi à la fin des années 1980 et au début des années 1990 n'a fait qu'appauvrir un sol déjà peu fertile et victime d'un phénomène de remontées de sel. L'eau alcaline s'infiltre à la surface du sol et y dépose une fine pellicule de sel dont les conséquences sur la flore sont dévastatrices. S'ajoute à ces problèmes naturels le va-et-vient incessant des minibus de touristes. En circulant en dehors des pistes, les véhicules n'ont fait qu'aggraver la situation : ils ont gêné le développement des jeunes pousses. Il est aujourd'hui strictement interdit de sortir des pistes sous peine de fortes amendes. Enfin et surtout, on sait que sous l'effet du réchauffement climatique, les glaces du Kilimandjaro ont diminué d'environ 80 % depuis un siècle.

Amboseli National Park.

Parce qu'il est relativement petit, bien que surprenant, deux nuits et journées complètes suffisent à appréhender le meilleur du parc d'Amboseli. Évidemment si vous souhaitez vous laisser bercer par son atmosphère envoûtante, il n'est plus question de jours ou de semaines : de ce petit bout d'Afrique si particulier, on ne se lasse jamais.

Pratique

Comptez 60 US$ par jour et par adulte, et 35 US$ par jour et par enfant de moins de 18 ans (non-résidents). Amboseli est l'un des parcs les plus populaires au Kenya. Et pour cause, observer un troupeau d'éléphants se déplacer nonchalamment dans la savane, avec en toile de fond le mythique Mont Kilimandjaro, reste une expérience de safari dont la plupart des voyageurs rêvent.

Transports

- **En voiture.** Depuis Nairobi, Namanga est la dernière ville avant d'atteindre le parc. Profitez-en pour la dernière pause essence. Le parc d'Amboseli possède trois portes d'entrée. Pour Namanga Gate, si vous venez de Nairobi, suivez la route de Mombasa sur 25 km puis prenez à droite en direction de Namanga (A 104). La route, très bonne, traverse un paysage assez monotone avant d'atteindre le petit village de Namanga. Avant le poste-frontière, au niveau de la station-service, il faut prendre à gauche. C'est parti pour 1h30 de route sur une piste en tôle ondulée ! A l'autre extrémité du parc, Kimana Gate est tout aussi accessible. La plupart des lodges sont plus proches de cette entrée. On l'atteint de deux façons, soit en venant du Tsavo Ouest (Chyulu Gate), via Loitokitok (C 103) soit depuis Nairobi, via Emali/Kibiki, sur la route de Mombasa (A 109 et C 102). Ces deux routes passent par les villes de Kimana. La C 102 a été refaite. Arrivé à Kimana, il vous restera 20 km de piste en relativement bon état.

Au nord-est du parc, Iremito Gate (appelée aussi Lemboti) est l'accès le moins fréquenté. Cet itinéraire est une bonne alternative à la route de Namanga ; il est à peine plus long (sauf en saison des pluies) et les paysages traversés bien plus agréables. Pour l'emprunter en partant de Nairobi, prenez la direction de Mombasa et tournez à droite au niveau d'Emali/Kibiki (à la sortie de la ville, juste après le pont), puis de nouveau à droite à Makutano.

- **En avion.** Si vous êtes pressé, il y a des vols quotidiens au départ de Nairobi et de Mombasa.

AMBOSELI SERENA SAFARI LODGE €€€

A l'intérieur du parc.
✆ +254 727 622 500 - www.serenahotels.com
Comptez à partir de 340 US$ pour 2, par nuit en chambre double standard en pension complète.

Construit dans le style d'un village Massaï, c'est l'un des plus beaux lodges d'Amboseli. Les chambres en forme de *manyatta* sont disséminées dans un superbe jardin luxuriant. Comme toujours dans les établissements Serena, la décoration est particulièrement soignée, et les peintures murales égayent les lieux. Le marais d'Enkongo Narok situé en contrebas de la belle piscine chauffée offre un spectacle permanent. Un lieu de séjour agréable dans un cadre serein, à prix raisonnable.

KIMANA AMBOSELI CAMP €

Kimana gate
Compter 5 500 Ksh pour une personne, 11 000 Ksh pour deux. 13 500 Ksh pour trois. En pension complète.

Certainement le camp le plus abordable d'Amboseli, qui plus est ses bénéfices reviennent aux communautés locales. Sa position à proximité immédiate de l'entrée du parc (Kimana gate) est un autre atout. Bien que les tentes comme les repas soient simplistes, les soirées autour d'un feu de camp, et les activités matinales comme la marche dans le bush au milieu des girafes et zèbres seront des souvenirs impérissables. Vous profiterez bien entendu de la vue sur le Kilimanjaro dès le réveil. En bref, une adresse simple, intimiste, économique et sociale.

MAASAÏ SIMBA CAMP €

A proximité d'Observation Hill
✆ +254 798 959 995
www.maasaicamp.com
6 bandas, 4 cottages, 2 tentes safari. Compter 150 US$ la chambre, en pension complète. Réservations par mail.

Géré par les Maasaï, le site est agréable et vous donnera l'occasion de visites culturelles et de rencontres avec les populations locales, en marge de vos *gamedrive* dans le parc. Le confort est basique, mais pourra satisfaire les voyageurs les moins fortunés, qui pourront profiter tout autant de la beauté du cadre. La réservation comprend trois repas par jour, un safari à pied et une expérience culturelle exclusive avec les Maasaï. Éléphants et girafes fréquentent régulièrement le campement. Le camp dispose d'un véhicule 4x4 ouvert pour les safaris-photos.

AMBOSELI SERENA

SAFARI LODGE

KENYA | TANZANIA | ZANZIBAR | UGANDA
RWANDA | MOZAMBIQUE | DR CONGO

VISITE DU PARC D'AMBOSELI

Droits de visite : 60 US$ par jour pour un adulte et 35 US$ pour un enfant (non-résidents).

Le parc d'Amboseli est de petite taille, donc facile à visiter, d'autant plus que la signalisation y est remarquable. En saison sèche, les pistes sont excellentes, mais elles deviennent redoutables pendant les pluies et les embourbements fréquents. Seule solution durant cette période, venir en avion et se contenter des quelques pistes principales autour des lodges.

Royaume vénéré des pachydermes, le parc d'Amboseli est un vrai régal pour les amoureux de ces mastodontes ! Il y en a partout : en petit groupe le long des routes, par dizaines autour des points d'eau... de quoi faire un album de famille ! Avec les neiges du Kilimandjaro en toile de fond, c'est mythique.

Lorsqu'on arrive par Namanga Gate, on longe pendant plusieurs kilomètres la rive nord du lac d'Amboseli. De lac, il n'a que le nom car il n'est plus actuellement qu'une vaste cuvette salée qui se remplit d'eau quelques jours par an. En saison sèche, une piste coupe à travers, mais il est dangereux de s'y engager car une boue gluante se cache sous la croûte de sel. Après avoir dépassé le lac, on pénètre au cœur du parc.

Dans la partie sud, Observation Hill est à ne manquer sous aucun prétexte. L'idéal est de prévoir un pique-nique sur place pour observer intensément la beauté du paysage, et prendre des inspirations vivifiantes face au Kilimandjaro. C'est une colline d'observation qui offre une belle vue sur l'ensemble du parc et sur les marais en contrebas. Pour atteindre le sommet, on gare son véhicule en bas et l'on monte à pied en faisant attention aux animaux qui fréquentent parfois les parages. La colline domine le marais d'Enkongo Narok (noir et bienveillant en maasaï), le plus grand et le plus beau d'Amboseli. De quoi réaliser de très beaux clichés photographiques.

Plus à l'est, en direction de Kimana Gate, se trouve le marais d'Olokenya, où toute la faune du parc se donne rendez-vous au milieu des papyrus et des roseaux. Comme partout, mais c'est encore plus vrai à Amboseli, le meilleur moment pour visiter le parc est le matin de bonne heure ou la fin d'après-midi. En milieu de journée, la chaleur est telle qu'animaux et touristes paressent, les uns dans leur mare, les autres au bord de leur piscine. Avantage : il règne alors un calme absolu. Le soir, ne manquez pas le coucher de soleil. Les silhouettes sombres des acacias se détachent sur un ciel orangé et, au loin, le sommet enneigé du Kilimandjaro se pare de reflets roses. Superbe !

WE4KENYA GUESTHOUSE €

Kimana Gate

✆ +254 713 046 384

Compter un minimum de 3 700 Ksh par personne pour un cottage, 2 700 Ksh pour une tente safari. Réservation par mail.

Le Kili pour tous ! Ce petit campement idéalement situé, et accessible aux petits budgets, est très bien tenu et joliment aménagé. Vous aurez le choix entre un cottage pour 4/5 personnes avec toilettes et salle de bain, une tente safari tout confort ou une tente de camping (prête à l'emploi) avec salle de bain commune. Pour ceux qui seraient moins attachés au confort, il s'agit d'une option économique en dehors du parc d'Amboseli, qui bénéficie du même cadre grandiose. Sans aucun doute l'une des meilleures adresses dans le coin. Convivial et authentique.

SENTRIM AMBOSELI €€

A 2 km de Kimana Gate.

✆ +254 796 890 890

Tarifs et réservations via le site internet, à partir de 117 US$ pour un, 230 US$ pour deux.

Ce grand complexe propose une soixantaine de tentes, assez rapprochées les unes des autres, réparties dans un joli jardin habité par de nombreux oiseaux et des singes vervets. La décoration pourrait être plus avenante, mais les unités sont confortables et spacieuses, avec salle de bain en dur et terrasse avec vue sur le Kilimandjaro. Électricité (générateur) de 18h à 22h30. Une jolie piscine face au Kilimandjaro. Les repas se prennent dans une grande salle commune au milieu du jardin, buffet à volonté matin et soir. Cuisine internationale et kenyane plutôt bonne.

ASHNIL ARUBA LODGE €€

✆ +254 717 612 499

www.ashnilhotels.com

Tarifs et réservations sur le site Internet.

Le lodge se situe au cœur du parc national de Tsavo East. L'emplacement est superbe, à quelques heures de la côte de Mombasa, à cinq heures de route de Nairobi, sur les rives du barrage d'Aruba. Plusieurs points d'eau situés à proximité attirent les animaux qu'il est facile d'apercevoir sur ce terrain de savane sans relief. Le complexe offre 46 chambres et 6 tentes de luxe. Le restaurant, offrant une cuisine africaine, orientale et internationale se trouve dans le bâtiment principal et surplombe le barrage, quel que soit l'angle où l'on se trouve.

OL TUKAI LODGE AMBOSELI €€€

A l'intérieur du parc. ✆ +254 721 363 163
www.oltukailodge.com
A partir de 300 US$ par personne/nuit, en pension complète, avec les game drives. Packages par la route ou par les airs.

Situé non loin de l'entrée principale du parc et aux abords d'un petit lac souvent pris d'assaut par les flamants roses. Il se compose de jolis bungalows en bois dispersés dans un grand jardin. On aime particulièrement son petit bar sur deux étages, et l'omniprésence de l'eau, tantôt retenue dans une fontaine, tantôt s'émancipant le long de la végétation. Prestations de grande qualité, ambiance agréable et très belle piscine. Accès pour handicapés et site Internet en français. Ol Tukai dispose d'une petite chapelle où les mariages peuvent être célébrés.

TAWI LODGE €€€

4 km avant d'atteindre Kimana Gate. Tawi Conservancy, 10 minutes en voiture de l'entrée du parc national d'Amboseli. ✆ +254 733 657 610
www.tawilodge.com
Entre 250 US$ et 450 US$ par personne/nuit selon la saison. Renseignements et tarifs (tout inclus) par courriel.

Situé au cœur d'une réserve privée de 2 500 hectares, à quelques kilomètres du parc d'Amboseli, ce lodge d'exception baigne dans un magnifique jardin d'inspiration japonaise. Les 13 cottages, en bois et makuti, sont aménagés avec beaucoup de style et de soin, les lits offrent une vue sur le Kilimandjaro, et les salles de bain avec douche ouverte, sur la savane. Les éléphants, girafes, et antilopes viennent s'abreuver sous vos yeux, autour d'un point d'eau dédié. Une bulle de paradis africain.

TULIA AMBOSELI SAFARI CAMP €€

Kimana Gate
✆ +254 207 909 288
https://tuliacamp.com/
A partir de 185 US$ par personne par nuit en pension complète.

Peut être le meilleur rapport qualité-prix de la région ! Que ce soit au matin pour le petit déjeuner avant de partir en safari, ou au coucher du soleil au coin du feu, la vue sur le mont Kilimandjaro est superbe. Toutes les tentes et installations sont éco-responsables, l'équipe est aussi serviable que chaleureuse. Si vous voulez rendre votre séjour encore plus inoubliable, ils organisent également des vols en montgolfière, ce sont les seuls à le faire à Amboseli.

ELEPHANT GORGE CAMP €€€

✆ +254 704 418 651 648
www.atua-enkop.com
A partir de 445 US$ pour deux personnes, selon la saison.

© ELEPHANT GORGE CAMP

Elephant Gorge Camp est le dernier de la famille Atua Enkop Africa. Idéalement situé à Amboseli, ce lodge exclusif offre une vue privilégiée sur le mont Kilimandjaro. Sa particularité, être au sein de la réserve d'Aloca, sans barrière et donc au contact même des animaux. Quel sentiment de liberté ! Un point d'eau en face de la terrasse et la piscine surplombant la plaine, augmente vos chances d'y observer notamment les éléphants. Une décoration épurée et élégante, un personnel charmant, le tout dans un confort d'un établissement de luxe. Une très belle adresse.

TORTILIS SAFARI CAMP €€€

A l'intérieur du parc d'Amboseli.
✆ +254 730 127 000
www.elewanacollection.com
Tente safari pour 2 personnes, à partir de 1 212 US$, tout inclus, y compris gamedrive. Réservation via site internet.

L'un des plus beaux écolodges du Kenya, membre de la collection Elewana. Magnifiquement situé au pied du Kilimandjaro et à l'extrémité sud-ouest du parc, ce camp de toile très intimiste, est composé d'une quinzaine de tentes remarquablement bien décorées (salle de bains en bois, petite véranda, meubles en rotin…). La situation à la limite du parc permet à la direction du camp d'organiser des safaris à pied, chose interdite dans l'enceinte des réserves. Excellente cuisine. Très belle piscine, massage à la carte et service impeccable. Electricité 100 % solaire.

KILIMANJARO BALLOON SAFARIS

Kimana Gate Road
✆ +254 712 717 171
https://kilimanjaroballoonsafaris.com/
Vol à 450 US$ par adulte et 350 US$ pour les enfants.

Kilimanjaro Balloon Safaris est le seul prestataire à proposer des vols en montgolfière. Une chance de voir à la fois le Kilimanjaro au-dessus des nuages mais aussi le parc national et admirer des zones humides verdoyantes, des prairies de savane ouvertes et le lac Amboseli, le tout au lever du soleil. L'activité est accompagnée d'un petit déjeuner avec une coupe de champagne, histoire de bien célébrer la journée. Une expérience unique. Équipe sérieuse.

TSAVO EAST NATIONAL PARK ★

A l'origine, Tsavo était un seul et immense parc, il est aujourd'hui coupé en deux par la route à quatre voies et le chemin de fer qui relient Mombasa à Nairobi. Cet espace sauvage, doté de somptueux paysages secs et accidentés, est le royaume des éléphants rouges. La couleur rouge de la terre de Tsavo dont ils se recouvrent allègrement fait leur particularité. La terrible sécheresse des années 1970 et le braconnage ont bien failli les faire disparaître. Heureusement, les mesures radicales prises par les autorités ont porté leurs fruits et l'on rencontre aujourd'hui quelques troupeaux d'éléphants au Tsavo Est.

C'est à Tsavo que s'est déroulée l'incroyable histoire des « lions mangeurs d'hommes », qui ont attaqué les ouvriers des travaux ferroviaires en 1898, allant jusqu'à en tuer un certain nombre, avant d'être abattus par le colonel britannique John Henry Patterson. Celui-ci a fait le récit de ses exploits dans son livre *Les Mangeurs d'hommes de Tsavo* (1907). Aujourd'hui, les lions n'attaquent plus les hommes, et malgré l'empreinte humaine de plus en plus visible (infrastructures routières et ferroviaires, lignes électriques haute tension...), la nature est encore reine. Le parc compte d'ailleurs un très grand nombre d'animaux (buffles, zèbres, antilopes, gazelles, autruches, lions...), mais, dispersés dans cette immensité, ils sont relativement difficiles à observer. A la saison sèche, ils se regroupent en très grand nombre près des quelques points d'eau permanents.

La plus grande partie du parc, gigantesque et désertique, au nord de la rivière Galana, est fermée au public. La partie ouverte reste largement assez grande. On se retrouve vite seul au milieu de la savane dès que l'on s'écarte des principaux circuits autour du Voi Wildlife Lodge.

Se loger

A la limite du parc, juste avant Voi Gate, le Lion Hill Safari Camp est un site de camping pratique et bien équipé. Il est également possible (et recommandé) de camper au Red Elephant Safari Lodge. A l'intérieur du parc, à quelques kilomètres de Voi Gate, le Ndololo Campsite est très bien.

Tout au nord, près de Mtito Andei et du Tsavo Safari Lodge, un autre camping privé (au bord de la rivière Athi) peut vous accueillir. Le mieux est de se renseigner auprès des rangers pour connaître les meilleurs emplacements.

Transports

Accès. La porte principale du parc est la Voi Gate qui, comme son nom l'indique, se trouve dans la ville de Voi. La ville elle-même n'a pas grand intérêt, mais vous y trouverez des banques, des stations d'essence et quelques petits hôtels corrects. Pour atteindre la porte, traverser le centre-ville avant d'emprunter une piste (bien indiquée) juste en face de la station-service Total. Trois autres portes donnent sur l'axe Nairobi-Mombasa. Mtito Andei Gate, tout au nord, ne mène qu'au Tsavo Safari Camp. Plus au sud en direction de Voi, la Manyani Gate permet d'atteindre rapidement Mudanda Rock ou les Luggard Falls.

Enfin, 60 km au sud de Voi, Buchuma Gate offre un accès commode si l'on vient de Mombasa. Il existe une autre entrée à l'extrémité est du parc : Sala Gate. Cette porte permet de rejoindre Malindi par une bonne, mais interminable, piste de plus de 100 km. Attention, pendant la saison des pluies, cette route est fréquemment impraticable.

Bon à savoir. Le train, qui fait la liaison quotidienne entre Nairobi et Mombasa, s'arrête à Voi, une bonne option pour ceux qui ne seraient pas véhiculés et qui souhaitent ensuite enchaîner sur la côte, ou l'inverse. Le camp que vous aurez réservé peut vous récupérer et vous déposer à la gare de Voi (Satao, par exemple, le fait régulièrement). Réserver dans ce cas l'« Inter-County Train » (départ de Mombasa et de Nairobi à 8h tous les jours ; il s'arrête dans sept localités) et non l'« Express Train » ou le « Night Train » (qui eux font la liaison non-stop entre Nairobi et Mombasa et ne s'arrêtent donc pas à la gare de Voi).

VISITE DU PARC DE TSAVO EST

✆ +254 800 597 000
kws.go.ke
Comptez 52 US$ par jour et par adulte, et 35 US$ par jour et par enfant de moins de 18 ans.

A partir de Voi Gate, le circuit le plus fréquenté est celui qui mène au lac d'Aruba (retenue d'eau destinée aux animaux en cas de sécheresse) en longeant la petite rivière Voi, qui n'a de rivière que le nom puisqu'on n'y trouve de l'eau seulement quelques semaines par an. Les pistes sont bonnes et serpentent au milieu d'une végétation assez dense. En continuant tout droit ou en prenant la direction du sud vers Buchuma Gate, on se retrouve rapidement au milieu d'une région semi-désertique où l'on observe parfois de grands troupeaux d'éléphants.

Si l'on se dirige plus au nord, on atteint Manyani Gate. La piste qui part alors sur votre droite longe la rivière Galana jusqu'à Sala Gate. Cet itinéraire superbe permet d'admirer le long des berges une végétation dense et variée, peuplée de dizaines d'espèces d'oiseaux. A mi-parcours, les Luggard Falls sont en fait des rapides à la teinte verte qui s'écoulent au fond d'une faille étroite avant de retomber en cascade en contrebas. En période sèche (c'est-à-dire presque toute l'année), les rapides se transforment en un filet d'eau. En revanche, quelle que soit la saison, les crocodiles sont toujours là. De l'autre côté de la rivière s'étend l'immense plateau de Yatta, considéré comme l'une des plus grandes coulées de lave au monde (plus de 300 km).

Mudanda rock fait partie des étapes d'un circuit dans Tsavo Est. Cet énorme roc de granit isolé ressemble, en beaucoup plus petit, au célèbre Ayer's Rock d'Australie.

SENTRIM TSAVO EAST €€

A 11 km de Voi Gate.
✆ +254 796 890 890
A partir de 130 US$ par personne en pension complète et 229 US$ pour deux. Réservation via le site internet.

Ce lodge bénéficie d'un superbe cadre, et tout a été fait pour pouvoir observer les animaux qui viennent s'abreuver le soir devant le camp. Vous pourrez observer les éléphants depuis la terrasse du bar ou le restaurant. Un observatoire en hauteur a également été installé, avec un spot de lumière qui éclaire les scènes de vie sauvage, sous une pluie d'étoiles. Mieux que n'importe quel documentaire animalier. Spectacle fascinant garanti à la tombée de la nuit. Les 20 tentes standard sont d'un confort correct, sans grande prétention, mais le luxe est ailleurs.

SATAO SAFARI CAMP €€€

✆ +254 734 122 022
www.sataocamp.com
Packages au départ de Nairobi ou de Mombasa (en voiture ou en train). Tarifs et réservations par courriel.

Agréable camp de toile perdu dans l'immensité du Tsavo, à une quinzaine de kilomètres du lac d'Aruba en direction de Sala Gate. Calme infini et environnement sauvage. Le camp est installé près d'un point d'eau, où les animaux, notamment les éléphants, viennent s'abreuver. Les 20 tentes safari, installées à l'ombre des tamariniers, sont disposées directement autour de ce point de rendez-vous. Spacieuses et confortables, elles disposent d'une grande salle de bains en dur et d'une terrasse aménagée pour observer le spectacle animalier qui se déroule sous vos yeux.

Tsavo East National Park.

TSAVO WEST NATIONAL PARK ★

Tsavo East et Tsavo West forment ensemble l'un des plus grands parcs nationaux du monde, couvrant 4 % de la superficie totale du Kenya. La partie ouest du parc couvre une superficie de 9 000 km² et se caractérise par un paysage aride et accidenté, avec des altitudes pouvant atteindre 1 000 m. Il dispose d'un réseau de pistes bien entretenues. Les paysages variés du parc de Tsavo Ouest offrent des panoramas exceptionnels sur les Chyulu Hills, les Taita Hills et le Kilimandjaro. Le parc abrite une faune très riche (lions, phacochères, éléphants, rhinocéros, antilopes, hippopotames…), mais dont l'observation n'est pas aisée. C'est aussi un excellent parc pour les marcheurs puisqu'il offre de nombreuses possibilités de petites balades. On peut distinguer deux zones bien distinctes dans ce parc. D'une part, celle au nord de la rivière Tsavo, où sont concentrés la majorité des choses à voir et des lodges. Les pistes y sont bonnes, très nombreuses et permettent de circuler facilement dans un paysage vallonné parsemé de cônes volcaniques et de petites montagnes. D'autre part, celle au sud de la rivière, vaste plaine uniforme traversée par quelques pistes interminables. C'est une zone extrêmement sauvage et peu fréquentée, à l'exception du lac Jipe, tout au sud.

Se loger

Il y a en principe trois sites de camping près des portes principales (renseignements auprès des rangers). On peut également camper au lac Jipe dans un site superbe : pelouse, panorama grandiose, toilettes et gros moustiques !

Transports

Pour des raisons pratiques, si vous avez le choix, optez pour l'entrée principale.

- **Itinéraire Nairobi-Mombasa.** La porte de Mtito Andei, donnant sur cette route, est l'entrée principale du parc. Elle est située à peu près à mi-distance des deux villes. La Tsavo Gate, 48 km, plus au sud, est commode si l'on se rend au Ngulia Lodge ou au Ngulia Safari Camp (attention, par mauvais temps, une petite section de la piste après le Rhino Sanctuary peut devenir assez périlleuse).
- **Entre Voi et la frontière tanzanienne.** Si l'on vient de Voi, on entre par la porte de Maktau, près de la place de Taita. De l'autre côté du parc, à proximité de Taveta, se trouve Mbuguni Gate ; un peu plus au nord, porte de Ziwani ; et, près du lac Jipe, la porte Jipe. Si vous vous contentez de traverser le parc sans sortir de l'itinéraire principal, vous ne payez pas de droits d'entrée.
- **Route entre Amboseli et le Tsavo.** Non seulement cette route est très pratique, mais en plus elle est superbe. Si vous venez d'Amboseli, vous sortez du parc par Kimana Gate, direction Oloitokitok. Au premier grand croisement, prendre à droite puis à gauche. Ensuite, c'est tout droit ! Cet itinéraire traverse le pays maasaï dans un décor d'exception. La petite piste se fraye un passage dans les coulées de lave entre la masse énorme du Kilimandjaro au sud et les extraordinaires Chyulu Hills au nord. Malheureusement, l'état de la route est, lui aussi, assez exceptionnel. En saison sèche, la quantité de poussière peut prendre des proportions inimaginables, de même que les ornières après de fortes pluies.

SAFARILINK ✈

✆ +254 206 690 000

www.flysafarilink.com

Deux vols par jour pour Tsavo West, au départ de Nairobi, Wilson Airport. Packages incluants vols et hébergements.

Cette compagnie nationale assure des liaisons directes vers les lieux d'intérêt touristique et les correspondances pour les voyageurs de Kenya Airways vers différentes destinations touristiques au Kenya et en Tanzanie. Basée à l'aéroport Wilson, à Nairobi, Safarilink propose des vols réguliers chaque jour vers le Maasaï Mara, Amboseli, Tsavo Ouest, Naivasha, Nanyuki, Lewa, Samburu, Lamu, Kilimandjaro, Loisaba, Kitale, Kapese, Lodwar, Migori, Vipingo, Diani Beach, Zanzibar et Kisumu. On voyage dans des petits avions (Dash 8 et Grand Caravan), confortables et sûrs.

KILAGUNI SERENA SAFARI LODGE €€€

✆ +254 734 699 865

www.serenahotels.com/kilaguni

Chambre standard pour deux, à partir de 320 US$ en pension complète

Ce lodge jouit de l'une des plus belles situations dans le parc. Les 56 chambres sont joliment décorées, confortables et ont chacune une petite terrasse. L'immense salle à manger et le bar en plein air construit dans la roche donnent sur un point d'eau où viennent s'abreuver les animaux avec, avec en toile de fond, les Chyulu Hills et le Kilimandjaro. Le lodge organise des dîners dans la savane, des excursions d'une demi-journée ou d'une journée à Shetani Lavi et aux sources de Mizizi.

Zèbres du Tsavo.

TSAVO INN €

Mombasa Road, Mtito andei

✆ +254 708 367 300

Chambres économiques, dans la ville de Mtito Andei, à proximité immédiate de l'entrée du parc de Tsavo West.

Situé à 2 pas de la route reliant Nairobi à Mombasa, le Tsavo Inn est un endroit très calme, avec un joli jardin, et ce, à deux pas de l'entrée du parc national de Tsavo West. L'entrée du Tsavo East n'est qu'à une cinquantaine de kilomètres, ce qui en fait une bonne base pour visiter les deux parcs. Les chambres sont spacieuses, propres et bien équipées. En somme, une alternative économique, idéale pour les petits budgets. Vous pourrez même profiter de la piscine après votre journée de safari. L'établissement dispose également d'un restaurant tout à fait correct.

LIONS BLUFF LODGE €€€

✆ +254 754 351 908

www.lionsblufflodge.com

Cottage double à partir de 495 US$ par nuit et par personne. Offres spéciales via le site Internet.

Isolé et exclusif, Lions Bluff surplombe un ancien couloir de migration d'éléphants, offrant une vue panoramique à 360° sur le sanctuaire de Lumo, Tsavo et le mont Kilimanjaro. Toile, bois et makuti (feuilles de palmier) composent les 12 unités de ce charmant lodge tout confort, qui dispose également d'un petit cottage pour ceux qui préfèrent passer la nuit entre quatre murs. Le lodge organise de nombreuses activités et excursions pour découvrir la région. L'expérience de la brousse et des grands espaces africains prennent ici toute leur dimension.

SEVERIN SAFARI CAMP €€€

✆ +254 716 833 222

www.severinsafaricamp.com

Tente safari de luxe à partir de 27 000 Ksh la nuit pour trois, en pension complète. Accès wifi.

Un camp relativement classique, mais harmonieux, agréable et bien tenu, implanté dans un environnement tout à fait exceptionnel. La vue y est magnifique. Les 27 tentes safari et suites sont équipées à l'identique avec lit, moustiquaire, salle de bain-douche, toilettes, électricité et petite terrasse privée. Les 8 bandas, en dur, bénéficient d'une petite cuisine aménagée. Les unités sont adaptées aux personnes à mobilité réduite. Safaris de jour comme de nuit, petits déjeuners, déjeuners et *sundowners* dans la savane. Très joli spa et petite piscine.

VOYAGER ZIWANI SAFARI CAMP €€€

✆ +254 711 019 900

Réservation en ligne conseillée. A partir de 256 US$ pour 2 personnes, selon la saison, en pension complète.

Ce camp est particulièrement vaste et dispose de 25 tentes safari aérées, tout confort. Le grand bâtiment commun fait face à un joli petit lac qui attire de nombreux oiseaux. C'est un lieu très plaisant et reposant, mais souvent plein. Nombreuses activités : balade à pied autour du lac afin de voir de très près des crocodiles, sortie nocturne pour observer les hippopotames en activité (moment rare), excursions au lac Chala ou au Grogan's Castle et activités nature pour les enfants.

VISITE DU PARC DE TSAVO OUEST

✆ +254 720 968 527

kws.go.ke

Comptez 52 US$ par jour et par adulte, et 35 US$ par enfant de moins de 18 ans.

Tsavo East et Tsavo West forment ensemble l'un des plus grands parcs nationaux du monde, couvrant 4 % de la superficie totale du Kenya. Certes moins visités que leurs voisins, ils sont tout aussi splendides et fascinants. La partie ouest du parc couvre une superficie de 9 000 km² et se caractérise par un paysage aride et accidenté, avec des altitudes pouvant atteindre 1 000 m. Il dispose d'un réseau de pistes bien entretenues. Si vous restez sur les axes principaux autour de Kilaguni, vous pouvez visiter le parc avec un deux-roues. En période de pluie ou si vous souhaitez prendre des pistes secondaires, le 4x4 s'impose. Sachez d'autre part que le parc bénéficie d'une très bonne signalisation, ce qui n'empêche pas de s'égarer de temps en temps.

▸ **Nord du parc.** Cette partie rassemble tous les lodges et les centres d'intérêt. C'est autour de Kilaguni que se trouvent les lieux d'excursions les plus populaires. Les Mzima Springs (sources de Mzima) sont l'attraction phare du Tsavo Ouest. L'endroit ressemble à une véritable oasis de verdure, particulièrement rafraîchissante après de longues heures de pistes poussiéreuses. Au milieu d'une végétation luxuriante, des millions de mètres cubes d'eau cristalline jaillissent à travers la roche volcanique. Une partie de cette eau alimente directement la ville de Mombasa grâce à un pipeline de 250 km, mais l'essentiel forme une série de petits lacs dans lesquels s'ébrouent des dizaines d'hippopotames et quelques crocodiles. Un petit sentier aménagé longe la berge et permet d'admirer ces grosses bêtes de près et en toute sécurité. Un observatoire sous-marin a même été construit afin d'observer leur comportement sous l'eau. Malheureusement, hippopotames et crocodiles ne passent qu'exceptionnellement à proximité de l'abri. Si vous voyagez avec votre propre véhicule, vous avez intérêt à visiter ce site en fin d'après-midi ou à l'heure du déjeuner, afin d'éviter la foule. Autour de midi, vous aurez peut-être la chance de piqueniquer tranquillement à l'ombre des grands acacias, simplement dérangé par quelques vervets ou babouins. Non loin des Mzima Springs, le Chaimu Crater et le Roaring Rock peuvent être d'excellents buts de deux petites balades agréables parmi de très beaux panoramas. Le Chaimu Crater est un immense cône volcanique entièrement recouvert de lave noire. On se gare au pied et l'on accède au sommet par un sentier. Roaring Rock est constitué d'un étonnant amas rocheux. Avant de vous lancer à l'assaut des sommets, assurez-vous qu'aucun animal sauvage n'a l'intention d'effectuer l'ascension en votre compagnie. Toujours à proximité de Kilaguni, mais à la limite avec les Chyulu Hills, se trouve l'étonnante coulée du diable, Shetani Lava Flow. Il s'agit d'une spectaculaire coulée de lave noire qui traverse la piste reliant Amboseli au Tsavo. Accompagné d'un ranger (renseignements à la Chyulu Gate), vous empruntez un petit sentier qui serpente au milieu d'une nature assez hostile et visitez quelques cavernes (prévoyez une lampe torche). Beaucoup plus à l'est, entre le Ngulia Lodge et la Tsavo Gate, vous pouvez pénétrer (uniquement entre 16h et 18h) dans le Rhino Sanctuary. Les autorités kényanes ont regroupé dans ce sanctuaire de 70 km² une quarantaine de rhinocéros noirs. Le terrain, entouré d'une clôture électrifiée, est surveillé 24h/24. Plusieurs pistes sillonnent cet immense enclos dans lequel vous avez de grandes chances d'apercevoir l'un de ces insaisissables gros animaux (méfiez-vous de leurs réactions parfois peu amicales).

▸ **Sud du parc.** C'est une immense plaine presque désertique dans laquelle vous pouvez circuler pendant des heures sans rencontrer le moindre véhicule. A l'extrémité sud, le long de la frontière, se trouve le lac Jipe. Il est alimenté en eau toute l'année grâce aux neiges éternelles du Kilimandjaro. La végétation alentour est un peu plus dense, les animaux sont souvent plus nombreux et la vue sur le Kilimandjaro et les montagnes Pare est superbe. Plusieurs pistes permettent d'atteindre le lac. Si vous entrez par Maktau Gate, prenez vers le sud, puis tout de suite à droite. Cette piste coupe à travers le parc (parcours beau mais long). Deux autres pistes à proximité de Taveta vous conduisent au lac. La piste principale se trouve juste avant la ville et permet d'atteindre la rive nord du lac en passant par le Grogan's Castle. Ce château, construit dans les années 1930 par un riche colonel de l'armée anglaise, offre un spectacle incroyablement anachronique et incongru. L'askari (le gardien) peut éventuellement vous le faire visiter (à négocier). Au nord de Taveta, en dehors des limites du parc, se trouve le lac Chala. Blotti au fond d'un cratère, au pied du Kilimandjaro, il est situé dans une région agricole couverte de plantations de sisal. On peut se promener sur l'arête du cratère en profitant d'une vue magnifique sur le Kilimandjaro. De plus, c'est une étape commode si l'on souhaite se rendre à Amboseli à partir de Taveta.

▸ **Bon à savoir.** Il y a en principe trois sites de camping près des portes principales. Un près de Mtito Andei, un près de Tsavo Gate, et enfin le meilleur à Chyulu Gate. Ce dernier, ombragé et bien situé, permet d'aller dîner le soir au Kilaguni Lodge tout proche.

CHYULU HILLS NATIONAL PARK ★

Il s'agit d'une chaîne volcanique extrêmement récente qui s'étend au nord du Tsavo Ouest sur plus de 80 km. Le paysage se caractérise par une multitude de cônes volcaniques arrondis, recevant des précipitations régulières.
Grâce à son altitude (2 174 m), la chaîne arrête les nuages venus de la côte qui déversent sur les flancs des collines une grande quantité d'eau. Celle-ci s'infiltre à travers la roche volcanique et rejaillit, purifiée, à plusieurs endroits sous forme de sources (à Mzima Springs, par exemple). Pour ceux qui souhaitent sortir des sentiers battus, une piste absolument superbe serpente au milieu des cônes volcaniques et traverse le parc de part en part. Pour l'atteindre, trois possibilités s'offrent à vous. La première consiste à prendre à droite (vers le sud) un peu après Kibwezi sur la grande route Nairobi-Mombasa (panneau en bois du KWS). Après une trentaine de kilomètres, vous rejoignez la piste du parc, où vous prenez à gauche. La deuxième possibilité consiste à passer par Makutano en venant d'Emali ou d'Amboseli. La route est belle, mais vous risquez de vous perdre.
Enfin, dernière possibilité, prendre sur la droite juste après avoir quitté le Tsavo par Chyulu Gate (au niveau de Shetani Lava).
Si vous souhaitez traverser le parc seul, renseignez-vous sur l'état des routes et la sécurité, avant de vous lancer à l'aventure. Soyez autonome en eau et en essence et partez, si possible, à deux véhicules.
Comptez 22 US$/adulte et 13 US$/enfant par jour.

TAITA HILLS ★

Il s'agit d'un impressionnant massif montagneux (2 205 m) situé au beau milieu des plaines désertiques du Tsavo. A l'instar des Chyulu Hills, les Taita Hills reçoivent une grande quantité de pluie. Ces précipitations importantes, l'isolement et l'altitude ont permis le développement d'une forêt exceptionnelle dont il ne reste plus grand-chose aujourd'hui. Pour avoir une idée de ce à quoi elle ressemblait, il faut aller plus au sud, près du village de Rukanga. Sur le sommet d'un immense dôme rocheux (le Kasigau, 1 640 m), d'importants vestiges de forêts primaires attirent les scientifiques et quelques passionnés.
Mais revenons aux Taita Hills. Cette zone difficile d'accès a servi de refuge à plusieurs ethnies, et c'est aujourd'hui une région très peuplée et intensivement cultivée. La jolie petite ville de Wundanyi, blottie au pied d'imposantes falaises, en est la capitale. C'est le point de départ de nombreuses randonnées dans les collines. Prenez un guide local si vous ne voulez pas vous perdre. Au pied du massif, sur la route de Taveta, se trouve le sanctuaire animalier des Taita Hills. Cette réserve privée est gérée par le groupe Hilton qui y a construit trois établissements de luxe. La réserve est un peu moins aride que le Tsavo et la faune plus abondante (les minibus également !). Outre l'affluence, on peut aussi regretter que le sanctuaire ne soit accessible qu'aux clients des lodges. La plupart des touristes qui visitent cette région se contentent du sanctuaire animalier. A Voi, prendre la route de Taveta (bien indiqué). Comptez 35 US$/adulte et 20 US$/enfant par jour.

OL DONYO LODGE €€€

✆ +27 87 354 6591
https://greatplainsconservation.com
A partir de 1 210 à 2 178 US$ par personne/nuit, tout inclus. Détails et réservations sur le site Internet.

Situé sur plus de 111 000 hectares de terres privées au cœur des collines de Chyulu, entre les parcs de Tsavo et d'Amboseli, cet eco-lodge du groupe Great Plains Conservation est certainement parmi ce qui se fait de mieux et de plus cher en matière de lodge au Kenya. Du haut vol ! Seulement quelques clients profitent de ce luxe extrême en pleine nature. Nombreuses excursions dans la région. Droits de conservation pour financer des projets communautaires locaux. Le groupe renommé possède d'autres camps dans le Maasai Mara, ainsi qu'au Botswana et au Zimbabwe.

SALT LICK SAFARI LODGE €€€

A 400 km de Nairobi, 200 km de Mombasa et 42 km de la gare de Voi. ✆ +254 110 943 777
https://saltlicksafarilodge.com/
21 000 Ksh pour deux personnes, en pension complète. Ajouter 35 US$ de frais de la Conservancy par jour et par personne.

Ce lodge, pour le moins original, aux allures de cases sur pilotis, rappelle les villages traditionnels de la région. Les chambres, sur deux niveaux, surplombent des points d'eau où viennent régulièrement s'abreuver les animaux. Une base idéale pour explorer les 11 300 hectares de vie sauvage préservée des Taita Hills (du moins une partie !). Safaris de jour et de nuit et possibilité de nombreuses excursions : villages voisins, sources Mzima, sanctuaire des rhinocéros Nguila, lac Jipe. Piscine. Espace bien-être et wifi gratuit.

MOMBASA ET LA CÔTE

La côte « swahilie » est d'une beauté remarquable, avec ses plages de sable blanc immaculé, son océan limpide protégé des requins par une sublime barrière de corail multicolore, sa végétation luxuriante, son climat de rêve, et sa culture si particulière, avec Mombasa comme capitale, sans nul doute la plus belle ville du Kenya. Les infrastructures sont excellentes, avec des ribambelles de complexes hôteliers « carte postale », des « boutiques-hôtels » au charme exclusif, des villas de luxe à louer en bord de mer. Si l'on peut bien sûr viser uniquement un séjour balnéaire sur la côte, on peut aussi très bien combiner sa visite à tous les autres atouts que présente le Kenya. Entre Mombasa et la côte sud d'une part, et l'archipel de Lamu d'autre part, les beautés de la côte swahilie, si différente du reste du Kenya avec sa civilisation séculaire, métisse et musulmane, n'ont pas fini d'émerveiller.

Sumai
Kakya
Kenze
Ikanga
Handarako
Ithoku
Kiangu
Kulelet
Assa
Chirte Hiyesa
Imale
Kone
Kiunduani Town
CHYULU HILLS
NATIONAL PARK
Machinery
A 8
TSAVO WEST
NATIONAL PARK
TSAVO EAST
NATIONAL PARK
Haluabaga
Koito
Manyani
TAITA HILLS
Voi
Wundanyi
A 8
Miasenyi
Dambale
Mkuki
Kitege
Mariakani
Kilibasi
MOMBASA
Busa
Guranze
SHIMBA HILLS
NATIONAL RESERVE
DIANI BEACH
Mtsunga Dam
TANZANIE
A 7
ÎLE DE FUNZI
SHIMONI
Parc Marin
de Kisite

Ijara
Masalani
DODORI NATIONAL RESERVE
Kombo Kombo
Farjana
KIUNGA MARINE NATIONAL PARK
Ashuwei
Arosen
Mnazini
ÎLE DE KIWAYU
Tundwa
ÎLE DE PATE
Pandanguo
LAMU
ÎLE DE MANDA
Garsen
MATONDONI
SHELA
Maongo
DELTA DE LA RIVIÈRE TANA
Meraf
MAMBRUI
Baolala
MALINDI
RABUKO
KE FOREST
Parc Marin de Malindi
WATAMU
Parc Marin de Watamu
KILIFI
Océan Indien
KIKAMBALA
HANZU BEACH
MBURI BEACH
ALI BEACH
CH
Mombasa et la côte
50 KM

PAGES

297 ## ●● CÔTE SUD

La côte au sud de Mombasa est moins développée qu'au nord, à l'exception de Diani, qui doit être la plus importante concentration d'hôtels de tout le Kenya. Il y a trois plages principales : Shelly, Tiwi et Diani. Au-delà, la côte est très sauvage et possède plusieurs petites îles paradisiaques (Funzi, Chale, Wasini), ainsi qu'un fantastique « parc marin de Kisite ». La plage de Shelly se trouve juste après le Likoni Ferry. Mis à part sa proximité avec Mombasa, elle n'offre aucun intérêt et ne possède qu'un seul et immense hôtel. Tiwi est une superbe petite plage presque déserte, bordée uniquement de petits cottages. Malheureusement, ce cadre exceptionnel commence à attirer les promoteurs. Diani est sans doute la plus belle plage du Kenya. Les hôtels se succèdent sans interruption le long de ses 10 km de sable blanc. Mais ils sont complètement intégrés dans la nature, ce qui ne dénature en rien le paysage. Enfin, dans l'intérieur des terres, on pourra visiter la petite et agréable réserve de Shimba Hills.

La difficulté d'accès est le gros handicap de la côte méridionale. En effet, il n'existe pas de pont entre l'île de Mombasa et la côte sud. On est dans l'obligation d'emprunter un bac (le Likoni Ferry), pour un prix dérisoire. La traversée est très rapide. Cependant, il n'est pas rare d'attendre plus d'une demi-heure sur la jetée. Il est d'ailleurs fortement conseillé d'éviter les heures de pointe (matin et soir). Cette traversée est l'occasion de s'immerger quelques instants dans une ambiance bien africaine.

MOMBASA ★

297 Première capitale du Kenya (1895-1907), Mombasa est construite sur une île située dans une profonde brèche qui procure un abri naturel aux navires. Une promenade dans les vieux quartiers populaires de Mombasa et la visite du fort Jésus (de nuit si possible) constituent un voyage à travers quatre siècles d'une Histoire tourmentée. Et dans la plus jolie des villes du pays.

304 TIWI BEACH

SHIMBA HILLS NATIONAL PARK ★

305 Située à 30 km de Mombasa, la réserve de Shimba Hills abrite l'une des plus grandes forêts côtières d'Afrique de l'Est après la forêt d'Arabuko-Sokoke, au nord de Mombasa. Le parc a la particularité de permettre des promenades à pied et constitue une journée d'excursion très agréable au départ de Mombasa.

DIANI BEACH ★

305 Située à 30 km au sud de Mombasa, Diani Beach est l'une des plus belles (si ce n'est la) plages du Kenya. Elle flirte avec un lagon aux multiples nuances de bleu et s'étire sur 8 kilomètres de sable blanc immaculé. Dotée d'infrastructures touristiques de toutes catégories, Diani constitue une destination balnéaire de premier choix pour beaucoup de voyageurs qui souhaitent combiner plage et safari.

315 SHIMONI

ÎLE DE WASINI ★

317 L'île de Wasini et le parc marin de Kisite-Mpungunti sont situés juste en face de Shimoni. Wasini est une charmante petite île habitée par quelques familles de pêcheurs. L'île compte deux petits villages blottis au milieu des baobabs géants. Au large de la côte sud de Wasini, le parc marin de Kisite et la réserve de Mpunguti se composent de quatre superbes îles entourées de récifs coralliens.

ÎLE DE FUNZI ★

317 L'île de Funzi, c'est une mangrove omniprésente truffée de martins-pêcheurs et de violonistes (crabes à une pince), un village de pêcheurs aux airs de bout du monde et... un banc de sable fin, perdu au milieu de l'océan, tout simplement paradisiaque. Le Funzi Sand Band mérite sa réputation.

PAGES

● ● CÔTE NORD

Grâce au Nyali Bridge, la côte nord est très facile d'accès et donc bien plus développée que le sud de Mombasa. Les innombrables complexes hôteliers se succèdent jusqu'à Malindi. La plupart se concentrent juste au nord de Mombasa, le long des plages de Nyali, Bamburi et Shanzu. Plus au nord, leur densité diminue ; Kikambala, Kilifi et Watamu n'accueillent que quelques complexes hôteliers. Seule Malindi a connu un développement touristique délirant au début des années 1990. À l'extrême nord, une région sauvage encore préservée où vous aurez peut-être la chance de découvrir le magnifique archipel de Lamu, un havre de paix au milieu de l'océan Indien, au charme infini. Un coup de cœur. En vérité, pour un séjour balnéaire plus authentique, il vaut mieux cibler Lamu et ses beautés, ou Kilifi et Watamu qui ont de belles plages et une atmosphère agréable. Ou encore la côte sud. Les stations balnéaires de Mombasa à Malindi sont des usines à vacances et n'ont guère d'attraits, ni architecturaux ni même pour l'ambiance, à moins de rechercher justement un séjour façon club de vacances tout inclus.

KILIFI

322 Kilifi représente aujourd'hui une étape agréable sur la route de Malindi. Elle s'est spécialisée dans la pêche au gros, mais offre également de belles balades en bateau dans la mangrove, de jolies plages sauvages et un intéressant site archéologique. Le Kilifi New Year Festival (« Beneath The Baobabs ») est devenu un événement très attendu chaque année.

WATAMU ★

323 Avec ses eaux calmes et cristallines, son parc marin, ses petites criques, ses plages immaculées, sa mangrove et sa forêt luxuriante, Watamu reste un havre de paix et de tranquillité, que l'on apprécie pour son environnement sauvage et peu développé. Ce petit village paisible, situé à 15 km au sud de Malindi, est ainsi devenu une petite station balnéaire au charme qui fait l'unanimité.

ARABUKO SOKOKE FOREST

331 La réserve forestière d'Arabuko-Sokoke, gérée par le Kenya Forest Service (KFS), est la forêt côtière la plus grande et la plus intacte d'Afrique de l'Est. Bien qu'une infime partie ne soit encore protégée, elle abrite 20 % des espèces d'oiseaux du Kenya, et 30 % des espèces de papillons. Elle dispose d'un réseau de sentiers pédestres bien balisés et de plus de 30 km de pistes cyclables.

MALINDI ★

332 La ville côtière de Malindi, fondée au XIIIe siècle, est située à 120 km au nord-est de Mombasa. Surnommée la « petite Italie », cette station touristique regorge d'hôtels et de restaurants italiens, pizzerias, glaciers. La population européenne y est très présente et la plupart des gens parlent italien.

PAGES

KIUNGA MARINE NATIONAL PARK

336 Cet écosystème vierge comprend un ensemble de 50 îles calcaires aux récifs coralliens encore préservés. Les herbiers marins et les vastes forêts de mangroves constituent un refuge idéal pour les tortues de mer et les dugongs.

337
● ● ARCHIPEL DE LAMU

Lamu désigne à la fois la ville, l'île et l'archipel auquel elle appartient. Bordée par la mangrove, et séparée du continent par un chenal, Lamu a su conserver son âme, sa nonchalance, sa douceur de vivre et ses traditions swahilies.

Il faut absolument séjourner au moins deux nuits pour apprécier son atmosphère singulière où rivalisent charme, mystère et sérénité. Car Lamu, c'est une ambiance. On vient ici pour rêver au pied des dunes et pour flâner longuement dans les petites ruelles de la vieille ville. Loin des tumultes du monde. Pour séjourner, nous conseillons plus précisément le petit village de Shela, à quelques minutes en bateau de la ville de Lamu (ou à 45 min à pied par la corniche à marée basse).

LAMU ★★

337 Sur l'île de Lamu, tout n'est que douceur. D'ailleurs, les habitants se plaisent à le dire : « À Lamu, tout est doux ». La plus ancienne ville du Kenya, inscrite au patrimoine mondial de l'Unesco, n'a pas beaucoup changé d'aspect ni de caractère au cours des siècles. Elle ne laisse aucun voyageur indifférent, tant son charme opère.

340
MATONDONI

SHELA ★★

340 Ce charmant petit village, situé à 3 km de Lamu (45 min à pied, quand la marée le permet, et 10 min en bateau-taxi), est un lieu de séjour très prisé, réputé pour ses demeures superbement restaurées, son immense plage de sable fin bordée de dunes qui s'étend sur 13 km et son infatigable douceur de vivre. Il y règne une ambiance apaisante propice à la déconnexion.

345
ÎLE DE MANDA ★★

346
ÎLE DE PATE

346
ÎLE DE KIWAYU

© AXEL JUMELIN

Port de Lamu.

MOMBASA ★

La côte kenyane est souvent reléguée au second plan d'un point de vue touristique, en raison de la prééminence des safaris. Et pourtant ! La côte « swahilie » est d'une beauté remarquable, avec ses plages de sable blanc immaculé, son océan limpide protégé des requins par une sublime barrière de corail, sa végétation luxuriante, son climat de rêve, et sa culture si particulière, avec Mombasa comme capitale, sans nul doute la plus belle ville du Kenya.

Les infrastructures, si elles sont là avant tout pour un tourisme de luxe qui requiert un bon portefeuille, sont excellentes, avec des ribambelles de complexes hôteliers « carte postale », avec bungalows et villas entourées de palmiers en bord de mer. Italiens et Allemands sont depuis longtemps attirés par la côte kenyane pour un séjour de type balnéaire.

Les Français méconnaissent souvent cette option. Si l'on peut bien sûr viser un séjour kenyan uniquement sur la côte, on peut aussi très bien combiner sa visite à tous les autres atouts que présente le Kenya. Entre Mombasa et la côte sud et l'archipel de Lamu, les beautés de la côte swahilie, si différente du reste du Kenya avec sa civilisation séculaire, métisse et musulmane, n'ont pas fini d'émerveiller

Première capitale du Kenya (de 1895 à 1907), Mombasa est construite sur une île située dans une profonde brèche qui procure un abri naturel aux navires. Cet avantage géographique et commercial explique la prospérité de la ville et son histoire tourmentée. Après avoir été successivement une citadelle swahilie, une forteresse portugaise, un port stratégique de l'Empire anglais, la ville est aujourd'hui le plus grand port de commerce d'Afrique de l'Est et compte plus de 1,2 million d'habitants. 70 % d'entre eux sont Africains, les 30 % restants sont essentiellement d'origine indo-pakistanaise et européenne.

Ce mélange de peuples et de religions est pour beaucoup dans le charme de Mombasa. Mais cette population qui ne cesse de croître commence à être à l'étroit sur son île et les quartiers périphériques précaires se multiplient.

Mombasa est très différente de Nairobi. Elle est plus animée, plus colorée. En un mot, elle est plus africaine. Lorsqu'on y vient pour la première fois, le grouillement des gens et des véhicules peut paraître fatigant et étouffant, mais c'est en fait une ville accueillante et agréable. Après une première impression plutôt négative, on se promène avec plaisir dans son centre. Mombasa est d'ailleurs la seule ville du Kenya qui mérite vraiment une visite, notamment pour son cœur historique. Pour autant, il ne nous semble pas, et de loin, nécessaire d'y séjourner. Mieux vaut séjourner le long de la côte, en bordure de plage à 15 min au nord. Il est alors très facile de venir passer la journée à Mombasa. Inutile d'ailleurs de prévoir plus d'une journée complète pour découvrir tous les charmes de la ville.

Argent

Vous pouvez retirer du cash sans aucune difficulté avec vos cartes bancaires, les ATM sont partout, dans les banques et à proximité des commerces.

D'une façon générale, il existe deux rues principales dans le centre-ville de Mombasa où vous trouverez tout ce dont vous avez besoin (boutiques, banques, stations-service...). Il s'agit des deux rues les plus commerçantes : Moi Avenue et Jomo Kenyatta Avenue.

Histoire

La ville apparut sur les cartes dès l'époque de la Grèce antique, mais ce n'est qu'au XIIe siècle qu'elle devint un port de commerce influent contrôlé par les Arabes et les Perses. Ces marchands entreprenants s'installèrent dans la région dès le VIIe siècle, en y important la foi islamique. Le mélange de cultures et de religions engendrera peu à peu la culture et la langue swahilies.

Mombasa atteignit son apogée au XVe siècle grâce aux échanges avec l'Asie (épices, ivoire et or contre céréales et tissus).

En 1497, Vasco de Gama ouvrait la route des Indes en franchissant le cap de Bonne-Espérance et atteignit Mombasa en 1498. Mais la ville, sous influence turque, refusa de l'accueillir. Il trouva alors refuge à Malindi (ennemie jurée de Mombasa). Les Portugais étaient déterminés à détruire le monopole arabe du commerce maritime dans l'océan Indien. En 1505, à la tête d'une flotte de 23 navires, l'amiral Francisco d'Almeida pillait et incendiait la ville.

Pendant un siècle, Mombasa, sujette aux convoitises, sera sans cesse attaquée, saccagée puis reconstruite. En 1589, la ville accueillait la flotte du Turc Ali Bey, victorieuse des Portugais à Oman. Ces derniers décidèrent d'en finir et attaquèrent de nouveau la ville avec l'aide de milliers de cannibales zimbas venus du bassin du Congo. La ville fut rasée, les survivants massacrés et les Turcs écrasés.

Quatre ans plus tard, les Portugais construisirent l'imposant fort Jésus : ils restèrent maîtres des lieux pendant plus d'un siècle.

En 1698, après presque trois ans de siège, les derniers survivants portugais, malades et affamés, furent exterminés par les Arabes d'Oman. La ville fut alors soumise à l'autorité de la dynastie des Mazruis, puis des sultans d'Oman et de Zanzibar. Elle connut durant cette période un essor économique sans précédent. En 1873, les Anglais accentuèrent leur pression après que Sir Bartle Frere eut aboli le commerce des esclaves par un traité avec le sultan de Zanzibar. Une ville (Freretown) fut alors fondée pour les esclaves affranchis : on peut aujourd'hui visiter son église à l'entrée de Nyali sur la côte nord.
En 1888, après des négociations, le sultan de Zanzibar accepta que la côte kényane devienne un protectorat anglais avec pour capitale Mombasa. La ville resta à cette époque une plaque tournante du commerce, d'autant que les Anglais se lancèrent dans la construction d'un chemin de fer permettant de relier la côte à l'Ouganda. Par la suite, le Kenya devint une colonie de la Couronne britannique. Nairobi fut choisie comme capitale en 1907, mais Mombasa conserva son dynamisme économique.

Pratique

Sécurité. Mombasa était devenue en quelques années une ville peu sûre, où les vols à l'arraché étaient monnaie courante. La situation s'est très nettement améliorée et les risques d'agressions dans le centre-ville sont minimes. En revanche, la nuit, il est préférable de ne pas circuler en voiture et encore moins à pied. Enfin, évitez de vous promener avec des objets de valeur sur les plages au nord et au sud de Mombasa et soyez vigilant si vous empruntez le Likoni Ferry.

Pharmacies. Vous en trouverez à Mombasa de très nombreuses et pour certaines d'entre elles bien achalandés. Toutefois, nous vous en recommandons particulièrement deux. Vous pourrez vous adresser à de « vrais » pharmaciens, compétents et aptes à trouver l'équivalent français du médicament que vous cherchez : Goodlife à Nyali Centre et Al Shifa à City Mall.
Les grands baroudeurs que vous êtes connaissent déjà le contenu de la trousse du voyageur : Ercefuryl®, Imodium®, paracétamol...
Pensez-y, sans oublier la panoplie la plus complète des crèmes ou spray anti-moustiques. Le paludisme sévit particulièrement sur la côte.

Médecins. Pour les consultations, le Mombasa Hospital est un excellent établissement. Vous pouvez vous adresser également au Dr Sood, cardiologue (+254 721 460 440) et en cas de problème dentaire au Dr Satish Vaghela (+254 751 510 397 ou 770 464 430).

Transports

Avion. Vols quotidiens directs (et low cost) pour Nairobi. Se renseigner auprès des différentes compagnies aériennes. Si vous êtes en transfert à Nairobi, n'oubliez pas que vos valises seront débarquées à votre arrivée à Nairobi. D'autant qu'il vous faudra certainement changer d'aéroport !

Bus. Les deux principales gares routières pour les bus se trouvent devant le New People Hotel, sur Abdel Nasser Rd, pour Malindi, Lamu ou Nairobi, et à l'angle de Kenyatta Avenue et de Mwembe Tayari Rd, pour Nairobi et Kisumu. Pour Nairobi, il faut prévoir 8 heures de route. Vous pouvez soit prendre le bus ou

© NINETTE_LUZ - SHUTTERSTOCK.COM

Vieux port de Mombasa.

des compagnies plus sûres et confortables, minibus de 18 places avec air conditionné. Renseignez-vous auprès des agences de voyages (en principe départ autour de 9h le matin).

Train. Un train tout beau tout neuf emprunte la nouvelle voie ferrée inaugurée en 2017, et effectue la liaison pour Nairobi en 4h30 (au lieu de 10-12h auparavant !). La gare ferroviaire se trouve à l'ouest de la ville (compter en moyenne une demi-heure ensuite, selon le trafic, pour rejoindre le centre-ville).

Transports urbains. *Boda-boda*, tuk-tuk, *matatu*, taxi, et même Uber (version voiture ou tuk-tuk)... Vous n'aurez aucun mal à vous déplacer dans Mombasa, si ce n'est que les rues peuvent être parfois très embouteillées.

ALLIANCE FRANÇAISE DE MOMBASA

Moyne Drive
✆ +254 733 439 999
https://afmombasa.org/
Ouvert de 8h30 à 17h30 du lundi au vendredi. Le samedi, jusqu'à 12h30.

L'Alliance française propose des cours de français et prépare aux examens du DELF-DALF. Mais elle est aussi un lieu culturel, elle organise régulièrement concerts et spectacles, et dispose d'une médiathèque en français bien fournie. L'Alliance, initialement située en centre-ville, s'est installée depuis quelques années déjà dans la banlieue chic de Mombasa, à Nyali. Elle bénéficie désormais d'un grand jardin, où l'on peut venir se restaurer ou boire un verre, au calme.

NDOSA SAFARIS

✆ +254 722 733 709
www.ndosasafaris.com

David est francophone, à l'écoute, d'une gentillesse rare, et qui plus est très sympa. Installé à Mombasa, il sera d'une aide précieuse si vous souhaitez organiser un safari dans la région ou dans les parcs du sud. Il peut concevoir également des itinéraires à la carte à partir de Nairobi, hors des sentiers battus, et quel que soit le nombre de personnes, à des tarifs très raisonnables selon votre budget. Un chauffeur francophone peut être mis à disposition. Avec une expérience dans le secteur du tourisme au Kenya depuis 30 ans, vous pouvez lui faire confiance.

FORT JESUS ★

Mbarak Hinawy Road
✆ +254 412 220 058
Le fort et le musée sont ouverts tous les jours de 8h à 17h30. Entrée : 1 200 Ksh (adultes) et 600 Ksh (enfants).

Cette énorme citadelle ocre et rose qui domine la vieille ville a été construite entre 1593 et 1596 par les Portugais pour protéger le port de Mombasa à l'époque contre les incursions répétitives des Ottomans. Dessiné par l'architecte italien Joao Batista Cairato, le Fort Jésus est l'un des exemples les plus remarquables de fortification militaire portugaise. Il s'ordonne autour d'une vaste cour centrale parfaitement conservée avec, à chaque angle, un bastion, deux étant tournés vers la mer et deux vers la ville. On distingue encore nettement les ruines d'une caserne, d'un puits, d'une citerne, d'une poudrière, d'un quartier privé et d'une chapelle. Le fort, très bien préservé et réputé indestructible, fut néanmoins abîmé à plusieurs reprises, notamment lors du terrible siège de 1696, qui dura près de trois ans. Il a toutefois conservé sa forme et ses matériaux d'origine : la pierre de corail et la chaux sont encore utilisées dans les constructions traditionnelles. Le Fort Jésus est inscrit au Patrimoine mondial de l'Unesco depuis 2011. L'accès aux fortifications reste l'attrait principal du site, mais vous pourrez aussi découvrir un musée, construit entre 1960 et 1962, qui abrite une riche collection de porcelaines et de céramiques découvertes sur la côte, ainsi que différents objets d'artisanat swahili. Vous y verrez également les vestiges de la frégate portugaise Santo Antonio de Tanna, qui coula devant le port en 1697. Le Fort Jésus est l'attraction touristique la plus visitée de Mombasa.

MOMBASA ET LA CÔTE

VISITE DE MOMBASA

Avec son dédale de ruelles étroites au pied de l'imposant et intact Fort Jesus, la vieille ville n'offre pas un intérêt exceptionnel, mais elle mérite une visite pour son ambiance et ses dernières demeures aux portes sculptées, dont il n'en reste malheureusement qu'une centaine à peine. Ces portes font aujourd'hui l'objet d'une attention et d'une protection particulière. Ce n'est pas le cas des maisons, qui sont dans un état de délabrement parfois avancé. Peu d'entre elles sont entièrement en corail et les toits de Makuti ont été remplacés par la tôle ondulée. Malgré l'histoire presque millénaire de la vieille ville, la plupart de ces maisons n'ont pas plus d'un siècle.

Tôt le matin et en fin d'après-midi, il règne dans ce quartier une effervescence qui contraste avec la torpeur du milieu de la journée. Mais, quel que soit le moment, il est agréable de se balader dans ces rues étroites et fraîches qui abritaient, il y a moins d'un siècle, des marchands indiens (Ndia Kuu Street) et des officiers ou fonctionnaires coloniaux (Mbarak Hinawy Road). Au cœur de la vieille ville, Government Square était d'ailleurs le siège de l'administration coloniale, des banques et des consulats. Aujourd'hui, ils ont été remplacés par des magasins de souvenirs. Le vieux port, que vous pouvez visiter, a conservé son activité de l'époque.

Ne manquez pas la visite des monuments religieux de cette ville chargée de culture. Le très coloré temple hindou Swaminarayan (Haile Selassie Road), ou le temple Sikh (Mwembe Tayari Road) et le temple Hare krishna (Sautiya Kenya Road) vous ouvrent leurs portes. Les mosquées de la vieille ville sont magnifiquement traditionnelles mais elles sont hélas fermées au public non musulman. Les églises chrétiennes méritent aussi une visite, sur Nyerere Avenue Holy Ghost Cathedral, et sur Nkrumah Road la Mombasa Memorial Cathedral. Le soir, il est déconseillé de se promener seul dans la vieille ville, recourez plutôt aux services de l'un des très nombreux guides qui ne manqueront pas de vous solliciter.

Bon à savoir. Pour celles et ceux qui sont tentés par une promenade sur la barrière de corail à marée basse, il est important de savoir que le ramassage des coquillages et des coraux est non seulement interdit, mais de nombreuses variétés de coquillages, comme certains cônes, projettent des dards contenant des substances neurotoxiques. Certains poissons (lionfish, scorpionfish, rabbitfish, catfish, etc.) ont des épines dorsales venimeuses ; contentez-vous de les admirer. Pensez à vous protéger également des coups de soleil.

STEVE AND RICHARD SAFARIS

Bamburi police Station
✆ +254 721 346 810
www.steveandrichardsafaris.com
Requêtes et contacts via leur site internet ou par mail.

Petite compagnie de safaris, rondement menée par deux Kenyans, Steve et Richard (anglophones), qui depuis 20 ans opèrent dans le secteur et sillonnent le pays. Moins chère que les plus grosses agences, Steve et Richard Safaris peut vous organiser des visites de Nairobi ou Mombasa, des excursions d'une journée, tout comme votre safari au Kenya, Ouganda et/ou en Tanzanie, selon des circuits prédéfinis ou entièrement sur mesure, en fonction de vos souhaits.

VIRGIN EXPLORERS

Asha Trust Building, 1st Floor
✆ +254 789 492 156
www.virginexplorers.com

Virgin Explorers est une jeune agence dynamique et très appréciée par les jeunes actifs kenyans qui ont les moyens de s'offrir des vacances et de découvrir leur pays. Circuits culturels ou ornithologiques, séjours 100 % balnéaires, safari-photo, excursions randonnée ou VTT, lunes de miel... Virgin Explorers a su se positionner sur des safaris courts et accessibles aux petits budgets. Des séjours à la ferme (plantations de thé/café) sont également proposés, ainsi qu'un grand choix d'excursions à la journée ou demi-journée, à Nairobi et sur la côte. *Enjoy !*

AÉROPORT MOI INTERNATIONAL

✆ +254 726 318 515
Vols journaliers vers Nairobi, Zanzibar, Lamu, mais aussi internationaux réguliers vers Addis Abeba, Dubaï, Rome, etc.

L'aéroport international Moi est situé sur le continent, à 10 km à l'ouest de la ville (15 min du centre-ville, plus de 30 min aux heures de pointe). Les principales compagnies de location de voitures ont un bureau à l'aéroport. Vous y trouverez également des banques, des agences de voyages et les principaux opérateurs téléphoniques. Un service de bus peu pratique fait la navette avec le centre-ville et la côte, mais la meilleure solution reste le taxi.

AVIS

Moi International Airport
✆ +254 736 750 006
www.avis.co.ke

Disponibles à la location : Mitsubishi Lancer GLS, Pajero GL et Renault Fluence, en excellent état.

Le saviez-vous ? La société Avis a été créée en 1948 par Warren Avis, un pilote et entrepreneur américain. Alors qu'il ne trouvait pas toujours de transport terrestre à l'atterrissage, il eut alors l'idée de proposer des voitures à la location dans les aéroports. Avis fait aujourd'hui partie des agences de location de véhicules les plus connues au monde. Aujourd'hui, la marque est présente dans plus de 165 pays, dont le Kenya, où elle dispose de trois succursales, à l'aéroport international de Nairobi, à l'aéroport de Mombasa et dans la ville de Kisumu.

JAMBOJET

Mkrumah Road
✆ +254 711 024 501
https://www.jambojet.com/

Vols au départ de Nairobi, pour Mombasa et Ukunda (Diani), à partir de 45 US$ en aller simple.

Jambojet est historiquement la première compagnie low cost du Kenya, lancée par Kenya Airways. Elle opère des vols quotidiens entre l'aéroport international de Mombasa (Moi), Ukunda (Diani), Nairobi (aéroport international Jomo Kenyatta), mais elle a aussi étendu son offre à Kisumu, Eldoret, Malindi, Lamu, et au-delà des frontières kényannes avec 4 vols par semaine vers la ville de Goma dans le Kivu, ou encore vers Zanzibar. La réservation et l'achat des billets se font sur le site Internet ou directement en agence dans les principales villes du pays.

KENYA RAILWAYS

✆ +254 728 603 581
https://metickets.krc.co.ke/

Compter 4 500 Ksh en première classe (adulte) et 1 500 Ksh en classe économique. 3 départs quotidiens, 8h, 15h et 22h.

La gare de Mombasa se trouve à l'ouest de la ville, à côté de l'aéroport. Le Madaraka Express part tous les jours de Mombasa à 8h pour l'intercounty, et 15h et 22h pour l'express sans arrêt jusqu'à Nairobi. Les trains sont d'une ponctualité exemplaire. Dans l'autre sens, les trains partent de Nairobi exactement aux mêmes horaires. Il est recommandé de se présenter à la gare au moins une heure avant et de réserver au guichet ou en ligne au moins une semaine à l'avance. Pour plus de confort, choisissez la première classe. Comptez 4 500 Ksh le ticket adulte.

ASARAY TOURS

Malindi Road ✆ +254 732 697 033
www.asaraytours.com

Ouvert tous les jours à partir de 8h et jusqu'à 18h.

Cette agence basée sur la côte dispose d'une équipe engagée en faveur d'un tourisme durable. Esther Omoche et son équipe dévouée sont prêtes à vous offrir une expérience extraordinaire, via des packages ou des circuits sur mesure, et allant bien au-delà de la seule rencontre et découverte des *big five*. Partez à la rencontre des cultures et communautés passionnantes du Kenya. Laissez-vous porter par l'expérience d'Asaray et l'originalité de leurs tours pouvant s'articuler autour de la photographie, du volontariat, ou même du développement durable.

KETTY TOURS

Ketty Plaza, Moi Avenue
✆ +254 722 209 516
http://kettytours.com/

Contact par mail pour obtenir des devis.

Ketty Tours est une bonne adresse à Mombasa pour louer des véhicules de marques Toyota ou Suzuki, que ce soit des citadines ou 4x4. Ils peuvent aussi se charger de vos transferts, de réservations d'hôtels, d'événements en tout genre. L'agence Ketty Tours est aussi un opérateur touristique proposant des safaris sur mesure en fonction de votre budget ou via des packages, des tours bus, et bien plus encore. La réputation et le sérieux de l'agence ne sont plus à prouver avec plus de 2 000 safaris couverts ces dernières années au départ de la côte.

THE AFRICAN FOODTRAIL

Umoja road ✆ +254113 609 401
https://www.africanfoodtrail.com/

Diani, Mombasa et Watamu. Mombasa Street Food Tour à partir de 21 US$, Swahili Dhow Croisière à partir de 258 US$.

The African Foodtrail est né de la passion d'Hawa pour les spécialités culinaires swahilies, lorsqu'elle faisait découvrir à ses amis les meilleurs *boui-boui* et le patrimoine de Mombasa. C'est également ainsi qu'Hawa a réalisé l'impact positif que ces visites avaient sur les petits vendeurs de la ville. Un moyen original d'appréhender la culture de la côte. Sa conviction : « l'alimentation a le pouvoir de connecter les gens, de combler les fossés culturels et de créer des souvenirs durables ». *Food tour*, cours de cuisine, croisière en *dhow* sont ainsi proposés.

LIKONI FERRY

Likoni ferry

Fonctionne 24/7. Un ferry toutes les 15mn. Gratuit pour les piétons, 50 Ksh pour une moto, 120 Ksh pour une voiture.

Le ferry de Likoni, reliant l'île de Mombasa à sa banlieue Sud (Likoni, Shelly Beach), ainsi qu'aux cités balnéaires (Tiwi, Diani, Shimoni...), est un lien vital pour la ville de Mombasa et le littoral kenyan au sens large. Fonctionnant 24h sur 24, et ce tous les jours de l'année, vous traverserez *Kilindini harbour* en quelques minutes, à une fréquence d'environ un ferry toutes les 15 minutes, vous évitant un important détour par l'aéroport. A noter que le ferry est gratuit pour les piétons, et très abordable pour les véhicules (120 Ksh pour une voiture).

PRIDE INN PARADISE BEACH RESORT €€

Serena Road

✆ +254 709 374 000

https://www.prideinn.co.ke

Compter à partir de 23 000 Ksh pour deux. Réservation via le site internet de l'hôtel.

Propriété du groupe *Pride Inn*, ce resort est une véritable oasis parmi les plages de Mombasa, le luxe rencontre la sérénité, alliant cadre d'exception et confort. Une retraite avec vue sur mer, le tout avec des équipements de qualité et un service impeccable. Les chambres sont soigneusement conçues et conviennent autant au tourisme d'affaires que de loisirs. La cuisine, quant à elle, entre les mains de vrais chefs, est variée, avec des saveurs classiques et des délices contemporains.

THE LOTUS HOTEL €

Cathedral Lane

✆ +254 722 612 517

www.lotushotelkenya.com

Compter environ 6 500 Ksh pour une double standard et 7 500 Ksh pour une deluxe, avec petit-déjeuner.

Ce petit hôtel 3 étoiles, très central, situé dans un environnement tranquille, propose des formules demi-pension ou pension complète, cependant la ville de Mombasa ne manque pas de restaurants. Les chambres standard sont très correctes, climatisées, avec wifi, télévision, coin bureau à disposition, salle de bain privative avec douche. Les deluxe, rénovées, sont un peu plus grandes et disposent d'un coffre-fort. Le restaurant, ainsi que les deux bars (Karibu et Kaka), font de l'hôtel un espace convivial, où il est plaisant de faire escale une nuit ou deux.

ROYAL COURT HOTEL €€

Haile Selassie Road

✆ + 254 722 412 867

www.royalcourtmombasa.co.ke

A partir de 72 US$ pour une chambre double standard, 104 US$ pour une deluxe, petit déjeuner inclus.

Cet hôtel s'adresse surtout à une clientèle d'affaires, les touristes préférant séjourner en bord de mer. La nouvelle aile possède des chambres à la fois spacieuses et modernes, carrelées et meublées avec du mobilier en bois, elles sont toutes climatisées et équipées d'une salle de bain privée et d'un coffre-fort ; un mini-frigo et une bouilloire pour les supérieures. L'hôtel dispose également d'un spa et d'une salle de gym. Mention spéciale au *roof-top* avec son bar, son restaurant et sa petite piscine. Bonne ambiance et cuisine de qualité.

TULIA OLD TOWN BACKPACKERS €

Mzizima Rd, Mombasa

✆ +254 711 955 955

https://www.tuliabackpackers.com

Réservation via booking. Compter 5 000 Ksh pour deux, en chambre double avec balcon vue mer.

L'endroit où l'aventure rencontre la détente ! Déposez vos sacs à dos et plongez dans une expérience inoubliable dans la vieille ville de Mombasa. La propriété offre aux clients la chance de s'immerger dans le quartier historique de Mombasa où ils ont un accès facile au Fort Jesus et à l'île principale où réside tout le patrimoine de la ville. Chambres avec vue mer, repas à base de fruits de mer et poisson. L'établissement, de taille modeste, permet un séjour intimiste.

SENTRIM CASTLE ROYAL HOTEL €€

Moi Avenue

✆ +254 737 680 680

Chambre simple à partir de 114 US$, selon la saison, petit déjeuner inclus.

Indéniablement l'un des meilleurs hôtels dans la ville de Mombasa. Le prestigieux Castle Royal Hotel garde le charme de l'ancien, avec toutes les commodités d'un hôtel moderne. Il comporte 68 chambres sur quatre étages, bien équipées et joliment meublées, ouvertes sur une petite terrasse privative. Une grande terrasse très agréable, au rez-de-chaussée, offre la possibilité de se restaurer ou de boire un verre. Les repas peuvent aussi se prendre sur le *roof-top*.

HOTEL ENGLISHPOINT & SPA €€€

English Point Marina ✆ +254 730 930 107
https://englishpoint.co.ke
Chambre double à partir de 189 US$ avec le petit déjeuner, 309 US$ en pension complète, pour deux.

Cet hôtel international haut de gamme domine la baie et dispose d'une vue exceptionnelle sur la vieille ville, le vieux port et Fort Jesus. Élégant, contemporain, éminemment confortable. L'hôtel dispose de plusieurs restaurants et d'un bar sur une très belle terrasse qui permet d'observer le coucher de soleil sur la ville. Le spa (Ansui) est une ode au bien-être des sens. Également une salle de gym et une piscine. Tarifs, promotions et réservations en ligne, selon le type de chambre (Deluxe, Executive, Luxury, Pool, Penthouse...) et la saison.

FORODHANI RESTAURANT €

Old Town
✆ +254 724 401 551
Ouvert tous les jours de 10h à 23h. Compter 800 Ksh pour un plat en moyenne. Fermé pendant le ramadan.

Ce restaurant, sans chichi, bénéficie d'un cadre exceptionnel, avec une terrasse qui offre une vue directe sur le vieux port, et la rive est de Mombasa. Un endroit très agréable à tout moment de la journée pour y boire un verre, après une balade dans la vieille ville. La nourriture y est de plus très bonne et à prix très doux. A la carte, un large choix de poissons et fruits de mer, divers currys et biryanis, ainsi que de délicieuses spécialités typiquement swahilies et des snacks. Le « sea food swahili delight » est le *must*. Un passage obligé.

JAHAZI COFFEE HOUSE €

Thika Street
✆ +254 726 409 436
Ouvert tous les jours de 10h à 18h, sauf le dimanche. Compter 150 Ksh pour un café ou un thé, 50 Ksh pour un snack.

Le meilleur restaurant pour faire l'expérience d'une cuisine swahilie authentique. Pour un menu dégustation complet, il faut commander et réserver à l'avance (compter entre 1 000 Ksh et 1 700 Ksh selon la formule). Autrement, vous pourrez grignoter des délicieux samosas ou tester le plat du jour. Et sinon, juste pour un café ou un thé (pas d'alcool), l'endroit vaut la pause. On s'affale sur des coussins et des tapis à même le sol, et on s'imprègne de l'atmosphère plaisante du lieu, fréquenté par les habitués du coin, au coeur de la vieille ville.

NEW ISLAND DISHES €

Thika Road
✆ +254 711 122 221
Ouvert tous les jours de 6h à 23h.

Tout petits prix. Le soir, vous ne pouvez pas le manquer : d'un blanc immaculé, il est entièrement éclairé aux néons. Vous trouverez ici les grands classiques de la cuisine locale. Les viandes sont préparées en plein air, au barbecue, et sont accompagnées de légumes frais ou d'un succulent *coconut rice*. Les fruits de mer ne sont pas moins délicieux. Les portions sont généreuses et le service très efficace. On ne peut que vous conseiller la découverte de ce restaurant, en particulier le soir, au cœur du vieux quartier de Mombasa.

NEW CHETNA RESTAURANT €€

Hailé Sélassié road
✆ +254 722 410 574
Compter 500 Ksh pour un plat.

L'un des plus typiques et des meilleurs restaurants végétariens et indiens de la ville de Mombasa, et ce malgré la concurrence. En effet, le New Chetna propose une excellente cuisine avec des portions généreuses et surtout des petits prix. En effet, vous vous en sortirez certainement à moins de 500 shillings. Quand le restaurant est lui-même fréquenté par la communauté indienne de Mombasa, c'est que la cuisine est de qualité, une valeur sûre qui existe depuis de nombreuses années, et que nous recommandons donc sans hésiter, malgré le cadre peu enchanteur.

BOMBOLULU WORKSHOPS

Malindi Road
✆ +254 723 560 933
https://apdkbombolulu.wordpress.com
Ouvert du lundi au vendredi de 8h à 17h. Samedi de 8h à 12h.

Bombolulu Workshops & Cultural Centre est un projet associatif pour les personnes handicapées au Kenya. Près de 150 d'entre elles y sont réinsérées en apprenant un métier d'artisan. De beaux bijoux (en argent, avec des pierres semi-précieuses, des perles traditionnelles, des matériaux récupérés, etc.), des bois sculptés, issus de forêts agricoles durables, de la maroquinerie... Le fruit de leur travail est exposé et disponible à la vente. Les travailleurs vivent sur place. Les visiteurs peuvent se restaurer sur place et profiter de l'ambiance.

IMANI COLLECTIVE

Ndia Kuu Road
✆ +254 718 372 242
https://imanicollective.com/
Ouvert tous les jours de 9h à 17h, sauf le dimanche.

Le collectif Imani emploie plus de cinquante hommes et femmes, artisans kenyans, dans les quartiers de Mtepeni et Mombasa. De leur volonté et de leur créativité, sous l'impulsion de Jenny Nuccio, une jeune Américaine qui porte avec eux ce beau projet, naissent de très jolies pièces d'artisanat. Des trésors faits main, de grande qualité, dont les bénéfices profitent à toute la communauté. Également une boutique en ligne. Chaque produit est signé par l'artisan et vous pouvez lui écrire via le site Internet. Séjours d'éco-volontariat possibles.

SAND ISLAND BEACH COTTAGES €€

✆ +254 722 395 005
https://visitdiani.com
7 000 à 22 000 Ksh, selon le cottage et le nombre de personnes, hors période de Noël. Réservation par internet et mail.

Voici un endroit loin des gros complexes, niché dans un îlot de tranquillité, en bordure de mer. Les 10 cottages en dur, à l'architecture typiquement swahilie, joliment aménagés, sont aérés et disposés sur un terrain parsemé de cocotiers, face à l'océan. Chaque cottage dispose d'1, 2 ou 3 chambres, d'une cuisine entièrement équipée et d'une ou plusieurs salles de bain. Pas de restaurant. Les pêcheurs viennent tous les jours vous vendre leur poisson. Idem pour les fruits et légumes.

TIWI BEACH

C'est là qu'aiment séjourner les voyageurs indépendants, les campeurs et les amoureux du calme. La plage, vraiment très belle, est uniquement bordée de quelques installations touristiques de petite taille, souvent bon marché. Il y a très peu de groupes en voyage organisé, la clientèle est essentiellement anglophone et kenyane. Et l'ambiance est beaucoup plus décontractée que sur le reste de la côte. Cette petite station balnéaire est située au nord de la plage de Diani, à environ 17 km au sud de Mombasa. Elle est desservie par l'aéroport d'Ukunda et par les *matatus* qui font la liaison avec Mombasa par la route, via le ferry Likoni.

SWAHILI HOUSE TIWI €€€

✆ +254 707 394 384
http://swahilihouse.com
Tarifs et réservations en ligne. Compter entre 110 US$ et 250 US$ la nuit pour deux.

Il s'agit en fait d'un ensemble de villas et de cottages disponibles à la location et nichés dans une végétation dense et luxuriante. On vous recommande particulièrement le « Lofty Cottage » qui comprend une chambre double à l'étage et deux lits au rez-de-chaussée, une véranda, un jardin à deux pas de la plage et une piscine. C'est aussi le moins cher. La maison vous concocte une excellente cuisine à la carte sur demande et selon vos préférences. Les pêcheurs passent tous les matins avec le fruit de leur pêche… A vous de choisir. Une bien belle adresse.

HILLPARK TIWI & AMARE RESORT €€

✆ +254 722 328 365
https://hillparktiwibeach.com/
A partir de 200 US$ pour une suite de 75m carré. 120 US$ pour une chambre standard.

Situé à quelques kilomètres au nord de Diani Beach, le Tiwi & Amare Resort se compose d'un hôtel et de villas disséminées dans un joli jardin tropical verdoyant et fleuri. Les chambres sont correctement équipées et munies d'une petite terrasse faisant face à la mer ou au jardin. En contrebas et à proximité de la plage se trouvent le bar-restaurant et la piscine. Accès direct à pied à la paisible plage privée. Une équipe d'animation est présente tous les jours.

WATERSIDE VILLA €€€

✆ +254 724 663 366
www.watersidepropertieskenya.com
Location de la villa dans sa totalité. Maximum 10 personnes. Tarifs et réservations par courriel.

Waterside Villa est une petite structure, située sur la tranquille plage de Tiwi, en haut d'une falaise. Une vraie merveille ! Articulée autour d'une magnifique piscine à débordement très « design », la villa se compose de quatre grandes chambres parfaitement équipées (kitchenette…) et décorées avec beaucoup de goût, dont deux sont munies d'un bain à remous privé. Restaurant bar avec table de billard. Le fait d'être particulièrement bien caché au milieu d'une végétation abondante confère à cet endroit une atmosphère « Robinson Crusoé », mais en version grand luxe.

SHIMBA HILLS NATIONAL PARK ★

Cette petite réserve, très facile d'accès, s'étend sur les collines boisées qui surplombent les plages de Tiwi et Diani. Elle se compose de vastes prairies et d'une luxuriante forêt tropicale dans laquelle vous pouvez admirer deux des plus belles variétés d'orchidées du Kenya. La réserve est habitée par une espèce endémique d'antilope, l'antilope Sable et de nombreux petits mammifères (musaraigne éléphant, mangouste à queue touffue, chauves-souris frugivores...), mais les animaux restent difficiles à observer. À quelques kilomètres de là se situe le sanctuaire des éléphants (Mwaluganje Elephant Sanctuary). Créé en 1993, il se veut être un corridor de migration pour les éléphants entre la réserve des Shimba Hill's et la forêt de Mwaluganje. La population locale a été immédiatement et étroitement associée à la gestion de ce sanctuaire. L'endroit mérite donc une petite visite, d'autant plus que vous ferez une bonne action : les gardes forestiers de la frontière sud-est du pays ont en effet lancé le projet Shimba Hills Triangular Forest pour développer l'écotourisme en y organisant des visites de 1h30.

Tout au sud de la réserve, près d'Elephant Lookout, se trouvent les jolies Sheldrick's Falls. Après une bonne demi-heure de marche dans la forêt, on atteint une grande piscine naturelle située au pied des chutes. Le cadre est très plaisant et vous pouvez même vous baigner. Pour des raisons de sécurité (buffles et éléphants apprécient également beaucoup l'endroit), il est fortement recommandé de se faire accompagner par le ranger qui préside au départ de la randonnée.

Compter 22 US$/adulte et 13 US$/enfant par jour.

Transports

L'accès à la réserve de Shimba Hills est assez facile. A 10 km au sud de Mombasa, prendre la très bonne route qui va à Kwale. L'entrée principale se trouve un peu plus loin sur votre gauche (les 3 km qui restent ne sont pas goudronnés, mais la piste est excellente). Vous pouvez également rejoindre l'entrée principale en passant par Kinango et Mariakani.

La réserve est sillonnée par de bonnes pistes. De nombreux panneaux indicateurs vous renseignent sur les différents points de vue (Giriama Point, Elephant Lookout, Observation Post), les aires de pique-nique et les sites de camping.

SHIMBA HILLS LODGE €€€

✆ +254 711 367 345

www.shimbalodge.net

Entre 80 US$ et 120 US$ la chambre pour deux adultes, en pension complète, selon la saison. Réservation par mail.

Situé dans la partie nord du parc (2 km après l'entrée principale sur la droite), ce magnifique *tree lodge* est un véritable havre de paix. Entièrement construit en bois au milieu de la forêt, il domine un grand point d'eau couvert de nénuphars et de jacinthes où viennent se désaltérer les herbivores. Toutes les chambres ainsi que le bar et le restaurant ont vue sur l'étang (illuminé le soir). L'accueil y est très chaleureux. Possibilité d'opter pour la journée de visite, tout inclus, au départ de votre hôtel sur la côte, avec déjeuner au lodge.

DIANI BEACH ★

Diani est sans doute la plus belle plage du Kenya, longue à l'infini. Digne d'un paysage de carte postale. Résultat : on y trouve la plus forte concentration d'hôtels de tout le pays. Heureusement, la plupart présentent une architecture parfaitement intégrée au paysage et sont entourés de superbes jardins. Diani Beach est en réalité une station balnéaire à l'écart de la petite ville de Diani. Son ambiance n'est pas la plus authentique, avec ses complexes hôteliers sécurisés complètement déconnectés de la réalité kényane. Mais elle offre un cadre de rêve pour qui veut profiter d'un séjour balnéaire au décor idyllique. Le long de la rue principale qui longe la côte se succèdent restaurants, bars, boîtes de nuit, centres commerciaux, banques et boutiques de souvenirs. Les fonds sous-marins de Diani sont jolis, mais n'ont rien à voir avec ceux de Kisite plus au sud. La baignade est toutefois très agréable d'autant plus que la plage n'est jamais envahie d'algues. Vous pouvez vous promener en toute sécurité pendant la journée le long de la plage et dans la rue principale, ce qui est moins le cas sur la route qui relie Ukunda à Diani.

Transports

Si vous souhaitez arriver directement à Diani, sans passer par Mombasa (train, bus, avion), sachez que le petit aéroport d'Ukunda, situé à même pas 2 km de la plage de Diani, est desservi quotidiennement par Air Kenya, Safarilink, Jambojet et Skyward Express.

AVENTURE SAFARIS

Bazaar Shopping Center
✆ +254 712 730 219
www.safaris-de-fred.com

Frédéric Poinçon, Français et expert du Kenya, est installé à Diani Beach. Il organise des safaris sur mesure dans tout le Kenya et aussi en Tanzanie, avec son équipe de guides francophones. Son site Internet est particulièrement bien fait et l'on y trouve tout sur les itinéraires. Il y en a pour tous les budgets en fonction de l'hébergement demandé (camping basique, lodge, ou camp de luxe). Possibilité de safaris en dehors des sentiers battus. Par ailleurs, Frédéric loue des motos à Diani Beach. Bon accueil et bonne qualité des prestations.

MOTORBIKE-SAFARI.COM

Diani Sea Resort
✆ +254 786 556 900
www.motorbike-safari.com

Agence fondée en 1998 par Frédéric Poinçon et basée à Diani. Si vous voulez explorer la côte en moto tout-terrain (enduro) et en toute liberté, des excursions d'une demi-journée, d'une journée ou de plusieurs jours sont organisées dans la région. Mais les circuits peuvent aller bien au-delà : Nord Kenya, Tanzanie, Ouganda, Ethiopie. La location de la moto, le guide, l'essence, la nourriture et les nuits en camping sont inclus dans ses tarifs. Fred et toute son équipe se sont engagés pour un tourisme responsable et solidaire.

COLOBUS CONSERVATION

Diani Beach Road ✆ +254 711 479 453
www.colobusconservation.org

Ouvert du lundi au samedi de 8h30 à 16h00. 1 000 Ksh pour un adulte et 500 Ksh pour un enfant.

Ce centre, dédié à la sauvegarde et à la protection des singes de Diani, recueille des colobes, sykes, vervets, babouins et galagos (ou *bush babies*) depuis 1997. Un « éco-tour » d'une heure dans le centre et dans leur environnement naturel sera riche d'enseignements sur les caractéristiques de chacune de ces espèces et leur survie dans notre monde moderne. Sur demande, un guide francophone peut être mis à disposition. Le centre accueille également des volontaires aux compétences variées, le séjour minimum est de deux semaines, certains restent jusqu'à 6 mois.

TAMMY TOURS

Diani Beach Road
✆ +254 700 805 228
www.tammytours.com

Avec plus de 15 ans d'expérience dans le domaine du tourisme et bien des années passées en Allemagne, Tunu Osore Eberl a décidé de revenir dans son pays et de lancer sa petite compagnie de safaris. Avec finesse, rigueur et douceur, elle propose des séjours personnalisés, sur mesure, au plus proche des attentes, des envies et des budgets de chacun. Tunu assure une communication rapprochée avant, pendant et après votre séjour. « C'est comme si les clients me confiaient leur vie », exprime-t-elle, et c'est avec beaucoup de sérieux et d'attention qu'elle y répond.

MARCO POLO TOURS & SAFARIS

Diani Beach Road
✆ +254 722 696 533
https://marcopolosafaris.com/fr/

Marco Polo Tours & Safaris est un tour-opérateur basé à Diani Beach, qui existe depuis plus de vingt ans, et qui propose tout type de safaris. Qu'ils soient économiques, luxueux, privés ou sur-mesure, vous trouverez votre bonheur chez ce tour-opérateur. Ces circuits sont au départ de Diani Beach, Mombasa, Nairobi, Malindi ou encore Watamu. Une équipe de chauffeurs et de guides polyglottes vous accueillera chaleureusement et vous accompagnera tout au long du safari.

JAMBOJET

Costa Sur building

Vols quotidiens vers et depuis Nairobi.Agence locale ouverte de 8h à 18h du lundi au vendredi. 8h30 à 13h le samedi.

Jambojet est historiquement la première compagnie low cost du Kenya, lancée par Kenya Airways. Elle opère des vols quotidiens entre l'aéroport international de Mombasa (Moi), Ukunda (Diani), Nairobi (aéroport international Jomo Kenyatta), mais elle a aussi étendu son offre à Kisumu, Eldoret, Malindi, Lamu, et au-delà des frontières kényanes avec 4 vols par semaine vers la ville de Goma dans le Kivu, ou encore vers Zanzibar. La réservation et l'achat des billets se font sur le site Internet ou directement en agence dans les principales villes du pays.

GO AFRICA SAFARIS AND TRAVEL

Près de Kenya Posta
✆ +254 794 751 114
https://www.go-africa-safaris.com/

Go Africa Safaris and Travel a été créé en 2006 dans l'idée de rendre le safari accessible à tous. C'est avec plus de 20 ans d'expérience dans le monde du tourisme qu'Yvonne, Esther, Josephine, Musa et Kimani vous accompagnent au mieux dans la création de votre séjour de rêve, adapté à vos besoins. Leurs véhicules sont dotés d'une rampe pour les fauteuils roulants. Une agence engagée notamment avec l'orphelinat de Diani. Ils organisent des safaris au Kenya, en Tanzanie et en Ouganda.

ORANJE EXCLUSIVE SAFARIS

1679 Ukunda Diani Beach
✆ +254 720 960 096
https://oranjesafari.fr/

Informations et réservations par mail. Packages ou séjours sur mesure.

Oranje Exclusive Safaris, basé à Diani, est un tour-opérateur proposant des safaris exclusifs et personnalisés. Tous les séjours et visites se déroulent dans des 4x4 Landcruiser avec toit ouvrant afin de mieux admirer les animaux sauvages et les paysages. Leurs chauffeurs et guides sont très compétents et sauront répondre à toutes vos questions, que ce soit sur la faune ou la flore. Des chauffeurs/guides multilingues sont disponibles sur demande. L'équipe d'Oranje reste à votre disposition pour la planification de vos vacances, mais aussi à votre retour.

© ORANJE SAFARIS

© ORANJE SAFARIS

SAFARILINK ✈

✆ +254 730 888 000
www.flysafarilink.com

Packages avec le vol et deux ou trois nuits d'hôtel selon les destinations. Aller simple à partir de 70 US$.

Cette compagnie nationale assure des liaisons directes vers les lieux d'intérêt et les correspondances pour les voyageurs de Kenya Airways vers différentes destinations touristiques au Kenya et en Tanzanie. Basée à l'aéroport Wilson, à Nairobi, Safarilink propose des vols réguliers chaque jour vers le Maasaï Mara, Amboseli, Tsavo Ouest, Naivasha, Nanyuki, Lewa, Samburu, Lamu, Kilimandjaro, Loisaba, Kitale, Kapese, Lodwar, Migori, Vipingo, Diani Beach, Zanzibar et Kisumu. On voyage dans des petits avions (Dash 8 et Grand Caravan), confortables et sûrs.

KAYA IMANI 🛏 €

Msambweni, Mwaembe
✆ +47 987 69 232
https://www.kayaimani.com

Tarifs sur demande. Transferts de l'aéroport de Diani-Ukunda assurés si vous séjournez à Kaya.

Tenue par Eirik, un Norvégien soucieux des questions d'environnement et de développement durable, cette maison d'hôtes est un petit bijou d'éco-tourisme. Dans un cadre verdoyant et serein, Kaya Imani propose quatre chambres dans deux cottages tout confort, construits et aménagés uniquement avec des matériaux locaux. Piscine et espace repas en commun. Amos, le cuisinier, prépare des spécialités swahilies à base de légumes bio, viandes et poissons du jour. Vous pourrez naturellement profiter de la superbe plage sauvage de Msambweni et toutes les activités liées.

KENYAWAYS KITE VILLAGE 🛏 €

Galu Beach Road ✆ +254 797 616 491
www.thekenyaway.com

Consultez les tarifs sur le site Internet. Variables selon la saison, le type de chambre et le nombre de personnes.

L'une des meilleures adresses à Diani. Cette maison d'hôtes de 10 chambres en bord de mer est en fait le lieu de rendez-vous des kitesurfeurs. Ecole de kite et location de matériel sur place. Un bon plan pour s'adonner à ce sport la journée et se détendre dans un endroit de charme le soir. Les chambres sont basiques, mais parfaitement tenues, et très joliment aménagées et décorées. On s'y sent tout simplement bien. Kenyaways dispose aussi d'un studio avec une chambre double, un coin cuisine et une terrasse, absolument charmant. Ambiance sympa et bon accueil.

STILTS BACKPACKERS €

Diani Beach Road

✆ +254 727 784 587

5 cabanes dans les arbres à partir de 25 US$ pour deux ; 4 cottages à partir de 30 US$. Tentes safari et camping.

Annexe de l'hôtel Flamboyant, version backpackers. Niché dans la forêt, en bord de route, et à 100 m de la plage, le campement propose différents types d'hébergement qui devraient satisfaire tous les goûts. Ensemble bien entretenu, moustiquaire et linge fourni dans toutes les chambres. Toilettes et douches communes, sauf pour les cottages qui disposent de leur propre salle de bain. On vous recommande particulièrement les cabanes dans les arbres ! Les singes (colobes, vervets, sikes, galagos) sont omniprésents. Très bonne ambiance. Le mieux dans le genre à Diani.

DIAMOND LEISURE BEACH & GOLF RESORT €€

Diani Beach

✆ +254 716 430 670

Compter à partir de 200 US$ pour une chambre double. Réservation via le site internet de l'établissement.

Dans la lignée des autres établissements Diamonds existant dans la sous-région, le Leisure Beach de Diani ne déroge pas à la règle. Pour un tarif abordable, vous bénéficierez d'un service de qualité, de chambres spacieuses et confortables, d'une belle piscine vue mer, ainsi que d'une cuisine variée. Atout pouvant avoir son intérêt pour les amateurs : l'établissement possède le seul et unique golf 18 trous de Diani ! Des packages sont disponibles sur le site de l'établissement.

FLAMBOYANT DIANI €€

Diani Beach Road

✆ +254 717 849 847

https://flamboyantdiani.com/about/

Différents types de chambres entre 60 US$ et 110 US$ pour deux personnes.

Cette superbe demeure, face à l'océan, se veut exclusive avec seulement dix chambres (lit double ou lits jumeaux, familiale) et 2 annexes. Climatisées et équipées de moustiquaires, coffre-fort, et tout le nécessaire à votre confort. L'hôtel est situé au cœur d'un luxuriant jardin tropical qui fait face à l'océan et comprend également une belle piscine. On a plus l'impression d'être dans une maison d'hôtes que dans un hôtel, et c'est tant mieux. L'atmosphère intimiste n'en est pas moins décontractée et chaleureuse. École de kitesurf certifiée IKO sur place.

MAGICAL LIONS SAFARIS

✆ +254 721 960218

https://magicallionsafaris.com/

Matano, Ali et leur équipe vous propose une expérience de voyages inoubliables au cœur de l'Afrique. Que ce soit depuis Mombasa ou Nairobi, les safaris organisés sont sur-mesure, adaptés à vos besoins. De l'aventure au grand luxe, il y en a pour tous les goûts. Un grand choix d'itinéraires comprenant des safaris, des visites culturelles et des paysages à couper le souffre. Possibilité d'être accompagné par des guides francophones, idéal pour découvrir la magie de l'Afrique de l'Est ! Pour Magical Lions Safaris, chaque voyageur est unique.

TOMBO HOUSE €€

Diani Beach Road
✆ +254 708 085141
https://www.tombohouse.com/en
15 chambres, à partir de 80 $USD la nuit pour deux personnes, petit déjeuner inclus.

© TOMBO HOUSE

À la différence des hôtels le long de la côte, vous êtes ici au cœur même d'un superbe espace tropical, entouré de singes et d'oiseaux. La piscine est une vraie oasis, les chambres sont très grandes et confortables, dotées d'une terrasse avec vue sur la forêt. Au dernier étage, vous dépassez même les arbres ! Le personnel est aux petits soins, un service de tuk-tuk pour faciliter vos déplacements à Diani est proposé, n'hésitez pas à demander tous types de recommandations ! Mention spéciale pour le massage dans votre chambre. Excellent rapport qualité-prix.

JACARANDA INDIAN OCEAN BEACH RESORT €€

Diani Beach Road
✆ +254 709 979 000
www.jacarandahotels.com
Tarifs et réservations sur leur site internet. Compter 125 US$ pour deux, petit-déjeuner inclus.

Voici un hôtel de gamme moyenne fort agréable, qui rappelle l'influence des sultans de Zanzibar. Installé au bord de l'eau, dans un domaine de 11 ha, le Jacaranda séduit par ses espaces et son charme tropical. Les bungalows sont dispersés sous les cocotiers. Le petit déjeuner est servi autour d'une grande piscine, face à l'océan. L'hôtel ne manque pas d'activités nautiques : pêche au gros, plongée sous-marine, kitesurf, kayak et pour les petits futés, du canoë local appelé *ngalawa*.

LANTANA GALU BEACH €€

Diani Beach Road
✆ +254 714 315 151
www.lantana-galu-beach.co.ke
Réservations en ligne ou courriel. À partir de 305 US$ en chambre standard avec le petit déjeuner, pour deux.

Un concept unique où l'adage « comme à la maison » prend tout son sens. Lantana compose un savoureux mélange luxueux de village vacances de charme et d'appartements locatifs. Directement situé sur la plage Galu, la seule à être restée intacte de toute la côte kenyane. L'architecture a été pensée dans le style swahili. Une salle de gym ainsi qu'un salon de massage et de beauté vous permettront de vous relaxer confortablement. Au milieu des jardins et avec vue sur l'océan Indien, le repos est au rendez-vous. Deux piscines et un café restaurant.

NEPTUNE PARADISE BEACH RESORT & SPA €€

Diani beach road ✆ +254 716 016 000
www.neptunehotels.com
Réservations sur le site Internet, promotions régulières. Compter 325 US$ pour deux en pension complète en tarif normal.

Entouré par une charmante oasis, le complexe, entièrement rénové en 2016, dispose de 92 chambres réparties dans des cottages africains avec des toits de chaume de qualité supérieure. Du standard haut de gamme. Mais il vaut mieux apprécier le style village vacances. Le Neptune propose détente et divertissement à travers toute une série d'activités et d'animations qui rythment les journées (tennis, aquagym, golf, planche à voile, beach-volley, soirées disco...). Service de baby-sitting.

THE SANDS AT CHALE ISLAND €€

Chale Island ✆ +254 725 546 879
http://thesandsatchaleisland.com
Tarifs et réservations sur le site Internet. A partir de 500 US$ en chambre standard pour deux en pension complète.

The Sands a le privilège d'être le seul hôtel présent sur la petite île de Chale, situé à 500 m de la pointe sud de Diani, entre mangrove et océan. Le lieu est juste paradisiaque et très apprécié des voyageurs qui souhaitent une expérience insulaire exclusive, non loin du continent, et à des prix abordables. Une bonne adresse pour ceux qui veulent se poser sans crapahuter, et qui ne seraient par rebutés par l'esprit club de vacances, car vous risquez de ne pas avoir envie d'en bouger.

WATER LOVERS €€

Diani Beach Road
✆ +254 115 104 932
https://www.waterloversbeachresort.com
A partir de 245 € par personne (sur une base de deux personnes), avec le petit déjeuner. Fermeture de l'hôtel en mai.

Au cœur d'un jardin préservé, l'hôtel se compose de huit suites réparties dans quatre chalets, orientés vers l'océan, d'une villa et d'un penthouse, très spacieux. Le confort y est optimal, le personnel attentif et toujours discret. On y est comme dans un cocon. La piscine à débordement en forme de tortue est l'emblème du lieu. Le petit déjeuner est divin. En fin de journée, après un excellent massage au spa, on dîne à la lueur des bougies, les pieds dans le sable. De loin le meilleur petit resort du coin. Et notre coup de cœur chaque fois renouvelé.

BAOBAB BEACH RESORT & SPA €€€

Diani Beach Road
✆ +254 709 154 000
www.baobab-beach-resort.com
Réservations et tarifs sur le site Internet. Comptez 330 US$ par nuitée, par personne, en pension complète.

Le Baobab est un hôtel très courtisé. Et pour cause, installé dans un domaine de 80 ha de jardins tropicaux, surplombant l'océan Indien, ce complexe confortable offre, dans un décor très frais, toutes les attractions de rigueur pour un agréable séjour version club (salle de fitness, Spa, bars, restaurants, trois piscines, beach-volley, tennis…). Mention spéciale pour l'animation qui n'est pas en reste de jour comme de nuit. L'accueil et le service y sont exemplaires.

COVE TREEHOUSES €€€

Diani Beach Road
✆ +254 733 435 341
www.covetreehouses.com
Compter un minimum de 500 US$ pour deux, en « all inclusive ».

Cet ensemble de 6 maisons exclusives est situé tout au sud de la plage de Diani, loin des complexes hôteliers. Une invitation à la déconnexion totale (d'ailleurs, ici, pas de télévision). Un petit paradis au cœur d'un vaste domaine fleuri de plus de 5 hectares, où trônent baobabs et cocotiers, au bord d'une superbe plage de sable fin. Toutes les maisons en bois et toit de chaume, d'environ 100 m², sont équipées de lits à baldaquin, air conditionné, mini-bar, terrasse et d'une salle de bain avec accès à un Jacuzzi. Piscine et restaurant sur la plage.

ELEVEN PEARL BOUTIQUE HOTEL & SPA €€

Diani Beach Road
✆ +254 790 728 295
https://elevenpearl.co.ke/
A partir de 90 € pour une chambre avec petit déjeuner. Information et réservation par mail.

© ELEVEN PEARL

Ce magnifique boutique-hôtel est composé de 20 chambres climatisées avec vue sur mer, piscine ou jardin, dans un cadre magnifique en bordure de plage. De nombreuses activités y sont proposées et le personnel parle français. Offrez-vous un moment de détente au spa, les massages sont divins. Le restaurant est plus que recommandable, excellent choix de vins et mention spéciale pour le crabe au gingembre ! Un endroit parfait où se loger lors de votre séjour à Diani.

KINONDO KWETU €€€

Galu Beach
✆ +254 710 898 030
www.kinondo-kwetu.com
À 15 minutes en voiture de la piste d'atterrissage d'Ukunda. Tarifs et réservations par courriel. Minimum 3 nuits.

Kinondo Kwetu est un vrai bijou. Les chambres et cottages sont somptueux, avec comme seul fond sonore les oiseaux et le son du vent qui chatouille les palmiers. Nos amis suédois, Ida et Filip, ont fait de leur demeure une bulle de bonheur : un service personnalisé, deux grandes piscines, des balades à cheval, du snorkeling et de la plongée, une plage privée, des séances de yoga, des sorties exclusives dans des criques aux eaux turquoise… Enfin, les repas africains avec une touche « healthy » scandinave vous transporteront. Somptueux.

MSAMBWENI BEACH HOUSE €€€

Msambweni ✆ +254 723 697 346
www.msambweni-beach-house.com
Entre 340 US$ et 588 US$ la nuit/pers. en pension complète (chambre double) et entre 485 US$ et 767 US$ pour les villas.

La magie opère dès que l'on passe le pas de la porte. Mswambweni promet un séjour mémorable. Située sur un site exceptionnel et une côte encore sauvage, au sud de Diani, Msambweni dispose de 3 villas privées avec piscine (2-6 personnes), de 4 chambres doubles dans la maison mère et offre tous le service ultra-personnalisé d'un hôtel haut de gamme avec l'illusion suprême d'avoir un petit coin de paradis bien à soi. Le tout dans une atmosphère chaleureuse et amicale, que Frederik Vanderhoeven (francophone) et son équipe nourrissent avec simplicité.

THE MAJI BEACH BOUTIQUE HOTEL €€€

✆ +254 773 178 873
www.the-maji.com
Tarifs et réservations sur le site internet. À partir de 1 016 US$ en pension complète pour deux en chambre supérieure.

Magnifique demeure de style swahili, posée sur une portion de plage tranquille, à l'écart du centre de Diani. Aucune des 15 chambres ne se ressemble, le luxe et le confort se rejoignent dans l'élégance de chacune des pièces. La piscine qui serpente autour et à travers la villa, lui confère tout son charme. The Maji (« eau » en swahili) est une ode au bien-être, dans un cadre exclusif et décontracté. Les repas sont personnalisés et servis à la demande, au rythme de chacun.

SWAHILI BEACH €€€

Diani Beach Road
✆ +254 707 730 753
www.swahilibeach.com
Compter un minimum de 250 US$ pour une chambre standard double avec le petit déjeuner, 340 US$ en pension complète.

Un bel hôtel 5 étoiles sur la plage de Diani, proche du Nakumatt. Plein de charme, il offre un mélange unique d'influences architecturales du Moyen-Orient, de l'Afrique de l'Est et de l'Inde pour créer une culture swahilie étonnante. L'impact écologique est important aux yeux des propriétaires qui assurent le minimum de dégâts tout en offrant un confort sans égal aux voyageurs. L'hôtel dispose de 14 suites, 92 chambres supérieures et de 16 chambres standard, ainsi que de quatre restaurants et quatre bars, d'un spa, d'une salle de gym.

THE SANDS AT NOMAD €€€

Diani Beach Road
✆ +254 709 538 888
www.thesandsatnomad.com
Tarifs et réservations sur le site Internet. Compter 400 US$ pour 2, petit déjeuner inclus.

Une atmosphère décontractée et reposante, plus que dans certains boutiques-hôtels. Richard et sa femme furent les premiers à jouer la carte de l'éco-responsabilité. Ici, on loge dans des « Ocean View Suites » ou dans des « Beach cottages » nichés dans une forêt côtière. The Sands at Nomad se démarque par son architecture swahilie, sa déco intérieure italienne, et son mobilier antique arabe. Très bonne table et excellente ambiance musicale live en soirée. Enfin, The Sands est connu et reconnu pour sa plongée sous-marine et la qualité de ses moniteurs.

Diani Beach.

SAMAWATI HOUSES €€

Msambweni

✆ +254 722 712 026

www.samawati.co.ke

Tarifs et réservations par courriel. La maison se loue dans sa totalité.

La plage de Msambweni est certes mois époustouflante que celle de Diani, mais bien plus tranquille et plus sauvage. Très belle demeure dans le style arabo-swahili dominant la mer. Le cadre est remarquable, tout comme la décoration intérieure. Quatre chambres avec vue sur la mer et la cocoteraie, grand salon. Piscine. Personnel de maison et cuisinier. Une adresse idéale en famille ou entre amis, si vous souhaitez tranquillité et authenticité, comme si vous viviez là. Mieux vaut avoir son véhicule car vous serez complètement isolés.

TEQUILA SUNRISE €€

Galu Beach

✆ +254 714 775 222

www.tequilasunrise.biz

A partir de 175 US$ la nuit pour les appartements avec vue sur mer et 100 US$ pour le cottage. Minimum 3 nuits.

Très belle propriété, nichée dans la végétation, en bordure de mer, sur une portion de plage tranquille et directement sur le spot de kite. Avis aux amateurs ! Sont disponibles à la location, une villa (avec 3 chambres, une piscine, terrasse, cuisine équipée), 3 appartements identiques (avec 2 chambres doubles, cuisine équipée, terrasse avec vue, piscine en rez-de-chaussée) et un petit cottage dans le très joli jardin laissé à l'état sauvage. Il faut être autonome, mais un cuisinier peut faire les courses et les repas si vous le souhaitez (en extra).

AFRICAN POT €

✆ +254 722 719 253

Ouvert tous les jours de 7h à minuit. Compter environ 600 Ksh pour un plat.

L'African Pot est une valeur sûre pour qui veut goûter aux spécialités locales. On y retrouve les grands classiques de la cuisine kenyane (ugali, matoke, mataha, wali, n'gombe,...), viandes et poissons grillés (choma), ainsi que des currys indiens au lait de coco. Le cadre, sous une grande paillote, est agréable, l'ambiance chaleureuse. Le lieu est bien tenu et le service à la hauteur. Une valeur constante pour ce restaurant toujours très apprécié. Après un dîner, si vous souhaitez poursuivre la soirée, le Moon Night Club est juste à côté.

ANIELLO'S RISTORANTE PIZZERIA €

Diani Beach Road

✆ +254 728 991 341

Ouvert tous les jours de 10h à 23h. Compter 1 000 Ksh pour une pizza et 800 Ksh pour un plat de pâtes.

Une excellente pizza Margherita, accompagnée d'une bière bien fraîche... Les basiques ne trompent pas, c'est la promesse d'un grand réconfort. Aniello's propose pas moins d'une cinquantaine de pizzas différentes et pour beaucoup, il s'agit de l'une des meilleures pizzerias de la côte Est. C'est sans compter le reste de la carte, bien fournie également. La cuisine italienne d'Aniello a ses fidèles. La qualité du service n'est pas constante, mais on repart généralement satisfait.

THE SALTY SQUID BEACH BAR & RESTAURANT €

Galu Beach Road

✆ +254 758 515 609

https://saltysquidbeachbar.com

Ouvert tous les jours de 7h30 à 22h.

Ce restau-bar bénéficie d'un cadre très agréable en bord de mer. À l'ombre des palmiers, vous profiterez des spécialités de poissons et fruits de mer, salades, burgers et pâtes, réalisés avec des produits frais et locaux. On y passe facilement quelques heures, et si ce n'est pour manger, alors pour un (ou plusieurs) cocktail. Le centre de kite H2O Extrême se situe au même endroit. Un lieu de rendez-vous incontournable pour les sportifs et amateurs de glisse donc !

CAFÉ KOKKOS BISTRO €€

Diani Beach Road

✆ +254 721 565 567

www.kokkoscafe.com/

Ouvert tous les jours de 8h à 23h. Le dimanche, de 9h à 16h30. Wifi haut-débit à volonté.

Brasserie sans prétention très animée en fin de semaine. Les plats principaux sont bons et peu onéreux, le filet de bœuf est une merveille, les gâteaux c'est selon les goûts. Service très sympathique. Toutes sortes de boissons chaudes, thés glacés, jus de fruits et smoothies, feront également le bonheur des adeptes de la pause café ou du *tea-time*. Un lieu de rendez-vous, central et très prisé, pour les locaux, comme pour les voyageurs. On y vient aussi facilement se poser quelques heures pour travailler, les « *digital nomads* » valident.

LEONARDO'S RESTAURANT €€

Diani Beach Road
✆ +254 720 501 707
http://leonardos-restaurant-diani.com/

Ouvert tous les jours de 8h à 23h. Entre 700 et 1 000 Ksh pour un plat de pâtes, entre 600 et 1 000 Ksh pour une pizza.

Comme son voisin Aniello's, ce restaurant n'est pas en bordure de plage, mais le cadre est agréable (sous une grande paillote). On aime bien les alcôves pour un dîner plus intime et l'ambiance du soir autour du bar. Au menu, une cuisine typiquement italienne dans ce qu'elle a de plus classique. Entre carpaccio, bruschetta, soupes, salades composées, raviolis, spaghettis, gnocchi, risottos, viandes et poissons, burgers... Il y a de quoi satisfaire tous les appétits. Pour les pizzas, préférez Aniello's. Egalement une carte spéciale petit déjeuner.

NOMAD BEACH BAR & RESTAURANT €€

Diani Beach Road ✆ +254 738 333 888
www.nomadbeachbar.com

Ouvert tous les jours de 11h à 22h. Réservation conseillée à l'heure du dîner. Compter 1 500 à 3 000 Ksh pour un plat.

Le lieu, ouvert sur la plage, à l'atmosphère décontractée chic, est réellement agréable, et manger face à l'océan, rafraîchi par le souffle de la brise n'a pas son pareil… Du simple burger aux langoustes, on y trouve pour un prix un peu relevé quoique raisonnable, tout ce qui nous fait envie. Concrètement un homard garni de riz coco, dégusté sur un haut tabouret au bar de front de mer, avec une boisson bien fraîche, reste une expérience culinaire très appréciable ! Un incontournable.

SHASHIN-KA €€

Diani Beach Road
✆ +254 720 747 803

Ouvert tous les jours sauf le lundi, de 11h à 22h. Entre 1 000 Ksh et 4 000 Ksh le repas, selon la faim.

Contre toute attente, le patron maître sushis, est... photographe de formation. Mais cela lui sert également en cuisine, car c'est aussi avec les yeux que l'on déguste ses sushis, insiste-t-il ! Sang Il Lee a tout appris auprès d'un grand chef sushi sud-coréen, et il ne fait aucun compromis sur le choix des poissons, qu'il va acheter lui-même tous les matins au retour des pêcheurs (excepté le saumon bien sûr). Ses sushis peuvent varier selon les produits du jour et son inspiration du moment, un régal pour les yeux et les papilles. Réservation conseillée en soirée.

ALI BARBOUR'S CAVE RESTAURANT €€€

Ali Barbours Road, Diani Beach Road
✆ +254 714 456 131
www.alibarbours.com

Compter 2 500 à 4 000 Ksh pour un plat. Ouvert tous les jours de 18h à 22h. Réservation recommandée.

Le cadre est splendide : les tables sont disposées sous une impressionnante voûte de corail naturel creusée par l'océan donnant à ce restaurant son caractère et son cachet uniques, tellement romantique. Les lumières soigneusement tamisées et la décoration raffinée contribuent encore un peu plus à l'intimité de l'endroit. Les plats, presque exclusivement à base de poissons ou de fruits de mer, sont toujours excellents. Les végétariens trouveront également leur bonheur.

SAILS €€€

Diani Beach Road
✆ +254 711 852 026
www.almanararesort.com

Ouvert tous les jours de 11h à 22h. Fermé le mardi. Réservation obligatoire. Compter 1 500 à 3 000 Ksh par plat.

Le Sails est sans doute le restaurant le plus select de toute la côte kenyane. Il se situe dans le petit complexe des six villas et boutique-hôtel de l'Almanara, refuge de la jet-set londonienne et hollywoodienne. Splendide terrasse extérieure sous des structures en voile, aménagée en bord de plage : luxe, calme et volupté. Excellente cuisine préparée par le chef (pour les amateurs, les huîtres de Kilifi, les spaghettis au crabe ou le gratin de crabe sont à tester absolument !). Prix très raisonnables pour le lieu et la qualité du service.

DIANI BIKES

✆ +254 713 959 668

Compter entre 10 US$ pour un VTT à la journée et 90 US$ pour une journée dans les Shimba Hills (déjeuner inclus).

Diani Bikes propose des tours « éco » à vélo dans le village de Mwamanga ou dans la forêt de Kaya, et dans les Shimba Hills. La balade dans la mangrove au coucher de soleil reste une expérience accessible et délicieuse. Vous serez accueillis par une équipe jeune et dynamique, menée par le sympathique Masha ! Des vélos électriques sont également disponibles à la location (à l'heure, à la demi-journée ou journée entière), de quoi explorer les environs à moindre effort. Masha dispose également de quelques scooters. Une bonne adresse pour une belle expérience.

H2O XTREME

Diani Beach Road
✆ +254 712 121 974
www.h2o-extreme.com
Compter 50 € pour une 1h de cours de kite avec un moniteur en groupe, et 40 € pour la location du matériel.

Créée en 2003, première école de kite à s'installer sur la côte sud, affiliée à l'IKO (International Kiteboarding Organization), H2O XTREME s'est forgé une bonne réputation en proposant des cours de kitesurf et de windsurf ainsi que de la location de matériel. Le spot principal pour le kitesurf est situé à Galu Beach (Kenyaways Kite) et à l'hôtel Waterlovers. Pour le windsurf, c'est à l'hôtel The Sands at Nomads. Mais la plage et le lagon offrent bien d'autres possibilités de se régaler. Juin-septembre et décembre-avril sont les meilleures saisons pour le vent.

OCEAN TRIBE

Diani Beach Road
✆ +254 700 934 854
http://oceantribe.co
Plongée à la journée (2 blocs fournis) : 120$

Océan Tribe est le seul centre de plongée cinq étoiles pour la formation des instructeurs Padi au Kenya. C'est donc une référence pour ceux qui veulent devenir pros. Le matériel est tout à fait adéquat et performant. Bien sûr, les plongeurs loisir sont les bienvenus et l'entreprise propose de nombreuses prestations. Vous pourrez ainsi choisir des combos : voyages de plongée et snorkeling ou encore plongées et safaris pour découvrir de manière plus approfondie le pays. Tout le staff fait preuve de patience et d'empathie envers les clients de tous âges.

THE CRAB

Diani Beach Road ✆ +254 723 108 108
www.divingthecrab.com
Pour une journée, 2 plongées et tout l'équipement, comptez 110 € par personne. Informations et réservations par mail.

Centre affilié cmAS, SSI et PADI, tous les instructeurs sont certifiés ou Dive Master. Tous les niveaux de cours sont dispensés, jusqu'à l'instructeur. Equipement de qualité. L'équipe qui vous accompagne est très pro. Vous aurez la garantie de plonger sur les plus beaux sites de la côte. Murènes, raies, tortues, poissons-napoléons, anges et dauphins au programme, et, pour les plus chanceux, la possibilité d'approcher les requins-baleines. Le centre dispose de trois clubs dans les hôtels suivants : The Sand at Nomad, The Sands at Chale et au Baobab Beach resort.

SHAKATAK DISCO

Diani Beach Road
✆ +254 708 498 177
www.shakatak-kenya.com
Ouvert tous les jours à partir de 21h et jusqu'au bout de la nuit.

Avec plus de 25 ans d'existence, la réputation du Shakatak n'est plus à faire. Il s'agit de la principale discothèque de Diani, voire de la côté Est. Mythique. Deux salles climatisées sont à disposition, dont une en extérieur. Bonne musique (funk, soul…) et ambiance plutôt sympa. Restaurant à l'extérieur. Clientèle locale. Un incontournable des nuits chaudes de Diani. Attention toutefois à vos effets personnels. Vérifiez les heures et jours d'ouverture de la discothèque et du restaurant, ils sont parfois sujets à modifications.

SHIMONI

Située à l'extrême sud de la côte kenyane, proche de la frontière tanzanienne, Shimoni est une petite ville portuaire ouverte sur l'Océan indien, qui fut importante aux grandes heures de la civilisation swahilie, lors du commerce des esclaves. Des grottes, aujourd'hui habitées par les chauves-souris, servaient au regroupement des esclaves en partance. À présent, sans attrait particulier en dehors d'une atmosphère agréable et de son emplacement côtier, Shimoni représente avant tout pour les touristes l'accès à l'île Wasini et au parc marin. En marge du tourisme, la pêche traditionnelle reste ici la principale source de revenus pour les villageois.

WASINI VIEW €€

✆ +254 722 434 709
https://wasiniview.com/
Chambre dans la villa entre 75 US$ et 100 US$. Petit déjeuner inclus.

Cette maison d'hôtes au bord de la mer dispose de quelques chambres seulement, avec ventilateur, moustiquaire et salle de bain commune. Un endroit agréable et idéal pour des excursions vers Kisite, Funzi Bay et Wasini. La maison organise toutes les excursions et activités que vous souhaitez, y compris des safaris dans le parc national de Tsavo ou des parties de pêche au gros. Côté cuisine, le chef adapte les menus en fonction des envies et préférences des visiteurs. L'accueil y est personnalisé. Une piscine est également à disposition.

SHIMONI REEF LODGE €€

Seafront
✆ +254 786 470 137
shimonireeflodge.com

Tarifs et réservations en ligne. Cottage à partir de 100 US$ pour 1 personne, 150 US$ pour 2. Suite à partir de 200 US$.

Ce petit lodge accueille des voyageurs de tous horizons en quête de tranquillité. Bien des activités liées à la mer sont pratiquées (snorkeling, plongée sous-marine, kite-surf...). Des excursions terrestres peuvent également être organisées notamment aux Shimba Hills. Le lodge comprend six cottages spacieux très agréables face à la mer, une suite avec sa piscine privée, ainsi qu'une maison en self-catering pouvant accueillir jusqu'à dix personnes, et une piscine. La cuisine y est excellente, les petits-déjeuners copieux. Joliment aménagé. On aime et on recommande.

© SHIMONI REEF LODGE

© SHIMONI REEF LODGE

PARC MARIN ET RÉSERVE DE KISITE-MPUNGUTI ★★

Shimoni
✆ +254 723 929 766
kws.go.ke

Droit d'entrée : 17 US$ par adulte et par jour et 13 US$ par enfant de moins de 18 ans.

Situé sur la côte sud du Kenya, près de Shimoni et au sud de l'île Wasini, près de la frontière tanzanienne, le parc marin de Kisite couvre 11 km², tandis que la réserve de Mpunguti couvre 28 km². C'est l'un des plus beaux parcs marins du Kenya et l'une des plus belles excursions à entreprendre sur la côte. Le récif y est cependant dégradé. Au milieu de l'eau turquoise se détache un minuscule îlot de corail entouré d'une petite plage de sable blanc. L'univers aquatique de Kisite-Mpunguti s'étale sur plusieurs îles et comprend surtout une belle portion de la barrière de corail, où l'on peut observer une profusion de poissons multicolores, simplement avec palmes, masque et tuba. C'est aussi l'un des plus beaux sites sur la côte pour la plongée sous-marine. La meilleure période pour la plongée est d'octobre à mars. De juin à août, la mer est agitée et la visibilité restreinte. Certaines îles sont couvertes par la forêt équatoriale. Il va sans dire que le parc est extrêmement riche en flore et faune aquatiques, l'attraction principale étant ses dauphins. Les oiseaux sont également nombreux à nicher sur les îles. On peut y faire du bateau et plonger, se livrer à l'observation des coraux, pique-niquer sur une plage. On peut y organiser une excursion depuis beaucoup d'hôtels de la région, notamment à Diani. On peut aussi recourir aux services d'un bateau local, voguer sur un boutre traditionnel, beaucoup d'excursions étant organisées depuis Shimoni.

CHINGWEDE HOUSE €€

Msambweni
✆ +254 733 633 332

Comptez au moins 260 US$ pour 2 jours pour la maison, selon la saison.

Encore une jolie maison, à Msambweni, au milieu d'un vaste jardin de 4 hectares qui surplombe la belle plage de sable blanc de ce petit village de pêcheurs. Avec une vue imprenable sur l'horizon côté mer, et un coucher de soleil derrière les palmiers Doum, Chingwede bénéficie d'un cadre idyllique. Les quatre chambres (8 personnes) ainsi que la grande véranda et la terrasse autour de la piscine sont charmantes. Le ménage est fait tous les jours, un cuisinier est mis à disposition si besoin. Parfait pour un groupe d'amis ou une famille.

PILLI PIPA DHOW SAFARI

Bureau à Diani derrière le restaurant Leonardo.
✆ +254 722 205 120
www.pillipipa.com
Plongée à partir de 40 US$ par personne. Sortie en mer à la journée à partir de 130 US$ par personne.

Organisateur réputé de safaris en mer sur Kisite, Funzi et Shimoni. Proposent la journée complète *all inclusive* en *snorkeling* ou *diving* avec le déjeuner sur l'île de Wasini. Possibilité d'observer les dauphins et peut-être même de nager à proximité. Si vous êtes débutants, vous serez les bienvenus pour un baptême de plongée en mer directement. Pour les plus expérimentés, possibilité de ne partir que pour la demi-journée (juste pour la plongée). Les accompagnateurs sont très professionnels et sauront mettre en confiance les plus hésitants.

ÎLE DE WASINI ★

Wasini est une petite île qui a su conserver son charme, son calme et ses traditions. L'île compte deux petits villages. Celui de Wasini s'est construit autour des ruines d'une ancienne cité arabe. Les habitants occupent leurs journées en pêchant, en construisant des *dhows* et en allant chercher de l'eau douce sur la côte car on n'en trouve pas sur l'île. Les quelques habitants ne prêtent guère attention aux dizaines de touristes qui passent quotidiennement. La population profite des retombées touristiques, notamment liées aux visites du magnifique *coral garden*, sans que sa vie et ses coutumes n'en soient perverties. Il vous sera demandé de respecter la tradition musulmane.

Il y a deux façons très différentes de visiter l'île. La première consiste à s'inscrire à une excursion d'une journée (en passant par exemple par Charly's Claw - wasini.com). Au programme, exploration en masque et tuba des récifs coralliens, déjeuner aux fruits de mer, visite de village, avec la possibilité d'un guide francophone. L'autre consiste à séjourner une nuit ou plus sur l'île. Pour cela, vous devez posséder votre propre équipement de camping ou bien loger dans des petits cottages très simples au Mpungunti Lodge. Un séjour de deux ou trois jours sur cette île, coupé de la civilisation (pas de voiture, pas de route, pas d'eau courante…), est une expérience inoubliable. Dans les deux cas, vous ne serez pas déçu. Pour rejoindre l'île, vous devrez emprunter un *dhow* ou un *matatu-boat* depuis la jetée de Shimoni.

CHARLIE CLAW'S

Wasini
✆ +254 722 205 154
www.wasini.com
Réservation et contact par mail ou via le site internet.

Charlie Claw's est une agence qui propose une excursion à la journée dans la réserve marine de Kisite et sur l'île de Wasini, avec toutes les activités ad hoc (snorkeling, plongée sous-marine, nage avec les dauphins…). Au programme, départ (en général) depuis Diani, route pour Shimoni, bateau, snorkeling ou plongée, puis direction l'île de Wasini pour le déjeuner. Un solide menu est prévu pour satisfaire chacun (crabe, poisson, poulet…). Vous pouvez ensuite vous prélasser au bord de la jolie piscine à débordement qui surplombe l'océan ou visiter le village.

BLUE MONKEY BEACH COTTAGES €

✆ +254 722 532 230
www.wasini.net
A partir de 3 900 Ksh pour une personne, 2 500 Ksh par personne si vous êtes deux. Paiement uniquement en espèces.

Ce site propose aux voyageurs plusieurs cottages construits avec des matériaux locaux, nichés dans la végétation. Le lieu offre une vue magnifique sur l'océan depuis les chambres situées en hauteur. Les chambres sont basiques, mais agréables et l'atmosphère est authentique. Panneaux solaires pour l'électricité. Il s'agit d'une bonne base pour explorer le parc national de Kisite en toute simplicité, avec les gens du cru. Pas de wifi, mais une belle connexion avec la nature.

ÎLE DE FUNZI ★

Quelques centaines d'autochtones vivent sur cette petite île de Funzi qui a conservé tout son attrait. Vous pouvez vous y rendre par l'intermédiaire d'une agence pour une excursion à la journée. Sur l'île de Funzi, on évolue autour d'une mangrove omniprésente, témoin d'un écosystème encore sain. Les martins-pêcheurs et les violonistes (crabe à une pince) en sont l'attraction principale. On trouve également au sud de l'île un petit village de pêcheurs. Mais ce qui rend Funzi si inoubliable, c'est incontestablement le Funzi Sand Band. Les quelques minutes de baignade prévues sur ce banc de sable resteront sûrement gravées dans votre mémoire…

NYALI BEACH

C'est probablement l'endroit le plus « tourisme de masse » du Kenya. Vous y trouverez tout ce qui compose une station balnéaire (hôtels, restaurants, boîtes de nuit, centres commerciaux…). Et à moins d'apprécier un séjour fermé en hôtel *all inclusive*, le tout n'a guère de charme. La plage de Nyali se trouve juste après le pont qui porte le même nom. Elle est accessible par une petite route charmante qui longe la côte au milieu des bougainvilliers et des frangipaniers. Elle permet d'accéder à la plupart des hôtels. C'est une plage qui peut être appréciable si vous êtes à Mombasa pour des raisons professionnelles.

THE REEF HOTEL €€

Mount Kenya Road ✆ +254 736 474 005
https://reefhotelkenya.com

Chambre standard double à partir de 125 US$. Réservation via le site. Possède une annexe à Shimoni, Reef Lodge.

Ce grand hôtel, doté d'environ 150 chambres, possède un accès direct à la plage de Nyali. Les chambres confortables, propres et lumineuses, offrent selon le choix (et les tarifs) une vue mer ou une vue côté jardin. Pour ceux recherchant le calme, préférez la semaine, les week-ends étant plus animés. Sur place, deux grandes piscines, ainsi qu'un excellent bar-restaurant, où vous pourrez déguster langoustes et crevettes, accompagnées de cocktails, le tout à l'ombre des palmiers. The Reef Hotel possède une annexe, plus intimiste (6 cottages seulement) à Shimoni.

SEVERIN SEA LODGE €€

✆ +254 746 995 690
www.severinsealodge.com

Chambre standard à partir de 138 US$, pour deux avec le petit-déjeuner. Tarifs et réservation sur le site Internet.

Petit lodge agréable aux bâtiments imitant le style traditionnel. Orienté vers un public germanophone, il s'intéresse aux questions d'environnement : station d'épuration, recyclage des eaux usées, sélection des déchets… Les chambres agréables et confortables (climatisation, moustiquaire, literie anti-allergies, wifi, coffre-fort, service de chambre, balcon/terrasse...) donnent sur un joli jardin. Le lodge dispose d'un spa, de plusieurs bars et restaurants, et organise des safaris au Severin Camp dans le Tsavo Ouest. Excellent rapport qualité-prix.

TRAVELLERS BEACH HOTEL €€€

✆ +254 700 375 575 - www.travellersbeach.com

Chambre standard à partir de 180 US$ pour deux, selon la saison, avec petit déjeuner. Réservations en ligne.

Cet hôtel 4 étoiles est situé sur les plages de sable blanc de l'océan, à 12 km au nord de Mombasa. Vous serez accueilli par une grande piscine en terrasse à l'entrée. L'hôtel est imposant : avec 286 chambres, vous aurez le choix entre diverses catégories, allant de la chambre standard à la suite spéciale voyage de noces en passant par des suites familiales. Question cuisine, vous ne serez pas dépaysé : restaurant italien, indien et cuisine européenne, avec cependant le Suli Suli Grill où vous pourrez déguster du steak de crocodile… au bord de la piscine.

TAMARIND VILLAGE €€

Cement Silo Road
✆ +254 722 205 160
www.tamarind.co.ke

Réservations et tarifs par courriel.

Petite dépendance du renommé restaurant Tamarind, le Village se compose d'appartements avec une superbe vue sur la mer, dans une architecture arabisante. Spacieux et bien équipés, parfaitement entretenus, les appartements bénéficient des services d'un hôtel. Le service n'est pas moins satisfaisant, l'équipe toujours accueillante. Petit déjeuner inclus dans le tarif, complet et de qualité. De quoi réellement apprécier cette adresse. Sur place, salle de sport, piscines, salle de massage et business center. L'un des hôtels les plus estimés du coin.

VOYAGER BEACH RESORT €€€

Mount Kenya Road off Links Road
✆ +254 711 019 900

Prix variables selon la saison et le type de chambre. Tarifs et réservations sur le site Internet.

Bienvenue à bord ! Ici le personnel revêt des costumes de matelot et toute la décoration est basée sur le thème de la mer. Un petit côté frais bien agréable. Les 236 chambres sont bien décorées, le programme d'animation est très au point et la nourriture plus que correcte. Magnifique piscine, centre de plongée PADI et nombreuses activités (vous pourrez même faire l'expérience de la navigation sur une pirogue à voile traditionnelle), y compris pour les enfants. Une bonne adresse pour les familles. Des cérémonies de mariage sur la plage y sont également organisées.

LA CAFESSERIE €€

City Mall
✆ +254 712 011 011
http://cafesserie.com
Ouvert tous les jours de 7h à 23h30.

La Cafesserie est une brasserie située à l'intérieur de City Mall. C'est l'endroit le plus fréquenté par le tout Nyali, que ce soit pour acheter son pain ou des pâtisseries, boire un verre, ou déjeuner rapidement. On mange très vite et très bien. Les jus de fruits naturels sont délicieux, tout comme les salades composées et les plats du jour. Une vraie brasserie qui tourne comme une horloge (le patron est Israélien), une vraie ruche cosmopolite dont on peut profiter à toute heure, dès le petit déjeuner. Les prix sont très raisonnables.

MONSOONS RESTAURANT €€

Jumba Ruins, Mtwapa
✆ +254 729 086 958
Ouvert du mardi au dimanche, de 11h30 à 17h30.

Belle paillote sur sa plage privée, à laquelle on accède après avoir déambulé dans les ruines de Jumba. S'y rendre est déjà un bonheur en soi. Le propriétaire est un vieil Italien baroudeur sympathique, marié à une Kényane, divine cuisinière. Carte italienne de poissons et fruits de mer, pêchés le matin même. Le tiramisu maison est à tomber. On y vient pour déjeuner (les clients sont nombreux le week-end). Prix raisonnables. Avec deux verres de blanc frappé, une grappa et une petite sieste sur les chaises longues face à l'océan, on flirte avec le bonheur.

NAMASKAR €€

Links Road
✆ +254 704 912 808
www.bliss.co.ke
Ouvert tous les jours de 10h30 à 23h30. Compter en moyenne 1 300 Ksh pour un plat.

Le Namaskar est le restaurant du Bliss Resort. Installé en bord de piscine, il propose une nourriture exclusivement indienne. La clientèle est souvent majoritairement indienne, ce qui est plutôt un très bon signe ! Les poulets et poissons tikka, tandoori, en curry, sont délicieux, les *nans* (*cheese nan* et *butter nan*) aussi, les épinards excellents et le halva en dessert tout simplement inoubliable. Les végétariens y trouveront aussi naturellement de quoi satisfaire leur palais. La meilleure table indienne de Nyali. Prix très raisonnables.

TAMARIND DHOW €€

Mkomani, Cement Silo road
✆ +254 722 205 160
https://tamarind.co.ke
Compter 60 US$ le repas par personne. Réservation obligatoire.

Chic et cher, mais certainement l'un des meilleurs restaurants de fruits de mer de la côte. La cuisine est raffinée et le cadre, face à la baie illuminée, est somptueux. Idéal pour une soirée romantique. Le restaurant organise des soirées et des déjeuners à bord d'anciens boutres magnifiquement décorés. Balades en mer, dîners aux chandelles, serveurs stylés, musiciens et délicieuse cuisine. Comptez 2 heures pour la balade du déjeuner (départ à 13h, retour à 15h) et 4 heures pour celle du dîner (départ à 18h30, retour à 22h30). Savoureuse expérience.

BAMBURI BEACH ★

Au nord de Nyali, la plage de Bamburi est également très animée et les hôtels se succèdent sans interruption le long de la route. L'endroit a moins de charme que Nyali, mais les hôtels sont un peu plus récents et souvent plus remarquables. Il s'agit presque exclusivement de grands complexes hôteliers avec des formules « all inclusive », réservées à des groupes qui ne sortent quasiment jamais de leur hôtel. L'étonnant Haller Park leur permet quand même de découvrir une partie de la faune africaine tout en restant sur la côte. Les accros des virées nocturnes et des rencontres faciles choisiront Bamburi et, dans une moindre mesure, Shanzu.

NEPTUNE BEACH RESORT €€

✆ +254 734 346 942
www.neptunehotels.com
A partir de 158 US$ la nuit pour 1 personne en all inclusive. 203 US$ pour 2. Voir offres spéciales sur internet.

Sur le sable argenté de la plage de Bamburi, à 14 km au nord de la ville de Mombasa, cet hôtel familial dispose de 78 chambres correctement meublées avec tout le confort moderne. Une grande piscine d'eau douce orne un jardin tropical luxuriant, une nouvelle terrasse offre une très belle vue sur l'océan. Les espaces sont aussi conçus pour offrir une certaine intimité à qui cherche un coin de tranquillité. La chaîne Neptune dispose de plusieurs lodges et resorts au Kenya et en Tanzanie et propose également des packages safari.

HALLER PARK - BAOBAB TRUST ★

Malindi Road
+254 726 856 687
www.owenandmzee.com
Ouvert tous les jours de 8h à 16h30. Compter 800 Ksh pour un adulte et 400 Ksh pour un enfant.

Ce site mérite sa petite histoire. En 1959, le Dr Rene Haller, naturaliste et agronome de formation, est embauché par la Bamburi Cement Company pour produire de quoi nourrir les employés de la cimenterie. En 1970, il persuade la direction d'étendre son mandat afin de réhabiliter les carrières de ciment le long du littoral de Mombasa, laissées à l'abandon par des années d'exploitation minière. Le défi est de taille, les sols devenus aussi stériles que la surface de la Lune, ne laissent plus rien pousser. Le Dr Haller étudie et expérimente alors pas moins de 26 espèces d'arbres. Seul le filao, une espèce indigène d'Australie, très résistante, pousse dans ces conditions difficiles. Mais il aura fallu aussi introduire des micro-organismes essentiels à la vitalité de ces arbres, ainsi que des mille-pattes à « pattes rouges », qui se nourrissent des feuilles de filaos, transformant ainsi ces feuilles en aiguilles de pin qui tombent au sol en humus. Cette première couche fertile va permettre le retour de la végétation. Le Dr Haller parvient à transformer une grande partie des 7 km² du site de Bamburi, composé de paysages arides et poussiéreux, en un havre écologique. Plus d'un million d'arbres sont ensuite plantés et, après dix ans, une végétation plus diversifiée se développe, des espèces indigènes sont introduites, attirant de nombreux insectes, reptiles, oiseaux et papillons. Le site, rebaptisé The Haller Park, constitue désormais un sanctuaire qui abrite plus de trente espèces menacées de la liste rouge de l'IUCN (International Union for Conservation of Nature). En 1991, le Dr Haller crée la fondation Baobab (The Baobab Trust) et travaille en étroite collaboration avec les communautés locales. Le but étant de promouvoir et de développer des écosystèmes durables, par l'éducation, la formation et les initiatives communautaires. Les carrières se mêlent aujourd'hui à des lacs, de zones humides et des prairies de savane, pour former un grand parc naturel avec des sentiers pédestres et cyclables. Le parc reste au fil du temps un véritable « laboratoire vivant » pour les étudiants qui s'intéressent à la biologie, à la botanique, etc. Concrètement aujourd'hui pour les visiteurs, il s'agit avant tout d'une belle promenade à pied ou à vélo ; des parcours plus ou moins dynamiques sont proposés. De 3,5 km à 10 km, les chemins passent à travers la végétation et l'on peut observer oiseaux, reptiles et papillons à profusion.

PLAZA BEACH HOTEL €€€

Situé sur la côte nord de Mombasa à 30 min de l'aéroport Moi, face à la plage de Bamburi.
+254 723 661 008 - www.plaza-beach.co.ke
Réservations et tarifs par courriel. Chambre simple à partir de 9 500 Ksh, double à 13 000 Ksh, petit-déjeuner inclus.

Petit hôtel familial, accueillant et chaleureux. Les 88 chambres, baignées de teintes bleues et jaunes, restent standards, mais tout à fait confortables, quoique l'ensemble soit un peu vieillot. Vous y trouverez une jolie piscine, un restaurant, plusieurs bars, un spa, une boutique... Leur plus : la proximité de la mer, un environnement tranquille, une nature luxuriante qui borde l'hôtel et de nombreuses activités nautiques possibles (aquabike, paddle, canoë, jet-ski...). Un bon compromis entre les clubs de vacances et les boutiques-hôtels.

SAROVA WHITESANDS BEACH RESORT €€€

Jomo Kenyatta Public Beach, Off Malindi road
+254 709 111 000 - www.sarovahotels.com
Tarifs et réservations via le site Internet de Sarova. Compter 274 US$ par personne avec le petit-déjeuner.

Les grands bâtiments blancs de cet immense hôtel (340 chambres tout confort) sont disposés autour d'un joli jardin et d'une exceptionnelle piscine pour enfants (îles, ponts, cascades...), 4 autres piscines plus calmes sont aussi disponibles. On y trouve le service et l'accueil d'un 5-étoiles. Excellente école de plongée PADI, sports nautiques, nombreuses animations et petite discothèque de plein air, Le Coco's, très courtisée. Bien pour qui aime l'ambiance des grands complexes.

ROBERTO'S RESTAURANT €€

Links Road opposite Premiere Hospital
+254 705 221 249
www.robertosmombasa.com
Ouvert tous les jours de 10h à 23h.

C'est LE restaurant italien à ne pas manquer. Excellente qualité et fraîcheur des produits. Les desserts sont diaboliques. Une très bonne adresse très fréquentée, chaudement recommandée. Roberto c'est aussi une épicerie qui importe tous ses produits directement d'Italie, et il y a de quoi faire, le rayon spécial gourmets pourrait bien faire chavirer les papilles de certains. Si vous êtes en location, vous pourriez bien en faire votre supermarché. Consultez le site internet pour avoir un large aperçu de tout ce qui est disponible.

THE MOORINGS BAR & RESTAURANT €€

Mtwapa Creek
✆ +254 700 720 388
Ouvert tous les jours de 10h à 23h.

Très bon restaurant de fruits de mer, sur pilotis. Sans chichi, attablé sur des bancs, on y mange tout ce qui vient de la mer (poisson, homard, crabe, crevettes...), mais les terriens peuvent également y déguster de la viande, des pâtes et des pizzas. Ce restaurant de mer est devenu l'une des adresses incontournables de la côte. Le Moorings organise également des croisières en *dhow* au coucher du soleil (compter 2 heures et 2 000 Ksh par personne). Départ à 17h30.

PIRATES BEACH BAR

Jomo Kenyatta Public Beach
✆ +254 724 933 859
Ouvert tous les jours de 8h à minuit.

Ce bar-restaurant-discothèque a pignon sur plage. En temps normal, il génère une ambiance locale et colorée détonnante. Il est situé sur l'unique plage publique des environs (toutes les autres étant privatisées par les complexes hôteliers), où viennent se détendre et profiter du lagon les Kenyans de toutes origines, tous âges et toutes confessions. Le week-end, il peut y avoir vraiment beaucoup de monde... Venez au moins y boire un verre pour l'ambiance. C'est ici un autre Kenya que vous découvrirez, populaire et authentique.

SHANZU BEACH

Quelques kilomètres au nord de Bamburi, on atteint la jolie plage de Shanzu, ses quelques grands hôtels de luxe, son petit centre commercial animé et ses nombreuses boutiques de souvenirs. Cette zone est facilement accessible en *matatu* depuis Mombasa. Les hôtels facturent un petit droit d'accès à la plage si vous n'êtes pas clients, mais cela peut valoir la peine si vous voulez bénéficier d'un transat et des services de l'hôtel. Sur la route de Malindi, que ce soit au détour d'un séjour à Shanzu ou juste le temps d'une pause déjeuner, nous vous recommandons un passage au Porini Farm, un petit restaurant seychellois qui ravit toutes les papilles.

KIKAMBALA

Juste après avoir traversé Mtwapa Creek, on atteint les plages de Kanamai et de Kikambala, le plus ancien site balnéaire du Kenya. Aujourd'hui, Kikambala est un endroit reposant, loin de la cohue de Bamburi ou de Malindi, bien que ces dernières années voient fleurir d'importants projets de complexes résidentiels et hôteliers, en construction ou à venir. Kikambala est la plage principale entre Mtwapa et Vipingo, une longue bande de sable blanc, abritée par un récif corallien à environ 100 mètres de la plage. Vous pourrez visiter également le très joli site archéologique de Jumba la Mtwana, une ancienne cité swahilie, construite vers 1350.

JUMBA LA MTWANA

Prendre à droite après Mtwapa en direction de Kanamai Beach ; les ruines sont plus loin, à 3 km ou 4 km.
www.museums.or.ke/jumba-la-mtwana
Ouvert tous les jours de 8h à 18h.

Le site est moins imposant que celui de Gedi, mais sa situation en bord de mer lui confère un charme extraordinaire. Cette ancienne cité swahili, construite vers 1350, fut un port de commerce animé et une étape obligée pour les marchands perses et arabes qui rentraient chez eux. Pour des raisons inconnues, cette cité florissante a disparu à peine un siècle plus tard. On peut y observer les ruines de quelques maisons et de trois mosquées construites en pierre de corail. Si vous avez la chance d'être seul sur les lieux, le site est vraiment enchanteur.

PORINI FARM RESTAURANT €€

Porini Village
✆ +254 721 375 605
www.porini-kenya.com
Ouvert tous les jours.

Petit restaurant seychellois noyé dans une végétation luxuriante. Excellente cuisine traditionnelle. Le poulet porini et le poulet boko boko sont incontournables. Le jus de tamarin est succulent. Prix raisonnables. L'attente peut être longue (tout est préparé maison sur commande), mais une balade dans le jardin (aux allures de forêt vierge) et la rencontre avec George (une tortue mâle de 120 ans !) vous feront patienter. Le lieu est très agréable. Il est également possible d'y passer la nuit, dans l'un des six bungalows à l'arrière du restaurant.

KILIFI

Kilifi est une petite bourgade située juste au nord de la crique du même nom et à égale distance de Mombasa et de Malindi. Cette ville tranquille est restée un peu à l'écart du monde extérieur pendant de nombreuses années. Au fil du temps, elle s'est toutefois développée pour devenir une étape agréable. Kilifi bénéficie de jolies plages sauvages (la plage de Bofa – Bofa Beach – est certainement l'une des plus belles de la côte) et d'un intéressant site archéologique à Mnarani. Les balades en bateau au coucher de soleil n'en sont pas moins séduisantes. Un déjeuner ou un dîner sur la terrasse du Nautilus viendra parfaire l'expérience.

RUINES DE MNARANI

Près de Mnarani beach.

Ouvert tous les jours de 7h à 18h.Compter 500 Ksh par personne (via e-citizen)

© AXEL JUMELIN

Les vestiges de la cité swahilie, situés à 60 km au nord de Mombasa, sont moins intéressants que ceux de Gedi (Watamu) ou Jumba la Mtwapa (Kikambala), mais offrent une très belle vue sur toute la crique de Kilifi. On y accède en tournant à gauche juste avant le pont (bien indiqué). Il ne s'agit pas d'un site archéologique très impressionnant, mais bel et bien d'un endroit pittoresque et paisible qui mérite une petite visite, cependant le site gagnerait à être mieux entretenu et valorisé. Avec un peu de chance vous y verrez des singes et des tortues.

KILIFI BAY BEACH RESORT €€€

Bofa Road

✆ +254 734 888 560

Comptez, selon la saison, au moins 100 US$ la chambre double avec le petit-déjeuner.

Ce petit paradis calme situé à mi-chemin entre Mombasa et Malindi est idyllique pour des vacances balnéaires en famille. Les bungalows sont à la fois simples et confortables, ceux qui donnent sur la plage les plus convoités (les plus chers aussi). Chaque jour, les organisateurs locaux proposent toutes sortes d'activités, du cours d'aquagym en matinée aux spectacles de danse africaine en soirée. À noter qu'entre juin et novembre, l'hôtel se vide et tourne au ralenti. Le bar de la plage, notamment, est fermé, ce qui est bien dommage.

SILVER PALM SPA & RESORT €€€

Bofa Road ✆ +254 780 745 837

www.silverpalmkilifi.co.ke

A partir de 160 US$ pour une chambre double, selon la saison. Tarifs et réservations sur le site internet.

Ce resort luxueux, dans la lignée des boutiques-hôtels, est l'un des derniers-nés à Kilifi. Architecture d'inspiration orientale contemporaine. Sobre et efficace. La piscine serpente dans un jardin verdoyant, parsemé de palmiers. Les 40 chambres autour, au confort parfait, disposent toutes d'une très bonne literie, d'une salle de bain avec douche et... baignoire, de l'air conditionné, d'une TV, d'un minibar, d'une bonne connexion wifi, d'une terrasse et même pour certaines chambres d'une petite piscine privée. Spa, espace yoga, court de tennis et salle de sport.

MEDIA'S HOMES €

Ukombozi, Gorofa ya Tungule

✆ +254 795 848 488

Réservation via Booking, ou Whatsapp. À partir de 2 400 Ksh par nuit.

Ce studio, situé dans un quartier très calme de Kilifi, mais aussi proche de l'océan (environ 10 minutes de marche) et du centre-ville (5 minutes de boda boda), est le plan parfait pour les petits budgets et les séjours prolongés pour les backpackers et les couples. À vous le calme et l'intimité, et pourquoi pas la petite vie de quartier avec ses vendeurs et badauds. Disposant d'une gazinière et d'un frigo, vous pourrez cuisiner poissons et autres produits locaux, à déguster sur la terrasse. S'il est minimaliste, le logement dispose de tout le nécessaire.

AFRICAN PAVILION BEACH RESTAURANT €

Old ferry
✆ +254 791 833 746
Ouvert tous les jours. Plats à moins de 1 000 Ksh.

Le lieu vaut le détour, ne serait-ce que pour son emplacement privilégié. Le bar-restaurant est en effet construit sur pilotis, au bord de l'estuaire de Kilifi. Calme, brise marine, ballet des pêcheurs. La vue est des plus appréciables au coucher de soleil, dans une ambiance locale. Sur place, une grande variété de plats, notamment de fruits de mer (selon la pêche, on recommande les crevettes au curry). Laissez-vous tenter par de bons jus locaux, affalés sur des coussins.

KILIFI BOATYARD €

Masha Road, Mnarani West
✆ +254 722 442 334
Ouvert tous les jours de 7h à 19h. Accessible en bateau-navette gratuitement depuis le bas du quai du Nautilus.

Le lieu, bien connu des plaisanciers, vaut le détour. Les pieds dans le sable, vous pourrez profiter de l'atmosphère de la baie, autour d'une bière fraîche et d'une assiette bien garnie, nous recommandons notamment la salade de crabe. Les fruits de mer proposés dépendent de la pêche du jour. Sur place possibilité de se baigner. Le boatyard propose une navette gratuite, depuis votre bateau, ou depuis le quai opposé. Bref, un chouette endroit entre mer et mangrove, pour venir égrener quelques heures, en profitant de la sérénité du lieu et de la brise marine.

NAUTILUS RESTAURANT €€

Old Ferry Road
✆ +254 713 762 748
www.nautilusrestaurant.co.ke
Ouvert tous les jours sauf le lundi, de 11h30 à 21h. Compter entre 1 000 et 1 800 Ksh le plat principal.

Un formidable secret (ou presque) et une adresse à retenir. Pour un déjeuner ou un dîner romantique sur l'eau, au coucher du soleil, dans un environnement idyllique. Ce restaurant sur pilotis, sous une grande paillote, dans l'estuaire de Kilifi, propose des spécialités italiennes divines. On y vient aussi déguster de très bonnes huîtres (crues ou gratinées). La cuisson des aliments et l'équilibre des saveurs frôlent la perfection. Service impeccable. Une halte exquise sur la route de Watamu et Malindi. Vos papilles vous remercieront.

WATAMU ★

Watamu se situe à une quarantaine de kilomètres après Kilifi, en poursuivant vers le Nord. Ce ravissant village de pêcheurs, avec ses petites maisons traditionnelles nichées au cœur d'une palmeraie, est devenu une véritable petite station balnéaire, tout en préservant son capital environnemental. Son parc marin, ses clubs de kitesurf et de plongée, la forêt d'Arabuko Sokoke ou encore la jolie crique de Mida cernée de mangroves font de Watamu le plus agréable lieu de séjour de la côte nord. La côte se découpe en trois baies séparées par des caps rocheux. Chacune possède sa magnifique plage de sable blanc. Les activités liées à la nature ici ne manquent pas.

Argent

Vous trouverez plusieurs banques, avec des distributeurs automatiques (ATM) 24h/24. Pour changer vos devises au meilleur taux, vous pouvez vous adresser au bureau Safaricom, au croisement de Watamu Beach Road et de Jacaranda Road, juste à côté de Post Bank. Le bureau est ouvert du lundi au vendredi de 8h à 17h.

Transports

A Watamu, comme sur toute la côte, on se déplace en piki-piki ou en tuk-tuk, pour quelques shillings. Accordez-vous sur le prix avant de monter, mais les chauffeurs sont en général assez honnêtes.

WATAMU MARINE PARK ★★

✆ +254 720 781 782
www.watamumarine.co.ke
Compter 17 US$ pour un adulte et 13 US$ pour un enfant de moins de 18 ans.

Pas moins de 10 km² sont dédiés à la protection de la faune et de la flore marines. Les récifs coralliens abritent une multitude de poissons colorés, dont on ne se lasse pas, que l'on peut observer avec un masque et un tuba ou à bord d'un bateau à fond de verre. C'est sans compter les requins de récif, les tortues marines et même les dugongs pour les plongeurs chanceux. L'association Watamu Marine fédère les acteurs du tourisme locaux, elle propose activités et excursions dans la région. Tous les renseignements sur le site Internet de l'association.

Watamu.

WATAMU SNAKE FARM ★

Jacaranda Road
✆ +254 723 386 558
Ouvert tous les jours de 10h à 12h et de 14h à 16h30. Comptez 1 000 Ksh l'entrée pour un adulte.

Ce centre de recherche (à ne pas confondre avec la Snake Farm de Gede) vaut une visite. Très bien tenu, vous aurez un éventail exhaustif de toutes les espèces de serpents (des moins dangereuses aux plus mortelles) rencontrées au Kenya et en Afrique de l'Est. En plus de son aspect recherche, c'est là aussi un excellent centre d'éducation à l'environnement, on y apprend beaucoup de choses, notamment sur les mesures à prendre en cas de morsure, sur l'identification des serpents, leur alimentation. Intéressant et... impressionnant. Herpétophobes s'abstenir.

SAFARI & EXCURSION

Off Jacaranda road
✆ +254 793 818 866
safariandexcursion.co.ke
Informations et réservations via le site internet et par mail.

Safari & Excursion est une agence de voyage passionnée et spécialisée dans les voyages en Afrique, plus particulièrement au Kenya, en Tanzanie, en Ouganda et au Rwanda. Que vous soyez un groupe, une famille, en lune de miel, à la recherche d'aventure..., l'agence propose des séjours et des visites sur mesure, pour s'adapter à toutes les envies et à toutes les bourses. L'expérience de la structure fera que la logistique et la sécurité durant votre voyage seront exemplaires, vous n'aurez plus qu'à profiter de cadres aussi extraordinaires que variés.

MIDA CREEK ★★

Mida creek

Il s'agit d'un lieu sauvage protégé, absolument magique. Une grande baie de 32 km², entourée de mangroves, où s'est développée une faune exceptionnelle. On y observe une multitude d'oiseaux sédentaires et migrateurs (marabouts, flamants, hérons, martins-pêcheurs, sternes…) et de nombreux animaux aquatiques qui vivent dans l'enchevêtrement des racines de palétuviers (crabes, crevettes, écrevisses, huîtres, diverses espèces de poissons…). C'est également au cœur de la mangrove que le jeune corail commence son existence, avant que les grandes marées ne l'emportent au large, sur le récif où il pourra proliférer. En marchant sur les berges, vous tomberez peut-être nez à nez avec un varan ou une mangouste. Différentes espèces de singes et d'antilopes vivent également autour de la baie. Enfin, près de l'embouchure, les plongeurs expérimentés pourront visiter d'immenses grottes sous-marines hantées par d'énormes mérous. Une balade en bateau en fin de journée, lorsque le soleil couchant transforme les couleurs de l'eau et du ciel, reste l'une des plus belles façons de découvrir la baie. Nous ne saurions que trop vous recommander d'explorer la baie en kayak : de nombreux petits canaux et passages à travers la mangrove font tout le charme envoûtant de la balade. Le stand up paddle (SUP) est aussi très pratiqué. La plupart des grands hôtels organisent des excursions. Mais vous pouvez également contacter directement la communauté (Mida Creek Conservation Community Group) avec les coordonnées que nous vous indiquons.

WATAMU TURTLE WATCH

Turtle Bay Road
✆ +254 713 759 627
www.watamuturtles.com
Lundi de 14h à 16h, du mardi au vendredi de 9h30 à 12h et de 14h à 16h, samedi de 9h30 à 12h. 500 Ksh la visite guidée.

Cette organisation œuvre principalement pour la protection des tortues marines, notamment les tortues vertes et imbriquées. C'est également un centre d'accueil et de soins pour la faune. Il est possible d'assister, en compagnie d'un guide, à l'éclosion des œufs (à certaines périodes de l'année). L'association travaille également dans la restauration des mangroves. On ne peut que saluer et soutenir par ailleurs les actions éducatives qui sont initiées pour sensibiliser les plus jeunes à la protection de la faune et de la flore.

MIDA DHOW

✆ +254 713 462 999
Les croisières ont lieu au coucher du soleil au départ de Mida Creek à 16h30.

Embarquez sur un traditionnel *dhow*, ce bateau typique des côtes de l'océan Indien, et venez admirer le coucher de soleil et vivre un moment inoubliable sur Mida Creek. La croisière dure environ 3 heures et vous pourrez vous régaler de samoussas, dips, huîtres, poisson frais ou encore de bières, de dawas, de vins ou de soda tout en écoutant de la musique. N'hésitez pas à contacter Romy ou David afin de réserver. Pensez cependant à acheter en amont, en plus de la croisière, vos tickets du Watamu Marine National Park & Reserve.

MVUVI FISHING LODGE €€

Ocean Sport road
✆ +254 704 569 258
https://mvuvilodge.com/
Chambre double à partir de 8 000 Ksh pour deux. Informations et réservations via le site internet.

© MVUVI

Profitez d'un hébergement haut de gamme dans ce joyau caché offrant toutes les commodités, que ce soit le bar, le restaurant ou même la piscine, ce qui en fait la destination idéale pour ceux qui cherchent à échapper au stress de la vie quotidienne. Il répond également à votre esprit aventurier avec des excursions de pêche en haute mer dans les eaux cristallines de l'océan Indien. Dès votre arrivée au Mvuvi Lodge, vous serez enveloppé par un cadre chaleureux et profiterez du service personnalisé qui fait la renommée du lieu.

MWAMBA CONSERVATION CENTRE €

✆ +254 202 335 865
www.arocha.or.ke
Compter 5 800 Ksh pour 2 personnes avec le petit déjeuner et 4 500 Ksh en pension complète. Wifi haut-debit.

Ce centre de recherche ornithologique dispose de 7 chambres doubles ou triples, basiques, propres et joliment aménagées. La maison est nichée dans la végétation, à 50 m à pied de la plage, accessible par un sentier. L'ambiance y est conviviale, familiale et détendue. Une très bonne option pour les petits budgets en quête d'authenticité et loin des grands hôtels. En séjournant ici, vous soutenez les projets de recherche en cours et pourrez participer aux activités du centre.

GECKO RESORT €€

Turtle Bay Road
✆ +254 729 388 777
https://garodagecko.com/
Réservation via le site internet de l'hôtel. Chambre double à partir de 115 US$ pour deux, avec petit-déjeuner.

Très bel ensemble de chambres et d'appartements, au style contemporain, bois et béton ciré pour l'habillage, tissus et couleurs locales pour la touche africaine. Toutes les unités sont équipées d'une moustiquaire, climatisation, salle de bain-douche, coffre-fort, véranda ou terrasse avec vue sur le jardin. C'est simple, confortable et joliment décoré. L'hôtel est situé sur la plage de Garoda, à l'intérieur du parc marin de Watamu. Il dispose d'une piscine et d'un bain à remous face à la mer. Détente, bien-être et douce oisiveté assurés.

OCEAN SPORTS RESORT €€

Mida Creek Road
✆ +254 422 332 288 - www.oceansports.net
Chambre standard avec petit déjeuner à partir de 120 US$ pour deux, 80 US$ pour un. Wifi haut-débi.

© OCEAN SPORTS

L'un des premiers hôtels de Watamu et une institution au Kenya. L'hôtel, dont le gérant est français, fait face à la plage et se compose d'un bar-pub (ouvert à tous) aux soirées festives ainsi que d'un restaurant réputé pour ses plats à base de poissons. Les chambres sont réparties dans de jolis cottages qui surplombent la piscine, offrant une vue imprenable sur la baie. Le lieu est aussi réputé pour son centre de plongée, ses tout nouveaux terrains de paddle, et ses excursions de pêche au gros (dont la team a d'ailleurs été sacrée championne du monde en 2022).

HEMINGWAYS WATAMU €€€

Turtle Bay Road
✆ +254 709 188 000
www.hemingways-collection.com/watamu/
Réservations et tarifs sur le site Internet de l'établissement. Compter un minimum de 395 US$ pour deux.

Situé sur le front de mer et bénéficiant d'un panorama superbe sur le lagon, cet hôtel de luxe classé 5 étoiles a bénéficié d'une rénovation totale en 2017 qui fait de lui un établissement au moins aussi prestigieux que celui de Nairobi. Les 39 chambres ont toute une vue exceptionnelle sur l'océan. Le restaurant et le bar ont été entièrement repensés et la piscine est devenue juste fabuleuse. L'hôtel dispose également d'appartements très spacieux et raffinés, entièrement équipés (1 à 4 chambres), d'un spa et d'une salle de sport haut de gamme.

KOBE RESORT €€€

Turtle Bay Road ✆ +254 700 951 951
https://kobesuiteresort.com
Compter au minimum 254 US$ pour 2 personne pour une chambre standard côté jardin. Avec le petit déjeuner.

Ce resort, sobre et très classe, est sûrement parmi ce qui se fait de mieux au Kenya au rayon boutique-hôtel. Il dispose de 23 suites et 1 villa tout confort, conçues et aménagées avec beaucoup d'élégance. Deux piscines et un restau sur la plage, face à l'un des plus beaux spots de la côte, sont aussi là pour vous ravir. Ambiance paisible et agréable musique à toute heure de la journée. Le service est personnalisé, on s'adapte à vos souhaits et à vos envies. Spa à disposition pour vous détendre encore un peu plus... Une belle adresse pour ceux qui ont les moyens.

MARIJANI HOLIDAY RESORT €€

Dans la partie du village qui borde la plage la plus au nord. ✆ +254 721 704 693
www.marijani-holiday-resort.com
Prix variables selon la saison, renseignements et tarifs par courriel.

Dans la végétation, cette grande maison bourgeoise, située à deux pas de la plage, est parfaitement tenue par une famille allemande. Les chambres sont basiques, équipées de lits doubles, d'un ventilateur, d'une moustiquaire, d'un réfrigérateur et d'une salle de bain indépendante. Certaines disposent même d'une petite cuisine. L'une des meilleures adresses où séjourner à Watamu, si l'on veut éviter les hôtels et avoir la possibilité de faire ses repas. Il existe également un cottage avec 3 chambres doubles, 2 salles de bain, un salon, une cuisine et une véranda.

MEDINA PALMS €€€

Turtle Bay Road ✆ +254 718 152 999
www.medinapalms.com
Compter entre 242 US$ et 435 US$ la suite, pour deux personnes. Réservation via le site internet de l'hôtel.

Cet hôtel propose 50 suites spacieuses et luxueuses autour d'un vaste jardin tropical et d'une piscine tout en longueur qui s'étire jusqu'au front de mer. Aménagées et décorées dans un style swahili moderne et épuré, imprégnées de sérénité, et parfaitement équipées, rien à dire, tout le confort y est. Le restaurant de l'hôtel (Amandina) comblera vos papilles et le spa (Sakina) est un appel irrésistible au plaisir des sens. Un petit goût de paradis habite les lieux. C'est sans compter toutes les activités proposées (yoga, tennis, golf, sorties en mer, safaris...).

MOMBASA ET LA CÔTE

© WATAMU TREE HOUSE

© WATAMU TREE HOUSE

© WATAMU TREEHOUSE

WATAMU TREEHOUSE €€

Turtle Bay Road
✆ +254 712 810 055
www.treehouse.co.ke

Compter 210 US$ ou 280 US$ pour une personne, selon la chambre, avec le petit-déjeuner ; 285 US$ et 375 US$ pour deux.

Watamu Treehouse, est une œuvre d'art à l'architecture unique. Toutes les pièces sont ouvertes sur les éléments, les énergies circulent et les vues donnent sur l'océan et la forêt. Le verre recyclé de Nani Croze n'est pas sans rappeler les œuvres de Gaudi. Les repas sont sains et diététiques (option vegan). Watamu Treehouse est également réputé pour ses retraites, ses cours de yoga quotidiens sur le rooftop panoramique. Un lieu d'inspiration pour l'esprit, de repos pour l'âme, de remise en forme et de créativité.

© WATAMU TREEHOUSE

© WATAMU TREEHOUSE

TEMPLE POINT RESORT €€€

Marine Park Road

✆ +254 722 204 131

www.templepointresort.com

Informations et réservations sur le site. À partir de 221 US$ pour deux en chambre standard, avec petit-déjeuner.

Situé à un emplacement de rêve entre Mida Creek et l'océan Indien, Temple Point resort est l'endroit idéal pour passer un séjour parfait. Les 100 chambres climatisées, de style swahili et à la déco épurée, offrent calme et sérénité. Piscines, spa et plage privée à disposition. Des soirées au bord de la piscine ou des projections de film y sont organisées même si ici on est plutôt nature et yoga. Des excursions sont organisées dans le Parc marin de Watamu ou dans la mangrove de Mida Creek. L'hôtel est également réputé pour ses sorties plongée.

TURTLE BAY BEACH CLUB €€€

Turtle Bay Road

✆ +254 721 830 604

www.turtlebaykenya.com

Prix très accessibles et variables selon la saison et le type de chambre. Réservations sur le site et par courriel.

Ce village-vacances familial, extrêmement actif dans le respect de la nature, est réputé au Kenya pour tout ce qu'il se fait de mieux en termes de service « tout inclus ». Assez incroyable tant les possibilités d'activités proposées sont nombreuses (planche à voile, paddle, canoë, safaris à cheval, snorkeling, plongée sous-marine, pêche au gros, observation des tortues et des dauphins, balades...). L'hôtel dispose aussi de sa propre discothèque et d'une équipe d'animation permanente. Idéal pour les familles et ceux qui apprécient l'ambiance club de vacances.

WATAMU LUXURY VILLAS €€€

✆ +254 794 184 263 - www.watamuluxury.com

Entre 320 US$ (3 chambres) et 650 US$ (6 chambres) la nuit pour toute la maison. Information et réservation par mail.

Le bonheur est dans le lagon. Vous rêvez d'une maison, comme si c'était la vôtre, un cadre paradisiaque ? Cinq villas de luxe, toutes plus belles les unes que les autres, sont proposées à la location. Idéalement situées sur le front de mer ou dans la baie de Mida, elles disposent aussi chacune de leur propre piscine privée. Des cuisiniers sont mis à disposition pour les repas, tout est préparé avec des produits locaux ultra-frais, les régimes et rythmes alimentaires sont respectés et le ménage assuré quotidiennement. Le summum du confort, zen et exclusif.

THE CHARMING LONNO LODGE €€€

Kanani Road ✆ +254 726 226 292

www.lonnolodge.com

Compter 336 US$ pour deux, avec le petit déjeuner. Réservation via le site Internet.

Un lieu à part. Un havre de paix ancré dans la nature, avec le bleu de l'océan pour seul horizon. Vous serez chaleureusement accueillis par l'équipe qui mettra tout en œuvre pour que votre séjour soit unique. La demeure de caractère, qui surplombe des criques aux eaux turquoise, ne dispose que de 4 suites et de 4 chambres doubles, pour une expérience exclusive. Situé directement au bord de la mer, ce lodge dispose aussi d'une immense double piscine d'eau salée. Service personnalisé et cuisine réputée succulente.

SUNSET LAB €

Watamu beach

✆ +254 793 858 165

https://www.sunsetlabwatamu.com/

Ouvert tous les jours de 12h à 23h. Compter 1 500 à 2 000 Ksh pour une pizza.

Venez pour le coucher de soleil, restez pour les ondes positives, telle est la devise du Sunset Lab. Réputée comme la meilleure pizzeria de Watamu, l'établissement niché dans un cadre de rêve, dans la baie de Mapango au cœur de Watamu, propose bien entendu tout un tas d'autres plats, notamment végétariens, et ce à un tarif abordable. Le Sunset Lab c'est aussi et surtout une belle ambiance chaleureuse, animée les week-ends, accompagnée d'excellents cocktails. A noter que le Sunset Lab propose également quelques chambres sur la plage.

CRAB SHACK RESTAURANT €€

✆ +254 725 315 562

Réservation obligatoire. Tout est frais et préparé sur commande. Compter en moyenne 2 000 Ksh le plat.

Ce restaurant sur pilotis au coeur de la mangrove est géré par la communauté du petit village de Dabaso. Au coucher du soleil, la douceur des lumières et des couleurs confère au lieu une atmosphère unique. Vous pouvez vous y rendre en tuk-tuk, à pied, en kayak ou en paddle (deux heures de sublime balade sur l'eau à travers la mangrove). Sur place, vous pourrez déguster de délicieux samoussas, poissons grillés ou en curry, et bien sûr crabes de mangrove. A ne pas manquer, essentiellement pour le cadre. Sur réservation uniquement, si vous voulez manger.

HOSTERIA ROMANA €€

Watamu Beach Road
✆ +254 710 369 039
Service tous les jours sauf mercredi de 10h30 à 15h et de 18h à 22h.

Ce restau, avec sa salle en plein air, ses tables en bois, ses nappes rouges et son atmosphère familiale, offre la meilleure cuisine italienne du coin ! Tout est bon. Les pizzas sont succulentes. Bonne option pour les indécis, la pizza Napoli permet de tester quatre saveurs en une. La salade Caprese, l'escalope au citron, les lasagnes et le grand classique des pâtes à la carbonara sont fortement recommandés. Sans omettre le divin tiramisu ! Accueil chaleureux et service efficace. Le tout pour une addition raisonnable. On y revient volontiers !

PILIPAN RESTAURANT €€

Turtle Bay Road
✆ +254 713 993 776
Ouvert tous les jours de 9h30 à 22h. Compter 1 200 Ksh pour un plat.

Belle terrasse sous les arbres, en surplomb de la Mida Creek. « The place to be », quand le soleil se couche sur la mangrove. Très belles préparations aux parfums d'épices et de produits de la mer. La dominante est indienne, avec une pointe d'imagination et quelques inspirations méditerranéennes (le bœuf façon *souvláki*, par exemple ou la savoureuse *panna cotta* à la noix de coco). On y déguste aussi de redoutables et délicieux cocktails à base de jus de fruits frais (le « Passion Mojito » vaut le détour). Service sympathique et addition mesurée.

KOKOMO BEACH BAR & RESTAURANT €€

Watamu beach
✆ +254 706 151 586
Ouvert tous les jours de midi à minuit.

Le Kokomo Beach, c'est à la fois un cadre superbe donnant sur la superbe Mapango bay. Un environnement moderne et accueillant. Un bar branché et animé notamment les week-ends. Un restaurant à la carte aussi variée qu'accessible et proposant un certain nombre de spécialités libanaises. Et potentiellement l'un des meilleurs spots pour apprécier le coucher de soleil sur l'océan Indien. Profitez-en, que ce soit avec une bonne viande, un cocktail, ou juste allongé sur un sofa.

ROCK AND SEA RESTAURANT €€€

Mida Creek ✆ +254 799 670 253
www.rockandsearesort.com
Compter entre 4 000 et 6 000 Ksh le repas complet avec entrée, plat et dessert.

Le restaurant du Rock and Sea, situé de l'autre côté de Mida Creek, perché sur un rocher, offre un panorama fantastique sur la baie, et des couchers de soleil inoubliables. Les deux jeunes propriétaires et gérants du lieu proposent une cuisine gastronomique de type « fusion », qui retournera vos papilles de bonheur. Si vous réservez, on peut venir vous chercher en bateau. A minima, c'est aussi un lieu agréable pour boire un verre et observer le soleil se coucher sur la mangrove... Le lieu s'est récemment doté de tentes *bubble* pour prolonger le plaisir.

PAPA REMO BEACH €€

Jacaranda Road
✆ +254 707 010 527
www.paparemobeach.com
Ouvert tous les jours de 9h à 22h.

Situé sur l'une des plus belles plages de Watamu et du Kenya, la célèbre « plage de l'amour », ce restaurant bénéficie indéniablement d'un cadre somptueux ; la vue est à couper le souffle. Ce n'est peut-être pas le meilleur restaurant (fruits de mer et spécialités italiennes), mais l'emplacement est idyllique pour qui veut déjeuner ou dîner les pieds dans le sable. Equipe accueillante et très pro. Papa Remo Beach organise également des mariages sur mesure et une fois par semaine, c'est soirée « Beach Party » jusqu'au bout de la nuit, animée par des DJ locaux.

BAHATI GELATARIA

Watamu Beach Road
✆ +254 724 079 856
Ouvert tous les jours de 7h à 18h.

Ce glacier italien est évidemment l'un des meilleurs endroits pour boire un bon café. Mais les glaces d'Anna et Andrea valent aussi sacrément le détour. C'est le QG des italiens, autant dire une bonne adresse. Et un incontournable pour toutes les vacances à la plage qui se respectent. La glace au citron est phénoménale ! On peut aussi y déguster quelques pâtisseries et viennoiseries pas moins savoureuses (brioche au Nutella, *cheesecake, apple pie*,...). Pour un déjeuner léger, la maison propose quelques plats de pâtes, des sandwichs et focaccia.

AQUA VENTURES

Turtle Bay Road
✆ +254 703 628 102
http://diveinkenya.com
Comptez 47 US$ la plongée et 129 US$ la journée double plongées.

Aqua Ventures (certifié PADI) propose des plongées de rêve dans les eaux chaudes et tropicales du parc marin de Watamu. La beauté des sites et des récifs coralliens, habités par une faune exotique abondante, en fera l'une de vos plus belles plongées. Vous aurez sûrement la chance de rencontrer dauphins, tortues marines et requins... Le matériel est en très bon état, la sécurité optimale. Trois instructeurs certifiés permanents animent ce centre, réputé parmi les meilleurs. D'octobre à mars, les plongeurs se régalent. Pas de sortie plongée en mai-juin.

THE FISHING CHARTER BOAT

Ocean Sport road ✆ +254 768 163 806
Ouvert toute l'année, pêche d'Août à Avril. Observation des baleines et dauphins. Contact par mail.

The Fishing charter boat s'adresse à votre esprit d'aventure avec des excursions de pêche en haute mer dans les eaux cristallines de l'océan Indien. Que vous soyez un pêcheur expérimenté ou un novice souhaitant lancer une ligne, leur équipe experte vous assurera de vivre une expérience inoubliable. Laissez-vous tenter par l'attrait de l'océan, où les dauphins s'ébattent à la proue et la tension palpable de l'atterrissage d'un poisson trophée remplit l'air. Participez à la bataille ultime d'intelligence et de force alors que l'homme affronte de redoutables adversaires marins.

TREE HOUSE YOGA

Turtle Bay Road
✆ +254 712 810 055
www.treehouse.co.ke
Compter 1 000 Ksh pour un cours. Tous les jours de l'année. Consulter les horaires sur le site Internet.

Le lieu est réputé pour ses cours de yoga (Hatha, Ashtanga, Vinyasa) de qualité. La salle ronde, en haut de l'une des tours du Watamu Tree House, offre un panorama à 360° sur la forêt et l'océan. Au coucher du soleil, l'atmosphère y est magique. Vous pouvez également réserver un cours suivi d'un petit-déjeuner ou d'un dîner sur place. La cuisine y est divine. Watamu Tree House organise par ailleurs des sessions paddles dans la mangrove, et plusieurs fois par an des retraites yoga et médiation. Consultez les dates sur le site Internet.

TRIBE WATERSPORTS

Turtle Bay Road
✆ +254 718 553 355
www.tribe-watersports.com
Compter 390 US$ pour trois jours de cours de kitesurf (3h/jour, équipement et assurance inclus).

Très bonne école de kitesurf et location de matériel. Qualité et sécurité assurées. Et que dire du service 5 étoiles, avec une équipe pro-active qui vous garantit une assistance sur la plage à tous les étages : votre matériel réservé, votre aile de kite sera prête au décollage quand vous arrivez sur le spot, l'équipe vous assure assistance au lancement et à l'atterrissage et même pour le démêlage de vos lignes, les ailes sont rincées à l'eau douce tous les soirs... On s'occupe de tout pour vous ! De quoi jouir exclusivement du plaisir de naviguer.

ARABUKO SOKOKE FOREST

Cette forêt couvre environ 420 km² dans l'intérieur des terres. Malheureusement, seule une infime partie de ce dernier vestige de forêt indigène est réellement protégée et la déforestation menace son existence. Cette zone est le refuge d'espèces rarissimes comme le macroscélide à trompe d'éléphant (petit mammifère insectivore ressemblant à une grosse musaraigne au museau allongé) ou le céphalophe d'Ader. Plus de 80 espèces de papillons et une multitude d'oiseaux vivent également dans la forêt en compagnie de quelques léopards, chats dorés et buffles qu'il est presque impossible d'observer. Arabuko Sokoke offre de superbes possibilités de balades à pied ou à vélo (location à Watamu). Il faut demander une autorisation à la station forestière située sur la route de Mombasa, à un kilomètre au sud de la bifurcation pour Watamu. La végétation étant très dense et les animaux discrets, il est fortement recommandé de se faire accompagner par un ranger afin de découvrir toutes les richesses de la forêt. Dans tous les cas, essayez d'y aller tôt le matin, les animaux sont alors plus faciles à observer. Possibilité également de camper sur place, dans des « *tree house* ».

Pratique

La forêt se situe à 40 min de Malindi et 15 min de Watamu. Entrée : 600 Ksh par adulte et 150 Ksh par enfant. Pensez à prévoir d'ajouter quelque shillings par voiture et si vous souhaitez vous octroyer les services d'un guide.

MALINDI ★

Malindi est la plus grande ville de la côte après Mombasa. A la fin des années 1980 et au début des années 1990, la ville a connu un développement touristique délirant. Elle est devenue, en quelques années, une sorte de petite Riviera tant les Italiens y sont nombreux. C'est ici qu'il faut séjourner si vous voulez boire un bon cappuccino, manger les meilleures pizzas et glaces de tout le Kenya, faire la fête toute la nuit ou même jouer au *toto calcio* (loto sportif italien) ! Malindi est un peu moins typique que les autres villes de la côte car la population européenne y est très présente. Néanmoins, on sait lui trouver d'autres charmes et notamment son petit centre-ville. De novembre à mars, les vents endommagent sérieusement la beauté des plages, qui deviennent alors remplies d'algues et de déchets marins.

Histoire

L'histoire des Italiens à Malindi remonte à l'ouverture de la base spatiale de Broglio, au large des côtes kenyanes, dans les années 1960. Le programme spatial San Marco utilisait alors d'anciennes plates-formes pétrolières proches de l'Equateur pour lancer ses satellites scientifiques. Les premiers Italiens à arriver dans la ville étaient donc des ingénieurs. Au fil du temps, la communauté prend forme. A l'arrêt des activités spatiales, beaucoup s'installent à Malindi à la recherche d'opportunités dans l'industrie du tourisme.

Pratique

Evitez de vous promener la nuit, particulièrement le long de la plage. Des cas d'agressions ont été répertoriés. Attention également aux problèmes de drogue. On vous proposera certainement toutes sortes de substances. Sachez qu'il s'agit le plus souvent d'arnaques : à peine aurez-vous acheté vos produits que de faux policiers (parfois des vrais !) sont susceptibles de vous interpeller et vous devrez alors vous acquitter d'une très grosse amende.

Transports

Par la route, plusieurs *matatus* font la liaison avec Mombasa. Malindi dispose aussi d'un petit aéroport (vols quotidiens depuis Mombasa et Nairobi). Renseignez-vous auprès des différentes compagnies (Sax, Fly 540, Jambojet, Air Kenya).

Comme dans toutes les villes côtières, on se déplace ici en tuk-tuk ou en *boda-boda* pour quelques shillings.

CROIX DE VASCO DE GAMA

Entrée : 500 Ksh. Guides sur place.

Cette croix, érigée par Vasco de Gama en 1499, marque aujourd'hui l'entrée du port de Malindi. On y arrive par un petit sentier. Elle symbolise les bonnes relations entre les habitants de Malindi et les Portugais. De là on peut observer le littoral à perte de vue. La ville fut la seule sur la côte à accueillir amicalement les marins portugais. Non loin de là demeure une petite chapelle, qui fut pendant longtemps l'unique lieu de recueillement (au milieu des 17 mosquées de Malindi) de la communauté portugaise permanente qui ne comptait pas plus de 40 individus.

PARC MARIN DE MALINDI ★★

✆ +254 202 335 684

www.kws.go.ke

Comptez 17 US$ par jour et adulte, 13 US$ pour les enfants de moins de 18 ans.

Le Parc national marin de Malindi est réputé pour être le plus ancien parc marin d'Afrique. La richesse de la vie marine, la variété des reliefs et la clarté de l'eau en font un site de prédilection pour les amateurs de plongée sous-marine. En palmes, masque et tuba, il y a déjà de quoi s'émerveiller. Vous nagerez au milieu d'une myriade de poissons multicolores. Il est aussi possible de louer un bateau à fond de verre pour profiter du spectacle sous-marin. Malheureusement, en haute saison, il arrive qu'il y ait autant de plongeurs que de poissons !

VICTORY EXPEDITIONS

FN Center, Lamu road

✆ +254 722 446 552

www.victoryexpeditions.com

Ouvert le lundi de 10h à 18h, du mardi au samedi de 8h à 18h.

Cette agence, basée à Malindi, organise des safaris à prix raisonnable dans les parcs nationaux, à partir de Malindi, Watamu ou Nairobi. Pour deux ou trois jours d'excursion, il s'agit d'une bonne option si vous voulez vous éloigner un peu des plages. Le confort sera peut-être moins haut de gamme qu'en passant par d'autres agences, mais vous serez assuré de la qualité du service et de votre safari, les paysages et les animaux seront au rendez-vous. A partir de Malindi, il est possible également d'organiser deux jours de visite à Lamu, avec le transport en avion.

© THE KASA MALINDI

© THE KASA MALINDI

© THE KASA MALINDI

THE KASA MALINDI €€

Malindi, Kenya
✆ +254757888777
https://the-kasa.com/
A partir de 185 USD$ la nuit, selon la saison.
4 villas et 15 chambres.

On se sent comme à la maison dans cette Kasa Malindi. Que ce soit dans les villas privées ou votre chambre, l'hôtel vous offre un environnement tropical luxuriant dans ce petit coin de paradis qu'est Malindi. Profitez de son cadre de luxe, de l'excellence du spa, du restaurant Mawimbi et de sa cuisine raffinée aux produits (ultra) frais de la mer, du bar à cocktails, le tout bercé par le bruit des vagues. Y séjourner, c'est aussi contribuer à la préservation des tortues, l'une des nombreuses causes soutenues par les propriétaires.

© THE KASA MALINDI

© THE KASA MALINDI

THE LAWFORD €€

Lamu Road
✆ +254 422 121 265
https://www.thelawfordkenya.com
Réservation via le site internet.

Il fut un temps où Ernest Hemingway adorait boire son whisky au bord de sa célèbre piscine en forme d'Afrique. Style colonial, niché dans un jardin tropical, en bord de mer mais toujours en centre-ville, l'hôtel est une pièce de l'histoire de Malindi. Il comprend 8 villas et 85 suites, avec véranda ou terrasse. Un endroit idéal pour les couples à la recherche d'une pause, ou pour recharger ses batteries après un safari au Tsavo. Un paradis d'intimité et de paix dès lors que vous atteignez le Lost Beach Club, l'un des spots les plus branchés de la côte nord.

MALINDI SEAVIEW RESORT €€

Lamu Road
✆ +254 735 432 371
www.malindiseaviewresort.com
Réservations et tarifs par courriel.

Très agréable petit complexe composé de 10 cottages et de 11 chambres doubles de luxe, d'un bar-restaurant, d'une piscine et d'une salle de conférence. Accueil chaleureux et personnalisé. Toutes les unités sont équipées d'une salle de bain, d'une TV, d'un climatiseur et d'un ventilateur, d'un réfrigérateur. Le wifi est accessible gratuitement. Sur demande, les repas peuvent être servis sur votre véranda en toute intimité. Vous êtes à 3 minutes de la plage en empruntant un petit chemin dans une végétation luxuriante. Balades à cheval.

SCORPIO VILLAS €€

Casuarina Road
✆ +254 700 437 680
www.scorpio-malindi.com
Entre 55 US$ et 80 US$ par nuit et par personne en chambre double, avec le petit déjeuner.

Dans un beau jardin tropical sont répartis une quinzaine de cottages et de grands bâtiments traditionnels qui abritent en tout 45 chambres, le tout en bord de plage et à quelques minutes du centre-ville. Les chambres au style swahili sont climatisées, simples, sans fioritures, très propres, et bien équipées. Une suite bénéficie de sa propre piscine, de quoi s'offrir un séjour ultra-exclusif. L'ensemble, très sympathique, dispose de trois jolies piscines, d'un bar, d'un bon restaurant et d'une agence de voyages très professionnelle. Très bon rapport qualité-prix.

SWAHILI HOUSE €€

Mama Ngina Road
✆ +254 733 789 807
www.accomodationmalindi.com
Entre 74 US$ et 90 US$ pour deux, en chambre double, avec le petit déjeuner. Information et réservation par mail.

Très jolie maison d'hôtes dans le style pur swahili, au cœur de la vieille ville. Une adresse idéale pour ceux qui veulent s'éloigner des grands hôtels et bénéficier d'une expérience authentique. Les 3 chambres, parfaitement décorées, sont meublées avec des lits à baldaquin traditionnels en bois et verre peint, les fenêtres ornées de vitraux colorés, les objets et les meubles choisis avec goût... La maison est très agréable, aérée, lumineuse. Camilla, la propriétaire italienne, est aussi guide de safari. Vous serez donc entre de bonnes mains pour vos excursions.

DIAMONDS RESORT €€€

Casuarina Road ✆ +254 720 607 075
https://malindi.diamondsresorts.com
Compter 180 US$ pour deux en chambre double deluxe, avec petit-déjeuner. Réservations sur le site de l'hôtel.

Le Diamonds Resort, ex Sandies Tropical Village ne déroge pas à la promesse d'un séjour idyllique. Tout y est, bonne nourriture, fruits de mer en abondance, grande piscine et enfin une cinquantaine de chambres épurées et joliment aménagées dans des bungalows typiques « maison masaï Manyatta ». Animations en tout genre grâce au bel amphithéâtre, musique live, de quoi s'amuser au rythme du son local et se pavaner au rythme des vagues. Une sorte de village-vacances où différentes cultures se mêlent, mettant à la disposition du client d'innombrables services.

LION IN THE SUN RETREAT €€€

Marine Park Road
✆ +254 706 264 721
https://billionaireresort.com
Chambre standard à partir de 142 US$ pour 2 personnes avec petit-déjeuner. Réservation via le site internet.

Cet hôtel ultra-exclusif compte 16 chambres spacieuses magnifiquement aménagées, réparties entre 4 villas coiffées de makuti, symbole de l'architecture swahili, disposées dans un jardin tropical luxuriant. En complément, 5 piscines d'eau de mer (dont une pour chaque villa), une salle de sport, un *business center*, un spa, un centre de thalassothérapie, différents espaces de détente joliment décorés, et… une plage privée bien sûr. L'hôtel propose aussi des excursions à bord d'un bateau privé. Ce luxe a un prix, mais les hôtels de cette qualité sont rares.

NEEM HOUSE €€

Neem Road

+254 706 749 746

www.neemhousekenya.com

Entre 200 et 500 € par nuit pour la villa entière. Maximum 12 personnes. Information et réservation par mail.

Très belle maison d'hôtes dans le style swahili (portes anciennes sculptées, meubles en teck, sols en pierre de Galana, arcades, lits à baldaquin traditionnels...), avec une cour intérieure, une jolie piscine et une grande terrasse sur le toit. À environ 350 m de la plage, accessible via le Driftwood Beach Club. Les quatre chambres sont spacieuses, stylées, et disposent toutes d'une salle de bain indépendante et d'un espace terrasse/salon. Le tarif inclut le personnel de maison, le ménage quotidien et le super chef cuisinier pour vos repas.

TAHERI FAST FOODS €

Lamu Road

+254 720 482 790

Ouvert tous les jours de 9h à 20h. Fermé le lundi. Snacks entre 50 et 200 Ksh.

Petit restaurant en centre-ville, aux allures de fast-food, où l'on mange une excellente cuisine indienne et swahilie. A la carte, un large choix de currys, biryanis, viandes grillées (le poulet tikka mérite son coup de fourchette), burgers, ainsi que de délicieux milkshakes, jus de fruits frais et le fameux « mango lassi », à ne manquer sous aucun prétexte, quand c'est la saison des mangues. Très bon marché. Prévoir un temps d'attente de 20-30 minutes. Le restaurant de plain-pied est complètement ouvert sur l'extérieur et s'illumine de néons fluo la nuit tombée.

OSTERIA RESTAURANT & ICE CREAM €€

Silversand Road

+254 725 525 665

Service tous les jours de 10h à 21h, sauf le mardi.

Dans un joli décor en terrasse, sur la plage, ce restaurant est considéré comme l'un des meilleurs, voire le meilleur à Malindi. Pizzas, carpaccios de poisson, calamars, pâtes aux fruits de mer ou à l'encre de seiche... il y a de quoi émoustiller vos papilles. Le risotto est leur chef-d'œuvre. Les glaces sont divines. Service impeccable et prix très raisonnable au vu de la qualité des plats proposés. Possibilité par la même occasion de profiter de la plage ou de la piscine.

PEPONI BEACH €€

Kanani road

+254 758 337 694

Excellente cuisine locale, à base de poissons et fruits de mer. Accès possible en tuk-tuk depuis Malindi.

Avant ou après une baignade, ou même une leçon de kite-surf sur le lagon, vous pouvez profiter du cadre magnifique du petit restaurant, les pieds dans le sable, voire même dans l'eau selon les marées. On y prépare une excellente cuisine à base de fruits de mer, pêches du jour et autres produits locaux. La taille modeste du lieu permet de conserver intimité et calme, dans un cadre qui le mérite. C'est un coup de cœur de la rédaction, qui vous le recommande pour vous permettre de vous évader de Malindi ou même de Watamu l'espace d'une journée.

MAMBRUI

Voici une idée de circuit originale dans une région peu fréquentée par les touristes. Le charmant petit village arabo-swahili de Mambrui est à environ 15 km au nord de Malindi, sur la route de Lamu. Vous y verrez une mosquée et une très belle tombe-pilier incrustée de porcelaine Ming. La côte autour de Mambrui est très sauvage. Si vous avez du temps, allez plus au nord, jusqu'aux villages de Ngomeni ou de Gongoni, tous deux situés au fond d'une jolie baie. De retour à Mambrui, prenez la direction de Marafa, dans l'intérieur des terres (la bifurcation pour Marafa se trouve à la sortie nord de la ville). Arrivé dans cette localité, prenez à droite la piste de Mzijini sur quelques kilomètres. Vous découvrez alors, sur votre gauche, l'étrange site de Hell's Kitchen (la cuisine de l'enfer). C'est un lieu superbe, composé de gorges et de grands pics rocheux érodés teintés d'ocre, de blanc et d'orange. Le matin ou en fin d'après-midi, le décor se pare de ses couleurs les plus chatoyantes. Le lieu vaut vraiment le détour et revêt des allures de mini-canyon, cependant la route est longue, très longue, et en piteux état pour atteindre le lieu-dit. Si vous ne souhaitez pas revenir à Malindi, vous pouvez rejoindre le Tsavo Est. Pour cela, à Marafa, dirigez-vous vers Baricho (25 km) puis continuez sur 10 km. Vous rejoignez alors la grande piste qui relie Malindi au Tsavo ; prenez à droite, et, 72 km plus loin, vous êtes à Sala Gate. Comptez une journée complète pour cet itinéraire, prévoyez de l'essence et renseignez-vous sur l'état des pistes, surtout pendant et après la saison des pluies.

CHE SHALE €€

Lamu Road
+254 722 230 931
www.cheshale.com
À partir de 7 500 Ksh par personne, sur une base de 2, avec petit déjeuner. Prix et réservations sur le site Internet.

Rangez vos tongs ! Ici, on vit les pieds dans le sable, la tête dans les cocotiers et les cheveux au vent ! Un lieu absolument unique, à la Robinson Crusoé, version luxe. Vous ne trouvez rien de comparable sur la côte kenyane. Che Shale bénéficie d'un cadre exceptionnel et d'une large plage de dunes qui surplombent une baie sauvage sur 6 km. C'est aussi un spot réputé de kitesurf. Tout ici a été pensé avec goût et construit exclusivement à partir de matériaux naturels, tout en offrant un confort maximum et un sentiment rare de bien-être et de liberté.

NDOTO BOUTIQUE HOTEL €€

Lamu road, Mjanaheri Junction
+254 714 926 849
https://www.ndotobh.com
Information et réservation via le site internet. A partir de 13 500 Ksh pour 2 personnes.

Un joyau caché sur la côte kenyane, Ndoto Boutique Hotel est l'endroit idéal pour séjourner si vous souhaitez entrer en contact avec la nature et l'Afrique, si vous rêvez de partir en safari ou si vous souhaitez profiter de vacances paisibles immergées dans un paysage à couper le souffle. Dans le petit village de Mambrui, près de l'embouchure de la rivière Galana, le Ndoto est le cadre idéal pour de nombreuses activités de plein air comme le kitesurf. De là, vous pouvez facilement visiter des endroits charmants comme Mida Creek, repérer les hippopotames.

DELTA DE LA RIVIÈRE TANA

C'est un endroit d'une extrême beauté et d'un intérêt écologique considérable. Hélas, il est actuellement très difficile et même dangereux de circuler dans la région. Si les conditions de sécurité le permettent, c'est l'occasion de découvrir l'Afrique profonde. En bordure du delta, la petite ville de Witu fut la capitale d'un étonnant sultanat. Par peur des représailles du puissant sultan de Zanzibar qu'il avait tenté de tuer, le sultan de Pate se réfugia à Witu avec des milliers d'esclaves fugitifs et contrôla pendant près de trente ans l'ensemble de la région avant que la ville ne soit rasée en 1890 par les Anglais.

DELTA DUNES LODGE €€

KipiniOff B8, Tana River Delta
+254 737 199 870
Information et réservation par mail.

Propriété du groupe Secluded Africa Lodges & Conservation, le Delta Dunes Lodge allie parfaitement confort et qualité. Dans un environnement intact, et avec une vue incroyable à la fois sur le delta de la rivière Tana et sur les dunes, l'océan Indien à deux pas, vous aurez un sentiment d'exclusivité, et bien sûr de sérénité. À environ 2 heures de route (et de bateau) de Malindi, vous profiterez de 7 cottages spacieux construits en matériaux locaux, de terrasses avec vue, d'une piscine... Pêche, balade en kayak et *gamedrive* possibles.

DODORI NATIONAL RESERVE

La réserve nationale de Dodori est petite, mais elle offre des paysages variés. Elle est traversée par la rivière Dodori, dont l'embouchure est recouverte d'une mangrove extrêmement dense. On peut y observer quelques dugongs. À l'origine, le parc a été créé pour protéger les topis et certaines espèces d'oiseaux. Il est aussi fréquenté par des girafes, des koudous, des hippopotames et même des lions. La réserve de Boni, plus au nord, est recouverte d'une forêt dans laquelle vivent buffles, topis, gérénuks, girafes et éléphants. Ces deux réserves restent malheureusement déconseillées en raison des risques d'attentats et d'enlèvements dans le secteur.

KIUNGA MARINE NATIONAL PARK

Le parc englobe tout le littoral formé de dunes et de mangroves ainsi que la barrière de corail située au large. Les fonds sous-marins sont superbes et c'est un site privilégié pour l'observation des tortues de mer et des extraordinaires dugongs. Ces gros animaux marins au corps massif ont une apparence quasi humaine. Leur silhouette et leur chant ont envoûté certains marins, et donné naissance au mythe des sirènes. Vous pouvez vous y rendre en vedette rapide (1 heure depuis Lamu) ou en *dhow* (2 à 3 jours). Se renseigner auprès des hôtels. Toutefois, en raison des risques sécuritaires dans la région, les excursions dans ce parc deviennent rares.

LAMU ★★

Cette ville, inscrite depuis 2001 au patrimoine mondial de l'Unesco, a bien des secrets à vous dévoiler. Une rue parcourt tout le front de mer, on y trouve quelques hôtels, restaurants et bars. Parallèlement à celle-ci, se trouve la rue principale, bordée d'une multitude de petits commerces et d'échoppes d'artisans. Elle débouche vers le sud, sur la grande place animée du marché où se trouve le seul monument imposant de la ville : le fort. Tout autour, c'est un dédale de ruelles. Lamu, c'est surtout une douceur de vivre et une atmosphère particulière, dont on s'imprègne avec délice, à condition d'y séjourner au moins deux ou trois jours.

Histoire

La ville compte plus de vingt mosquées, dont la plus ancienne, celle de Pwani, date de 1370. On fait remonter au IXe siècle la fondation de la ville par des Arabes venus du Yémen et de Damas (Syrie). En 1505, Lamu tomba entre les mains des Portugais. Jusqu'à la fin du XVIIe siècle, elle parvint à éviter les guerres fréquentes qui opposèrent les sultanats de Pate, de Mombasa et de Malindi quand l'influence portugaise commença à décliner. Ensuite, des luttes incessantes opposèrent les cités-Etats de Lamu, Pate, Faza et Siyu, jusqu'à la bataille de Shela en 1813, pendant laquelle les troupes de Pate furent défaites. Malgré leur victoire, de peur de représailles, les habitants de Lamu demandèrent et obtinrent le soutien du sultan de Zanzibar. S'ouvrit alors pour la ville une longue période de stabilité et de prospérité économique fondée sur le commerce maritime. Essentiellement peuplée de musulmans, l'île est un lieu de pèlerinage pour tous les Africains de l'Est de confession musulmane qui viennent s'y recueillir chaque année pour célébrer la « maulidi », autrement dit l'anniversaire du prophète. Il est à cet effet largement recommandé de se plier aux coutumes locales, et de se couvrir autant que possible lors des visites en ville.

Transports

L'avion est la solution la plus rapide, la plus confortable et la plus sûre. Plusieurs compagnies proposent des vols quotidiens au départ de Malindi, de Mombasa et de Nairobi. L'arrivée se fait sur l'île voisine de Manda. Vous serez sans doute sollicité par de nombreux guides. Leur activité est désormais réglementée : regroupés en association, ils sont porteurs d'un badge. Si vous n'avez pas réservé d'hôtel (qui vous assure le transfert), vous pourrez néanmoins embarquer sans problème dans l'un des bateaux qui attendent les passagers à l'arrivée.

- **Sécurité.** En raison des risques d'agressions dans la région, la route n'est pas la meilleure option. L'archipel de Lamu reste un havre de paix, épargné par les problèmes d'insécurité qui ont lieu essentiellement sur le continent, dans le comté de Lamu et la région nord, frontalière avec la Somalie. Arriver en avion vous évitera donc bien des tracas.

La ville aujourd'hui

Bien que Lamu se soit considérablement développée ces dernières années, notamment grâce aux investissements étrangers, la modernité s'y est peu imposée. Dans la ville, les rues particulièrement étroites permettent de fournir de l'ombre et de produire un vent léger par effet de tunnel. Ici, pas de voitures, quelques rares motos, tout se transporte à dos d'ânes. Les bateaux à moteur font office de taxis d'un point à un autre de l'île ou entre les différentes îles de l'archipel.

Les maisons, appelées « stone houses », ont une architecture unique. Les morceaux de corail arrachés au récif servent à décorer les façades et lutter contre l'humidité à l'intérieur des demeures. Ils sont assemblés avec du ciment, lui aussi à base de corail.

Les constructions actuelles sont plus simples, mais les portes sont toujours sculptées de fleurs entourant des versets du Coran. Elles sont personnalisées et donnent une identité à chaque maison. Des clous de cuivre ciselés viennent parachever les portes, dont les plus anciennes sont exposées dans les musées.

MOMBASA ET LA CÔTE

FORT DE LAMU ★

Lamu Old Town

www.museums.or.ke

Ouvert tous les jours de 8h à 17h. Entrée 500 Ksh.

C'est le seul bâtiment imposant de la ville. Il fut construit entre 1813 et 1821 à l'initiative du sultan de Pate. Entre 1910 et 1984, il a servi de prison. Des efforts pour transformer le fort en musée ont été réalisés avec l'aide technique et financière de l'Agence suédoise de développement international. Il abrite désormais la bibliothèque de l'île, qui détient l'une des meilleures collections de poésie swahilie au Kenya ainsi que des ouvrages de référence sur Lamu. L'entrée est gratuite si l'on a un billet pour le musée de Lamu.

LAMU MUSEUM

Lamu Old Town
✆ +254 426 33 073
https://www.museums.or.ke/lamu/
Ouvert tous les jours de 8h à 17h. Prix : 500 Ksh.

Joli musée installé dans une vieille demeure coloniale sur le front de mer. Il permet une bonne approche de l'histoire et de la culture de Lamu à travers une belle collection d'objets traditionnels, dont deux superbes siwa (instruments à vent utilisés lors des cérémonies) sculptées dans l'ivoire. Vraiment intéressant pour comprendre l'histoire de Lamu *in situ*, la société et la culture swahilies. Les guides se feront une joie de vous raconter l'histoire de leur ville, ne vous en privez pas. A compléter avec une visite du Swahili House Museum et du Fort de Lamu.

SWAHILI HOUSE MUSEUM

Lamu Old Town
Ouvert tous les jours de 8h à 18h. 600 Ksh.

Lamu constitue un haut lieu de la culture swahilie depuis 700 ans. Inscrite par l'Unesco sur la liste du patrimoine mondial, la vieille ville (le centre historique) mêle des architectures swahilie, perse, arabe, indienne et européenne. Situé au cœur du vieux quartier de Lamu, ce petit musée, installé dans une maison du XVIIIe siècle, magnifiquement restaurée, avec des meubles et objets anciens, valorise cette culture swahilie ancestrale. A visiter absolument pour découvrir l'atmosphère intérieure d'une maison swahilie traditionnelle.

FLY SAFARILINK

Seafront, Lamu Town ✆ +254 769 600 600
www.flysafarilink.com
Vols quotidiens depuis et vers l'aéroport Wilson de Nairobi. A partir de 7 300 Ksh l'aller simple entre Nairobi et Lamu.

Cette compagnie nationale assure des liaisons directes vers les lieux d'intérêt touristique et les correspondances pour les voyageurs de Kenya Airways vers différentes destinations touristiques au Kenya et en Tanzanie. Basée à l'aéroport Wilson, à Nairobi, Safarilink propose des vols réguliers chaque jour vers le Maasaï Mara, Amboseli, Tsavo Ouest, Naivasha, Nanyuki, Lewa, Samburu, Lamu, Kilimandjaro, Loisaba, Kitale, Kapese, Lodwar, Migori, Vipingo, Diani Beach, Zanzibar et Kisumu. On voyage dans des petits avions (Dash 8 et Grand Caravan), confortables et sûrs.

BEYTSALAM €

Corniche path
✆ +254 722 781 150
Établissement idéal notamment pour les longs séjours à Lamu. Réservations via la plateforme Booking.

Le BeytSalam est une excellente adresse pour les petits budgets voulant profiter de Lamu durant plusieurs jours voire plusieurs semaines. Idéalement placé sur la corniche, vous pourrez accéder aux visites et restaurants à pied en quelques minutes. Les quelques chambres, confortables, se trouvent dans deux maisons traditionnelles entièrement rénovées, avec goût, multipliant les clins d'œil à la culture swahilie. Le petit-déjeuner, sur le rooftop d'une des deux maisons, est excellent et très appréciable avec la vue sur le chenal.

Ruelles de Lamu.

JANNAT HOUSE €

Lamu Old Town
✆ +254 714 969 831
https://jannatlamu.com/
Chambres doubles à partir de 60 US$ (petit déjeuner inclus). Tarifs et réservations sur le site Internet.

Dans un dédale de ruelles, cette maison tarabiscotée, sur plusieurs niveaux, offre 16 chambres au confort simple, dans le style swahili, autour d'une cour intérieure agrémentée d'une petite piscine. Certaines ont leur balcon ou leur petite terrasse particulière. Ventilateur et moustiquaire dans toutes les chambres. Ici pas de vue sur la mer, mais une âme authentique, une atmosphère familiale et paisible. Une adresse assez prisée par les voyageurs qui recherchent du charme, un minimum de confort, avec un excellent rapport qualité-prix.

YUMBE GUESTHOUSE €

Lamu Old Town
✆ +254 424 633 101
Comptez entre 2 800 Ksh et 3 500 Ksh la chambre double avec petit-déjeuner (sur l'agréable terrasse).

Au cœur de la vieille ville, il s'agit de l'une des adresses les plus prisées de Lamu pour les petits budgets. Si vous vous attendez à des chambres climatisées, une piscine, un bar, etc., passez votre chemin. Si vous souhaitez un petit hôtel authentique et paisible, sans être exigeant sur le confort, il y a moyen d'y être bien. Les grandes chambres donnent sur une petite cour intérieure fleurie. Propreté impeccable, ventilateur et moustiquaire dans chaque chambre (pas d'eau chaude). Le personnel est attentionné. Possibilité d'excursions.

BAYTIL AJAIB BOUTIQUE HOTEL LAMU €€

Utukuni à Mkomani à côté du Swahili House Museum ✆ +254 722 259 225
https://www.baytil-ajaib.com/
Dès 136 €/nuit pour 2 personnes avec petit déjeuner. Comptez 180 € pour la suite. Réservations uniquement par email.

Baytil Ajaib a ouvert ses portes en 2000 dans un bâtiment datant de 250 ans. Paul, son propriétaire, avait pour objectif de fournir une expérience swahilie en favorisant la préservation d'un style de vie unique, presque oublié. Situé à Mkomani, il offre de superbes vues sur la ville, les îles voisines, le canal et l'arrière-pays avec ses fermes au loin. Paul est un personnage unique qui sera ravi d'échanger avec vous sur l'histoire de Lamu et de cette maison.

SUBIRA HOUSE €€

Lamu Old Town
✆ +254 726 916 686
https://subirahouse.com/
En haute saison, compter 65 US$ pour une personne seule et 85 US$ pour deux, avec petit-déjeuner.

© SUBIRA HOUSE

Située juste derrière le Lamu fort, Subira House est un havre de calme au sein de Lamu. Christina et Paul vous accueilleront à bras ouverts (et en français !). Membre invétéré de l'association Ecotourism Kenya, cet établissement est très sensible aux problèmes d'environnement de l'île et aux problèmes d'eau. Tout y est fait pour en limiter la consommation. Il est également possible d'y venir juste pour le dîner, vous y savourerez de très bons produits locaux, mais pensez à réserver le matin avant 10h ! Une adresse très agréable que l'on vous recommande chaudement.

LAMU HOUSE HOTEL €€€

Seafront, Lamu Town ✆ +254 792 469 577
www.lamuhouse.com
Chambre double standard à partir de 130 US$, petit déjeuner inclus (ainsi que le transfert aéroport).

Sur le port de Lamu, dans un cadre enchanteur, les deux magnifiques maisons swahilies divisées en 11 chambres et suites, reliées par un superbe patio avec une piscine en son centre, donnent l'impression de vivre dans un palais des « 1001 nuits ». Les chambres spacieuses et aérées, décorées sobrement avec un mobilier et une architecture reprennent les classiques du luxe swahili. Chacune possède sa grande terrasse privée depuis laquelle vous aurez vue sur la mer, les ruelles de Lamu ou les cours intérieures de l'hôtel. Magnifique ! Egalement un appartement à louer.

SEAFRONT CAFE €

Seafront, Lamu Town
✆ +254 728 170 169
Ouvert tous les jours de 7h à 22h, variable selon affluence le soir. Compter 1 000 à 1 500 Ksh le plat.

Petit restau situé sur le front de mer. Le lieu est réputé et connu de longue date. On vient pour l'atmosphère, en toute simplicité, et pour savourer une bonne cuisine locale. Le poisson et les fruits de mer ont la part belle. Le crabe au centre de toutes les recettes. En revanche, mieux vaut commander à l'avance (surtout si vous voulez du poisson), car ici, c'est souvent plus *pole pole* (lent) qu'ailleurs. Il n'est pas rare que de petits groupes de musique traditionnelle viennent animer les soirées d'été. Selon nous, la meilleure cuisine de la corniche.

FLOATING BAR & RESTAURANT

Lamu Island
✆ +254 721 510 852
Ouvert 7j/7 et... 24h/24 selon l'affluence. Tarifs identiques à ceux du centre de Lamu.

Un bar construit sur pilotis, en bois et makuti, unique en son genre à Lamu, une expérience, une atmosphère à part. Idéal pour venir y passer une heure au coucher du soleil ou y rester jusqu'au bout de la nuit si la fête vous en dit. Ambiance locale. Musique à fond. Très fréquenté le week-end. On y va évidemment en bateau, ce qui fait tout l'intérêt de ce lieu insolite. Votre capitaine peut vous attendre ou vous déposer et revenir plus tard. Compter 1 000 Ksh l'aller-retour.

MATONDONI

Petit village perdu sur la côte nord de l'île, à l'écart du monde moderne. Depuis la ville de Lamu, vous pouvez vous y rendre à pied (2 heures), en moto, en *dhow* ou en *speed boat*. Le village est célèbre pour son chantier de *dhows*, que les ouvriers continuent de construire et de réparer selon les techniques de leurs ancêtres. Toutefois, avec l'arrivée des moteurs et la quasi-disparition des grands boutres, la construction se limite aujourd'hui aux bateaux de pêcheurs. La visite des villages alentour (Shela, Kipungani, Matondoni) fait généralement partie des excursions proposées par les hôtels. Matondoni est aussi connu pour son artisanat (tissage).

SHELA ★★

Ce charmant petit village qui se trouve à 3 km de Lamu est notre coup de cœur ! Comptez 45 minutes à pied depuis Lamu-Town, 10 minutes en moto et 15 minutes en bateau-taxi. Les voyageurs qui souhaitent s'écarter de la ville animée de Lamu, séjourner plus au calme, plus proche de la mer, avec la possibilité de marcher quotidiennement sur une plage quasi déserte, s'installeront à Shela. Le village, avec sa petite place, sa superbe mosquée au minaret conique, ses somptueuses demeures blanches couvertes de bougainvillées, et ses habitants, est un havre de paix. Bon nombre de ces maisons ont été achetées et restaurées par des Européens (et pas mal de Français) qui ne vivent ici que quelques semaines par an. La plupart sont offertes à la location. Mais Shela est surtout réputée pour son immense plage de sable fin bordée de dunes qui s'étend sur 13 km. Pour accéder à la plage, empruntez depuis le Peponi Hotel, le petit sentier qui longe l'océan. Attention aux marées hautes, qui rendent cet accès impraticable. Renseignez-vous avant de ne plus pouvoir quitter la plage ! Si le vent est trop violent, prenez un *dhow*, traversez le chenal en quelques minutes et installez-vous sur la plage de Manda juste en face, elle est superbe, sauvage et abritée du vent quand celle de Shela est particulièrement venteuse.

En bordure de mer à proximité des hôtels, vous trouverez une dizaine de locaux prêts à vous embarquer sur leur *dhow* pour des virées en mer selon votre bon vouloir. Cette solution est souvent moins chère qu'en passant par les hôtels pour une qualité souvent identique.

Se loger

De nombreuses maisons anciennes de Shela sont rachetées par des Européens, rénovées et aménagées dans le style swahili, et à l'image des plus belles demeures que l'on pourrait trouver dans les magazines. Ces maisons sont entièrement équipées, bénéficient de plusieurs chambres et d'une cuisine, de vues imprenables sur la mer, et souvent d'une piscine.

Transports

On accède au village et à la plage de Shela par la côte, depuis la ville de Lamu, en 45 min à pied (à marée basse) ou 10-15 min en *taxi-boat* depuis Lamu ou l'aéroport de Manda. C'est le seul transport public à Lamu. Compter entre 200 et 500 Ksh, selon le nombre de passagers.

HOTEL MSAFINI €

Shela village, Lamu Island
✆ +254 720 223 043
A partir de 5 500 Ksh pour une chambre simple, 6 500 Ksh pour une double (petit-déjeuner inclus). Wifi.

Cet hôtel sur trois étages, situé dans le village, n'a pas le charme ni l'âme des anciennes demeures de Shela, mais il est aéré, calme et joliment tenu. Très bon rapport qualité-prix. Les 14 chambres ont leur balcon qui donne sur la petite cour intérieure avec piscine. Celles qui font l'angle, en hauteur, disposent d'une plus grande terrasse et d'une vue dégagée. Ventilateur et moustiquaire dans toutes les chambres. Propreté impeccable. L'hôtel dispose aussi d'un restaurant sur une grande terrasse panoramique et peut organiser vos excursions.

SHELA PWANI GUESTHOUSE €

Shela village, Lamu Island ✆ +254 712 506 778
Compter 5 000 Ksh pour une chambre simple et 8 000 Ksh pour une double (petit-déjeuner inclus).

Cette maison d'hôtes existe depuis plus de 20 ans. C'est une très bonne adresse à condition d'obtenir une chambre avec vue sur la mer et d'accepter des conditions de séjour assez rustiques. Les tarifs pratiqués peuvent paraître plus élevés que la moyenne pour le même confort, mais un accueil chaleureux vous y attend. Mwinyi, le gérant, fera tout pour que vous y soyez bien. Sa cuisine est également réputée. Il vous préparera ce que vous souhaitez, avec les produits du marché (sur commande). La maison reste généralement ouverte toute l'année.

BANANA HOUSE & WELLNESS CENTRE €€

Lamu Island
✆ +254 721 275 538
www.bananahouse-lamu.com
A partir de 75 US$ la chambre pour une personne, et jusqu'à 230 US$ pour deux. Cours de yoga : 500 Ksh.

© BANANA HOUSE

Que de bonnes ondes dans cette maison nichée au cœur du village de Shela, au calme et non loin de la mer, autour d'un jardin luxuriant et d'une petite piscine en forme de haricot. Un bel endroit qui propose 14 chambres superbement aménagées avec terrasse privée. Le staff est chaleureux et bienveillant. Une belle salle de yoga, ouverte sur le jardin, propose des cours d'une heure tous les jours, matin et soir. Le lieu est d'ailleurs réputé pour ses retraites de yoga.

FATUMA'S TOWER €€

Shela village, Lamu Island
✆ +254 716 572 370
www.fatumastower.com
Chambres doubles à partir de 17 000, appartement à 28 000 Ksh, petit déjeuner et transferts bateau inclus. Wifi.

Un endroit sublime qui respire l'histoire de la vieille ville swahili de Shela. Cette maison d'hôtes historiquement réputée, rénovée en 2020, est désormais gérée par Angelika Schuetz, résidente à Lamu depuis plus de 20 ans. Elle vit sur place avec son mari Martin. Un appartement familial et deux chambres doubles spacieuses, avec leur propre véranda, sont à disposition. Le cadre enchanteur, l'accueil personnalisé, la qualité des repas, la sérénité ambiante, en font un lieu de prédilection pour qui souhaite se mettre en mode pause.

JUA HOUSE €€

Shela village, Lamu Island
✆ +254 701 303 598
www.juahouse.com
5 chambres doubles à partir de 135 US$ (petit-déjeuner inclus), 1 simple à 90 US$ et une chambre en rooftop à 160 US$.

Très belle maison d'hôtes reprise en 2015, rénovée et aménagée dans le style swahili. La suite sur le toit dispose d'une kitchenette et d'une terrasse privée avec douche extérieure, un hamac et une vue magnifique sur le coucher de soleil. Les autres chambres bénéficient pour certaines d'un petit balcon et ne sont pas moins spacieuses et confortables (salle de bain privative). A chaque étage, le salon salle à manger est à partager. C'est impeccablement tenu, sobre et fonctionnel. La maison ne fait pas les repas, sauf le petit déjeuner.

MOMBASA ET LA CÔTE

KIJANI HOTEL €€

Shela Beach, Lamu Island
✆ +254 725 545 264
www.kijani-lamu.com
A partir de 245 US$ pour une chambre double standard pour deux (avec le petit déjeuner).

C'est indéniablement l'un des endroits les plus soignés de l'île. Entièrement rénové, le Kijani offre des chambres lumineuses et spacieuses au style oriental, avec pour certaines une vue splendide sur l'océan. Une adresse confortable et agréable, où il fait bon se relaxer au bord de la piscine, dans le jardin. Le personnel est accueillant. La carte du restaurant en terrasse a été entièrement revue ; les légumes utilisés proviennent en grande partie du potager de l'hôtel. Options végétariennes, végétaliennes et sans gluten. Authentiquement savoureux.

KIZINGO €€€

Kipungani Village, Lamu Island
✆ +254 706 530 023
https://kizingo.com
Compter 179 US$ la nuit pour 1 personne en pension complète, 395 US$ pour 2. Fermé en mai et juin.

Installé sur une plage sauvage et immaculée, au sud de l'île de Lamu, sur l'océan Indien, cet ensemble de huit bungalows (« banda » en swahili), aux toits de chaume et feuilles de palmier tressées (« makuti »), confortables, vous garantit un séjour unique et authentique. Ici, vous pourrez nager avec les dauphins (entre novembre et avril), faire l'expérience d'un safari Piki-Piki (en moto) autour du lac Kenyatta, vous balader dans les dunes, explorer les fonds marins... ou simplement buller. Kizingo est aussi un spot très réputé pour le kitesurf. A bon entendeur !

STOPOVER GUESTHOUSE €€

Shela Beach, Lamu Island
✆ +254 720 127 222
Chambres à 5 000 Ksh - 7 500 Ksh pour deux (petit déjeuner inclus). La maison peut se louer dans sa totalité (20 pers.).

Excellente adresse située en front de mer, sur trois étages. On y est bien, parce qu'au cœur de la vie du petit port de Shela. On suit avec délice les allées et venues des bateaux, des habitants du coin et... des ânes. Les lits à baldaquin, en bois et verre peint, font le seul décor des chambres, balayées par le vent marin. Toutes n'ont pas le même charme, les plus agréables (et les plus chères aussi) bénéficient d'une grande terrasse, où vous pourrez étirer vos soirées à la fraîche. Salle de bain, moustiquaire et ventilateur dans chaque chambre.

THE RED PEPPER HOUSE €€€

Coconut Beach
✆ +254 721 230 521
www.theredpepperhouse.com
Compter un minimum de 285 US$ par nuit et par personne en pension complète, 235 US$ avec le petit déjeuner.

Cinq ***nyumbas*** (maisons) exclusives, baignées de lumière, conçues dans le style swahili, rappelant le luxe des anciens palaces de Lamu, dans un esprit dedans/dehors qui immerge les visiteurs au cœur de la nature alentour, entre mer et forêt. Un havre de paix, décontracté, où tous les sens sont en émoi. Chaque villa est équipée jusque dans les moindres détails (un ***kikoy*** et des tongs, un minibar, un kit de gym, un lecteur MP3, une lampe torche, un kit de dessin...) et dispose de son propre majordome. Le service y est irréprochable. L'expérience inégalable.

WARIDI HOUSE €€

www.waridihouse.com
Tarifs et informations par courriel et sur le site Internet.

Demeure de charme, typiquement swahilie, entièrement rénovée. La maison à étages, structurée autour d'un patio intérieur, agrémenté de bougainvilliers et d'une petite piscine, dispose de cinq grandes chambres. Au rez-de-chaussée, les espaces communs, chaleureux en soirée. Toutes les unités ont leur salle de bains, leur balcon, coin salon et une superbe vue sur les dunes et jardins alentour. Dix adultes et cinq enfants peuvent être hébergés au total. La maison se loue aussi dans son ensemble. Le personnel est aux petits soins.

FORODHANI HOUSE LAMU €€€

Shela Beach, Lamu Island ✆ +33 612 548 184
www.forodhanihouse.com
Se loue dans sa totalité (5 chambres, jusqu'à 13 personnes) et pour un minimum de 3 nuits. A partir de 800 US$ par nuit.

Dans un style tout swahili, cette villa exclusive, superbement rénovée et aménagée, a gardé son cachet authentique. L'emplacement est idéal face à l'océan, sur la plage de Shela. Les chambres, sobres, élégantes et confortables, promettent de douces nuits. Les repas restent un moment privilégié de délicieuses découvertes. Le service y est hyper personnalisé. Les repas peuvent être servis au bord de la piscine, dans le jardin, sur la terrasse qui surplombe la plage ou sous un ciel étoilé, sur le toit-terrasse. Massages et séances de yoga également disponibles.

© KILELE HOUSE

© KILELE HOUSE

© KILELE HOUSE

KILELE HOUSE €€

✆ +254 705 349 932

Informations et réservations par mail.

Située sur les dunes du village de Shela, cette superbe villa privée avec piscine est idéale pour ceux à la recherche de luxe et de tranquillité. À Kilele house, vous pourrez vous détendre pleinement grâce à un chef vous préparant d'excellents repas à base de produits locaux, être choyé avec des massages ou encore vous relaxer via des cours de yoga sur demande. Le manager se fera un plaisir de vous proposer tous types d'activités telles qu'une visite de la vieille ville de Lamu, des sorties en dhow au coucher du soleil, de la voile, du snorkeling…

© KILELE HOUSE

© KILELE HOUSE

© AXEL JUMELIN

Accès côtier au village de Shela.

SHELA BEACH HOUSE €€€

Shela Village, Lamu Island © +254 798 700 875
https://shelahouses.com

A partir de 650 US$, en basse saison. Information et réservation par mail.

Une des meilleures adresses de Shela si l'on débarque en groupe. Charmant bâtiment construit dans des matériaux traditionnels, la pierre de corail blanc et le bois de mangrove. Jolie terrasse faisant face à l'océan, avec piscine. La déco des chambres (4 doubles et 1 quadruple), avec son mobilier typique de Lamu, est sobre mais de bon goût. Service de ménage quotidien. Cuisinier à disposition. Trois autres propriétés sont proposées à la location, pouvant héberger jusqu'à 9 adultes-2 enfants, n'hésitez pas à consulter le site Internet.

THE MOON HOUSES €€€

Shela Beach, Lamu Island © +254 758 858 857
www.themoonhouses.com

Tarifs variables selon les villas, veuillez les contacter par courriel pour plus de renseignements.

Neuf villas somptueuses, dans le respect du style swahili, toutes plus belles les unes que les autres, décorées avec goût et meublées avec des meubles anciens. On peut réserver une chambre ou l'ensemble de la villa (comprenant entre deux et trois chambres). Vues spectaculaires sur la mer depuis les chambres et les terrasses. La plage se trouve à quelques mètres. Tarifs, informations et descriptif des villas sont envoyés par mail. Sont inclus le transfert aéroport, la connexion wifi illimitée, le service de blanchisserie, l'entretien quotidien et un cuisinier.

THE CABANAS LAMU €€€

© +254 114 239 245
https://thecabanaslamu.com/

Tarifs et informations sur le site internet. « Cabanes » à partir de 570 US$ pour deux, en pension complète.

Bienvenue au paradis ! Nichées dans une palmeraie, sur la longue plage quasi déserte de Kipungani, à la pointe sud de l'île de Lamu, les six « cabanes », imaginées par Anna et Shawn, font frémir de bonheur. Ici, on prend le temps de se connecter à soi et aux éléments, en pleine conscience. La nature est respectée, source de bien-être, la nourriture un don de la nature, et au centre de notre santé. Anna, neuroscientifique, et Shawn, kitesurfeur professionnel, partageront avec vous leurs valeurs et leur passion pour le yoga et le kitesurf. Un havre de sérénité.

BAHARI CAFE €

Shela Beach, Lamu Island
© +254 723 918 316

Sur le front de mer. Ouvert tous les jours.

Un joli spot pour égrainer les heures, à tout moment de la journée, tout en contemplant la vie autour, le regard perdu à l'horizon. Idéal pour manger quelques petits plats swahilis ou pour se désaltérer. On peut y déguster un café de qualité, façon espresso ou cappuccino. Pains, pâtisseries et glaces maison à disposition pour les plus gourmands. Bien aussi pour un petit déjeuner ou un repas de fruits de mer. Bon marché. Bahari est aussi une petite maison d'hôtes (cinq chambres) qui a eu la chance d'être entièrement rénovée en 2019.

SEA SUQ €

Seafront
✆ +254 728 718 192
Ouvert à partir de 7h, jusqu'au soir sans interruption, selon affluence. Compter environ 800 Ksh pour un plat.

C'est « the place to eat ». Un endroit convivial et ouvert sur le port. On y mange des plats typiquement swahilis, cuisinés au feu de bois juste derrière le comptoir, avec les produits du jour. Tout est très frais. Les femmes qui tiennent ce café-restaurant vous serviront un poisson au curry, divers samoussas (excellents), des crevettes grillées, ou des haricots au lait de coco et chapatis. Ne manquez pas de goûter le café swahili, parfumé à la cardamome. Beaucoup d'habitués viennent déjeuner ici, ce qui en fait un lieu très vivant. On y revient plus d'une fois.

PEPONI BAR & RESTAURANT €€

Shela Beach, Lamu Island
✆ +254 722 203 082
www.peponihotel.com
Compter 2 500 Ksh en moyenne pour un plat.

Un lieu incontournable. Pour le charme de sa terrasse et la qualité de sa cuisine. Superbe en soirée, ne serait-ce que pour siroter un cocktail aux dernières heures du jour. De plus, c'est l'un des rares endroits où vous pourrez boire de l'alcool. Au menu, de quoi satisfaire toutes les envies, avec des tonalités locales, européennes et asiatiques : sushis, tartares et carpaccios, pâtes et risottos, poissons et fruits de mer, spécialités swahilies, végétariennes et végan. Probablement le meilleur de Shela, mais aussi le plus cher. On paye le cadre.

AMAN

Lamu Island, Shela Village
✆ +254 202 628 587
https://amanlamu.com/
Ouvert du lundi au samedi de 9h à 13h et de 14h30 à 18h. Le dimanche de 9h à 13h.

Boutique luxueuse pour le coin, mais de belles pièces : tuniques, pantalons légers, chemises et robes confectionnés sur place avec de très jolis tissus, coton et soie imprimés à la main, inspirés des textiles africains. Les vêtements (collection Aman pour les femmes et Ikeno pour les hommes) sont confectionnés sur place et en vente également sur le site Internet. Les commandes sont traitées et emballées à Lamu dans les 2 à 4 jours suivant la réception de votre e-mail de confirmation, puis expédiées avec DHL Express à l'international.

HIPPO DHOW

Shela Beach, Lamu Island
✆ +254 723 918 316
Embarcation stationnée sur les rives de Shela. A contacter via Whatsapp ou Facebook.

Bien entendu il existe de nombreuses possibilités d'excursions en mer avec différents capitaines qui vous proposeront leurs services, à des prix identiques (à condition de négocier). A vous d'en faire l'expérience. Yusuf est en tout cas l'un des plus sérieux et son voilier (dhow), un boutre traditionnel du Mozambique, est impeccable. Pour une journée de navigation à la voile, une matinée d'apnée dans le lagon ou une croisière au coucher de soleil, Yusuf vous embarque pour un moment unique. Vous pouvez le contacter sur Facebook, il est très réactif.

ÎLE DE MANDA ★★

Située juste en face de Lamu, séparée du continent par un chenal maritime naturel, cette île presque déserte accueille l'aéroport, quelques hôtels de luxe, une superbe plage et plusieurs carrières de corail qui fournissent les parpaings nécessaires à la construction des maisons de Lamu. Mais Manda est surtout réputée pour ses ruines. Les vestiges de trois cités swahilies y sont encore visibles : Manda, Kitau et Takwa. Cette dernière, située au sud de l'île, est la mieux conservée. La ville connut son apogée entre la fin du XVe siècle et le début du XVIIIe siècle. C'était une cité dynamique qui a compté jusqu'à 2 500 habitants. Les raisons de son rapide déclin restent incertaines. On sait simplement que ses habitants se réfugièrent à Shela. Leurs descendants viennent encore se recueillir à Takwa deux fois par an. Le site (payant), au fond d'un bras de mer couvert de mangroves, est particulièrement impressionnant. Au milieu des baobabs géants, on découvre les vestiges d'une centaine de maisons, d'un imposant mur d'enceinte et d'une spectaculaire mosquée.

Les passionnés de plongée se rendront sur une petite île au nord de Manda, Manda Toto, dont les fonds sous-marins sont considérés comme étant parmi les plus beaux de la côte. Malheureusement la qualité des fonds est quelque peu altérée par les travaux récents du nouveau terminal pétrolier. Si vous souhaitez visiter l'île de Manda, le plus simple est de vous inscrire à une excursion d'une journée en *dhow*. Seul, vous avez toutes les chances de vous perdre dans une jungle inextricable infestée de moustiques et d'animaux beaucoup plus gros...

MANGROVE HOUSE €€

Manda Island,
✆ +254 798 509 303
Information et réservation par mail ou via Air Bnb. Compter à partir de 15 000 Ksh la nuitée avec petit-déjeuner.

Accessible uniquement en bateau depuis le petit aéroport de Manda-Lamu, la *Mangrove House* est un refuge idyllique au bord de l'océan Indien. Situé directement sur le front de mer de l'île de Manda, la guesthouse propose 2 chambres de style swahili avec salle de bains pouvant accueillir jusqu'à 4 personnes. Baignade matinale, ciel étoilé, promenade en forêt, visite des ruines de cités swahilies, sortie en bateau jusque Shela ou Lamu, saveurs culinaires, brise océanique, partie de pêche, massage, yoga... Une adresse qui convient à tous !

THE MAJLIS LAMU €€€

Manda Island ✆ +254 773 777 066
www.themajlisresorts.com
26 000 Ksh par nuit et par personne pour une chambre avec vue sur la mer (en demie pension), ou 41 000 Ksh pour deux.

Situé dans la baie, sur l'île de Manda, face à Shela et Lamu, entre mer et mangrove, cet hôtel dispose de 25 chambres somptueuses, superbement aménagées et décorées, réparties dans trois charmantes villas. L'hôtel a été conçu en harmonie totale avec son environnement et le style de Lamu. La plupart des chambres ont un accès direct à la plage et disposent d'une véranda privée avec vue panoramique sur la mer. Deux piscines, et un restaurant-bar-lounge, peuvent être un prétexte pour venir y passer la journée. Pas besoin d'être client de l'hôtel pour en profiter.

MKOKO HOUSE €€

Manda Island
✆ +254 728 044 669
A partir de 200 €/nuit pour la maison entière (jusqu'à 8 personnes). Transfert aéroport assuré en bateau pour 10 €.

Cette maison privée, située dans un cadre paisible, à environ 10 minutes à pied de la plage, dispose de quatre chambres avec salle de bain, d'une cuisine, et d'une terrasse en hauteur avec une vue splendide sur la mangrove. Une adresse à retenir en cas de séjour prolongé à plusieurs ou pour quelques nuits seulement. Le ménage quotidien est inclus dans le prix et un cuisinier peut aussi s'occuper des repas, selon vos goûts. Des excursions en bateau et en boutre peuvent facilement être organisées depuis Mkoko House sur demande.

ÎLE DE PATE

Cet ensemble d'îles superbes et sauvages est ignoré des touristes malgré son histoire prestigieuse et ses vestiges. Pate fut le siège d'un puissant sultanat qui rivalisait avec Malindi et Lamu, et connut son apogée au XVIIIe siècle. Célèbre jadis pour son artisanat et sa poésie ; Pate n'est plus aujourd'hui qu'une petite île qui vit de l'agriculture. Ne manquez pas cependant le fort de Siyu, très bien préservé. Au nord de l'île, la ville de Faza prend l'aspect d'une mini-île. Pour vous rendre sur l'île, comptez une journée de navigation depuis Lamu. Attention aux marées, sans quoi vous risquez de vous retrouver bloqués dans le chenal de Manda.

ÎLE DE KIWAYU

Tout au nord du pays, le long de la frontière avec la Somalie, deux réserves nationales et un parc marin ont été créés à la fin des années 1970. Il s'agit de sanctuaires animaliers accueillant une faune riche et originale. Malheureusement, ils sont, eux aussi, difficiles d'accès autant pour des raisons d'infrastructures que de sécurité. L'instabilité qui règne en Somalie n'est pas faite pour arranger les choses. L'île de Kiwayu, située à 10 km au nord de l'île de Pate, est le seul endroit où vous pourrez aller, si vous avez de gros moyens. C'est un lieu exceptionnel et sauvage. Un paradis de nature intacte. L'île est accessible uniquement en bateau.

MIKE'S CAMP €€€

Kiwayu Island ✆ +254 714 333 916
www.mikescampkiwayu.com
De 250 à 300 US$ la nuit par personne, selon la saison, en pension complète. Moins 50 % pour les 4-12 ans.

Sept bandas, uniques chacun dans leur style, complètement privés vous attendent au sommet d'une dune, face à l'océan. Idéal si vous souhaitez être coupé du monde. Tout a été fait ici dans un esprit local, de respect de l'environnement. La nature domine, et vous accueille dans une complète sérénité. Une expérience unique. Mike, le propriétaire du lieu, peut vous assurer le transfert en speed-boat depuis l'aéroport de Lamu-Manda. Nombreuses activités nautiques. Prévoir 20 US$ (adulte) et 10 US$ (enfant) de droits de visite par jour dans la réserve marine de Kiunga.

ORGANISER SON SÉJOUR

Le Kenya est le royaume du safari ! Les lodges et les camps de toile sont nombreux et de qualité, les agences locales aguerries, tous proposent des packages pour les parcs du Sud, au départ de Nairobi, par la route ou par les airs. Un séjour balnéaire sur la côte, au sud ou au nord de Mombasa, reste aussi très accessible, les infrastructures hôtelières sont nombreuses, variées et les transports faciles. Pour Lamu, il faudra envisager un aller-retour en avion exclusivement. Le Nord (lac Turkana, désert de Chalbi) ne s'improvise pas. C'est une expédition qui demande du temps et une certaine logistique. Les lacs de la Vallée du Rift peuvent constituer un itinéraire en soi, notamment pour les ornithologues. Et pour sortir des sentiers touristiques, un voyage au Kenya requiert un minimum de 12 jours sur place, avec la location d'un véhicule pour plus de liberté (et l'accompagnement d'un chauffeur-guide, pour moins de tracas).

ORGANISER SON SÉJOUR

ARGENT

La monnaie kenyane est, depuis 1966, le shilling kenyan (symbole Ksh ; code KES), divisible en 100 cents. Elle est frappée par la Central Bank of Kenya. Il existe des pièces de 1, 5, 10 et 20 shillings, plus rarement de 50 cents et 40 shillings. Les coupures de billets sont celles de 50, 100, 200, 500 et 1 000 shillings. La Banque centrale a émis de nouvelles coupures de shillings en mai 2019. Éléphants, léopards, buffles, lions, rhinocéros ornent désormais le billet de 500 shillings. Les anciens billets de 1 000 shillings ont alors été retirés de la circulation.

▸ **En août 2024 :** 1 € = 141 Ksh et 100 Ksh = 0,71 €. Pour 1 000 Ksh, il faut donc compter un peu plus de 7 €.

Pour certaines transactions (hôtels, location de voitures), les Kenyans peuvent afficher leurs prix en dollars ; il faut donc avoir à l'esprit une petite gymnastique à trois valeurs. Dans l'usage, c'est comme si le dollar américain était lié par une parité fixe au shilling kenyan (1 US$ = 100 Ksh ; alors qu'en réalité, en novembre 2024 le taux était plus proche des 1 US$ = 130 Ksh). Partez avec des dollars, plutôt que des euros, les lodges et les hôtels préférant les dollars. La carte bancaire est acceptée dans la plupart des établissements, et vous trouverez des distributeurs dans toutes les villes pour retirer des shillings.

BUDGET / BONS PLANS

Par rapport aux pays européens, la vie quotidienne au Kenya est bon marché (transports en commun ou nourriture de marché notamment, en supermarché et si vous achetez des produits importés, ce sera bien sûr plus cher). Cependant, les touristes font souvent appel à des services coûteux : location de voitures et/ou transport aérien (indispensables si vous avez l'intention de partir à la découverte du pays et que vous n'avez pas deux mois devant vous), circuits et excursions organisés par les agences de voyages, hôtels au confort équivalent à ceux des pays occidentaux, restaurants internationaux. Dans ces cas, la note peut vite grimper. Sans compter que d'une manière générale, les dépenses dépassent toujours le budget initialement prévu : les visiteurs sont constamment sollicités pour acheter ceci ou cela et, il faut le dire, les *mzungus* de passage (« blancs » en swahili) payent presque toujours un prix plus élevé que les Kényans. Les hôtels et sites touristiques affichent systématiquement des tarifs différents pour les « résidents », « non-

© AXEL JUMELIN

Amboseli National Park.

résidents » et « résidents de l'Afrique de l'Est ». Même pour les voyageurs qui se déplacent en transports locaux, mangent et dorment dans des hôtels bon marché ou *guesthouses*, le Kenya reste une destination encore assez onéreuse, notamment parce que l'accès à la plupart des parcs exige que l'on dispose d'un véhicule.

▸ Une voiture de ville coûtera dans les 40 € par jour minimum ; un petit 4x4, de type Suzuki Sierra, coûte, assurance comprise et kilométrage illimité, autour de 75 € par jour (minimum), un Isuzu Trooper ou un Toyota Landcruiser à partir de 95 €, voire plus. Les minibus peuvent être une solution économique pour un petit groupe. La location est répandue et facile à entreprendre (contrairement à certains autres pays d'Afrique). Pour vous éviter certains tracas, il vous est recommandé de voyager avec votre permis international ainsi qu'avec votre permis de conduire originel.

▸ Le train entre Nairobi et Mombasa (Madaraka Express) est plutôt bon marché. De plus, il permet de faire un stop à Voi, si vous souhaitez faire une étape dans le parc national de Tsavo. Comptez 1 500 Ksh pour un Nairobi-Mombasa en classe économique et 4 500 Ksh en première classe (tarif adulte), 750 Ksh et 2 250 Ksh pour un enfant jusqu'à 11 ans. Les réservations se font en ligne (https://metickets.krc.co.ke/).

▸ Si vous optez pour des trajets en avion, sachez que les compagnies low cost (Jambojet, Skyward Express, SafariLink...) sont fiables et elles contribuent à réduire sensiblement le coût des vols nationaux. Pour des allers-retours depuis Nairobi, comptez de 50 à 150 € un aller pour Mombasa, Lamu, Amboseli ou Massaï Mara, selon la compagnie.

▸ L'entrée dans les parcs coûte chaque fois, pour un adulte, entre 15 et 60 US$ par jour (70 US$ pour le Maasaï Mara). Visiter plusieurs parcs et réserves peut donc vite revenir cher.

PASSEPORT ET VISAS

▸ **Visa tourisme.** Les ressortissants de l'Union européenne, et donc de la France, doivent s'acquitter d'un visa de tourisme pour entrer sur le territoire kényan. Attention, depuis le 1er janvier 2021, plus aucun visa n'est délivré à l'arrivée dans le pays ni dans les représentations kényanes à l'étranger, les voyageurs doivent obtenir une e-travel authorization, faisant office de pré-autorisation avant leur arrivée au Kenya. Cet e-Visa permet d'entrer dans le pays une fois pour un séjour tourisme ou affaires d'une durée maximale de 90 jours ou un transit jusqu'à 72 heures. Il coûte environ 35 US$. Attention, n'anticipez pas trop votre demande, car l'entrée sur le territoire kényan doit se faire dans les 3 mois suivant l'obtention du e-Visa. Le délai moyen d'obtention suite à une demande est de 3 jours. Les enfants de 16 ans sont exemptés de demande et devront seulement présenter leurs papiers d'identité. La demande se fait sur le site officiel kényan de la Direction de l'Immigration (http://etakenya.go.ke).

▸ Il est possible de prolonger les trois mois initiaux de trois autres mois auprès des services de l'immigration (fns.immigration.go.ke). Pour celles et ceux partant pour des actions de volontariat en ONG ou en orphelinat, il est fortement conseillé de se munir du visa approprié : les autorités kényanes ne plaisantent pas avec cela... Veillez enfin à ce que votre passeport dispose d'une validité d'au moins six mois à la date d'entrée sur le territoire.

▸ **East African Tourist Visa.** Il est possible d'obtenir, pour 100 US$, un visa unique (« East african Tourist visa ») pour l'Afrique de l'Est, afin de voyager au Kenya, en Ouganda et au Rwanda.

PERMIS DE CONDUIRE

▸ **Permis de conduire.** Pour conduire au Kenya une voiture de location (pour une période de 90 jours maximum), il faut avoir entre 23 et 70 ans et être en possession de son permis de conduire français depuis au moins deux ans. Il vaut mieux être un assez bon conducteur car l'état des routes et la conduite des Kenyans nécessitent un sens certain de l'anticipation et de bons réflexes, avoir des connaissances en mécanique (a minima savoir changer une roue, par exemple), être capable d'aligner deux mots en anglais, être au moins deux (et si possible, un peu débrouillards) ; avoir le sens de l'orientation et une bonne carte. Un conseil : ne jamais rouler la nuit, quand le danger est multiplié par dix !

▸ **Limite de vitesse.** Agglomération : 60 km/h. Hors agglomération : 100 km/h. Autoroute : 120 km/h.

▸ **Essence.** À l'exception du nord, où il vaudra mieux être prévoyant et se renseigner sur les points de ravitaillement avant toute expédition, on trouve des stations-essence dans toutes les villes et dans certains lodges des parcs nationaux. Toutefois, peu de stations-service sont ouvertes 24h/24 ; la plupart sont ouvertes tous les jours de la semaine de 7h à 19h.

État des routes. Le Kenya possède un réseau routier assez étendu. La plupart des routes et axes principaux ont été refaits, ou sont en cours de travaux. Plus généralement, quand vous roulez, vous devez garder constamment un œil sur les nids-de-poule qui s'apparentent parfois à de véritables tranchées, un autre sur les véhicules et les camions délabrés qui viennent en face de vous en slalomant entre les trous et le troisième sur votre rétroviseur pour voir venir les énormes bus qui déboulent à toute allure derrière vous. Soyez vigilants également avec les dos d'âne (bump) qui se sont généralisés pour limiter les excès de vitesse à l'abord des villes et villages : ils sont nombreux et on ne les distingue pas toujours de loin. Dernier conseil si vous louez une voiture : le réseau routier étant assez dense et la signalisation parfois très discrète, il est indispensable de vous procurer une bonne carte du pays.

Circulation. Première chose à savoir, au Kenya on roule à gauche et on double à droite. En ville, attention aux arrêts prolongés aux feux rouges la nuit. Il est même recommandé, après vérification que la voie est libre, de ne pas s'arrêter du tout, comme aux panneaux « Stop ». En revanche, lorsque vous apercevez le convoi présidentiel (les grosses Mercedes avec leurs drapeaux) dans votre rétroviseur ou en face de vous, arrêtez-vous immédiatement. C'est la loi. Dans la pratique, partout ailleurs, c'est souvent la loi du plus gros, contentez-vous de passer là où il reste de la place. S'il n'y en a plus, arrêtez-vous et attendez que la voie soit libre ! Attention également aux limitations de vitesse car les radars ont fait leur apparition sur les grands axes du pays. Vu l'état des routes, le délabrement du parc automobile et la technique locale de conduite très particulière, il est indispensable d'être très vigilant. Aussi, en particulier en zone rurale et dans les villages, soyez vigilants aux potentiels animaux sauvages et au bétail qui pourraient traverser la voie. Toutefois, un conducteur raisonnable peut parcourir les principaux circuits touristiques du pays sans aucun problème. Dès que l'on quitte les grands axes ou que l'on circule dans les parcs, le bitume cède la place à la terre. Les pistes sont en général assez bonnes, mais deviennent parfois impraticables après de fortes pluies. Pendant la saison sèche et dans les régions les plus visitées, n'importe quel conducteur prudent peut circuler. En revanche, durant la saison des pluies ou si l'on souhaite s'aventurer dans des régions isolées comme le nord, il est indispensable de maîtriser la conduite d'un 4x4 et, éventuellement, de partir à plusieurs véhicules.

Locations et assurances. Si vous décidez de louer une voiture, renseignez-vous auprès de plusieurs compagnies car les prix varient du simple au double. Attention toutefois, un tarif particulièrement attractif cache souvent quelque chose. Les compagnies locales sont moins chères, mais la couverture d'assurance est parfois moins bonne et l'état des véhicules n'est pas toujours parfait, voire déplorable ! Pour éviter les mauvaises surprises, privilégiez les formules « kilométrages illimités » (attention, certaines sont quand même plafonnées) et lisez attentivement les clauses du contrat concernant les assurances, en particulier la Collision Damage Waiver (CDW) qui vous couvre en cas d'accident. Ce qu'il faut absolument vérifier, c'est le montant de la franchise (*liability excess*, en anglais), car certaines compagnies peu scrupuleuses (y compris les grandes compagnies internationales) fixent des franchises très élevées. La Theft Protection Waiver (TPW), c'est-à-dire l'assurance contre le vol, est absolument nécessaire. Elle est parfois incluse dans la CDW. Sans elle, vous risquez de devoir payer le prix du véhicule en cas de vol. Enfin, dernier point important, vérifiez attentivement l'état du véhicule avant de partir et demandez ce que prévoit le contrat en cas de panne (assistance mécanique, changement du véhicule, etc.). Certaines compagnies vous autorisent à franchir la frontière avec la Tanzanie ou l'Ouganda, mais, pour cela, elles demandent des sommes parfois assez importantes et vous devrez faire la demande quelques jours à l'avance.

SANTÉ

Le Kenya présente autant de risques que d'attraits. La pathologie diffère en fonction des régions visitées, du bord de mer au mal de l'altitude en montagne, en passant par le paludisme, très présent en dessous de 2 000 m d'altitude.

Conseils. Pour recevoir des conseils avant votre voyage, n'hésitez pas à consulter votre médecin. Vous pouvez aussi vous adresser à la société de médecine des voyages du centre médical de l'Institut Pasteur (www.pasteur.fr/fr/sante/centre-medical) ou vous rendre sur le site du ministère des Affaires étrangères à la rubrique « Conseils aux voyageurs » (www.diplomatie.gouv.fr/voyageurs).

Tourista. La « diarrhée du voyageur » est liée à l'ingestion de boissons ou d'aliments contaminés. Elle intervient de façon assez brutale. Les selles sont généralement liquides, mais parfois simplement molles. Ces troubles ne s'accompagnent généralement pas de fièvre et disparaissent souvent en quelques jours. Prenez un anti-diarrhéique, un désinfectant intestinal et hydratez-vous bien (pas de jus de fruits). Si la diarrhée persiste ou s'accompagne de pertes de sang ou de glaires, il est important de consulter un médecin rapidement.

Hépatite A. Pour l'hépatite A, l'existence d'une immunité antérieure rend la vaccination inutile. Elle est fréquente lorsque vous avez des antécédents de jaunisse, de séjour prolongé à l'étranger ou êtes âgé de plus de 45 ans. L'hépatite A est le plus souvent bénigne mais elle peut se révéler grave, notamment au-delà de 45 ans et en cas de maladie hépatique préexistante. Elle s'attrape par l'eau ou les aliments mal lavés. Si vous êtes porteur d'une maladie du foie, la vaccination contre l'hépatite A est hautement recommandée avant tout type de voyage où l'hygiène est précaire. Elle doit être effectuée en deux fois mais la première injection, un mois avant le départ, suffit à assurer une protection pour un voyage de courte durée. La deuxième (six mois à un an plus tard) renforce la durée de l'immunité pour des dizaines d'années.

Hépatite B. Risque élevé dans le pays. L'hépatite B est plus grave que l'hépatite A. Elle se contracte lors de rapports sexuels ou par le sang. Le vaccin contre l'hépatite B est à faire en deux fois à un mois d'intervalle (mais il existe des vaccinations accélérées en un mois pour les voyageurs pressés), puis un rappel six mois plus tard pour renforcer la durée de la protection.

Paludisme. Le paludisme est également appelé malaria. Si vous passez par un pays qui est une zone de transmission de paludisme (en Afrique surtout mais aussi dans toutes les zones humides et/ou équatoriales), consultez votre médecin pour connaître le traitement préventif adapté : il diffère selon la région, la période du voyage et la personne concernée. En plus des cachets, réduisez les risques de contraction du palu en évitant les piqûres de moustiques (répulsif et vêtements couvrants). Entre le coucher et le lever du soleil, près des points d'eau stagnante et des espaces ombragés, les risques de se faire piquer sont les plus élevés. Au Kenya, les risques liés au paludisme sont présents toute l'année, et ce dans l'ensemble du pays, à l'exception de l'extrême Nord.

Typhoïde. La fièvre typhoïde est une infection bactérienne qui se traduit par de fortes fièvres, une diarrhée fébrile et des troubles de la conscience. Les formes les plus graves peuvent engendrer des complications digestives, neurologiques ou cardiaques. La période d'incubation de la maladie varie entre dix et quinze jours. La contamination se fait par les selles ou la salive, de manière directe (contact avec une personne malade ou un porteur sain) ou indirecte (ingestion d'aliments contaminés : crudités, fruits de mer, eau et glaçons). Le vaccin, actif au bout de deux à trois semaines, vous protège pour trois ans. En cas de contamination et de non-vaccination préventive, un traitement par les fluoroquinolones sera préconisé.

VACCINS OBLIGATOIRES

La vaccination contre la fièvre jaune n'est pas obligatoire si vous venez d'Europe, d'Amérique du Nord, d'Océanie ou d'Asie, mais fortement recommandée. Les vaccins contre le tétanos, la diphtérie, la poliomyélite et l'hépatite A (à moins d'être immunisé) sont conseillés. Les plus prudents et les plus aventureux devront y ajouter l'hépatite B ainsi que la fièvre typhoïde. Planifiez vos vaccinations plusieurs semaines avant le départ.

La fièvre jaune est une maladie virale, transmise à l'homme par les moustiques. Elle est surtout présente dans les régions tropicales. Après une semaine d'incubation, la maladie provoque fièvres, frissons et maux de tête. Pour les cas les plus graves, après plusieurs jours apparaît un syndrome hémorragique caractérisé par des vomissements de sang noirâtre, un ictère et des troubles rénaux. Il n'existe aucun traitement spécifique pour soigner la fièvre jaune, si ce n'est le repos au lit accompagné de médicaments permettant de lutter contre les symptômes.

Si la raison de votre voyage est de travailler auprès de la faune sauvage, nous vous recommandons de vous faire vacciner contre la rage. Pour rappel, cette vaccination est préventive et ne constitue pas à elle seule une protection complète contre la rage. En cas d'exposition au virus, vous devrez procéder à de nouvelles injections dans les plus brefs délais.

SÉCURITÉ

Si certains parlent de taux de criminalité ahurissants, de pirates de la route et d'attaques à main armée, sans oublier toutes les horribles maladies exotiques, notre point de vue sur la question est un peu plus nuancé... Tout d'abord, il n'y a pas, à notre connaissance, de violence gratuite au Kenya. La violence accompagne le vol et donc le besoin. Les vols (violents ou non) ne se produisent que très exceptionnellement pendant la journée et dans les lieux fréquentés, et ce pour la simple raison que le coupable s'exposerait au châtiment populaire. Il arrive en effet que la foule s'empare d'un simple voleur de téléphone portable et le roue de coups. Ainsi, si jamais un pauvre bougre s'emparait de votre sac, réfléchissez à deux fois avant de crier « Au voleur ! ».

Quoi qu'il en soit, si cette pratique est barbare, elle refrène sérieusement les velléités de vol... Ceci étant dit, il existe des mesures de « sécurité » très simples et connues de tous, qui vous éviteront ces problèmes, en particulier à Nairobi. Evitez les endroits isolés et sombres. Fermez les portières de votre voiture, en particulier aux feux et dans les embouteillages. Evitez de vous promener la nuit, en particulier seul, et avec une petite fortune sur vous... N'exposez pas à la vue des passants des objets qui pourraient exciter les convoitises (appareil photo, bague, montre, portable...). Il est aussi conseillé de laisser vos liasses de shillings et dollars dans le coffre de l'hôtel. Mieux vaut partir avec l'idée que rien ne peut vous arriver plutôt que d'adopter une attitude de méfiance et de suspicion qui pourrait susciter des réactions négatives autour de vous. Lorsque vous sentez une présence qui vous semble inquiétante, faites toujours face à la personne. Gratifiez-la d'un « Jambo ! » amical, ce qui paraîtra tout à fait naturel à un innocent passant et tout à fait déconcertant à un potentiel voleur ! N'hésitez pas ensuite à engager la conversation. Les Kenyans, d'une manière générale, ne sont pas violents, tout au contraire. En revanche, ils sont nombreux à être dans le besoin. Si jamais il vous arrivait d'être confronté à une agression, donnez sans hésitation (et sans gestes brusques) l'argent que vous avez sur vous. Il y a peu de risque que vous les rencontriez pendant votre séjour, mais sachez que les bandes armées sont en général très déterminées, parce qu'elles savent à quelles sanctions s'attendre si la police, d'aventure, les attrapait. Les vrais accidents surviennent généralement lorsque les victimes tentent une action héroïque.

DÉCALAGE HORAIRE

Le Kenya est dans le fuseau horaire UTC +3, c'est-à-dire que le Kenya avance de 2 heures sur la France en heure d'hiver, 1 heure en heure d'été. En décembre, lorsqu'il est 15h à Nairobi, il est 13h à Paris, Genève ou Bruxelles. En revanche, en juillet, s'il est 13h en Europe, il est 14h à Nairobi.

LANGUES PARLÉES

L'anglais et le kiswahili sont les deux langues officielles du Kenya. L'enseignement se fait dans les deux langues dans toutes les écoles du pays. La majorité des Kenyans parle et comprend l'anglais. Vous trouverez toujours quelqu'un, même au plus profond de la brousse, qui pourra vous renseigner dans cette langue. Aussi, ne pas connaître le moindre rudiment d'anglais peut se révéler assez gênant pour communiquer (à moins bien sûr de parler kiswahili !). Toutefois, sur la côte, les Kenyans (surtout les jeunes) se sont adaptés à l'afflux des touristes et se débrouillent en français, italien ou allemand. La plupart des tribus (Kikuyu, Maasaï...) ont leurs propres langues mais communiquent entre elles en kiswahili.

COMMUNIQUER

Les utilisateurs de téléphonie mobile représentent environ 96 % de la population (30 % d'utilisateurs de smartphones, 120 téléphones pour 100 habitants). Le taux de couverture nationale moyenne pour la 4G en 2023 est de 60 % (Safaricom remporte le meilleur taux de couverture national et 75 % de part de marché). Avec la généralisation de l'usage des smartphones (rares sont les Kenyans qui ne disposent pas d'un téléphone mobile, même dans les régions les plus reculées), les cybercafés deviennent rares. Le wi-fi est disponible un peu partout, dans les restaurants, cafés, hôtels, centres commerciaux. La connexion haut débit est très largement disponible au Kenya en 4G/H+ (Nairobi) ou en H+ (principales villes). La connexion 3G reste, pour sa part, accessible dans une large part du pays, à l'exception des régions isolées. Mais vous pourriez bien être agréablement surpris, car parfois la qualité du réseau est bien meilleure que dans certains villages du sud de la France (expérience à l'appui).

ELECTRICITÉ ET MESURES

Au standard anglais (240 volts, type G). Toutefois certains grands hôtels et lodges fournissent également du 220 V. Vous ne trouverez que des prises anglaises à 3 fiches. Il est donc conseillé d'emporter un adaptateur. Vous pourrez néanmoins en acheter sur place à Nairobi ou Mombasa ou bien en obtenir dans les lodges (s'ils ne sont pas tous déjà empruntés).

BAGAGES

Ne vous chargez pas trop et évitez les valises rigides peu pratiques ! Prévoyez des vêtements légers, en particulier, chemises en coton ou T-shirts en quantité suffisante en raison de la poussière et de la chaleur (un service de blanchisserie est toutefois disponible dans tous les hôtels et les lodges). Le jean est un vêtement un peu épais pour le pays : le pantalon ou le bermuda en toile conviennent mieux. Optez, si possible, pour des couleurs neutres. Cependant, gardez en tête que, sur le littoral notamment, bien qu'habitués aux touristes, le respect de la culture locale vous encouragera à favoriser des vêtements plus couvrants (chemises, short sous le genou).

Quelle que soit la période de votre voyage, les soirées sont assez fraîches, notamment à Nairobi et dans les hautes terres. Prévoyez donc un pull ou un gilet assez chaud. Un imperméable ou un coupe-vent peuvent également s'avérer utiles, surtout pendant la saison des pluies. En ce qui concerne les chaussures, c'est le confort qui prime. Des chaussures montantes en toile sont idéales. Évitez les sandales pour un safari en brousse. Enfin, un chapeau et une bonne paire de lunettes de soleil compléteront efficacement votre panoplie. Enfin, protégez-vous du soleil et des moustiques. Le Kenya est sous l'équateur. Les coups de soleil peuvent être redoutables. Pensez à emporter une bonne crème solaire et un t-shirt anti-UV si vous avez l'intention de faire du snorkeling. Quant aux moustiques, s'ils se font rares au-delà de 1 500 m d'altitude, ils sont voraces partout ailleurs et vecteurs du paludisme. Imprégnez vos vêtements avant de partir et appliquez des répulsifs anti-moustiques efficaces, conformes aux recommandations du ministère de la Santé (Insect Ecran®, Cinq sur Cinq Tropic®, Repel Insect®). En revanche, tous les hôtels disposent de moustiquaires. En camping, fermez bien votre tente à la tombée de la nuit. Bien que disposant de tout un réseau de pharmacies bien approvisionnées, il est recommandé de voyager avec quelques médicaments de base.

Aussi, n'oubliez pas les indispensables lampe torche, power bank, gourde, foulard, cadenas, ...

LES PHRASES CLÉS

Bonjour, je voudrais réserver un billet aller/retour pour…
Hello, I'd like to book a single/return ticket to…

J'ai raté mon avion. Je voudrais échanger mon billet s'il vous plaît.
I missed my plane.I'd like to change my ticket please.

Mon vol est très en retard. Ma correspondance sera bien assurée ?
My flight is very delayed. Will I make my connection?

Mes bagages ont été égarés, à qui dois-je m'adresser ?
My luggage has been lost, who should I talk to?

Louez-vous des voitures avec chauffeur ?
Do you hire cars with a driver?

Je n'ai presque plus d'essence. Où se trouve la station-service la plus proche ?
I'm almost out of petrol. Where is the nearest petrol station?

S'Y RENDRE

Une grande majorité des visiteurs arrivent au Kenya par Nairobi via l'aéroport international Jomo Kenyatta. Celui-ci est desservi par la plupart des grandes compagnies aériennes internationales. Air France effectue des vols directs au départ de Paris à des tarifs très compétitifs. C'est également d'ici que partent de nombreux vols internes, notamment ceux de la compagnie Kenya Airways et Jambojet. L'aéroport international de Mombasa (Moi International Airport) accueille principalement les vols charters. Les plus aventuriers pourront aussi rejoindre le Kenya par la route ; avec un bon 4x4 et de bonnes notions de mécanique. Circuler entre l'Ouganda, le Rwanda et le Kenya reste simple, grâce à des liaisons de bus régulières et un visa de tourisme unique pour les trois pays. Depuis le Sud, la frontière entre la Tanzanie et le Kenya est elle aussi franchissable de part et d'autres du Kilimandjaro.

ASKY

Westlands stellato building 1st floor
NAIROBI ✆ +254 732 247 000
https://www.flyasky.com/
3 départs par semaine depuis Lomé vers Nairobi, pareil dans l'autre sens.

La compagnie panafricaine, basée à Lomé au Togo, s'installe peu à peu sur le marché continental comme une alternative économique et sérieuse aux compagnies éthiopiennes ou kényanes. Si la flotte est vieillissante, le service reste de qualité et fiable. Asky dessert une trentaine de villes africaines dont N'Djamena, Dakar, Abidjan... Lomé devient donc une escale de choix pour les résidents du continent souhaitant se rendre au Kenya, et en particulier à Nairobi, avec pas moins de 3 départs hebdomadaires, à savoir les mardi, jeudi et dimanche, en vols de jour.

AIR FRANCE

✆ +33 09 69 39 36 54
wwws.airfrance.fr
Réservation en ligne, par téléphone ou en agence.

Toute l'année, la compagnie nationale française propose de nombreux vols tous les jours au départ des aéroports de Paris : plusieurs destinations en France et à l'international. Pour le Kenya, Air France-KLM propose, au départ de Paris-CDG, des vols quotidiens, directs ou avec une correspondance à Amsterdam. La compagnie, qui existe depuis 1933, est synonyme de qualité, de service et de confort. Sa flotte est majoritairement constituée d'Airbus âgés d'environ une dizaine d'années. Nous vous conseillons de réserver à l'avance pour obtenir des tarifs compétitifs.

ETHIOPIAN AIRLINES

66, avenue des Champs Elysées
PARIS (8e)
✆ +33 1 53 89 21 04
www.ethiopianairlines.com

Fondée en 1945, Ethiopian Airlines est la compagnie de référence en Afrique. Basée à Addis-Abeba, la compagnie nationale éthiopienne est dotée d'une flotte composée à 70 % de Boeing. La compagnie dessert 120 destinations internationales, dont la moitié en Afrique. Reconnue pour la qualité de son service à bord, elle est réputée fiable et plutôt haut de gamme. Elle opère un vol quotidien entre Paris-CDG et Nairobi en Airbus A350, trois vols hebdomadaires sur Marseille via Genève en Boeing 787. Elle dessert également Bruxelles.

KENYA AIRWAYS

✆ +254 711 024 747
kenya-airways.com

Kenya Airways propose une liaison quotidienne entre Paris-Charles-de-Gaulle et Nairobi. Vols directs ou avec escale à Amsterdam. La compagnie, membre de SkyTeam Alliance, a célébré ses quarante-cinq ans d'activité en janvier 2022 ; elle a été nommée « Africa Leading Airline 2019 » par les « World Travel Awards ». La flotte est de tout dernier cri avec un réel confort et une nourriture à la hauteur des ambitions de la compagnie aérienne. Aucun retard et annulation ou prou. Pas de bagage perdu, une valeur sûre et une référence en Afrique de l'Est.

L'ASSURANCE VOYAGE, LE MEILLEUR MOYEN POUR PROTÉGER SA SANTÉ À L'ÉTRANGER

avec le DR MICHEL NAHON, directeur médical d'Allianz Travel

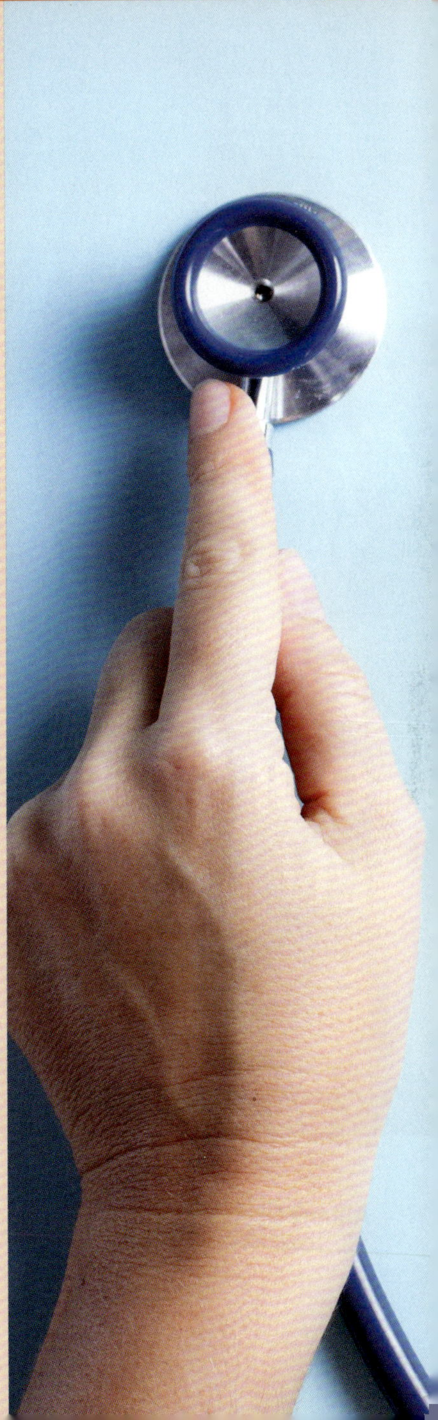
© NEIRFY

En cas de souci de santé sur place, que faut-il faire ?

Si l'on se trouve dans une situation urgente (accident grave, morsure d'animaux...), il est conseillé d'appeler les numéros d'urgence locaux. Une fois à l'hôpital, appeler son assisteur pour déclencher les procédures de prise en charge.

Est-il possible d'entrer en contact avec un professionnel de santé en cas de besoin ?

Allianz Travel dispose d'un service de téléconsultation médicale accessible en visio qui permet de s'entretenir avec un médecin français 24h/24, 7 jours sur 7. La consultation se fait en français et des conseils sont donnés sur les démarches à effectuer. Une ordonnance peut également être délivrée.

S'agissant des frais médicaux, est-on forcément couvert par son assurance maladie et sa mutuelle à l'étranger ?

La sécurité sociale et la mutuelle fonctionnent en France et dans les pays de la Communauté économique européenne, à condition d'avoir fait une demande d'extension de garantie avec la carte européenne d'assurance maladie (CEAM). Il est malgré tout conseillé de souscrire une assurance voyage, car la prise en charge des frais ne sera pas la même qu'en France.

Quel est le meilleur moyen de voir ses frais médicaux pris en charge ?

Dans les pays hors Europe, il est recommandé de souscrire à un contrat d'assistance avec un bon niveau de couverture des frais médicaux. Il est également important de choisir un acteur solide, qui dispose d'un important réseau international dans le domaine médical.

L'assurance voyage prévoit-elle le rapatriement ?

Le rapatriement n'est pas systématique. Il faut un réel intérêt médical. Si le patient peut être traité sur place, l'assisteur oriente vers un médecin ou une structure médicale adaptée localement. De même qu'en cas d'accident dans une zone désertique, le patient sera d'abord orienté vers l'hôpital le plus proche pour stabiliser la situation, avant d'envisager le rapatriement.

SÉJOURS ET CIRCUITS

Le Kenya est une destination incontournable pour les amateurs de nature et de faune sauvage. Il y en a pour tous les types de voyageurs, tous les goûts et tous les budgets. Toutefois, l'objectif principal du voyage étant de visiter les parcs nationaux, la note peut vite grimper. Les agences de voyages, y compris sur place, proposent des circuits prédéfinis en groupe, en individuel, ou des voyages à la carte, en véhicule privé avec chauffeur-guide ou en avion, ainsi que des circuits transfrontaliers qui peuvent combiner plusieurs pays et modes de transports. Elles peuvent être très utiles pour découvrir le maximum de merveilles locales sur un temps court, sans exploser le budget. Certains groupes d'hôtels peuvent également organiser des circuits de « camp en camp », et vous emmener du Kenya en Tanzanie ou inversement. Les voyageurs indépendants peuvent opter pour une location de véhicule en « self drive » avec l'équipement camping.

AGENCE DU VOYAGE À CHEVAL

1, rue Eugène-Cusenier
ORNANS
✆ +33 3 81 62 02 96
www.agenceduvoyageacheval.com
Ouvert du lundi au samedi de 9h à 19h.

L'Agence du Voyage à Cheval est spécialiste du voyage à cheval en France et dans le monde entier, avec pour spécificité la relation locale authentique, le respect de l'environnement et du cheval. Le crédo de l'agence est de « répondre aux désirs des cavaliers pour faire de leur randonnée équestre une expérience inoubliable ». Au Kenya, l'agence propose deux safaris équestres, l'un de 13 jours dans le Massai Mara et la Grande Vallée du Rift, l'autre de 8 jours dans les Chyulu Hills.

AMPLITUDES

60, rue Sainte-Anne - **PARIS** (2e)
✆ 01 44 50 18 58
www.amplitudes.com
Tous les jours sauf dimanche 10h-19h, samedi jusqu'à 18h.

Spécialiste du voyage sur mesure depuis presque 30 ans, Amplitudes propose de nombreux safaris au Kenya, qui comprennent entre autres les vols aller/retour depuis la France, les transferts et le transport en minibus privatif, le chauffeur-guide francophone, ainsi que les nuits d'hôtel et la pension complète. Les différentes propositions sont disponibles sur le site internet mais il est également possible d'aborder la conversation au sein des agences Amplitudes. Informations pratiques, bons plans voyages, conseils d'experts, l'équipe vous sera d'une grande aide.

AFRICA SPIRIT

C.so Torino 91/A - **BUTTIGLIERA ALTA** ✆ +39 011 958 7279
www.africa-spirit.com
Safari sur mesure. Contact par mail ou via le site internet.

Africa Spirit sera votre partenaire privilégié pour découvrir en profondeur le Kenya avec son équipe d'experts locaux. Vous profiterez de ses meilleurs services, pour des circuits sans aucun doute mémorables, à travers tout le pays. Son professionnalisme et son expérience du Kenya vous permettront de bénéficier d'une gamme d'hébergements qualitatifs (hôtels, Lodges, camps) et d'un service sur mesure selon vos souhaits. Ce tour opérateur propose également des séjours et des circuits en Tanzanie, à Zanzibar et en Afrique du Sud.

MAKILA VOYAGES

4, place de Valois - **PARIS** (1er)
✆ 01 42 96 80 00
www.makila.fr
Ouvert du lundi au vendredi de 9h à 19h (sur rendez-vous uniquement).
Que signifie Makila ? Eh bien, c'est le nom du bâton traditionnel des bergers basques, autrement dit leur compagnon de route indispensable. Makila Voyages met son équipe de spécialistes à votre disposition pour organiser votre voyage et répondre à vos attentes. Au Kenya, l'agence vous propose des voyages sur mesure en véhicule privé avec guide chauffeur francophone. Également des safaris par la route ou en avion taxi dans les parcs et des séjours à Mombasa. Les hébergements se font en lodges standards ou en camps de toile traditionnels.

CLIMATS DU MONDE

25, rue Breteuil - **MARSEILLE** (6e)
✆ +33 4 91 15 70 20
https://www.climatsdumonde.fr/accueil
Ouvert à 9h sauf le vendredi à 9h30. Ferme à 19h sauf le vendredi à 18h. Samedi fermé entre 13h et 14h. Fermé dimanche
Climats du Monde propose de nombreux circuits et vous aide aussi à composer un voyage sur mesure en fonction de vos envies et de votre budget (hôtels de luxe, écolodges, petit budget...). L'agence organise également des voyages thématiques pour combler les attentes de chacun : aventure, bien-être, culture, gastronomie ou encore écotourisme par exemple. Il est possible de faire une demande de devis gratuit en ligne et une équipe passionnée et professionnelle répond à vos questions et vous aide à créer un voyage 100 % à votre image.

LES ATELIERS DU VOYAGE

54-56, avenue Bosquet
PARIS (7e)
✆ 01 40 62 16 79
www.ateliersduvoyage.com
Ouvert du lundi au jeudi de 10h à 18h.
Spécialistes du voyage sur mesure, Les Ateliers du Voyage vous emmènent aux quatre coins du monde et notamment en Afrique. Leurs conseillers voyages, experts de leur zone géographique, sont à votre écoute pour construire le voyage de vos rêves. Des agents aux petits soins qui n'hésitent pas à faire part de leur expérience personnelle. Au Kenya, l'équipe saura aussi bien vous suggérer les sites incontournables que les dernières adresses tendance : « Safari, Swahili et bulles d'océan », « Escapade kenyane Bush et Beach en famille », « Kijani Eco Safari »...

CLUB FAUNE VOYAGES

50, rue de Passy
PARIS (16e)
✆ +33 1 42 88 31 32
www.club-faune.com
Ouvert du lundi au vendredi de 9h à 19h.
Les safaris « à la carte » au Kenya sont la grande spécialité de l'Equipe Club Faune qui a profité d'une longue expérience pour vous proposer des « inédits » permettant de « sortir des sentiers battus » : découverte à pied, en 4x4 des parcs nationaux et des réserves privées méconnues en France (Laikipia, Ol Pejeta...). Mais les incontournables ne sont pas oubliés (parcs du Tsavo, escapade en mer...). Sélection rigoureuse d'hôtels pour un séjour famille, un voyage de noces, un séjour entre amis. Prenez rendez-vous et découvrez leur Espace Voyage.

COMPTOIR DES VOYAGES

2-18, rue Saint-Victor - **PARIS** (5e)
✆ 01 53 10 30 15
www.comptoirdesvoyages.fr
Ouvert du lundi au samedi de 10h à 18h.
Egalement des agences à Marseille, Nice, Lyon, Toulouse, Bordeaux et Lille.

Comptoir des Voyages a comme concept de vendre une destination animée par de vrais spécialistes originaires ou ayant vécu dans le pays. L'agence propose des séjours originaux à travers le Kenya comme partir « Sur la piste de Simba », en combiné avec la Tanzanie et Zanzibar, découvrir les « Lacs africains, lagons des îles », ou encore faire des « Rencontres en safaris ». A noter également, le circuit de 13 jours intitulé « Safaris de tout poil » qui vous propose diverses activités et réserves (Samburu notamment) qui sortent des sentiers battus.

EXPLORATOR

2300, La Colinière – Champtoceaux
ORÉE D'ANJOU
✆ 01 53 45 85 85
www.explo.com
Ouvert de 9h30 à 18h30 du lundi au vendredi.

Ce tour-opérateur organise des voyages d'immersion en petits groupes de 4 à 8 participants. Nature, Culture et Rencontres sont les maîtres-mots des voyages proposés dans 80 destinations éloignées de notre culture occidentale. En lien avec des partenaires sur place, Explorator propose plusieurs formules (Découverte, En famille, Sur mesure...). Passeurs de culture, les meilleurs guides partageront avec vous leur immersion dans la vie locale, favorisant les rencontres spontanées avec les habitants. Des voyages qui s'adaptent à toutes les envies.

MELTOUR

103, avenue du Bac
LA VARENNE-SAINT-HILAIRE
✆ +62 1 73 43 43 43
www.meltour.com
Ouvert du lundi au vendredi de 9h à 19h.

Meltour est avant tout un producteur spécialiste du voyage sur mesure, en particulier à destination de l'Australie, de l'Afrique australe/centrale et du Canada... Au programme pour le Kenya, plusieurs circuits guidés en véhicule privé : « Le Kenya de Mara à Mombasa », un combiné de 13 jours entre safaris et plage, deux thématiques à ne pas manquer quand on visite le pays. Le circuit « Sur les traces du film Ouf of Kenya », qui s'adresse en particulier aux amoureux du roman de Karen Blixen, vous fait rentrer dans les coulisses de ce film multi-primé aux Oscars...

WILD SPIRIT SAFARI

NAIROBI ✆ +33 1 45 74 11 14
www.wild-spirit-safari.com
Accueil des professionnels du tourisme uniquement, sur rendez-vous.

Depuis 1995 Wild Spirit Safari est une référence incontournable des safaris d'exception, avec certainement l'un des meilleurs rapports qualité/prix. Véhicules privatifs ultra équipés, activités originales : safaris pédestres, en montgolfière, en canoë, à cheval, randonnées dans des sites préservés, rencontres ethniques, plongée, kitesurf, découverte des dauphins et baleines... Les couples en voyage de noces bénéficient d'offres spéciales. Pour les familles, les enfants ont des tarifs réduits ainsi que l'accès à des activités spécialement adaptées aux petits.

NOMADE AVENTURE

40, rue de la Montagne-Sainte-Geneviève
PARIS (5e)
✆ 01 46 33 71 71
www.nomade-aventure.com
Ouvert du lundi au samedi 10h-18h30.

Nomade Aventure, comme son nom l'indique doublement, est une agence qui vous change de vos habitudes sédentaires. Avec ses voyages placés sous le thème de la nature, de la culture et de la rencontre, elle vous propulse vers de nouvelles aventures. Loin des meutes de touristes, vous mettrez à profit les bonnes connaissances des agents sur la région en profitant à la fois de circuits originaux et de spots incontournables. Nomade Aventure fait de votre voyage de véritables vacances en vous permettant de vous détendre, ils s'occupent de tout !

OBJECTIF NATURE

1, impasse de la Forêt - **LA MÉNITRÉ**
✆ 01 53 44 74 30
www.objectif-nature.fr
Ouvert du lundi au jeudi 9h30-13h et 14h-18h30, vendredi 9h30-13h et 14h-17h30.

Objectif Nature est spécialiste du voyage d'observation de photographie de la nature et de la faune sauvage. Ce sont des femmes et des hommes de terrain (photographes animaliers, naturalistes, ornithologues…) qui conçoivent, organisent, accompagnent les safaris dans une trentaine de pays sur tous les continents. Plusieurs possibilités pour le Kenya : safaris photo « Au cœur de la migration des gnous » (10 jours), « Les félins du Mara » (7 jours) ou encore « Sur la piste du fantôme noir » (8 jours). Il est aussi proposé de créer son propre safari à la carte.

SAFARI VO

✆ 01 70 23 93 40
www.safarivo.com
Circuits en groupe, en individuel, ou des voyages à la carte.

Safari VO, le spécialiste des safaris, propose des circuits en groupe, en individuel, ou des voyages à la carte, ainsi que de nombreuses extensions. Safari VO offre un vaste choix de formules et de destinations, toutes sélectionnées dans un même souci de qualité : « Un autre Kenya » (9 jours), « Un classique du Kenya » (9 jours), « Les éléphanteaux du Kenya » (9 jours)… Sélection, conseils, informations et réactivité guideront l'organisation des plus beaux voyages. Pratique, sur le site Internet : les idées de voyage sont classées par mois.

TERRES DE CHARME

3, rue Villebois - Mareuil - **PARIS** (17e)
✆ 01 55 42 74 10
www.terresdecharme.com
Agence ouverte lundi, mercredi, jeudi et vendredi 9h30-18h30. Mardi à partir de 14h et samedi 10h30-13h et 14h-17h.

Une agence généraliste qui propose des séjours soignés partout dans le monde. Ils organisent des séjours en hôtel de charme ou de luxe et dessinent également le voyage de toutes vos envies, en mode sur-mesure. L'agence propose plusieurs circuits au Kenya, notamment « Kenya, à la manière des pionniers » de 9 jours. Vous partirez à la découverte du fascinant Masaï Mara, à l'approche de ses nombreux animaux sauvages. Campement exclusif pour une aventure hors du commun. Autre circuit phare, le séjour en bord de mer, sur la plage de Diani.

TSELANA TRAVEL

14, rue des Deux Ponts
PARIS (2e)
✆ 01 55 35 00 30
www.tselana.com
Du lundi au vendredi de 10h à 19h et le week-end sur rendez-vous.

Créée en 2003 par trois passionnés des paysages désertiques de l'Afrique australe, African Tselana est aujourd'hui devenue Tselana Travel et propose un très large choix de destinations sur tous les continents pour des voyages à l'écart des circuits touristiques habituels. Tselana Travel associe vos envies (aventure, insolite, romantique, famille, désert, voyage de noces, plongée, zen, safari…) à sa connaissance approfondie des destinations pour vous proposer un voyage sur mesure incomparable placé sous le signe du luxe et du raffinement.

VIE SAUVAGE

10, rue Choron
PARIS (9e)
✆ 01 44 51 08 00
www.viesauvage.fr
Sur rendez-vous uniquement, du lundi au jeudi de 9h30 à 18h30, le samedi de 10h à 13h.

Ce tour-opérateur qui connaît très bien le pays vous propose des séjours axés sur l'observation de la nature. Plusieurs voyages à destination du Kenya, dont une formule de safari individuelle à la carte en camping qui permet au voyageur de partir quand il le souhaite. Également un safari-photo de 12 jours dans le Nord sauvage du Kenya à la découverte des réserves et parcs moins fréquentés, tels que Samburu, Aberdare ou Ol Pejeta. Des combinés sont également possibles avec la Tanzanie. Les voyages se font accompagnés de guides francophones.

AFRICA KEYS

5th Floor, Kampus Towers, University Way
NAIROBI
✆ +254 722 715 459

Africa Keys a été fondée en 2008 par Aparajita, avec pour mission de magnifier la splendeur de l'Afrique à travers des voyages et safaris sur mesure. Leur expertise réside dans la création de votre itinéraire selon vos besoins, de façon rapide, fiable et à des prix imbattables. Allant du luxe à l'économique, des safaris d'aventure aux lunes de miel, en passant par l'écotourisme et les voyages d'affaires. Equipe de chauffeurs-guides dévoués et motivés. Africa Keys est l'organisateur de safari préféré des diplomates et de la communauté expatriée à Nairobi.

AFRICAN EDEN

910 James Gichuru Road, Lavington
NAIROBI
✆ +254 732 282 177
www.africaneden.com
Ouverts toute l'année.

Fondateur de cette agence, le fort sympathique Rajiv Chadha est né et a grandi en Afrique de l'Est. Avec plus de 20 ans d'expérience, il vit et partage avec sourire ce qu'il définit comme le « rêve africain ». African Eden opère également en Tanzanie, à Zanzibar, au Rwanda et en Ouganda. L'agence croit fermement au tourisme responsable et s'implique fortement dans les projets liés à la communauté et à la faune. Une équipe fiable et amicale, toujours disponible et prête à répondre à toutes vos questions à tout moment via email ou WhatsApp.

AFRICAN LATITUDE

Karen, Ololua Bridge
NAIROBI
✆ +254 722 515 377
www.africanlatitude.com

Cette très bonne agence, co-dirigée par un Français, propose toutes sortes de randonnées passionnantes dans l'ensemble du pays. Avec plus de vingt ans d'expérience au Kenya, Michel Laplace-Toulouse et Robyn Boyd proposent des itinéraires inédits, au plus proche de la nature et des populations locales. Vous serez assuré de découvrir des coins peu visités et parfois tenus secrets. Leur connaissance du terrain réserve de belles surprises. Petits budgets s'abstenir, car même sur le principe de la randonnée et du bivouac, l'exception a un prix.

AFRICAN PARADISE SAFARIS

Moi avenue
NAIROBI
✆ +254 728 567 308
www.africanparadisesafaris.com/
Circuits et excursions riches et variée, au Kenya. Les circuits sont rodés, les prestations standard.

African Paradise Safaris dispose d'une offre de circuits, séjours et excursions riche et variée, au Kenya, en Tanzanie, en Ouganda et au Rwanda. De quoi même combiner plusieurs pays ! Au Kenya, ce tour-opérateur propose des séjours tout compris entre 3 et 5 jours, des circuits safari, en lodge ou en camping, jusqu'à 12 jours, des séjours thématiques (orientés « big five » ou « sport »), des safaris en montgolfière, des visites de la ville de Nairobi. Il y en a pour tous les goûts. Les circuits sont rodés, les prestations standard.

AFRICAN QUEST SAFARIS LTD

44027 off Mombasa Road, Outer Ring Road
NAIROBI
✆ +254 704 154 227
www.africanquestsafaris.com
2 agences à Nairobi et Mombasa, Kenya. 1 à Arusha, Tanzanie. Elle organise des safaris au Kenya, Tanzanie et Ouganda.

Fiabilité, succès et notoriété sont les maîtres-mots de cette agence d'exception. Tous les employés, des chauffeurs aux standardistes en passant par les guides, sont pour la plupart francophones et possèdent plusieurs années d'expérience. La recette miracle est simple : Tasneem, la responsable, est une passionnée qui passe au peigne fin toutes les étapes de l'organisation d'un safari et ne laisse rien au hasard pour faire de votre séjour une aventure inoubliable.

APASIO SAFARI

Tembo Sacco Plaza Road - **NAIROBI**
✆ +254 755 806 064
https://mara-big-five.com
Organisateur de safaris possédant notamment 2 camps dans la Maasaï Mara.

Apasio organise des safaris, mais possède également deux camps dans le Maasaï Mara (Mara Legends et Mara Big Five Camp), un lodge les pieds dans l'eau sur la côte (The Coconut Beach Boutique Lodge & Spa) et un lodge dans la région centrale, entouré de trois réserves naturelles et bénéficiant d'une vue magnifique sur le mont Kenya (The Rhino Watch Lodge). De quoi faire un circuit unique parmi les plus beaux sites du pays. La protection des écosystèmes naturels est une valeur chère à Apasio, qui s'inscrit dans une démarche volontaire de tourisme responsable.

ASARAY TOURS

Malindi Road
MOMBASA
✆ +254 732 697 033
www.asaraytours.com
Ouvert tous les jours à partir de 8h et jusqu'à 18h.

Cette agence basée sur la côte dispose d'une équipe engagée en faveur d'un tourisme durable. Esther Omoche et son équipe dévouée sont prêtes à vous offrir une expérience extraordinaire, via des offres et packages, ou bien sur mesure, et allant bien au-delà de la seule rencontre et découverte des *big five*. Partez à la rencontre des cultures et communautés passionnantes du Kenya. Laissez-vous porter par l'expérience d'Asaray et l'originalité de leurs tours pouvant s'articuler autour de la photographie, du volontariat, ou même du développement durable.

AVENTURE SAFARIS

Bazaar Shopping Center
DIANI BEACH
✆ +254 712 730 219
www.safaris-de-fred.com

Frédéric Poinçon, Français et expert du Kenya, est installé à Diani Beach. Il organise des safaris sur mesure dans tout le Kenya et aussi en Tanzanie, avec son équipe de guides francophones. Son site Internet est particulièrement bien fait et l'on y trouve tout sur les itinéraires. Il y en a pour tous les budgets en fonction de l'hébergement demandé (camping basique, lodge, ou camp de luxe). Possibilité de safaris en dehors des sentiers battus. Par ailleurs, Frédéric loue des motos à Diani Beach. Bon accueil et bonne qualité des prestations.

BEL AFRICA

✆ +33 6 33 40 57 73
www.belafrica.com
Tour opérateur francophone spécialiste de l'Afrique et de l'organisation de voyage sur mesure et safaris à la carte.

Bel Africa est un tour opérateur spécialiste de l'Afrique et de l'organisation de voyage sur mesure et safaris à la carte, s'adressant à une clientèle francophone. C'est une équipe de spécialistes passionnés qui mettent leur expérience de terrain à la disposition de ceux qui souhaitent découvrir la beauté des paysages africains et de la faune sauvage, faire connaissance avec les coutumes et le mode de vie des habitants, vivre une expérience qui sorte de l'ordinaire et découvrir des lieux hors des sentiers battus. Nous recommandons vivement cette agence.

BELO LUXURY SAFARIS

Mombasa Road
NAIROBI
✆ +254 722 413 502
belosafaris.com

Passion et engagement seront au service d'un voyage sur mesure. Spécialiste de l'Afrique de l'Est et Australe (Kenya, Tanzanie, Ouganda, Rwanda, Botswana, Zambie, Zimbabwe, Afrique du Sud...), Belo Luxury Safaris s'engage à vous concocter un séjour d'exception à prix compétitif. Rien n'est laissé au hasard, tout est pris en charge. Vous n'aurez qu'à monter dans l'avion et vous laisser porter. N'hésitez pas à les contacter pour discuter de vos projets de voyages, quand vous voulez, où que vous soyez. Ils sont joignables au numéro indiqué 24h/24 et 7j/7.

CHELI & PEACOCK SAFARIS

Peponi Plaza, Block E, 4th Floor
NAIROBI
✆ +254 730 721 000
www.chelipeacock.com

L'agence Cheli & Peacock a été créée en 1985 par Stefano et Liz Peacock. Ce tour-opérateur n'a cessé de croître depuis lors pour devenir aujourd'hui l'un des leaders de l'organisation de safaris de luxe au Kenya et en Tanzanie. L'agence propose une quinzaine de circuits d'exception et s'occupe de tout en matière de logistique. Par ailleurs, Cheli & Peacock est à la tête d'une dizaine de campements de luxe dans tout le pays, tous idéalement situés dans des sites majestueux et authentiques. Les prestations offertes sont de grande qualité.

DESIGNER TOURS & TRAVEL

Marula lane, The Marula Manor
NAIROBI
✆ +254 700 769 355
www.designersafari.com

Cette agence a été créée par deux sympathiques spécialistes du tourisme au Kenya, Eunice et Justin. Elle offre un large choix de safaris originaux dans le pays mais également en Tanzanie et en Ouganda. Vous trouverez au catalogue de ce réceptif aussi bien des safaris organisés en coopération avec les plus beaux lodges du pays que des découvertes de la faune et la flore est-africaines avec nuitées sous la tente comme pour vivre au temps des pionniers. Des excursions à la journée, dans les sites autour de Nairobi, peuvent également être réservées.

© AXEL JUMELIN

JADE SEA JOURNEYS

Imara Daima Road A, Off Enterprise Rd - **NAIROBI**
https://www.jade-sea-journeys.com/

A contacter par mail, Joyce se fera un plaisir de répondre à vos requêtes. Le personnel est discret et qualifié.

Depuis plus de trois décennies, Jade Sea Journeys est devenu un phare pour les passionnés d'aventure en quête de sensations fortes en explorant les paysages à couper le souffle et la faune charismatique de l'Afrique de l'Est. Fondée sur une passion pour l'exploration et un engagement pour l'excellence, à offrir des expériences de voyage inoubliables, cette agence de voyages basée à Nairobi s'adresse à un large éventail de voyageurs, des groupes aux familles en passant par les aventuriers solitaires aspirant à des safaris réguliers ou sur mesure.

© JADE SEA JOURNEYS

EASY EXPLORE AFRICA

NAIROBI ✆ +254 708 960 297
www.easyexploreafrica.com

Réseau d'agences réceptives en Afrique de l'Est. Au Kenya, l'agence partenaire du réseau s'appelle Shelter Tours.

En plein essor, Easy Explore Africa est un nouveau réseau d'agences réceptives en Afrique de l'Est. Mené d'une main de maître par Shauri Kondo, il vise un large spectre de séjours, organisant des safaris dans tous les parcs nationaux du Kenya, mais aussi en Tanzanie, à Zanzibar, au Rwanda, en Ouganda et en RDC. Au Kenya, l'agence partenaire du réseau s'appelle Shelter Tours. Hébergement, transport, activités, l'équipe connaît parfaitement le terrain pour satisfaire au mieux ses clients et répondre à leurs attentes avec un soin particulier. Bonnes prestations.

ELKYTOURS & TRAVEL KENYA

80401 Diani beach road
DIANI BEACH
✆ +254 722 368 729
www.elkytoursandtravel.com

Petite agence dirigée par le gentil Elkana, un homme de confiance, sérieux et à l'écoute. Safaris, transferts, location de voitures, excursions dans la région... Elkana propose des visites à la journée, des safaris de 3 à 5 jours dans la région de Mombasa et jusqu'à 10 jours au-delà de Nairobi, de quoi découvrir les grands classiques : Maasai Mara, Amboseli, Tsavo, Taita Hills, lacs Nakuru et Naivasha, par les airs et/ou par la route. Vous pouvez mettre votre séjour entre les mains d'Elkytours sans hésiter, ce peut être aussi moins cher qu'avec de grosses agences.

EXCLUSIVE PORTFOLIO AFRICA

✆ +254 708 275 491
www.exclusiveportfolioafrica.com

Vous voulez faire de votre séjour un vrai documentaire et contempler la vie sauvage dans son environnement naturel ? Avec plus de 25 années d'expérience dans le pays, Thierry et Dominique réaliseront vos rêves d'Afrique. Ils vous proposeront les meilleurs plans, d'un jour, de quelques jours, ou plus, sans autre feuille de route que celle de vos envies. Pour les plus sportifs, VTT, plongée, snorkeling, kitesurf, parachutisme, expéditions en moto, parapente, rafting… Tout est possible.

EXPEDITION KENYA SAFARI

Standard Building, Standard Street, 3rd Floor
Suite 16
NAIROBI
✆ +254 718 880 009
https://www.expeditionkenyasafari.com

Expédition Kenya Safari est un tour-opérateur généraliste proposant des safaris authentiques au Kenya, en mettant l'accent sur le respect de la culture, de la faune et de l'écosystème du pays. Avec une équipe composée de Kenyans chaleureux et expérimentés, qui ont à cœur de vous offrir une expérience inoubliable. Ils travaillent uniquement avec des hôtels, des lodges et des entrepreneurs indépendants ayant une excellente satisfaction client. Expédition Kenya Safari s'engage également à soutenir des projets communautaires autour des parcs du pays.

GALAGO EXPEDITIONS LTD

✆ +33 09 84 57 95 18
www.galago-expeditions.com

Menée de main de maître par Jean-Luc et Carlo, les directeurs français, cette agence crée des voyages en Afrique de l'Est depuis plus de 25 ans. Membre du réseau d'agences locales Nomadays, Galago Expeditions est spécialiste de la Tanzanie et du Kenya, et possède à cet effet des bureaux à Nairobi, à Arusha et à Zanzibar. Séjours sur mesure, en fonction des attentes et du budget de chacun. Au programme, des safaris dans les parcs (Masai Mara, Tsavo, Amboseli...), trekking au Mont Kenya, extension balnéaire sur la côte ou à Zanzibar. Bonnes prestations.

GAMETRACKERS SAFARIS

Lodge road, Ongata Rongai
NAIROBI
✆ +254 202 222 703
www.gametrackersafaris.com

Gametrackers reste l'un des rares opérateurs à organiser des safaris dans le grand Nord : la région du lac Turkana. C'est d'ailleurs avec des expéditions en camion et en camping, pour les *backpackers*, que l'aventure a commencé en 1981 ! Depuis, les formules ont évolué. Mais l'expérience et la connaissance de ces régions reculées, si fascinantes, restent dans l'ADN de cette agence réputée. En toute sécurité, et désormais en 4x4, avec des guides-chauffeurs expérimentés, vous pourrez réaliser l'un des plus beaux *road trips* que l'on puisse vivre au Kenya !

GAMEWATCHERS SAFARIS

Village market
NAIROBI
✆ +254 774 136 523
www.porini.com

Cette compagnie engagée, vouée au tourisme durable, possède plusieurs camps, au Masaï Mara, à Amboseli ou encore dans les Aberdares. L'agence loue aux fermiers leurs terres pour en faire une zone protégée où de luxueux camps peuvent se consacrer à l'écotourisme. Une partie des recettes est reversée aux populations locales et ces camps embauchent et forment localement. L'agence tente d'avoir un faible impact carbone, en utilisant des panneaux solaires et des pompes à eau. Une compagnie professionnelle qui vous fera découvrir le Kenya au plus près de son écosystème.

GLORY SAFARIS

Chiromo Lane Off Muthithi Road
NAIROBI
✆ +254 208 000 415
www.glorysafaris.com

Glory Safaris, un tour-opérateur géré par l'accueillant Jason, offre divers circuits thématiques au Kenya. Exemple : le Hippo Safari vous emmène aux lacs Nakuru, Naivasha et au Maasaï Mara. Le Chui Safari, alias le safari pour léopards, opte pour Samburu, Bakuru et Maasaï Mara. Chaque circuit proposé est extrêmement bien expliqué, avec comparatif de la durée en voiture ou en avion, avec les distances parcourues. Trois autres thèmes de safaris en fonction des niveaux d'attente : le Discovery, l'Explorator et enfin le Migratory. Un must !

GRAYTON EXPEDITIONS

Standard Street
NAIROBI
✆ +254 774 736 712
https://www.graytonexpeditions.com/

Avec Grayton Expeditions, le concept de safari prend une nouvelle dimension dans la mesure où ils examinent méticuleusement chaque détail, de la phase de planification initiale à la réalisation du circuit. Leur équipe de guides experts, hautement formés et expérimentés dans le domaine du guidage, est soigneusement sélectionnée parmi les meilleurs talents locaux, animés par leur passion pour leur pays et leur patrimoine. Grayton Expeditions propose une gamme diversifiée de safaris et de vacances pour répondre à tous les types de voyageurs.

HOT AIR AFRICA ECO ADVENTURES

Business Park, Spring Valley
NAIROBI
✆ +254 733 300 302
www.maraballooning.com

Voler au-dessus du Masai Mara, une expérience onéreuse, mais inoubliable. Après un décollage au petit jour, on observe la savane s'éveiller, on survole les plaines sillonnées par des animaux sauvages, et ce dans un incroyable silence. Le Mara prend encore d'autres couleurs vues d'en haut. On termine, après un atterrissage dans les herbes folles, par un petit-déjeuner au champagne, sous un acacia et le regard étonné de quelques zèbres de passage. À faire au moins une fois dans sa vie.

JADE SEA JOURNEYS

Imara Daima Road A, Off Enterprise Rd
NAIROBI
https://www.jade-sea-journeys.com/

A contacter par mail, Joyce se fera un plaisir de répondre à vos requêtes. Le personnel est discret et qualifié.

Depuis plus de trois décennies, Jade Sea Journeys est devenu un phare pour les passionnés d'aventure en quête de sensations fortes en explorant les paysages à couper le souffle et la faune charismatique de l'Afrique de l'Est. Fondée sur une passion pour l'exploration et un engagement pour l'excellence, à offrir des expériences de voyage inoubliables, cette agence de voyages basée à Nairobi s'adresse à un large éventail de voyageurs, des groupes aux familles en passant par les aventuriers solitaires aspirant à des safaris réguliers ou sur mesure.

JAMBO SAVANNAH SAFARIS

MALINDI
✆ +254 726 245 812
www.jambosavannah.com

Consulter le site Internet pour connaître toutes les offres de safari et prix indicatifs.

Au départ de Malindi ou de Nairobi. Très bonne agence de voyages haut de gamme, avec un guide expérimenté et des véhicules confortables. Isaac Munyalo, le propriétaire et guide, est très sérieux. Aux petits soins avec ses clients, il propose toutes sortes de safaris dans la région et dans les parcs nationaux de Tsavo et Amboseli. Des excursions de 2 jours à Tsavo Est sont organisées au départ de Malindi (compter 280 € par personne tout inclus, pour 4 personnes), avec une nuit dans un camp/lodge à l'intérieur du parc. Une belle escapade.

KETTY TOURS TRAVELS AND SAFARIS

Moi Avenue
MOMBASA
✆ +254 722 209 516
https://www.kettytours.org

Acteur majeur du tourisme local depuis près de trente ans, Ketty Tours est l'un des tour-opérateurs majeurs de la côte kenyane. La direction est francophone. Une agence extrêmement sérieuse qui, outre l'organisation des safaris dans les parcs de la région de Mombasa, offre également des services de location de voiture, de réservation de vols ou d'hôtels, d'organisation d'expédition en mer, de pêche au gros, bref un éventail complet des nombreuses possibilités de loisirs.

KIBO SLOPES SAFARIS

Ndege Road, Karen
NAIROBI
✆ +254 740 849 957
www.kiboslopessafaris.com

Spécialiste des circuits transfrontaliers : Ouganda + Kenya, ou encore Kenya + Tanzanie.

Kibo Slopes Safaris est spécialisé dans les trekkings et les safaris à la carte tant au Kenya qu'en Tanzanie et peut vous proposer toutes sortes de séjours et excursions dans les cinq pays où il opère (Kenya, Tanzanie, Ouganda, Rwanda et Ethiopie), allant de l'ascension du mont Kenya, à la photographie des éléphants en montgolfière, en passant par une semaine farniente sur la superbe côte de l'océan Indien. Le matériel est en excellent état et les guides sont multilingues (dont le français). Tarifs spéciaux pour les résidents de l'Afrique de l'Est.

KIBOKO TOURS

Nine Planets Apartments
NAIROBI
✆ +254 700 185 095
https://kibokotoursandtravel.com

Kiboko Tours est une agence de voyage vieille de près de dix ans, dirigée par une équipe de professionnels qui ont collectivement plus de 20 années d'expérience dans l'industrie du tourisme. Avec Kiboko, le voyage est une célébration de la vie ! L'agence de voyage kenyane a une mission unique : connecter des personnes de tous horizons. Leurs aventures sur mesure sont conçues pour être thérapeutiques pour l'esprit et le corps. Ils sont particulièrement passionnés, spécialisés et recommandés pour la création d'expériences inoubliables pour les voyageurs handicapés.

KT & SAFARIS

Diani Beach Shopping Centre
DIANI BEACH
✆ +254 720 831 201
www.ktsafariskenya.com

Dicky, le sympathique directeur de ce tour-opérateur, est Kenyan et il parle un français parfait. Il propose toutes sortes d'excursions dans les environs de Diani et sur la côte (Shimba Hills, Wasini, Funzi,...) ainsi que des safaris préétablis ou sur mesure dans tout le Kenya et en Tanzanie. Ambiance à la bonne franquette et tarifs intéressants. Très bien pour les petits groupes de 2 ou 3 personnes, qu'il accompagne lui-même quand il peut, avec sa vieille Land Rover bientôt « collector ». Dicky est très réactif sur WhatsApp, n'hésitez pas à le contacter.

LEBOO SAFARIS

Masai Lane, off Bogani Road - **NAIROBI**
✆ +254 722 638 082
www.leboosafaris.com

A partir de 105 €/personne/jour pour un groupe de 4, sans les entrées dans les parcs.

Une agence francophone montée par un Français tombé amoureux du pays il y a déjà pas mal d'années. Didier (qui partage aujourd'hui son temps entre le Maroc et le Kenya), Claudio et leur équipe organisent des safaris personnalisés, des trekkings à pied, des voyages en famille... « Hors des sentiers battus », en alternant campings, lodges, hébergements plus luxueux et anciennes maisons coloniales. On peut même finir tout en douceur sur la côte... Ils proposent aussi des safaris en Tanzanie et au Rwanda. Agence très sérieuse, recommandée par beaucoup de nos lecteurs.

MARCO POLO TOURS & SAFARIS

Diani Beach Road
DIANI BEACH
✆ +254 722 696 533
https://marcopolosafaris.com/fr/

Marco Polo Tours & Safaris est un tour-opérateur basé à Diani Beach, qui existe depuis plus de vingt ans, et qui propose tout type de safaris. Qu'ils soient économiques, luxueux, privés ou sur-mesure, vous trouverez votre bonheur chez ce tour-opérateur. Ces circuits sont au départ de Diani Beach, Mombasa, Nairobi, Malindi ou encore Watamu. Une équipe de chauffeurs et de guides polyglottes vous accueillera chaleureusement et vous accompagnera tout au long du safari.

MELTING POT SAFARIS

Via Simon Chelbon, Karen
NAIROBI
✆ +254 727 681 288
www.meltingpotsafaris.com

Cette agence est née de la rencontre improbable d'un photographe animalier français, Tony Crocetta, et d'un jeune Kenyan ambitieux et téméraire, Simon. Si bien qu'aujourd'hui, Tony et Simon ont mis leur passion commune (la photo et l'ornithologie) au service des touristes de plus en plus nombreux qui se laissent guider par leur professionnalisme. Séjour sur mesure ou à la carte parmi les dix circuits préétablis proposés. Les animaux seront au centre de toutes les attentions : Simon les connaît par cœur, et prend un immense plaisir à faire partager son savoir.

MOTORBIKE-SAFARI.COM

Diani Sea Resort
DIANI BEACH
✆ +254 786 556 900
www.motorbike-safari.com

Agence fondée en 1998 par Frédéric Poinçon et basée à Diani. Si vous voulez explorer la côte en moto tout-terrain (enduro) et en toute liberté, des excursions d'une demi-journée, d'une journée ou de plusieurs jours sont organisées dans la région. Mais les circuits peuvent aller bien au-delà : Nord Kenya, Tanzanie, Ouganda, Éthiopie. La location de la moto, le guide, l'essence, la nourriture et les nuits en camping sont inclus dans ses tarifs. Fred et toute son équipe se sont engagés pour un tourisme responsable et solidaire.

NATURAL WORLD KENYA SAFARIS

204 Sports Road, Westlands - **NAIROBI**
✆ +254 704 001 122
www.naturaltoursandsafaris.com

Possède bureau à Mombasa, Moi avenue au Diamond Trust Bank Building. Disponible 24h/24h sur WhatsApp.

Récompensés par le « Certificat d'Excellence 2017 » et forts d'une excellente réputation depuis plus de 17 ans, l'agence fournit des safaris de qualité au Kenya, adaptés à tous les budgets. Du minibus à la Jeep ou 4x4 Land Cruiser, tous les types de transports sont envisageables. Vous avez également la possibilité de faire un safari en avion ou de prendre le nouveau chemin de fer entre Nairobi et Mombasa, sur la côte du Kenya. Contact WhatsApp : +254 788 287 151.

SAVANNAH ADVENTURES LTD

Magadi Road Ongata Rongai
NAIROBI
✆ +254 722 324 817
https://savannahadventureslimited.com

Depuis plus de 20 ans, cette agence de voyages dont le siège est situé à Nairobi, a développé une forte expérience avec tous types de voyageurs : individuels, groupes, familles, photographes professionnels et aussi aux tour-opérateurs. Siraj, le Kenyan francophone, recherche toujours le meilleur rapport qualité-prix pour vous permettre d'accéder à la réalisation de vos rêves. Il ProPose des circuits préétablis ou sur mesure pour découvrir la richesse du Kenya et de la Tanzanie à travers ses habitants. Siraj est très réactif sur Whatsapp, idéal pour vous aiguiller.

SIGHTS TRAVEL & TOURS

Mombasa Road, Westlands
NAIROBI
✆ +254 727 498 561
https://sightstravel.co.ke

La réactive Catherine de Sights Travel & Tours saura vous donner de très bons plans via WhatsApp. Que ce soit juste de la billetterie, de la réservation d'hôtels ou la création complète d'un safari, cette agence peut vous aider. Catherine voyage elle-même beaucoup, donc elle connaît bien les standards européens, soucieuse d'inscrire ses safaris hors des sentiers battus et dans le respect de l'environnement et des communautés locales. Elle garantit des chauffeurs et guides francophones si besoin. N'hésitez pas à la consulter directement.

SIRI YA KENYA

MOMBASA
✆ +254 715 668 449
https://siriyakenya.com/

Siri ya Kenya est une agence francophone basée à Diani. Dirigée par Pesa et Rosario, dont l'expertise et la complémentarité sont essentielles à son succès. Grâce à leurs parcours diversifiés, elles ont su créer une synergie parfaite pour offrir des expériences inoubliables. Elles veillent personnellement à ce que chaque programme soit adapté aux envies des voyageurs, garantissant ainsi des souvenirs éblouissants. En tant que spécialistes du safari sur mesure, Siri ya Kenya vous promet une immersion authentique dans les splendeurs de la nature kenyane.

STEVE AND RICHARD SAFARIS

Bamburi police Station
MOMBASA
✆ +254 721 346 810
www.steveandrichardsafaris.com
Requêtes et contacts via leur site internet ou par mail.

Petite compagnie de safaris, rondement menée par deux Kenyans, Steve et Richard (anglophones), qui depuis 20 ans opèrent dans le secteur et sillonnent le pays. Moins chère que les plus grosses agences, Steve et Richard Safaris peut vous organiser des visites de Nairobi ou Mombasa, des excursions d'une journée, tout comme votre safari au Kenya, Ouganda et/ou en Tanzanie, selon des circuits prédéfinis ou entièrement sur mesure, en fonction de vos souhaits.

THE SAFARI COMPANY

NAIROBI
✆ +254 723 914 094
https://thesafaricoltd.com

Cette agence gérée par Chania, une femme autant dévouée à ses enfants qu'aux safaris qu'elle organise, possède une vraie valeur ajoutée. Spécialiste des safaris en famille, elle a visité plus de 1 000 lodges, camps et autres boutiques-hôtels. Son top safari est le « Safari en famille et à pied », qui privilégie les initiatives communautaires locales. Elle propose des expériences inédites et authentiques, pour les petits et les grands. En somme, Chania sait prendre soin des voyageurs et non des touristes, comme elle le dit si bien.

SUNWORLD SAFARIS

Riverside Lane, Off Riverside Drive
NAIROBI
✆ +254 714 018 914
www.sunworld-safari.com
Bureau ouvert du lundi au vendredi de 8h30 à 17h30 et le samedi de 8h30 à 13h.

Sunworld Safaris est dirigée par Gabriele qui est Autrichienne et Dave, un Kenyan, tous deux très compétents et réactifs. Les véhicules sont très bien entretenus, les guides expérimentés, l'organisation est rigoureuse. Ils proposent une large gamme de safaris, version petit budget ou luxe sur une semaine ou quinze jours et peuvent également vous concocter un « safari privé » sur mesure. Ils sont aussi parmi les seuls au Kenya à proposer des safaris « 4x4 home » avec les tentes placées directement sur les toits des 4x4 entièrement équipés.

VIRGIN EXPLORERS

Asha Trust Building, 1st Floor
MOMBASA
✆ +254 789 492 156
www.virginexplorers.com

Virgin Explorers est une jeune agence dynamique et très appréciée par les jeunes actifs kenyans qui ont les moyens de s'offrir des vacances et de découvrir leur pays. Circuits culturels ou ornithologiques, séjours 100 % balnéaires, safari-photo, excursions randonnée ou VTT, lunes de miel... Virgin Explorers a su se positionner sur des safaris courts et accessibles aux petits budgets. Des séjours à la ferme (plantations de thé/café) sont également proposés, ainsi qu'un grand choix d'excursions à la journée ou demi-journée, à Nairobi et sur la côte. *Enjoy !*

THE KENYA EXPERIENCE

www.traininkenya.com

Si vous êtes marathonien, adepte de course à pied, amateur ou confirmé, si vous avez envie de vacances sportives, voici une expérience qui pourrait bien vous intéresser. Sur quinze jours, The Kenya Experience propose des séjours d'entraînement, à Iten, la ville des champions et des coureurs de fonds, située à 2 400 mètres d'altitude. Les participants, coureurs de tous niveaux, pourront expérimenter la course à pied « à la kenyane », avec des entraîneurs professionnels. Les programmes sont adaptés, selon l'expérience, la condition physique et le niveau de chacun.

QUOTATRIP

41, rue de Babylone
www.quotatrip.com
Tarifs : devis sur demande en ligne.

QuotaTrip est une plateforme de réservation de voyage en ligne qui met en relation des voyageurs à la recherche d'expériences authentiques et uniques, et des agences de voyages locales sélectionnées pour leurs compétences et leur sérieux. Le réseau de QuotaTrip couvre près de 200 destinations dans le monde entier. Le but de ce rapprochement est simple : proposer un séjour entièrement personnalisé aux utilisateurs. QuotaTrip promet ainsi l'assurance d'un voyage serein, sur mesure, sans intermédiaires et sans frais supplémentaires.

SE LOGER

Le Kenya offre une large gamme d'hôtels, de la simple *guesthouse* à l'établissement 5 étoiles. Les grands hôtels proposent un service de haute qualité, toutefois les plus vénérables d'entre eux sont souvent usés par l'âge. Sur la côte, pour se démarquer d'une offre trop standard, de nombreuses petites et moyennes structures se sont développées, dans la lignée des boutiques-hôtels, alliant luxe, charme contemporain et service personnalisé. Vous trouverez également des petits hôtels dans toutes les villes. Souvent dédiés à une clientèle d'affaires, ils sont peu attrayants au premier abord, mais généralement propres, confortables et bon marché. Dans les parcs nationaux et les réserves, les hôtels font place aux *lodges* et camps de toile. Le plus souvent, ils se fondent à merveille dans le paysage. Ils disposent de toutes les commodités et offrent un service irréprochable et des expériences inoubliables.

HOME EXCHANGE €€

www.homeexchange.fr

Abonnement annuel 160 €.

Et si vous échangiez votre maison avec d'autres pour partir en vacances ? HomeExchange est une plateforme d'échange de maisons et d'appartements entre particuliers. L'idée : un site Internet pour échanger son logement (studio, appartement, villa…) moyennant un abonnement annuel à l'agence en ligne, qui se charge de la présentation du bien et de la mise en contact des intéressés. Un excellent moyen de faire des économies pour partir en vacances et réduire ainsi les frais d'hébergement sur place. Le choix est large, avec plus de 450 000 offres dans 159 pays.

ASHNIL HOTELS €€

Mombasa Somak Hse - **NAIROBI**

✆ +254 738 442172

https://ashnilhotels.com/

4 lodges : Ashnil Mara Camp, Ashnil Samburu Camp, Ashnil Aruba Lodge et Surana Buffalo Springs.

Ashnil Hotels a plus de 17 ans d'expérience dans l'hébergement de luxe. Le Mara Camp se situe dans le parc du Masai Mara, Samburu Camp dans la réserve de Samburu, Aruba Lodge dans le parc national de Tsavo East et Surana dans la réserve nationale de Buffalo Springs. Ils bénéficient tous d'un emplacement idéal dans la savane africaine, pour observer au mieux la faune et la flore. Chaque lodge a sa propre identité, mais en commun un service de grande qualité, des installations très confortables et un personnel attentif.

ATUA ENKOP AFRICA €€

Off Lower Kabete Rd -Shanzu Rd Hse #166 - **NAIROBI**

✆ +254 704 418 651

https://www.atua-enkop.com/

5 lodges : Elephant Bedroom Camp, Mara Ngenche Safari Camp, Tipilikwani Mara Camp, Mbweha Camp, Elephant Gorge Camp.

Leur collection est composeé de 5 camps exclusifs, situés dans les principales zones d'observation d'animaux sauvages du Kenya, chacun offrant une diversité d'activités et services. Le nom Atua Enkop Africa signifie "de la terre" dans la langue Maa du peuple Maasai. Leur objectif est de proposer une expérience de safari, dans un environnement naturel et sauvage, en offrant un hébergement luxueux et confortable au service inégalable, avec une cuisine raffinée et des guides expérimentés. Vous ne serez pas déçus!

HOSTELWORLD €

www.hostelworld.com

Depuis 2005, cette centrale de réservation en ligne permet de planifier son séjour à prix corrects dans le monde entier. Afrique, Asie, Europe, Amérique… Hostelworld est spécialisé dans les logements peu onéreux (auberges de jeunesse ou hostels…) mais proposant des services et un cadre plutôt soignés. Pour chaque grande ville, le site propose une sélection pointue d'enseignes partenaires et vous n'aurez plus qu'à choisir l'adresse la plus pratique, la mieux située, ou tout simplement la moins chère. Une plateforme bien pratique pour les baroudeurs.

MADA COLLECTION

..... KENYA .....

Fig Tree Camp
Masai Mara

ADVENTURES ALOFT
KENYA • TANZANIA

KILIMA SAFARI CAMP
AMBOSELI

KB
Kilifi Bay Beach
Resort - Kilifi

Baobab Sea Lodge
Kilifi

Hunters Lodge
~Kiboko~

Hotel La Mada

Oakwood Hotel

..... TANZANIA .....

SHUKRAN
PALACE
ZANZIBAR • TANZANIA

ELEPHANT
ROCK
TARANGIRE • TANZANIA

ADVENTURES ALOFT
KENYA • TANZANIA

..... UGANDA .....

JINJA
NILE RESORT

KAMPALA
NILE RESORT

SE DÉPLACER

Il est facile de se déplacer dans tout le sud du Kenya, notamment de traverser le pays de son littoral à sa frontière ougandaise. Les liaisons aériennes sont nombreuses, des compagnies charters desservent tous les parcs et grandes villes du pays à bord de petits bimoteurs, le réseau routier est plutôt dense, une récente ligne ferroviaire relie Mombasa à Nairobi et sera prochainement prolongée vers l'ouest. Des bus desservent toutes les villes. En revanche, tout déplacement dans les régions du nord peut s'apparenter à une expédition. Les transports en commun se font plus rares et l'état des routes et des pistes devient plus aléatoire. Toutefois, la route asphaltée qui monte vers l'Éthiopie permet de circuler facilement jusqu'à Marsabit. Pour plus de liberté, le moyen le plus pratique reste la voiture. Les lodges dans les parcs nationaux font souvent des offres incluant le transport par la route ou par avion.

748 AIR SERVICES LTD

Mirage Towers, Tower 2, 11th floor
NAIROBI
✆ +254 728 748 025
https://www.748airservicesltd.com/
Vols au départ de Nairobi Wilson aéroport ou Nairobi JKIA.

Utilisée au départ à des fins humanitaires, la compagnie aérienne nationale 748 Air Services Ltd, équipée de Dash 8, a ouvert ses vols au grand public et s'inscrit aujourd'hui comme l'une des compagnies aériennes les plus fiables du pays. Proposant des vols quotidiens pour Mombasa, Diani Beach, Malindi, Kisumu et Maasai Mara. Les vols sont abordables et confortables. Il faut compter entre 45 € et 95 € pour un vol aller. Concernant les bagages, la limite est de 15 kg par personne pour le bagage en soute et de 5 kg en cabine. Le service client est réactif.

AIR KENYA

Nanyuki Airfield
NANYUKI
✆ +254 721 415 346
www.airkenya.com
Compter environ 186 US$ l'aller simple entre Nairobi et Nanyuki.

Ne pas confondre avec Kenya Airways. Air Kenya est spécialisée dans les vols intérieurs, avec des liaisons régulières de Nairobi vers Diani, Lamu, Malindi, Nanyuki, et l'ensemble des parcs nationaux du pays, dont l'incontournable Masaï Mara. Les circuits peuvent également être étendus aux pays voisins avec des liaisons en Caravan entre le Mara et le Serengeti, en Tanzanie, et entre le Mara et Entebbe en Ouganda. La compagnie propose également des packages comprenant le vol et l'hébergement (3 jours, 2 nuits) pour Amboseli, Maasaï Mara et Samburu.

FLY SAFARILINK

Seafront, Lamu Town - **LAMU**
✆ +254 769 600 600 - www.flysafarilink.com
Vols quotidiens depuis et vers l'aéroport Wilson de Nairobi. A partir de 7 300 Ksh l'aller simple entre Nairobi et Lamu.

Cette compagnie nationale assure des liaisons directes vers les lieux d'intérêt touristique et les correspondances pour les voyageurs de Kenya Airways vers différentes destinations touristiques au Kenya et en Tanzanie. Basée à l'aéroport Wilson, à Nairobi, Safarilink propose des vols réguliers chaque jour vers le Maasaï Mara, Amboseli, Tsavo Ouest, Naivasha, Nanyuki, Lewa, Samburu, Lamu, Kilimandjaro, Loisaba, Kitale, Kapese, Lodwar, Migori, Vipingo, Diani Beach, Zanzibar et Kisumu. On voyage dans des petits avions (Dash 8 et Grand Caravan), confortables et sûrs.

JAMBOJET

Mkrumah Road - **MOMBASA**
✆ +254 711 024 501
https://www.jambojet.com/
Vols au départ de Nairobi, pour Mombasa et Ukunda (Diani), à partir de 45 US$ en aller simple.

Jambojet est historiquement la première compagnie low cost du Kenya, lancée par Kenya Airways. Elle opère des vols quotidiens entre l'aéroport international de Mombasa (Moi), Ukunda (Diani), Nairobi (aéroport international Jomo Kenyatta), mais elle a aussi étendu son offre à Kisumu, Eldoret, Malindi, Lamu, et au-delà des frontières kényannes avec 4 vols par semaine vers la ville de Goma dans le Kivu, ou encore vers Zanzibar. La réservation et l'achat des billets se font sur le site Internet ou directement en agence dans les principales villes du pays.

SKYWARD EXPRESS

Wilson airport
NAIROBI
✆ +254 709 786 000

Compagnie basée à l'aéroport de Wilson-Nairobi. Dessertes quotidiennes pour Eldoret, Lodwar, Mombasa, Diani, Lamu, etc.

Cette compagnie low cost, basée à l'aéroport de Wilson à Nairobi (un des derniers bâtiments à droite quand vous entrez dans l'enceinte de l'aéroport). Elle est l'une des plus fiables d'un point de vue horaires, etc., mais aussi l'une des plus économiques. Seul défaut, la flotte un peu vieillissante, mais tout en restant sûre. Skyward Express dessert quotidiennement plusieurs destinations à travers le Kenya, dont Lodwar, Eldoret, Lamu, Mombasa, Diani, etc. Le site internet pour la réservation en ligne est très efficace et ergonomique.

TROPIC AIR LTD

Nanyuki Airfield
NANYUKI
✆ +254 715 018 740
www.tropicairkenya.com

Tropic Air propose des vols charters privés (avec des Cessna) et des safaris photo en hélicoptères. Cette compagnie sillonne l'Afrique de l'Est depuis 25 ans. Depuis leur base au Kenya, l'aérodrome de Nanyuki, Tropic Air relie 12 pays d'Afrique sub-saharienne. Au Kenya, toutes les destinations touristiques sont desservies, aussi reculées soient-elles. Les pistes de brousse n'ont pas de secrets pour leurs pilotes expérimentés. La compagnie effectue aussi régulièrement des transferts d'animaux sauvages, des photographies aériennes et des évacuations sanitaires.

MADARAKA EXPRESS

SGR Terminus, Syokimau
NAIROBI
✆ +254 709 388 887
https://metickets.krc.co.ke

Réservations en ligne

Cette ligne ferroviaire remise en service en 2017 est gérée par la Kenya Railways Corporation, elle dessert une dizaine de stations de Nairobi à Mombasa. Vous rejoindrez l'océan Indien en 5 à 6 heures, et ce dès 1 000 Ksh. En plus du confort, de la sécurité, vous profitez aussi d'une traversée du Tsavo vous permettant, si la chance est avec vous, d'observer des éléphants, des zèbres et d'autres girafes. La ligne a vocation à être prolongée vers l'Ouest dans les prochaines années, afin de rejoindre Kisumu, voire l'Ouganda voisin.

ORGANISER SON SÉJOUR

AVENUE CAR HIRE

51 Westlands Road
NAIROBI
✆ +254 722 827 440
http://avenuecarhire.com
Bureau ouvert du lundi au vendredi de 8h à 17h et le samedi de 8h30 à 12h45.

Cette compagnie très correcte de location de véhicules existe depuis plus de 40 ans. Elle dispose aujourd'hui de plus de 160 véhicules disponibles à la location (Toyota Prado, Fortuner, Rav 4, Hilux, Mitsubishi Pajero,..) et d'une équipe de plus de 65 chauffeurs confirmés. Avenue Car Hire travaille principalement avec les entreprises, groupes internationaux et ONG, dans le cadre de locations longue durée, mais les particuliers ne sont pas en reste et bénéficient de la même qualité de service. Ils organisent également les transferts aéroport.

CENTRAL RENT-A-CAR

Muindi Mbingu Street - **NAIROBI**
✆ +254 202 222 888
www.carhirekenya.com
Self-drive uniquement. Compter environ 70 US$ par jour pour une petite voiture de ville et 110 US$ pour un 4x4.

Entreprise familiale depuis 40 ans ! Autant d'expérience dans le domaine de la location de voitures. Sérieuse, rigoureuse et professionnelle, la société dispose de sa propre flotte. Les 25 véhicules mis à disposition (de ville ou 4x4 de type Mitsubishi Pajero ou Toyota Prado) sont en excellent état. L'une des rares compagnies qui vous assurent contre le vol ou la casse et proposent une franchise raisonnable. Vous pouvez partir tranquille. Le service reste personnalisé, tout est fait dans les règles pour vous assurer un maximum de sécurité et de garanties.

CONCORDE CAR HIRE

Ring Road, Westlands - **NAIROBI**
✆ +254 715 032 430
www.concorde.co.ke
Compter 3 900 Ksh/jour pour un véhicule de catégorie A et 6 500 Ksh/jour (39 000 Ksh/semaine) pour une catégorie C.

Cette société propose différents types de véhicules à la location (Nissan, Pajero, Mitsubishi). Elle promet à ses clients un service efficace et sans tracas. Les véhicules sont en bon état et régulièrement révisés. Un numéro d'assistance téléphonique est à disposition 24h/24 et 7 j/7, avec des relais locaux dans tout le pays en cas de pépin. Pour plus de sérénité, des chauffeurs sont également à disposition et la compagnie peut organiser vos safaris dans tout le pays, par la route en 4x4 ou par les airs, notamment pour le Maasai Mara et Tsavo.

DENNIS MATHENGE TAXI

NAIROBI
✆ +254 792 649 967
A contacter via Whatsapp, compagnie basée dans le quartier de Karen.

Dennis Mathenge est responsable d'une petite compagnie de taxi, pro, sérieuse et à des prix très raisonnables. Vous pouvez le contacter via WhatsApp ou par courriel, avant votre départ par exemple, de façon à organiser votre arrivée à l'aéroport. Basé dans le quartier de Karen, il sera donc plus approprié de faire appel à ses services si vous séjournez ou passez dans le quartier. Mais il effectue évidemment toutes les courses souhaitées. Fort de son succès, il dispose maintenant d'une petite équipe de chauffeurs à son service.

ELKY DIANI BEACH TAXI

DIANI BEACH
✆ +254 722 368 729
http://elkydianibeachtaxis.co.ke/
Locations de véhicules à partir de 60 US$ avec chauffeur. Tarifs détaillés sur le site Internet.

Elkana assure tous vos transferts dans la région, il peut venir vous chercher à l'aéroport, vous emmener d'un point à un autre, mais également vous organiser une excursion en bateau, une visite de Mombasa, ou un safari de quelques jours, à des prix attractifs. Il organise notamment des visites d'une journée aux Shimba Hills, sur l'île de Funzi ou dans le Parc national de Tsavo Est. N'hésitez pas à faire appel à ses services pour vos transports et excursions dans la région, Elkana est sérieux, serviable et fera preuve de flexibilité.

JIMCAB

Off Limuru Road
NAIROBI
✆ +254 714 333 777
www.jimcab.co.ke
Service téléphonique 7j/7, 24h/24 et plateforme de réservation en ligne.

Location de véhicules aux particuliers et aux entreprises, avec ou sans chauffeurs, taxis, transferts aéroport pour les particuliers ou les groupes, réparations mécaniques, nettoyages... Jim Cab fait tout ! Service 5 étoiles et fiabilité absolue, véhicules en très bon état. Un service de réservation en ligne très performant permet de commander son taxi ou son transfert aéroport à tout moment. La compagnie dispose également d'une application à télécharger sur votre smartphone. Ce qui peut être très pratique. Une compagnie bien installée et fiable.

S'INFORMER

Le paysage médiatique kényan fait preuve de dynamisme. La liberté de la presse au Kenya est garantie par la Constitution de 2010. Elle reste néanmoins fragile et son respect est fortement dépendant du contexte politique et économique. Parmi les titres de la presse quotidienne les plus vendus, le *Daily Nation* et le *Standard*, son principal concurrent, offrent du contenu en swahili et en anglais. Les voyageurs d'affaires s'intéresseront au *Business Daily*. Côté radio, la station nationale, la *Kenya Broadcasting Corporation* (KBC), diffuse des émissions en swahili, en anglais, et parfois dans des dialectes locaux. Elle possède également sa chaîne de télévision. Vous capterez la *BBC*, *RFI Afrique* et *Voice of America* sans difficulté. *TV5 Monde* et *France 24* font partie de l'offre câble et satellite proposée dans les hôtels de standing ; le wi-fi est généralement mis à la disposition des clients dans la plupart des hôtels, bars et restaurants.

107.5 - AFRICA RADIO

22, rue de Madrid
PARIS (11e)
✆ 01 55 07 58 01
www.africaradio.com

Née au Gabon en 1981 et s'étant développée en Afrique grâce aux ondes courtes et à ses émetteurs FM, *Africa n°1*, devenu Africa Radio en 2019, est aujourd'hui la plus importante des radios francophones du continent. Les programmes spécifiques d'*Africa Radio Paris* sont composés d'information, de débats, de musique, de sport et d'interactivité. *Africa Radio* propose en outre, via son site internet, différentes radios musicales thématiques, et qui sont consacrées au coupé-décalé, au mandingue, rumba, etc. Le portail en ligne est également très riche.

AMBASSADE DE FRANCE

Peponi Gardens, Off Peponi Road - **NAIROBI**
✆ +254 207 605 555
https://ke.ambafrance.org/

L'ambassade est ouverte du lundi au jeudi de 8h30 à 13h et de 14h à 17h30, le vendredi de 8h30 à 13h.

Le site de l'ambassade de France Kenya est à consulter avant un départ et au cours d'un séjour dans le pays. Il permet d'avoir les dernières actualités concernant les relations diplomatiques et programmes de coopération entre la France et le Kenya, des informations spécifiques à destination des ressortissants français, des conseils aux voyageurs. Utile aussi pour les nationaux afin de connaître les formalités pour se rendre en France. Le site recense également tous les numéros d'urgence dans le pays (ambassades francophones, police, hôpitaux).

CARNETS DE VOYAGE

M° Bastille.
vivamedias.com

Publié par la société éditrice Vivamedias, qui compte plusieurs revues à son actif, ce trimestriel est consacré aux voyages avec des focus dédiés à la découverte d'une ville, d'une région, que ce soit en France, en Europe ou dans le monde. *Carnets de Voyage*, un magazine utile pour nous faire découvrir sur papier ou en format numérique la destination et nous faciliter le voyage. Pour de grandes ou petites escapades, des textes vivants, des reportages sur place complétés de conseils pratiques, d'un agenda, de bonnes adresses et de superbes photos.

EATOUT KENYA

https://eatout.co.ke

Site qui référence tous les restaurants à Nairobi par spécialité et par quartier, avec critiques et commentaires régulièrement mis à jour. Il y a le Petit Futé bien sûr qui vous donne de bons plans, mais EatOut va encore plus loin et recense un nombre exhaustif de restaurants, cafés et bars. Et le moins que l'on puisse dire, c'est qu'il y a l'embarras du choix ! Si vous recherchez un établissement qui accepte la compagnie des chiens, un bar à vin, un lieu propice aux rendez-vous galants, un restau avec vue sur la capitale, EatOut Kenya peut s'avérer bien utile.

FRANCE 24

80, rue Camille Desmoulins
ISSY-LES-MOULINEAUX
✆ 01 84 22 84 84
france24.com

Fondée en 2005, cette chaîne de télévision française d'information internationale en continu est accessible par le câble ou par le satellite dans certains bouquets de chaînes des hôtels du pays (canaux en français, en anglais, en arabe et en espagnol). Mais seuls les faits les plus retentissants de l'actualité locale sont traités. Dans les hôtels, vous pourrez aussi parfois trouver les chaînes *TV5 Monde* et *Euronews*. Cette dernière est diffusée en quatorze langues, dont le français, mais aussi en bosno-serbo-croate depuis 2021.

KARIBU KENYA

✆ +254 734 608 201
www.karibukenya.co.uk

Site très complet avec une sélection d'hébergements selon les régions, le budget dédié, les activités recommandées, les centres d'intérêt. Cette recherche thématique permet de cibler les établissements qui répondent au mieux à vos envies et contraintes. Vous y trouverez également des informations sur le pays, plus de détails sur chaque région, des cartes claires et des photos professionnelles. Une rubrique dédiée aux retraites de yoga organisées au Kenya constitue aussi une bonne source d'infos pour les yogis en quête de grands espaces et de nature sauvage.

KENYA WILDLIFE SERVICE

✆ +254 800 597 000
www.kws.go.ke

Site officiel de l'organisme public qui gère les parcs nationaux kenyans depuis 1990. Un site incontournable pour découvrir l'ensemble des parcs nationaux et réserves du Kenya, les informations pratiques (accès, droits d'entrée, contacts), les points d'intérêt, les possibilités d'hébergement et de camping, les dernières actualités, les programmes de recherche, ainsi que toutes les actions menées pour préserver ce fabuleux patrimoine naturel dont dispose le Kenya. Pour réserver un bungalow ou cottage KWS, rendez-vous également sur ce site.

MAGICAL KENYA

✆ +254 202 711 262
www.magicalkenya.com

Ce site d'informations touristiques est le site officiel de l'office de tourisme du Kenya et l'un des plus complets. Vous y trouverez tout ou presque (faune, flore, réserves et parcs nationaux, cultures et traditions, histoire, géographie et climat, hébergements, informations pratiques, etc.). Il permet d'avoir un aperçu du patrimoine touristique, naturel, historique et culturel, de s'informer sur les loisirs et activités possibles, les parcs nationaux et sites incontournables, etc. Egalement des informations pratiques pour organiser un voyage au Kenya.

NATION

https://nation.africa/kenya

Site Internet du quotidien d'information *Daily Nation*. Le *Daily Nation* est un journal indépendant kenyan de langue anglaise, fondé en 1960, par le Nation Media Group (NMG). A l'origine, un quotidien en kiswahili, lancé sous le titre *Taifa Leo* (qui signifie « nation aujourd'hui »). Le Nation Media Group a lui été fondé par le prince Aga Khan en 1959 ; il s'agit aujourd'hui de la plus grande maison de presse indépendante d'Afrique orientale et centrale, qui détient également l'*East African*, un hebdomadaire de référence en Afrique de l'Est.

NATIONAL MUSEUMS OF KENYA

www.museums.or.ke

Recense tous les musées, sites patrimoniaux et monuments historiques à Nairobi et dans le reste du pays (infos pratiques et générales). Le Kenya peut être fier de posséder sept sites classés au patrimoine mondial de l'humanité par l'Unesco : le lac Turkana et ses trois parcs nationaux, le Mont Kenya, la vieille ville de Lamu, la forêt sacrée de Mijikenda Kaya, les lacs de la Grande Vallée du Rift, le Fort Jésus de Mombasa et le site archéologique Thimlich Ohinga.

NATURE KENYA

✆ +254 203 741 049

www.naturekenya.org

Site entièrement consacré à la protection de la faune et de la flore du Kenya. *Nature Kenya – East Africa Natural History Society* (EANHS – la plus ancienne société d'histoire naturelle d'Afrique de l'Est) a été créée en 1909. Cette organisation non gouvernementale, protectrice de l'environnement et de la biodiversité, propose également des missions de volontariat dans le cadre de ses programmes. Les passionnés d'oiseaux trouveront sur ce site des livres de référence qui répertorient toutes les espèces rencontrées au Kenya et en Afrique de l'Est.

RMC DÉCOUVERTE

✆ 01 71 19 11 91

www.rmcbfmplay.com

Média d'information thématique, cette chaîne – diffusée en HD – propose un florilège de programmes dédiés à la découverte, et plus particulièrement des documentaires liés aux thématiques suivantes : aventure, animaux, science et technologie, histoire et investigations, automobile et moto, mais également voyages, découverte et art de vivre. C'est une excellente source d'informations pour préparer un séjour, se tenir au courant des événements dans la région et même bien au-delà. Une chaîne dont l'audience, logiquement, augmente régulièrement !

NOMAD MAGAZINE

https://nomad.africa/

Version en ligne du magazine *Nomad,* distribué gratuitement au Kenya, dans de nombreux hôtels, boutiques et lieux touristiques. Possibilité de télécharger la version digitale. Dans un style très glamour, y sont présentés les lodges, restaurants et points d'intérêt d'une ville ou d'une région, des récits d'expérience ou d'aventure, des carnets de photo, des événements, etc. Que l'on soit plutôt ville ou plutôt nature, adepte de découvertes culturelles ou gastronomiques, aventurier dans l'âme ou sportif. Une excellente source d'inspiration.

THE STANDARD

www.standardmedia.co.ke

Premier site d'actualités en ligne (anglophone). C'est également le plus ancien journal, créé en 1902, sous le titre *African Standard*, par Alibhai Mulla Jeevanjee, un homme d'affaires d'origine indienne. Après être passé entre les mains des Britanniques avant l'indépendance, le quotidien appartient désormais au groupe kenyan Standard, qui gère également le réseau de télévision kenyane, Radio Maisha, The Nairobian, KTN News et Standard Digital, sa plate-forme en ligne. Il est le principal rival du quotidien *Daily Nation*, avec 48 % de part de marché.

RFI

80, rue Camille Desmoulins

ISSY-LES-MOULINEAUX

✆ 01 84 22 84 84

www.rfi.fr

RFI (Radio France Internationale) est une radio française d'actualité diffusée mondialement en français et en 13 autres langues*, disponible en direct sur Internet (rfi.fr) et applications connectées. Grâce à l'expertise de ses rédactions basées à Paris et de son réseau de 400 correspondants, RFI propose à ses auditeurs des rendez-vous d'information et des magazines offrant les clés de compréhension du monde.

*anglais, cambodgien, chinois, espagnol, haoussa, kiswahili, mandingue, persan, portugais, roumain, russe, vietnamien.

YUMMY

https://yummy.co.ke/

Incontournable site pour les gourmands, les gourmets et les amateurs de bonne cuisine. La version papier est également distribuée gratuitement dans certains hôtels, restaurants et centres commerciaux de la capitale. Vous y trouverez des bons plans et des adresses qui mettront vos papilles en joie. De façon plus générale, il s'agit d'un support d'information qui s'intéresse à la cuisine et à la gastronomie kenyanes, aux produits alimentaires locaux et aux acteurs du secteur. Yummy organise des événements culinaires et des ateliers de cuisine avec de grands chefs.

RESTER

À partir de 18 ans, les Français, ressortissants d'un pays de l'Espace économique européen, ont la possibilité de partir dans le cadre d'un volontariat international et ainsi de vivre une première expérience professionnelle à l'étranger, pour une durée de 6 à 24 mois. Partir en « mission » constitue en revanche un véritable engagement qui demande du temps et de la réflexion. La première étape est de bien comprendre les difficultés rencontrées sur place. Il vous faudra ensuite vous renseigner sur l'association avec laquelle vous envisagez de partir car, dans le secteur de l'aide internationale, on trouve beaucoup d'organisations qui, même avec les meilleures intentions du monde, n'apportent finalement que peu d'aide réelle au pays. Les étrangers qui veulent travailler et s'installer au Kenya peuvent consulter le site du ministère de l'Intérieur kenyan qui détaille les différents types de visas, permis de travail et conditions requises.

NAIROBI ACCUEIL

NAIROBI
https://nairobi-accueil.org/
Association proposant une aide à l'installation aux expatriés francophones à Nairobi.

Nairobi Accueil a pour objectif d'aider les expatriés lors de leur installation et répondre à toutes les interrogations qui en découlent. L'association propose des activités et organise des événements mensuels avec au programme : partage, convivialité, échanges et bons plans. Tout cela entre francophones mais d'une vingtaine de nationalités différentes. Cafés, sorties, apéros ou soirées seront l'opportunité de continuer à pratiquer le français au Kenya et de faire de nouvelles connaissances. Alors, n'hésitez plus, contactez Nairobi Accueil !

ACTION CONTRE LA FAIM

102, rue de Paris - **MONTREUIL**
✆ 01 70 84 70 84
www.actioncontrelafaim.org
Par téléphone de 9h à 13h et de 14h à 18h.

ONG internationale spécialisée dans la lutte contre la faim dans le monde, active dans les domaines de la nutrition, santé, sécurité alimentaire, de l'eau, de l'assainissement. L'association intervient dans des situations de crise. Le but étant de rendre les populations autonomes d'un point de vue de la nutrition, en apportant une aide concrète et en formant les intervenants locaux qui prendront le relais. Ses missions de volontariat durent de trois mois à un an en Afrique, Asie, Amérique, Europe centrale, dans le Caucase, au Moyen-Orient et dans les Caraïbes.

CLUB TELI

Les Clarets
SAINT-PIERRE-D'ENTREMONT
✆ 04 79 85 24 63
www.teli.asso.fr
Adhésion d'un an : 45 €.

Le Club Teli est une association d'aide à la mobilité internationale créée voici bientôt 30 ans, forte de 4 000 adhérents en France et dans 65 pays. Si vous souhaitez séjourner à l'étranger, quel que soit votre projet, vous trouverez par le biais de ce club des infos et des offres de stages, de jobs d'été et de travail pour francophones. Si vous avez besoin d'aide pour envoyer des candidatures, le Club peut vous aider à mettre votre CV aux normes du pays où vous souhaitez partir. Pour bénéficier de ces aides et informations, il faut adhérer.

INDEX

L

M

N

O

EDITION

Directeurs de collection et auteurs : Dominique AUZIAS et Jean-Paul LABOURDETTE
Auteurs : Axel JUMELIN, Sophie ROCHERIEUX, Romain RISSO, Juliette COURTOIS, Sylvie DEL COTTO, Baptiste THARREAU, Amandine GLEVAREC, Priscilla PARARD, Mathias DESHOURS, Corentin LAPLANCHE-TSUTSUI, Arnaud BEBIEN, Nicolas LANDRU,Sarah PICCIOLI, Mily NEAU, Jean-Paul LABOURDETTE, Dominique AUZIAS et alter
Directeur Editorial : Stéphan SZEREMETA
Rédaction Monde : Laure CHATAIGNON, Morgane VESLIN, Pierre-Yves SOUCHET, Henri FRUNEAU
Rédaction France : Briséis TEMPLE-BOYER, Désirée DEBANT, Emilie SAINT-PASTOU, Nicolas WODARCZAK

FABRICATION

Maquette et Montage : Romain AUDREN, Julie BORDES, Delphine PAGANO
Iconographie et Cartographie : Anne DIOT, Julien DOUCET

WEB ET NUMERIQUE

Directeur Web : Louis GENEAU de LAMARLIERE
Technical Project Manager : Hervé MARION
Développeurs : Adeline CAUX, Bastien MOINET
Intégrateur Web : Mickael LATTES, Antoine DION
Webdesigner : Caroline LAFFAITEUR
Responsable Communication Digital WEB : Alice BARBIER
Community Traffic Manager : Shirley NDEMA-KINGUE, Liman DIEW et Maëlys ANDRADE
Content Manager : Aliénor de PERIER assistée de Maureen EVRARD

DIRECTION COMMERCIALE

Directeur commercial : Guillaume VORBURGER
Responsable Régies locales : Michel GRANSEIGNE
Responsable commercial Régies et Formateur : Kévin FLAVIGNY
Coordinatrice des Régies locale et nationale : Manon GUERIN
Responsables Développement régie inter : Jean-Marc FARAGUET, Guillaume LABOUREUR et Camille ESMIEU
Coordinatrice de la Régie internationale : Leila ANTRI-BOUZAR
Chefs de Publicité Régie nationale : François BRIANCON-MARJOLLET, Perrine DE CARNE MARCEIN, Jonathan TOUTOUX, Elodie DELATOUR
Régie KENYA : Wladia LANCREY-JAVAL

DIFFUSION ET PROMOTION

Directrice des Ventes : Bénédicte MOULET assistée d'Aissatou DIOP
Responsable des ventes : Jean-Pierre GHEZ assisté de Nelly BRION
Relations Presse-Partenariats : Noémie BOIDANA

ADMINISTRATION

Président : Jean-Paul LABOURDETTE
Directeur général : Louis AUZIAS
Directrice des Ressources Humaines : Dina BOURDEAU assistée de Sandra DOS REIS et Eva BAELEN
Directrice Administrative et Financière : Valérie DECOTTIGNIES
Comptabilité : Guillaume PETIT, Aminata BAGAYOKO, Franck LAHADY et Touria ZENASNI
Recouvrement : Fabien BONNAN assisté de Sandra BRIJLALL

PETIT FUTÉ KENYA

LES NOUVELLES EDITIONS DE L'UNIVERSITE
18, rue des Volontaires - 75015 Paris.
✆ 01 53 69 70 00 - Fax 01 42 73 15 24
Internet : www.petitfute.com
SAS au capital de 1 293 680 € -
RC PARIS B 309 769 966
Couverture : Femme Masaï en tenue traditionnelle
© hadynyah - iStockPhoto.com
Impression : IMPRIMERIE CHIRAT -
42540 Saint-Just-la-Pendue
Achevé d'imprimer : décembre 2024
Dépôt légal : 04/02/2025
ISBN : 9782305116938

Pour nous contacter par email, indiquez le nom de famille en minuscule suivi de @petitfute.com
Pour le courrier des lecteurs : info@petitfute.com

FABRIQUÉ EN FRANCE